사고유형별, 각 급여종류별로 살펴 본

산재판례 100선!

편저 : 김 종 석

법문 북스

사고유형별, 각 급여종류별로 살펴 본

산재판례 100선!

편저 : 김 종 석

법문 북스

머 리 말

현대 사회는 산업화가 급속히 발전하면서 여러 가지 직업에 종사하면서 생활하고 있습니다. 이에 따라 산업현장에 근무하고 있는 근로자 수는 2천만 명을 넘은지 오래 되었습니다. 많은 수의 근로자들이 일을 하다 보니 산업현장에서 발생한 산업재해가 많이 발생하면서 이에 따른 사망자와 부상자도 증가하고 있는 실정입니다. 이러한 산업재해는 미리 예방하는 것이 최우선이지만 부득이하게 발생하는 경우가 비일비재하여 이로 인하여 고통을 받는 사람들이 날로 늘어나고 있고 사회간접자본의 부담액도 계속 상승하고 있는 추세입니다.

공업화가 진전되면서 산업재해 발생이 급격히 증가하여 영세한 사업주의 재산만으로는 업무상 재해를 당한 근로자에게 「근로기준법」에 따른 재해보상을 할 수 없는 경우가 많아졌습니다. 이에 따라 「근로기준법」에 따른 재해보상을 받을 권리는 있으나 사업주 등의 무자력으로 인해 재해보상을 받지 못하는 근로자를 보호하기 위해 1964년 「산업재해보상보험법」이 제정되어, 국가가 사업주로부터 일정한 보험료를 징수하여 그 보험료로 마련된 재원으로 업무상 재해를 당한 근로자에게 사업주를 대신하여 「근로기준법」에 따른 재해보상 대신 산업재해보상 보험급여를 지급하는 산업재해보상보험제도가 시행되게 되었습니다.

업무상 재해를 당한 근로자는 근로복지공단에 「산업재해보상보험법」에 따른 보험급여를 지급받는 외에 사업주 등을 상대로 민사상 손해배상을 청구할 수 있는데, 이 경우 근로자는 사업주의 고의 또는 과실로 업무상 재해를 입은 경우에만 민사상 손해배상을 청구할 수 있으며, 민사상 손해배상액은 근로자가 실제로 받은 손해액입니다. 그러나 업무상 재해를 당한 근로자가 민사상 손해배상을 받은 경우 근로복지공단은 손해배상을 받은 금품만큼 보험급여의 금액의 한도 안에서 보험급여를 지급하지 않습니다. 따라서 업무상 재해를 당한 근로자는 「산업재해보상보험법」에 따른 보험급여를 우선 청구하고, 민사상 손해배상액과 차액이 있으면 민사소송을 제기하는 것이 일반적으로 가장 유리한 방법입니다.

그리고 다양한 산업재해가 빈번하게 발생하면서 산재보상 신청이 해마다 증가하고 있습니다. 산재보상은 보험급여 즉, 요양급여, 휴업급여, 장해급여, 유족급여, 재요양 등에 대해 신청하는데 이 급여 결정에 대한 불만족과 다툼으로 인한 소송이 수없이 제기되고 있습니다. 이러한 소송은 복잡한 절차와 전문지식이 풍부해야만 가능하기 때문에 이를 전문적으로 취급하는 변호사사무실도 생겼으며, 이에 대한 각 법원의 판례가 다양하게 양산되고 있는 실정입니다.

이 책은 이러한 복잡하고 다양한 산업재해보상제도에 대해 다툼이 있는 판례들을 업무상 사고유형에 따라 제1장에서는 작업시간 중 사고, 제2장은 출퇴근 중 사고, 제3장은 출장 중 사고, 제4장은 회식 중 사고, 제5장은 행사 중 사고, 제6장은 자살, 제7장은 사적행위, 제8장은 시설결함·관리하자로 인한 사고에 대하여 보험급여의 종류별로 쟁점이 된 판례들을 수록하였습니다. 이러한 자료들은 대법원의 종합법률정보와 법제처의 생활법령, 근로복지공단에서 제공하는 판례를 취합하여 엮어 누구나 이해하기 쉽게 정리하였습니다,

이 책이 여러 가지 산업재해를 당하여 고통을 받고 있는 분과 보험급여에 대해 분쟁 및 다툼이 있는 분 및 이를 조언하고자 하는 모든 분들에게 큰 도움이 되리라 믿으며, 열악한 출판시장임에도 불구하고 흔쾌히 출간에 응해 주신 법문북스 김현호 대표에게 감사를 드립니다.

2022. 01

편저자

목 차

제1장 작업중 사고

제1절 요양급여 ··· 1

제2절 휴업급여 ··· 98

제2장 출퇴근 중 사고

제3장 출장중 사고

제4장 회식중 사고

제5장 행사중 사고

제6장 자살

제7장 사적행위

제8장 시설결함, 관리하자

제1장 작업중 사고

제1절 요양급여

1. 요양불승인처분취소(탄광에서 광원으로 근무하는 동안 착암기 등 공구를 운전하는 등 진동이 수반되는 작업으로 요양급여 신청)

◎ 대법원 2018. 12. 27., 선고, 2018두46377, 판결

원고 : 피상고인 ○○○

피고 : 상고인 근로복지공단

원심판결 : 서울고법 2018. 5. 10. 선고 2018누30411 판결

[주문]

원심판결을 파기하고, 사건을 서울고등법원에 환송한다.

[이유]

상고이유를 판단한다.

1. 산업재해보상보험법(이하 '산재보험법'이라고 한다) 제5조 제1호의 업무상 재해를 인정하기 위한 전제로서 근로자가 주장하는 질병의 존재를 인정하기 위해서는 감정 결과 등 객관적이고 합리적인 방법으로 확인되는 근로자의 증상이 그 질병의 진단과 관련하여 일반적으로 통용되는 의학적 지식이나 진단기준에 부합하여야 하고, 그렇지 않다면 특별한 사정이 없는 한 질병의 존재 자체를 인정하기는 어렵다고 보아야 한다.

2. 가. 원심은 적법하게 채택한 증거에 의하여 아래의 사실들을 인정하였다.

1) 원고는 1981. 12.경부터 1994. 12. 7.까지 ○○광업소, △△△, □□□□□□ 주식회사 등에서 광원으로 근무하였다.

2) 원고는 2016. 3. 29. ◇◇대학교 의과대학 부속병원에서 '괴저를 동반하지 않은 레이노증후군(양측 수부)'(이하 '이 사건 상병'이라고 한다) 진단을 받았다. 이를 근거로 원고는 피고에게 '약 21년간 탄광에서 광원으로 근무하는 동안 착암기 등 공구를 운전하는 등 진동이 수반되는 작

업을 장기간 수행하여 이 사건 상병이 발병하였다'고 주장하며 요양급여를 신청하였다.

3) 피고는 2016. 10. 4. '이 사건 상병이 인정되지 아니하고, 진동 노출 작업을 그만둔 후 상당 기간이 경과하여 원고 수행 업무와 이 사건 상병 사이의 상당인과관계 또한 인정되지 않는다'는 이유를 들어 원고에 대한 요양을 불승인하는 이 사건 처분을 하였다.

4) 제1심법원은 ☆☆☆☆☆☆ ☆☆☆☆병원장에게 원고의 신체감정을 촉탁하였는데, 감정촉탁의는 '냉각부하검사에서 창백증의 소견은 확인되지 않았다', '원고는 겨울철에 손가락의 색조변화, 감각이 무뎌짐 등의 증상이 있는 것으로 보이고, 이러한 증상은 과거 20년간 진동공구 사용에 의해 발생한 것이라고 판단된다', '다만 원고의 현 상태가 피고가 제시한 요양의 기준에 해당하지 않는 정도라고 판단되고, 치료가 필요한 상태이거나 장해가 현저하게 남아 노동능력에 문제가 있는 정도라고 판단되지 않는다'는 취지로 회신하였다.

나. 원심은, 원고의 주치의인 ◇◇대학교 의과대학 부속병원 담당의의 소견 및 제1심법원의 감정촉탁결과 등을 근거로, 원고에게 양손 손끝의 감각이 무뎌지고 차가워지는 증상이 존재하는 사실이 인정되고, 원고의 이러한 증상은 산재보험법 시행령 제34조 제1항, 제3항 [별표 3] 제12호 (라)목에서 정한 '진동에 노출되는 부위에 발생하는 레이노 현상'으로서 요양급여의 대상인 산재보험법 제37조 제1항 제2호 (가)목에서 정한 업무상 질병에 해당한다고 판단하였다.

3. 그러나 원고에게 업무상 재해에 해당하는 질병이 존재하는 것으로 본 원심의 판단은 다음과 같은 이유로 그대로 수긍할 수 없다.

기록에 의하면, ① 원고의 주치의는 원고에 대하여 X선 촬영, 레이노 스캔 검사, 자가면역질환 감별을 위한 진단검사를 실시한 후 원고를 레이노증후군으로 진단한 사실, ② 원고에게 양손 손끝의 감각이 무뎌지고 차가워지는 증상이 인정되기는 하나, 레이노증후군 진단을 위하여 피고가 요구하고 있는 냉각부하검사 결과에서는 레이노증후군의 대표적 증상인 창백증 소견이 확인되지 않은 사실을 알 수 있다. 한편 제1심법원의 감정촉탁결과에 의하면, 일반적으로 냉각부하검사 결과 창백증 소견이 확인되지 않는 경우에도 원고에게 나타난 위 증상만으로 원고를 레이노증후군으로 진단하는 것이 가능한지가 명확하지 않다.

이처럼 검사방법에 따라 원고에 대한 진단 결과가 달라질 수 있다면, 원심으로서는 레이노증후군 진단과 관련하여 일반적으로 통용되는 의학적 지식이나 진단기준이 어떠한지를 먼저 확정한 후, 그에 따를 때 원고를 레이노증후군으로 진단할 수 있는지를 나아가 심리하였어야 할 것이다. 그런데도 원심은, 일반적으로 통용되는 의학적 지식이나 진단기준에 비추어 원고의 위와 같은 증상을 레이노증후군으로 진단할 수 있는지 여부를 심리, 판단하지 아니한 채 원고에게 양손 손끝의 감각이 무뎌지고 차가워지는 증상이 인정된다는 감정촉탁결과 등만을 근거로 이 사건 상병이 인정된다고 단정하였다. 이러한 원심판결에는 산재보험법상 업무상 재해에 관한 법리를 오해하여 필요한 심리를 다하지 아니함으로써 판결에 영향을 미친 잘못이 있다. 이를 지적하는 취지의 상고이유 주장은 이유 있다.

4. 그러므로 원심판결을 파기하고, 사건을 다시 심리·판단하도록 원심법원에 환송하기로 하여, 관여 대법관의 일치된 의견으로 주문과 같이 판결한다.

2. 요양불승인처분취소(LCD공장에서 근무한 근로자가 퇴사 후 다발성 경화증이 발병하여 요양급여 신청)

◎ 대법원 2017. 8. 29., 선고, 2015두3867, 판결

원고 : 상고인 ○○○

피고 : 피상고인 근로복지공단

원심판결 : 서울고법 2015. 10. 21. 선고 2014누7123 판결

[주문]

원심판결을 파기하고, 사건을 서울고등법원에 환송한다.

[이유]

상고이유를 판단한다.

1. 가. 산업재해보상보험제도는 작업장에서 발생할 수 있는 산업안전보건상의 위험을 사업주나 근로자 어느 일방에 전가하는 것이 아니라 공적(**公的**) 보험을 통해서 산업과 사회 전체가 이를 분담하고자 하는 목적을 가진다. 이 제도는 간접적으로 근로자의 열악한 작업환경이 개선되도록 하는 유인으로 작용하고, 궁극적으로 경제·산업 발전 과정에서 소외될 수 있는 근로자의 안전과 건강을 위한 최소한의 사회적 안전망을 제공함으로써 사회 전체의 갈등과 비용을 줄여 안정적으로 산업의 발전과 경제성장에 기여하고 있다.

   전통적인 산업분야에서는 산업재해 발생의 원인이 어느 정도 규명되어 있다. 그러나 첨단산업분야에서는 작업현장에서 생길 수 있는 이른바 '직업병'에 대한 경험적·이론적 연구결과가 없거나 상대적으로 부족한 경우가 많다. 첨단산업은 발전 속도가 매우 빨라 작업장에서 사용되는 화학물질이 빈번히 바뀌고 화학물질 그 자체나 작업방식이 영업비밀에 해당하는 경우도 많다. 이러한 경우 산업재해의 존부와 발생 원인을 사후적으로 찾아내기가 쉽지 않다.

   사업장이 개별적인 화학물질의 사용에 관한 법령상 기준을 벗어나지 않더라도, 그것만으로 안전하다고 단정할 수도 없다. 작업현장에서 사용되는 각종 화학물질에서 유해한 부산물이 나오고 근로자가 이러한 화학물

질 등에 복합적으로 노출되어 원인이 뚜렷하게 규명되지 않은 질병에 걸릴 위험이 있는데, 이러한 위험을 미리 방지할 정도로 법령상 규제 기준이 마련되지 못할 수 있기 때문이다. 또한 첨단산업분야의 경우 수많은 유해화학물질로부터 근로자를 보호하기 위한 안전대책이나 교육 역시 불충분할 수 있다.

이러한 점을 감안하여 사회보장제도로 사회적 안전망의 사각지대에 대한 보호를 강화함과 동시에 규범적 차원에서 당사자들 사이의 이해관계를 조정하고 갈등을 해소할 필요가 있다. 산업재해보상보험제도는 무과실 책임을 전제로 한 것으로 기업 등 사업자의 과실 유무를 묻지 않고 산업재해에 대한 보상을 하되, 사회 전체가 비용을 분담하도록 한다. 산업사회가 원활하게 유지·발전하도록 하는 윤활유와 같은 이러한 기능은 첨단산업분야에서 더욱 중요한 의미를 갖는다. 첨단산업은 불확실한 위험을 감수해야 하는 상황에 부딪칠 수도 있는데, 그러한 위험을 대비하는 보험은 근로자의 희생을 보상하면서도 첨단산업의 발전을 장려하는 기능이 있기 때문이다. 위와 같은 이해관계 조정 등의 필요성과 산업재해보상보험의 사회적 기능은 산업재해보상보험의 지급 여부에 결정적인 요건으로 작용하는 인과관계를 판단하는 과정에서 규범적으로 조화롭게 반영되어야 한다.

나. 산업재해보상보험법 제5조 제1호가 정하는 업무상의 사유에 따른 질병으로 인정하려면 업무와 질병 사이에 인과관계가 있어야 하고 그 증명책임은 원칙적으로 근로자 측에 있다. 여기에서 말하는 인과관계는 반드시 의학적·자연과학적으로 명백히 증명되어야 하는 것은 아니고 법적·규범적 관점에서 상당인과관계가 인정되면 그 증명이 있다고 보아야 한다. 산업재해의 발생원인에 관한 직접적인 증거가 없더라도 근로자의 취업 당시 건강상태, 질병의 원인, 작업장에 발병원인이 될 만한 물질이 있었는지 여부, 발병원인물질이 있는 작업장에서 근무한 기간 등의 여러 사정을 고려하여 경험칙과 사회통념에 따라 합리적인 추론을 통하여 인과관계를 인정할 수 있다. 이때 업무와 질병 사이의 인과관계는 사회 평균인

이 아니라 질병이 생긴 근로자의 건강과 신체조건을 기준으로 판단하여야 한다(대법원 2004. 4. 9. 선고 2003두12530 판결, 대법원 2008. 5. 15. 선고 2008두3821 판결 등 참조).

위에서 보았듯이 첨단산업분야에서 유해화학물질로 인한 질병에 대해 산업재해보상보험으로 근로자를 보호할 현실적·규범적 이유가 있는 점, 산업재해보상보험제도의 목적과 기능 등을 종합적으로 고려할 때, 근로자에게 발병한 질병이 이른바 '희귀질환' 또는 첨단산업현장에서 새롭게 발생하는 유형의 질환에 해당하고 그에 관한 연구결과가 충분하지 않아 발병원인으로 의심되는 요소들과 근로자의 질병 사이에 인과관계를 명확하게 규명하는 것이 현재의 의학과 자연과학 수준에서 곤란하더라도 그것만으로 인과관계를 쉽사리 부정할 수 없다. 특히, 희귀질환의 평균 유병률이나 연령별 평균 유병률에 비해 특정 산업 종사자 군(群)이나 특정 사업장에서 그 질환의 발병률 또는 일정 연령대의 발병률이 높거나, 사업주의 협조 거부 또는 관련 행정청의 조사 거부나 지연 등으로 그 질환에 영향을 미칠 수 있는 작업환경상 유해요소들의 종류와 노출 정도를 구체적으로 특정할 수 없었다는 등의 특별한 사정이 인정된다면, 이는 상당인과관계를 인정하는 단계에서 근로자에게 유리한 간접사실로 고려할 수 있다. 나아가 작업환경에 여러 유해물질이나 유해요소가 존재하는 경우 개별 유해요인들이 특정 질환의 발병이나 악화에 복합적·누적적으로 작용할 가능성을 간과해서는 안 된다.

원심판결 이유와 원심이 적법하게 채택한 증거에 의하면, 다음의 사실을 알 수 있다.

2. 다발성 경화증이란 중추신경계의 대표적인 탈수초성(脫髓鞘性, 이는 'demyelinating'을 번역한 표현으로 신경섬유 주위를 둘러싸고 있는 피막으로서 절연체 구실을 하는 수초가 파괴된 상태를 뜻한다) 질환의 하나로서, 신경섬유의 파괴와 혈관 주위 염증을 동반하여, 시신경, 척수 또는 뇌에 초점성(焦點性, 이는 'focal'을 번역한 표현으로 신경의 손상 부위가 매우 국소적임을 뜻한다) 증상들이 동시에 여러 군데에서 나타났다가 다양한 정도로 완화되고 여러

해가 지난 후 재발하면서 점차 진행하는 특성이 있으며, 유병률이 우리나라 인구 10만 명당 3.5명에 불과한 희귀질환이다. 다발성 경화증의 발병원인이나 발병기전(mechanism)은 의학적으로 규명되지 않은 상태이지만, 현재까지의 역학조사 결과를 종합하면 다발성 경화증은 면역학적 기전에 의해 발생하는 질환으로 이에 대한 감수성은 유전적 소인과 환경적 소인에 의하여 결정되며, 유전적 소인은 HLA 항원과 싸이토카인(cytokine) 유전자 등이 관련되어 있고, 환경적 소인으로는 유소년기의 환경적 노출(자외선, 감염, 식이 등)이 관련되어 있는 것으로 추단되고 있다. 이러한 소인이 있는 사람에게 다발성 경화증이 발병하기 위해서는 1차 바이러스 감염이 필요한데 이에 해당하는 바이러스 감염으로는 홍역, EBV, RSV 등이 의심되고 있고, 직접 발병에 이르기 위해서는 촉발요인이 필요한데 유기용제 노출, 주·야간 교대근무, 업무상 스트레스, 햇빛노출 부족에 따른 비타민D 결핍 등이 거론되고 있다.

나. 원고는 (생년월일 생략)생으로, 고등학교 3학년으로 재학 중이던 2002. 11. 18. 삼성전자 주식회사에 입사하여 2007. 2. 15. 퇴사할 때까지 천안 LCD 공장(이하 '이 사건 사업장'이라고 한다)에서 모듈공정(부품을 조립하여 LCD 패널을 완성하는 공정) 중 LCD 패널 검사작업을 하였다. 원고가 담당한 업무는 조립된 15~19인치 규격의 LCD 패널을 전원에 연결한 다음 손으로 들고 눈 가까이에서 육안으로 관찰하여 색상과 패턴에 불량이 없는지를 확인하는 것으로, 컨베이어벨트로 이동되는 LCD 패널을 1시간당 70~80개가량 검사하고, 1일 3~4회가량 이소프로필알코올(isopropyl alcohol; IPA)을 사용해서 LCD 패널이나 팔레트 등에 묻어 있는 이물질을 닦아내야 했다.

다. 원고가 검사작업을 한 이 사건 사업장은 모듈공정 전체가 하나의 개방된 공간에서 이루어져, 작업장 내 어느 하나의 세부공정에서 유해화학물질이 발생하더라도 그것이 별도로 여과되거나 배출되지 않고 작업장 내에 계속 머무르는 구조였다. 부품조립 과정에서 납땜이 이루어졌고, 조립 후에는 LCD 패널을 고온에서 가열하여 성능과 내구성을 검사하였는데[이를 '에이징(ageing) 공정'이라고 부른다], 그 과정에서 화학물질의 열분해산물이 발생할 수 있다. 원고의 검사작업은 에이징 공정 바로 다음에 하는 것이었다.

라. 원고는 이 사건 사업장에서 근무하는 동안 3조 2교대(1일 12시간 근무가 원칙이었다) 또는 4조 3교대(1일 8시간 근무가 원칙이지만 대부분 1일 1~2시간의 연장근무를 하였다)의 주·야간 교대근무를 하면서 상시적으로 초과근무를 하였다.

마. 원고는 이 사건 사업장에 입사하기 전에는 건강에 별다른 이상이 없었고 신경질환이나 자가면역질환으로 치료를 받은 적이 없다. 그런데 이 사건 사업장에 입사하여 약 1년 정도 근무한 시점인 2003. 10.경부터 오른쪽 눈의 시각과 팔다리 신경기능에 이상증상이 발생하여 의료기관에서 진료를 받기 시작하였다. 이후 점차 증상이 심해져서 2007. 2. 15. 퇴사하였다. 2007. 3.경에는 지역 의료기관에서 '뇌경색'으로 진단을 받기도 하였으나, 2008. 9.경 ○○대학교○○○병원에서 '다발성 경화증'으로 확진을 받았다. 원고는 다발성 경화증과 관련된 유전적 소인이 없고, 원고의 가족 중 신경질환이나 자가면역질환 병력이 있는 사람이 없다. 원고에게 다발성 경화증이 발병한 시점은 2005년 무렵으로 당시 원고의 나이는 21세였다. 이는 우리나라의 평균 발병연령보다 훨씬 이르다는 의학적 소견이 있다.

바. 원고가 2010. 7. 23. 피고에게 이 사건 요양급여 신청을 하자, 피고는 2010. 8. 4. 산업안전보건연구원에 역학조사를 의뢰하였다. 산업안전보건연구원은 2010. 9. 6. 이 사건 사업장을 방문하여 공정과 작업 내용을 확인하고 동료 근로자와의 면담조사를 실시한 다음 역학조사 결과보고서(이하 '이 사건 역학조사'라고 한다)를 작성하여 2010. 12. 28. 피고에게 제출하였다. 그 요지는 '원고의 작업조건과 업무내용은 충분히 신체적, 정신적으로 스트레스를 받을 만한 조건으로 판단되나, 현재 스트레스와 다발성 경화증에 대한 업무관련성을 판단할 만한 충분한 의학적 검토가 이루어지지 않은 상황에서 업무관련성이 높다고 단언하기에는 무리가 있

다.'는 내용이다. 이 사건 역학조사에서는 원고가 검사작업을 하면서 이소프로필알코올을 사용하는 작업을 1일 3~4회가량 사용하였다는 사실은 확인하였지만, 이소프로필알코올을 사용하는 작업을 할 때 근로자에게 직접 미치는 노출 정도나 그 밖에 인접한 세부공정에서 발생하여 전파·확산되는 유해화학물질에 대한 노출 정도를 측정·조사하지는 않았다.

사. 한국산업안전공단 역학조사평가위원회는 2010. 12. 14. 이 사건 역학조사 결과를 평가하였다. 당시 평가위원 11명 중 5명은 원고의 노동 강도를 볼 때 업무 강도와 정신적인 스트레스가 상당히 높은 작업으로 판단되고, 원고의 업무가 다발성 경화증 자체를 발생시켰다고 볼 수는 없으나, 기왕증으로 내재하고 있던 상병이 업무에 의하여 초기에 발현하도록 촉발시키는 방아쇠 역할을 하거나 악화시켰을 것으로 판단된다는 의견을 제시하였고, 4명은 원고에게 발생한 다발성 경화증은 직무 스트레스와 관련성을 배제할 수는 없으나 업무의 특성과 강도를 따져서 판단해 보면 업무와 직접적인 연관성이 높다고 보기는 어렵다는 의견을 제시하였으며, 2명은 원고의 작업 내용이 매우 스트레스가 높고, 목과 눈에 영향을 주는 것은 틀림없으므로 사업장에 강력한 개선 요구가 필요하다는 의견을 제시하였다.

아. 피고는 이 사건 역학조사 결과를 기초로 2011. 2. 7. 원고에 대하여 원고의 다발성 경화증 발병과 원고의 업무 사이에는 상당인과관계를 인정하기 어렵다는 이유로 이 사건 요양불승인 처분을 하였다.

자. 이 사건 소송에서 원고는 위와 같은 LCD 패널 검사작업 과정에서 유해화학물질에 노출되었다는 점을 증명하고자 대전지방고용노동청 천안지청에 삼성디스플레이 주식회사(삼성전자의 LCD 사업부가 2012년에 분할되어 설립된 회사이다)의 천안·아산공장에 대한 산업안전·보건진단 결과에 대한 사실조회와 문서송부촉탁을 신청하였고, 1심법원이 이를 채택하였다. 대전지방고용노동청 천안지청은 대한산업보건협회가 2013. 4.경 삼성디스플레이 아산공장에 대하여 산업안전·보건진단을 실시하여 2013. 5.경 작성한 결과보고서를 가지고 있었는데, 2014. 6. 25. 1심법원에 위 보고

서를 제출하였다. 그러나 당시 위 회사가 '공정에 따라 취급하는 유해화학물질의 현황 및 개선방안, 작업환경측정 현황 및 개선방안, 안전검사 실시 현황, 누출 시 물질배출처리 시스템 현황, 보호구 지급 현황과 개선방안, 근로자 건강관리 현황과 개선방안 등에 관한 정보'는 영업비밀에 해당하므로 외부에 공개해서는 안 된다고 하여 그에 관한 정보는 삭제되어 있었다.

차. 원심에 이르기까지 원고가 근무하던 사업장과 전체 LCD 사업장이나 삼성전자 전체 사업장에서 다발성 경화증 발병 건수, 동종 사업장에 근무하는 근로자 대비 다발성 경화증의 발병 비율, 발병 근로자의 연령대 등에 관해서는 심리하지 않았다.

3. 위에서 본 법리와 사정들을 종합하면, 원고의 업무와 다발성 경화증의 발병·악화 사이에 상당인과관계를 긍정할 여지가 있다. 그 이유는 다음과 같다.

가. 원고는 LCD 패널 검사작업 중 이소프로필알코올이라는 유기용제를 취급하였다. 비록 이러한 유기용제 취급이 원고의 전체 업무 중 차지하는 비중은 작았지만, 이 사건 사업장에서 약 4년 3개월 근무하는 동안 매일 이러한 작업을 수행하였다는 점에서 누적된 노출 정도가 낮다고 단정하기 어렵다. 또한 원고가 직접 수행한 작업은 아니지만, 작업장 자체의 구조로 말미암아 인접한 납땜 작업이나 에이징 공정에서 발생하는 유해화학물질이 전파·확산되어 원고도 이에 노출된 것으로 보인다.

산업안전보건연구원이 이 사건 역학조사를 하였을 당시에는 원고가 근무한 때부터 이미 여러 해가 지난 시점이었고 그 사이에 LCD 패널 검사작업을 하는 근로자의 작업환경이 변했을 가능성이 있다. 이는 역학조사 당시의 상황을 기초로 조사한 것이기 때문에 원고가 근무하였을 당시의 작업환경을 제대로 파악하는 데 일정한 한계가 있었다. 그리고 이 사건 역학조사에서는 근로자가 위와 같은 작업 과정에서 이소프로필알코올이나 그 밖의 유해화학물질에 노출된 수준을 객관적으로 확인·측정하려는 노력조차 하지 않은 것으로 보인다.

또한 이 사건 사업장을 운영하는 사업주와 대전지방고용노동청 천안지청이 LCD 모듈공정에서 취급하는 유해화학물질 등에 관한 정보가 영업비밀이라면서 공개를 거부하였다. 이에 따라 원고가 자신에게 해악을 끼친 유기용제 또는 유해화학물질의 구체적 종류나 그에 대한 노출 정도를 증명하는 것이 곤란해졌다.

원고의 업무와 질병 사이의 상당인과관계를 판단할 때 위와 같이 역학조사 방식 자체에 한계가 있었던 데다가 사업주 등이 유해화학물질 등에 관한 정보를 공개하지 않은 점도 고려하여야 한다.

나. 유해화학물질의 측정수치가 작업환경노출 허용기준 범위 안에 있다고 할지라도 근로자가 유해화학물질에 저농도로 장기간 노출될 경우에는 건강상 장애를 초래할 가능성이 있다. 뿐만 아니라, 작업환경노출 허용기준은 단일물질에 노출됨을 전제로 하는 것인데, 여러 유해화학물질에 복합적으로 노출되거나 주·야간 교대근무를 하는 작업환경의 유해요소까지 복합적으로 작용하는 경우 유해요소들이 서로 상승작용을 일으켜 질병 발생의 위험이 높아질 수 있다.

다. 다발성 경화증의 직접 발병을 촉발하는 요인으로 유기용제 노출, 주·야간 교대근무, 업무상 스트레스, 햇빛노출 부족에 따른 비타민D 결핍 등이 거론되고 있으므로, 이러한 사정이 다수 중첩될 경우 다발성 경화증의 발병 또는 악화에 복합적으로 기여할 가능성이 있다.

원고는 이 사건 사업장에서 약 4년 3개월 근무하는 동안 계속 주·야간 교대근무를 하였다. 원고의 1일 근무시간은 9시간에서 12시간에 이르렀으며, 근로자는 중간에 쉬거나 작업량을 조절할 수 있는 재량이 전혀 없이 컨베이어벨트로 이동되는 LCD 패널을 고도의 집중력을 발휘하여 1시간당 70~80개가량 검사를 해야 했다. 따라서 원고의 노동 강도는 높았고, 그로 인한 업무상 과로와 스트레스도 컸다고 볼 수 있다. 또한 원고가 실내 작업장에서 장기간 주·야간 교대근무를 하였으므로, 햇빛노출이 부족하여 비타민D 결핍도 있었을 것으로 보인다.

라. 원고는 입사 전에는 건강에 별다른 이상이 없었고, 다발성 경화증과

관련된 유전적 소인, 병력이나 가족력이 없는데, 이 사건 사업장에서 상당 기간 근무하던 도중에 우리나라의 평균 발병연령보다 훨씬 이른 시점인 만 21세 무렵에 다발성 경화증이 발병하였다.

마. 삼성전자 LCD 사업장과 이와 근무환경이 유사한 반도체 사업장에서의 다발성 경화증 발병률이 한국인 전체 평균 발병률이나 원고와 유사한 연령대의 평균 발병률과 비교하여 유달리 높다면, 이러한 사정 역시 원고의 업무와 질병 사이의 상당인과관계를 인정하는 데에 유리한 사정으로 작용할 수 있다.

바. 한국산업안전공단 역학조사평가위원회의 심의결과를 보더라도, 평가위원 11명 중 7명(63.6% = 7/11×100)이 원고가 수행한 작업의 노동 강도와 스트레스가 높은 수준임을 긍정하였고, 그중 5명(45.5% = 5/11×100)이 원고의 다발성 경화증 발병·악화와 업무 사이의 관련성을 긍정하였다. 또한 이 사건 역학조사에서는 유해화학물질 노출 정도에 대한 확인이나 측정·조사가 이루어지지 않아, 위 역학조사평가위원회의 심의결과는 단지 원고가 수행한 작업의 노동 강도, 스트레스라는 유해요소를 중심으로 다발성 경화증과의 관련성을 평가한 것이다. 유해화학물질에의 노출 등 그 밖의 작업환경상 유해요소까지 함께 고려하였다면 업무관련성을 긍정하는 평가위원이 더 많았을 가능성을 배제할 수 없다.

4. 그런데도 원심은 원고의 업무와 다발성 경화증 발병·악화 사이에 상당인과관계를 인정하기 어렵다고 판단하였다. 원심의 판단에는 업무상 재해의 상당인과관계에 관한 법리를 오해하고 필요한 심리를 다하지 않음으로써 판결에 영향을 미친 잘못이 있다. 이 점을 지적하는 상고이유 주장은 정당하다.

원고의 상고는 이유 있어 원심판결을 파기하고, 사건을 다시 심리·판단하도록 원심법원에 환송하기로 하여, 관여 대법관의 일치된 의견으로 주문과 같이 판결한다.

3. 요양불승인처분취소(용접 작업을 위하여 이동하다가 와이어에 걸려 넘어지는 사고)

◎ 1심 서울행정법원[2019구단65408]

원 고 : ○○○

○○도 남양주시 ○○○로 ○○길 ○○

소송대리인 법무법인 ◇◇

담당변호사 ○○○

피 고 : 근로복지공단

변론종결 : 2019. 11. 27

판결선고 : 2019. 12. 18

[주문]

1. 원고의 청구를 기각한다.
2. 소송비용은 원고가 부담한다.

[청구취지]

피고가 2018. 7. 6. 원고에게 한 '요추 4-5번간 척추원반의 외상성 파열'에 대한 요양 불승인처분을 취소한다.

[이유]

1. 처분의 경위

가. 원고는 2016. 5. 9.부터 남양주시 이하생략에 소재한 ○○○○ 주식회사(이하 '이 사건 사업장'이라 한다) 소속 근로자로서 근무하던 중 2018. 1. 26. 이 사건 사업장에서 용접 작업을 위하여 이동하다가 와이어에 걸려 넘어지는 사고(이하 '이 사건 사고'라 한다)를 당하였다.

나. 그 후 원고는 '좌측 요골두의 골절, 좌측 요골 측부인대의 염좌, 요추 4-5번간 척추원반의 외상성 파열'의 각 상병을 진단받았고, 2018. 6. 7. 피고에게 이 사건 사고로 인하여 원고에게 위와 같은 각 상병이 발병하였다고 주장하면서 이에 대한 요양급여를 신청하였다.

다. 그러나 피고는 2018. 7. 6. 원고에게, '좌측 요골두의 골절, 좌측 요골 측부인대의 염좌'에 대하여는 원고의 요양급여 신청을 승인하는 한편, '요추 4-5번간 척추원반의 외상성 파열'(이하 '이 사건 상병'이라 한다)에 대하여는 이 사건 사고와의 상당인과관계가 인정되지 않는다는 이유로 이 사건 상병에 대한 원고의 요양급여 신청을 승인하지 않기로 하는 결정(이하 이 사건 상병에 대한 원고의 요양급여 신청을 승인하지 않은 결정 부분만을 '이 사건 처분'이라 한다)을 하였다.

라. 원고는 이 사건 처분에 불복하여 심사청구를 제기하였으나 2018. 11. 1. 심사청구가 기각되었고, 다시 이에 불복하여 재심사청구를 제기하였으나 2019. 5. 2. 재심사청구가 기각되었다.

[인정 근거] 다툼 없는 사실, 갑 제1 내지 6호증의 각 기재, 변론 전체의 취지

2. 이 사건 처분의 적법 여부

가. 원고 주장의 요지

피고는 이 사건 상병과 관련한 원고의 상태에 대한 임상적 진단을 고려하지 않은채, 단순히 피고 측 자문의의 자문결과에 따라 이 사건 처분을 하였으므로, 피고의 이 사건 처분은 위법하다.

나. 판단

1) 산업재해보상보험법상 '업무상 재해'라 함은 근로자의 업무 수행 중 그 업무에 기인하여 발생한 부상·질병·신체장애 또는 사망을 말하는 것이므로 업무와 재해발생 사이에는 상당인과관계가 있어야 하고, 위와 같은 인과관계는 반드시 의학적·자연과학적으로 명백히 증명되어야 하는 것은 아니고, 간접적인 사실관계 등 제반 사정을 고려 할 때 상당인과관계가 있다고 추단되는 경우에도 그 증명이 있다고 할 것이지만, 그 증명책임은 여전히 이를 주장하는 측에 있다(대법원 2003. 5. 30. 선고 2002두13055 판결 등 참조).

2) 위와 같은 법리에 비추어 살피건대, 앞서 든 증거에 더 하여 을 제1 내지 4호증의 각 기재, 이 법원의 ○○○○○○○○병원장에 대한 진료기록 감정촉탁결과 및 변론 전체의 취지를 종합하여 인정되는 다음과 같은 사실들 및 사정들에 비추어 보면, 이 사건 상병의 발병과 이 사건 사고사이에 상당인과관계가 있다고 보기 어려워 피고의 이 사건

처분은 적법하므로, 이를 다투는 원고의 주장은 이유 없다.

가) 이 법원 진료기록 감정의의 이 사건 상병에 대한 의학적 소견은 다음과 같다.

○ 원고의 2018. 3. 4. 요추 MRI상 요추 4-5번 추간판 탈출증의 소견이 확인됨. ○ 일반적으로 추간판 탈출증은 노화에 의한 퇴행성 변화에 의해 추간판의 섬유륜이 약화되어 발생하는데, 단일 외상 및 만성적인 누적 손상 모두 이러한 섬유륜의 약화에 기여할 수 있으며 경우에 따라 급성 파열로 이어질 수 있음. ○ 요추 3-4, 4-5번, 요추 5번-천추 1번 추간판의 전반적인 변색과 높이 감소, 골극 형성 등의 퇴행성 소견이 관찰됨. 일반적으로 영상의학적 검사상 골절이나 탈구, 인대파열 등의 뚜렷한 외상 소견이 동반되지 않은 경우 추간판 탈출증에 있어 외상이 얼마의 기여를 하였는지 객관적으로 증명하는 것은 현실적으로 한계가 있으며, 이는 질환의 특징임. 따라서 이러한 경우 피감정인의 나이, 기존 질환 여부 등을 고려하여 종합적으로 판단해야 하는데, 요추 4-5번 추간판의 경우 이 사건 사고 이후에 시행한 요추부 MRI에서 섬유륜의 파열 소견이 관찰되어 외상이 일부 기여하였을 가능성을 배제할 수 없다고 사료됨. ○ 종합적으로 원고의 이 사건 상병에 있어 외상의 기여도는 약 25%로 추정함.

나) 위와 같은 이 법원 진료기록 감정의의 의학적 소견에 의하면, 이 사건 사고로 인한 외상 역시 이 사건 상병의 발병에 일부 기여하였을 것으로 보이나, 원고의 요추 4-5번 추간판 부위에서 관찰되는 퇴행성 소견 등에 의할 때, 이 사건 상병의 주된 발병 원인은 요추 4-5번 추간판의 퇴행성 변화라는 사실을 알 수 있다. 비록 위 감정의의 의학적 소견에 이 사건 상병에 있어 외상의 기여도가 약 25%로 추정된다는 내용이 포함되어 있기는 하지만, 위와 같은 내용의 의학적 소견만으로는 이 사건 상병의 발병과 이 사건 사고 사이에 상당인과 관계가 있음을 인정하기에는 부족하다.

다) 이 사건 상병과 관련하여 피고 측 자문의는 원고의 2018. 3. 4.자 요추 MRI를 검토한 결과 원고의 요추 3-4-5-천추 1번에서 외상으로 인한 자명한 추간판 파열의 소견이 관찰되지 않아 이는 퇴행에 의한 병변으로 판단된다는 의학적 소견을 제시하였는데, 이는 앞서 본 이

법원 진료기록 감정의의 의학적 소견과 거의 일치한다.

라) 실제로 원고의 건강보험 요양급여내역을 살펴보면, 원고는 2010. 4. 5. '허리뼈의 염좌 및 긴장'으로 진료받은 내역을 비롯하여, 이 사건 사고 발생일까지 '요추의 염좌 및 긴장', '신경뿌리병증을 동반한 요추 및 기타 추간판 장애' 등과 같은 요추 부위 관련 질환으로 50회 이상 진료받은 내역이 확인되는바, 이러한 사정에 비추어 보면, 이 사건 상병의 발병에는 원고의 요추 부위에 이 사건 사고 발생일 이전부터 존재하던 요추 부위 관련 질환이 그 원인으로 작용하였을 가능성도 충분히 존재한다.

3. 결론

그렇다면, 원고의 이 사건 청구는 이유 없으므로 이를 기각하기로 하여 주문과 같이 판결한다.

[참조판례]

◈ 업무상 재해를 인정하기 위한 업무와 재해 사이의 상당인과관계에 대한 입증의 정도 및 업무상 재해로 인한 상병을 치료하는 과정에서 의료과오나 약제 내지 치료방법의 부작용으로 새로운 상병이 발생한 경우, 산업재해보상보험법 제4조 제1호 소정의 업무상 재해에 해당하는지 여부(한정 적극)

(대법원 2003. 5. 30. 선고 2002두13055 판결)

원고, 상고인 : 원고 (소송대리인 법무법인 부산 담당변호사 최성주)

피고, 피상고인 : 근로복지공단

원심판결 : 부산고법 2002. 11. 22. 선고 2001누2096 판결

【주문】

원심판결 중 2000. 8. 16.자 추가상병신청반려처분 및 2001. 6. 11.자 추가상병불승인처분에 대한 부분을 파기하고, 이 부분 사건을 부산고등법원에 환송한다.

【이유】

1. 원심판결 이유에 의하면, 원심은, 원고가 1999. 3. 25. 회사 아파트 단지 내에서 조경작업을 하던 중 회향목을 굴삭기 포크에 싣기 위하여 들어올리다가 허리를 다치는 사고(이하 '이 사건 사고'라고 한다)를 당하여 그 무렵 피고로부터 급성요추부염좌, 제4-5요추간 및 제5요추-제1천추간 추간판탈출증에 대한

요양승인을 받아 같은 해 12. 2. 동아대학교병원에서 추간판탈출증에 대한 수술(이하 '요추부수술'이라 한다)을 받았는데, 수술 당일 및 그 다음날 양일간 1회씩 각 3분간 배뇨를 위하여 요도에 도뇨관이 삽입된 바 있고, 같은 달 30. 퇴원한 사실, 원고가 그 무렵 배뇨장애로 인하여 위 병원에 내원하여 진찰을 받은 결과, 요도협착이 발견되어 이에 대한 수술을 요한다는 진단을 받게 되자, 2000. 1. 11. 피고에게 추가상병승인신청을 하였고, 같은 해 3. 28. 위 병원에서 직시경하 내요도 절개수술(이하 '요도수술'이라 한다)을 받았는데, 현재 원고에게는 신체적 원인에 의한 발기부전의 성기능장애가 있는 사실을 인정한 다음, 위 인정 사실 및 의학적 소견에 의하면, 원고의 성기능장애는 요도협착에 대한 요도수술에서 비롯된 정맥성 발기부전으로 보일 뿐 원고 주장과 같이 이 사건 사고나 이에 따른 요추부수술 등의 후유증으로 발생하였다고 볼 증거가 없고, 한편 배뇨장애의 발생시기와 정도 및 증상, 도뇨관 삽입 회수와 시간 및 그 후의 증상, 도뇨관 삽입시로부터 요도협착 진단시까지의 시간적 간격, 요도협착의 일반적인 발병원인(요추부의 병변 자체와는 의학적 인과관계가 없는 점), 원고의 배뇨장애가 만성염증에 의한 요도협착에 의한 것으로 보이는 점 등에 비추어 보면, 원고의 요도협착이 이 사건 사고나 이에 따른 요추부수술 후의 도뇨관 삽입에 의한 요도손상 등 요양상병의 치료과정에서 발생한 것으로 보기는 어렵고, 달리 이를 인정할 증거가 없으므로, 원고의 요도협착이나 성기능장애는 이 사건 사고나 그로 인한 요양상병 및 그 치료와 상당인과관계가 있다고 보기 어렵다는 이유로 원고의 요도협착과 성기능장애가 업무상 재해에 해당한다는 원고의 주장을 배척하였다.

2. 산업재해보상보험법 제4조 제1호 소정의 업무상 재해를 인정하기 위한 업무와 재해 사이의 상당인과관계는 반드시 의학적·자연과학적으로 명백히 입증되어야 하는 것은 아니고, 제반 사정을 고려할 때 업무와 재해 사이에 상당인과관계가 있다고 추단되는 경우에도 그 입증이 있다고 할 것이므로, 재해발생원인에 관한 직접적인 증거가 없는 경우라도 간접적인 사실관계 등에 의거하여 경험법칙상 가장 합리적인 설명이 가능한 추론에 의하여 업무기인성을 추정할 수 있는 경우에는 업무상 재해라고 보아야 할 것이며, 또한 업무상 재해로 인한 상병을 치료하는 과정에서 의료과오가 개입하거나 약제나 치료방법의 부작용으로 인하여 새로운 상병이 발생하였다고 하더라도 상당인과관계가 인정되는 한, 이 또한 업무상 재해에 해당하는 것으로 보아야 하고, 위와 같은 의료과오나 약제 내지 치료방법의 부작용과 새로운 상병의 발생 사이의 상당인과관계 유무를 따질 때에도 앞서 본 바와 같은 법리가 적용된다 (대법원 1999. 3. 9. 선고 98두18206 판결, 2000. 1. 28. 선고 99두10438 판결 등 참조).

기록에 의하면, 일반적으로 요도협착은 결핵 등의 질환에서 오는 만성염증이나 외상으로 인하여 발생하고 추간판탈출증이나 이에 대한 수술과는 직접적인 관계가 없으나, 요도협착의 원인이 되는 외상은 추간판탈출증에 대한 수술시 또는 그 이후에 배뇨를 위하여 요도에 도뇨관을 삽입하거나 빼내는 과정에서 발생할 수도 있으며, 제1심법원의 동아대학교병원장에 대한 사실조회 결과(기록 296면)에 의하면, 방사선 검사나 흉부외과의 진찰 결과 원고에게 만성염증이나 결핵성 척추병변이 있다고 볼 만한 소견이 없다는 것이고, 원고가 이 사건 사고에 따른 요추부수술을 받기 전까지는 배뇨장애를 겪었다고 볼 만한 아무런 자료가 없으며{피고는 원고에 대한 의료보험급여내역(을 제5호증의 1, 2)상의 질병분류기호를 토대로 원고가 1999. 8. 23. 결핵성 흉막염에 대한 치료를 받았다고 주장하나, 위 사실조회 결과에 의하면, 당시 원고가 치료받은 질환은 기관지확장증인 사실이 인정된다}, 원고가 2000. 1. 11. 피고에게 요도협착에 대한 추가상병승인신청을 한 점에 비추어 보면, 원고가 배뇨장애를 느끼기 시작한 시기는 요추부수술 및 그 무렵 수 회의 도뇨관 삽입이 있은 때로부터 얼마 지나지 않은 때로 추정되고, 원심법원의 동아대학교병원장에 대한 사실조회 결과(기록 574면)에 의하더라도 요추부수술 당일 및 그 다음날 모두 3회에 걸쳐 도뇨관 삽입이 있었다는 것인바(이와 관련하여 원고는 도뇨관 삽입이 4~5회 있었고, 그 때마다 소요된 시간도 3분 이상이었으며, 나아가 도뇨관 삽입 이후 원고는 계속하여 의사나 간호사에게 통증을 호소하였다고 주장하고 있다), 위와 같은 사정에 비추어 보면, 원고의 요도협착은 이 사건 사고에 따른 요추부수술 및 그 후의 회복 단계에서 배뇨를 위하여 불가피하게 시행된 도뇨관 삽입으로 인하여 발생하였을 가능성이 매우 큰 것으로 보이고, 만약 그렇다면 원고의 요도협착은 업무상 재해에 해당하는 것으로 보아야 할 것이다.

한편, 원심법원의 인제대학교 부속 부산백병원장에 대한 신체감정촉탁 결과(기록 616면)에 의하면, 원고의 요도협착과 관련하여 내요도 절개술 실시 당시 음경해면체의 백막이 손상되어 동맥을 통하여 유입된 혈액이 음경해면체 내에 머물지 못하고 새어나가 발기부전 현상이 발생한다는 것인바, 그렇다면 원고 주장과 같이 전혀 발기가 되지 않는 것은 아니라 하더라도 원고에게 발기부전의 성기능장애가 발생한 사실은 부정할 수 없고, 그것이 단순히 노화로 인한 자연적인 현상이라거나 심인성 장애로 볼 수는 없으며, 요도협착이 업무상 재해에 해당한다고 본다면 이를 치료하기 위한 수술 과정에서 음경해면체가 손상을 받아 발기부전이라는 성기능장애가 발생한 이상, 이 또한 업무상 재해에 해당하는 것으로 보아야 할 것이다.

그럼에도 불구하고, 원심이 원고의 배뇨장애가 만성염증에 의한 요도협착에 의한 것으로 보인다는 전제하에(원심은 원고의 흉추 압박골절이 척추결핵에 의하여 발생한 것으로 추정된다는 여러 의학적 소견들을 토대로 위와 같이 본 듯하나, 이에 의하더라도 원고가 1994. 2. 1. 발생한 추락사고로 입원치료를 받을 당시 이미 흉추 압박골절이 치유되어 골유합 상태에 이르렀다는 것이고, 앞서 본 바와 같이 원고에게 만성염증이나 결핵성 척추병변의 소견이 없다는 점으로 보아 원고의 요도협착이 만성염증에 의한 것으로 보기는 어렵다.) 판시와 같은 이유로 원고의 요도협착이나 발기부전이라는 성기능장애가 업무상 재해에 해당하지 않는다고 판단한 것은, 업무상 재해 여부를 판단함에 있어서의 상당인과관계에 관한 법리를 오해하였거나 심리미진, 채증법칙 위배로 인한 사실오인 등의 위법을 저지른 것이라고 아니할 수 없고, 이는 판결에 영향을 미쳤음이 분명하다.

3. 그러므로 원심판결 중 2000. 8. 16.자 요도협착에 대한 추가상병신청반려처분 및 2001. 6. 11.자 성기능장애에 대한 추가상병불승인처분에 대한 부분을 파기하고 이 부분 사건을 다시 심리·판단하게 하기 위하여 원심법원에 환송하기로 하여 관여 법관의 일치된 의견으로 주문과 같이 판결한다.

◎ 제2심 서울고등법원 제4-3행정부[2020누33093]

원 고 : 항소인 ○○○

경기도 남양주시 ○○○로 ○○길 ○○

소송대리인 법무법인 담당변호사 ○○○

피 고 : 피항소인 근로복지공단

전심판결 : 1심 2019구단65408 서울행정법원

변론종결 : 2020. 05. 27

판결선고 : 2020. 07. 15

[주문]

1. 원고의 항소를 기각한다.

2. 항소비용은 원고가 부담한다.

[청구취지 및 항소취지]

제1심판결을 취소한다. 피고가 2018. 7. 6. 원고에게 한 '요추 4-5번간 척추원반의 외상성 파열'에 대한 요양불승인처분을 취소한다.

[이유]

1. 제1심판결 인용

가. 인용 부분

이 법원이 이 사건에 관하여 설시할 이유는, 아래 나.항과 같이 제1심판결을 수정하는 외에는 제1심판결의 그것과 같다. 행정소송법 제8조 제2항, 민사소송법 제420조 본문에 따라 해당부분을 인용한다.

나. 수정 부분

1) 제1심판결 제2면 제8행 '2018. 6. 7.'을 '2018. 6. 5.'로 고친다.

2) 제1심판결 제3면 제2행부터 제4행까지를 아래 『』 부분과 같이 고친다.

『피고는 원고의 이 사건 상병에 관한 임상적 진단을 고려하지 않은 채 단순히 피고 측 자문의의 자문 결과에 따라 이 사건 상병과 이 사건 사고 사이의 상당인과관계가 인정되지 않는다고 판단하였으므로 이 사건 처분은 위법하다. 설령 이 사건 사고로 인해 이 사건 상병이 유발된 것이 아니라 하더라도, 장시간 쪼그려 앉은 자세로 수행되는 원고의 업무 특성상 요추 부위에 미세한 충격과 부담이 누적되어 원고의 기존 질환이 자연 진행속도 이상으로 악화되던 중 이 사건 상병이 발병한 것이므로 원고의 업무와 이 사건 상병 사이에 상당인과관계가 인정됨에도 이와 다른 전제에서 행해진 이 사건 처분은 위법하다.』

3) 제1심판결 제3면 제14행과 제18행, 제4면 제12행과 마지막 행의 각 '이 법원'을 '제1심 법원'으로 모두 고친다.

4) 제1심판결 제5면 제6행과 제7행 사이에 아래 『』 부분을 추가한다.

『마) 원고는 이 사건 상병이 이 사건 사고로 발생한 것이 아니라고 하더라도, 원고가 종사한 전기·용접 업무 특성상 요추 부위에 미세충격과 부담이 누적되어 원고의 기존 질환이 자연 진행속도 이상으로 악화된 것이라고도 주장하나, 원고가 이 사건 사업장에서 근무한 시간이나 그 형태 등 원고의 위 주장을 뒷받침할 만한 구체적 자료가 제출된바 없다.』

2. 결론

제1심판결은 정당하다. 원고의 항소는 이유 없어 이를 기각하기로 한다.

[참조조문] 행정소송법 제8조 제2항, 민사소송법 제420조

4. 상병일부불승인처분취소(수도계량기 교체 작업을 마치고 오토바이를 타고 주유소로 가다 난 교통사고)

◎ **서울행정법원[2019구단7334]**

원 고 : ○○○

서울특별시 도봉구 ○○○길 ○○○

소송대리인 변호사 ○○○

피 고 : 근로복지공단

변론종결 : 2020. 02. 20

판결선고 : 2020. 03. 12

[주문]

1. 원고의 청구를 기각한다.

2. 소송비용은 원고가 부담한다.

[청구취지]

피고가 2018. 5. 25. 원고에 대하여 한 상병일부불승인처분을 취소한다.

[이유]

1. 처분의 경위

가. 원고는 ○○○○공단 소속 상·하수도 처리장치 조작원으로 2017. 11. 7. 13:40경 수도계량기 교체 작업을 마치고 오토바이를 타고 주유소로 가다 교통사고(이하 '이 사건 사고'라 한다)를 당하였다.

나. 원고는 '미만성 뇌손상[1]), 뇌진탕, 두피 좌상, 양성 발작 말초성 현기증'을 진단받아 2018. 3. 20. 피고에게 요양급여신청을 하였는데, 피고는 2018. 5, 25. 원고에 대하여 '뇌진탕, 두피 좌상'에 관하여는 요양승인을 하되, '미만성 뇌손상, 양성 발작 말초성 현기증'에 관하여는 '미만성 뇌손상은 최초 촬영한 CT 영상과 상당기간이 경과한 후 촬영한 MRI상 변화가 없고 특이한 점이 없는 점 등으로 미루어 이를 인정하기 어렵고, 양성 발작 말초성 현기증은 재해와의 연관성을 인정하기 어려운 상병이므로 업무와의 인과관계가 상당하다 하기 어렵다'는 사유로 요양불승인처분을 하였다.

다. 이에 불복하여 원고는 심사 청구를 하였고, 피고는 2018. 8.경 원고의 심사 청구를 일부 받아들여 최초요양 일부 불승인 처분 중 '양성 발작 말초성 현기증'에 대한 부분을 취소하는 결정을 하였으며, 피고는 2018. 8. 31. 원고에 대하여 '양성 발작 말초성 현기증'에 관하여 요양승인처분을 하였다.

라. 원고는 '미만성 뇌손상(이하 '이 사건 상병'이라 한다)'에 관한 요양불승인처분(이하 '이 사건 처분'이라 한다)에 관하여 재심사 청구를 하였으나, 산업재해보상보험재심사위원회는 2019. 1. 25. 원고의 재심사 청구를 기각하였다.

[인정근거] 다툼 없는 사실, 갑 제1호증, 을 제1, 6, 7호증의 각 기재, 변론 전체의 취지

2. 이 사건 처분의 적법 여부

가. 원고의 주장

원고에게는 이 사건 상병이 존재하고, 이는 이 사건 사고 이전에는 없었던 것으로 이 사건 사고로 인하여 발병한 것이다. 이 사건 상병은 일반적으로 사고 후 경과를 지켜보며 MRI 영상으로 진단함에도 피고는 MRI 영상이 사고일로부터 약 2개월 가량의 시간적 간격이 있는 것이라는 이유를 들어 이 사건 상병의 존재 및 이 사건 사고와의 인과관계를 부정하였다. 따라서 이와 다른 전제에서 이루어진 이 사건 처분은 위법하다.

나. 판단

1) 산업재해보상보험법 제5조 제1호의 '업무상 재해'라 함은 근로자가 업무수행 중 그 업무에 기인하여 발생한 재해를 말하므로 업무와 재해 사이에 상당인과관계가 있어야 하고, 이 경우 재해의 존재, 근로자의 업무와 재해 사이의 인과관계에 관하여는 이를 주장하는 측에서 입증하여야 한다.

2) 이 사건에 관하여 보건대, 을 제2호증의 기재 및 이 법원의 ○○○학교 ○○병원장에 대한 진료기록감정촉탁결과에 변론 전체의 취지를 종합하면 인정되는 다음의 사정들에 비추어 보면, 원고 제출의 증거들만으로는 원고에게 이 사건 상병이 존재한다는 점을 인정하기 부족하고, 달리 이를 인정할 증거가 없다.

가) 미만성 축삭손상은 중증 두부외상 환자에게서 발견되는 흔한 일차적 손상의 하나이며 환자의 임상적 상태와 결과에 영향을 주는 중요한

요소이고, 두부외상 후 환자에게 식물상태나 중증장애 등의 후유증을 유발하는 가장 흔한 원인이다. 임상적으로 미만성 축삭손상은 뇌 CT상 혼수의 원인이 될 만한 병소가 없음에도 환자가 외상 직후부터 6시간 이상 혼수상태에 있는 경우를 말하며, 기본적으로 확진은 병리적 소견이 동반되어야 하나 임상적 증상과 영상소견(MRI)으로 진단한다.

나) 이 사건 진료기록감정의는 이 사건 사고 후 2개월 가량 경과한 후에 촬영된 원고의 MRI 영상에서 '대뇌반구의 백질에 다발성 점상출혈이 관찰되나 그 정도가 심하지 않아 미만성 뇌손상의 중증 형태인 미만성 축삭손상으로 진단하기는 어렵고, 다만 미만성 뇌손상의 경증 형태인 뇌진탕에는 합당하다'는 소견을 밝혔다.

다) 또한 이 사건 사고 당시의 구급활동일지 기재에 의하면, 원고는 구급대원이 현장 도착하여 확인하였을 당시에는 의식이 없었으나 곧 의식이 회복되었던 것으로 보인다. 앞서 본 바와 같이 미만성 축삭손상은 뇌 CT상 혼수의 원인이 될 만한 병소가 없음에도 환자가 외상 직후부터 6시간 이상 혼수상태에 있는 경우를 말하는바, 이 사건 사고 직후 원고의 상태는 미만성 축삭손상의 임상증상과도 부합하지 않는다.

3) 따라서 이와 같은 전제에서 이루어진 이 사건 처분은 적법하다.

3. 결론

그렇다면, 원고의 이 사건 청구는 이유 없으므로 이를 기각하기로 하여, 주문과 같이 판결한다.

[각주내용]

1) '미만성 뇌손상'은 '뇌진탕(경증)'과 미만성 축삭손상(중증)'을 모두 포함하는 개념이다. 원고는 2018. 3. 20. 요양급여신청 당시 '뇌진탕'을 별도의 신청 상병으로 주장하였으므로(피고는 '뇌진탕'에 관하여는 요양승인결정을 하였다), 이 사건에서의 신청 상병 '미만성 뇌손상'은 중증 형태인 '미만성 축삭손상'을 의미하는 것으로 보인다. 원고도 이 사건 소송에서 신청 상병을 '미만성 축삭손상'으로 주장하고 있고, 처분의 이유 및 답변서의 취지에 비추어 볼 때 피고도 신청 상병을 '미만성 축삭손상'으로 보고 이 사건 처분을 한 것으로 보이므로 이하에서는 쟁점 상병을 '미만성 축삭손상'으로 보고 이에 관하여 살펴본다.

5. 요양불승인처분취소(턴바 작업중 일어난 사고)

◎ 수원지방법원[2018구단6052]

원 고 : ○○○

경기도 오산시 ○○○로 ○○길 ○○

소송대리인 변호사 ○○○

피 고 : 근로복지공단

변론종결 : 2019. 11. 15

판결선고 : 2020. 01. 10

[주문]

1. 원고의 청구를 기각한다.

2. 소송비용은 원고가 부담한다.

[청구취지]

피고가 2017. 7. 13. 원고에 대하여 한 요양불승인처분을 취소한다.

[이유]

1. 처분의 경위

가. 원고는 ○○○○○○○○○○(이하 '사업장'이라 한다) 소속 근로자로서, "2017. 3. 22. 15:20경 사업장에서 턴바 작업을 하기 위해 기계 위로 올라갔다가 작업을 마치고 내려오던 중 발이 사다리에서 미끄러지면서 왼쪽 무릎 부위가 사다리 발판의 뚫려있는 부분으로 빠져 들어가는 사고(이하 원고가 주장하는 위 사고를 '이 사건 사고'라 한다)를 당하였고, 그로 인하여 '좌측 슬관절 전방십자인대파열, 좌측 내측 반월상 연골파열, 좌측 내측 측부인대 부분파열'(이하 통틀어 '이 사건 상병'이라 한다)의 진단을 받았다"고 주장하며 2017. 5. 18. 피고에게 요양급여 신청을 하였다.

나. 이에 대하여 피고는, 원고가 주장하는 이 사건 사고의 발생 사실을 확인할 수 있는 객관적인 자료 또는 진술이 없고, 이 사건 상병 역시 재해와 연관되었다고 볼 만한 급성 소견이 없는 만성 기존 질환으로 보인다는 이유로 2017. 7. 13. 원고에 대해 요양을 불승인하는 처분(이하 '이 사건 처분'이라 한다)을 하였다.

다. 원고는 이 사건 처분에 불복하여 피고에게 심사청구를 하였으나 2017. 10. 17. 심사청구가 기각되었다.

[인정근거] 다툼 없는 사실, 갑 제1, 2, 3, 5, 6호증, 을 제5호증의 각 기재, 변론 전체의 취지

2. 이 사건 처분의 적법 여부

가. 원고 주장의 요지

원고 동료직원의 진술과 원고의 진료기록 등을 종합하여 보면, 원고가 사업장에서 이 사건 사고를 당해 그로 인하여 이 사건 상병을 입었음이 명백함에도, 이와 다른 전제에서 원고의 요양급여 신청을 불승인한 피고의 이 사건 처분은 위법하다.

나. 판단

산업재해보상보험법 제5조 제1호의 '업무상의 재해'란 근로자의 업무수행 중 그 업무에 기인하여 발생한 재해를 말하므로 업무와 재해 사이에 상당인과관계가 있어야 하고, 이 경우 근로자의 업무와 재해 사이의 인과관계는 이를 주장하는 측에서 증명하여야 한다(대법원 2016. 8. 30. 선고 2014두12185 판결 등 참조). 살피건대, 앞서 든 증거 등에 의하여 인정할 수 있는 아래와 같은 사정들에 비추어 보면, 원고가 이 사건에 제출한 증거만으로는 2017. 3. 22. 사업장에서 실제 이 사건 사고가 발생하였다는 점을 인정하기 부족하고, 나아가 이 사건 사고 이외 다른 업무상 사유에 기인하여 원고에게 이 사건 상병이 발생하였다는 점 역시 인정하기 부족하므로 원고의 위 주장은 받아들일 수 없다.

① 원고의 주장대로 원고가 '이 사건 사고로 왼쪽 무릎 통증이 심하여 다리를 절룩거릴 정도'였다면 당연히 사고 당일 바로 의료기관을 방문하여 치료를 받았을 것으로 보인다. 그러나 원고는 이 사건 사고 당일 저녁 8시 넘어서까지 사업장에서 정상 근무하였고, 그로부터 이틀이나 지난 2017. 3. 25.에야 비로소 의료기관(○○○○한의원)을 처음 방문하였다[다툼 없는 사실, 원고가 이 사건 사고를 당하였다고 주장하는 2017. 3. 22.(수요일)과 그에 이은 3. 23. 및 3. 24.은 모두 평일이어서 휴진 등으

로 의료기관을 방문할 수 없는 사정도 없었을 것으로 보인다]. 더구나 원고는 이 사건 사고 다음 날인 2017. 3. 23.부터 무릎 수술을 위해 입원(2017. 4. 16. 입원하였다)하기 직전인 2017. 4. 14.까지, 2017. 3. 29.과 2017. 4. 4.에 각 반일연차를 낸 것을 제외하고는 모두 08:00경부터 22:00경 무렵까지 사업장에서 정상근무하였다(갑 제8호증, 을 제5호증의 각 기재).

② 원고가 2017. 3. 25. ○○○○한의원에서 진료받은 초진 진료기록(을 제6호증)에는 '20년 전 좌슬관내측 반월판 제거 수술, 최근에 안 좋음'이라고만 기재되어 있을 뿐, 이 사건 사고 때문에 무릎을 다쳤다는 기재는 전혀 없다. 만일 원고의 주장대로 원고가 이 사건 사고로 왼쪽 무릎 부위를 다쳤고 그로 인한 심한 통증을 참을 수 없어 위 한의원을 방문하게 된 것이라면 당연히 담당 한의사에게 이 사건 사고로 다쳤다는 설명을 하고 그 내용이 한의사에 의해 초진 진료기록에 기록되었을 것으로 보인다. 또한 원고는 2017. 4. 4. ○○대학교 ○○○○병원에 최초 내원했는데, 그 외래 초진기록(갑 제10호증의 1)에도 '94년도 내측 반월상 연골 절제술'이라고만 기재되어 있을 뿐, 이 사건 사고로 무릎을 다쳤다는 기록은 전혀 없다.

③ 원고는 이 사건 사고 직후부터 이 사건 상병으로 입원하여 2017. 4. 17. 수술을 받을 때까지도 회사 직속 상관이나 사업주에게 사업장에서 이 사건 사고를 당해 다쳤다고 보고한 사실이 전혀 없고(을 제1호증의 2, 3의 각 기재), 피고에게 요양급여를 신청한 사실도 없으며, 오히려 사업장에 '질병으로 인한 수술(재활치료)'를 사유로 '무급' 휴가를 신청한다는 휴가원(을 제4호증)을 제출한 사실이 있을 뿐이다.

④ 원고의 동료직원 소외1는, 원고가 사다리에서 내려오는 도중 또는 사다리 아래서 무릎 통증을 호소했고 다리를 절었다는 내용의 진술서(갑 제7호증의 1, 2, 갑 제13호증, 을 제2호증)를 작성하였다. 그러나 위 각 진술서는 모두 원고가 요양급여 신청을 한 이후 작성된 것인 점, 소외1도 원고가 사다리에서 미끄러지는 장면을 직접 목격하지는 못했다고 진술하고 있는 점 등에다가 위 ①, ②, ③항의 사정까지 더해 보면, 위 소외1의

진술서 내용은 믿기 어렵거나 그 기재만으로는 원고가 실제 이 사건 사고를 당했다는 점을 인정하기 부족하다.

⑤ 원고가 이 사건 사고로 무릎의 통증이 심하여 처음 방문하였다는 ○○○○한의원 원장이 발행한 2017. 7. 3.자 및 2018. 4. 21.자 진료확인서(갑 제9호증, 갑 제14호증의 1)에는 '원고는 2017. 3. 22. 사다리에서 떨어지면서 좌슬관부 통증으로 한의원에 통원 치료하였음을 확인합니다'라는 취지로 기재되어 있고, ○○대학교 ○○○○병원 소속 원고의 주치의가 발행한 2017. 8. 8.자 진단서(갑 제11호증)에도 '원고가 2017. 3. 22. 사다리에서 추락사고를 당한 이후 발생한 좌측 무릎 부종, 통증을 주소로 내원하였다'고 기재되어 있으나, 이는 모두 원고가 이 사건 요양급여 신청을 한 이후 원고의 진술에 따라 작성된 것으로 보이는 점, 위 ②항에서 본 것처럼 위 각 의료기관의 원고에 대한 초진 진료기록에는 이 사건 사고에 대한 아무런 기재가 없는 점 등에 비추어 위 각 진료확인서 또는 진단서의 기재만으로는 이 사건 사고가 실제 있었다는 점을 인정하기 부족하다.

⑥ 피고의 자문의들은 '2017. 4. 4. 촬영한 MRI상 이 사건 상병이 확인되나 재해와 연관된 급성 손상의 소견이 없어 만성 기존 질환으로 사료됨', '상병 확인되나 재해와 인과관계 없는 만성 병변으로 판단되고 급성 소견 확인되지 않음'이라는 소견을 밝혔다(을 제3호증의 1, 2의 각 기재). 이 사건 진료기록 감정의 역시 이 사건 상병 중 전방십자인대파열 및 내측 반월상 연골판 파열은 진구성이고 사고의 기여도는 없다는 소견을 밝혔다(이 법원의 ○○○○협회장에 대한 진료기록감정촉탁결과).

⑦ 이 사건 진료기록 감정의는, 이 사건 상병 중 내측 측부인대 부분파열은 '외상력 및 수상 후 다리를 절었다는 진술, MRI상 내측 측부인대 근위부 신호강도 변화를 고려할 때 이 사건 사고와 연관이 있다고 판단된다(기여도 50%)'는 소견을 밝혔으나, 위 소견은 이 사건 사고가 실제 있었음을 전제로 한 판단이나 위에서 본 바와 같이 이 사건 사고가 실제 있었다고 보기 어려운 사정이 많은 점, 설령 원고의 내측 측부인대 부분

파열이 외상에 의한 것이라 하더라도 원고가 이 사건 사고 이외 다른 경위로 위 상병을 입었을 가능성도 있는 점 등에 비추어 보면, 진료기록 감정의의 위 일부 소견만으로는 원고의 내측 측부인대 부분파열이 이 사건 사고로 인하여 발생한 것이라고 인정하기 부족하다['이 사건 사고의 경위 등에 비추어 보면 이 사건 상병에 이 사건 사고가 40%가량 영향을 준 것으로 사료된다'는 취지의 ○○대학교 ○○○○병원 소속 원고 주치의의 소견(갑 제11호증) 역시 마찬가지 이유로 이 사건 상병이 이 사건 사고로 인하여 발생한 것이라는 점을 인정하기 위한 증거로는 부족하다].

3. 결론

그렇다면 원고의 이 사건 청구는 이유 없으므로 이를 기각하기로 하여 주문과 같이 판결한다.

[참조조문]

산업재해보상보험법 제5조 제1호

[참조판례]

◈ 산업재해보상보험법 제5조 제1호의 '업무상 재해'를 인정하기 위한 업무와 재해 사이의 상당인과관계에 관한 증명책임의 소재 및 그 증명의 정도
(대법원 2016. 8. 30. 선고 2014두12185 판결)

【주 문】

상고를 모두 기각한다. 상고비용은 원고들이 부담한다.

【이 유】

상고이유를 판단한다.

1. 산업재해보상보험법 제5조 제1호의 '업무상의 재해'란 근로자의 업무수행 중 그 업무에 기인하여 발생한 재해를 말하므로 업무와 재해 사이에 상당인과관계가 있어야 하고, 이 경우 근로자의 업무와 재해 사이의 인과관계는 이를 주장하는 측에서 증명하여야 한다. 상당인과관계가 반드시 직접증거에 의하여 의학적·자연과학적으로 명백히 증명되어야 하는 것은 아니지만 당해 근로자의 건강과 신체조건을 기준으로 하여 취업 당시의 건강상태, 기존 질병의 유무, 종사한 업무의 성질 및 근무환경 등 간접사실에 의하여 업무와 재해 사이의 상당인과관계가 추단될 정도로는 증명되어야 한다(대법원 2012. 5. 9. 선고 2011두30427 판결 등 참조).

2. 원심은 그 판시와 같은 사실을 기초로 하여 아래와 같은 사정을 종합하면, 망 소외인, 원고 2, 원고 3이 수행한 업무와 이 사건 각 질병 또는 사망 사이에 상당인과관계가 있다고 보기 어렵다는 이유로, 피고가 원고들에 대하여 한 이

사건 각 처분이 적법하다고 판단하였다.
가. 망 소외인이 평탄화 및 백랩 공정에서 취급한 연마제에 인간에게 암을 일으킨다고 할 수 없는 비결정질 실리카 또는 비결정질 증기 실리카가 포함되어 있을 뿐이고, 2라인 백랩 공정에서 아르신이 검출되었으나 그 검출량이 흔적(trace)에 그친 점, 설비엔지니어 업무의 특성상 단시간에 고농도의 유해물질에 노출될 수 있다고 하더라도 직접 취급한 물질이 암과 별다른 관련이 없는 점 등에 비추어 보면, 망 소외인이 아르신이나 평탄화 및 백랩 공정 또는 다른 공정에서 발생한 유해물질에 노출되었고 과로하거나 스트레스를 받았다고 하더라도, 그 노출 또는 과로 등의 정도가 위 질병을 유발하거나 그 진행을 촉진할 정도라고 보기 어려우며, 망 소외인이 그 밖의 유해물질에 노출되었다고 볼 증거가 부족하다.
나. 원고 2가 절단·절곡 공정에서 취급한 트리클로로에틸렌을 비롯한 화학물질들이 급성 골수성 백혈병과의 연관성이 알려진 바 없거나 인간에게 암을 일으킨다고 할 수 없는 것들이고, 원고 2가 몰드 또는 인쇄 공정에서 발생 가능한 벤젠이나 포름알데히드에 노출되었고 과로하거나 스트레스를 받았다고 하더라도, 그 노출 또는 과로 등의 정도가 위 질병을 유발하거나 그 진행을 촉진할 정도라고 보기 어려우며, 그 밖의 유해물질에 노출되었다고 볼 증거가 부족하다.
다. 원고 3이 도금공정에서 취급한 납, 주석, 황산 등이 악성 림프종을 유발하였다거나 그 진행을 촉진하였다고 보기 어렵고, 원고 3이 트리클로로에틸렌과 인쇄 공정에서 발생 가능한 벤젠 등을 포함하여 다른 공정에서 발생한 유해물질에 노출되었고 과로하거나 스트레스를 받았다고 하더라도, 그 노출 또는 과로 등의 정도가 위 질병을 유발하거나 그 진행을 촉진할 정도에 이르렀다고 보기 어려우며, 그 밖의 유해물질에 노출되었다고 볼 증거가 부족하다.
3. 앞서 본 법리와 기록에 비추어 살펴보면, 원심의 위와 같은 판단에 상고이유 주장과 같이 망 소외인, 원고 2, 원고 3이 노출된 유해물질과 그로 인하여 발생하는 질병에 대하여 필요한 심리를 다하지 아니한 채 논리와 경험의 법칙에 반하여 사실을 오인하였거나, 업무와 재해 사이의 상당인과관계에 관한 법리를 오해한 잘못이 없다.
4. 그러므로 상고를 모두 기각하고, 상고비용은 패소자들이 부담하기로 하여, 관여 대법관의 일치된 의견으로 주문과 같이 판결한다.

6. 요양불승인처분취소(천정물도리 작업 중 일어난 사고)

◎ 광주지방법원[2019구단10897]

원 고 : ○○○

제주특별자치도 ○○○시 ○○○로 ○○길 ○○○

소송대리인 법무법인 ◇◇

담당변호사 ○○○

피 고 : 근로복지공단

변론종결 : 2020. 08. 20

판결선고 : 2020. 09. 10

[주문]

1. 피고가 2018. 6. 11. 원고에 대하여 한 요양불승인처분을 취소한다.
2. 소송비용은 피고가 부담한다.

[청구취지]

주문과 같다.

[이유]

1. 처분의 경위

가. 주식회사 ○○○○○○(건설일괄)은 주식회사 ○○○○○(이하 '○○○○○'라 한다)에게 제주시 이하생략 공사(이하 '이 사건 공사'라 한다)를 도급 주었는데, 원고는 2018. 3. 12. 11:00경 이 사건 공사가 이루어지던 현장(이하 '이 사건 공사현장'이라 한다)에서 천정물도리 작업을 하던 중 약 3미터 높이의 사다리에서 추락하였다(이하 '이 사건 사고'라 한다).

나. 원고는 이 사건 사고로 인하여 '흉요추손상, 흉추골절(T11-12)' 등의 진단을 받고 2018. 5. 9. 피고에게 요양급여신청을 하였는데, 피고는 2018. 6. 11. 원고에게 '원고가 ○○○○ 명의로 사업자등록을 마치고 금속공사와 관련된 부분에 도급을 받아 공사를 진행하고 있었던 점, ○○○○○로부터 시공 부분을 하자처리조건으로 1일 50만 원으로 약정하여 150만 원을 지급받은 점, 작업에 필요한 보조작업자를 원고가 직접 고용하여 일당을 지급한 점에 비추어 원고를 근로자로 볼 수 없다'는 이유로

불승인결정(이하 '이 사건 처분'이라 한다)을 하였다.

다. 원고는 이 사건 처분에 불복하여 근로복지공단에 심사청구를 하였으나 2018. 12. 11. 위 심사청구가 기각되었고, 2019. 3. 13. 산업재해보상보험심사위원회에 재심사청구를 하였으나, 2019. 6. 5. 위 재심사청구도 기각되었다.

[인정근거 : 다툼 없는 사실, 갑 제1 내지 3호증, 을 제1, 2호증의 각 기재, 변론 전체의 취지]

2. 이 사건 처분의 적법여부

가. 원고의 주장요지

원고는 이 사건 공사현장에서 일용 근로자를 모집하여 일당을 받고 공사에 참여한 근로자에 해당한다. 따라서 이와 다른 전제에서 원고를 근로자로 인정하지 아니하고 하도급사업주로 판단한 이 사건 처분은 위법하다.

나. 관련 법리

근로기준법에 따른 근로자에 해당하는지는 계약의 형식이 고용계약인지 도급계약인지보다 실질이 근로자가 사용자에 대한 종속적 관계에서 임금을 목적으로 사용자에게 근로를 제공하였는지에 따라 판단하여야 한다. 여기에서 종속적인 관계가 있는지는 업무 내용을 사용자가 정하고 취업규칙 또는 복무(인사)규정 등이 적용되며 업무 수행 과정에서 사용자가 지휘·감독을 하는지, 사용자가 근무 시간·장소를 지정하고 근로자가 이에 구속되는지, 노무제공자가 스스로 비품·원자재나 작업 도구를 소유하고나 제3자를 고용하여 업무를 대행하도록 하는 등 독립하여 자신의 계산으로 사업을 영위할 수 있는지, 노무 제공을 통해 스스로 이윤을 창출하거나 손실 등 위험을 부담하는지, 보수의 성격이 근로 자체의 대상적 성격인지, 기본급이나 고정급이 정해져 있는지, 근로소득세를 원천징수하는지 등 보수에 관한 사항, 근로 제공 관계의 계속성과 사용자에 대한 전속성의 유무와 정도, 사회보장제도에 관한 법령에서 근로자로 인정되는지 등 경제적·사회적 여러 조건을 종합하여 판단하여야 한다(대법원 2019. 11. 28. 선고 2019두50168 판결 등 참조).

다. 판단

살피건대, 앞서 본 각 증거에 갑 제5, 6, 8, 10, 12호증, 을 제5, 6호증(각 가지번호 포함)의 각 기재, 갑 제4호증, 을 제3, 4호증의 각 일부 기재와 증인 소외1의 일부 증언 및 변론 전체의 취지를 종합하여 인정되는 다음과 같은 사실 또는 사정에 비추어 보면, 원고는 실질적으로 ○○○○○의 구체적인 지휘, 감독 하에 직접 근로를 제공하고, 그 노무에 대한 대가로서의 임금을 받기로 한 일종의 노무도급 근로자에 해당한다고 봄이 상당하므로, 이와 다른 전제에 선 피고의 이 사건 처분은 위법하다.

① ○○○○○에서는 2017년 3월경 원고에게 다른 일용 근로자를 데려와 이 사건 공사현장에서 일을 하여 줄 것을 요청하였고, 이에 원고는 지인이나 인력사무소에서 소개받은 일용 근로들과 함께 위 공사현장에서 지붕판넬작업, 홈통(배수파이프), 지붕물도리작업 등의 작업을 직접 하였으며, ○○○○○가 원고에게 이 사건 공사 중 특정 부분 또는 일정 공정에 대하여 면적 대비 또는 일정 공정률에 따른 공사대금을 정하여 도급을 주었다고 볼 만한 자료는 없다.

② 이 사건 공사현장에는 ○○○○○의 직원인 소외2 반장, 소외3 차장이 상주하면서 원고 및 다른 일용 근로자들에게 구체적인 작업지시 등을 하였고, 위 공사현장의 출력일보에는 ○○○○○의 직원과 원고, 다른 일용근로자들이 모두 근로자로 기재되어 있었다.

③ 이 사건 공사가 진행되던 2018. 3. 8.에는 강한 비바람으로 인하여 공사를 진행할 수 없는 상황이었는데 ○○○○○의 직원들만이 이 사건 공사현장에 가서 지붕물건 등을 고정하는 등 진행 중인 작업을 정리하였다(갑 제8호증의3).

④ 원고는 이 사건 공사현장에서 3일[1] 정도 일을 하면서 ○○○○○로부터 150만 원을 송금받아 그 중 일부를 다른 일용 근로자들에게 노임으로 지급하였고, 위 금원에 원고 뿐만 아니라 다른 일용 근로자들의 노임도 포함되어 있었던 것으로 보이기는 하다. 그러나, ○○○○○는 원고에게, 2017. 3. 7. 100만 원을 송금하면서 '제주도인건비[2])'로, 2017. 3. 10. 50

만 원을 송금하면서 '원고1-임금'이라고 각 적요란에 기재하였고, 위 금액은 1일당 50만 원씩 지급된 것으로 보일 뿐 공사의 물량이나 공정률에 따라 비례적으로 지급된 것으로 보이지는 아니하는바, 위 금원은 원고에게 도급계약에 따른 공사대금이 아니라 1일당 근로의 대가로 지급된 것으로 봄이 상당하다.

⑤ ○○○○○에서는 이 사건 공사현장에 필요한 다른 보조작업인력은 직접 고용하여 그 노임을 지급하였고, 이 사건 사고일 이후에는 다른 일용 근로자들에게 직접 노임을 지급하고 나머지 공사를 마쳤다.

⑥ 원고는 자신의 임팩드릴, 핸드그라인더 등 작업도구를 사용하여 일을 하였으나, 이는 작업자의 손에 익숙한 개인공구를 사용한 것으로 볼 여지가 있고, 현장에서 필요한 자재비는 ○○○○○에서 부담하였다.

⑦ 원고는 2015. 3. 10.경 '○○○○(업태 : 건설업, 종목 : 철근콘크리트, H빔 경량철골)'이라는 상호로 사업자등록을 마친 바 있으나 그로 인하여 원고의 근로자성이 그 무렵부터 당연히 부인된다고 볼 수는 없다. 원고와 ○○○○○ 사이의 과거 거래내역을 보면, 2016년 7월 내지 10월경까지 ○○○○○가 원고에게 금원을 송금하면서 '○○○○'이라고 명시하여 송금을 한 바 있기는 하나, 2016년 10월부터는 '소외4(제주도자재비)', '소외4 제주도경비', '원고1-제주현장', '인건비-원고1', '○○○○현장 외부인건비' 등으로 원고의 이름과 그 송금항목을 구체적으로 기재하여 송금한 점에 비추어 그동안 인건비와 자재비를 ○○○○○에서 부담하여 원고에게 제주도 현장일을 시켜왔다고 보이며, 원고에 대한 최소 송금액도 20만 원으로 이 사건에서 원고가 자신의 인건비라고 주장하는 액수와 큰 차이가 없다.

⑧ 원고가 ○○○○○와 이 사건 공사현장에서 하자가 발생하였을 경우 하자처리를 하여 주기로 약정한 사실은 인정되나, 원고는 '○○○○○에 인건비와 필요자재를 요청하여 원고가 선시공을 하고 사후정산을 받기로 한 것이다'라고 주장하고 있고, ○○○○○의 실질적인 운영자 소외1은 '○○○○○의 사업장이 청주에 있어 실질적으로 ○○○○○가 하여야 할 하자처리를 제주도에 거주하는 원고에게 미리 부탁한 것이다'라는 취지로

진술하고 있는바, 원고가 ○○○○○에게 약속한 하자처리는 원고가 자신의 책임 하에 마친 하도급공사의 하자처리를 자신의 책임 및 비용부담 하에 하여 주기로 약정한 것이라기보다는 ○○○○○가 한 공사에 하자가 발생하는 경우 ○○○○○가 인건비와 자재비용을 부담하여 원고에게 하자보수에 대한 일종의 노무도급을 주기로 미리 약정한 것으로 볼 여지가 많다.

3. 결론

그렇다면, 원고의 이 사건 청구는 이유 있어 이를 인용하기로 하여 주문과 같이 판결한다.

[각주내용]

1) 1) 갑 제8호증의 3의 기재에 의하면, 원고가 이 사건 사고 이전에 2018. 3. 7., 2018. 3. 10., 2018. 3. 11. 실제 일을 한 것으로 보인다.

2) 2) '제주도인건비'의 오기로 보인다.

[참조판례]

◈ 산업재해보상보험법상 보험급여 대상자인 근로자는 '근로기준법에 따른 근로자'에 해당하는지에 따라 결정되는지 여부(원칙적 적극)

[1] 산업재해보상보험법은 이 법에 따라 보험급여를 받을 수 있는 근로자에 대하여 제125조가 정한 특수형태근로종사자에 대한 특례 등을 제외하고는 '근로기준법에 따른 근로자'를 말한다고 정하고 있다(제5조 제2호 본문). 따라서 보험급여 대상자인 근로자는 원칙적으로 '근로기준법에 따른 근로자'에 해당하는지에 따라 결정된다.

[2] 근로기준법에 따른 근로자에 해당하는지는 계약의 형식이 고용계약인지 도급계약인지보다 실질이 근로자가 사용자에 대한 종속적 관계에서 임금을 목적으로 사용자에게 근로를 제공하였는지에 따라 판단하여야 한다. 여기에서 종속적인 관계가 있는지는 업무 내용을 사용자가 정하고 취업규칙 또는 복무(인사) 규정 등이 적용되며 업무 수행 과정에서 사용자가 지휘·감독을 하는지, 사용자가 근무 시간·장소를 지정하고 근로자가 이에 구속되는지, 노무제공자가 스스로 비품·원자재나 작업 도구를 소유하거나 제3자를 고용하여 업무를 대행하도록 하는 등 독립하여 자신의 계산으로 사업을 영위할 수 있는지, 노무 제공을 통해 스스로 이윤을 창출하거나 손실 등 위험을 부담하는지, 보수의 성격이 근로 자체의 대상적 성격인지, 기본급이나 고정급이 정해져 있는지, 근로소득세를 원천

징수하는지 등 보수에 관한 사항, 근로 제공 관계의 계속성과 사용자에 대한 전속성의 유무와 정도, 사회보장제도에 관한 법령에서 근로자로 인정되는지 등 경제적·사회적 여러 조건을 종합하여 판단하여야 한다. 다만 사용자가 정한 취업규칙 또는 복무(인사)규정 등이 적용되는지, 기본급이나 고정급이 정해져 있는지, 근로소득세를 원천징수하는지, 사회보장제도에 관하여 근로자로 인정되는지 등의 사정은 사용자가 경제적으로 우월한 지위를 이용하여 임의로 정할 여지가 크기 때문에, 그러한 점들이 인정되지 않는다고 해서 그것만으로 근로자가 아니라고 쉽게 단정해서는 안 된다(대법원 2019. 11. 28. 선고 2019두50168 판결).

7. 요양불승인처분취소(좌측 견관절부 이두건 힘줄염 등 상병)

◎ 1심 부산지방법원[2017구단873]

원 고 : ○○○

부산시 강서구 ○○○로 ○○길 ○○번지

소송대리인 법무법인 ◇◇ 담당변호사 ○○○

피 고 : 근로복지공단

변론종결 : 2019. 10. 16

판결선고 : 2019. 10. 30

[주문]

1. 원고의 청구를 기각한다.
2. 소송비용은 원고가 부담한다.

[청구취지]

피고는 2017. 7. 31. 원고에게 한 최초요양급여 불승인 처분을 취소한다.

[이유]

1. 처분의 경위

가. 원고는 2017. 6. 15. 피고에게 '좌측 견관절부 이두건 힘줄염, 좌측 견관절부 유착성 관절낭염, 좌측 견관절부 염좌(이하 '이 사건 상병'이라고 한다)' 진단을 받고 피고에게 최초요양급여신청서를 제출하였다. 원고가 당시 진술한 업무상 재해는 '2017. 5. 26. 16:30경 근무하던 주식회사 ○○○○○○○○(이하 '회사'라고 한다)의 본부장 지시로 17:00 ○○○○에서 재활용품을 적재하다 미끄러져 허리와 어깨 등을 다쳤고, 17:40경 회사마당에서 하역작업을 하다가 생략 화물적재함에서 넘어지고 떨어졌는데 위에서 짐을 내려 주던 소외1, 소외2이 뛰어내리며 부딪쳐 피하면서 압축기계에서 누출된 기름오일에 미끄러져서 다쳤다(이하 '원고 주장 사고'라고 한다).'는 것이었다.

나. 피고는 2017. 7. 31. 이 사건 상병 중 '좌측 견관절부 이두건 힘줄염, 좌측 견관절부 유착성 관절낭염'은 기왕증으로 확인되고, '좌측 견관절부 염좌'는 원고 주장 사고 경위를 확정할 수 없어 원고 주장 사고와

이 사건 상병 사이에 상당인과관계를 인정하기 어렵다는 이유로 최초요양급여 불승인 처분(이하 '이 사건 처분'이라고 한다)을 하였다.

[인정근거] 다툼 없는 사실, 갑 제1, 2호증, 을 제1, 2호증(가지 번호 있는 것은 가지 번호 포함, 이하 같다)의 각 기재, 변론 전체의 취지

2. 이 사건 처분의 적법성

가. 원고의 주장

원고는 2017. 5. 26. 16:30 화물차량 생략로 부산 서면 ○○○○에서 수거해 온 파지박스를 주임 소외1가 굴삭기로 찍어서 하역하다가 포장박스가 터지면서 양면 코팅 광고지가 나왔다. 원고는 다시 화물차량에 올라왔는데, 소외2가 적재함에 올라와 파지 박스 속에 숨겨진 코팅 광고지를 분류하지 않았다면서 온갖 모욕을 하다 다시 마대에 담는 작업을 하라고 지시하여, 하차하다가 미끄러지면서 복부, 사타구니, 국부고안, 어깨, 가슴 등을 다쳤다. 이후 소외1와 소외2가 계속 욕설을 하자, 원고는 그들과 말다툼을 벌였고, 소외1가 적재함에서 뛰어 내리자 급히 피신하다가 기름이 있는 바닥에 미끄러져, 뒤쪽에 있던 굴삭기에 부딪쳐 머리와 어깨, 팔, 허리 등 전신이 다쳤다. 원고가 일어나 다시 그들에게 '작업을 마무리 하자'라고 설득하다가 소외2가 다시 뛰어내려 다시 기름이 있는 바닥에 미끄러져 다시 머리와 어깨, 팔, 복부, 눈과 안경 등을 다치거나 파손되었다. 그 이후 원고는 어깨와 전신이 모두 아파서 외부작업을 할 수 없었다. 그럼에도 불구하고 이 사건 상병을 산업재해로 인정하지 않은 이 사건 처분은 위법하다.

나. 관련 법령

별지 기재와 같다.

다. 판단

1) 산업재해보상보험법 제5조 제1호는 "업무상의 재해란 업무상의 사유에 따른 근로자의 부상·질병·장해 또는 사망을 말한다."라고 규정하고 있는 바, 근로자가 타인의 폭력에 의하여 재해를 입은 경우라도, 가해자의 폭력행위가 피해자와의 사적인 관계에서 기인하였다거나 피해자가

직무의 한도를 넘어 상대방을 자극하거나 도발함으로써 발생한 경우에는 업무기인성을 인정할 수 없어 업무상 재해로 볼 수 없으나, 그것이 직장 안의 인간관계 또는 직무에 내재하거나 통상 수반하는 위험이 현실화되어 발생한 것으로서 업무와 사이에 상당인과관계가 있으면 업무상 재해로 인정하여야 한다(대법원 2017. 4. 27. 선고 2016두55919 판결).

2) 갑 제1 내지 11호증의 기재 및 녹음, 을 제1 내지 13호증의 각 기재, 증인 소외3, 소외4의 각 증언, 이 법원의 주식회사 ○○○○○○○에 대한 사실조회결과에 변론 전체의 취지를 종합하여 보면, 원고와 직장 동료 소외1 사이에 2017. 6. 15. 업무 처리와 관련된 다툼으로 몸싸움에 이르게 된 사실은 인정된다.

그러나 같은 증거들에 의하여 알 수 있는 다음과 같은 사실 또는 사정들을 고려하면, 위와 같은 몸싸움의 경위나 내재한 물리력의 정도가 원고 주장 사고와 상당한 차이가 있을 뿐만 아니라, 위와 같은 몸싸움과 이 사건 상병 사이에 상당인과관계가 있다고 보기 어렵다. 원고의 주장은 이유 없다.

가) 원고 주장 사고의 존재 및 경위

다음의 사실 내지 사정들을 종합하여 보면, 원고의 사고 경위에 대한 주장이 사업주, 피고에게 한 것과 이 법정에서 한 것이 그 세부사항에서 모두 다르고, 일관성이 없어 이를 그대로 믿기 어렵다. 원고 주장 사고가 그 주장대로 발생하였다고 볼 수 없다.

① 원고는 요양급여 신청 이후 피고에게 재해경위를 진술할 때 다양한 원인을 진술하였으나, 주된 재해경위와 관련해서는 '차량에 부딪혔을 때'라고 진술하였고, 회사에도 산재보험 뿐만 아니라, 이 사건 당일이 아닌 2017. 5. 31. 자동차에 부딪혔다며 '자동차 보험'으로 처리해 달라는 요구를 한 것으로 보인다. 그러나 원고는 이 법정에서는 이와 같은 주장을 하지 않고 있고, 원고가 자동차에 부딪혔다는 객관적인 증거도 전혀 제출하지 못하고 있다. 원고는 이 사건 초반부터 사고의 경위를 일부 허위로 진술하거나 적어도 상당히 과장했던 것으로 보인다.

② 원고는 최초 요양신청시에는 '○○○○에서 파지 적재 작업 중 1회 미끄러졌고, 이후 회사에 돌아와 하역작업을 하다가 1회 미끄러지고, 소외1(소외1를 의미하는 것으로 보인다, 이하 같다), 소외2(소외2를 의미하는 것으로 보인다, 이하 같다)이 뛰어내리면서 부딪쳐 피하면서 기름오일에 미끄러졌다'는 취지로 진술하였다. 소장에서는 '회사에서 파지를 분류하다가 주임 2명의 지시대로 하차하다가 미끄러졌고, 그 후 계속 다투다가 소외1, 소외2 주임이 각각 뛰어내릴 때 미끄러졌다.'는 취지로 주장하고 있다. 원고는 회사를 상대로 ○○지방고용노동청에도 진정하였는데, 2017. 9. 14. 위 노동청에서 진술할 때에는 '소외1과 소외2이 계속 욕설과 인격모독을 하다가, 소외1이 욕설을 하면서 트럭적재함에서 뛰어내리고 원고에게 위협을 가하였다. 원고는 뒷걸음질 치다가 당시 바닥에 쏟아져 기계 오일에 범벅이 되어 있던 코팅지를 밟아서 미끄러지면서 포클레인에 처 박혔고, 소외1과 다툰 후 소외1을 트럭적재함에 들어올리려고 하다가 뛰어내리려는 소외2과 몸싸움을 하다가 원고가 코팅지를 재차 밟고 넘어지면서 소외1과 함께 넘어졌다.'는 취지로 주장하였다. 그러나 원고는 이 법정에서 ○○○○에서 파지 적재작업을 할 때 미끄러졌다는 부분과 소외2 주임이 뛰어 내릴 때 미끄러졌다는 부분에 대하여 적극적으로 주장하지도 않고 아무런 증거도 제출하지 못하고 있다. 오히려 회사 측에서는 원고와 소외1 사이에서만 몸싸움이 있었다고 판단하고 원고와 소외1로부터 시말서를 받았고, 소외2와의 몸싸움을 인지하지 못한 것으로 보이며, 원고 역시 시말서 제출요구 당시 소외2에게 시말서를 받지 않는 것에 대하여 아무런 이의도 제기하지 않을 것으로 보인다. 원고 측에서는 증인신문시 소외2에 대해서는 아무런 언급도 하지 않았다.

③ 원고가 소외1와 통화할 당시 '차에서 뛰어내릴 때 포클레인에 다쳐 미끄러졌다'는 주장을 하였다. 그러나 소외1가 '포클레인이 시동이 꺼져 있었고 당시 적재트럭에 가까이 있지 않았다'는 이야기를 하자, 이에 반박하거나 그에 대한 반박을 적극적으로 하지는 못하고 있다. 아울러 원고는 소외1에게 '소외1이 나 있는 쪽으로 뛰어내려서 피하다가 포클레인에

부딪혀 내가 미끄러졌다'고 말을 하자, 소외1는 '아니다. 나는 반대쪽으로 내려서 차 앞으로 돌아 와서 원고가 있는 곳으로 갔다.'고 이야기하였다. 소외1는 원고와의 통화에서 원고와 다툰 사실을 인정하면서, 당시 원고와 밀고 당기면서 싸우다가 소외1 자신이 기름이 있는 바닥에 먼저 미끌어졌고, 원고가 그 위에 있었다.'는 취지로 이야기 하였다. 소외1가 기억하는 싸움의 경위나 동선은 원고가 기억하는 것과 다르다.

④ 당시 원고와 소외1가 일하던 적재트럭 근처에서 책 작업을 하고 있던 소외3은 이 법정에서 '소리가 나서 돌아보니 소외1이 밑에 있었고, 위에 원고가 허리를 잡고 있는 것을 보고 말리러 갔고, 바로 한명씩 일으켜 세워 말렸다.'는 취지로 증언하였다. 소외3은 ○○지방고용노동청에서는 '포클레인 집게차에서 오일이 터진 것은 맞지만 당시 파지 분류 작업을 하던 곳은 집게차에서 1미터 정도 떨어진 곳이어서 오일을 밟아서 넘어지지는 않았다.'는 취지로 진술한 것으로 보이나, 이 법정에서는 당시 오일이 바닥에 있었는지는 명확하게 기억나지 않고, 다만 포클레인과 적재차량 사이의 거리가 상당히 있어 오일이 그 곳까지 흐르지 않았을 것이라고 생각하여 위와 같이 추정을 진술한 것이다'는 취지로 진술하였다. 소외3은 원고와 소외1가 적재차량 아래로 내려와 싸움하는 장면부터 목격한 것으로 보인다. 소외3은 더 이상 회사에 근무하지 않아 어느 쪽에도 유리하게 이야기할 유인이 없어 신빙성이 높은데, 그 진술에 따르면, 원고와 소외1 사이의 몸싸움이 오래 지속되지 않았고 이후에 원고와 소외2와의 몸싸움으로 확대되지도 않은 것으로 보인다. 소외3이 목격한 싸움의 경위는 바닥에 기름이 있었는지 여부를 제외하면, 소외1가 원고와의 통화에서 이야기한 것과 유사하다.

⑤ 이와 같이 원고가 진술하는 사고나 재해의 경위가 일관되지 않을 뿐만 아니라, 소외1, 소외3 등의 진술에 비추어 보면 상당 부분 과장되었다고 보인다.

2) 원고와 소외1 사이의 다툼과 이 사건 상병 사이의 인과관계

원고 주장 사고 중 일부 다툼으로 인한 몸싸움이 있었다고 하더라도,

이러한 다툼과 이 사건 상병 사이의 인과관계가 있다고 보기 어렵다.
① 원고와 소외1 사이에 2017. 5. 26. 몸싸움이 있었고, 그 와중에 바닥에 기름이 있어 원고가 미끄러져 넘어졌을 가능성은 있다. 그러나 원고는 당일 싸움이 있은 후에도 18:30경까지 작업을 마쳤음을 스스로 인정하고 있고, 다음날인 2017. 5. 27.에도 정상적으로 출근한 것으로 보여 위 몸싸움으로 심각한 통증을 느꼈다고 보이지 않는다.
② 원고는 위 몸싸움으로 '복부, 사타구니, 국부고안, 어깨, 가슴, 팔, 무릎, 허리, 눈' 등을 다쳤다고 주장하였다. 그러나 원고가 3일후 최초 방문한 병원인 ○○의원에서는 주상병으로 '어깨관절의 염좌 및 긴장, 좌측'과 부상병으로 '팔꿈치의 심한 타박상(좌측), 요추의 염좌 및 긴장'만을 진단하였다. 원고는 이후 회사 측에 어깨 통증으로 수술이 필요하다고 호소하며, 원고가 선택한 ○○○○○병원을 회사 담당자와 방문하였는데, MRI 결과 상 '좌측 견관절부 염좌' 정도만 진단되었고, 수술적 치료가 요할 정도의 파열은 인지되지 않으며 이두근 주변의 염증소견이 관찰된다는 소견을 받았다. 이러한 사실에 비추어 보면, 원고는 몸싸움으로 인한 상해의 정도를 매우 과장하여 주장했던 것으로 보인다.
③ ○○○○○병원에서는 2017. 6. 15. 원고에게 '좌측 견관절부 이두건 힘줄염, 좌측 견관절부 유착성 관절낭염, 좌측 견관절부 염좌'를 진단하여 소견서를 발급하기는 하였다. 그러나 원고는 이 사건 이전에 다음과 같이 어깨 부분 관절과 관련한 치료를 받은 내역이 확인된다. 아울러 원고는 이 법정에서 및 회사 측에 2017. 2.경 집회에 나갔다가 왼쪽 어깨를 다쳤다는 진술을 한 바 있고, 당시 치료를 받은 ○○○○○병원에서도 동일한 진술을 하였다.

일자	의료기관	상병명	치료일수(비고)
2013.12. 6.	○○○○병원	관절통, 어깨 부분	1
2014. 5. 13.	○○○○○○병원	어깨의 회전근개의 근육 및 힘줄 손상, 기타 상세불명의 손상	1
2014. 5. 16.	○○○○○병원	어깨의 유착성 관절낭염	1
2014. 5. 22.	○○○○병원	어깨관절의 염좌 및 긴장	1

2014. 5. 22.~ 2014. 12. 24.	○○○병원	어깨 관절의 염좌 및 긴장, 어깨의 유착성 관절낭염	79(2014. 5,26. 수술)
2017. 2. 14.	○○○○병원	고관절의 상세불명 부위의 염좌 및 긴장	1
2017. 2. 17.	○○병원	어깨관절의 염좌 및 긴장	1

④ 피고 측 자문의는 '이 사건 상병 중 이두건 힘줄염 및 유착성 관절낭염은 기왕병변이며, 재해와 무관하여 불승인 하는 것이 타당하다'고 판단하였다. 앞서 본 원고의 기존 치료 내역에 비추어 보면, 피고 측 자문의의 이와 같은 판단은 타당하다.

⑤ 피고 측 자문의는 '이 사건 상병 중 염좌에 대하여는 재해경위 확인되는 경우에는 인정될 수 있다.'는 취지의 의견을 내었다. 그런데 앞서 본 바와 같이 원고의 사고 경위에 관한 진술이 크게 과장되어 믿기 어렵다. 원고가 2017. 5. 26. 소외1와 한 몸싸움을 하기는 하였으나, 이것은 금방 종결되어 그 지속시기가 매우 짧았고, 앞서 본 당일 및 다음 날의 근무 내역 등에 비추어 보면, 원고가 위 몸싸움 과정에서 큰 통증을 자각하였다고 보기 어려운 측면이 있다. 소외1는 원고보다 먼저 미끌어 졌고 원고의 아래에 깔렸음이 객관적으로 인정되는데, 그 몸싸움으로 별다른 치료를 받은 바 없어, 그 위에 넘어진 원고가 더 크게 다쳤을 가능성이 크지 않다. 원고가 팔꿈치 등에 타박상을 입은 것으로 보이기는 하나 이로 인하여 특별한 치료를 받은 것으로 보이지 않고, 이 부분에 대한 통증을 호소하지도 않았다. 원고가 이미 퇴행성 병변인 좌측 견관절부 이두건 힘줄염과 좌측 견관절부 유착성 관절낭염 등을 앓고 있었다. 따라서 원고의 주치의가 어깨 부위의 염증 등을 관찰하여 염좌를 진단하였다고 하더라도 2017. 5. 26. 당시의 소외1와의 몸싸움으로 촉발되거나 악화되었다고 단정하기 어렵다.

⑥ 원고는 ○○○○○병원에서 '2017. 5. 26. 작업 중 수상'하였다고 진술한 바 있으나, 진술당시 이미 회사에 산재보험 또는 자동차보험의 적용을 요구하며 사고경위와 상해정도를 부풀려서 말한 상태였다. 또한 원고는 이 사건 이전에도 2009년부터 2016년 사이 7차례 피고에게 요양신청을 한 바 있고, 4차례 불승인 처분을 받은 바 있으며, 행정소송까지

수행한 경험이 있다. 따라서 원고의 의료기관에서의 진술을 그대로 믿기 어렵다.

⑦ 회사가 원고 주장 사고와 관련하여 원고의 검사비용이나 치료비용을 일부 부담하였다고 하더라도 원고 주장 사고로 이 사건 상병이 발생하였음을 인정하였다고 보기 어렵다. 회사는 원고가 호소하는 통증의 정도와 원인에 대하여 검사를 통하여 확정하려고 하였을 수 있고, 사고 경위가 명백하지 않은 상태에서 과도한 요구를 하는 원고에게, 거래비용을 낮추고 원만하게 해결하기 위하여 위와 같은 행동을 할 유인이 있었다.

3. 결론

따라서 원고의 청구는 이유 없어 이를 기각하기로 하여, 주문과 같이 판결한다.

[별지] 관련 법령

■ 구 산업재해보상보험법(2017. 10. 24. 법률 제14933호로 개정되어 2018. 1. 1. 시행되기 전의 것)

제5조(정의) 이 법에서 사용하는 용어의 뜻은 다음과 같다.

1. "업무상의 재해"란 업무상의 사유에 따른 근로자의 부상·질병·장해 또는 사망을 말한다.

제37조(업무상의 재해의 인정 기준) ① 근로자가 다음 각 호의 어느 하나에 해당하는 사유로 부상·질병 또는 장해가 발생하거나 사망하면 업무상의 재해로 본다. 다만, 업무와 재해 사이에 상당인과관계(相當因果關係)가 없는 경우에는 그러하지 아니하다.

1. 업무상 사고

가. 근로자가 근로계약에 따른 업무나 그에 따르는 행위를 하던 중 발생한 사고

바. 그 밖에 업무와 관련하여 발생한 사고

③ 업무상의 재해의 구체적인 인정 기준은 대통령령으로 정한다.

■ 산업재해보상보험법 시행령

제27조(업무수행 중의 사고) ① 근로자가 다음 각 호의 어느 하나에 해당하는 행위를 하던 중에 발생한 사고는 법 제37조 제1항 제1호 가목에 따른 업무상 사고로 본다.

1. 근로계약에 따른 업무수행 행위
2. 업무수행 과정에서 하는 용변 등 생리적 필요 행위
3. 업무를 준비하거나 마무리하는 행위, 그 밖에 업무에 따르는 필요적 부수행위
4. 천재지변·화재 등 사업장 내에 발생한 돌발적인 사고에 따른 긴급피난·구조 행위 등 사회 통념상 예견되는 행위

② 근로자가 사업주의 지시를 받아 사업장 밖에서 업무를 수행하던 중에 발생한 사고는 법 제37조 제1항 제1호 가목에 따른 업무상 사고로 본다. 다만, 사업주의 구체적인 지시를 위반한 행위, 근로자의 사적(私的) 행위 또는 정상적인 출장 경로를 벗어났을 때 발생한 사고는 업무상 사고로 보지 않는다.
③ 업무의 성질상 업무수행 장소가 정해져 있지 않은 근로자가 최초로 업무수행 장소에 도착하여 업무를 시작한 때부터 최후로 업무를 완수한 후 퇴근하기 전까지 업무와 관련하여 발생한 사고는 법 제37조 제1항 제1호 가목에 따른 업무상 사고로 본다.

[참조조문]

산업재해보상보험법 제5조, 제37조
산업재해보상보험법시행령 제27조

[참조판례]

◈ 근로자가 타인의 폭력에 의하여 재해를 입은 경우, 업무상 재해로 인정할 수 있는지 판단하는 기준(대법원 2017. 4. 27. 선고 2016두55919 판결)

[1] 산업재해보상보험법 제5조 제1호는 “업무상의 재해란 업무상의 사유에 따른 근로자의 부상·질병·장해 또는 사망을 말한다.”라고 규정하고 있는 바, 근로자가 타인의 폭력에 의하여 재해를 입은 경우라도, 가해자의 폭력행위가 피해자와의 사적인 관계에서 기인하였다거나 피해자가 직무의 한도를 넘어 상대방을 자극하거나 도발함으로써 발생한 경우에는 업무기인성을 인정할 수 없어 업무상 재해로 볼 수 없으나, 그것이 직장 안의 인간관계 또는 직무에 내재하거나 통상 수반하는 위험이 현실화되어 발생한 것으로서 업무와 사이에 상당인과관계가 있으면 업무상 재해로 인정하여야 한다.

[2] 산업재해보상보험법 제37조 제2항에서 규정하고 있는 ‘근로자의 범죄행위가 원인이 되어 사망 등이 발생한 경우’란 근로자의 범죄행위가 사망 등의 직접 원인이 되는 경우를 의미하는 것이지, 근로자의 폭행으로 자극을 받은 제3자가 그 근로자를 공격하여 사망 등이 발생한 경우와 같이 간접적이거나 부수적인 원인이 되는 경우까지 포함된다고 볼 수는 없다.

◎ **2심 부산고등법원제2행정부[2019누24169]**

원 고 : 항소인 ○○○

부산시 강서구 ○○○로 ○○길 ○○번지

피 고 : 피항소인 근로복지공단

전심판결 : 1심 2017구단873 부산지방법원

변론종결 : 2020. 04. 22

판결선고 : 2020. 05. 20

[주문]

1. 원고의 항소를 기각한다.
2. 항소비용은 원고의 부담으로 한다.

[청구취지 및 항소취지]

제1심판결을 취소한다. 피고가 2017. 7. 31. 원고에 대하여 한 최초요양급여 불승인 처분을 취소한다.

[이유]

1. 제1심판결의 인용

원고의 항소이유는 제1심에서의 주장과 크게 다르지 아니한바, 제1심에 제출된 증거들에다가 당심에 추가로 제출된 증거들을 종합적으로 검토해 보면, 제1심의 사실인정과 판단은 정당한 것으로 인정된다.

이에 당원이 설시할 이유는 제1심판결의 이유 중의 일부를 아래와 같이 삭제하거나 고치는 외에는 제1심판결의 이유 기재와 같으므로, 행정소송법 제8조 제2항, 민사소송법 제420조 본문에 의하여 이를 그대로 인용한다.

○ 제1면 제4행 중 '피고에게'를 삭제함

○ 제1면 제8행 중 '적제하다'를 '적재하다가'로 고침

○ 제4면 제7행 중 '2017. 6. 15.'을 '2017. 5. 26.'로 고침

[원고는 당심에 이르러 다음과 같은 취지의 주장 즉, 원고가 제출한 항소이유서 및 준비서면에 기재된 3번에 걸친 사고 내지 재해로 인하여 원고 주장과 같은 상병이 발생하였으므로, 이 사건 처분은 부적법하여 취소되어야 한다는 취지의 주장을 거듭 강조하고 있으나, 제1심 및 당심에 제

출된 여러 증거들 및 그에 의하여 인정되는 원고의 업무내용과 그 수행 경과, 원고의 평소 건강상태, 원고와 소외1 간의 다툼 경위, 원고가 ○○○○○○○○고용노동청에 대하여 한 진정 및 그 결과, 원고 주장 상병에 대한 의학적 소견 등을 종합적으로 검토해 볼 때, 피고가 원고에 대하여 한 이 사건 처분에 어떠한 잘못 내지 위법이 있다고는 보이지 아니하므로, 원고의 위 주장은 이유 없다.]

2. 결론

그렇다면, 제1심판결은 정당하고 원고의 항소는 이유 없으므로 이를 기각하기로 하여 주문과 같이 판결한다.

[참조조문]

행정소송법 제8조 제2항

민사소송법 제420조

8. 요양불승인처분취소(음향개선공사중 추락사고)

◎ 1심 서울행정법원[2018구단20439]

원 고 : ○○○

서울시 송파구 ○○○로 ○○길 ○○번지

소송대리인 법무법인 ◇◇

담당변호사 ○○○

피 고 : 근로복지공단

변론종결 : 2019. 07. 23

판결선고 : 2019. 09. 10

[주문]

1. 원고의 청구를 기각한다.
2. 소송비용은 원고가 부담한다.

[청구취지]

피고가 2017. 11. 8. 원고에 대하여 한 요양불승인처분을 취소한다.

[이유]

1. 처분의 경위

가. 원고는 '○○○'을 운영하는 소외1에 고용된 일용근로자로 2017. 8. 25. ○○○○교회 건축공사음향개선공사(이하 이 사건 공사라 한다) 현장에서 4-6m 아래로 추락하는 사고(이하 이 사건 사고라 한다)를 당하였다.

나. 원고는 이 사건 발생 이후 '좌측 고관절 대퇴부 전자간 골절, 좌측 슬관절 전방 십자인대 부분파열' 진단을 받고 이를 신청 상병으로 하여 피고에게 요양승인 신청을 하였다. 피고는 2017. 11. 8. '이 사건 공사는 총공사금액이 20,000,000원 미만인 공사로 산업재해보상보험법 제6조 단서, 구 산업재해보상보험법 시행령(2017. 12. 26. 대통령령 제28506호로 개정되기 전의 것, 이하 같다).제2조 제1항 제3호 가목에 따라 산업 재해보상보험법이 적용되지 않는다'는 이유로 요양불승인처분(이하 이 사건 처분이라 한다)을 하였다.

다. 원고는 이 사건 처분에 불복하여 피고에게 심사청구를 하였으나 2018. 3. 13.경 기각되었고, 2018. 5. 25.경 산업재해보상보험재심사위원회에 재심사청구를 하였으나 2018. 8. 16. 기각되었다.

[인정근거] 다툼 없는 사실, 갑 제1 내지 3호증, 을 제1, 6, 7호증의 각 기재, 변론 전체의 취지

2. 이 사건 처분의 적법 여부

가. 쟁점

산업재해보상보험법 제6조, 구 산업재해보상보험법 시행령 제2조 제1항 제3호 가목에 의하면, '건설산업기본법에 따른 건설업자가 아닌 자가 시공하는 「고용보험 및 산업재해보상보험의 보험료징수 등에 관한 법률 시행령」 제2조 제1항 제2호에 따른 총공사금액이 20,000,000원 미만인 공사'에는 산업재해보상보험법을 적용하지 아니한다. 그리고 고용보험 및 산업재해보상보험의 보험료징수 등에 관한 법률 시행령 제2조 제1항 제2호에 의하면, 총공사금액이란 원칙적으로 '총공사를 할 때 계약상의 도급금액(발주자가 재료를 제공하는 경우에는 그 재료의 시가환산액을 포함한다)'을 의미하고, 여기에서 규정하는 총공사금액에는 부가가치세가 포함되지 않는다(대법원 2009. 4. 9. 선고 2009두461 판결 참조).

이 사건에서 소외1이 건설산업기본법에 따른 건설업자가 아닌 사실은 당사자 사이에 다툼이 없으므로, 이 사건 공사의 총공사금액이 부가가치세를 제외하고 20,000,000원 미만인지에 대하여 본다.

나. 판단

(1) 원고의 주장

소외1과 도급인 사이에 실제로는 이 사건 공사금액을 부가가치세 2,000,000원을 포함하여 22,000,000원으로 정하였으나 공사금액이 총 20,000,000원을 초과하면 내부결재가 어렵다는 도급인측 담당자의 요청에 따라 추후 다른 공사를 도급받는 조건으로 소외1이 부가가치세 2,000,000원을 부담하기로 약정(이하 이 사건 구두약정이라 한다)하고 위와 같이 도급계약서를 형식상 수정한 것일 뿐이다. 따라서 이 사건 공사의 총공사금액은 부가가치세를 제외하고 20,000,000원이라고 보아야 함에도 불구하고 이와 달리 이 사건 공사의 총공사금액이 20,000,000원 미만이라고 보아 원고의 요양승인 신청을 받아들이지 아니한 이 사건 처분은 위법하다.

(2) 판단

(가) 을 제5, 6호증의 각 기재에 변론 전체의 취지를 종합하면, 이 사건 공사의 도급계약서에는 공사금액이 20,000,000원, 부가가치세가 별도 2,000,000원으로 부동문자로 인쇄되어 있는데 그 중 '부가세 별도 2,000,000원' 부분에 삭선(**制線**)이 그어져 있고 그 위에 도급인과 소외1 측의 인영이 날인되어 있으며, 그 아래 '대금의 지급' 부분에 계약금 10,000,000원, 잔금 10,000,000원으로 기재되어 있는 사실, 소외1은 2017. 8. 31. 피고에게 제출한 산재보험 보험관계 성립신고서의 총공사금액 계약금액란에 계약 금액을 20,000,000원으로 기재하면서 '부가세 제외'라고 부동문자로 인쇄되어 있는 부분의 '제외'를 삭제하고 수기로 '포함'이라고 수정기재한 사실을 인정할 수 있다.

위 인정사실에 의하면, 소외1은 처음에 이 사건 공사금액을 부가가치세를 포함하여 22,000,000원으로 교섭을 진행하다가 도급인 측의 요청으로 이를 감액하여 부가가치세를 포함하여 20,000,000원으로 약정하였다고 보는 것이 이 사건 공사 도급계약서의 문언에 부합하는 의사해석으로 판단된다.

(나) 한편, 갑 제4호증의 기재에 의하면 소외1은 2017. 9. 6. 도급인에게 공급가액 20,000,000원, 세액 2,000,000원인 전자세금계산서를 발행하여 준 사실을 인정할 수 있으나, 그 발행시점이 소외1이 산재보험 보험관계 성립신고서를 제출한 후인 점에 비추어 보면, 산업재해보상보험법의 적용을 받기 위해 공급가액을 사후에 조정했을 가능성을 배제할 수 없다.

또한 갑 제1호증의 기재에 변론 전체의 취지를 종합하면, 도급인이 2018. 4. 30.경 소외1에게 부가가치세 상당액인 2,000,000원을 지급한 사실을 인정할 수 있으나, 한편 위 증거에 의하면 소외1은 이 사건 처분에 대한 심사청구가 기각된 후 재심사청구를 하기 전에 도급인 측에 향후 이 사건 공사와 관련하여 어떠한 민·형사상 이의도 제기하지 않고 부가가치세 지급 조건으로 최종 마무리하겠다는 취지의 확약서를 작성하여 주고 위 2,000,000원을 지급받은 사실을 인정할 수 있는바, 그 지급시점 및 지급경위에 비추어 볼 때, 원고 주장처럼 도급인이 다른 공사를 도급주지 못하게 되어 원고가 부담했던 부가가치세 상당액을 돌려받은 것이라고 단정하기 어렵다.

그리고 원고는 이 사건 구두약정의 존재 및 경위에 관한 원고 주장에 부합하는 소외1의 확인서(갑 제5호증)와 도급인측 소외2의 사실확인서(갑 제6, 7호증)를 제출하고 있으나, 소외1은 이 사건 공사의 사업주로서 원고가 요양승인을 받는지 여부에 현저한 이해관계가 있고, 그 밖에 앞서 본 도급계약서의 문언, 전자세금계산서의 발행과 2,000,000원의 지급시점 등에 비추어, 이를 그대로 믿기 어렵다.

그밖에 원고가 제출한 증거를 모두 살펴보아도 이 사건 구두약정의 존재를 인정하기에는 부족하고 달리 증거가 없다.

(다) 따라서 부가가치세를 제외한 이 사건 공사의 총공사금액은 18,181,818원(20,000,000원 ÷ 1.1, 원 미만 버림)이 되고, 이에 의할 때 이 사건 공사는 산업재해보상 보험법의 적용에서 제외되므로, 이와 다른 전제에 있는 원고의 주장은 이유 없고 이 사건 처분은 적법하다.

3. 결론

그렇다면 원고의 청구는 이유 없으므로 이를 기각한다.

[별지] 관계법령

■ 산업재해보상보험법

제6조(적용 범위)

이 법은 근로자를 사용하는 모든 사업 또는 사업장(이하 "사업"이라 한다)에 적용한다. 다만, 위험률·규모 및 장소 등을 고려하여 대통령령으로 정하는 사업에 대하여는 이 법을 적용하지 아니한다.

■ 구 산업재해보상보험법 시행령(2017. 12. 26. 대통령령 제28506호로 개정되기 전의 것)

제2조(법의 적용 제외 사업)

① 「산업재해보상보험법」 (이하 "법"이라 한다) 제6조 단서에서 "대통령령으로

정하는 사업"이란 다음 각 호의 어느 하나에 해당하는 사업 또는 사업장(이하 "사업"이라 한다)을 말한다.

3. 「주택법」에 따른 주택건설사업자, 「건설산업기본법」에 따른 건설업자, 「전기공사업법」에 따른 공사업자, 「정보통신공사업법」에 따른 정보통신공사업자, 「소방시설공사업법」에 따른 소방시설업자 또는 「문화재수리 등에 관한 법률」 제2조제5호에 따른 문화재수리업자가 아닌 자가 시공하는 다음 각 목의 어느 하나에 해당하는 공사

가. 「고용보험 및 산업재해보상보험의 보험료징수 등에 관한 법률 시행령」 제2 조 제1항 제2호에 따른 총공사금액(이하 "총공사금액"이라 한다)이 2천만원 미만인 공사

■ 고용보험 및 산업재해보상보험의 보험료징수 등에 관한 법률 시행령

제2조(정의)

① 이 영에서 사용하는 용어의 뜻은 다음과 같다.

1. "총공사"란 다음 각 목의 공사가 상호 관련하여 행해지는 작업 일체를 말한다.

가. 건설공사에서 최종 목적물을 완성하기 위하여 하는 토목공사, 건축공사, 그 밖에 공작물의 건설공사와 건설물의 개조·보수·변경 및 해체 등의 공사

나. 가목에 따른 각각의 공사를 하기 위한 준비공사 및 마무리 공사 등

2. "총공사금액"이란 총공사를 할 때 계약상의 도급금액(발주자가 재료를 제공하는 경우에는 그 재료의 시가환산액을 포함한다)을 말한다. 다만, 「건설산업기본법」 제41조에 따라 건축물시공자의 제한을 받지 않는 건설공사 중 같은 법 제2조 제7호에 따른 건설업자가 아닌 자가 시공하는 건설공사는 고용노동부장관이 정하여 고시하는 방법에 따라 산정한 금액을 총공사금액으로 한다.

■ 건설업자가 아닌 자가 시공하는 건설공사의 총공사금액 산정방법에 관한 규정[고용노동부고시 제2016-75호, 2016. 12. 28. 일부개정]

제6조(총공사금액의 산정)

① 건설공사의 총공사금액은 표준단가에 「건축법 시행규칙」 제8조 및 제12조에 따른 건축허가(신고)서에 기록된 연면적의 합계를 곱하여 산정한다.

② 제1항에도 불구하고 「고용보험 및 산업재해보상보험의 보험료징수 등에 관한 법률」 제5조에 따른 보험가입자가 신고하는 총공사금액이 제1항에 따라 산정한 총공사금액보다 큰 경우에는 보험가입자가 신고하는 금액을 총공사금액으로 한다. -끝-

[참조조문]

「문화재수리 등에 관한 법률」 제2조제5호

「건설산업기본법」 제41조, 제2조 제7호, 제6조

「건축법 시행규칙」 제8조, 제12조

「고용보험 및 산업재해보상보험의 보험료징수 등에 관한 법률」 제5조

[참조판례]

◈ 산업재해보상보험법의 적용제외사업을 규정한 구 산업재해보상보험법 시행령 제3조 제1항 제3호에 정한 '총공사금액'에 부가가치세가 포함되는지 여부(소극)

(대법원 2009. 4. 9. 선고 2009두461 판결)

【주 문】

상고를 기각한다. 상고비용은 원고가 부담한다.

【이 유】

상고이유를 판단한다.

구 산업재해보상보험법(2005. 12. 29. 법률 제7796호로 개정되기 전의 것, 이하 '구 산재보험법'이라 한다) 제5조 및 동법 시행령 제3조 제1항 제3호는 건설산업기본법에 의한 건설업자가 아닌 자가 시공하는 공사로서 고용보험 및 산업재해보상보험의 보험료징수 등에 관한 법률(이하 '보험료징수법'이라 한다) 시행령 제2조 제1항 제2호의 규정(이하 '이 사건 규정'이라 한다)에 의한 총공사금액이 2천만 원 미만인 공사를 산재보험법의 적용제외사업 중 하나로 규정하고 있는데, 이 사건 규정은 "총공사금액이라 함은 총공사를 행함에 있어 계약상의 도급금액(발주자가 재료를 제공하는 경우에는 그 재료의 시가환산액을 포함한다)을 말한다. 다만, 건설산업기본법 제41조의 규정에 따른 건축물 시공자의 제한을 받지 아니하는 건설공사 중 동법 제2조 제5호의 규정에 의한 건설업자가 아닌 자가 시공하는 건설공사의 경우에는 노동부장관이 정하여 고시하는 방법에 따라 산정한 금액을 총공사금액으로 한다."고 정의하고 있을 뿐 그 총공사금액에 부가가치세가 포함되는지 여부에 관하여는 명시적으로 밝히고 있지 않다.

그러나 노동부장관이 고시하는 방법, 즉 건설업자가 아닌 자가 시공하는 건설공사의 총공사금액 산정에 관한 규정 제6조에 의하면 총공사금액은 표준단가에 건축허가면적을 곱하는 방법에 따라 산정하도록 되어 있고, 재정경제부의 회계예규인 예정가격작성기준 등에 비추어 보면 위 고시에서 말하는 표준단가는 부

가가치세가 포함되지 않은 공사원가를 의미한다고 해석된다. 또 건설산업기본법 제22조 제5항, 동법 시행령 제26조의2의 규정 및 위 규정에 기하여 국토해양부장관(구 건설교통부장관)이 고시하는 사회보험(이른바 4대보험)의 보험료 적용기준에 의하면, 건설공사의 도급계약 당사자는 그 건설공사와 관련하여 건설업자가 의무적으로 부담하여야 하는 산재보험료를 위 고시 기준에 따라 그 건설공사의 도급금액산출내역서에 명시하여야 하나, 건설업자가 아닌 자가 시공하는 총공사금액 2천만 원 미만의 건설공사는 위 고시 기준의 적용대상에서 제외되며 이 경우 그 총공사금액은 부가가치세를 제외한 도급금액에 발주자가 공급한 재료의 시가환산액을 더하여 산정하도록 하고 있는 점, 보험료징수법 시행규칙 제3조 제1항, 제7조 제1항의 규정 및 위 규정에 따르는 별지 제3호 서식(건설공사 보험가입신청서·보험관계성립신고서)에 의하면, 건설공사와 관련하여 산재보험에 가입하거나 그 보험관계의 성립을 신고하고자 하는 사업주는 공사비내역서를 포함한 도급계약서를 첨부하여 위 서식의 보험가입신청서 내지 보험관계성립신고서를 제출하여야 하는데, 이때 위 서식에는 부가가치세를 제외한 계약금총액과 재료시가환산액(관·사급자재대)의 합계액을 건설공사의 공사금액으로 기재하도록 하고 있는 점, 보험료징수법 제2조 제3호, 제13조 제5항, 제6항, 동법 시행령 제11조 제2항에 의하면, 산재보험료의 산정기초가 되는 임금총액은 사업주가 그 사업에 종사하는 모든 근로자에게 근로의 대가로서 지급하는 근로기준법에 의한 임금의 총액을 말하므로 이러한 임금총액에는 부가가치세가 포함되지 않으며, 한편 이러한 임금총액을 결정하기 곤란한 건설업의 경우에는 임금총액을 이 사건 규정에 의한 총공사금액에 노동부장관이 고시하는 노무비율을 곱한 금액으로 결정할 수 있도록 하고 있는데, 만약 이러한 총공사금액에 부가가치세가 포함되었다고 본다면 위와 같이 노무비율에 의하여 결정되는 임금총액에도 부가가치세가 포함되는 셈이 되어 앞서 본 임금총액의 개념과 부합하지 않게 되는 점 등을 종합해 보더라도, 이 사건 규정에 의한 총공사금액에는 부가가치세가 포함되지 않는다고 봄이 상당하고, 따라서 산재보험법의 적용제외사업을 규정한 구 산재보험법 시행령 제3조 제1항 제3호에서 말하는 총공사금액에도 부가가치세가 포함되지 않는다.

같은 취지에서 원심이 건설산업기본법에 의한 건설업자가 아닌소외인이 시공한 판시 건설공사는 그 공사금액이 부가가치세를 포함하여 2,000만 원이므로 산재보험법의 적용제외사업에 해당한다고 판단한 것은 정당하고, 상고이유에서 주장하는 바와 같이 구 산재보험법 시행령 제3조 제1항 제3호 소정의 총공사금액에 관한 법리를 오해한 위법 등이 없다.

그러므로 상고를 기각하고, 상고비용은 패소자가 부담하게 하기로 관여 대법관의 의견이 일치되어 주문과 같이 판결한다.

◎ 2심 서울고등법원 제4행정부[2019누59433]

원 고 : 항소인 ○○○

광주시 ○○구 ○○로 ○○길 ○○번지

피 고 : 피항소인 근로복지공단

전심판결 : 1심 2018구단20439 서울행정법원

변론종결 : 2020. 01. 14

판결선고 : 2020. 02. 11

[주문]

1. 원고의 항소를 기각한다.
2. 항소비용은 원고가 부담한다.

[청구취지 및 항소취지]

제1심 판결을 취소한다. 피고가 2017. 11. 8. 원고에 대하여 한 요양불승인 처분을 취소한다.

[이유]

1. 제1심 판결의 인용

이 사건에 관하여 이 법원이 적을 이유는, ① 제1심 판결문 제2면 제4행 중 "건축공사음향개선공사"를 "건축공간음향개선공사"로 고치고, ② 제2면 제6행 중 "이 사건 발생"을 "이 사건 사고 발생"으로 고치며, ③ 제4면 밑에서 두 번째 줄 중 "심사청구가 기각된 후"를 "원고의 심사청구가 2018. 3. 13. 기각된 후"로 고치고, ④ 제5면 제3행 중 "원고가"를 "소외1이"로 고치는 것 외에는 제1심 판결 이유의 기재와 같으므로, 행정소송법 제8조 제2항, 민사소송법 제420조 본문에 의하여 이를 그대로 인용한다(원고가 당심에서 한 주장은 제1심에서의 주장과 다르지 않고, 제1심에서 제출한 증거들을 다시 살펴보아도 원고의 주장을 배척한 제1심의 판단은 정당하다고 판단된다).

2. 결론

그렇다면, 제1심 판결은 정당하므로, 원고의 항소는 이유 없어 이를 기각하기로 하여 주문과 같이 판결한다.

[참조조문]

행정소송법 제8조 제2항, 민사소송법 제420조

9. 요양보험급여결정처분취소(이동식 비계에서 작업하던 중 추락)

◎ **서울행정법원[2018구단67452]**

원 고 : ○○○○ 주식회사

서울시 강남구 ○○○로 ○○길 ○○

대표이사 ○○○

소송대리인 법무법인(유한) ◎◎

담당변호사 ○○○

피 고 : 근로복지공단

변론종결 : 2019. 10. 31

판결선고 : 2020. 01. 09

[주문]

1. 원고의 청구를 기각한다.

2. 소송비용은 보조참가로 인한 부분을 포함하여 원고가 부담한다.

[청구취지]

피고가 2018. 5. 29. 소외1에 대하여 한 요양보험급여결정처분을 취소한다.

[이유]

1. 처분의 경위

가. 원고는 김해시 이하생략에 있는 상세주소 생략 아파트의 신축공사를 도급받아 그 중 조적미장공사를 ○○○○ 주식회사에게 하도급하였고, 소외1는 ○○○○ 주식회사 소속 근로자로서 위 공사현장에서 근무하였다.

나. 피고는 2018. 5. 29. 소외1에 대하여, 소외1가 2017. 9. 13. 09:57경 위 공사현장 122동 지하 1층에 있는 이하생략 내의 이동식 비계에서 작업을 하던 중 추락(이하 '이 사건 사고'라 한다)하였음을 전제로 '머리손상(이하 '이 사건 상병'이라 한다)'을 상병명으로 하는 요양승인처분(이하 '이 사건 처분'이라 한다)을 하였다.

다. 소외1는 2017. 9. 13. 10:47경 사망하였다(이하 소외1를 '망인'이라 한다).

[인정근거] 다툼 없는 사실, 갑 제1, 7호증, 을가 제1, 2호증의 각 기재, 변론 전체의 취지

2. 이 사건 처분의 적법 여부

가. 원고의 주장

이 사건 처분의 상병명이나 망인에 대한 부검감정서에 기재된 사인, 망인에게서 두개골 골절 등이 확인되지 않은 점 등에 비추어 보면 망인의 사인이 분명하지 않다.

또한 망인이 이동식 비계에서 추락하였음을 알 수 있는 아무런 증거도 없다. 그럼에도 불구하고 위와 다른 전제에서 망인에 대하여 업무상 재해를 인정한 피고의 이 사건 처분은 위법하여 취소되어야 한다.

나. 판단

앞서 든 증거에 더하여 갑 제2 내지 6호증, 을가 제3 내지 6호증, 을나 제1 내지 9호증(가지번호 있는 것은 가지번호 포함)의 각 기재 및 영상에 변론 전체의 취지를 종합하여 인정되는 다음과 같은 사실 내지 사정들에 비추어 보면, 이 사건 상병은 이 사건 사고로 인하여 발생한 것이므로 이와 같은 전제에서 한 피고의 이 사건 처분은 적법하고 이를 다투는 원고의 주장은 이유 없다(이 사건 처분은 피고가 망인의 이 사건 상병에 관하여 요양을 승인한 것이므로 망인이 이 사건 사고로 인하여 사망한 것인지에 대하여는 판단하지 않는다).

1) 망인이 작업하던 이동식 비계(높이 185cm)는 바퀴의 브레이크 및 아웃트리거[1])가 고장난 상태였으므로 망인이 이동식 비계 위에서 움직이다가 위와 같이 고정되지 않은 이동식 비계가 이동하였던 것으로 보인다. 또한 이동식 비계의 최상부에는 안전 난간이 모든 방향에 설치되어 있지는 않았으므로 위와 같이 이동식 비계가 이동하면서 망인이 안전난간이 설치되지 않은 방향으로 추락한 것으로 보인다.

2) 망인은 옹벽에 붙어 있는 이동식 비계 위에서 콘크리트 블록을 옮기는 작업을 하고 있었다. 그런데 망인은 이 사건 사고 현장에서 머리는 이동식 비계 밖으로 나와 있었고 하체는 옹벽과 이동식 비계 사이의 좁은 틈새에 놓인 상태로 발견되었다. 이는 망인이 이동식 비계에서 내려와 옹벽과 이동식 비계 사이로 걷다가 그 순간 갑자기 의식을 잃고 쓰러졌거나 사다리가 없고 비좁은 옹벽과 이동식 비계 사이로 내

려오던 중 쓰러졌다고 보는 것보다는 이동식 비계에서 추락하여 위와 같은 자세로 발견되었다고 봄이 자연스럽다. 이 사건 사고 당시 망인과 함께 작업을 하였던 소외2 역시 관련 형사사건에서 망인이 작업하고 있던 이동식 비계와 옹벽이 30~40cm 정도 떨어져 있었는데 망인이 추락하고 나서 보니까 그 거리가 약 120cm 정도로 벌어져 있었고, 망인의 하체가 있던 안쪽은 별로 벌어지지 않았는데 머리가 있던 부분은 쫙 벌어진 상태였다는 취지로 증언하였다. 이에 대하여 원고는 소외2가 이 사건 사고 이후 이동식 비계를 이동시켰을 가능성도 있다고 주장하나, 위 증언에 따르면 소외2는 망인에 대한 응급조치를 하기 위해 이동식 비계를 젖힌 것에 불과하고 이는 망인이 이동식 비계에서 추락하면서 이동식 비계와 옹벽 사이의 거리가 멀어진 것과는 무관하다.

3) 망인에게서 두개골 골절이나 두개골 내의 출혈, 뇌 실질의 손상 등이 나타나지 않은 것은 사실이다. 그러나 ① 망인의 얼굴과 머리에서는 오른쪽 눈썹 부위와 오른쪽 광대 부위의 피부까짐, 오른쪽 눈썹 부위 하방의 연부조직 출혈, 이마 중앙 부위와 머리 오른쪽, 마루, 뒤통수 부위 위쪽과 양쪽의 멍, 이마 부위 및 양쪽 관자 부위의 국소 적인 연부조직 출혈, ② 몸통에서는 허리 부위 위쪽과 왼쪽, 오른쪽의 피부까짐이 동반된 멍, 허리 부위의 연부조직 출혈, ③ 팔에서는 왼쪽 아래팔 부위 안쪽의 피부까짐이 동반된 멍, ④ 다리에서는 오른쪽 무릎 앞부위 위쪽과 아래쪽의 피부까짐이 나타났다. 위와 같이 망인에게서 신체 여러 부위에 피부까짐이나 멍, 연부조직 출혈이 다발성으로 나타난 것은 망인이 이동식 비계에서 추락하면서 신체 여러 부위를 부딪혔기 때문이라고 보는 것이 합리적이다. 망인에 대한 부검감정서(갑 제2호증)에서도 망인의 머리 여러 부위에서 연부조직 출혈이 관찰되므로 추락의 가능성을 포함하는 둔력이 가해졌을 것으로 판단된다는 소견이 제시되었다. 그리고 위 부검의 및 관련 형사사건에서 의료자문을 한 자문의들은 망인이 안전모를 착용하였더라도 이 사건 상병이 발생할 수

있고, 185cm는 추락할 경우 이 사건 상병이 발생할 수 있는 높이이며 그 정도 높이에서 안전모를 착용하고 떨어진 경우 골절보다는 두피좌상이나 찰과상이 생길 가능성이 높다는 소견을 제시하였다.

이에 대하여 원고는 망인의 머리 부위에서 발견된 멍은 망인을 이송하는 중에 망인의 머리가 심폐소생술을 시행하는 과정에서 간이침대의 철재 손잡이에 부딪히거나 차량의 반동으로 인하여 위 손잡이에 부딪혀 발생한 것이라고 주장한다. 그러나 갑 제11, 12호증의 각 영상만으로는 이를 인정하기에 부족하고, 달리 이를 인정할 증거가 없으므로 원고의 위 주장은 받아들일 수 없다.

4) 망인의 건강보험 수진내역상 망인이 심혈관 또는 뇌혈관질환을 진료받은 내역은 확인되지 않고, 일반건강검진결과에 의하더라도 망인에게 심혈관 또는 뇌혈관질환이 있었다고는 보이지 않는다. 따라서 망인이 이동식 비계의 결함과 무관하게 작업을 하던 중 급작스럽게 심혈관 또는 뇌혈관질환 등이 발병하여 이동식 비계에서 추락하였거나 이동식 비계에서 내려온 뒤 심혈관 또는 뇌혈관질환 등이 발병하여 쓰러졌을 가능성은 매우 희박하다.

3. 결론

그렇다면 원고의 청구는 이유 없으므로 이를 기각하기로 하여 주문과 같이 판결한다.

[각주내용]

1) Outrigger. 비계의 하부에 설치하는 전도방지장치.

10. 요양불승인처분취소(난간에서 추락한 사고)

◎ 서울행정법원[2019구단57513]

원 고 : ○○○

춘천시 ○○○로 ○○길 ○○번지

송달장소 춘천시 ○○로 ○○길 ○번지

피 고 : 근로복지공단

변론종결 : 2019. 11. 28

판결선고 : 2020. 01. 09

[주문]

1. 원고의 청구를 기각한다.
2. 소송비용은 원고가 부담한다.

[청구취지]

피고가 2019. 1. 24. 원고에 대하여 한, 좌측 견관절 와순 파열에 관한 요양불승인처분을 취소한다.

[이유]

1. 처분의 경위

가. 원고는 주식회사 ○○○○○ 소속으로 근무하던 중 2018. 9. 12. 약 2m 높이의 난간에서 추락하는 사고(이하 '이 사건 사고'라 한다)를 당하여 '좌측 견관절 와순 파열 (이하 '이 사건 상병'이라 한다), 좌측 수부 및 완관절부 타박, 좌측 주관절 염좌, 요추부 염좌 및 긴장, 둔부 타박'을 진단받았다고 주장하면서 2018. 11. 30. 피고에게 요양 급여를 신청하였다.

나. 피고는 2019. 1. 24. 원고에 대하여 위 상병들 중 이 사건 상병을 제외한 나머지 상병들에 관하여는 요양승인처분을 하였으나, 이 사건 상병에 관하여는 '의무기록상 뚜렷한 와순 파열이 관찰되지 않고 판독지상 물집 소견이 확인되므로 이 사건 상병은 이 사건 사고와 인과관계가 없다'는 피고 자문의의 의학적 소견을 근거로 하여 이 사건 상병과 이 사건 사고 사이에 상당인과관계가 인정되지 않는다는 이유로 요양불승인처분(이하 '이 사건 처분'이라 한다)을 하였다.

[인정근거] 다툼 없는 사실, 갑 제1 내지 4호증, 을 제4호증의 각 기재, 변론 전체의 취지

2. 이 사건 처분의 적법 여부

가. 원고의 주장

원고는 이 사건 사고로 인하여 현재까지도 좌측 어깨에 극심한 통증을 느끼고 있고 그 통증 때문에 일을 하지도 못하고 있음에도 이와 다른 전제에서 한 피고의 이 사건 처분은 위법하여 취소되어야 한다.

나. 판단

1) 산업재해보상보험법상 '업무상 재해'라 함은 근로자의 업무수행 중 그 업무에 기인하여 발생한 부상·질병·신체장애 또는 사망을 말하는 것이므로 업무와 재해발생 사이에는 상당인과관계가 있어야 하고, 위와 같은 인과관계는 반드시 의학적·자연과학적으로 명백히 증명되어야 하는 것은 아니고, 간접적인 사실관계 등 제반 사정을 고려할 때 상당인과관계가 있다고 추단되는 경우에도 그 증명이 있다고 할 것이지만, 그 증명책임은 여전히 이를 주장하는 측에 있다(대법원 2003. 5.30. 선고 2002두13055 판결 등 참조).

2) 이 사건에서, 을 제1, 2호증의 각 기재, 이 법원의 ○○대학교 ○○○○병원장에 대한 진료기록감정촉탁 결과 및 변론 전체의 취지를 종합하여 인정되는 다음과 같은 사실 내지 사정에 비추어 보면, 원고가 제출한 증거만으로는 원고가 이 사건 사고를 당하여 이 사건 상병이 발생 내지 악화되었다고 인정하기에 부족하고, 달리 이를 인정할 만한 증거가 없다. 따라서 피고의 이 사건 처분은 적법하므로 이를 다투는 원고의 주장은 이유 없다.

가) 이 법원의 감정의는 원고의 좌측 견관절 MRI상 와순 열상이 관찰되지 않고 정상으로 사료되며, 회전근개 파열 소견도 없고 특이 소견이 없는 것으로 사료된다는 의학적 소견을 제시하였다.

나) 2018. 9. 20. 원고의 좌측 견관절을 촬영한 MRI에 대한 판독지상 '관절순 주위의 물혹(paralabral ganglion cyst)'이라고만 기재되어

있을 뿐 와순 파열에 대하여는 아무런 기재가 없다.

다) 피고 자문의도 의무기록상 뚜렷한 와순 파열이 관찰되지 않고 판독지상 물집 소견이 확인된다는 의학적 소견을 제시하였다.

3. 결론

그렇다면 원고의 청구는 이유 없으므로 이를 기각하기로 하여 주문과 같이 판결한다.

[참조판례]

◈ 업무상 재해를 인정하기 위한 업무와 재해 사이의 상당인과관계에 대한 입증의 정도 및 업무상 재해로 인한 상병을 치료하는 과정에서 의료과오나 약제 내지 치료방법의 부작용으로 새로운 상병이 발생한 경우, 산업재해보상보험법 제4조 제1호 소정의 업무상 재해에 해당하는지 여부(한정 적극)

(대법원 2003. 5. 30. 선고 2002두13055 판결)

산업재해보상보험법 제4조 제1호 소정의 업무상 재해를 인정하기 위한 업무와 재해 사이의 상당인과관계는 반드시 의학적·자연과학적으로 명백히 입증되어야 하는 것은 아니고, 제반 사정을 고려할 때 업무와 재해 사이에 상당인과관계가 있다고 추단되는 경우에도 그 입증이 있다고 할 것이므로, 재해발생원인에 관한 직접적인 증거가 없는 경우라도 간접적인 사실관계 등에 의거하여 경험법칙상 가장 합리적인 설명이 가능한 추론에 의하여 업무기인성을 추정할 수 있는 경우에는 업무상 재해라고 보아야 할 것이며, 또한 업무상 재해로 인한 상병을 치료하는 과정에서 의료과오가 개입하거나 약제나 치료방법의 부작용으로 인하여 새로운 상병이 발생하였다고 하더라도 상당인과관계가 인정되는 한, 이 또한 업무상 재해에 해당하는 것으로 보아야 하고, 위와 같은 의료과오나 약제 내지 치료방법의 부작용과 새로운 상병의 발생 사이의 상당인과관계 유무를 따질 때에도 앞서 본 바와 같은 법리가 적용된다.

11. 요양불승인처분취소(거푸집 설치작업 중 일어난 사고)

◎ 1심 서울행정법원[2018구단78155]

원 고 : ○○○
경기도 구리시 ○○○로 ○○길 ○○번지
소송대리인 법무법인 ◇◇
담당변호사 ○○○
피 고 : 근로복지공단
변론종결 : 2019. 08. 23
판결선고 : 2019. 09. 20

[주문]

1. 원고의 청구를 기각한다.
2. 소송비용은 원고가 부담한다.

[청구취지]

피고가 2018. 6. 22. 원고에 대하여 한 요양불승인처분을 취소한다.

[이유]

1. 처분의 경위

가. 원고는 2017. 3. 17.부터 주식회사 ○○에서 형틀목공으로 근무하면서 형틀조립 및 해체, 자재운반 등의 업무를 수행하였다.

나. 원고는 2017. 3. 29. 남양주시 소재 ○○○○○아파트 신축공사 현장에서 거푸집 설치작업을 하던 중 동료근로자가 불안정하게 세워 둔 철근이 원고의 허리와 골반 쪽으로 넘어지면서 원고의 허리를 가격하는 사고(이하 '이 사건 사고'라 한다)가 발생하였고, 원고는 119 구급차로 남양주시 소재 ○병원으로 후송되었다.

다. 원고는 ○병원에서 '요추 2번 횡돌기 골절, 요추 3번 횡돌기 골절, 요추5-천추1번의 외상성 파열'로 진단받아 피고에게 요양급여신청을 하였다.

라. 피고는 2017. 5. 16. '요추 2번 횡돌기 골절, 요추 3번 횡돌기 골절'에 대하여는 요양승인결정을 하고, '요추5-천추1번의 외상성 파열'에 대

하여는 요양불승인결정을 하였다.

마. 원고는 2017. 9. 26. 다시 피고에게 '요추5-천추1번의 외상성 파열'에 대한 요양 급여신청을 하였고, 피고는 2018. 3. 14. "2017. 3. 29.자 및 2017. 4. 7.자 각 MRI 영상에서 '요추5-천추1번의 외상성 파열' 소견이 관찰되지 않는다."라는 이유로 원고에 대하여 요양불승인결정을 하였다.

바. 원고는 2018. 3. 20. 피고에게 '요추5-천추1번의 외상성 파열, 요추 수핵 탈출증'에 대하여 요양급여신청을 하였고, 피고는 2018. 6. 22. "2017. 3. 29.자 및 2017. 4. 7.자 각 MRI 영상에서 '요추5-천추1번의 외상성 파열' 소견이 관찰되지 않는다. 관련 진료기록 및 영상의학 자료 검토 결과 임상적으로 의미 있는 수핵탈출증 소견은 관찰되지 않고, 원고의 연령 대비 자연경과적 변화로 판단되는 골극형성 및 팽윤소견만이 관찰된다. 따라서 신청 상병과 업무 사이에 상당인과관계가 인정되지 않는다."라는 이유로 원고에 대하여 요양불승인결정(이하 '이 사건 처분'이라 한다)을 하였다.

사. 원고는 이 사건 처분에 불복하여 재심사청구를 하였고, ○○○○○○○○○위원회는 2018. 9. 20. 원고의 재심사청구를 기각하였다.

[인정 근거] 다툼 없는 사실, 갑 제1 내지 3, 5, 8, 11, 15호증의 각 기재, 변론 전체의 취지

2. 이 사건 처분의 적법 여부

가. 원고 주장의 요지

원고는 약 32년간 여러 건설현장에서 형틀목수로 근무하면서 1일 평균 50~100장 가량의 거푸집용 합판(18~35kg) 및 서포터 지지대(13kg) 운반, 망치, 배척 등을 사용한 형틀 조립 및 해체 등의 업무를 수행하면서 허리 부위의 부담이 가중되었다. 그러던 중 이 사건 사고가 발생하여 '요추5-천추1번의 외상성 파열, 요추 수핵 탈출증'이 발병하였는바, 업무와 위 상병 사이에 상당인과관계가 인정된다. 그럼에도 피고는 이와 다른 전제에서 원고의 요양급여신청을 불승인하는 이 사건 처분을 하였는바, 이는 위법하므로 취소되어야 한다.

나. 판단

산업재해보상보험법 제5조 제1호의 '업무상의 재해'란 근로자가 업무수행 중 그 업무에 기인하여 발생한 재해를 말하므로 업무와 재해 사이에 상당인과관계가 있어야 하고, 이 경우 근로자의 업무와 재해 사이의 인과관계에 관하여는 이를 주장하는 측에서 입증하여야 한다(대법원 2004. 10. 27. 선고 2004두8606 판결 참조). 상당인과관계가 반드시 직접증거에 의하여 의학적·자연과학적으로 명백히 증명되어야 하는 것은 아니지만 당해 근로자의 건강과 신체조건을 기준으로 하여 취업 당시의 건강상태, 기존 질병의 유무, 종사한 업무의 성질 및 근무환경 등 간접사실에 의하여 업무와 재해 사이의 상당인과관계가 추단될 정도로 증명되어야 한다(대법원 2012. 5. 9. 선고 2011두 30427 판결 참조).

이 법원의 ○○대학교병원장에 대한 진료기록 감정촉탁 결과에 변론 전체의 취지를 종합하여 인정할 수 있는 다음과 같은 사정들, 즉 ① 진료기록감정의는 "진료기록에 첨부된 영상에서 '요추5-천추1번의 외상성 파열, 요추 수핵 탈출증'은 불분명하다. 제2, 3요추의 횡돌기 골절은 외상으로 인한 병변으로 판단되나, 제5요추-제1천추부 추간판에 외상으로 인한 이상 소견은 분명하지 않다."라는 의학적 소견을 제시하고 있는 점, ② 위 진료기록감정의의 소견은 피고 자문의사의 소견 및 피고 ○○○○○○○○○위원회의 심의결과와도 일치하는 점 등에 비추어 볼 때, 원고가 제출한 증거들만으로는 원고에게 '요추5-천추1번의 외상성 파열, 요추 수핵 탈출증'이 발병하였다고 인정하기에 부족하고, 달리 이를 인정할 증거가 없다. 따라서 이러한 취지에서 피고가 한 이 사건 처분은 적법하다.

3. 결론

그렇다면 원고의 청구는 이유 없으므로 이를 기각하기로 하여 주문과 같이 판결한다.

[참조조문]

산업재해보상보험법 제5조 제1호

[참조판례]
대법원 2004. 10. 27. 선고 2004두8606 판결
대법원 2012. 5. 9. 선고 2011두30427 판결

◎ 2심 서울고등법원 제3행정부[2019누59358]

원 고 : 항소인 ○○○
경기도 구리시 ○○○로 ○○길 ○○번지
소송대리인 법무법인 ◇◇
담당변호사 ○○○
피 고 : 피항소인 근로복지공단
전심판결 : 1심 2018구단78155 서울행정법원
변론종결 : 2020. 05. 07
판결선고 : 2020. 06. 04

[주문]
1. 원고의 항소를 기각한다.
2. 항소비용은 원고가 부담한다.

[청구취지 및 항소취지]
제1심 판결을 취소한다. 피고가 2018. 6. 22. 원고에 대하여 한 요양불승인 처분을 취소한다.

[이유]
1. 제1심 판결의 인용
이 법원의 판결 이유는, 아래와 같이 제1심 판결문의 해당 부분을 고치거나 추가하는 외에는 제1심 판결의 이유 기재와 같으므로, 행정소송법 제8조 제2항, 민사소송법 제420조 본문에 의하여 이를 인용한다.

【고치거나 추가하는 부분】
○ 4면 5행의 "이 법원의 ○○대학교병원장에 대한 진료기록 감정촉탁 결과"를 "제1심 법원의 ○○대학교병원장에 대한 진료기록 감정촉탁 결과, 이 법원의 ○○대학교병원장 및 ○병원에 대한 각 사실조회 결과"로 고친다.

○ 4면 11행의 "심의결과와도 일치하는 점" 다음에 ", ③ 진료기록 감정의는 원고의 좌측 제5 요추와 제1 천추간 신경공에서 신경압박이 중등도로 관찰되나 이는 수핵탈출증에 의한 압박보다는 추간판 팽윤 및 추간판의 높이 감소에 따른 협착으로 인한 것으로 판단된다는 의견을 제시하고 있는 점, ④ 원고의 요추부에 대하여 후궁절제술 및 수핵제거술을 시행한 ○병원 의사 소외1는 이 법원의 사실조회에 대한 회신에서 원고의 요추부에 대한 자기공명영상에서는 퇴행성 변화가 주를 이루고 있었으나 사고 후 발생된 우측 하지 저림 및 방사통, 감각 저하가 발생된 것으로 미루어 볼 때 사고 후 수핵탈출증의 악화를 예상할 수 있다는 의견을 제시한 것은 원고에게 유리한 사정이나, 진료기록 감정의는 원고의 요추에 수핵탈출증이 의심되는 부위가 있으나 외상성인지는 불분명하다는 의견을 제시한 점, ○○업무상질병판정위원회도 원고의 업무와 '요추5번-천추1번의 외상성 파열' 사이의 상당인과관계를 부인한 점 등을 종합하면 원고의 주치의인 ○병원 의사 소외1의 위와 같은 의견만으로 이 사건 사고와 '요추5-천추1번의 외상성 파열, 요추 수핵탈출증' 사이에 상당인과관계가 인정된다고 보기는 어려운 점,"을 추가한다.

2. 결론

그렇다면, 제1심 판결은 정당하므로, 원고의 항소는 이유 없어 이를 기각하기로 하여 주문과 같이 판결한다.

[참조조문]

행정소송법 제8조 제2항

민사소송법 제420조

12. 최초요양 상병명 일부 불승인 처분 취소 청구

(차량이 추락하는 사고)

◎ 서울행정법원[2019구단56855, 2019구단62577 (병합)]

원 고 : ○○○

강원도 동해시 ○○로 ○○

소송대리인 변호사 ○○○, ○○○

피 고 : 근로복지공단

변론종결 : 2019. 11. 28

판결선고 : 2020. 02. 06

[주문]

1. 피고가 2019. 1. 23. 원고에 대하여 한 최초요양 일부 불승인처분 중 외상성 경막하 활액낭종 부분을 취소한다.
2. 원고의 나머지 청구를 기각한다.
3. 소송비용 중 2/3는 원고가, 나머지는 피고가 각 부담한다.

[청구취지]

피고가 2019. 1. 23. 원고에 대하여 한 최초요양 일부 불승인처분 중 외상성 경막하 활액낭종, 양성 발작성 두위 현기증 부분, 2019. 5. 14. 원고에 대하여 한 추가상병불승인 처분을 각 취소한다.

[이유]

1. 처분의 경위

가. 원고는 ○○○○○○ 주식회사에서 근무하던 중 2018. 11. 21. 차량에 석회석을 싣고 이동하다가 제동장치가 작동하지 않아 차량이 추락하는 사고(이하 '이 사건 사고'라 한다)를 당하여 '네 개 또는 그 이상의 늑골을 포함하는 다발골절(좌측 6-12번 및 우측 3-4번), 우측 혈흉, 요추횡돌기골절(요추 1-5번), 외상성 경막하 활액낭종, 현기증, 양성 발작성 두위 현기증, 우측 어깨 타박상, 좌측 발목 인대손상, 안면의 열상, 두피 열상, 얼굴의 타박상, 우안 결막하 출혈, 우측 견봉쇄골관절의 탈구'를 진단받았다고 주장하면서 2018. 12. 12. 피고에게 요양급여를 신청하였다.

나. 피고는 2019. 1. 23. 원고에 대하여 위 상병 중 '네 개 또는 그 이상의 늑골을 포함하는 다발골절(좌측 6-12번 및 우측 3-4번), 우측 혈흉, 요추횡돌기골절(요추 1-5번), 우측 어깨 타박상, 좌측 발목 인대손상, 안면의 열상, 두피 열상, 얼굴의 타박상, 우측 견봉쇄골관절의 탈구'에 관하여 요양승인하고 '좌측 발목 인대손상'에 관하여는 '좌측 발목 염좌'로 상병명을 변경하여 요양승인하였다. 또한 '외상성 경막하 활액낭종(이하 '이 사건 제1상병'이라 한다)'에 관하여는 '양측 경막하 수종 소견은 보이나 아직 혈종상태는 아니므로 추후 혈종확인시 재청구를 요한다'는 이유로, '현기증, 양성 발작성 두위 현기증(이 중 양성 발작성 두위 현기증을 '이 사건 제2상병'이라 한다)'에 관하여는 '이는 증상 및 질병명으로 이 사건 사고에 의한 상병명으로는 타당하지 않다'는 이유로, '우안 결막하 출혈'에 관하여는 '이 사건 사고와 관련된 소견이 없으므로 인과관계가 없을 것으로 판단된다'는 이유로 요양불승인처분(이하 '이 사건 제1처분'이라 한다)을 하였다.

다. 이후 원고는 이 사건 사고로 인하여 '두개내 열린 상처가 없는 외상성 경막하 수종(이하 '이 사건 제3상병'이라 한다), 미만성 축삭 손상(이하 '이 사건 제4상병'이라 한다)'을 추가로 진단받았다고 주장하면서 2019. 4. 15. 피고에게 추가상병승인을 신청하였다.

라. 피고는 2019. 5. 14. 원고에 대하여 '2019. 3. 12. 시행한 CT 소견상 경막하 수종이 소실되었고, 이 사건 제4상병에 대한 임상적 소견은 간호경과기록지를 검토한 결과 원고의 의식이 명료하고 특별한 신경학적 소견이 없다는 것이다'는 이유로 추가상병불승인처분(이하 '이 사건 제2처분'이라 하고 이 사건 제1처분과 통틀어 '이 사건 각 처분'이라 한다)을 하였다.

[인정근거] 다툼 없는 사실, 갑 제1, 2, 4호증, 을 제9, 11, 20호증의 각 기재, 변론 전체의 취지

2. 이 사건 각 처분의 적법 여부

가. 원고의 주장

원고는 이 사건 사고 이후 2회에 걸친 MRI 검사결과에 따라 이 사건 제

1, 2상병을 진단받았고 이는 이 사건 사고로 인하여 발생한 것이다. 또한 원고는 2019. 3. 12. 시행한 CT 검사결과에 따라 이 사건 제3, 4상병을 진단받았고 이 역시 이 사건 사고로 인하여 발생한 것이다. 그럼에도 불구하고 이와 다른 전제에서 한 피고의 이 사건 각 처분은 위법하여 취소되어야 한다.

나. 판단

1) 산업재해보상보험법상 업무상 재해가 되는 질병은 근로자의 업무수행 중 그 업무에 기인하여 발생한 질병을 의미하는 것이므로 업무와 질병 사이에 인과관계가 있어야 하고, 그 인과관계는 이를 주장하는 측에서 입증하여야 하며, 그 인과관계는 반드시 의학적, 자연과학적으로 명백히 입증하여야만 하는 것은 아니라 하더라도 제반 사정을 고려하여 업무와 질병 사이에 상당인과관계가 추단될 수 있어야 한다(대법원 2002. 2. 5. 선고 2001두7725 판결 등 참조).

2) 이 사건 제1처분 중 이 사건 제1상병 부분

이 사건에서, 을 제7호증의 기재, 이 법원의 ○○의료원장에 대한 진료기록감정 촉탁 결과 및 변론 전체의 취지를 종합하여 알 수 있는 다음과 같은 사실 내지 사정들에 비추어 보면, 이 사건 제1상병과 이 사건 사고 사이에 상당인과관계를 인정할 수 있으므로 이와 다른 전제에서 이루어진 피고의 이 사건 제1처분 중 이 사건 제1상병 부분은 위법하여 취소되어야 한다.

가) 이 법원의 감정의는 이 사건 사고 당일 시행한 뇌 CT상 경막하 활액낭종과 미세한 경막하 출혈이 의심되는 소견이고 2018. 11. 30. 시행한 뇌 CT상 경막하 활액낭종의 소견을 보이며, 2018. 12. 7. 시행한 뇌 MRI상 만성 경막하 출혈 및 경막하 활액낭종의 소견을 보이므로 이 사건 사고로 인하여 미세한 경막하 출혈과 경막하 활액낭종이 발생하였다고 보는 것이 타당하다는 소견을 제시하였다.

나) 2018. 12. 7. 시행한 뇌 MRI에 대한 판독결과에서도 담당의는 만성 경막하 혈종(chronic stage의 SDH1))이라는 소견을 제시하였다.

다) 피고 자문의는 2018. 11. 30. 시행한 뇌 CT상 양측 경막하 수종 소견을 보이나 아직 혈종상태는 아니므로 추후 혈종 확인시 재청구를 요한다는 소견을 제시하였다. 그런데 이 사건 제1상병은 지주막이 찢어져 뇌 척수액이 경막하 공간에 모여 있는 것으로 반드시 혈종이 확인되어야 하는 것은 아니고, 피고 자문의의 의학적 견해에 의하더라도 아래에서 보는 것과 같이 경막하 활액낭종으로 볼 수 있는 양측 경막하 수종 소견이 보이므로 이 사건 제1상병은 이 사건 사고 직후 이미 나타난 것으로 보인다.

3) 이 사건 제1처분 중 이 사건 제2상병 부분 및 이 사건 제2처분 한편 앞서 본 증거에 을 제14, 19호증의 각 기재, 변론 전체의 취지를 종합하여 알 수 있는 다음과 같은 사실 내지 사정들에 비추어 보면, 원고가 제출한 증거들만으로는 이 사건 제2 내지 4상병과 이 사건 사고 사이에 상당인과관계가 있음을 인정하기 부족하고 달리 이를 인정할 증거가 없으므로, 이와 같은 전제에서 이루어진 이 사건 제1처분 중 이 사건 제2상병에 대한 부분 및 이 사건 제2처분은 적법하다.

가) 이 법원의 감정의는 이 사건 제2상병은 경막하 활액낭종과 경막하 출혈에 의한 증상으로 두통과 어지럼증에 대하여 그 증상을 진단한 것으로 보인다는 소견을 제시하였다. 또한 이 사건 제4상병은 원고에게 의식의 저하와 같은 증상이 없었고 2018. 12. 7. 및 2019. 3. 27. 시행한 뇌 MRI상 이 사건 제4상병의 소견이 보이지 않으므로 원고에 대한 진단으로 보기 어렵다는 소견 역시 제시하였다.

나) 이 사건 제3상병에 대하여 이 법원의 감정의는 이 사건 제3상병은 경막하 활액낭종 및 경막하 출혈로서 2019. 3. 26. 시행한 뇌 CT 및 그 다음 날 시행한 뇌 MRI상 경막하 활액낭종 및 경막하 출혈이 시간이 흐름에 따라 흡수되어 보이지 않는다는 소견을 제시하였다. 위와 같이 이 사건 제1상병이 이 사건 사고로 인하여 발생한 것인 이상 그와 별개로 이 사건 제3상병이 이 사건 사고로 이미 발생하였는데 추가로 발견되었다거나 이 사건 사고로 발생한 상병이 원인이 되

어 새로 발생하였다고 보기는 어렵다.

다) 원고에 대한 간호기록지상 원고는 이 사건 사고 이후 대체로 의식이 명료하였던 것으로 보이고, 원고의 주치의(○○○대학교 부속 ○○병원)는 이 사건 사고 이후 의식소실이 수 주간 지속되었다는 원고의 진술에 따라 이 사건 제4상병이 추정된다고 판단하여 '미만성 축삭 손상 의증'을 진단하였을 뿐이다.

3. 결론

그렇다면 원고의 청구는 위 인정범위 내에서 이유 있으므로 이를 인용하고, 나머지 청구는 이유 없으므로 이를 기각하기로 하여 주문과 같이 판결한다.

[각주내용]

1) Subdural hematoma. 경막하 혈종.

[참조판례]

대법원 2002. 2. 5. 선고 2001두7725 판결

13. 요양일부불승인 처분 취소(허리를 다친 사고)

◎ 서울행정법원[2019구단13728]

원 고 : ○○○

경기도 안산시 ○○구 ○○○로 ○○길 ○○

송달장소 시흥시 ○○로 ○○길 ○○

피 고 : 근로복지공단

변론종결 : 2019. 12. 19

판결선고 : 2020. 02. 06

[주문]

1. 원고의 청구를 기각한다.

2. 소송비용은 원고가 부담한다.

[청구취지]

피고가 2019. 5. 31. 원고에 대하여 한 요양일부불승인처분을 취소한다.

[이유]

1. 처분의 경위

가. 원고는 주식회사 ○○○○ ○○지점(이하 '이 사건 사업장'이라 한다) 소속으로 근무하던 중 2019. 4. 20. 23:00경 카트에 부품을 담아 이동하다가 허리를 다치는 사고(이하 '이 사건 사고'라 한다)를 당하여 '요추의 염좌, 요추간판의 외상성 파열[제5요추-제1천추간, 이하 요추간판의 외상성 파열(제5요추-제1천추간)을 '이 사건 상병'이라 한다]'을 진단받았다고 주장하면서 2019. 5. 15. 피고에게 요양급여를 신청하였다.

나. 피고는 2019. 5. 31. 원고에 대하여 위 상병들 중 '요추의 염좌'에 관하여는 요양승인처분을 하였으나, 이 사건 상병에 관하여는 '2019. 4. 22. 실시한 요추부 MRI상 제5요추 및 제1천추 사이 수핵변성, 현저한 골극형성 및 수핵이 중앙부에서 돌출된 소견이 관찰되나, 이는 급성보다는 주로 퇴행성 변화에 의한 소견으로 판단되어 그 발생경위상 인과관계를 인정하기 어렵다'는 이유로 요양불승인처분(이하 '이 사건 처분'이라 한다)을 하였다.

[인정근거] 다툼 없는 사실, 갑 제1, 2, 10호증, 을 제1호증의 각 기재, 변론 전체의 취지

2. 이 사건 처분의 적법 여부

가. 원고의 주장

원고는 이 사건 사고 이전에 요추에 관련된 기왕증이 없었는데 이 사건 사고 이후 이 사건 상병이 발생하였으므로 이는 이 사건 사고와 상당인과관계가 있다. 또한 원고는 이 사건 사업장에서 근무하기 전부터 약 10년 이상 무거운 짐을 들어 나르는 일을 해왔는데 이는 특정 신체부위에 부담되는 업무 등에 해당하고, 이 사건 사업장에서도 신체부담업무를 수행하던 중 일시적인 급격한 힘의 작용으로 이 사건 상병이 발생 내지 악화되었으므로 이는 업무상 질병에 해당한다. 따라서 이와 다른 전제에서 한 피고의 이 사건 처분은 위법하여 취소되어야 한다.

나. 판단

1) 산업재해보상보험법상 '업무상 재해'라 함은 근로자의 업무수행 중 그 업무에 기인하여 발생한 부상·질병·신체장애 또는 사망을 말하는 것이므로 업무와 재해발생 사이에는 상당인과관계가 있어 야 하고, 위 와 같은 인과관계는 반드시 의학적·자연과학적으로 명백히 증명되어야 하는 것은 아니고, 간접적인 사실관계 등 제반 사정을 고려 할 때 상당인과관계가 있다고 추단되는 경우에도 그 증명이 있다고 할 것이지만, 그 증명책임은 여전히 이를 주장하는 측에 있다(대법원 2003. 5. 30. 선고 2002두13055 판결 등 참조).

2) 이 사건에서, 측 제2, 4호증의 각 기재 및 변론 전체의 취지를 종합하여 인정되는 다음과 같은 사실 내지 사정에 비추어 보면, 원고가 제출한 증거만으로는 원고가 이 사건 사고를 당하여 이 사건 상병이 발생 내지 악화되었다고 인정하기에 부족하고, 달리 이를 인정할 만한 증거가 없다. 따라서 피고의 이 사건 처분은 적법하므로 이를 다투는 원고의 주장은 이유 없다.

가) 원고에 대하여 2019. 4. 22. 실시한 요추부 MRI 검사결과지에는 골

증식증을 동반한 경증 퇴행성 척추증, 제4-5요추 추간판의 팽윤, 제2 흉추 아래에서의 제1천추 추간판의 퇴행성 변화 소견이 제시되었을 뿐이다. 원고가 이 사건 사고 이후 원고 주치의로부터 이 사건 상병을 진단받았다는 사정만으로는 이 사건 상병이 이 사건 사고로 인하여 발생 내지 악화된 것이라고 보기 어렵다.

나) 피고 자문의도 2019. 4. 22. 실시한 요추부 MRI상 제5요추 및 제1천추 사이 수핵변성, 현저한 골극형성 및 수핵이 중앙부에서 돌출된 소견이 관찰되나 이는 급성 보다는 주로 퇴행성 변화에 의한 것으로 판단된다는 소견을 제시하였다.

다) 원고는 피고에게 요양급여를 신청할 당시 신청서상 신청구분의 '업무상 사고'란에 표시를 하였고 '재해원인 및 발생상황'란에 이 사건 사고의 내용을 기재하였으며, 위 신청서에 첨부된 원고 주치의 명의의 산업재해보상보험 소견서 중 '재해자가 의료기관에 진술한 재해경위'란에도 '2일 전 회사에서 무거운 것을 들다가 다침'이라고만 기재되어 있다. 따라서 원고는 피고에게 요양급여를 신청하면서 이 사건 사고로 인한 업무상 부상을 주장하였다고 봄이 상당하고 피고로서도 요양승인 여부를 판단함에 있어 이 사건 사고와 이 사건 상병 사이의 인과관계 여부만을 판단하였으리라고 보인다. 그러므로 이 사건 처분의 적법 여부를 판단함에 있어 원고의 업무로 인하여 이 사건 상병이 발생 또는 악화되었는지 여부는 고려사항이 아니다. 또한 이 사건 처분이 위와 같이 적법한 이상 원고의 주장과 같이 피고가 이 사건 처분을 직권으로 취소하고 원고의 신청이 없는 상태에서 원고에게 업무상 질병이 발생하였는지 여부에 대한 업무 상질병판정위원회의 심의를 거쳐야 할 것도 아니다.

3. 결론

그렇다면 원고의 청구는 이유 없으므로 이를 기각하기로 하여 주문과 같이 판결한다.

[참조판례]

◈ 업무상 재해를 인정하기 위한 업무와 재해 사이의 상당인과관계에 대한 입증의 정도 및 업무상 재해로 인한 상병을 치료하는 과정에서 의료과오나 약제 내지 치료방법의 부작용으로 새로운 상병이 발생한 경우, 산업재해보상보험법 제4조 제1호 소정의 업무상 재해에 해당하는지 여부(한정 적극)

(대법원 2003. 5. 30. 선고 2002두13055 판결)

산업재해보상보험법 제4조 제1호 소정의 업무상 재해를 인정하기 위한 업무와 재해 사이의 상당인과관계는 반드시 의학적·자연과학적으로 명백히 입증되어야 하는 것은 아니고, 제반 사정을 고려할 때 업무와 재해 사이에 상당인과관계가 있다고 추단되는 경우에도 그 입증이 있다고 할 것이므로, 재해발생원인에 관한 직접적인 증거가 없는 경우라도 간접적인 사실관계 등에 의거하여 경험법칙상 가장 합리적인 설명이 가능한 추론에 의하여 업무기인성을 추정할 수 있는 경우에는 업무상 재해라고 보아야 할 것이며, 또한 업무상 재해로 인한 상병을 치료하는 과정에서 의료과오가 개입하거나 약제나 치료방법의 부작용으로 인하여 새로운 상병이 발생하였다고 하더라도 상당인과관계가 인정되는 한, 이 또한 업무상 재해에 해당하는 것으로 보아야 하고, 위와 같은 의료과오나 약제 내지 치료방법의 부작용과 새로운 상병의 발생 사이의 상당인과관계 유무를 따질 때에도 앞서 본 바와 같은 법리가 적용된다.

14. 요양불승인처분취소(지붕철거공사 하던 중 일어난 사고)

◎ 전주지방법원[2019구단1005]

원 고 : ○○○

수원시 팔달구 ○○로 ○○길 ○○

송달장소 오산시 ○○길 ○○

소송대리인 변호사 ○○○

피 고 : 근로복지공단

변론종결 : 2020. 06. 10

판결선고 : 2020. 07. 08

[주문]

1. 원고의 청구를 기각한다.

2. 소송비용은 원고가 부담한다.

[청구취지]

피고가 2019. 7. 19. 원고에 대하여 한 산업재해보상보험 요양신청에 대한 불승인 처분을 취소한다.

[이유]

1. 처분의 경위

가. 원고는 2019. 5. 4. ○○○○ 주식회사가 시공하는 '전북 순창군 이하생략 ○○○○ 철거 중 석면 해체·제거 공사'(이하 '이 사건 공사'라고 한다)의 작업현장에서 지붕철거공사를 하던 중 지상 5미터 높이의 지붕에서 바닥으로 떨어지는 사고를 당하였고, 이로 인하여 '우측 대퇴 전자하의 골절, 양측 치골의 골절, 우측 장골의 골절, 우측 천골의 골절, 요추 제4번의 골절, 외상성 경막하 출혈, 외상성 지주막하 출혈, 두개골 골절, 안와바닥의 골절, 폐의 손상'(이하 '이 사건 부상'이라고 한다)을 진단 받았다.

나. 원고는 2019. 5. 13. 피고에게 ○○○○ 주식회사의 근로자로 업무를 수행하다가 이 사건 부상을 입었다는 이유로 요양급여신청을 하였다.

다. 피고는 2019. 7. 19. 원고에게 "원고를 「근로기준법」 상의 근로자로 인정할 수 없다"는 이유로 요양급여 불승인 처분(이하 '이 사건 처분'이라고 한다)을 하였다.

[인정근거] 다툼 없는 사실, 갑 제6호증, 을 제1, 2호증의 각 기재, 변론 전체의 취지

2. 이 사건 처분의 적법 여부에 대한 판단

가. 원고의 주장

원고는 소외1이 대표자인 ○○○○ 주식회사의 근로자로서 위 회사가 시공하는 공사 현장에서 작업을 하던 중 이 사건 부상을 입었으므로, 이 사건 부상은 업무상 재해에 해당하고, 이와 다른 전제에서 피고가 한 이 사건 처분은 위법하다.

나. 판단

1) 「산업재해보상보험법」에서 말하는 '근로자'란 근로기준법상 근로자를 의미한다(제5조 제2호 본문). 근로기준법상 근로자에 해당하는지는 계약의 형식이 고용계약, 도급계약 또는 위임계약인지 여부보다 근로제공 관계의 실질이 근로제공자가 사업 또는 사업장에 임금을 목적으로 종속적인 관계에서 사용자에게 근로를 제공하였는지 여부에 따라 판단하여야 한다. 여기에서 종속적인 관계가 있는지는 업무 내용을 사용자가 정하고 취업규칙 또는 복무규정 등의 적용을 받으며 업무수행과정에서 사용자가 상당한 지휘·감독을 하는지, 사용자가 근무시간과 근무 장소를 지정하고 근로제공자가 이에 구속을 받는지, 근로제공자가 스스로 비품·원자재나 작업도구 등을 소유하거나 제3자를 고용하여 업무를 대행하게 하는 등 독립하여 자신의 계산으로 사업을 영위할 수 있는지, 근로제공을 통한 이윤의 창출과 손실의 초래 등 위험을 스스로 안고 있는지, 보수의 성격이 근로 자체의 대상적 성격인지, 기본급이나 고정급이 정하여졌고 근로소득세를 원천징수하였는지, 그리고 근로제공 관계의 계속성과 사용자에 대한 전속성의 유무와 정도, 사회보장제도에 관한 법령에서 근로자로서 지위를 인정받는지 등의 경제적·사회적 여러 조건을 종합하여 판단하여야 한다. 다만 기본급이나 고정급이 정하여졌는지, 근로소득세를 원천징수하였는지, 사회보장

제도에 관하여 근로자로 인정받는지 등과 같은 사정은 사용자가 경제적으로 우월한 지위를 이용하여 임의로 정할 여지가 크다는 점에서 그러한 점들이 인정되지 않는다는 것만으로 근로자성을 쉽게 부정하여서는 안 된다(대법원 2017. 9. 7. 선고 2017두46899 판결, 대법원 2018. 8. 30. 선고 2018두43330 판결 등 참조).

2) 갑 제1, 5호증, 을 제3호증, 을 제4호증의 1, 2, 을 제5, 6호증의 각 기재 및 변론 전체의 취지에 의하면, 이 사건 공사의 시공사이던 ○○○○ 주식회사의 대표자는 소외1인 사실, 원고는 2019. 3. 26. ○○○○ 주식회사의 근로자로 4대 보험에 가입된 사실, ○○○○ 주식회사가 ○○○○고용노동청 ○○지청에 제출한 이 사건 공사의 작업계획서의 '근로자 대표 의견 수렴서'에 원고가 근로자 대표로 서명한 사실을 각 인정할 수 있다.

그러나 위 증거들에 의하여 인정할 수 있는 다음과 같은 사정들을 종합하여 보면, 앞서 본 사실들만으로는 원고가 임금을 목적으로 종속적인 관계에서 주식회사 ○○○○에게 근로를 제공한 근로자라고 인정하기는 어렵고, 달리 이를 인정할 증거가 없다.

① 원고는 ○○○○ 주식회사에서 기술이사라는 직책을 가지고 현장관리와 기술개발 총괄관리 업무를 담당하였다. 이 사건 공사의 현장에서도 원고는 현장작업을 총괄 관리하고 작업을 지시하는 업무를 담당하였고, 소외1은 안전관리감독자로 참가하였다.

② 원고는 ○○○○ 주식회사와 근로계약서를 작성하지 않았다. ○○○○ 주식회사는 별도의 취업규칙과 복무인사규정을 마련해 두지 않았고, 원고에 대한 출퇴근기록이나 인사기록카드 등을 작성하지도 않았다. 원고에게 정해진 출퇴근 시간은 따로 없었고, 조퇴·휴가를 사용하는 경우 별도로 취해야 할 절차도 없었다.

③ 원고에 대한 급여명세서상 월 기본급여가 800,000원으로 기재되어 있으나, ○○○○ 주식회사가 2019. 3. 26.부터 이 사건 부상 발생 무렵까지 원고에게 실제로 임금을 지급한 적은 없다.

④ 이 사건 공사 현장에서는 소외2, 소외3가 ○○○○ 주식회사의 근로자로서 작업을 하였는데, 원고는 자신의 판단으로 직접 위 두 사람을 고용하기로 결정하였다.

⑤ 원고는 ○○○○ 주식회사와 동일한 종류의 영업을 하던 주식회사 ○○○○○○를 운영하다가 2016. 5. 31. 폐업하였다. ○○○○ 주식회사는 2016. 8. 2. 사업자등록을 하였고, 위 회사의 대표이사인 소외1은 원고의 아들이다. 소외1은 2017년경부터 2019. 2. 17.까지 군복무를 하였으므로, 위 기간 동안은 원고가 실질적으로 ○○○○ 주식회사를 운영하였다. 원고는 피고에게 제출한 재해자 확인서에 "아들인 소외1이 원고의 원천기술을 이어받을 수 있도록 승계하고 있는 중이다"라고 기재하였다.

⑥ 원고가 ○○○○ 주식회사의 대표자인 소외1으로부터 근로에 관한 지휘·감독을 받았다고 볼 만한 별다른 자료가 없고, 오히려 회사의 영업에 필요한 기술과 노하우를 가지고 있는 원고가 아들인 소외1에게 회사 운영 능력을 가르쳐 주면서 업무의 전반을 총괄한 것으로 보인다.

다. 소결론

원고를 「근로기준법」 상의 근로자로 인정할 수 없는 이상 이를 이유로 한 이 사건 처분은 적법하다.

3. 결론

원고의 청구는 이유 없으므로 이를 기각하기로 하여 주문과 같이 판결한다.

[참조판례]

◈ **산업재해보상보험법에서 말하는 '근로자'가 근로기준법상 근로자를 의미하는지 여부(적극) / 근로기준법상 근로자에 해당하는지 판단하는 기준 및 이때 '종속적인 관계'에 있는지 판단하는 방법**(대법원 2018. 8. 30. 선고 2018두43330 판결)

【주 문】

원심판결을 파기하고, 사건을 서울고등법원에 환송한다.

【이 유】

상고이유를 판단한다.
1. 산업재해보상보험법에서 말하는 '근로자'란 근로기준법상 근로자를 의미한다(제5조 제2호 본문). 근로기준법상 근로자에 해당하는지는 계약의 형식이 고용계약, 도급계약 또는 위임계약인지 여부보다 근로제공 관계의 실질이 근로제공자가 사업 또는 사업장에 임금을 목적으로 종속적인 관계에서 사용자에게 근로를 제공하였는지 여부에 따라 판단하여야 한다. 여기에서 종속적인 관계가 있는지는, 업무 내용을 사용자가 정하고 취업규칙 또는 복무규정 등의 적용을 받으며 업무수행과정에서 사용자가 상당한 지휘·감독을 하는지, 사용자가 근무시간과 근무 장소를 지정하고 근로제공자가 이에 구속을 받는지, 근로제공자가 스스로 비품·원자재나 작업도구 등을 소유하거나 제3자를 고용하여 업무를 대행하게 하는 등 독립하여 자신의 계산으로 사업을 영위할 수 있는지, 근로제공을 통한 이윤의 창출과 손실의 초래 등 위험을 스스로 안고 있는지, 보수의 성격이 근로 자체의 대상적 성격인지, 기본급이나 고정급이 정하여졌고 근로소득세를 원천징수하였는지, 그리고 근로제공 관계의 계속성과 사용자에 대한 전속성의 유무와 정도, 사회보장제도에 관한 법령에서 근로자로서 지위를 인정받는지 등의 경제적·사회적 여러 조건을 종합하여 판단하여야 한다. 다만 기본급이나 고정급이 정하여졌는지, 근로소득세를 원천징수하였는지, 사회보장제도에 관하여 근로자로 인정받는지 등과 같은 사정은 사용자가 경제적으로 우월한 지위를 이용하여 임의로 정할 여지가 크다는 점에서 그러한 점들이 인정되지 않는다는 것만으로 근로자성을 쉽게 부정하여서는 안 된다(대법원 2006. 12. 7. 선고 2004다29736 판결, 대법원 2017. 9. 7. 선고 2017두46899 판결 등 참조).
2. 가. 원심판결 이유와 적법하게 채택된 증거들에 의하면 다음의 사실을 알 수 있다.
(1) 엘에스건설 주식회사(이하 '엘에스건설'이라고 한다)는 소외 1로부터 아산시 (주소 생략) 외 3필지 지상 동식물관련 신축공사를 도급받고, ○○○○○○를 운영하는 소외 2와 사이에 위 신축공사 중 천정 열반사 단열재 납품 및 시공에 관한 하도급계약을 체결하였다.
(2) 원고는 소외 2와 사이에 시공면적 400㎡을 기준으로 하여 하루 동안 위 천정 단열재 시공 작업(이하 '이 사건 공사'라고 한다)을 수행하기로 약정하였다. 이 사건 공사 수행에 관한 보수는 총 다섯 명의 인력이 필요하다는 계산을 바탕으로 이를 면적당 금액으로 환산하여 1㎡당 3,000원으로 산정하였다.
(3) 원고는 2016. 9. 23. 자신이 불러 모은 팀원들인 소외 3, 소외 4, 소외 5, 소외 6과 함께 이 사건 공사 현장에 가서 소외 2가 엘에스건설에 공급한 단열자재를 부착하는 작업을 수행하였다. 단열재 등 자재의 구입 비용은 원고가 부담

하지 않았다. 원고와 다른 인부들은 공사 도면을 건네받거나 이를 보지 못한 반면, 엘에스건설의 현장작업지시자들은 도면을 보면서 원고와 다른 인부들에게 단열재 부착 장소, 시공 방법 등에 관한 지시를 하였고, 원고 등은 그에 따라 단열재 시공 작업을 하였다.

(4) 같은 날 원고는 엘에스건설의 현장작업지시자들의 지시에 따라 1층 퇴비사 천정 데크에 단열재 부착작업을 하기 위하여 소외 3과 함께 샌드위치판넬 지붕 위에 올라가 작업을 하던 중 지붕이 무너지면서 2.7m 아래 바닥으로 추락하였다(이하 '이 사건 사고'라고 한다). 이 사건 사고로 원고는 우측 후두골 두개골 골절 등의 상해를 입었다.

(5) 한편 원고는 이 사건 공사 이전에 '△△△△'이라는 상호로 단열공사 사업자 등록을 마친 후 부가가치세를 신고·납부하여 왔는데, 원고와 팀원들이 공사현장에서 일하고 받은 보수가 매출(수입)의 대부분을 차지하였다. 단열공사 작업의 일당 보수는 공사현장에 따라 다소 차이가 있으나 팀장인 원고는 25만 원을, 팀원인 다른 인부들은 경력이나 숙련도에 따라 14만 원 내지 18만 원을 받았다(지방에서 이루어지는 공사의 경우 팀장은 5만 원, 팀원은 3만 원의 일당이 추가되었다).

(6) 원고는 단열공사에 투입된 인력 전체의 보수를 일괄하여 받은 다음 팀원들에게 지급하는 경우도 있었고, 공사업체로부터 원고를 포함한 인부들 각자의 계좌로 보수가 직접 지급되기도 하였다.

(7) 이 사건 공사와 관련하여 원고는 소외 2로부터 원고의 일당 30만 원을 포함하여 합계 120만 원을 일괄하여 받은 다음 팀원들에게도 일당을 지급하기로 하였다.

나. 이러한 사실관계와 함께 기록을 통하여 알 수 있는 아래와 같은 사정을 앞서 본 법리에 비추어 살펴보면, 원고는 임금을 목적으로 종속적인 관계에서 근로를 제공한 근로자에 해당한다고 볼 여지가 크다.

(1) 원고는 이 사건 공사의 원수급자인 엘에스건설에 단열재를 납품한 소외 2로부터 단열재 시공 작업을 해 줄 것을 요청받고 이 사건 공사에 참여하였다. 공사에 사용된 단열재 등 자재의 구입비용도 원고가 부담한 것은 아니다.

(2) 엘에스건설의 현장작업지시자들은 원고에게 작업현장의 도면을 건네주거나 보여주지 않고 단열재 부착 위치와 방법 등 원고가 수행하여야 할 구체적인 업무의 내용을 직접 지시하는 등 업무 수행 과정에서 원고와 그 팀원들에게 상당한 지휘·감독을 한 것으로 보인다.

(3) 원고는 이 사건 공사현장에서 엘에스건설 또는 소외 2의 지시에 따라 단열재 시공 업무를 수행하고 일정한 보수를 지급받기로 하였다. 원고와 그 팀원들이 지급받기로 한 보수는 그 산정 경위 등에 비추어 시공면적보다는 공사에 투입될 인력을 기준으로 산정된 것으로 보여 근로제공 자체에 대한 대가로서의 성

격이 커 보인다.
(4) 이 사건 공사 이전에 원고가 사업자등록을 하고 부가가치세를 신고·납부한 적이 있으나 그러한 사정만으로 근로자성이 부정된다고 단정할 수 없다(더구나 원고는 이 사건 공사와 관련하여서는 세금계산서를 발행하지도 않았다).
다. 그런데도 원심은 판시와 같은 이유만으로 원고가 임금을 목적으로 종속적인 관계에서 소외 2 또는 엘에스건설에 근로를 제공한 근로자라고 보기 어렵다고 판단하였다. 이러한 원심판단에는 산업재해보상보험법상의 근로자에 관한 법리를 오해하고 필요한 심리를 다하지 아니함으로써 판결에 영향을 미친 잘못이 있다. 이를 지적하는 상고이유 주장은 이유 있다.
3. 그러므로 원심판결을 파기하고, 사건을 다시 심리·판단하도록 원심법원에 환송하기로 하여, 관여 대법관의 일치된 의견으로 주문과 같이 판결한다.

15. 요양급여 승인 취소처분의 취소(도로보수원으로 근무중 사고)

◎ 서울행정법원[2019구단66005]

원 고 : ○○○

부산광역시 해운대구 ○○○로 ○○○

소송대리인 변호사 ○○○

피 고 : 근로복지공단

변론종결 : 2020. 05. 13

판결선고 : 2020. 07. 08

[주문]

1. 원고의 청구를 기각한다.
2. 소송비용은 원고가 부담한다.

[청구취지]

피고가 2018. 1. 11. 원고에 대하여 한 요양급여 승인 취소결정을 취소한다.

[이유]

1. 요양급여 승인 취소결정의 경위

가. 요양급여 승인 결정 및 보험급여 수령

① 원고(◇◇생 남성)는 ○○광역시 ○○구청에서 도로보수원으로 근무하는 근로자로서, 2013. 6. 25. 작업시간 중 '우측 경비골 간부 골절'을 입고 2013. 6. 26. ○○○○병원에서 관혈적 정복술 및 골수강 내 삽입술을 시행받았다(이하 '이 사건 재해'라 한다).

② 원고는 2013. 7. 4. 피고에게 " 이하생략 ○○○소방서 뒤쪽에서 하수도준설 작업을 하던 중 무거운 장비를 들고 뒤쪽으로 이동하다가 뭔가(돌맹이)에 발이 걸려 뒤로 넘어지려 할 때 오른발을 뒤쪽으로 옮겨 짚었으나 갑자기 뼈가 부러지는 사고를 당하였다."고 주장하면서 요양급여를 신청하여, 2013. 7. 12. 피고 소속 ○○○○지사장으로부터 요양을 승인받았다.

③ 이에 원고는 2014. 7. 14. 까지 요양 및 재요양을 받으면서 보험급여 합계 44,941,480원(=요양급여 11,097,570원 + 휴업급여 23,733,660원 +

장해급여 10,110,250원)을 지급받았다.

나. 요양급여 승인 취소결정 및 부당이득 징수결정

① 그런데 피고는 2017. 6. 28. '원고가 도로보수 작업 중 사고를 당하였다고 산재 신청하여 업무상 재해 승인을 받았으나 실제로는 작업반원이 원고의 빰을 때리는 등 서로 싸우다가 다쳤음에도 재해 경위를 조작하여 보험급여를 수령했다'는 제보를 접수하여 원고의 부정수급에 대한 조사를 진행한 후, 2017. 12. 26. 피고 소속 ○○○○지사장에게 이 사건 재해는 업무상 재해가 아니라는 조사결과를 통지하였다.

② 피고 소속 ○○○○지사장은 2018. 1. 11. 원고에 대하여 "원고는 2013. 6. 25. 업무상 사고로 재해를 당했다고 요양 신청하였으나, 재해경위를 사실과 달리 거짓으로 신고하여 산재 요양승인 받은 사실을 인정하였고, 실제 수상경위를 조사한 바, 개인적인 감정에 의한 행위로 확인되어 업무 중이라 하더라도 업무기인성을 인정할 수 없어 업무상 재해가 아니다."라는 이유로 요양 승인을 취소하고(이하 '이 사건 취소처분'이라 한다), "산업재해보상보험법 제84조 제1항 제1호 소정의 '거짓이나 그 밖의 부정한 방법으로 보험급여를 받은 경우'에 해당한다."는 이유로 원고가 지급받은 급여액 중 소멸 시효가 완성되지 아니한 요양급여액 9,390원의 2배에 해당하는 18,780원을 부당이득으로 징수하는 결정을 하였다.

다. 불복절차의 경과

① 이에 원고는 피고에게 심사 청구를 하였는데, 피고는 2018. 6. 5. ○○○○○○○○○○○위원회의 심의를 거쳐 '피고 소속 ○○○○지사장이 소멸시효가 완성되지 않았다고 본 요양급여 부분도 소멸시효가 완성되었다'는 이유로 부당이득 18,780원의 징수결정은 취소하되, "원고의 실제 재해경위는 원고의 동료근로자인 소외1의 가해행위로 인해 발생된 것으로 확인되며, 원고가 가해자에게 직무의 한도를 넘어 가해자에게 욕설을 한 사실이 확인되고 이에 자극받은 가해자가 폭행을 행사한 것으로 보여 가해자의 폭행행위는 원고와 가해자간 사적감정의 악화로 인해 발생된 것으로 판단된다."는 이유로 이 사건 취소처분은 적법하다고 판단하여 원

고의 나머지 청구를 기각하는 결정을 하였다.

② 이에 원고는 재심사 청구를 하였으나, ○○○○○○○○○○○○위원회는 2019. 4. 25. "사고 당일 작업은 평소작업과 특이사항 없는 동일한 작업으로 별도의 작업지시나 의견차이로 싸움을 유발할 정도의 작업내용이 확인되지 않는 점, 원고와 가해자의 진술에서 원고가 먼저 욕설 등 자극적인 언동을 한 점, 동료근로자들이 싸움을 말려 서로 떨어뜨린 후에도 다시 다가가 가해자를 자극하여 폭행이 발생한 것으로 보이는 점 등을 종합하여 볼 때, 이러한 행위는 사회통념상 인정할 수 있는 회사 내 정당한 행동을 벗어난 행위에 해당한다고 판단되고, 원고와 가해자의 사적 감정에 기인하여 원고가 직무의 한도를 넘어 가해자를 자극하거나 도발한 경우에 해당되어 업무의 기인성을 인정하기 어렵다."는 이유로 원고의 재심사 청구를 기각하는 재결을 하였다.

라. 원고에 대한 형사사건의 결과

한편 피고의 고발에 따라 진행된 원고에 대한 형사사건에서, ○○지방검찰청 검사는 2019. 3. 29. '원고가 허위의 요양급여 신청서를 작성하여 피고에게 제출함으로써 피고 산재담당자를 기망하여 보험급여를 편취하였다·는 범죄사실에 대하여 '원고가 입은 상해는 업무상 재해에 해당한다고 봄이 상당하다'는 이유로 증거불충분으로 혐의없음 처분을 하였다.

[인정근거] 다툼 없는 사실, 갑 제1 내지 6, 14호증의 각 기재, 변론 전체의 취지

2. 원고의 주장

원고는 ○○구청의 하수도 준설팀의 반장으로써 담당자로부터 접수된 민원을 하달받아 업무의 범위에 관한 사항 등을 팀원들에게 지시하는 역할을 하였다.

이 사건 재해 발생 당일에는 하수도 준설팀에게 주어진 민원의 내용이 하수도 덮개 주변부의 청소였기에 원고는 하수도 덮개만 청소할 것을 지시하였으나, 부하 근로자인 소외1는 원고의 지시에 따르지 않고 원고에게 욕설을 하면서 먼저 원고의 뺨을 때려 폭행을 하였으며, 이에 흥분한 원

고가 소외1와 다투다가 결국 이 사건 재해에 이르게 되었다.

원고와 소외1는 평소 사이가 좋지 않았던 것이 아니었으나 업무에 관한 견해 차이로 작업 현장에서 다투게 된 것일 뿐이고, 다툼을 유발한 사람도 원고가 아닌 소외1였으므로, 이 사건 재해는 업무상 재해에 해당한다. 따라서 이 사건 재해가 업무상 재해에 해당하지 않는다고 본 이 사건 취소처분은 위법하다.

3. 판단

가. 관련 법리

산업재해보상보험법 제5조 제1호는 "업무상의 재해란 업무상의 사유에 따른 근로자의 부상·질병·장해 또는 사망을 말한다."라고 규정하고 있는바, 근로자가 타인의 폭력에 의하여 재해를 입은 경우라고 하더라도, 가해자의 폭력행위가 피해자와의 사적인 관계에서 기인하였다거나 피해자가 직무의 한도를 넘어 상대방을 자극하거나 도발함으로써 발생한 경우에는 업무기인성을 인정할 수 없어 업무상 재해로 볼 수 없다고 할 것이나, 그것이 직장 안의 인간관계 또는 직무에 내재하거나 통상 수반하는 위험이 현실화되어 발생한 것으로서 업무와 사이에 상당인과관계가 있으면 업무상 재해로 인정하여야 할 것이다(대법원 1995. 1. 24. 선고 94누8587 판결, 대법원 2011. 7. 28. 선고 2008다12408 판결, 대법원 2017. 4. 27. 선고 2016두55919 판결 등 참조).

나. 인정사실

갑 제10호증, 을 제3호증의 각 기재에 변론 전체의 취지를 종합하면, 다음과 같은 사실이 인정된다.

① 원고는 이 사건 재해 발생 후 ○○구청 업무담당자 소외2에게 유선으로 연락하여 '준설 작업 중 뒷걸음하다가 넘어져 다리를 다쳤다'고 보고하고, 2013. 6. 26. 병원을 방문한 ○○구청 도시행정담당자 소외3의 사고 경위를 묻는 질문에 '뒷걸음하는 과정에서 넘어졌다'고 주장하였다.

② 원고는 2013. 8. 12.경 ○○○○경찰서에 소외1(생략.생)에 대한 고소장을 제출하였고, 이로 인하여 사건 경위를 인지하게 된 ○○구청 도시관리과 도시행정 담당자는 사건 관련자들로부터 경위서를 징구하고 사실관

계를 확인하였다.

당시 징구한 경위서 6부의 내용은 다음과 같다.

【원고】

2013. 6. 25. 오후에 이하생략 소방서 뒤편의 하수도 덮개 청소와 관련하여 민원이 제기된바, 현장에 소외4, 소외5, 소외1, 소외6 이상 4명이 출동하여 위 사항에 대한 정비를 실시하고 있습니다.

오후 3시 30분경 약 50m에 달하는 하수도 덮개 청소 과정에서 소외1씨 혼자만이 준설작업을 하고 있는 것을 보고 해당반의 반장으로서 지금 하고 있는 일은 민원 내용과 무관하며 그것까지 다 할려면 퇴근시간까지 넘게 되고 현재 미처리 민원이 많이 밀려있는 상황이라서 준설을 하지 말고 덮개 청소를 하라고 수차례 만류했으나 말을 듣지 않고 억지를 부리고 비아냥을 하길래 그때부터 언쟁이 시작되고 욕설과 결국은 몸싸움까지 하게 되었습니다.

소외1씨가 먼저 주먹으로 일굴을 가격하는 등 폭력을 행사하여 그 대응과정에서 다리가 골절되는 증상을 당했으며 동네 주민의 신고로 112순찰차가 오고 소외7의 신고로 119구급차가 출동하였습니다.

112순찰차의 경찰관이 무슨 일이나고 제게 물었고 일하다 다쳤으니 취소하라하여 돌려보냈으며 소외5씨가 왜 경찰을 돌려보내느냐며 묻길래 제가 "이 상황이 사건화되면 소외1는 직장을 그만둬야 합니다. 동료끼리 그럴 수는 없습니다. 저는 치료받으면 됩니다."라고 말했고 소외7에게도 그렇게 말하면서 "누가 묻거든 일하다 다친 거라고 대답해줘라 안 그러면 소외1가 상당한 피해를 입는다"라고 당부하며 병원과 회사에 제 자신이 일하다가 당한 부상이라고 말하여 현재 가료 중에 있습니다.

이후 소외1는 제게 "사무실에 보고할까?"라고 말하며 마치 제 약점을 잡은 듯 협박을 수차례 했고 결국 저의 설명에도 불구하고 8월 21일(12일의 오기로 보임) 본인이 직접 오전에 보고하게 되었으며 저는 오후에 고소장을 작성하여 경찰서에 제출하게 된 바 이에 경위서를 제출합니다.

〈산재 보험을 신청하게 된 경위〉

1. 언제 : 최초 6. 25. ○○병원 응급실에서 소외2 주무의 전화통화를 시작으로 수차례의 병문안시의 질의 응답 과정에서 작업 수행시 부상으로 일관되게 설명하면서.
2. 어디서 : 6월말경 소외2 주무로부터 기관장 직인이 찍힌 신청서를 전달받아 원무과에서 신청함.
3. 왜 : 혹여 경찰 사건화가 되면 소외1가 상당한 피해와 불이익을 받을까 염려하여.

4. 무엇을 : 산재신청서를 복지공단해 제출. 7월초경에 승인을 받았음.
※ 1과 2 사이 첨부
소외2 주무로부터 신청서를 전달받아 자필 작성 후 제출하였음.
【소외1(도로보수원)】
본인은 작업 도중 하수구 덮개를 열고 있는 도중 소외4 반장이 위에 흙만 치우자 하면서 이야기 도중 본인은 흙을 치우는 도중 흙이 밑으로 하차해서 밑에 흙을 치우자 하면서 하니까 안된다 하면서 심한 욕을 하면서 눈을 붉겨서 죽여버린다고 하면서 주먹을 쥐고 때리려고 하니까 본인은 방어하면서 소외4 반장을 밀치고 당겼습니다. 그리고 자기가 산재처리한다고 하면서 본인한테 안심하라고 하여 누구한테도 이야기하지 말라고 하였습니다.
【소외5(도로보수원)】
본인은 작업 중 200m 하수구 준설을 하였습니다. 그러는 도중 시끄러워서 올라가보니 소외4, 소외1 두 분이 다투었나 봅니다. 소외4은 앉아있고 소외1씨 서있고 하길래 왜 그러냐고 물으니까 다리가 아프다 하길래 병원에 가자 하는 도중 시쓰리 순경이 왔습니다. 지나가는 주민이 신고를 했나 봅니다. 소외4 일하다가 다쳤으니 그냥 가라고 하였습니다. 그리고 제가 119구급차를 불러 ○○병원으로 이송하였습니다. 경위는 멀리서 작업을 하였기에 잘 모르겠습니다.
【소외7(도로보수원)】
본인은 작업 중 200m 하수구 준설을 하였습니다. 작업 중 소외4 반장, 소외1 두 분이 말다툼 하는 거 말리고 전 일하러 감. 두 분이 다시 다투었나 봅니다. 소외4 형은 앉아있고 소외1 형님은 서있고 하길래 소외4 형이 아프다고 해서 구급차 오고 병원으로 감. 사후처리는 형님들이 알아서 한다고 함.
【소외8(운전원)】
본인은 현장에 차를 세워두고 준설하는데 시간이 많이 걸리니깐 무릎이 안 좋아서 보건소 물리료실에서 물리치료를 받는 바람에 전혀 모르고 있었음.
【소외2(행정7급)】
2013. 6. 25.(수) 오후 3시경 소외5 주사에게 소외4 반장이 작업 도중 다리를 다쳐 응급차로 병원에 갔다고 전화 연락을 받았습니다. 그래서 소외4 반장에서 전화하여 사고 경위를 물어보니 광안동 ○○칼국수 주변에서 하수구 준설 작업하면서 두 손에 연장을 들고 뒤쪽으로 이동하다가 돌멩이에 발이 걸려 넘어졌는데 오른쪽 다리가 부러져 응급차로 ○○ ○○병원 응급실에 있다고 들었습니다. 저는 일단 치료 받으시고 급한 일 있으면 전화 연락 달라고 전하였습니다.

다. 원고와 소외1 사이에 다툼이 시작된 원인에 관하여

1) 원고와 소외1의 진술내용

가) 원고의 진술내용

원고가 2013. 8. 12.경 작성한 위 경위서에 따르면, 소외1와 사이에 다툼이 시작된 원인은 '하수도 덮개 청소와 관련된 민원을 접수받아 하수도 덮개를 청소하는 과정에서 소외1 혼자만 준설작업을 하고 있어, 소외1에게 준설을 하지 말고 덮개 청소를 하라고 하였으나 소외1가 말을 듣지 않고 억지를 부린 것' 때문이라는 것이다.

원고는 2017. 11. 20. 부정수급에 대한 조사를 진행하던 피고 소속 직원과의 문답 당시에는 "민원사항(하수도 속덮개 이물질 제거) 작업 진행 시 다른 직원(소외7, 소외5)은 제 지시대로 작업을 잘하고 있는데 소외1만 제가 지시한 대로 일을 하지 않고 있어 '그렇게 하지 말라'며 지적을 했음에도 계속 다른 일을 하였다."는 취지로 진술하였다.

나) 소외1의 진술내용

한편 소외1가 2013. 8. 12.경 작성한 위 경위서에 따르면, 원고와 사이에 다툼이 시작된 원인은 '자신이 밑에 흙을 치우려 하니까 원고가 안 된다고 하면서 욕설을 한 것' 때문이라는 것으로서, 당시 원래 하수도 덮개만 청소하면 되는 것이었는지에 관해서는 기재되어 있지 않다.

소외1는 2017. 11. 15. 부정수급에 대한 조사를 진행하던 피고 소속 직원과의 문답 당시에 "악취로 인한 민원이 들어왔으면 확실하게 처리해야 다음에 민원이 안 들어오는데, 원고는 게을러서 일을 안 하려고 하고 나는 일을 하려고 하는 그런 입장이었다.", "내가 '반장이 되갖고 일을 게을리 하면 되겠냐, 여기 마저 해주고 가자', '이왕 온 거 사진도 찍고 시간도 많은데 이거 좀 해주고 가자'고 하였다.", "원고가 커버를 덮어놓은 부분만 하고 밑 부분은 청소를 안 하길래, 내가 밑 부분을 삽으로 찔러보니 많이 찾기에 '내가 이것 해주고 갈게, 네 것이나 해라'고 하니까 원고가 '네가 뭔데 씨발 내 말을 안 듣고 지랄이냐'며 욕설을 하였다."는 취지로 진술하였다.

2) 진술의 신빙성에 대한 판단

원고와 소외1의 위 각 진술은 원래 하수도 덮개만 청소하면 되는 것이었는지 여부에 관하여 불일치가 존재하는데, 다음과 같은 사정들에 비추어 보면, 원고의 위 진술은 신빙성이 없는 반면에 소외1의 위 진술은 신빙성이 인정된다.

① 우선 민원인이 제기한 민원의 내용이 하수도 덮개만 청소하여 달라는 것이었다는 그 진술 내용 자체에 설득력이 떨어진다.

즉 민원인이 하수도에 관한 민원을 제기하면서 문제(악취, 배수불량 등) 발생 지점이 하수도 덮개 부분인지 아니면 그 아래쪽의 지하 부분인지 정확히 파악하는 것 자체가 일반적으로 쉽지 않아 보일 뿐만 아니라, 문제 해결을 희망하는 민원인이 민원을 제기하면서 청소 범위를 하수도 덮개로 한정한다는 것 자체도 경험칙상 쉽게 상정하기 어려워 보인다.

이런 점에 비추어 보면, '당시 민원사항이 하수도 덮개 청소였다'는 원고의 진술보다는 '현장에서 청소할 부분을 확인함'을 전제로 한 소외1의 진술이 더 설득력이 있다.

② 이 사건 재해 발생 당시 원고 및 소외1와 함께 현장에 있었던 소외5과 소외7도 2013. 8. 12.경 작성한 위 각 경위서에 '하수구 준설을 하였다'고만 기재하였을 뿐 '하수도 덮개를 청소하였다'고는 기재하지 않았다. 또한 소외5은 위 경위서에 '시끄러워서 올라가보니'라고 기재하기도 하였다.

위와 같은 사정에 비추어 보면, '소외1 혼자서만 준설 작업을 하였다'는 원고의 진술과는 달리 소외5과 소외7도 하수도 덮개만 청소한 것이 아니라 준설 작업을 하였을 것으로 보인다.

한편 원고 스스로도 이 사건 재해가 소외1와의 다툼으로 인한 것임이 ○○구청 담당자에게 들통나기 전인 2013. 7. 4.경에는 피고에게 제출하기 위하여 작성한 요양급여신청서에 '하수도 덮개 청소 작업을 하던 중'이라고 기재한 것이 아니라 '하수도 준설 작업을 하던 중'이라고 기재하였다.

③ 원고는 위 경위서에 '동료인 소외1의 고용안정이 걱정되어 현장에 출동한 경찰을 들려보냈다'는 취지로 기재하였다.

그러나 우선 원고 스스로도 2017. 11. 20. 피고 소속 직원과의 문답 당시에는 "싸워서 다쳤다고 하면 자체적으로 보고할 때 문책을 당할 것이 우려되어 그냥 일하다가 다친 것으로 허위보고하게 되었다."고 진술하였다.

나아가 원고의 주장대로라면 소외1가 '하수도 덮개만 청소하라'는 원고의 정당한 지시를 부당하게 거부하면서 오히려 원고를 폭행하기까지 한 상황이었다는 것인데, 그와 같은 상황에서 원고가 부상을 입어 경황이 없던 와중에도 즉석에서 소외1의 고용안정을 염려하여 현장에 도착하였던 경찰을 돌려보냈다는 것은 설득력이 떨어진다.

오히려 원고가 자신의 지시를 거부하였던 소외1에게 폭행까지 당하였음에도, 당시 출동한 경찰을 즉석에서 돌려보냈던 점에 비추어 보면, 애초에 '하수도 덮개만 청소하라'던 원고의 요구가 합리성이 없는 것이었음을 원고 스스로도 인식하였고, 그래서 그러한 폭행 피해 경위가 ○○구청에 알려지는 것이 자신에게 유익하지 않다고 순간적으로 판단한 원고가 출동한 경찰을 돌려보냈던 것이라고 봄이 합리적이다.

④ 원고는 위 경위서에 '동료인 소외1의 고용안정이 걱정되어 현장에 출동한 경찰을 돌려보내고 재해 경위를 허위로 보고하였는데, 오히려 소외1가 이를 빌미로 원고를 협박하다가 ○○구청에 보고하였고 이에 원고가 경찰서에 고소장을 제출하였다'는 취지로 기재하였다.

또한 원고는 2017. 11. 20. 피고 소속 직원과의 문답 당시에는 '○○구청에서 재조사를 받은 경위'에 관하여 "본인 사고 이후 한 달 정도 지나서 소외1가 사무실 관계자한테 본인의 사고 경위를 사실대로 말을 했기 때문에 다시 조사를 받았다."고 진술하였다.

이에 반하여 소외1는 2017. 11. 15. 피고 소속 직원과의 문답 당시에 "원고가 고발하여 합의금으로 1,000만 원을 줬다. 원고가 돈 받아 먹으려고 고발한 것이다."라는 취지로 진술하였다.
그런데 ○○구청장이 피고에게 제출한 자료(을 재3호증)에 의하면, 원고의 위 진술과는 달리 ○○구청 담당자가 이 사건 재해의 실제 발생 경위를 인지하게 된 것은 앞서 인정한 바와 같이 원고의 고소장 접수 때문이었지 소외1의 보고 때문이 아니었다. 따라서 소외1에 대한 고소 경위에 관한 원고의 위 진술은 허위이다.
위와 같이 소외1에 대한 고소 경위마저도 허위로 진술하면서 소외1의 탓으로 돌리고 있는 사정은 원고 진술의 전반적인 신빙성을 인정하기 어렵게 하는 정황이다(애당초 원고가 출동한 경찰관을 돌려보내고 ○○구청에 이 사건 재해 경위를 허위로 보고하였던 이유는 사실은 자신의 이익 때문이었음에도, 소외1에 대한 배려 때문이라고 사실과 다르게 진술하는 바람에, 고소 경위도 허위로 진술하게 된 것으로 판단된다).
⑤ 소외5은 2017. 7. 21. 부정수급에 대한 조사를 진행하던 피고 소속 직원과의 문답 당시에'작업방식'에 대한 설명을 요구받자 "작업반장이 범위를 정해주면 작업도구를 사용하여 하수도 준설작업을 한다. 늘 하던 일이라 이렇게 해라 저렇게 해라 하지 않는다."고 진술하였고, "늘 하던 일이고 작업방법에 대해 특이한 사항이 없던 현장이었는데 왜 원고와 소외1는 작업방법 이견이 있어 싸운 것인지'를 묻는 질문에는 "본인하고 같은 짝이 아니라 잘 모르겠다."고만 답변하였다.
또한 소외7은 2017. 7. 21. 부정수급에 대한 조사를 진행하던 피고 소속 직원과의 문답 당시에 '사고 당일 수행한 업무가 평소에도 자주 ○○구청에 접수되는 형태의 민원사항이었는지'를 묻는 질문에 "평소에도 하던 일이었다. 특이하거나 민원이 빈발하는 사항이 아니었다. 그리고 반장이 작업구간을 언급하면 평소 습관이 되어 있고 평소 하던 방식대로 한다. 반장은 작업 방법을 말하지 않는다. 작업 범위는 말을 한다."고 진술하였고, '사고현장 기준으로 그날 작업이 좀 특이한 사항은 아니었다는 것인지'를 묻는 질문에는 "네, 일 년 동안 하는 일이다."라고 답변하였다.
㉠ 소외5과 소외7의 위 각 진술에 의하더라도 하수도 준설작업은 그

업무의 정형성으로 인하여 어떠한 작업 지시가 필요한 업무가 아님을 알 수 있는 점, ㉡ 나아가 소외5과 소외7이 작업반장인 원고보다는 소외1와 더 친분이 있다고 볼 만한 정황도 보이지 않는 이 사건에서 (오히려 소외7은 이 사건 소송과정에서 종전의 자신의 진술과는 달리 원고의 주장에 전적으로 부합하는 취지의 진술서를 제출하기도 하였다), 이들이 부정수급에 대한 조사를 진행하던 피고 소속 직원에게 원고와 소외1 사이에 싸움이 발생한 원인이 소외1의 부당한 지시 위반 때문이었다고 진술하지 못한 점 등에 비추어 보더라도, 당시 처리하였어야 하는 업무의 내용이 '하수도 덮개 청소'뿐이었다고는 보이지 아니한다.

원고는 자신에 대한 형사사건에서의 2019. 3. 12. 검찰 피의자신문 당시에는 "하수도 준설 작업은 일반적인 업무이다. 그날은 그런 민원이 아니었기에 특별한 작업이라고 한 것이다. 준설은 바닥의 침전물을 걷어내는 거고 덮개 청소는 속덮개에 담배 꽁초 등이 쌓인 민원이었다. 그 당시 자주 발생하지 않는 민원이라 특별하다고 말씀드린 것이다."라고까지 진술하였으나, 이는 소외5과 소외7의 위 각 진술에 정면으로 배치되는 것으로서 신빙성을 인정하기 어렵다.

3) 소결론

결국 신빙성이 인정되는 소외1의 진술에 의하면, 이 사건 재해 발생 당시에 민원사항을 제대로 해결하기 위해서는 준설 작업을 하였어야 하는 상황이었음에도, 일을 빨리 마치고 돌아가려던 원고는 민원의 원인을 제대로 제거하지도 아니한 채 하수도 덮개만 청소하여 민원을 처리한 것 같은 외관만 만들려고 하였으나, 소외1는 민원의 원인을 제대로 제거하기 위하여 준설 작업을 하려고 하였고, 이에 불만을 품은 원고가 소외1에게 욕설을 하는 바람에 원고와 소외1 사이의 다툼이 시작되었다고 인정된다.

라. 이 사건 재해의 업무기인성 인정 여부

위 인정사실 및 위 각 증거를 종합하여 인정되는 다음과 같은 사정들에 비추어 보면, 원고와 소외1 사이의 다툼은 원고가 직무의 한도를 넘어 소외1를 자극하거나 도발함으로써 발생한 경우에 해당하므로 그 다툼으로 인하여 발생한 이 사건 재해는 업무기인성을 인정할 수 없어 업무상 재해로 볼 수 없다고 할 것이다.

① 원고와 소외1 사이에 다툼이 발생하게 된 근본 원인은 원고가 주어진 민원해소 업무를 제대로 마무리하지 아니한 채 일을 빨리 마치고 돌아가기 위하여 '하수도 덮개만 청소하자'는 부당한 요구를 한 것에 기인한 것이다.

② 준설 작업을 하겠다는 소외1의 의견은 민원사항을 제대로 해결해주기 위한 정당한 것이었음에도, 원고는 적반하장격으로 "야 씨발놈아! 니가 돌대가리냐? 시키는 거나 똑바로 해. 내가 반장인데 왜 내 지시에 따르지 않느냐?"는 등의 욕설을 하였다.

③ 원고가 작업반장이라고는 하지만, 원고는 생략생, 소외1는 생략생으로 소외1가 원고보다 여섯 살 연장자였음을 감안하면, 원고가 반말로 욕설을 함으로써 먼저 소외1를 자극하거나 도발하였다고 봄이 합리적이다. 나아가 '준설 작업을 하겠다'는 소외1의 의견이 정당한 것이었던 점을 고려하면, 원고의 위 행위는 직무의 한도를 넘어선 것이라고 평가함이 상당하다 (자신의 업무를 등한시하려다가 입은 재해를 업무상의 재해로 인정하는 것은 산업재해보상보험의 취지에도 부합하지 않는다고 판단된다).

마. 원고에 대한 불기소처분의 증거가치

원고는 자신에 대한 형사사건에서 검사로부터 혐의없음 처분을 받았다는 점을 원용하고 있다.

그러나 위 형사사건에서의 경찰 및 검찰 피의자신문 당시의 원고의 진술내용(갑 제24 내지 26호증)을 살펴보면, 원고는 위 형사사건에서도 이 사건 재해 발생 당시의 업무 내용, 출동한 경찰을 돌려보내고 ○○구청에 허위로 보고한 경위, 소외1를 고소한 경위 등에 관하여 여전히 앞서 본 바와 같은 신빙성이 없는 진술을 하였음을 알 수 있다.

원고에 대한 불기소결정문(갑 제14호증의 2)을 살펴보면, 위 불기소처분은 원고의 위와 같은 신빙성 없는 진술을 그대로 받아들이는 바람에 내려진 것이라고 인정되므로, 거기에 어떠한 증거가치를 인정하기 어렵다.

바. 소결론

따라서 원고의 위 주장은 이유 없고, 이 사건 취소처분은 적법하다.

4. 결론

그렇다면 원고의 이 사건 청구는 이유 없어 기각하기로 하여 주문과 같이 판결한다.

[참조조문]

산업재해보상보험법 제5조 제1호

산업재해보상보험법 제84조 제1항 제1호

[참조판례]

대법원 1995. 1. 24. 선고 94누8587 판결

대법원 2011. 7. 28. 선고 2008다12408 판결

◈ 근로자가 타인의 폭력에 의하여 재해를 입은 경우, 업무상 재해로 인정할 수 있는지 판단하는 기준

(대법원 2017. 4. 27. 선고 2016두55919 판결)

【주 문】

원심판결을 파기하고, 사건을 서울고등법원에 환송한다.

【이 유】

상고이유를 판단한다.

1. 상고이유 제1점에 대하여

가. 산업재해보상보험법(이하 '산재보험법'이라 한다) 제5조 제1호는 "업무상의 재해란 업무상의 사유에 따른 근로자의 부상·질병·장해 또는 사망을 말한다."라고 규정하고 있는 바, 근로자가 타인의 폭력에 의하여 재해를 입은 경우라고 하더라도, 가해자의 폭력행위가 피해자와의 사적인 관계에서 기인하였다거나 피해자가 직무의 한도를 넘어 상대방을 자극하거나 도발함으로써 발생한 경우에는 업무기인성을 인정할 수 없어 업무상 재해로 볼 수 없다고 할 것이나, 그것이 직장 안의 인간관계 또는 직무에 내재하거나 통상 수반하는 위험이 현실화되어 발생한 것으로서 업무와 사이에 상당인과관계가 있으면 업무상 재해로 인정하여야 할 것이다(대법원 1995. 1. 24. 선고 94누8587 판결 등 참조).

나. 원심은 다음과 같은 사실을 인정하였다.

(1) 원고의 배우자인 소외 1(이하 '망인'이라 한다)은 주식회사 △△의 □□공장 생산팀 제병C조의 반장이었고, 소외 2는 같은 조에 속한 후배 직원으로 금전관리 등 총무 업무를 하고 있었다.

(2) 망인은 야간근무 중이던 2014. 7. 16. 22:00경 회사로부터 지급받은 야식비의 사용 방법을 두고 소외 2와 의견을 나누던 중 말다툼을 하게 되었다.
(3) 위 말다툼이 격화되어 소외 2가 망인에게 '야식비를 회식 불참자에게 나누어 주지 않으면 이는 엄연히 갈취나 마찬가지이다'라는 취지의 발언을 하기에 이르렀고, 이에 격분한 망인이 소외 2의 얼굴을 때리면서 몸싸움이 시작되어 두 사람은 서로 엉겨 붙은 채 바닥을 수차례 구르기도 하였다. 동료 직원들의 만류로 몸싸움이 잠시 중단되었으나 망인이 다시 대걸레 막대기를 들고 소외 2에게 휘두르면서 두 사람이 다시 엉겨 붙어 싸우게 되었다. 동료 직원들이 다시 몸싸움을 말리고 만류하는 과정에서 망인은 갑자기 기력을 잃고 잠시 걸어 나가다가 그대로 쓰러졌다(이하 망인이 쓰러지기까지의 과정을 통틀어 '이 사건 다툼'이라 한다).
(4) 망인은 곧바로 병원으로 이송되었으나 이 사건 다툼이 있은 지 얼마 지나지 아니한 2014. 7. 17. 00:33경 급성 심장사를 원인으로 사망하였다.
다. 원심은 이러한 사실관계를 전제로 하여, 평소 심장질환이 있던 망인이 이 사건 다툼의 과정에서 받은 충격으로 인해 사망에 이르게 되었다는 점은 인정하면서도, 다른 한편으로 ① 망인이 먼저 소외 2를 폭행하였고 동료 직원들의 만류에도 불구하고 재차 소외 2에게 폭력을 행사한 점, ② 반면 소외 2는 적극적으로 망인을 공격하지는 않은 점, ③ 소외 2의 갈취 관련 발언이 망인의 선행 폭력을 정당화할 수 있을 정도로 지나친 것으로 보이지는 않는 점 등의 사정을 들어, 이 사건 다툼은 망인의 사적인 화풀이의 일환으로 망인의 업무행위에 포함된다고 볼 수 없고, 따라서 이로 인하여 망인의 심장질환이 악화되어 사망에 이르렀다고 하더라도 이를 업무상 재해로 평가할 수 없다고 판단하였다.
라. 그러나 원심의 이러한 업무관련성에 관한 판단은 다음과 같은 이유로 수긍하기 어렵다.
(1) 먼저 원심이 적법하게 채택한 증거에 의하면, 야식비 사용과 관련한 망인의 의견은 단합을 위해 기존의 관행대로 전체를 단체회식비로 사용하자는 것이었으나, 소외 2의 의견은 회식 불참자에게는 야식비를 분배하자는 것이었고, 이로 인하여 이 사건 다툼이 시작되었음을 알 수 있다.
(2) 이러한 사정 및 원심이 인정한 사실관계를 앞서 본 법리와 기록에 비추어 살펴보면 다음과 같이 판단된다.
① 망인과 소외 2가 말다툼을 벌이게 된 근본 원인은 회사로부터 분배된 야식비의 구체적 사용 방법에 관한 것이었으므로, 이 사건 다툼은 회사에서의 업무처리 방식과 관련한 다툼으로 볼 수 있다.
② 원심은 망인이 먼저 소외 2를 자극하거나 도발하여 이 사건 다툼이 발생한 것으로 전제하고 있으나, 야식비와 관련된 논의 과정에서 오히려 소외 2가 망인에게

먼저 갈취 등을 언급하며 공격적인 발언을 한 것으로 볼 수 있고, 이러한 발언은 망인이 업무와 관련하여 정당하게 개진한 의견을 범죄행위에 빗대는 모욕적인 것으로서, 망인과 소외 2의 회사 내에서의 관계 등을 고려하면 이러한 발언의 정도가 가벼운 것이라고 단정하기 어렵다.
③ 이 사건 다툼이 발생한 장소는 회사 내부였고, 당시 망인과 소외 2는 함께 야간근무 중이었으며, 두 사람 사이에 위 문제 이외에 사적인 원한관계가 있었다는 사정도 엿보이지 아니한다.
(3) 위와 같은 사정을 종합하면, 이 사건 다툼은 직장 안의 인간관계 또는 직무에 내재하거나 통상 수반하는 위험이 현실화되어 발생한 것으로 보아야 하고, 망인과 소외 2의 사적인 관계에서 기인하였다거나 망인이 직무의 한도를 넘어 상대방을 자극하거나 도발함으로써 발생한 경우라고 보기 어렵다.
마. 그럼에도 원심은 그 판시와 같은 이유로 업무관련성을 부정하였으니, 이러한 원심의 판단에는 업무관련성에 관한 법리를 오해하여 그릇된 판단을 함으로써 판결에 영향을 미친 잘못이 있다.
2. 상고이유 제2점에 대하여
산재보험법 제37조 제2항 본문은 "근로자의 고의·자해행위나 범죄행위 또는 그것이 원인이 되어 발생한 부상·질병·장해 또는 사망은 업무상의 재해로 보지 아니한다."라고 규정하고 있다.
원심은, 망인의 소외 2에 대한 폭력행위가 형사상 범죄행위에 해당하는데 망인은 결과적으로 그 폭력행위가 원인이 되어 사망한 것이므로, 망인의 사망은 산재보험법 제37조 제2항 본문에 의하더라도 업무상 재해로 볼 수 없다고 판단하였다.
그러나 산재보험법 제37조 제2항에서 규정하고 있는 '근로자의 범죄행위가 원인이 되어 사망 등이 발생한 경우'라 함은, 근로자의 범죄행위가 사망 등의 직접 원인이 되는 경우를 의미하는 것이지, 근로자의 폭행으로 자극을 받은 제3자가 그 근로자를 공격하여 사망 등이 발생한 경우와 같이 간접적이거나 부수적인 원인이 되는 경우까지 포함된다고 볼 수는 없다.
그럼에도 원심은 위와 같은 이유를 들어 망인의 사망이 업무상 재해에 해당되지 않는다고 보았으니, 이러한 원심의 판단에는 산재보험법 제37조 제2항 본문에 관한 법리를 오해하여 판결에 영향을 미친 잘못이 있다.
3. 결론
그러므로 원심판결을 파기하고, 사건을 다시 심리·판단하도록 원심법원에 환송하기로 하여, 관여 대법관의 일치된 의견으로 주문과 같이 판결한다.

제2절 휴업급여

1. 휴업급여부지급결정취소(우수 제3수지 좌상으로 요양승인)

◎ 1심 대구지방법원[2019구단755]

원 고 : ○○○

경주시 ○○로 ○○번지

소송대리인 변호사 ○○○

피 고 : 근로복지공단

변론종결 : 2019. 07. 05

판결선고 : 2019. 07. 19

[주문]

1. 원고의 청구를 기각한다.
2. 소송비용은 원고가 부담한다.

[청구취지]

피고가 2018. 12. 14. 원고에 대하여 한 휴업급여 부지급 결정을 취소한다.

[이유]

1. 처분의 경위

가. 원고는 2018. 11. 16. ○○○○자활센터에서 발생한 업무상 재해(이하 '이 사건 재해'라 한다)로 인한 '우수 제3수지 좌상'으로 요양승인을 받은 자로서, 2018. 12. 11. 피고에게 2018. 11. 16.부터 2018. 12. 10.까지의 기간에 대한 휴업급여를 신청하였다.

나. 피고는 2018. 12. 14. 원고에 대하여, 원고가 2018. 11. 16. 이후에도 소속 사업장에 출근하여 정상근무를 하였고 근무의 대가로 사업장에서 급여를 지급받았음이 확인되었다는 이유로 휴업급여 부지급 결정(이하 '이 사건 처분'이라 한다)을 하였다.

[인정근거] 다툼 없는 사실, 갑 제1, 2호증, 을 제1호증의 각 기재, 변론 전체의 취지

2. 이 사건 처분의 적법 여부

가. 원고의 주장

원고는 생활비와 딸의 양육비를 마련하기 위해 2016. 4. 6. '○○○농장'이라는 상호로 사업자등록을 하고 부친 소유의 농지에 비닐하우스를 설치하여 부추를 재배하였으나, 경험부족으로 소득을 얻지 못하고 2017. 10. 1.부터 ○○지역자활센터 내 ○○사업단(○○○○사업단)에 소속되어 근무를 하게 되었다. 원고는 ○○○○사업단에서 받는 월급이 너무 적어 2018. 10.경부터는 ○○○○사업단에서의 업무를 마친 후 다시 부추를 재배하게 되었는데, 위 사업장에서는 이 사건 재해 이후 원고에게 통원치료만을 허락하였기 때문에 원고는 단 하루도 쉬지 못한 채 다치지 않은 왼손만으로 작업을 계속할 수 밖에 없었고, 일과 후 계획하였던 부추 재배도 결국 포기하게 되었다. 원고는 산업재해보상보험법 제54조 소정의 저소득근로자로서 ○○○○사업장에서 근무하여 얻는 소득이 60~80만 원 정도에 불과하여 ○○○농장에서의 부추 재배로 수입을 보전할 계획이었으나 이 사건 재해로 인하여 부추 재배를 포기하고 그 수입 상당의 손해를 입게 되었는바, 피고는 원고에게 휴업급여를 지급할 의무가 있다.

나. 판단

산업재해보상보험법 제52조는 '휴업급여는 업무상 사유로 부상을 당하거나 질병에 걸린 근로자에게 요양으로 취업하지 못한 기간에 대하여 1일당 평균임금의 100분의 70에 상당하는 금액을 지급한다'고 규정하고 있다. 원고가 이 사건 재해일인 2018. 11. 16. 이후에도 소속 사업장에 출근하여 계속 근무하였고(원고 스스로도 재해 이후 단 하루도 쉬지 못하였다고 주장하고 있다), 근로의 대가로 급여를 지급받은 사실은 당사자 사이에 다툼이 없으므로, 원고는 요양으로 인하여 취업하지 못한 기간이 없어 휴업급여 지급대상이 될 수 없고, 같은 전제에서 이루어진 이 사건 처분은 적법하다.

3. 결론

원고의 청구는 이유 없으므로 이를 기각하기로 하여 주문과 같이 판결한다.

[참조조문]

산업재해보상보험법 제54조, 제52조

◎ 2심 대구고등법원 제1행정부[2019누4463]

원 고 : 항소인 ○○○

경주시 ○○로 ○○번지

소송대리인 변호사 ○○○

피 고 : 피항소인 근로복지공단

전심판결 : 1심 2019구단755 대구지방법원

변론종결 : 2020. 04. 10

판결선고 : 2020. 05. 08

[주문]

1. 원고의 항소를 기각한다.
2. 항소비용은 원고가 부담한다.

[청구취지 및 항소취지]

제1심 판결을 취소한다. 피고가 2018. 12. 14. 원고에 대하여 한 휴업급여 부지급 결정을 취소한다.

[이유]

1. 제1심 판결의 인용

이 사건에 관한 이 법원의 판결 이유는 제1심판결의 이유 부분 기재와 같으므로, 행정소송법 제8조 제2항, 민사소송법 제420조 본문에 따라 이를 그대로 인용한다.

2. 결론

원고의 이 사건 청구는 이유 없어 이를 기각할 것인데, 제1심 판결은 이와 결론이 같아 정당하므로 원고의 항소를 기각하기로 하여 주문과 같이 판결한다.

[참조조문]

행정소송법 제8조 제2항, 민사소송법 제420조

2. 휴업급여일부지급취소(외상후 스트레스 장애 등)

◎ 1심 부산지방법원[2019구단1283]

원 고 : ○○○

김해시 ○○○로 ○○

소송대리인 법무법인 ◇◇ 담당변호사 ○○○

피 고 : 근로복지공단

변론종결 : 2020. 02. 19

판결선고 : 2020. 03. 04

[주문]

1. 원고의 청구를 기각한다.
2. 소송비용은 원고가 부담한다.

[청구취지]

피고가 2018. 6. 12. 원고에게 한 휴업급여 일부 부지급 처분을 취소한다.

[이유]

1. 처분의 경위

가. 원고는 2004. 11. 17. 발생한 업무상 사고로 「우측 슬부 외측·내측 반월상 연골 파열, 우측 슬부 전방·후방 십자인대 부분 파열, 우측 견관절부, 수근관절부 염좌, 치아 진탕(상악 우측 중절치, 상악 좌측 측절치), 치아탈락(상악 좌측 중절치), 치아 파절(상악 좌측 제1대구치, 하악 좌우측 중절치, 우측 측절치, 좌우측 제2소구치), 외상후 스트레스 장애, 뇌진탕후 장애」 (이하 '이 사건 승인병상병'이라고 한다)등을 입어 피고로부터 업무상 재해로 승인받아 요양하였다. 원고는 2018. 4. 27. 위 승인상병 중 「치아진탕(상악 우측 중절치, 상악 좌측 측절치), 치아탈락(상악 좌측 중절치), 치아 파절(상악 좌측 제1대구치, 하악 좌우측 중절치, 우측 측절치, 좌우측 제2소구치)」 (이하 '이 사건 재요양 승인상병'이라고 한다)에 관하여 2018. 4. 16.부터 2018. 7. 15.까지 13주간 재요양이 필요하다는 신청을 하여, 재요양이 승인되었다.

나. 원고는 2018. 6. 11. 피고에게 2018. 4. 16.부터 2018. 6. 11.까지 57일간의 재요양 기간 동안의 휴업급여를 청구하였다. 피고는 2018. 6.

12. 실제 통원치료일인 13일에 해당하는 휴업급여만을 지급하고, 나머지 기간에 대한 휴업급여를 부지급하는 처분(이하 '이 사건 처분'이라고 한다)을 하였다.

다. 원고는 2018. 8. 21. 피고에게 이 사건 처분 중 부지급 부분(이하 '이 사건 일부 부지급 처분'이라고 한다)의 취소를 구하는 심사청구를 하였으나, ○○○○○○○○○○○○위원회의 심리를 거쳐 2018. 11. 8. 기각되었다. 원고는 다시 이 사건 일부 부지급처분의 취소를 구하는 취지로 2019. 1. 24. ○○○○○○○○○○○○위원회에 재심사를 청구하였으나, 2019. 5. 17. 위 청구가 기각되었다.

[인정근거] 다툼 없는 사실, 갑 제2 내지 12호증, 을 제1 내지 3호증(가지 번호 있는 것은 가지 번호 포함)의 각 기재, 변론 전체의 취지

2. 이 사건 일부 부지급 처분의 적법 여부

가. 원고의 주장

원고가 이 사건 재요양 승인상병으로 적어도 2018. 4. 16.부터 2018. 6. 11.까지 통원치료를 받지 않은 날에도 이 사건 승인상병 중 외상 후 스트레스, 뇌진탕 후 장해 등이 있는 상황에서 구강내 통증 및 통증으로 인한 섭식 장애로 인하여 일용직 근로를 하지 못하였다. 아울러 원고가 제출한 신청서나 주치의의 의견서 등을 위조·변조하거나, 원고 또는 주치의 등을 강박하여 신청 내용 등을 변경하였다. 따라서 이 사건 처분은 위법하다.

나. 관련 법령

별지와 같다.

다. 판단

1) 산업재해보상보험법 제52조가 규정하고 있는 휴업급여는 업무상 부상으로 요양 중에 있는 근로자와 그 가족의 최저생활을 보장하여 주기 위한 것이다. 그리고 위 규정상 '요양으로 인하여 취업하지 못한 기간'이라 함은 근로자가 업무상 부상으로 요양을 하느라고 근로를 제공할 수 없었기 때문에 임금을 받지 못한 기간을 의미하는 것이므로, 근로

자가 의료기관에서 업무상 부상을 치료받은 기간뿐만 아니라 근로자가 자기 집에서 요양을 하느라고 실제로 취업하지 못하였기 때문에 임금을 받지 못한 기간도 포함된다(대법원 1989. 6. 27. 선고 88누2205 판결 참조). 따라서 근로자가 입은 업무상 부상의 정도, 현재의 상태, 치료의 방법, 치료의 빈도 등에 비추어 요양을 하느라고 취업하지 못한 것이 아니라 일부 노동력의 상실은 있을지인정 실제 취업이 가능함에도 취업하지 아니한 것이라면 그 기간에 대하여 휴업급여를 지급할 수는 없다(대법원 2002. 7. 12. 선고 2002두3997 판결 참조).

2) 관련 사실

가) 원고의 요양 후 장해 판정

① 원고는 이 사건 승인상병으로 2008. 2. 10.경 요양을 종결한 후 2008. 2. 27. 피고에게 장해급여를 청구하였다.

② 피고는 2008. 4. 29. 원고에게 팔부위의 장해는 제12급 6호(한 팔의 3대 관절 중 1개 관절의 기능에 장해가 남은 사람), 다리부위의 장해는 제12급 7호(한 다리의 3대 관절 중 1개 관절에 장해가 남은 사람), 신경·정신 계통의 장해는 제12급 12호 (국부에 완고한 신경증상이 남은 사람)에 해당한다고 판정하고, 조정에 따라 제11급 판정을 한 후 장해급여를 지급하였다.

③ 원고는 피고에게 심판청구를 한 후 피고의 위 장해등급결정처분에 대하여 취소를 구하는 소를 제기하였으나, 제1심에서 위 청구가 기각되었고(부산지방법원 2009구단113 사건), 항소(부산고등법원 2009누6674 사건), 상고(대법원 2010두6694 사건)를 거쳐 제1심 판결이 확정되었다. 원고는 2014년 다시 2008. 2. 10.경 피고의 요양 종결처분이 있음을 전제로 그 처분의 취소를 구하는 소를 제기하였으나, 제1심에서 피고가 치료종결처분을 한 바 없다는 이유로 원고의 소가 각하되었고(부산지방법원 2014구단20418 사건), 항소(부산고등법원 2015누20060 사건), 상고(대법원 2015두48341 사건)를 거쳐 제1심 판결이 확정되었다.

④ 원고는 2010. 3. 16. 피고에게 이 사건 승인상병 중 외상후 스트레스 장애, 뇌진탕후 장애가 악화되어 치료가 필요하다는 사유로 이에 대하여

재요양신청을 하였으나. 2010. 4. 6. 재요양 요건에 해당하지 않는다는 이유로 재요양불승인 처분을 하였다. 원고는 피고를 상대로 위 처분의 취소를 구하는 소송을 제기하였으나, 제1심에서 그 청구가 기각되었고(서울행정법원 2011구단13197 사건), 항소(서울고등법원 2013누30096 사건), 상고(대법원 2014두7107 사건)를 거쳐 제1심 판결이 확정되었다.

나) 취업치료여부에 대한 전문가들의 의견

(가) 원고의 주치의인 ○○치과의원의 의견

○ 원고가 재요양 신청 당시 소견서를 발급한 위 의원에서는 재요양 예상기간을 2018. 4. 16.부터 2018. 7. 15.까지로 하고, 취업치료여부에 관하여 '정상취업치료가능'이라는 소견을 내었다.

(나) 피고 측 소견

(1) 심사청구 시 위원들의 판단

○ 수상 부위나 정도 등을 감안할 때 취업요양은 가능할 것으로 판단된다.

(2) 재심사청구 시 위원들의 판단

○ 주치의 소견을 고려할 때 다소 불편함이 있을 수 있으나 취업이 불가능한 정도의 신체적 제약 상태는 아니다.

(다) 이 법원의 감정촉탁결과

① ○○치과의원 진료기록에 통증수치가 표시되어 있지 않다. 원고가 심한 통증으로 인해 반복적으로 진통제를 요구하였다거나, 급성감염으로 응급 처치를 시작하게 되었다는 등 극심한 통증을 유추할 만한 단서도 없다. 다만, 원고가 진료 시 "전체가 우리해요", "바람 불면 시려요"라는 진술을 한 것에 유추해 보면, 10단계 중 1~5정도의 통증으로 추측된다.

② 이 사건 재요양 승인상병으로 초반에 통증이 심한 경우 저작에 영향이 있을 수 있으나, 치과치료를 일정기간 받은 후에는 급성통증은 줄어들게 되며, 건설현장 근무자로 일하는 데 무리가 없을 것으로 사료된다.

③ 원고는 신경치료나 발치 등 외래치과 치료를 받았는데, 이러한 종류의 치료 기간 동안에는 가끔 근로시간의 단축이 필요할 수 있으나, 통상적으로 정상적 근로활동이 가능하다(내과, 정신과 등 질환은 고려하지 않음을 가정하였

을 경우).
④ 2018. 5. 25. 파노라마 치과 방사선 사진 상, 좌측 제2, 3 대구치 등은 일부 발치가 되었고, 구치부(어금니) 교합 unit(위 아래 맞물리는 단위)이 6개 있어, 발치 이전만큼 원활하게 식사를 하기는 어려웠을 것이다. 그러나 유동식에서 보통식 사이 수준의 섭취는 가능하였다.
⑤ 2018. 5. 25. 파노라마 방사선 사진을 참고하면, 12, 17, 21, 23, 26, 27, 31, 32, 37, 41, 42번 총 11개의 치아상실 상태를 확인할 수 있고, 그 외 구강 내에 남아 있는 치아의 다발성 우식이 확인된다. 2018. 3.에서 2018. 6. 사이의 치과진료기록에 의하면, 치아 진탕 및 탈락에 해당하는 치아들은 기존 보철을 제거하였고, 치아 파절에 해당되는 6개의 치아 중 하악 좌우측 제2소구치들은 신경치료를 받았으며, 상악 좌측 제1대구치는 발치되었다. 치과 입원진료가 아니라, 치과를 오고 가며 받는 외래 진료 기간은 통상적으로 취업이 불가한 상태가 아닌 경우가 많다(다만 다른 내과 등의 질환이 동반된 경우에는 취업활동이 불가할 수 있다).
⑥ "정상취업치료 가능"이라는 주치의의 의견에 대체로 동의한다.
다) 원고의 실제 취업 내역
○ 원고는 휴업급여 청구 기간 중인 2018. 6. 1.~ 2018. 6. 2.까지 ○○○○○○ 주식회사에 이틀간 근무하여 20만 원의 임금을 받았다.
[인정근거] 다툼 없는 사실, 이 법원에 현저한 사실, 갑 제1 내지 제13호증, 을 제1 내지 4호증의 각 기재, 이 법원의 ○○대학교 ○○병원장에 대한 진료기록감정촉탁결과, 변론 전체의 취지
3) 이 사건에 관한 판단

앞서 든 사실들에 의하여 알 수 있는 다음과 같은 사정들을 고려하면, 원고가 2018. 4. 16.부터 2018. 6. 11. 사이 실제 통원일을 제외한 기간 동안 이 사건 재요양 승인상병으로 인하여 요양을 하느라 근로를 제공할 수 없었다고 보기 부족하고, 달리 이를 인정할 만한 증거가 없다[원고는 피고 소송자의 소송수행권한이 없고, 위법하게 검찰청으로부터 지휘를 받고 있다는 취지로 소송절차에 관한 이의를 제기하였

다. 그러나 ① 피고는 국가를 당사자로 하는 소송에 관한 법률 제2조의2, 산업재해보상보험법 제10조, 제11조에 따라 고용노동부장관으로부터 산업재해보상보험 관련 권한을 위임·위탁받은 기관인 점(원고가 드는 대법원 2006두4035 사건에서 피고였던 지방자치단체와는 그 성질을 달리한다), ② 피고측 소송수행자는 피고의 직원으로 국가를 당사자로 하는 소송에 관한 법률 제5조 제1항, 제7조 등에 따라 피고의 장의 위임을 받아 변호사가 아니더라도 소송수행을 할 수 있는 점, ③ 국가를 당사자로 하는 소송에 관한 법률 제6조, 같은 법 시행령 제2조에 의하면, 행정소송 수행시 행정청의 장은 법무부장관의 지휘를 받아야 하고, 이와 같은 법무부장관의 소송지휘 권한은 고등검찰청검사장에게 위임되어 있는 점 등에 비추어 보면, 피고 측 소송수행자의 소송수행권한 및 절차에 위법이 있다고 할 수 없다. 이 부분 원고의 주장을 받아들이지 않는다]

① 원고의 주치의뿐만 아니라, 피고 측 자문의나 위원회 위원, 이 법원의 감정의 모두 원고가 받은 치료의 경과, 치료 부위, 치료 내용 등을 고려하면, 저작 기능에 일부 제한이 있을 수 있으나, 유동식에서 보통식을 섭취하는 것은 가능하다고 하였고, 정상취업치료가 가능하다는 소견을 밝혔다. 따라서 통원일을 제외한 나머지 기간 동안 근로를 제공할 수 없는 정도의 통증과 저작기능의 장해가 있었다고 보기 어렵다.

② 원고는 외상후 스트레스 장애, 뇌진탕후 장애 등으로 요양을 종결한 후 신경·정신 계통의 장해로 제12급 제12호를 평가 받고, 팔, 다리의 장해와 함께 조정 제11급의 장해등급을 받은 바 있다. 원고는 2010. 3. 16. 피고에게 이 사건 승인상병 중 외상 후 스트레스 장애, 뇌진탕후 장애로 재요양 신청을 하였다가 이것이 불승인된 것을 감안하면, 원고의 위 장애가 이전보다 악화되었다고 볼 만한 사정도 없다. 원고의 장애로 인한 노동능력 상실에 이 사건 재요양 승인상병을 더하여 보더라도 취업근로가 불가능할 정도의 노동능력 감소가 있다고

단정하기 어렵다.

③ 원고는 실제로 해당 기간인 2018. 6. 1.에서 2018. 6. 2.까지 건설 부분의 일용근로를 제공하기도 하였고, 당시는 2018. 5. 30.과 2018. 5. 31. 연이어 치료를 받은 직후였다. 원고가 이 사건 재요양 기간의 진료로 인하여 음식을 제대로 섭취할 수 없는 정도였다면, 위와 같이 일용직근로를 제공하지 못하였을 것으로 보인다.

④ 원고는 피고의 문서 위조, 강박 등을 주장하나, 이를 인정할 만한 아무런 증거가 없고, 오히려 제출한 자료를 보면, 원고의 신청 내용과 피고의 판단 내용, 피고가 원고에게 한 수개의 처분 사이의 관계를 오해한 것으로 볼 여지가 많다.

3. 결론

따라서 원고의 청구는 이유 없어 기각하기로 하여, 주문과 같이 판결한다.

[별지] 관련 법령

■ 산업재해보상보험법

제52조(휴업급여)휴업급여는 업무상 사유로 부상을 당하거나 질병에 걸린 근로자에게 요양으로 취업하지 못한 기간에 대하여 지급하되, 1일당 지급액은 평균임금의 100분의 70에 상당하는 금액으로 한다. 다만, 취업하지 못한 기간이 3일 이내이면 지급하지 아니한다.

제56조(재요양 기간 중의 휴업급여) ① 재요양을 받는 자에 대하여는 재요양 당시의 임금을 기준으로 산정한 평균임금의 100분의 70에 상당하는 금액을 1일당 휴업급여 지급액으로 한다. 이 경우 평균임금 산정사유 발생일은 대통령령으로 정한다.

② 제1항에 따라 산정한 1일당 휴업급여 지급액이 최저임금액보다 적거나 재요양 당시 평균임금 산정의 대상이 되는 임금이 없으면 최저임금액을 1일당 휴업급여 지급액으로 한다.

③ 장해보상연금을 지급받는 자가 재요양하는 경우에는 1일당 장해보상연금액(별표 2에 따라 산정한 장해보상연금액을 365로 나눈 금액을 말한다. 이하 같다)과 제1항 또는 제2항에 따라 산정한 1일당 휴업급여 지급액을 합한 금액이 장해보상연금의 산정에 적용되는 평균임금의 100분의 70을 초과하면 그 초과하는 금액 중 휴업급여에 해당하는 금액은 지급하지 아니한다.

④ 재요양 기간 중의 휴업급여를 산정할 때에는 제54조를 적용하지 아니한다.
■ 산업재해보상보험법 시행령
제52조(재요양에 따른 평균임금 산정사유 발생일)법제56조제1항 후단에서 "평균임금 산정사유 발생일"이란 다음 각 호의 어느 하나에 해당하는 날을 말한다.
1. 재요양의 대상이 되는 부상 또는 질병에 대하여 재요양이 필요하다고 진단을 받은 날. 다만, 그 재요양의 대상이 되는 부상 또는 질병에 대한 진단 전의 검사·치료가 재요양의 대상이 된다고 인정하는 진단과 시간적·의학적 연속성이 있는 경우에는 그 검사·치료를 시작한 날
2. 해당 질병의 특성으로 재요양 대상에 해당하는지를 고용노동부령으로 정하는 절차에 따라 판정하여야 하는 질병은 그 판정 신청을 할 당시에 발급된 진단서나 소견서의 발급일

[참조조문]

산업재해보상보험법 제52조, 제10조, 제11조

국가를 당사자로 하는 소송에 관한 법률 제2조의2, 제5조 제1항, 제7조, 제6조, 동법 시행령 제2조

[참조판례]

대법원 1989. 6. 27. 선고 88누2205 판결

대법원 2002. 7. 12. 선고 2002두3997 판결

부산지방법원 2009구단113

부산고등법원 2009누6674

대법원 2010두6694

부산지방법원 2014구단20418

부산고등법원 2015누20060

대법원 2015두48341

서울행정법원 2011구단13197

서울고등법원 2013누30096

대법원 2014두7107

대법원 2006두4035

◎ **2심 부산고등법원 제2행정부[2020누20736]**

원 고 : 항소인 ○○○
　　　　김해시 ○○○로 ○○번지

피 고 : 피항소인 근로복지공단

전심판결 : 1심 2019구단1283 부산지방법원

변론종결 : 2020. 05. 13

판결선고 : 2020. 06. 10

[주문]

1. 원고의 항소를 기각한다.
2. 항소비용은 원고가 부담한다.

[청구취지 및 항소취지]

제1심판결을 취소한다. 피고가 2018. 6. 12. 원고에게 한 휴업급여 일부 부지급 처분을 취소한다.

[이유]

1. 제1심판결의 인용

원고가 제1심판결 이후 이 법원에 이르기까지 주장한 내용은 제1심에서의 주장과 크게 다르지 않은데, 제1심법원이 적법하게 채택하여 조사한 증거와 함께 이 법원에서 추가된 증거를 보태어 면밀히 살펴보면, 제1심 법원의 사실인정과 판단은 정당한 것으로 수긍할 수 있다.

이에 이 법원이 설시할 이유는, 제1심판결문의 '별지'를 이 판결문의 '별지'로 교체하고 아래 제2항과 같은 판단을 추가하는 외에는, 제1심판결문의 이유 기재와 같으므로, 행정소송법 제8조 제2항, 민사소송법 제420조 본문에 의하여 이를 그대로 인용한다.

2. 추가하는 판단

가. 원고는 휴업급여 산정의 기초가 되는 평균임금을 산출함에 있어 보험급여원부에 기재된 평균임금 196,546원을 기준으로 하지 않고 평균임금을 167,900원으로 평가하여 재요양 기간 중의 휴업급여를 산정한 것은 부당하다고 주장한다.

산업재해보상보험법(이하 '산재보험법'이라 한다) 제56조 제1항에서 '재요양을 받는 사람에 대하여는 재요양 당시의 임금을 기준으로 산정한 평균임금의 100분의 70에 상당하는 금액을 1일당 휴업급여 지급액으로 한다. 이 경우 평균임금 산정사유 발생일은 대통령령으로 정한다'고 규정하고 있고, 산재보험법 시행령 제52조에서 '평균임금 산정사유 발생일'이란 '재요양의 대상이 되는 부상 또는 질병에 대하여 재요양이 필요하다고 진단을 받은 날. 다만, 그 재요양의 대상이 되는 부상 또는 질병에 대한 진단 전의 검사·치료가 재요양의 대상이 된다고 인정하는 진단과 시간적·의학적 연속성이 있는 경우에는 그 검사·치료를 시작한 날' 등을 말한다고 규정하고 있다. 한편 산재보험법 제36조 제5항에서 '보험급여(진폐보상연금 및 진폐유족연금은 제외한다)를 산정할 때 해당 근로자의 근로 형태가 특이하여 평균임금을 적용하는 것이 적당하지 아니하다고 인정되는 경우로서 대통령령으로 정하는 경우에는 대통령령으로 정하는 산정 방법에 따라 산정한 금액을 평균임금으로 한다'고 규정하고 있고 산재보험법 시행령 제23조에서 '근로형태가 특이하여 평균임금을 적용하는 것이 적당하지 아니하다고 인정되는 경우로서 대통령령으로 정하는 경우'란 '1일 단위로 고용되거나 근로일에 따라 일당(미리 정하여진 1일 동안의 근로시간에 대하여 근로하는 대가로 지급되는 임금을 말한다. 이하 같다) 형식의 임금을 지급받는 근로자(이하 "일용근로자"라 한다)에게 평균임금을 적용하는 경우' 등을 말하고, 산재보험법 시행령 제24조에서 '대통령령으로 정하는 산정 방법에 따라 산정한 금액'이란 '해당 일용근로자의 일당에 일용근로자의 1개월간 실제 근로일수 등을 고려하여 고용노동부 장관이 고시하는 근로계수(이하 "통상근로계수"라 한다)를 곱하여 산정한 금액'을 말한다고 규정하고 있다.

살피건대, 위 인정사실 및 을 제1, 3, 4호증(가지번호 있는 것은 가지번호 포함)의 각 기재에 변론 전체의 취지를 종합하면, 원고는 2004. 11. 17. 발생한 업무상 재해로 '우측 슬부 외측·내측 반월상 연골파열, 우측 슬부 전방·후방 십자인대 부분 파열, 우측 견관절부 수근관절부 염좌, 치아진탕(상악 우측 중절치, 상악 좌측 측절치), 치아탈락(상악 좌측 중절치), 치아 파절(상악 좌측 제1대구치, 하악 좌우측 중절치, 우측 측절치, 좌우측 제2소구치), 외상후 스트레스 장애, 뇌진탕후 장애' 등을 입어 피고로부터 요양을 승인받은 사실, 원고는 위 치아부분 상병에 대하여 2005. 1. 25.경부터 2005. 7. 30.경까지 치료를 받았으나 이후 재요양이 필요하다는 진단을 받아 2018. 4. 27. 위 치아부분 상병에 관하여 2018. 4. 16.부터 2018. 7. 15.까지 13주간의 재요양 신청을 하여 재요양이 승인된 사실, 원고는 건설현장에서 일용근로자로 근무해 왔는데, 2018년 3월에 숙박시설 신축공사 현장에서 1일간 근로하고 일당으로 230,000원을 수령한 사실(원고는 2018년 1월 및 2월에도 각 1.5일 및 6일간 일당 230,000원을 지급받고 근로하였다), 고용노동부 장관이 고시한 통상근로계수[고용노동부 고시 제2017-82호, 2017. 12. 29. 일부 개정]에 의하면 2018. 1. 1.부터 적용되는 통상근로계수는 73/100인 사실을 각 인정할 수 있는바, 원고에 대한 재요양 기간 중 휴업급여 산정을 위한 평균임금은 앞서 본 산재보험법 및 그 시행령 규정에 따라 산정사유 발생일인 2018. 4.경의 원고의 일용근로자로서의 일당 230,000원에 통상근로계수 73/100을 곱하는 방법으로 산정하여야 하므로, 피고가 적용한 평균임금 167,900(= 230,000원 × 0.73)은 정당하다고 할 것이다. 따라서 이와 다른 전제에 선 원고의 나머지 주장들 모두 이유 없다.

나. 원고는 산재보험법 제53조 제1항에 따라 피고가 원고에게 부분휴업급여를 지급하여야 함에도 이를 지급하지 아니하였다고 주장한다.

산재보험법 제53조 제1항에서 요양 또는 재요양을 받고 있는 근로자가 그 요양기간 중 일정기간 또는 단시간 취업을 하는 경우에는 그 취업한 날 또는 취업한 시간에 해당하는 그 근로자의 평균임금에서 그 취업한 날 또는 취업한 시간에 대한 임금을 뺀 금액의 100분의 90에 상당하는 금액을 지급할 수 있고, 다만, 최저임금액을 1일당 휴업급여 지급액으로 하는 경우에는 최저임금액에서 취업한 날 또는 취업한 시간에 대한 임금을 뺀 금액을 지급할 수 있으며, 부분휴업급여의 지급 요건 및 지급 절차는 대통령령으로 정한다고 규정하고 있다. 한편, 산재보험법 시행령 제49조에서 부분휴업급여를 받으려는 사람은 '요양 중 취업 사업과 종사 업무 및 근로시간이 정해져 있을 것', '그 근로자의 부상·질병 상태가 취업을 하더라도 치유 시기가 지연되거나 악화되지 아니할 것이라는 의사의 소견이 있을 것'이라는 요건을 모두 갖추어야 하고, 제50조에서 부분휴업급여를 받으려는 사람은 고용노동부령으로 정하는 서류를 첨부하여 공단에 청구하여야 하고, 공단은 위 청구가 있으면 그 근로자의 부상·질병 상태, 종사 업무 및 근로시간 등을 고려하여 지급 여부를 결정하고 그 내용을 그 근로자에게 알려야 한다고 규정하고 있다.

살피건대, 위 산재보험법 및 그 시행령의 규정에 비추어 보면 피재근로자가 부분휴업급여를 지급받기 위해서는 산재보험법 및 그 시행령에서 정한 지급 요건과 지급 절차에 따라 부분휴업급여 지급청구를 하여야 하는데, 원고가 위와 같은 요건을 갖추어 피고에게 부분휴업급여를 청구하였음을 인정할 만한 아무런 증거가 없으므로 원고의 위 주장은 이유 없다.

다. 원고는, 피고측 소송수행자가 법무부장관으로부터 소송수행자로 지정되지 않았고, 변호사도 아니므로 적법한 소송수행권한이 없어 제1심과 당심의 소송절차가 위법하다는 취지로 주장한다.

그러나, ① 피고는 산재보험법 제10조, 제11조에 따라 고용노동부 장관으로부터 산업재해보상보험 관련 권한을 위임·위탁받은 기관으로 국가를 당사자로 하는 소송에 관한 법률 제2조의2에 따라 위 법률의 적용을 받는 행정청에 포함되는 점, ② 국가를 당사자로 하는 소송에 관한 법률 제5조 제1항, 제7항 등에 따라 피고는 그 소속 직원을 지정하여 행정소송을 수행하게 할 수 있고, 소송수행자는 변호사가 아니더라도 소송수행을 할 수 있는 점(국가소송의 경우 국가를 당사자로 하는 소송에 관한 법률 제3조에 따라 법무부장관은 필요하다고 인정하면 행정청의 직원을 지정하여 소송을 수행하게 할 수 있으나, 이 사건은 국가를 당사자로 하는 소송에 관한 법률 제3조가 적용되는 국가소송이 아니라 국가를 당사자로 하는 소송에 관한 법률 제5조 등이 적용되는 행정소송에 해당하므로 행정청의 장이 그 행정청의 직원을 지정하여 행정소송을 수행하게 할 수 있다), ③ 국가를 당사자로 하는 소송에 관한 법률 제6조, 제13조, 같은 법 시행령 제2조에 의하면, 행정소송 수행시 행정청의 장은 법무부장관의 지휘를 받아야 하고, 이와 같은 법무부장관의 소송지휘 권한은 고등검찰청검사장 등에게 위임되어 있는 점 등에 비추어 보면, 피고 소송수행자의 소송수행 권한 및 절차에 어떠한 위법이 있다고 할 수 없으므로, 원고의 위 주장 및 이와 다른 전제에서 선 나머지 주장들은 모두 이유 없다(제1심 또한 원고의 위와 같은 주장에 대하여 동일한 취지로 판단하였다. 한편, 원고는 제1심 및 당심에서 피고의 주소지가 아닌 피고의 ○○지역본부 소재지로 소송 서류를 송달한 것이 위법하다는 취지의 주장을 하나, 민사소송법 제184조에 따라 당사자 등은 주소 등 외의 장소를 송달받을 장소로 정하여 법원에 신고할 수 있을 뿐만 아니라, 이 사건에서 피고에 대한 송달은 민사소송 등에서의 전자문서 이용 등에 관한 법률에 따라 전자적으로 송달되었으므로, 원고의 위 주장도 이유 없다).

3. 결론

그렇다면 원고의 청구는 이유 없어 이를 기각할 것인바, 제1심판결은 이와 결론을 같이하여 정당하므로, 원고의 항소는 이유 없어 이를 기각하기로 하여, 주문과 같이 판결한다.

[별지] 관련 법령

■ 산업재해보상보험법

제10조(근로복지공단의 설립)

고용노동부장관의 위탁을 받아 제1조의 목적을 달성하기 위한 사업을 효율적으로 수행하기 위하여 근로복지공단(이하 "공단"이라 한다)을 설립한다.

제11조(공단의 사업)

① 공단은 다음 각 호의 사업을 수행한다.

3. 보험급여의 결정과 지급

4. 보험급여 결정 등에 관한 심사 청구의 심리·결정

제36조(보험급여의 종류와 산정 기준 등)

⑤ 보험급여(진폐보상연금 및 진폐유족연금은 제외한다)를 산정할 때 해당 근로자의 근로 형태가 특이하여 평균임금을 적용하는 것이 적당하지 아니하다고 인정되는 경우로서 대통령령으로 정하는 경우에는 대통령령으로 정하는 산정 방법에 따라 산정한 금액을 평균임금으로 한다.

제52조(휴업급여)

휴업급여는 업무상 사유로 부상을 당하거나 질병에 걸린 근로자에게 요양으로 취업하지 못한 기간에 대하여 지급하되, 1일당 지급액은 평균임금의 100분의 70에 상당하는 금액으로 한다. 다만, 취업하지 못한 기간이 3일 이내이면 지급하지 아니한다.

제53조(부분휴업급여)

① 요양 또는 재요양을 받고 있는 근로자가 그 요양기간 중 일정기간 또는 단시간 취업을 하는 경우에는 그 취업한 날 또는 취업한 시간에 해당하는 그 근로자의 평균임금에서 그 취업한 날 또는 취업한 시간에 대한 임금을 뺀 금액의 100분의 90에 상당하는 금액을 지급할 수 있다. 다만, 제54조제2항 및 제56조제2항에 따라 최저임금액을 1일당 휴업급여 지급액으로 하는 경우에는 최저임금액(별표 1 제2호에 따라 감액하는 경우에는 그 감액한 금액)에서 취업한 날 또는 취업한 시간에 대한 임금을 뺀 금액을 지급할 수 있다.

② 제1항에 따라 단시간 취업하는 경우 취업하지 못한 시간(8시간에서 취업한 시간을 뺀 시간을 말한다)에 대하여는 제52조 또는 제54조부터 제56조까지의 규정에 따라 산정한 1일당 휴업급여 지급액에 8시간에 대한 취업하지 못한 시간의 비율을 곱한 금액을 지급한다.

③ 제1항에 따른 부분휴업급여의 지급 요건 및 지급 절차는 대통령령으로 정한다.

제56조(재요양 기간 중의 휴업급여)

① 재요양을 받는 사람에 대하여는 재요양 당시의 임금을 기준으로 산정한 평균임금의 100분의 70에 상당하는 금액을 1일당 휴업급여 지급액으로 한다. 이 경우 평균임금 산정사유 발생일은 대통령령으로 정한다.

■ 산업재해보상보험법 시행령

제23조(근로 형태가 특이한 근로자의 범위)

법 제36조제5항에서 "근로형태가 특이하여 평균임금을 적용하는 것이 적당하지 아니하다고 인정되는 경우로서 대통령령으로 정하는 경우"란 다음 각 호의 어느 하나에 해당하는 경우를 말한다.

1. 1일 단위로 고용되거나 근로일에 따라 일당(미리 정하여진 1일 동안의 근로시간에 대하여 근로하는 대가로 지급되는 임금을 말한다. 이하 같다) 형식의 임금을 지급받는 근로자(이하 "일용근로자"라 한다)에게 평균임금을 적용하는 경우. 다만, 일용근로자가 다음 각 목의 어느 하나에 해당하는 경우에는 일용근로자로 보지 아니한다.
  가. 근로관계가 3개월이상 계속되는 경우
  나. 그 근로자 및 같은 사업에서 같은 직종에 종사하는 다른 일용근로자의 근로조건, 근로계약의 형식, 구체적인 고용 실태 등을 종합적으로 고려할 때 근로 형태가 상용근로자와 비슷하다고 인정되는 경우
2. 둘 이상의 사업(보험료징수법 제5조제3항·제4항 및 제6조제2항·제3항에 따른

산재보험의 보험가입자가 운영하는 사업을 말한다)에서 근로하는 「근로기준법」 제2조제8호에 따른 단시간근로자(일용근로자는 제외하며, 이하 "단시간근로자"라 한다)에게 평균임금을 적용하는 경우

제24조(근로 형태가 특이한 근로자의 평균임금 산정 방법)

① 법 제36조제5항에서 "대통령령으로 정하는 산정 방법에 따라 산정한 금액"이란 다음 각 호의 구분에 따라 산정한 금액을 말한다.

1. 제23조제1호에 해당하는 경우: 해당 일용근로자의 일당에 일용근로자의 1개월간 실제 근로일수 등을 고려하여 고용노동부장관이 고시하는 근로계수(이하 "통상근로계수"라 한다)를 곱하여 산정한 금액

2. 제23조제2호에 해당하는 경우: 평균임금 산정기간 동안 해당 단시간근로자가재해가 발생한 사업에서 지급받은 임금과 같은 기간 동안 해당 사업 외의 사업에서 지급받은 임금을 모두 합산한 금액을 해당 기간의 총일수로 나눈 금액

② 평균임금 산정사유 발생일 당시 1개월 이상 근로한 일용근로자는 제1항제1호에 따른 산정 방법에 따라 산정한 금액을 평균임금으로 하는 것이 실제의 임금 또는 근로일수에 비추어 적절하지 아니한 경우에는 실제의 임금 또는 근로일수를 증명하는 서류를 첨부하여 공단에 제1항제1호에 따른 산정 방법의 적용 제외를 신청할 수 있다.

제49조(부분휴업급여의 지급 요건)

법 제53조에 따른 부분휴업급여를 받으려는 사람은 다음 각 호의 요건 모두를 갖추어야 한다.

1. 요양 중 취업 사업과 종사 업무 및 근로시간이 정해져 있을 것

2. 그 근로자의 부상·질병 상태가 취업을 하더라도 치유 시기가 지연되거나 악화되지 아니할 것이라는 의사의 소견이 있을 것

제50조(부분휴업급여의 지급 절차)

① 부분휴업급여를 받으려는 사람은 고용노동부령으로 정하는 서류를 첨부하여 공단에 청구하여야 한다.

② 공단은 제1항에 따른 청구가 있으면 그 근로자의 부상·질병 상태, 종사 업무 및 근로시간 등을 고려하여 지급 여부를 결정하고 그 내용을 그 근로자에게 알려야 한다.

제52조(재요양에 따른 평균임금 산정사유 발생일)

법 제56조제1항 후단에서 "평균임금 산정사유 발생일"이란 다음 각호의 어느 하나에 해당하는 날을 말한다.

1. 재요양의 대상이 되는 부상 또는 질병에 대하여 재요양이 필요하다고 진단을 받은 날. 다만, 그 재요양의 대상이 되는 부상 또는 질병에 대한 진단 전의 검사·치료가 재요양의 대상이 된다고 인정하는 진단과 시간적·의학적 연속성이

있는 경우에는 그 검사·치료를 시작한 날
2. 해당 질병의 특성으로 재요양 대상에 해당하는지를 고용노동부령으로 정하는 절차에 따라 판정하여야 하는 질병은 그 판정 신청을 할 당시에 발급된 진단서나 소견서의 발급일
■ 국가를 당사자로 하는 소송에 관한 법률
제2조의2(행정청의 범위)
이 법의 적용을 받는 행정청에는 법령에 따라 행정권한의 위임 또는 위탁을 받은 행정기관, 공공단체, 그 기관 또는 사인이 포함된다.
제5조(행정소송 수행자의 지정 및 소송대리인의 선임)
① 행정청의 장은 그 행정청의 직원 또는 상급 행정청의 직원(이 경우에는 미리 해당 상급 행정청의 장의 승인을 받아야 한다)을 지정하여 행정소송을 수행하게 할 수 있다.
제6조(행정청의 장에 대한 법무부장관의 지휘 등)
① 행정소송을 수행할 때 행정청의 장은 법무부장관의 지휘를 받아야 한다.
제7조(지정대리인의 권한)
제3조 제1항·제2항, 제5조 제1항 또는 제6조 제2항에 따라 법무부장관, 각급 검찰청의 장(제13조에 따라 권한이 위임된 경우만 해당된다) 또는 행정청의 장이 지정한 사람은 그 소송에 관하여 대리인 선임을 제외한 모든 재판상의 행위를 할 수 있다.
제13조(권한의 위임)
법무부장관은 대통령령으로 정하는 바에 따라 제3조, 제6조 및 제8조제2항에 따른 권한의 일부를 검찰총장, 고등검찰청검사장 또는 지방검찰청검사장에게 위임할 수 있다. 끝.

[참조조문]

산업재해보상보험법 제11조, 제36조, 제52조, 제53조, 제54조, 제56조
산업재해보상보험법 시행령 제23조, 제24조, 제49조, 제50조, 제52조
근로기준법 제2조
민사소송법 제184조, 제420조, 행정소송법 제8조
고용보험 및 산업재해보상보험의 보험료징수 등에 관한 법률 제5조, 제6조
국가를 당사자로 하는 소송에 관한 법률 제2조의2, 제3조, 제5조, 제6조, 제7조, 제8조, 제13조, 동법 시행령 제2조

3. 휴업급여일부지급처분취소(용접업무를 수행하다 연마작업 도중 일어난 사고)

◎ **서울행정법원[2019구단8450]**

원 고 : ○○○

의정부시 ○○로 ○○

소송대리인 법무법인 ◇◇ 담당변호사 ○○○

피 고 : 근로복지공단

변론종결 : 2020. 03. 26

판결선고 : 2020. 04. 23

[주문]

1. 원고의 청구를 기각한다.
2. 소송비용은 원고가 부담한다.

[청구취지]

피고가 2018. 11. 22. 원고에 대하여 한 휴업급여일부부지급처분을 취소한다.

[이유]

1. 처분의 경위

가. 원고는 2018. 9. 1. 의정부시 이하생략 소재 체육시설 설치공사 현장에서 용접업무를 수행하다 연마작업 도중 그라인더 날이 안면부로 튀어 입술 부위가 찢어지고 치아가 탈구되는 사고(이하 '이 사건 사고'라 한다)를 당하였다.

나. 원고는 이 사건 사고로 인하여 기타 명시된 내부 인공삽입장치, 삽입물 및 이식편의 기계적 합병증 #13=22, 치아의 탈구 #14, 치관-치근 파절 #23, 24, 입술 및 구강의 상세불명 부분의 열린 상처'를 입고 위 부상에 관하여 요양승인을 받았다.

다. 원고는 2018. 11. 21. 피고에게 2018. 9. 19.부터 2018. 11. 21.까지 기간에 대한 휴업급여를 청구하였으나, 피고는 2018. 11. 22. 원고에 대하여, 의학적 소견상 취업치료가 가능하다'는 이유로 2018. 9. 20., 2018. 9. 22., 2018. 9. 28., 2018. 10. 18., 2018. 10. 25., 2018. 11.

9., 2018. 11. 16., 2018. 11. 21. 총 8일의 실 통원일에 한하여만 휴업급여를 지급하고, 나머지 기간에 대하여는 휴업급여를 지급하지 않는 결정(이하에서는 휴업급여 미지급 부분만을 '이 사건 처분'이라 한다)을 하였다.

라. 원고는 이에 불복하여 피고에게 심사 청구를 하였으나, 피고는 2019. 4. 18. 원고의 심사 청구를 기각하였다.

[인정근거] 다툼 없는 사실, 갑 제2, 13호증, 을 제1, 6호증의 각 기재 및 영상, 변론 전체의 취지

2. 이 사건 처분의 적법 여부

가. 원고의 주장

원고는 이 사건 사고 이전부터 윗니 앞 쪽에 여러 개의 인공치아를 삽입한 상태였는데 이 사건 사고로 인하여 인공치아를 지지하고 있던 양 쪽 치아가 탈구되면서 윗니가 거의 없는 상태가 되었다. 이로 인하여 원고는 음식물을 씹을 수 없어 액체류로만 식사를 해야 했고, 섭취한 음식도 소화가 잘 되지 않았으며, 사고로 인한 트라우마와 정신적 불안으로 수면장애까지 겪게 되면서 심신의 상태가 취업을 할 수 없을 정도로 악화되었다. 또한 원고는 기존 제4-5 요추간 추간판탈출, 만성요추염좌 질환을 보유하고 있었는데 이 사건 사고 당시 뒤로 넘어지면서 위 척추 질환도 더욱 악화되었다.

그럼에도 피고는 원고의 상태를 제대로 반영하지 아니한 채 원고가 치료기간 중 취업이 가능하다는 전제에서 이 사건 처분을 하였는바, 이 사건 처분은 위법하므로 취소되어야 한다.

나. 인정사실

1) 원고의 부상 부위 치료경과

- 2018. 9. 1. 위, 아래 입술 열상에 대한 봉합
- 2018. 10. 18. 상악 좌측 견치, 제1소구치, 제2소구치 잔존 뿌리 발치 후 봉합
- 2018. 10. 25. 상하악 임시 틀니를 위한 인상 채득 및 봉합사 발사
- 2018. 11. 9. 교합 채득
- 2018. 11. 16. 상악 우측 견치 임시치아 제작 및 상악 임시틀니 장착

- 2018. 11. 21. 상악 임시틀니의 틀에 대한 조정
- 2018. 12. 6. 상악 좌측 견치, 제1소구치 임플란트 식립 및 봉합
- 2018. 12. 7. 임플란트 식립 부위 소독
- 2018. 12. 18. 봉합사 발사
- 2019. 1. 4. 상악 우측 견치 임시치아 부착 및 상악 임시틀니 조정
- 2019. 1. 15. 상악 좌측 견치, 제2소구치 임플란트 식립 부위 체크

2) 원고 주치의 산업재해보상보험 소견서(○○○대학교 ○○○○○병원, 2018. 9. 6.)

① 치료 예상기간 : 2018. 9. 1. ~ 2018. 12. 1. 통원치료

② 사유 : 상악 전치부 브릿지(#13=22) 탈락 및 #23, 24 치관파절로 인한 보철 or 임플란트 식립 필요함.

③ 취업치료여부(근무병행치료) : 취업치료 불가능

3) 이 법원의 ○○○학교 ○○○병원장에 대한 진료기록감정촉탁결과

○ 원고의 사고로 인한 부상에 따른 치아 상태는 음식물 섭취 곤란 및 장애를 어떻게 초래할 수 있는지.

- 일반적으로 치아를 다수 상실하면 음식물을 끊거나 잘게 부수는 기능을 수행하기 힘들어지므로 단단하고 부피가 큰 음식(고형식)은 섭취하기가 힘들어 질 수 있다. 제시된 진료기록과 방사선 사진으로 볼 때 원고의 치아 상태는 부상당하기 이전부터 윗니 중 큰 어금니와 작은 어금니 일부를 상실한 상태였던 것으로 추정되고, 인공치아를 포함하여 8~9개의 치아만 존재하였던 것으로 보인다.

- 원고는 이 사건 사고로 인하여 윗니 중 1개의 치아를 제외한 모든 치아를 상실한 상태가 되었으므로 저작을 할 수 있는 상악 치아가 거의 없어져 고형식의 섭취는 어려웠을 수 있다고 추정한다.

○ 원고의 경우 발치 후 임플란트 식립 이전에 임시 틀니를 제대로 고정하여 장착할 수 있는 상태였는지.

- 임플란트 식립 이전에 위쪽 치아는 1개(상악 우측 견치 - 오른쪽 위 송곳니) 남아 있었던 것으로 보인다. 틀니는 치아가 하나도 없는 사람부터 여러 개 남아 있는 사람까지 다 사용이 가능한 치료방법이다. 다만 치아가 남아 있는 개수가 적을수록 고정력은 낮아진다고 볼 수 있다. 또한 임시 틀니는 최종적인 치료가 끝나기 전에 임시로 사용하기 위한 목적이므로 고정력이 최종적인 틀니보다 낮은 경향을 가지고 있다. 원고에게 남아있는 위쪽 치아는 1개였으므로 임시 틀니의 경우 고정력이 높지는 않았을 것으로 추정한다.

○ 원고의 경우 사고 충격으로 앞니가 거의 없는 상황이 되었는데, 일반인이 임플란트 식립하는 경우와 비교하였을 때 치료 과정상의 차이점과 어려움은 무엇인지.
– 일반인의 임플란트 치료와 크게 다른 점은 없다. 치아가 부상을 입었을 때의 치조골 파괴 정도에 따라 치료 과정상의 어려움이 증가하였을 수 있으나 진료기록상 뼈 이식 수술이 동반되지 않았던 것으로 보아 일반인과 큰 차이점을 발견하기 어렵다.
○ 원고는 언제부터 일반인과 다름없이 정상적으로 음식물을 충분히 씹고 제대로 소화시킬 수 있을 정도의 저작운동을 할 수 있었을 것으로 판단하는지.
– 모든 치아가 완성된 것은 부분 틀니가 완성되어 장착 후 사용하기 시작한 2019. 8. 8.이다.
○ 일부 치아를 상실한 경우나 대부분의 치아를 상실한 경우 모두 유동식(부드러운 음식)을 섭취하도록 권장한다. 사고 초기(대개 1주일 이내)에는 갑작스러운 변화에 적응하도록 하기 위하여 유동식 중에서도 매우 부드러운 음식의 섭취를 권장하나 이후 이러한 변화에 적응하게 되면 점차 단단한 정도를 높여가도록 훈련하면서 섭취하도록 하고 부피가 큰 음식물의 경우에는 작은 크기로 만들어 섭취하도록 권장한다.
○ 원고의 상병 상태가 요양을 위하여 2018. 9. 19.부터 2018. 11. 21.까지 취업을 할 수 없을 정도로 중한 상태였다고 볼 수 있는지.
– 취업이 어떤 일을 하는 직종인지에 따라 다를 수는 있으나 원고의 부상과 유사한 정도의 치아 상실이 있을 때 일반적으로 2개월 동안 취업이 불가능할 정도로 중한 상태라고 보지 않는다. 이러한 점은 원고가 사고 이전에 이미 대구치와 일부 소구치를 상실한 상태였다는 점을 고려하더라도 마찬가지이다.

[인정근거] 을 제1호증의 기재, 이 법원의 ○○○학교 ○○○병원장에 대한 진료기록감정촉탁결과, 이 법원의 소외1에 대한 사실조회결과, 변론 전체의 취지

다. 판단

1) 산업재해보상보험법 제52조는 "휴업급여는 업무상 사유로 부상을 당하거나 질병에 걸린 근로자에게 요양으로 취업하지 못한 기간에 대하여 지급하되, 1일당 지급액은 평균임금의 100분의 70에 상당하는 금액으로 한다. 다만, 취업하지 못한 기간이 3일 이내이면 지급하지 아니한

다."라고 규정하고 있다. 여기서 "요양으로 취업하지 못한 기간"이라 함은 근로자가 업무상 부상 또는 질병으로 요양을 하느라고 근로를 제공할수 없었기 때문에 임금을 받지 못한 기간을 의미한다. 따라서 근로자가 의료기관에서 업무상 부상 또는 질병으로 치료받은 기간 뿐만 아니라 근로자가 자기 집에서 요양을 하느라고 실제로 취업하지 못하였기 때문에 임금을 받지 못한 기간도 위 기간에 포함되지만(대법원 1989. 6. 27. 선고 88누2205 판결 참조), 업무상 부상 또는 질병의 정도, 현재의 상태, 치료의 방법, 치료의 빈도 등에 비추어 요양을 하느라고 취업하지 못한 것이 아니라 일부 노동력의 상실은 있을지언정 실제 취업이 가능함에도 취업하지 아니한 것이라면 그 기간에 대하여 휴업급여를 지급할 수는 없다고 할 것이다(대법원 2002. 7. 12. 선고 2002두3997 판결 참조).

2) 이 사건에 관하여 보건대, 앞서 인정한 사실관계, 갑 제7호증의 기재 및 이 법원의 소외1에 대한 사실조회결과에 변론 전체의 취지를 종합하면 인정되는 다음의 사정들에 비추어 보면, 원고 제출의 증거들만으로는 원고가 2018. 9. 19.부터 2018. 11. 21.까지 기간 중 실제 통원일을 제외한 나머지 기간 동안 요양으로 인하여 근로를 제공할 수 없었다고 인정하기에 부족하고, 달리 이를 인정할 증거가 없다.

가) 원고는 이 사건 사고로 인하여 입술 열상에 대한 봉합과 상악 좌측 견치, 제1소구치, 제2소구치의 잔존 뿌리를 발치한 후 해당 부위에 임플란트를 식립하고 국소의치를 장착하는 치료를 받았다. 원고에 대하여 이루어진 임플란트 식립은 치조골 파괴로 인한 뼈 이식 수술 등이 동반되지 않아 일반적인 치료와 크게 다른 점이 없었고, 휴업급여 청구기간에 해당하는 2018. 9. 20.부터 2018. 11. 21.까지 기간 중에 8회 통원치료가 이루어졌을 뿐이다.

나) 원고는 이 사건 사고 이전에도 윗니 중 큰 어금니와 작은 어금니 일부를 상실한 상태로 인공치아를 포함하여 8~9개의 치아만 존재하였고, 이 사건 사고로 인하여 치아를 추가로 상실하게 되면서 윗니 중 오른

쪽 위 송곳니 1개만 남게 되어 저작 기능을 할 수 있는 상악 치아가 거의 없게 되기는 하였다. 이와 같이 원고는 저작기능이 거의 불가능하게 됨으로써 음식물 섭취에 제한이 있고 소화기능이 원활하지 못하여 상당한 불편을 겪기는 하였을 것으로 보이나, 유동식의 섭취를 통하여 일상생활에 필요한 영양소는 섭취가 가능하였으리라 보이므로(또한 2018. 11. 16.부터는 임시틀니 장착으로 음식물 섭취에 큰 장애가 있었을 것으로 보이지 않는다) 원고에게 일부 노동능력의 상실은 있을지언정 원고의 상태가 업무와 일상생활이 불가능할 정도까지 이르렀다고 보기는 어렵다.

다) 원고 주치의(○○○대학교 ○○○○○병원 의사 소외1) 작성의 산업재해보상보험 소견서상에는 원고의 상태에 관하여 '취업 치료가 불가능하다'는 기재가 있으나, 위 주치의는 이 법원의 사실조회에 대하여, 원고는 2018. 9. 1. 응급실 내원 당시 열상이 심하였으므로 통증이 심하였을 것으로 추정되며 이 경우 집에서 요양이 필요할 것으로 보이나, 그 외의 통원 당일을 제외한 날에는 집에서 요양은 불필요한 상태로 보인다. 산업재해보상보험 소견서의 취업 치료 불가능 소견은 산업재해 서류 신청시 통상적으로 기재되는 것이다'라는 취지의 견해를 밝혔는바, 위 소견서상의 소견이 원고의 상태를 제대로 반영한 것이라고 볼 수 없다.

라) 이 사건 진료기록감정의도 '취업이 어떤 일을 하는 직종인지에 따라 다를 수는 있으나 원고의 부상과 유사한 정도의 치아 상실이 있을 때 일반적으로 2개월 동안 취업이 불가능할 정도로 중한 상태라고 보지 않는다. 이러한 점은 원고가 사고 이전에 이미 대구치와 일부 소구치를 상실한 상태였다는 점을 고려하더라도 마찬가지이다'라는 소견을 밝혔다.

마) 원고는 이 사건 사고로 인하여 정신적 불안증상, 수면장애를 앓게 되었고, 사고 당시 넘어지면서 기존에 보유하고 있던 척추의 질환도 악화됨으로써 요양으로 인하여 근로를 제공할 수 없었다고도 주장한다. 그러나 원고 주장의 위 질환들과 이 사건 사고 사이에 상당인과관계

가 인정된다는 점을 인정할 근거가 부족하다. 더욱이 정신과적 문제에 관하여는 원고는 2018. 9. 13.경부터 2019. 3. 6.경까지 불안증상, 수면장애로 7~8회 가량 외래진료를 받으면서 약물을 처방받아 복용하여 온 정도에 불과하고, 의무기록상 '약을 먹으면 잠은 잔다'는 기재가 보여 수면장애는 약물로 상당 부분 조절되었던 것으로 보이는 등 치료의 방법, 빈도, 질병의 정도에 비추어 볼 때 그로 인하여 요양을 하느라고 근로를 제공하지 못하였다고 보기도 어렵다.

바) 원고는 오랜 기간 용접공으로 근무하여 왔는데 체력 저하 및 불면증 등으로 인하여 고도의 집중력을 요하는 용접업무는 수행이 불가능하였고, 일반 건설근로자로 근무 또한 체력 저하로 인하여 현실적으로 불가능하였다고 주장한다. 그러나 재해근로자가 재해 이전에 종사하던 동일 또는 유사한 직종에 취업할 수 없었거나, 그 밖에 근로자의 개인적 사정이나 현실적 취직의 곤란 등의 사유로 인해 실제 취업을 하지 않았거나 할 수 없었다 할지라도, 상병의 정도, 치유과정이나 치유상태, 요양방법, 노동능력의 상실 정도 등 제반 사정에 비추어 보아 '일반적으로 취업이 가능한 상태'에 있었다면 그 기간은 휴업급여의 지급대상이 되는 '요양으로 취업하지 못한 기간'이라 볼 수는 없다.

3) 따라서 이와 같은 전제에서 이루어진 이 사건 처분은 적법하다.

3. 결론

그렇다면, 원고의 이 사건 청구는 이유 없으므로 이를 기각하기로 하여, 주문과 같이 판결한다.

[참조조문]

산업재해보상보험법 제52조

[참조판례]

대법원 1989. 6. 27. 선고 88누2205 판결

대법원 2002. 7. 12. 선고 2002두3997 판결

제3절 장해급여

1. 장해급여부지급처분취소(보험급여 청구를 민법상의 시효중단 사유와는 별도의 고유한 시효중단 사유로 정한 것인지 여부)

◎ 대법원 2019. 4. 25., 선고, 2015두39897, 판결

원고 : 소송대리인 변호사 ○○○ 외 1인

피고 : 피상고인 근로복지공단

원심판결 : 대구고법 2015. 2. 13. 선고 2014누5973 판결

[주문]

원심판결을 파기하고, 사건을 대구고등법원에 환송한다.

[이유]

상고이유(상고이유서 제출기간이 지난 다음 제출된 상고이유보충서는 이를 보충하는 범위에서)를 판단한다.

1. 가. 소멸시효 중단사유인 채무 승인은 시효이익을 받는 당사자인 채무자가 소멸시효 완성으로 채권을 상실하게 될 상대방 또는 그 대리인에 대하여 상대방의 권리 또는 자신의 채무가 있음을 알고 있다는 뜻을 표시함으로써 성립하며, 그 표시의 방법은 특별한 형식이 필요하지 않고 묵시적이든 명시적이든 상관없다. 또한 승인은 시효이익을 받는 채무자가 상대방의 권리 등의 존재를 인정하는 일방적 행위로서, 권리의 원인·내용이나 범위 등에 관한 구체적 사항을 확인하여야 하는 것은 아니고, 채무자가 권리 등의 법적 성질까지 알고 있거나 권리 등의 발생원인을 특정하여야 할 필요는 없다. 그리고 그와 같은 승인이 있는지는 문제가 되는 표현행위의 내용·동기와 경위, 당사자가 그 행위 등으로 달성하려고 하는 목적과 진정한 의도 등을 종합적으로 고찰하여 논리와 경험의 법칙, 그리고 사회일반의 상식에 따라 객관적이고 합리적으로 이루어져야 한다(대법원 2008. 7.24. 선고 2008다25299 판결, 대법원 2012.10.25. 선고 2012다45566 판결 등 참조).

나. (1) 산업재해보상보험법(이하 '산재보험법'이라 한다)은 산재보험법에 따른 보험급여를 받을 권리는 3년간 행사하지 않으면 시효로 말미암아 소멸하고(제112조 제1항 제1호), 산재보험법 제112조에 따른 소멸시효는 산재보험법 제36조 제2항에 따른 수급권자의 보험급여 청구로 중단된다(제113조)고 정하고 있다. 이러한 규정의 문언과 입법 취지, 산재보험법상 보험급여 청구의 성격 등에 비추어 보면, 산재보험법 제113조는 산재보험법 제36조 제2항에 따른 보험급여 청구를 민법상의 시효중단 사유와는 별도의 고유한 시효중단 사유로 정한 것으로 볼 수 있다(대법원 2018. 6. 15. 선고 2017두49119 판결 참조).

산재보험법 제112조 제2항은 '산재보험법에서 정한 소멸시효에 관하여 산재보험법에 규정된 것 외에는 민법에 따른다.'고 정하고 있고, 민법 제178조 제1항은 '시효가 중단된 때에는 중단까지에 경과한 시효기간은 이를 산입하지 않고 중단사유가 종료한 때부터 새로이 진행한다.'고 정하고 있는데, 이 조항은 산재보험법에서 정한 소멸시효에도 적용된다.

(2) 시효중단제도의 취지에 비추어 볼 때 시효중단 사유인 보험급여 청구에 대한 근로복지공단의 결정이 있을 때까지는 청구의 효력이 계속된다고 보아야 한다(대법원 1995. 5. 12. 선고 94다24336 판결, 대법원 2006. 6. 16. 선고 2005다25632 판결 등 참조). 따라서 보험급여 청구에 따른 시효중단은 근로복지공단의 결정이 있은 때 중단사유가 종료되어 새로이 3년의 시효기간이 진행된다.

(3) 산재보험법 제111조는 "제103조 및 제106조에 따른 심사 청구 및 재심사 청구의 제기는 시효의 중단에 관하여 민법 제168조에 따른 재판상의 청구로 본다."라고 정하고 있다. 그리고 민법 제170조는 제1항에서 "재판상의 청구는 소송의 각하, 기각 또는 취하의 경우에는 시효중단의 효력이 없다."라고 정하고, 제2항에서 "전항의 경우에 6월 내에 재판상의 청구, 파산절차참가, 압류 또는 가압류, 가처분을 한 때에는 시효는 최초의 재판상의 청구로 인하여 중단된 것으로 본다."라고 정하고 있다.

그러나 산재보험법이 보험급여 청구에 대하여는 재판상의 청구로 본다는 규정을 두고 있지 않은 점, 보험급여 청구에 따라 발생한 시효중단의 효력이 보험급여 결정에 대한 임의적 불복절차인 심사 청구 등에 따라 소멸한다고 볼 근거가 없는 점을 고려하면, 산재보험법상 고유한 시효중단 사유인 보험급여 청구에 따른 시효중단의 효력은 심사 청구나 재심사 청구에 따른 시효중단의 효력과는 별개로 존속한다고 보아야 한다. 따라서 심사 청구 등이 기각된 다음 6개월 안에 다시 재판상의 청구가 없어 심사 청구 등에 따른 시효중단의 효력이 인정되지 않는다고 하더라도, 보험급여 청구에 따른 시효중단의 효력은 이와 별도로 인정될 수 있다.

2. 원심판결 이유에 따르면 다음 사정을 알 수 있다.

가. 원고는 2002. 9. 25. 피고로부터 '뇌경색, 경동맥협착(좌측), 경동맥폐쇄(우측)'(이하 통틀어 '이 사건 상병'이라 한다)에 관하여 업무상 질병으로 요양승인을 받고 병원에서 요양을 하였고, 피고는 2008. 2. 29. '이 사건 상병에 대해 더 이상 요양이 필요하지 않다'는 이유로 요양을 종결하라는 결정을 하였다. 위 요양종결일 당시에 이미 원고는 ① 이 사건 상병으로 인한 장해등급 1급 3호에 해당하는 후유장해(양측 상하지 운동마비와 실조로 인한 일상처리 동작에서 항상 타인의 간병을 받아야 하는 상태) 외에도 ② 이 사건 상병이 원인이 되어 발생한 추가상병인 '시신경위축'으로 인한 시력 장해를 가지고 있었다.

나. 원고를 대리하는 원고의 누나 소외인은 2009. 4. 3. 피고에게 원고의 장해급여 청구를 하였는데(이하 '1차 장해급여청구'라 한다), 장해급여 지급 사무를 담당한 피고의 직원은 2009. 4. 23.경 소외인에게 '장해급여청구서에 첨부된 주치의의 장해진단서에 의하면, 원고에게 이 사건 상병에 따른 후유장해 외에 시신경위축에 따른 장해 진단이 있으므로, 시신경위축에 관해 추가상병으로 승인을 받은 후 장해급여를 청구하는 것이 보다 높은 장해등급 결정을 받을 수 있어 유리하다'는 취지로 안내하였다. 소외인은 위 안내에 따라 1차 장해급여청구 반려요청서를 작성하여 제출한 다음, 2009. 4. 24. 피고로부터 1차 장해급여청구 관련 서류 일체를 되돌려 받았다.

다. 그 후 원고는 2010. 8. 2. 피고에게 시신경위축에 관하여 추가상병 요양승인을 신청하여 2010. 8. 23. 추가상병 요양승인을 받았다. 당시 원고의 시신경위축은 이미 증상이 고정된 상태이어서 추가 요양이 필요한 상태는 아니었으며, 원고가 그 후로 시신경위축에 관하여 실제 요양을 한 적도 없다.

라. 원고는 2012. 8. 7. 피고에게 다시 장해급여를 청구하였는데(이하 '2차 장해급여청구'라 한다), 피고는 2012. 9. 5. 원고에게 '요양종결일(2008. 2. 29.)을 기준으로 3년의 시효기간이 도과하여 장해급여청구권이 소멸하였다'는 이유로 거부처분을 하였다. 원고는 위 거부처분에 불복하여 2012. 12. 4. 심사 청구서를 제출하였으나, 피고는 2013. 5. 22. 심사 청구 기각결정을 하였다.

마. 원고는 2013. 10. 25. 피고에게 다시 장해급여를 청구하였으나(이하 '이 사건 장해급여청구'라 한다), 피고는 2013. 11. 19. 원고에게 '요양종결일(2008. 2. 29.)을 기준으로 3년의 시효기간이 지나 장해급여청구권이 소멸하였다'는 이유로 이 사건 거부처분을 하였다.

3. 위 사실관계를 앞서 본 법리에 비추어 살펴보면, 다음과 같이 판단할 수 있다.

가. 원고는 이 사건 상병이 업무상 재해로 인정되어 요양승인을 받았고, 요양종결 후에도 신체 등에 장해가 남아 이미 이 사건 상병에 대한 장해급여청구권을 취득한 상태였다. 피고의 담당직원도 원고의 장해급여청구권 취득사실을 인식하고 2009. 4. 23.경 원고의 대리인 소외인에게 '이 사건 상병 외에 시신경위축에 관해서도 추가상병으로 승인을 받은 후 장해급여를 청구하는 것이 보다 높은 장해등급 결정을 받을 수 있어 유리하다'는 취지로 안내하여 원고로 하여금 이 사건 상병과 추가상병에 대한 장해급여 수령에 필요한 절차를 밟도록 하였다.

치유상태인 상병에 관한 추가상병 승인은 장해등급 판정과 장해급여 지급을 위한 사전 절차의 성격을 가지며, 장해등급은 수급권자의 전체 상병을 종합하여 판정하여야 한다. 원고가 피고 담당직원의 안내에 따라 이 사건 상병과 시신경위축 장해에 관한 장해급여를 함께 청구하기 위하여 시신경위축에 관한 추가상병 요양신청을 하였던 점을 고려하면, 피고가 2010. 8. 23. 이미 증상이 고정된 상태이어서 추가로 요양이 필요하지 않았던 원고의 시신경위축을 추가상병으로 승인한 행위는 특별한 사정이 없는 한 원고의 추가상병이 업무상 질병에 해당함을 인정하는 것에 그친다고 볼 수 없다. 여기에서 나아가 피고의 위와 같은 행위는 원고의 이 사건 상병으로 인한 장해와 추가상병으로 인한 장해를 함께 고려한 장해등급 결정절차를 거쳐 장해급여를 지급할 의무가 있음을 알고 있다는 것을 묵시적으로 표시한 것이라고 보아야 한다.

따라서 피고의 채무 승인으로 원고의 이 사건 상병과 추가상병에 관한 장해급여청구권의 소멸시효는 중단되었다.

나. 원고는 그로부터 3년 이내인 2012. 8. 7. 피고에게 다시 2차 장해급여청구를 함으로써 산재보험법 제113조에 따라 소멸시효가 다시 중단되었다. 피고가 2차 장해급여청구에 대해 거부처분을 하자, 원고는 위 중단사유가 종료한 때부터 3년 이내인 2013.10.25. 이 사건 장해급여청구를 하였다.

다. 결국 위와 같은 채무 승인과 2차 장해급여청구에 따라 소멸시효가 중단되었고, 원고는 중단사유가 종료한 때부터 3년 이내에 이 사건 장해급여청구를 하였다. 따라서 이 사건 장해급여청구가 3년의 시효기간이 지난 다음에 이루어진 것임을 전제로 한 이 사건 거부처분은 위법하다.

4. 그런데도 원심은 원고의 장해급여청구권의 소멸시효가 완성하였다고 판단하였다. 이러한 원심의 판단에는 산재보험법상 장해급여청구권의 소멸시효 중단에 관한 법리를 오해하여 판결에 영향을 미친 잘못이 있다.

5. 원고의 나머지 상고이유에 대한 판단을 생략한 채, 원심판결을 파기하고 사건을 다시 심리·판단하도록 원심법원에 환송하기로 하여, 대법관의 일치된 의견으로 주문과 같이 판결한다.

2. 장해보상연금개시일자결정처분취소(기존의 장해등급에 대한 장해급여청구를 하지 않고 있던 중 청구권이 시효 소멸된 경우에도 마찬가지인지)

◎ 대법원 2015. 4. 16., 선고, 2012두26142, 전원합의체 판결

원고 피상고인 : ○○○

피고 상고인 : 근로복지공단

원심판결 : 부산고법 2012. 10. 24. 선고 2012누1792 판결

[주문]

상고를 기각한다. 상고비용은 피고가 부담한다.

[이유]

상고이유(상고이유서 제출기간이 경과한 후에 제출된 상고이유보충서의 기재는 상고이유를 보충하는 범위 내에서)를 판단한다.

1. 근로자가 업무상의 재해로 부상을 당하거나 질병에 걸린 경우에 근로자는 산업재해보상보험법(이하 '법'이라고만 한다)이 정하는 바에 따라 그 치유를 위하여 요양급여를 지급받고 이와 더불어 요양으로 취업하지 못한 기간에 대하여는 휴업급여를, 치유된 후에도 신체 등에 장해가 있는 경우에는 장해급여 등의 보험급여를 받게 된다(법 제36조). 근로자가 요양급여를 받아 치유된 후에도 그 요양의 대상이 되었던 업무상의 부상 또는 질병이 재발하거나 치유 당시보다 상태가 악화되어 이를 치유하기 위한 적극적인 치료가 필요한 때에는 재요양을 받을 수 있고(법 제51조 제1항), 재요양을 받고 치유된 후 장해상태가 종전에 비하여 악화된 경우에는 그 악화된 장해상태에 해당하는 장해등급에 따라 장해급여를 지급받는데, 재요양 후의 장해급여의 산정 및 지급방법은 대통령령으로 정한다(제60조 제2항).

이에 따라 산업재해보상보험법 시행령(이하 '시행령'이라고만 한다)은 장해급여의 수급자를 장해보상연금을 받던 사람과 장해보상일시금을 받은 사람으로 구분하고, 다시 그 수급자가 재요양 후의 장해급여를 장해보상연금으로 청구한 경우와 장해보상일시금으로 청구한 경우로 나누어 그 산정 및 지급 방법을 규정하고 있는데, 장해보상일시금을 받은 사람이 재요양 후

의 장해상태가 종전에 비하여 악화되어 장해보상연금을 청구한 경우에는 '재요양 후 치유된 날이 속하는 달의 다음 달부터 변경된 장해등급에 해당하는 장해보상연금을 지급하되, 이미 지급한 장해보상일시금의 지급일수에 해당하는 기간만큼의 장해보상연금'은 이를 부지급하도록 규정하고 있다(시행령 제58조 제3항 제1호, 이하 '이 사건 조항'이라고 한다).

이 사건 조항의 취지는 업무상의 재해로 요양급여 및 장해보상일시금을 받은 사람이 재요양 후 장해상태가 악화되어 변경된 장해등급에 해당하는 장해보상연금을 전액 받게 된다면 이미 보상받은 장해급여 부분에 대해서까지 중복하여 장해급여를 받는 결과가 되므로, 이러한 불합리한 결과가 발생하는 것을 막기 위함이다.

따라서 업무상 재해로 인하여 신체장해를 입은 사람이 그 당시에 판정된 장해등급에 따른 장해급여를 청구하지 아니하여 기존의 장해에 대해서 전혀 보상을 받지 못하고 있다가 기존의 장해상태가 악화되어 장해등급이 변경된 후 비로소 변경된 장해등급에 따라 장해보상연금을 청구한 경우에는, 그와 같은 중복지급의 불합리한 결과는 발생하지 아니하므로, 피고로서는 재요양 후 치유된 날이 속하는 달의 다음 달부터 변경된 장해등급에 해당하는 장해보상연금의 지급일수에 따라 장해보상연금을 지급하여야 할 것이고, 이 사건 조항을 근거로 삼아 근로자에게 지급한 적이 없는 기존의 장해등급에 따른 장해보상일시금의 지급일수에 해당하는 기간만큼의 장해보상연금을 부지급하여서는 아니 된다. 그리고 이러한 이치는 기존의 장해등급에 대한 장해급여청구를 하지 않고 있던 중 그 청구권이 시효 소멸된 경우에도 마찬가지로 적용된다고 보아야 한다. 중복지급의 가능성이 없는 것은 이때에도 동일하며, '이미 지급한 장해보상일시금의 지급일수'라고 표현한 이 사건 조항의 문언에도 부합하기 때문이다.

2. 원심은 그 채택 증거를 종합하여, 원고가 1982. 7. 15. 주식회사 국보 소속 정비기사로 근무하던 중 다른 근로자에게 다리를 밟혀 우슬관절 활액낭염, 건초염 진단을 받고 신경외과의원, 정형외과의원 등에서 우슬관절부 대퇴골수 치료를 받은 사실, 원고는 치료 후에도 우측 고관절 및

슬관절 부위에 통증이 계속되자 1983. 12. 26. 고신대학교 복음병원에서 양측 대퇴골두 무혈성 괴사 진단을 받고, 1984. 1. 6. 우측 고관절 인공관절 치환술을 받았으며 경과가 호전되어 1984. 2. 4. 퇴원 후 1984. 3. 말경까지 치료를 받은 사실, 그 후 원고는 피고에게 대퇴골두 무혈성 괴사를 상병으로 요양신청을 하여 1985. 10. 14. 승인을 받았고, 2003. 10. 10. 피고에게 장해급여 신청을 하였으며, 피고는 2003. 10. 23. 원고의 우측 다리 장해등급이 제8급 제7호에 해당하나, 치료종결일인 1984. 3. 말경부터 3년의 소멸시효가 완성되었다는 사유로 장해급여를 부지급하는 처분을 한 사실, 원고는 2009. 4. 22. 피고로부터 좌측 고관절부 무혈성 괴사 및 골관절염에 대하여 인공관절 치환술이 필요하다는 이유로 재요양을 승인받아 좌측 고관절 인공관절 치환술을 받고 2010. 4. 14. 치료를 종결한 후 2010. 4. 23. 피고에게 장해급여 신청을 하였는데, 이에 대하여 피고는 2010. 5. 4. 원고의 좌측 다리의 장해등급은 제8급 제7호에 해당하고 기존 우측 다리의 장해등급 제8급 제7호와 조정하면 원고의 장해상태는 조정 제6급에 해당하나, 산업재해보상보험법 시행령 제58조 제3항에 따라 시효 소멸한 기존 우측 다리의 장해등급 제8급에 대한 장해보상일시금 지급일수에 해당하는 기간만큼 장해보상연금을 부지급해야 하므로, 재요양 후 치료종결일이 속하는 달의 다음 달인 2010. 5. 1.부터 1,102일의 기간만큼을 제외한 2013. 5. 7.부터 장해등급 제6급에 해당하는 장해보상연금을 지급한다는 내용의 이 사건 처분을 한 사실을 인정한 다음, 그 판시와 같은 이유를 들어 기존 장해등급에 따른 장해급여 청구권이 시효로 소멸한 경우에는 이 사건 조항을 적용할 수 없으므로 이 사건 처분은 위법하다고 판단하였다.

이러한 원심의 판단은 앞서 본 법리에 따른 것으로서 정당하고, 거기에 재요양 후의 장해급여의 산정 및 지급 방법 등에 관한 법리를 오해한 잘못이 없다.

3. 그러므로 상고를 기각하고, 상고비용은 패소자가 부담하기로 하여 주문과 같이 판결한다. 이 판결에는 대법관 민일영, 대법관 이상훈, 대법관

김용덕의 반대의견이 있는 외에는 관여 법관의 의견이 일치하였다.

4. 대법관 민일영, 대법관 이상훈, 대법관 김용덕의 반대의견은 다음과 같다.

가. 장해급여를 비롯한 법상 각종 보험급여는 피고가 직권으로 지급하는 것이 아니라 그러한 보험급여를 받을 수 있는 수급권자의 청구에 따라 지급하는 것인바(법 제36조 제2항), 법은 당사자가 청구하는 장해급여가 최초의 요양에 의한 것인지, 재요양에 의한 것인지를 구별하지 않고 그 청구권의 소멸시효 기간을 일률적으로 3년으로 정하고 있다(법 제112조 제1항 제1호). 법상 규정된 재요양제도와 각종 보험급여 청구권의 소멸시효 제도는 각각 독자적인 입법 목적을 가진 별개의 제도로서 재요양제도의 취지는 기존의 장해와 상당인과관계가 인정되는 후발 장해에 대하여 재요양을 통한 요양 등 보험급여를 지급함에 있는 것이지, 이미 소멸시효가 완성되어 소멸한 장해급여 청구권을 부활시키려는 데 있는 것이 아니다.

즉 장해급여는 근로자가 업무상의 사유로 부상을 당하거나 질병에 걸려 치유된 후 신체 등에 장해가 있는 경우에 그 장해등급에 따라 근로자에게 지급하는 것(법 제57조 제1항, 제2항)인 데 비하여, 재요양은 법 제40조에 따른 요양급여(이하 '기존 요양급여'라 한다)를 받아 치유된 근로자가 그 후 요양의 대상이 되었던 업무상의 부상 또는 질병이 재발하거나 치유 당시보다 상태가 악화되어 이를 치유하기 위하여 다시 법 제40조에 따른 요양급여를 받는 것으로서(법 제51조 제1항) 기존 요양급여와는 구별되는 것이다. 나아가 근로자가 재요양을 받고 치유된 후의 장해상태가 종전에 비하여 호전되거나 악화된 경우에는 그 호전 또는 악화된 장해상태에 해당하는 장해등급에 따라 다시 장해급여를 지급하는바(법 제60조 제2항), 이는 재요양에 의한 치유 결과를 반영한 것으로서 재요양 후 종전에 비하여 악화된 장해상태에 관하여 지급하는 장해급여는 기존의 장해급여와 구별하여 추가로 지급하는 것이다. 시행령이 이 사건 조항에서 재요양에 의한 장해보상연금을 지급할 경우에 '이미 지급한 장해보상일시금의 지급일수에 해당하는 기간만큼의 장해보상연금'은 이를 지급하지 아니하도록 규정한 것은 이와 같이 기존의 장해급여와 재요양 후의 장해급여를 구별하는 법리를 반영한 것이다. 따라서 기존 장해에 관한 장해급여 청구권이 소멸시효의 완성으로 소멸한 이상 다시 이를 주장할 수는 없고, 재요양 후의 장해상태가 종전에 비하여 악화되었다면 근로자는 그 악화된 장해상태에 관하여만 재요양에 따른 장해급여 청구권을 가질 뿐이다.

그런데 다수의견에 의하면, 기존 장해에 관한 장해급여 청구권의 소멸시효가 완성되었다 하더라도 재요양을 받고 장해상태가 악화된 경우에는 그 시효완성의 효과를 무시하고 기존의 시효 소멸한 장해급여 부분까지 포함하여 재요양에 따른 장해급여를 지급하여야 한다는 것인데, 이는 재요양으로 인한 부분을 넘어 과도한 보상을 하는 것으로서 아무런 법적 근거도 없이 소멸시효 제도를 무의미하게 만드는 해석일 뿐만 아니라, 법에 규정된 소멸시효 제도를 시행령의 해석을 통해 배제하는 것이어서 법체계상으로도 허용될 수 없다.

다수의견은 결국 '기존 장해에 관한 장해급여 청구권의 소멸시효가 완성되지 않은 상태에서 재요양에 따른 장해급여 청구권이 발생한 사람'과 '기존 장해에 대한 장해급여 청구권의 소멸시효가 완성된 후 재요양에 따른 장해급여 청구권이 발생한 사람'을 동등하게 취급하자는 것인바, 소멸시효가 법률로 인정되는 제도로서 독자적 의미를 지니고 존재하는 한 양자가 같을 수는 없으며, '같은 것을 같게' 취급하는 것이 아니라 '다른 것을 같게' 취급하는 것은 정의관념에 반하여 받아들이기 어렵다.

나아가 처음부터 재요양을 받지 않았거나 재요양을 받았더라도 장해상태가 악화되지 않으면 기왕의 시효 소멸한 장해급여 청구권이 부활하지 않는 데 비하여 재요양을 받은 후 장해상태가 악화되면 기왕의 시효 소멸한 장해급여 청구권이 부활한다고 하는 것은 형평에 어긋날 뿐만 아니라, 장해상태의 악화 여부라는 우연한 사정에 의해 소멸시효 완성의 효과가 좌우되어 법적 안정성의 확보를 도모하고자 하는 소멸시효 제도의 근간을 뒤흔드는 결과를 초래한다.

나. 시행령 제58조 제5항은 재요양 후 장해보상연금을 지급하는 경우에는 장해보상연금의 선급에 관한 법 제57조 제4항을 적용하지 아니한다고

규정하면서 예외적으로 '종전에 장해급여의 대상에 해당하지 않았던 사람'이 재요양 후에 장해보상연금을 지급받게 되는 경우에는 선급을 인정하고 있다. 따라서 일단 종전에 장해급여의 대상에 해당하였던 사람은 소멸시효의 완성으로 인하여 실제로 장해급여를 지급받지 못하였더라도 선급 대상에 포함되지 않는다. 이는 결국 당사자가 장해급여 청구권을 행사할 수 있었음에도 시효기간을 도과하여 이를 수령하지 못한 것은 장해급여를 지급받은 것과 마찬가지로 취급하겠다는 것으로 볼 수 있다. 이 사건에서 논란이 되고 있는 재요양 후 장해급여 지급의 문제와 장해보상연금 선급의 문제는 그 국면이 서로 다르기는 하나, 같은 법령에서 장해급여 청구권 소멸시효의 법적 효과를 서로 달리 취급할 이유는 없다고 할 것이다.

다. 한편 기록에 의하면, 이 사건에서 원고는 우측 다리에 생긴 최초 장해에 대하여 2003. 10. 10. 피고에게 장해급여 신청을 하였으나, 피고는 치료종결일인 1984. 3. 말부터 3년의 소멸시효가 완성되었다는 사유로 장해급여를 부지급하는 처분을 하였고, 이에 원고가 그 취소를 구하는 소를 제기하였으나 대법원에서 2006. 4. 13. 같은 이유로 패소 확정되었음을 알 수 있다(대법원 2006두1876 판결). 따라서 원고가 재요양을 받기 이전의 기존 장해에 대하여는 그 장해급여 청구권이 시효 소멸하였음이 판결로 확정되었는바, 이처럼 원고에게 권리가 없음이 판결로 확정된 마당에 다수의견에 따르면 새삼스레 다시 원고에게 권리가 있다고 인정하는 결과가 되므로 이 점에서도 다수의견에 찬성할 수 없다.

이상과 같이 다수의견에 반대하는 취지를 밝힌다.

3. 장해등급결정처분취소(빌딩 신축현장에서 작업하던 중 일어난 사고)

◎ 1심 : 서울행정법원[2018구단2783]

원 고 : ○○○

서울 중랑구 ○○동 ○○○길 ○○

소송대리인 변호사 ○○○

소송복대리인 변호사 ○○○

피 고 : 근로복지공단

변론종결 : 2019. 11. 08

판결선고 : 2019. 12. 27

[주문]

1. 피고가 2017. 4. 19. 원고에 대하여 한 장해등급결정처분을 취소한다.
2. 소송비용은 피고가 부담한다.

[청구취지]

주문과 같다.

[이유]

1. 처분의 경위

가. 원고는 2014. 10. 11. 서울 역삼동 소재 ○○○○ 빌딩 신축현장에서 작업하던 중 H빔이 우측 발목을 덮치는 사고를 당하였고, 이로 인해 '우측 족관절 개방성 골절 및 탈구, 우측 슬관절 타박상, 비골 골두 선상골절 우측, 우측 비골 신경 손상, 우하지의 복합부위통증증후군'으로 진단받아 2016. 12. 31.까지 요양을 한 후 피고에게 장해급여청구를 하였다.

나. 피고는 2017. 4. 19. 원고에 대하여 12급의 장해등급결 정을 하였다. 그 구체적인 결정내역은 아래와 같다.

○ 우측 발목관절 기능장해 운동범위 80도(능동적 운동에 의한 방법으로 측정), 12급 10호(한쪽 다리의 3대 관절 중 1개 관절의 기능에 장해가 남은 사람) ○ 우측 무릎관절 기능장해 운동범위 120도, 장해등급기준 미달 ○ 우측 하지 신경장해

일반 동통, 14급 10호(국부에 신경증상이 남은 사람) ○ 최종 장해등급 : 12급

다. 원고는 위 장해등급결정에 불복하여 심사청구를 하였고, 피고는 2017. 7. 12. "원고의 우측 무릎관절 기능장해 및 우측 하지 신경장해는 기존과 동일하나, 우측 발목관절 기능장해의 경우 기존과 달리 운동범위를 40도로 보아야 한다."라는 이유로 위 12급의 장해등급결정을 취소하고, 원고에 대하여 10급의 장해등급결정을 하였다(이하 심사결정에 의해 변경된 위 장해등급결정을 '이 사건 처분'이라 한다). 그 구체적인 결정내역은 아래와 같다.

○ 우측 발목관절 기능장해 운동범위 40도(능동적 운동에 의한 방법으로 측정), 10급 14호(한쪽 다리의 3대 관절 중 1개 관절의 기능에 뚜렷한 장해가 남은 사람) ○ 우측 무릎관절 기능장해 운동범위 120도, 장해등급기준 미달 ○ 우측 하지 신경장해 일반 동통, 14급 10호(국부에 신경증상이 남은 사람) ○ 최종 장해등급 : 10급

라. 원고는 이 사건 처분에 불복하여 2017. 7. 31. 재심사 구를 하였으나, 산업재해보상보험재심사위원회는 2017. 11. 3. 원고의 재심사청구를 기각하였다.

[인정 근거] 다툼 없는 사실, 갑 제1, 3호증, 을 제5, 6호증의 각 기재, 변론 전체의 취지

2. 이 사건 처분의 적법 여부

가. 원고 주장의 요지

원고는 복합부위통증증후군(CRPS)으로 수차례 수술을 받았으나, 여전히 우측 발목과 무릎에 시큰거리는 통증이 있고, 시린 증상, 종아리 바깥쪽과 안쪽의 감각이 모두 떨어지는 증상, 종아리 앞쪽으로 전기가 오듯 찌릿한 증상 등으로 고통 받고 있다. 원고는 이러한 통증으로 수면장애도 겪고 있고, 정신적으로 피폐해져 작은 일에도 쉽게 화를 내는 등 감정을

다스리지 못하고 있다. 위와 같은 증상 때문에 원고는 오래 서있거나 움직임이 많은 일을 할 수 없어 취업가능한 직종의 범위가 상당히 제한되어 있다. 따라서 원고의 우측 하지 신경장해의 장해등급은 9급 15호(신경계통의 기능 또는 정신기능에 장해가 남아 노무가 상당한 정도로 제한된 사람)에 해당한다. 따라서 이와 달리 원고의 장해등급을 10급으로 결정한 피고의 이 사건 처분은 위법하므로 취소되어야 한다.

나. 인정 사실

1) 주치의 소견

◈ ○○대학교병원 마취통증의학과
○ 장해부위
오른쪽 무릎, 발목
○ 주요 치료내용
2015. 8. 18. 이후 2015. 9. 및 10. 요부 교감신경차단술 시행, 2016. 7. 5. 척수자극기 시험적 삽입술, 2016. 7. 12. 척수자극기 영구적 삽입술 시행, 이후 약물치료, 말초신경차단술 시행하며 증상 조절 중
○ 장해상태
오른쪽 무릎, 발목이 시큰거리는 통증이 있고, 여름에도 시리다. 종아리 바깥쪽, 안쪽 모두 감각이 떨어지고 종아리 앞쪽으로 전기 오듯 찌릿한 느낌이 있다. 2, 3, 4번 발가락까지 가지 않고 두 번째 마디에서 막히는 느낌이 든다.
◈ ○○대학교병원 재활의학과
○ 장해부위
우측 하퇴 및 발목 관절
○ 주요 치료내용
– 2014. 10. 일하다가 오른쪽 무릎, 발목 부상당해서 ○○○대학교병원에서 발 목 수술 받은 병력 있음
– (기계에 깔림) 당시 발목 탈구 되어서 응급실에서 도수정복하려고 했다가 안돼서 수술적 교정했다고 함
– 사고로 인해 우측 천비골신경과 복재신경의 부분 손상 있으며, 마취통증의학과에서 복합부위통증증후군 진단 하에 지속적인 치료 중임
○ 장해상태
현재 재활의학과적 문제로는 우측 천비골신경과 복재신경의 부분 손상으로 인한 우측 하퇴, 발목과 발 부위의 감각장애 있으며, 우측 슬관절과 족관절의 가동범위 감소 보임.

2) 피고 서울지역본부 통합심사회의 심사위원 소견

◈ 심사위원1(신경외과)
일반 동통, 우측 하지에 감각신경 손상으로 인한 통증 잔존함
◈ 심사위원2(신경외과)
일반 동통, 우측 하지 통증이 있음. 감각저하가 있다고 함, 감각신경 손상에 따른 감각이상 소견이 있는 경우
◈ 심사위원3(정형외과)
일반 동통, 우측 하지 감각신경손상에 따른 감각이상 소견이 있는 경우
◈ 심사위원4(신경외과)
일반 동통, 감각신경 손상에 따른 감각이상 소견이 있는 경우의 우측 하지의 단순 동통 잔존함
◈ 심사위원5(정형외과)
일반 동통, 감각신경 손상에 따른 감각이상 소견이 있는 경우, 하지 부위 단순 동통
◈ 심사위원6(정형외과)
일반 동통, 감각신경 손상에 의한 우측 하지 단순 동통 잔존

3) 신체감정의(○○대학교 ○○병원 마취통증의학과) 소견

◈ 2018. 12. 14.자 신체감정 회신
○ 자각적 증상 : 신체감정 당시 통증 부위를 만지면 발끝까지 찌릿한 이질통과 감각저하, 시린감을 동반한 우측 무릎과 무릎 아래의 VAS 3/10 정도의 통증을 호소하였다. 부종(특히 오래 걷거나 앉아 있을 때), 우측 발톱이 7~8개월마다 한 번씩 빠지는 이영양성 변화, 우측 발목과 우측 엄지발가락의 능동적/수동적 운동범위 제한, 족부 근력저하를 호소하였다.
○ 타각적 증세 : 이학적 검사에서 피부색 변화, 부종, 털 변화소견, 발톱의 변화, 수술부위 흉터를 제외한 피부나 피하, 근육의 이영양성 변화, 땀 분비 변화, 근위축 소견 보이지 않았다. 운동범위검사에서는 발목의 능동적/수동적 배측굴곡이 감소된 소견(수동적 배측굴곡은 거의 정상)과 약간의 근력저하 소견을 보였다.
○ 혈액검사/소변검사, 체열검사에서 특별한 이상 소견은 보이지 않았다. 체열검사에서 우측 발의 체온이 좌측 발에 비해 임상적으로 의미 있는 온도 차이 보였다.
○ 삼상골스캔에서는 우측 족부의 만성 복합부위통증증후군에 합당한 소견을

보였다. 근전도/신경전도 검사에서 우측 천비골신경의 감각신경병증 소견을 보였다. 하지의 단순엑스레이 검사에서는 양측 무릎의 퇴행성 관절 소견 외에 특별한 이상 소견 보이지 않았고, 하지 CT에서는 발목관절의 중등도의 관절염 소견과 미만성 골다공증 소견(특히 관절 주위)을 보였다.

○ 원고는 복합부위통증증후군 진단기준을 만족하고, 천비골신경 손상이 있는 상태로 복합부위통증 증후군 제2형에 해당한다.

○ 척수자극술 치료는 기존의 통상적인 치료에 반응하지 않는 난치성 만성통증에 사용된다.

○ 원고는 이미 발목관절 운동범위 제한에 대해 장해등급을 받은 상태로 복합부위통증증후군과 연관된 장해와의 중복가능성을 고려하여 '노동능력이 어느 정도 남아 있으나, 동통 때문에 취업가능한 직종의 범위가 상당히 제한된 사람'을 적용하면 적절할 것으로 판단된다.

◈ 2019. 6. 26.자 사실조회 회신

○ (AMA 지침 제6판에 따른 원고의 장해율?)

- 말초신경 손상에 의한 아래 장애표를 적용하면, 등급 내 단계(Grade)에서 원고가 호소하는 통증과 다양한 기능장애, 다양한 신경치료와 척수자극술을 포함한 적극적인 치료를 받은 병력 등을 종합적으로 판단할 때, 등급 내 단계(Grade) E를 적용하면 하지에 대한 신체장애율은 5%이다. 이를 전신장애율로 나타내면 2%(=5%×0.4)이다. 전신장애율 2%는 신체장애율(단순히 전신을 100으로 보았을 때 10% 정도의 신체기능장애로 볼 수 있다는 의미)로 직업과 관련하여 경제적, 사회적 조건 등을 고려하여 판정하는 노동능력상실률과는 다르다. 복합부위통증증후군의 경우 등급판정에 있어 객관적 징후의 개수와 증상의 중증도는 비례하지 않으며, 중증도 판단을 위한 11개 기준의 경우 타당성 평가도 이루어지지 않은 임의적인 기준으로 전신장애율과 노동능력상실률의 편차가 더욱 클 수 있다.

말초신경 (하지장애)					
감각과 운동신경 결손의 등급(severity grade)은 표 4-1(15-14)을 참조하라.					
진단기준(주요요인)	CLASS 0	CLASS 1	CLASS 2	CLASS 3	CLASS 4
Class 정의	문제 없음	경도의 문제	중등도의 문제	심각한 문제	매우 심각한 문제
장애범위	0%	1%~13%	14%~25%	26%~49%	50%~100%
심각도 등급(Severity Grade)		ABCDE	ABCDE	A B C D E	A B C D E
감각신경					
외측대퇴표피신	0 객관적	1 2 3 4			

경	인 감각결 손이 없음	5 감각결 손 혹은 CRPS			
표피비골신경	0 객관적 인 감각결 손이 없음	1 2 3 4 5 감각결 손 혹은 CRPS			

– 법원에서 AMA 지침 제6판을 적용하여 장애율을 판정한다면 구해진 전신장애율을 원고의 종전 직업, 경력, 기능 숙련 정도, 유사직종이나 타 직종의 전업가능성, 타 손상 장애와의 형평 등 사회경제적 고려를 통해 노동능력상실률을 다시 결정해야 한다. AMA 지침 제6판에서 신경손상에 의한 복합부위통증증후군 제2형은 말초신경병증에 의한 장애율로 판단하게 된다. 이러한 이유로 복합부위통증증후군 제2형은 중증도에 큰 상관없이 동일 신경 손상인 경우 장애율이 대동소이하게 나오는 한계가 있다.

– 감정인의 판단으로는 복합부위통증증후군 제2형의 경우 동일한 신경의 손상과 이로 인한 장애를 보이는 경우에 내려지는 통상적인 노동능력상실률(기존의 맥브라이드 장해평가방법이나 국가배상보상법 시행령을 적용한 장애율)을 적용하는 것이 AMA 지침 제6판을 적용하는 것보다 적절할 것으로 판단한다,

◈ 2019. 9. 24.자 사실조회 회신

○ 산업재해보상보험법에는 복합부위통증증후군 장해율 산정에 관해 명확하게 규정된 것이 없다.

○ 외상이 치유되는 과정 중에 동통의 성질, 강도 등에 대해서 병적인 증상을 보이는 것이 있다. 이 외상 후 동통 중에 특수한 유형으로는 사지 또는 기타의 신경불완전손상에 의해 생긴 작열통이 있으며, 이것은 혈관운동성 증상, 발한의 이상, 연부조직 영양상태의 이상, 골의 변화 등을 동반하는 강도의 동통이다. 의학적으로 작열통은 복합부위통증증후군 제2형에 해당한다.

○ AMA 방법은 단순히 의학적 손상의 정도를 신체장애율로 제시한 것으로 노동능력상실률과는 개념이 다르다, 원고의 사회적, 경제적 상황이 고려되어 다시 노동능력상실률로 변환되어야 한다. 개인적인 생각으로는 맥브라이드 장해평가방법의 적절한 항목을 준용하여 원고의 장애 정도에 따라 노동능력상실률을 평가하는 것이 다른 질환과의 형평성 등 현재의 장해평가와 관련한 상황을 고려할 때 보다 적절할 것으로 본다.

○ 이미 신체감정회신에서 답변하였듯이 원고가 이미 발목관절 운동범위 제한에 대해 장해등급을 받은 상태로 복합부위통증증후군과 연관된 장애와의 중복가능성을 고려하여 '노동능력이 어느 정도 남아 있으나 동통 때문에 취업 가능한 직종의 범위가 상당히 제한된 사람'을 적용하면 적절할 것으로 판단하였다.

[인정 근거] 다툼 없는 사실, 을 제1, 2, 4호증의 각 기재, 이 법원의 ○○○학교 ○○병원장에 대한 2018. 12. 14.자 신체감정촉탁 결과 및 각 사실조회 결과, 변론 전체의 취지

다. 판단

1) 우측 하지 신경장해의 장해등급

산업재해보상보험법(이하 '산재보험법'이라 한다) 제57조 제2항은 장해급여는 장해등급에 따라 지급하되 그 장해등급의 기준은 대통령령으로 정한다고 규정하고 있고, 그 위임에 따라 마련된 같은 법 시행령 제53조 제1항은 "법 제57조 제12항에 따른 장해등급의 기준은 별표 6에 따른다. 이 경우 신체부위별 장해등급 판정에 관한 세부기준은 고용노동부령으로 정한다."라고 규정하고 있다. 산재보험법 시행령 [별표 6] '장해등급의 기준'은 '신경계통의 기능 또는 정신기능에 장해가 남아 노무가 상당한 정도로 제한된 사람'을 제9급 제15호로, '국부에 심한 신경증상이 남은 사람'을 제12급 제15호로, '국부에 신경증상이 남은 사람'을 제14급 제10호로 각 규정하고 있다.

산재보험법 시행규칙 제48조는 "제53조 제1항 후단에 따른 신체부위별 장해등급 판정에 관한 세부기준은 별표 5와 같다."라고 규정하고 있고, 같은 규칙 [별표 5] '신체 부위별 장해등급 판정에 관한 세부기준' 제5의 마의 2)항은 "작열통(불에 타는 듯이 따갑고 아픈 통증)에 대하여는 1)의 규정에 준하여 결정한다."라고 규정하고 있으며, 제5의 마의 1)항은 "뇌신경과 척추신경의 외상이나 그 밖의 원인에 따른 신경통의 경우에 쉬운 일 외의 노동에 항상 지장이 있는 정도의 동통이 있는 사람은 제7급을 인정하고, 노동능력이 어느 정도 남아 있으나 동통 때문에 취업가능한 직종의 범위가 상당히 제한된 사람은 제9급을 인정하며, 노동능력은 있으나 때로는 노동에 지장이 있는 정도의 동통이 있는 사람은 제12급을 인정한다."라고 규정하고 있다. 그런데 같은 별표 제5의 가의 5)항은 "영 별표 6에서 '신경계통의 기능 또는 정신기능에 뚜렷한 장해가 남아 쉬운 일 외에는 하지 못하는 사람'이란 중등도의 신경계통의 기능 또는 정신기능의

장해로 노동능력이 일반인의 1/2 정도만 남은 사람을 말한다."라고 규정하고 있는바, 작열통과 관련하여 장해등급 7급으로 인정되는 '쉬운 일 외의 노동에 항상 지장이 있는 정도의 작열통이 있는 사람'이란 작열통으로 인해 노동능력이 일반인의 1/2 정도만 남은 사람을 뜻하는 것으로 볼 수 있다. 그리고 작열통과 관련하여 장해등급 12급으로 인정되는 '노동능력은 있으나 때로는 노동에 지장이 있는 정도의 작열통이 있는 사람'이란 '작열통으로 인한 노동능력 상실은 없으나 작열통으로 인해 때때로 노동에 지장이 있는 사람'을 뜻하는 것으로 볼 수 있다. 그렇다면 작열통과 관련하여 장해등급 9급(작열통과 관련한 장해등급 7급 바로 아래 등급이자 12급 바로 위의 등급이다)으로 인정되는 '노동능력이 어느 정도 남아 있으나 작열통 때문에 취업가능한 직종의 범위가 상당히 제한된 사람'이란 '작열통에도 불구하고 일반인의 50%를 초과하나 100%에는 이르지 않는 정도의 노동능력이 남아 있으나 작열통 때문에 취업가능한 직종의 범위가 상당히 제한된 사람'을 말하는 것으로 볼 수 있다.

이 사건에 관하여 보건대, 위 인정 사실 및 을 제5호증의 기재에 변론 전체의 취지를 종합하여 인정할 수 있는 아래와 같은 사실 및 사정들을 종합하면, 원고는 산재보험법 시행규칙 [별표 5] '신체부위별 장해등급 판정에 관한 세부기준' 제5의 마의 1)항, 2)항 소정의 '노동능력이 어느 정도 남아 있으나 작열통 때문에 취업가능한 직종의 범위가 상당히 제한된 사람'에 해당한다고 할 것이므로, 원고의 복합부위통증증후군 제2형에 기한 우측 하지 신경장해의 장해등급은 9급에 해당한다.

가) 신체감정의(마취통증의학과)는 의학적으로 작열통이 복합부위통증증후군 제2형에 해당하고, 원고의 복합부위통증증후군은 천비골신경 손상에 의해 발생한 것으로 제2형에 해당한다는 의학적 소견을 밝히고 있는바, 원고의 복합부위통증증후군 제2형으로 인한 우측 하지 신경장해의 장해등급은 산재보험법 시행규칙 [별표 5] '신체부위별 장해등급 판정에 관한 세부기준' 제5의 마의 2)항 소정의 '작열통'에 관한 규정에 따라 결정하여야 한다.

나) 원고는 신체감정 당시 자각적 증상으로 통증 부위를 만지면 발끝까지 찌릿한 이질통, 감각저하, 시린 느낌을 동반한 우측 무릎과 무릎 아래의 VAS 3/10 정도의 통증, 부종(특히 오래 걷거나 앉아 있을 때), 우측 발톱이 7~8개월마다 한 번씩 빠지는 이영양성 변화, 족부 근력저하 등을 호소하였고, 타각적 증상으로 이학적 검사에서 피부색 변화, 부종, 털 변화 소견, 발톱의 변화 등의 소견을, 운동범위 검사에서 발목의 능동적/수동적 배측굴곡이 감소된 소견(수동적 배측굴곡은 거의 정상)과 약간의 근력저하 소견을, 체열검사에서 우측 발의 체온이 좌측 발에 비해 임상적으로 의미 있는 온도 차이를, 삼상골스캔검사에서 우측 족부의 만성 복합부위통증증후군에 합당한 소견을, 근전도/신경전도 검사에서 우측 천비골신경의 감각신경병증 소견을, 하지 CT 검사에서는 발목관절의 중등도의 관절염 소견과 미만성 골다공증 소견(특히 관절 주위)을 각 보였다.

다) 원고는 복합부위통증증후군 제2형으로 인한 통증의 치료를 위해 2016. 7. 12. 영구적 척수신경자극기설치술(통상적인 치료에 반응하지 않는 난치성 만성통증에 사용된다)까지 시술받았음에도 여전히 위 나)항에서 본 바와 같은 이질통, 감각저하, 시린 통증 등과 이로 인한 수면장애 및 집중력 저하를 호소하고 있다.

라) 신체감정의(마취통증의학과)는 "AMA 지침 제6판에 의할 경우 원고의 복합부위통증증후군 제2형의 증상에 따른 신체장애율은 5%이고, 전신장애율은 2%이다. 원고의 사회적, 경제적 상황을 고려하여 위 장애율을 노동능력상실률로 변환하여야 한다."라는 소견을 제시하고 있다. AMA 지침 제6판에 따른 전신장애율이 2% 정도인바, 원고의 종전 직업, 경력, 기능 숙련 정도, 유사직종이나 타 직종의 전업가능성 등 사회적, 경제적 상황을 고려한다고 하더라도 원고의 노동능력이 일반인의 50% 정도만 남았다고 보기는 어렵다, 따라서 복합부위통증증후군 제2형에 기한 증상으로 인한 노동능력 상실에도 불구하고, 원고에게 일반인의 50%를 초과하는 정도의 노동능력은 남아 있는 것으

로 봄이 상당하다. 다만, 앞서 본 바와 같이 원고가 영구적 척수신경 자극기설치술을 시술 받았음에도 불구하고 지속적인 통증과 수면장애 및 집중력 저하를 호소하고 있고, 객관적 검사 결과에서도 복합부위 통증증후군 제2형에 합당한 소견을 보이고 있는 점, 원고는 건축일용직으로 육체노동에 종사하여 왔는데, 복합부위통증증후군 제2형에 기한 통증 등으로 인해 더 이상 육체노동에 종사하기가 어려울 것으로 보이는 점, 이 사건 처분 당시 원고의 연령은 만 56세였고, 다른 특별한 기술이 있어 보이지 않는바, 타 직종으로의 전업도 쉽지 않을 것으로 보이는 점 등을 종합하여 보면, 원고에게 일반인의 50%를 초과하는 정도의 노동능력이 남아 있다고 하더라도 취업할 수 있는 직종의 범위는 상당히 제한되어 있다고 보는 것이 맞다.

마) 신체감정의(마취통증의학과)는 복합부위통증증후군 제2형에 기한 통증 등으로 인한 원고의 노동능력상실률이 얼마인지 분명하게 제시하고 있지는 않으나, 복합부위통증증후군 제2형에 기한 통증 등으로 인해 원고의 노동능력이 일부 상실되었다는 점은 분명하게 밝히고 있고, "원고의 경우 '노동능력이 어느 정도 남아 있으나 동통 때문에 취업가능한 직종의 범위가 상당히 제한된 사람'을 적용하면 적절할 것으로 판단된다." 라는 의학적 소견을 일관되게 제시하고 있다.

2) 최종 장해등급

가) 원고의 우측 하지 신경장해의 장해등급이 9급임은 위 1)항에서 살펴본 바와 같은바, 산재보험법 시행령 제53조 제2항 제3호에 따라 우측 하지 신경장해 9급과 우측 발목관절 기능장해 10급을 조정하면, 최종 장해등급은 8급이 된다.

나) 이에 대하여 피고는, 산재보험법 시행규칙 제46조 제5항 제3호 및 제2항 후단에 의하면, 하나의 장해에 다른 장해가 파생되는 관계에 있는 경우 그 중 높은 장해등급을 그 근로자의 장해등급으로 결정하여야 하는데, 원고의 우측 하지 신경장해와 우측 발목관절 기능장해는 우측 천비골신경 손상이라는 동일한 원인으로 인해 발생한 것으

로 위 각 장해는 파생 관계에 있으므로, 위 각 장해의 장해등급 중 높은 장해등급을 원고의 장해등급으로 결정하여야 하고, 조정의 방법으로 장해등급을 결정하여서는 안 된다는 취지로 주장한다. 그러나 이 법원의 ○○대학교 ○○병원장에 대한 2019. 2. 27.자 신체감정 촉탁 결과에 의하면, 신체감정의(정형외과)가 "신체감정 당시 실시한 우측 하퇴부에 대한 신경전도 검사 결과 우측 천부비골신경의 감각 이상 소견이 확인되었다. 따라서 원고의 비골신경 손상은 발목과 발가락 부위의 운동마비증상과는 연관성이 떨어지며, 감각이상 증상에 대한 연관성만 있다고 판단된다."라는 의학적 소견을 제시한 사실을 인정할 수 있는바, 이에 의하면 우측 발목관절 기능장해가 우측 천비골신경 손상에 의해 발생한 것이라고 볼 수 없다1). 가사 우측 하지 신경장해뿐만 아니라 우측 발목관절 기능장해도 우측 천비골신경 손상에 의해 발생한 것으로 본다고 하더라도, 이는 장해발생의 원인이 동일한 것일 뿐이지, 우측 하지 신경장해가 우측 발목관절 기능장해에서 비롯된 것이라거나 그 반대로 우측 발목관절 기능장해가 우측 하지 신경장해에서 비롯된 것이라고 볼 수는 없으므로, 위 각 장해가 '하나의 장해에 다른 장해가 파생되는 관계'에 있다고 할 수 없다. 따라서 피고의 위 주장은 어느 모로 보나 이유 없다.

다) 결국, 원고의 최종 장해등급을 10급으로 결정한 피고 의 이 사건 처분은 위법하므로 취소되어야 한다.

3. 결론

그렇다면 원고의 청구는 이유 있으므로 이를 인용하기로 하여 주문과 같이 판결한다.

[각주내용]

1) 피고는, 우측 발목관절의 운동범위 제한이 우측 천비골신경 손상에 의한 것이 아니라면, 우측 발목관절의 운동 범위 제한의 원인이 불분명한 경우에 해당하므로, 원고의 우측 발목관절의 운동범위는 수동적 운동에 의한 방법으로 측정하여야 하는데, 정형외과 신체감정 결과에 의하면, 수동적 운동에 의한 방법으로 측정하는

경우 원고의 우측 발목관절 운동범위가 정상범위에 해당하므로, 우측 발목관절의 장해등급은 산재보험법 시행령 [별표 6] '장해등급의 기준'에서 정한 최소 기준에 미달한다는 취지로 주장하나, 원고는 이 사건 처분 중 우측 하지 신경장해의 장해등급에 관한 위법사유만 주장하고 있을 뿐, 우측 발목관절의 장해등급에 관한 위법사유는 주장하고 있지 아니하므로, 우측 발목관절 장해등급의 위법성에 관하여는 판단할 수 없다(대법원 2000. 3. 23. 선고 98두2768 판결 참조).

[참조조문]

산업재해보상보험법(이하 '산재보험법'이라 한다) 제57조 제2항, 산재보험법 시행령 제53조 제1항,

산재보험법 제57조 제12항, 산재보험법 시행규칙 제48조

산재보험법 제53조 제1항 후단

산재보험법 시행령 제53조 제2항 제3호

산재보험법 시행규칙 제46조 제5항 제3호, 제2항 후단

[참조판례]

대법원 2000. 3. 23. 선고 98두2768 판결

◎ 2심 : 서울고등법원제9행정부[2020누32502]

원 고 : 피항소인 ○○○

서울특별시 ○○구 ○○○로 ○○길 ○○

피 고 : 항소인 근로복지공단

전심판결 : 1심 2018구단2783 서울행정법원

변론종결 : 2020. 06. 11

판결선고 : 2020. 07. 09

[주문]

1. 피고의 항소를 기각한다.

2. 항소비용은 피고가 부담한다.

[청구취지 및 항소취지]

1. 청구취지

피고가 2017. 4. 19. 원고에 대하여 한 장해등급결정처분을 취소한다.

2. 항소취지

제1심 판결을 취소한다. 원고의 청구를 기각한다.

[이유]

1. 제1심 판결의 인용

피고가 항소하면서 당심에서 주장하는 사유는 제1심에서 피고가 주장한 내용과 크게 다르지 아니하고, 당심까지 제출된 증거를 당사자들의 주장과 함께 다시 살펴보더라도 원고의 청구를 받아들인 제1심의 판단은 정당하다고 인정된다.

이에 이 법원이 이 사건에 관하여 적을 이유는 아래와 같이 제1심 판결서 일부를 수정하는 외에는 제1심 판결의 이유 기재와 같으므로, 행정소송법 제8조 제2항, 민사소송법 제420조 본문에 의하여 이를 인용한다.

[수정하는 부분]

○ 제1심 판결서 제7면 아래에서 제2행, 제12면 제10행의 각 "이 법원"을 "제1심 법원"으로 고친다.

○ 제1심 판결서 제10면 제4행의 "한다."를 "한다[이 사건 처분은 이와 달리 원고의 우측 하지 신경장해가 '동통'에 해당한다고 보아 위 세부기준의 5. 마. 3)항을 적용하였는바. 이 점에서 장해등급 기준을 잘못 적용한 것이다]."로 고친다.

○ 제1심 판결서 제11면 제1행의 "정도인바"를 "정도인바[신체감정의(마취통증의학과)에 따르면 이는 단순히 전신을 100으로 보았을 때 10% 정도의 신체기능장애로 볼 수 있다는 의미이다]"로 고친다.

○ 제1심 판결서 제11면 아래에서 제2행 "있다."를 "있다(피고는, 대법원 2012. 4. 13. 선고 2009다77198, 77204 판결에 비추어 보면 맥브라이드법에 의하여 노동능력상실률을 평가하는 것은 허용되지 아니함에도, 위 신체감정의는 맥브라이드법에 의하여 원고의 노동능력상실률을 판단하였으므로 그 신체감정촉탁결과는 증거로 사용되어서는 아니 된다는 취지로 주장하나, 앞서 본 인정사실과 기록에 비추어 보면 위 신체감정의는 단지 맥브라이드 장해평가방법의 적절한 항목을 준용하여 원고의 장애 정도에 따라 노동능

력상실률을 평가하는 것이 AMA지침 제6판을 적용하는 것보다 적절하다는 취지의 의견을 제시하고 있을 뿐 맥브라이드법에 따라 원고에 대한 노동능력상실률을 판단하였다고 볼 수 없고, 이 법원은 위 신체감정의의 의견을 비롯하여 앞서 본 증거들로 부터 알 수 있는 원고의 신체상태, 직업, 사회적, 경제적 상황 등을 종합적으로 고려하여 원고의 노동능력 상실 내지 노무의 제한 정도를 판단하는 것이므로, 피고의 위 주장은 받아들이지 아니한다)."로 고친다.

○ 제1심 판결서 제11면 마지막 행의 "2) 최종 장해등급"을 "2) 소결론"으로 고친다.

○ 제1심 판결서 제12면 제1행 내지 제13면 제7행을 아래 글상자 안의 기재와 같이 고친다.

이와 같이 원고의 우측 하지 신경장해의 장해등급이 9급이므로, 원고의 최종 장해등급이 이 사건 처분에서 인정한 10급을 상회하게 됨은 분명하다. 그러한 이상 이 사건 처분은 위법하므로 취소되어야 한다.

2. 결론

그렇다면 제1심 판결은 정당하므로, 피고의 항소는 이유 없어 이를 기각한다.

[참조조문]

행정소송법 제8조 제2항

민사소송법 제420조

[참조판례]

대법원 2012. 4. 13. 선고 2009다77198,77204 판결

[1] 노동능력상실률을 정하는 방법 [2] 교통사고로 복합부위통증증후군의 장해가 발생한 피해자의 일실수입 손해액 산정 방법이 문제된 사안에서, 복합부위통증증후군 또는 그와 유사한 통증장해에 대한 판단 기준을 제시하는 내용이 없는 맥브라이드표를 유추적용하여 복합부위통증증후군에 의한 노동능력상실률을 평가한 신체감정 결과를 그대로 채택한 원심판결에 자유심증주의의 한계를 벗어난 위법이 있다고 한 사례

【주 문】

원심판결 중 일실수입에 관한 원고(반소피고) 패소 부분을 파기하고, 이 부분 사건을 서울고등법원에 환송한다. 원고(반소피고)의 나머지 상고와 피고(반소원고)의 상고를 각 기각한다.

【이 유】

상고이유를 판단한다.

1. 원고(반소피고, 이하 '원고'라고 한다)의 상고이유에 대하여

가. 상당인과관계가 없다는 주장에 관하여

민사소송에서의 인과관계는 자연과학적·의학적 인과관계가 아니라 사회적·법적 관점에서 평가하는 것이므로, 증거에 의하여 인정되는 사실과 경험칙에 비추어 어떠한 사실이 어떠한 결과의 발생을 초래하였다고 시인할 수 있는 고도의 개연성이 증명되면 인정되는 것이고, 그 증명은 통상인이라면 의심을 품지 아니할 정도로 확신을 가질 수 있는 것이어야 하고 또 그것으로 족하다(대법원 1990. 6. 26. 선고 89다카7730 판결, 대법원 2000. 3. 28. 선고 99다67147 판결 등 참조).

원심판결 이유에 의하면, 원심은 그 채용 증거들을 종합하여, 피고(반소원고, 이하 '피고'라고 한다)는 이 사건 사고 당일 우측 경추부 및 요추부 염좌, 상배부 과긴장, 우측 족관절 염좌 등으로 삼성외과의원에 입원하여 약물치료를 받고 퇴원하였으나 통증이 심해져 그 후 여러 병원에서 계속 치료를 받았음에도 증상의 호전이 없었던 사실, 또한 피고는 서울대학교병원에서 우측 상하지 반사성교감신경위축증(복합부위통증증후군Ⅰ형)으로 진단을 받고, 서울대학교병원과 분당서울대학교병원에서 성상신경절 차단술 등을 시행받았으나 증상이 크게 호전되지 않아 척수자극기 영구적 삽입술까지 시행받은 사실, 원심의 분당서울대학교병원장에 대한 신체감정촉탁 결과, 그 신체감정의는 피고의 증상을 종합적으로 고려하여 이 사건 사고와 복합부위통증증후군의 인과관계를 긍정하고 있는 사실을 인정하고, 여기에 피고가 이 사건 사고 이전에 위와 같은 증상에 대한 치료를 받았다는 증거는 전혀 없는 점 등 피고의 증상의 발현시기와 이 사건 사고시기의 근접성, 피고의 치료 내역 등을 종합하여, 이 사건 사고와 피고의 복합부위통증증후군 사이의 상당인과관계를 인정하였다.

앞에서 본 법리와 기록에 비추어 살펴보면, 원심의 위와 같은 판단은 수긍할 수 있고 거기에 상당인과관계에 관한 법리오해, 자유심증주의의 한계를 벗어난 위법은 없다.

나. 노동능력상실률이 과다하다는 주장에 관하여

민사소송법 제202조가 선언하고 있는 자유심증주의는 형식적·법률적 증거규칙에 얽매일 필요가 없다는 것을 뜻할 뿐 법관의 자의적 판단을 허용하는 것은

아니므로, 사실의 인정은 적법한 증거조사절차를 거친 증거능력 있는 증거에 의하여 정의와 형평의 이념에 입각하여 논리와 경험의 법칙에 따라 하여야 하고, 사실인정이 사실심의 전권에 속한다고 하더라도 그 한도를 벗어나서는 안 된다(대법원 1982. 8. 24. 선고 82다카317 판결, 대법원 2007. 10. 11. 선고 2006다42610 판결 등 참조). 노동능력상실률은 단순한 의학적 신체기능장애율이 아니라 피해자의 연령, 종전 직업의 성질과 직업경력 및 기능숙련 정도, 신체기능장애 정도 및 유사 직종이나 타 직종에의 전업가능성과 그 확률, 기타 사회적·경제적 조건 등을 모두 참작하여 경험칙에 따라 정한 수익상실률로서 법관의 자의가 배제된 합리적이고 객관성 있는 것임을 요한다(대법원 1987. 3. 10. 선고 86다카331 판결, 대법원 1987. 7. 21. 선고 87다카229 판결).

원심판결 이유에 의하면, 원심은 이 사건 사고로 피고에게 복합부위통증증후군 I형의 장해가 남았고, 이는 맥브라이드의 후유장해에 대한 종합평가표상 척추손상 항목의 VI-C-b항(만성 류마티스성 또는 퇴행성질환-부분적 강직-흉추부)의 43%와 VI-C-c항(요추부)의 54%에 해당되어 73%의 노동능력을 영구적으로 상실하였다고 인정한 다음, 이를 기초로 피고의 일실수입 손해액을 산정하였다. 위 노동능력상실률은 원심법원의 신체감정촉탁 및 사실조회에 기하여 분당서울대학교병원에서 피고를 진료한 의사가 원심법원에 제출한 신체감정서 등의 내용을 그대로 받아들인 것으로 보인다.

그런데 원심판결 이유 및 원심이 채택한 증거에 의하면, ① 복합부위통증증후군(CRPS, Complex Regional Pain Syndrome)은 통증을 주된 증상으로 하는 질환으로서 그 진단에 사용되는 기준은, 수정된 국제통증학회(IASP) 기준, 미국의사협회(American Medical Association, A.M.A.) 신체장해평가지침(이하 'A.M.A. 지침'이라 한다) 제5판 기준, 제6판 기준 등 여러 기준이 있고, 의료계 내에서도 어떤 기준을 사용할지에 관하여 의견이 통일되어 있지 않은 사실, ② 맥브라이드표에는 복합부위통증증후군은 물론 통증에 대한 항목 자체가 전혀 없는 반면 A.M.A. 지침 제5판 및 제6판은 복합부위통증증후군의 판정 기준과 신체장애율을 규정하고 있는 사실, ③ 원심법원의 한국배상의학회장에 대한 사실조회 결과에서는, '맥브라이드 방식에서는 복합부위통증증후군 영구장애 판정 기준이나 항목이 없으므로 맥브라이드 방식을 적용하기는 어렵다. 피고의 경우 A.M.A. 지침 제5판 기준으로는 복합부위통증증후군이 아니지만, 이질통, 발한장애, 피부온도 변화 등으로 보아 A.M.A. 지침 제6판 기준으로는 복합부위통증증후군에 해당한다고 볼 여지가 있으며, A.M.A. 지침 제6판 방식으로 판정할 경우 노동능력상실률은 약 13% 정도이고, 복합부위통증증후군으로 진단되는 경우에도 환자가 호소하는 통증장애가 영구적으로 지속된다는 의학적 근거는 없는 상태이며, 피고의 장애는 약 5년간의 한시장애로 인정하는 것이 적절하다'는 취지의 의견을 밝힌 사실, ④ 피고는 통증으로 인해 자가운전 및 대중교통 이용에 불편함을 겪고 있으나, 식사, 옷입기, 씻기 등 기본적인 생활이 불가능하지는 않은 사실을 알 수 있다. 한편 복합부위통증증후군은 통증을 주된 증상으로 하는 질환인데, 현대의학상 통증의 존부 및 정도를 객관적으로 평가하기 어려운 한계가 있는 것으로 알려져 있기도 하다. 이와 같은 점 등을 고려하면, 복합부위통증증후군 또는 그와 유사한 통증장해에 대해서, 따로 판단 기준을 제시하는 아무런 내용이 없어 기존의 항목 중 어떤 항목을 어느 정도로 유추적용하는지에 따라 판정 결과에 현저한 차이가 발생하는 맥브라이드표를 사용하여 복합부위통증증후군 환자의 노동능력상실률을 평가하는 것은 합리적이고 객관적이라고 보기 어렵다.

그럼에도 원심은 오로지 맥브라이드표만을 유추적용하여 복합부위통증증후군에 의한 노동능력상실률을 평가한 신체감정 결과를 그대로 채택함으로써 피고의 노동능력상실률을 73%라고 단정하였으므로, 이러한 원심의 판단에는 자유심증주의의 한계를 벗어난 위법이 있다. 이 점을 지적하는 상고이유의 주장은 이유 있다.

2. 피고의 상고이유에 대하여

가. 책임제한비율이 과다하다는 주장에 관하여

가해행위와 피해자 측의 요인이 경합하여 손해가 발생하거나 확대된 경우에는 그 피해자 측의 요인이 체질적인 소인 또는 질병의 위험도와 같이 피해자 측의 귀책사유와 무관한 것이라고 할지라도, 그 질환의 태양·정도 등에 비추어 가해자에게 손해의 전부를 배상하게 하는 것이 공평의 이념에 반하는 경우에는, 법원은 손해배상액을 정하면서 과실상계의 법리를 유추적용하여 그 손해의 발생 또는 확대에 기여한 피해자 측의 요인을 참작할 수 있다. 그리고 불법행위로 인한 손해배상청구사건에서 책임감경사유에 관한 사실인정이나 그 비율을 정하는 것은 그것이 형평의 원칙에 비추어 현저히 불합리하다고 인정되지 않는 한 사실심의 전권사항에 속한다(대법원 1998. 7. 24. 선고 98다12270 판결, 대법원 2010. 10. 14. 선고 2007다3162 판결 등 참조).

원심판결 이유에 의하면, 원심은 그 채용 증거들을 종합하여, 복합부위통증증후군의 경우 환자들이 호소하는 극심한 자각적 증상에 비하여 경미한 외상에 의하여 발생할 수도 있고, 그 발생빈도는 외상환자의 0.05%~1.5% 정도에 불과하며, 골절환자의 경우에도 전체 환자 중 1~2%에 불과하다는 연구보고가 있는 등 희귀하면서도 그 위험도나 결과의 중한 정도는 대단히 높은 질환이라는 점, 이 사건 사고도 피해차량의 수리비가 465,300원 정도에 불과한 경미한 사고로서 피해자 측의 요인에 의해 통상의 경우보다 손해가 확대되었다고 보여지는 점 등의 사정을 인정한 다음, 위와 같은 사정에 비추어 원고에게 이 사건 사고로 인한 손해의 전부를 배상하게 하는 것은 공평의 이념에 반한다고 판단하여 원고의 책임을 70%로 제한하였다.

앞에서 본 법리와 기록에 비추어 살펴보면, 원심의 위와 같은 조치는 수긍할 수 있고 거기에 책임제한에 관한 법리를 오해하거나 책임제한비율을 과다하게 정하는 등의 위법은 없다.

나. 교통비 상당 손해 주장에 관하여

피고는 이 사건 사고로 인하여 621일간 통원치료를 받았다고 주장하면서 1일당 5,000원씩 계산한 합계 3,105,000원을 기왕치료비 손해로 구하였으나, 기록상 피고가 실제로 교통비를 지출하였다는 증거를 찾아볼 수 없고, 피고가 이미 교통비로 지출한 금액 상당의 손해를 주장하면서 실제로 교통비를 지출하였다는 입증을 하지 아니하는 경우까지 법원이 석명하거나 직권으로 심리할 의무는 없다고 할 것이므로, 교통비 상당 손해 주장을 배척한 원심의 조치는 수긍할 수 있고, 거기에 석명의무위반 등의 위법은 없다.

다. 개호비 상당 손해 주장에 관하여

인신사고의 피해자가 치료종결 후에도 개호가 필요한지 여부 및 그 정도에 관한 판단은, 전문가의 감정을 통하여 밝혀진 후유장해의 내용에 터잡아 피해자의 연령, 정신상태, 사회적·경제적 조건 등 모든 구체적인 사정을 종합하여 경험칙과 논리칙에 비추어 규범적으로 행하는 평가이다. 의사의 감정 결과에 개호의 요부 및 정도에 관한 판단이 포함되어 있다고 하더라도 이는 어디까지나 전문가로서의 의학적 소견을 제시한 것에 불과할 뿐이고 법원이 반드시 그 의견에 기속되는 것은 아니다(대법원 1998. 12. 22. 선고 98다46747 판결 등 참조).

위 법리와 기록에 비추어 원심판결 이유를 살펴보면, 피고가 수면, 식사, 위생관리 등 기본적인 생활을 위한 활동에는 문제가 없고, 통증으로 인해 대중교통 이동이 다소 어려울 수 있다는 점만으로는 개호의 필요성을 인정할 수 없다고 판단한 원심의 조치는 수긍할 수 있고, 거기에 개호의 필요성에 관한 법리를 오해하는 등의 위법은 없다.

라. 위자료 주장에 관하여

불법행위로 입은 정신적 고통에 대한 위자료 액수에 관하여는 사실심법원이 제반 사정을 참작하여 그 직권에 속하는 재량에 의하여 이를 확정할 수 있다(대법원 1999. 4. 23. 선고 98다41377 판결, 대법원 2002. 11. 26. 선고 2002다43165 판결 등 참조).

위 법리에 비추어 기록을 살펴보면, 원심이 피고의 연령, 직업, 가족관계, 이 사건 사고의 경위, 후유장해의 부위 및 정도, 치료기간, 기타 이 사건 변론에 나타난 여러 사정을 참작하여 판시와 같은 위자료 액수를 확정한 조치는 정당한 것으로 수긍할 수 있다. 거기에 위자료 산정에 관한 법리를 오해한 위법은 없다.

3. 결론

그러므로 원심판결 중 일실수입에 관한 원고 패소 부분을 파기하고, 이 부분 사건을 다시 심리·판단하게 하기 위하여 원심법원에 환송하며, 원고의 나머지 상고와 피고의 상고를 각 기각하기로 하여, 관여 대법관의 일치된 의견으로 주문과 같이 판결한다.

4. 장해등급결정처분취소(국부에 신경증상이 남은 사람)

◎ 1심 대구지방법원[2019구단168]

원 고 : ○○○

대구직할시 달서구 ○○로 ○○

피 고 : 근로복지공단

변론종결 : 2019. 04. 26

판결선고 : 2019. 05. 17

[주문]

1. 이 사건 소를 각하한다.

2. 소송비용은 원고가 부담한다.

[청구취지]

피고가 2017. 11. 6. 원고에 대하여 한 장해등급 결정처분을 취소한다.

[이유]

1. 처분의 경위

가. 원고는 주식회사 ○○○○○○ 소속 근로자로서 2016. 10. 5. 발생한 업무상 사고로 '좌측 리스프랑 손상, 좌측 중족골 골절(제2, 3, 4, 5번)'에 대한 요양승인처분을 받고, 요양 후 피고에게 장해급여를 청구하였다.

나. 피고는 2017. 11. 6. 원고에 대하여 제14급 제10호(국부에 신경증상이 남은 사람)의 장해등급 결정처분(이하 '이 사건 처분'이라 한다)을 하였다.

다. 원고는 이 사건 처분에 불복하여 피고에게 심사청구를 하였으나, 2018. 2. 12. 원고의 심사청구가 기각되었고, 원고가 다시 산업재해보상보험재심사위원회에 재심사청구를 하였으나 2018. 6. 11. 재심사청구도 기각되었다.

[인정근거] 다툼 없는 사실, 갑 제1호증, 을 제1, 2호증의 각 기재, 변론 전체의 취지

2. 이 사건 소의 적법 여부

가. 피고의 본안전 항변

이 사건 소는 제소기간이 도과하여 부적법하다.

나. 판단

행정소송법 제20조 제1항에 의하면 취소소송은 처분 등이 있음을 안 날부터 90일 이내에 제기하여야 하고, 다만 행정심판청구를 할 수 있는 경우에 행정심판청구가 있은 때의 기간은 재결서의 정본을 송달받은 날부터 기산한다.

을 제3호증의 기재 및 변론 전체의 취지에 의하면 산업재해보상보험재심사위원회의 재결서가 2018. 6. 14. 원고에게 송달된 사실이 인정되고, 그로부터 90일이 경과한 2019. 1. 16. 이 사건 소가 제기되었음이 기록상 명백하므로, 이 사건 소는 제소기간을 도과하여 제기된 것이어서 부적법하다.

3. 결론

이 사건 소는 부적법하므로 이를 각하하기로 하여 주문과 같이 판결한다.

[참조조문]

행정소송법 제20조 제1항

◎ 2심 대구고등법원 제1행정부 [2019누4029]

원 고 : 항소인 ○○○

대구직할시 달서구 ○○로 ○○

피 고 : 피항소인 근로복지공단

전심판결 : 1심 2019구단168 대구지방법원

변론종결 : 2019. 12. 06

판결선고 : 2020. 01. 10

[주문]

1. 원고의 항소를 기각한다.
2. 항소비용은 원고가 부담한다.

[청구취지 및 항소취지]

제1심판결을 취소한다. 피고가 2017. 11. 6. 원고에 대하여 한 장해등급 결정처분을 취소한다.

[이유]

1. 제1심판결의 인용

이 법원이 여기에 적을 이유는, 제1심판결 이유 부분 기재와 같으므로, 행정소송법 제8조 제2항, 민사소송법 제420조 본문에 따라 이를 그대로 인용한다.

2. 결론

그렇다면, 제1심판결은 정당하므로 원고의 항소는 이유 없어 이를 기각하기로 한다.

[참조조문]

행정소송법 제8조 제2항, 민사소송법 제420조

5. 장해등급결정처분취소(식당에서 배달원으로 근무하던 중 일어난 교통사고)

◎ 1심 서울행정법원 [2018구단71451]

원 고 : ○○○

대전광역시 동구 ○○○로 ○○○

소송대리인 변호사 ○○○

피 고 : 근로복지공단

변론종결 : 2019. 09. 05

판결선고 : 2019. 09. 26

[주문]

1. 원고의 청구를 기각한다.
2. 소송비용은 원고가 부담한다.

[청구취지]

피고가 2018. 9. 10. 원고에 대하여 한 장해등급결정처분을 취소한다.

[이유]

1. 처분의 경위

가. 원고는 대전 동구 이하생략 소재 '○○○' 식당에서 배달원으로 근무하던 중 2017. 1. 27. 교통사고를 당하여, '좌측 제5중수골 골절, 흉추부의 염좌, 좌측손목삼각섬유연골판손상 및 염좌, 좌측 비골신경 손상, 우울감을 동반한 적응장애'에 관하여 요양승인을 받고 2018. 8. 15. 까지 요양하였다.

나. 원고는 2018. 8. 21. 피고에게 장해급여청구를 하였고, 피고는 2018. 9. 10. 원고의 좌측 손목관절, 좌측 족부 및 족지관절에 관하여 운동범위의 기능장해 기준에 미달한다고 판단하여 각 '국부에 신경증상이 남은 사람'으로서 제14급 제10호에만 해당한다고 보아 결국 원고의 장해등급을 제14급 제10호로 판정하는 처분(이하 '이 사건 처분'이라 한다)을 하였다.

[인정근거] 다툼 없는 사실, 갑 제1, 2호증의 각 기재, 변론 전체의 취지

2. 이 사건 처분의 적법 여부

가. 원고의 주장

원고의 주치의는 원고의 좌측 족부 및 족지관절에 관하여 심부비골신경의

불완전 손상으로 인한 운동기능장해이므로 능동적 운동에 의한 운동범위 측정이 타당하다는 소견을 밝혔고, 이에 따라 원고의 좌측 족지관절의 운동범위를 측정하면 발가락이 모두 구부러지지 않는 상태이다. 따라서 원고는 산업재해보상보험법 시행령 제53조 제1항 [별표 6]에서 정한 제9급 제13호(한쪽 발의 발가락을 모두 제대로 못쓰게 된 사람)에 해당한다 할 것임에도, 피고는 원고의 좌측 족지관절에 관하여 단지 '국부에 신경증상이 남은 사람'에만 해당한다고 보아 이 사건 처분을 하였는바, 이 사건 처분은 위법하다.

나. 관계 법령

별지 관계 법령 기재와 같다.

다. 인정사실

1) 주치의 장해진단서(근로복지공단 이하생략병원)

가) 2018. 8. 21,자 진단서

- 2017. 10. 26. 시행한 전기진단검사상 좌측 비골신경 손상 소견 확인됨.
- 좌측 족관절 및 족지관절 능동 관절가동범위 제한 관찰됨(족관절 45/110, 족지관절 제 1-5족지 0도)
- 좌측 완관절 단순 동통 잔존함.

나) 2018. 8. 28.자 진단서

○ 장해발생원인

- 좌측 손목 : 좌측 손목 삼각섬유연골판 손상 및 염좌
- 좌측 족부, 족지 : 좌측 비골신경 손상

○ 장해상태

- 관절운동기능장해 : 좌측 손목 삼각섬유연골판 손상 및 염좌로 인한 좌측 손목 및 좌측 비골신경 손상으로 인한 좌측 족관절, 족지 운동범위 제한

○ 관절운동 측정방법

- 좌측 손목 : 운동신경 손상 없어 수동측정이 합당함.
- 좌측 족관절 및 족지 : 심부비골신경의 불완전 손상으로 근력 약화에 의한 능동운동 측정이 타당함.

2) 피고 이하생략지역본부 통합심사결과

○ 측정방법

- 손목관절 능동측정
- 발목/발가락 관절 수동측정 : 근전도검사상 좌측 비골신경 불완전 손상 있으나 근력 등급 3등급 이상으로 이전 검사에 비해 호전양상 보이고 뚜렷한 근위축도 없으며, 발목 및 발가락 관절에 영향을 미치는 신경손상도 없어 수동 측정함.

○ 좌측 손목관절 운동각도 180(정상)

- 좌측 1-5족지 운동각도 중족지절 80/70/50/30/20, 근위지절 30/40/40/40/40(정상) 좌측 발목관절 운동각도 100(기준미달)
- 좌측 손목관절 일반동통 - 연부조직 손상(14급 10호)
- 좌측 족부 일반동통 - 감각신경 손상(14급 10호)

3) 이 법원의 신체감정촉탁결과

○ 원고의 좌측 발가락 장해상태

- 능동적 운동은 불가능함을 호소하고 있다. 본원 재활의학과에서 객관적으로 측정한 이학적 검사상의 수동적 운동 각도는 이상 소견이 없다.

○ 좌측 발가락 운동능력 측정에서 원고의 상병 상태를 보아서는 능동운동 측정과 수동운동 측정 중 어느 것이 옳은지와 그 이유

- 신경 손상에 대한 확인을 위해 본원 재활의학과에서 시행한 신경전도 검사상 이상 소견은 확인되지 않았다. 피고측 자문의 소견인 좌측 비골의 불완전 손상에 동의하지 않는다. 신경손상이 동반되지 않았으므로 족지의 운동각도측정은 수동운동측정을 시행하여야 한다.

○ 수동운동측정이 옳다면 산업재해보상보험법 시행령상 원고 의 장해등급은 몇 급으로 판정할 수 있는지

- 수동운동측정상 운동 장애는 확인되지 않아 산업재해보상보험법 시행령상 장해등급 해당되지 않는다.
- 원고의 좌측 족지관절 수동운동범위(각도) 측정 결과

발가락관절		제1지		제2지		제3지		제4지		제5지	
		굴곡	신전	굴곡	신전	굴곡	신전	굴곡	신전	굴곡	신전
중족지절	정상	30	50	30	40	20	30	10	20	10	10

	좌	30	50	30	40	20	30	10	20	10	10
근위지절	정상	30	0	40	0	40		40		40	
	좌	30	0	40	0	40		40		40	

- 원고의 좌측 족지관절 능동운동범위(각도) 측정 결과

발가락관절		제1지		제2지		제3지		제4지		제5지	
		굴곡	신전	굴곡	신전	굴곡	신전	굴곡	신전	굴곡	신전
중족지절	정상	30	50	30	40	20	30	10	20	10	10
	좌	0	0	0	0	0	0	0	0	0	0
근위지절	정상	30	0	40	0	40		40		40	
	좌	0	0	0	0	0		0		0	

[인정근거] 갑 제2호증의 2, 갑 제3호증의 2의 각 기재, 이 법원의 ○○대학교 ○○병원장에 대한 신체감정촉탁결과, 변론 전체의 취지

라. 판단

1) 산업재해보상보험법 시행규칙 제47조 제2항 본문은 운동기능장해의 정도는 에이엠에이[AMA(American Medical Association)]식 측정방법 중 공단이 정하는 방법으로 측정한 해당 근로자의 신체 각 관절의 운동가능영역과 별표 4의 평균 운동가능영역을 비교하여 판정한다고 규정하고 있다. 같은 조 제3항은 신체 관절의 운동가능영역을 측정할 때, '강직, 구축, 신경 손상 등 운동기능장해의 원인이 명확한 경우에는 능동적 운동에 의한 측정방법'으로, '운동기능장해의 원인이 명확하지 아니한 경우에는 수동적 운동에 의한 측정방법'으로 한다고 규정하고 있다.

2) 위 규정의 내용 및 취지에 비추어 보면, 산업재해보상보험법에 정해진 장해등급 판정을 위하여 관절의 운동 범위를 능동적 운동에 의한 방법으로 측정하는 경우에는 피측정자의 의지에 따라 운동 범위를 줄일 수 있어 피측정자의 자발적 협조가 없을 경우 그 정확성을 담보할 수 없으므로, 운동기능장해의 원인이 신체의 기질적 변화에 있거나 혹은 명백한 기능적 변화에 있는 경우에는 능동적 운동에 의한 측정방법을 사용 하더라도 측정결과를 신뢰할 수 있다고 할 것이지만, 심인성 요

인이 운동기능장해의 원인일 가능성이 상당한 경우 등 운동기능장해의 원인이 명확하지 아니한 경우에는 수동적 운동에 의한 측정방법에 의하여 운동 범위를 측정함이 타당하다.

3) 이 사건에 관하여 보건대, 위 인정사실에 변론 전체의 취지를 종합하면 인정되는 다음의 사정들에 비추어 보면, 원고 제출의 증거들만으로는 원고의 좌측 족지관절에 운동기능장해가 존재함을 인정하기에 부족하고, 달리 이를 인정할 증거가 없다.

① 원고의 주치의는 원고의 좌측 족지관절의 운동가능영역 측정방법에 관하여 '심부비골신경의 불완전 손상으로 근력 약화 증상이 있어 능동적 운동에 의한 측정이 타당하다'는 소견을 제시하였고, 피고 이하생략지역본부도 통합심사결과 근전도검사상 원고에게 좌측 비골신경의 불완전 손상이 관찰된다는 소견을 밝히기는 하였으나, 이 사건 신체감정촉탁의는 원고에 대한 신경전도검사 결과 좌측 비골신경의 불완전 손상이 관찰되지 않는다는 소견을 밝혔다. 따라서 원고에게 좌측 비골신경의 불완전 손상이 있는지 여부가 명확하지 않고, 존재한다 하더라도 그 정도는 매우 경미할 것으로 보인다.

② 또한 원고에게 근육 또는 힘줄의 강직이나 구축 소견이 있다고 볼 근거도 없으므로, 원고의 경우 운동기능장해의 원인이 명확한 경우라 할 수 없다.

③ 이 사건 신체감정촉탁의는 원고에 대한 신경전도검사 결과 좌측 비골신경의 불완전 손상 소견이 관찰되지 않았으므로, 수동적 운동에 의한 측정방법에 의하여 원고의 운동가능범위를 측정하는 것이 타당하다는 소견을 밝혔다.

④ 원고의 좌측 족지관절의 운동가능범위를 능동적 운동에 의한 방법으로 측정한 결과는 수동적 운동에 의한 방법으로 측정한 결과와 현저한 차이가 있는바, 능동적 운동의 방법으로 측정된 운동기능장해는 그 원인이 심인성에 의한 것으로 보인다.

⑤ 따라서 원고의 운동기능장해를 측정하기 위한 적절한 방법은 수동

적 운동에 의한 측정방법이라 할 것인데, 앞서 본 바와 같이 이 법원의 신체감정촉탁결과 원고의 좌측 족지관절에 대하여 수동적 운동범위를 측정하면 운동범위가 정상으로서 장해가 존재하지 않는다.

4) 따라서 피고의 이 사건 처분은 적법하다.

3. 결론

그렇다면, 원고의 이 사건 청구는 이유 없으므로 이를 기각하기로 하여, 주문과 같이 판결한다.

[참조조문]

산업재해보상보험법 시행령 제53조 제1항 [별표 6]
산업재해보상보험법 시행규칙 제47조 제2항, 제3항

◎ 2심 서울고등법원 제4행정부 [2019누60730]

원 고 : 항소인 ○○○
대전광역시 동구 ○○○로 ○○○
소송대리인 변호사 ○○○
피 고 : 피항소인 근로복지공단
전심판결 : 1심 2018구단71451 서울행정법원
변론종결 : 2019. 12. 17
판결선고 : 2020. 02. 11

[주문]

1. 원고의 항소를 기각한다.
2. 항소비용은 원고가 부담한다.

[청구취지 및 항소취지]

제1심 판결을 취소한다. 피고가 2018. 9. 10. 원고에 대하여 한 장해등급결정처분을 취소한다.

[이유]

1. 제1심 판결의 인용

이 사건에 관하여 이 법원이 적을 이유는, 제1심 판결문 제4면 제10행 이하의 각 "이 법원의"를 "제1심 법원의"로 고치고, 제7면 제1, 2행 및 제6행 중 각 "원고의"의 다음에 "좌측 발가락 부분"을 추가하는 것 외에는 제1심 판결 이유의 기재와 같으므로, 행정소송법 제8조 제2항, 민사소송법 제420조 본문에 의하여 이를 그대로 인용한다(원고가 당심에서 한 주장은 제1심에서의 주장과 다르지 않고, 제1심에서 제출한 증거들을 다시 살펴보아도 원고의 주장을 배척한 제1심의 판단은 정당하다고 판단된다).

2. 결론

그렇다면, 제1심 판결은 정당하므로, 원고의 항소는 이유 없어 이를 기각하기로 하여 주문과 같이 판결한다.

[참조조문]

행정소송법 제8조 제2항

민사소송법 제420조

6. 장해등급재판정불응에 따른 장해연금일시중지결정처분취소

(장해 보상연금을 일시중지하는 처분에 불복)

◎ 1심 서울행정법원[2016구단23458]

원 고 : ○○○

○○시 ○○○구 ○○○로 ○○길 ○○

피 고 : 근로복지공단

변론종결 : 2016. 11. 24

판결선고 : 2016. 12. 08

[주문]

1. 원고의 청구를 기각한다.

2. 소송비용은 원고가 부담한다.

[청구취지]

피고가 2016. 8. 23. 원고에 대하여 한 장해연금지급 일시중지결정처분을 취소한다.

[이유]

1. 인정사실 및 처분의 경위

가. 원고는 2000. 11. 16. 업무상 재해를 당한 후 수 차례의 행정소송을 통하여 최종적으로 "제2-3번 요추간 추간판 탈출증 우측, 제4-5번 요추간 추간판 팽윤, 제1-2번 요추간 및 제5요추-제1천추간 추간판 탈출증 및 퇴행성 디스크, 우울장애"를 요양상병으로 인정받고 2008. 11. 25. 위 각 상병에 관한 요양을 종결하였다.

나. 원고는 2004. 7. 5. 피고로부터 척추 기능장해에 관하여 제8급 2호 장해등급 결정을 받았다. 원고는 그 후 2009. 5. 22. 피고에게 추가상병으로 인정된 우울장애를 더하여 새로운 장해등급을 결정하여 줄 것을 신청하였으나 피고는 원고의 정신장해를 인정하지 않는 처분을 하였고, 이에 관한 행정소송을 통하여 결국 원고의 정신장해가 제9급 15호에 해당한다는 취지의 판결이 2013. 7. 15. 확정되었다.

다. 이에 따라 피고는 2013. 8. 23. 원고에게 원고의 척추 기능장해 제8

급 2호와 정신장해 제9급 15호를 합하여 최종 7급의 장해등급결정(이하 '이 사건 결정'이라고 한다)을 하였다.

라. 피고는 2015. 10. 15. 원고에게 산업재해보상보험법(이하 '산재보험법'이라고만 한다) 제59조 규정에 따른 장해재판정 대상자 선정 안내를 하였다. 그러나 원고가 자신은 재판정 대상이 아니라며 재판정 절차에 따르지 않을 뜻을 밝히자 피고는 2016. 5. 23. 사전 안내를 거쳐 2016. 8. 23. 원고에게 산재보험법 제120조 규정에 따라 장해 보상연금을 일시중지하는 처분(이하 '이 사건 처분'이라고 한다)을 하였다.

[인정근거] 다툼 없는 사실, 갑 제1 내지 8호증(각 가지번호 포함), 을 제1 내지 5호증의 각 기재, 변론 전체의 취지

2. 이 사건 처분의 적법 여부

가. 원고의 주장

1) 피고의 위법한 처분으로 인한 행정소송을 거치느라 비록 2013. 8. 23. 뒤늦게 이 사건 결정이 내려지기는 하였지만, 원고의 업무상 재해로 인한 증상은 2008. 11. 25. 고정되었고, 원고는 그 다음날인 2008. 11. 26.부터 장해보상연금을 지급받고 있다. 따라서 피고의 위법한 처분으로 인하여 이 사건 결정이 뒤늦게 내려진 것뿐이므로 산재보험법 시행령 제56조가 규정하는 장해보상연금 지급결정일은 피고가 장해보상연금을 지급받기 시작한 2008. 11. 26.로 보아야 한다.

2) 업무상 재해로 인한 피고의 장해는 영구적인 것으로서 이미 고정되었고, 더 이상 호전될 가능성이 없으므로 원고는 산재보험법 제59조가 정하는 장해등급 재판정 대상에 해당하지 않는다.

나. 관계법령

별지 관계법령 기재와 같다.

다. 판단

1) 장해보상연금 지급결정일에 대한 판단 산재보험법 시행령 제56조는 재판정 시기를 "장해보상연금 지급 결정을 한 날"을 기준으로 하도록 명시적으로 규정하고 있고, 위 인정사실에 따르면 원고에 대한 장해

보상연금 지급 결정을 한 날은 이 사건 결정일인 2013. 8. 23.이 분명하다. 나아가 산재보험법은 부칙에서 개정법 시행 이후 장해급여 청구사유가 발생한 자부터 개정된 법을 적용한다고 규정하는 등 장해급여 청구사유 발생일과 지급결정일을 엄격하게 분리하여 사용하고 있는 점, 장해등급결정처분에 대한 행정소송 판결은 피고의 해당 처분 당시를 기준으로 위법 여부를 판단하는 것이고, 확정판결 이후 내려진 피고의 이 사건 결정은 확정판결에서 나타난 위법사항을 배제하고 결정일 당시의 원고 상태를 기준으로 장해등급을 다시 결정한 것이므로 그로부터 재판정 시기를 기산하는 것이 부당하다고 볼 수는 없는 점, 장해등급결정일은 원고의 급여 신청시기, 피고의 심사기간, 절차나 실체에 관한 다툼 등으로 인하여 장해급여 청구사유 발생일로부터 얼마든지 달라질 수 있는 것인데 산재보험법이 지급결정일을 기준으로 재판정 시기를 기산하도록 규정한 것은 이러한 불확실성이 배제되고 장해등급이 결정된 일자를 기준으로 재판정 시기를 조율하도록 한 것으로 보이는 점 등 제반 사정을 종합하여 볼 때 산재보험법 시행령 제56조가 규정하고 있는 지급결정일을 장해급여 청구사유 발생일과 동일하게 볼 수는 없다.

나아가 원고 주장과 같이 이를 청구사유 발생일로 해석한다고 하더라도, 산재보험법 부칙(제8694호, 2007. 12. 14.)에 의하면 산재보험법 제59조 재판정 규정은 2008. 7. 1.이후 장해급여 청구사유가 발생한 자부터 적용하는 것으로 규정하고 있고, 산재보험법 시행령 제56조 제1, 2항의 '1년 이내'는 훈시규정으로 보이므로 원고 주장에 의하더라도 원고가 재판정 대상에 해당함은 달라지지 않는다.

따라서 이에 관한 원고의 주장은 받아들일 수 없다.

2) 원고의 장해가 재판정 대상에 해당하는지 여부에 관한 판단

살피건대, 증상이 고정된 것으로 보여 당시 상태를 기준으로 장해등급 결정을 하였더라도 그 이후 상황이 변하여 증상이 호전되거나 악화될 가능성은 얼마든지 존재하는 점, 그에 따라 산재보험법 시행령 제55

조는 특히 증상이 악화되거나 호전되어 변동된 증상을 확인할 필요가 있는 장해등급의 종류를 명시적으로 특정하여 재판정 대상으로 규정하고 있는 점, 원고가 부여받은 장해등급 제8급2호, 제9급15호는 모두 이와 같이 산재보험법이 재판정 대상으로 규정한 장해등급 종류에 해당하는 점, 원고 주장 처럼 증상이 영구적으로 고정되었는지 여부는 재판정 절차를 통하여서만 확인이 가능한 점 등에 비추어 볼 때 원고는 산재보험법이 정하는 재판정 대상에 해당하므로 이에 반하는 원고 주장도 이유 없다.

라. 소결론

따라서 이와 견해를 같이 하는 피고의 이 사건 처분은 적법하다.

3. 결론

그렇다면 원고의 이 사건 청구는 이유 없으므로 이를 기각한다.

[별지] 관계법령

■ 산업재해보상보험법

第57조(장해급여)

① 장해급여는 근로자가 업무상의 사유로 부상을 당하거나 질병에 걸려 치유된 후 신체 등에 장해가 있는 경우에 그 근로자에게 지급한다.

② 장해급여는 장해등급에 따라 별표 2에 따른 장해보상연금 또는 장해보상일시금으로 하되, 그 장해등급의 기준은 대통령령으로 정한다.

第59조(장해등급등의 재판정)

① 공단은 장해보상연금 또는 진폐보상연금 수급권자 중 그 장해상태가 호전되거나 악화되어 이미 결정된 장해등급 또는 진폐장해등급(이하 이 조에서 "장해등급등"이라 한다) 이 변경될 가능성이 있는 자에 대하여는 그 수급권자의 신청 또는 직권으로 장해등급 등을 재판정할 수 있다.

② 제1항에 따른 장해등급등의 재판정 결과 장해등급등이 변경되면 그 변경된 장해등급등에 따라 장해급여 또는 진폐보상연금을 지급한다.

③ 제1항과 제2항에 따른 장해등급등 재판정은 1회 실시하되 그 대상자·시기 및 재판정 결과에 따른 장해급여 또는 진폐보상연금의 지급 방법은 대통령령으로 정한다.

第120조(보험급여의 일시 중지)

① 공단은 보험급여를 받고자 하는 자가 다음 각 호의 어느 하나에 해당되면 보험급여의 지급을 일시 중지할 수 있다. 〈개정 2010.5.20〉

1. 요양 중인 근로자가 제48조제1항에 따른 공단의 전원 요양 지시를 정당한 사유 없이 따르지 아니하는 경우
2. 제59조에 따라 공단이 직권으로 실시하는 장해등급 또는 진폐장해등급 재판정 요구에 응하지 아니하는 경우

부칙 〈제8694호, 2007.12.14〉

제1조 (시행일)

이 법은 2008년 7월 1일부터 시행한다. 다만, 제70조의 개정규정 및 부칙 제14조는 공포한 날부터 시행한다.

제6조 (장해급여에 관한 적용례)

제57조부터 제60조까지의 개정규정은 이 법 시행 이후 치유되어 장해급여 청구사유가 발생한 자부터 적용한다.

제21조 (장해보상연금 수급권의 소멸 및 장해등급의 재판정에 관한 경과조치)

② 이 법 시행 당시 종전의 규정에 따라 장해보상연금을 받고 있는 자는 제59조의 개정규정에도 불구하고 장해등급의 재판정을 하지 아니한다.

■ 산업재해보상보험법 시행령

제55조(장해등급등의 재판정 대상자)

① 법 제59조제3항에 따른 장해등급 또는 진폐장해등급(이하 "장해등급등"이라 한다)의 재판정 대상자는 다음 각 호의 어느 하나에 해당하는 장해보상연금 또는 진폐보상연금 수급권자로 한다. 〈개정 2010.11.15〉

1. 장해보상연금 지급 대상이 되는 장해 중 별표 6에 따른 제1급제3호, 제2급제5호, 제3급제3호, 제5급제8호, 제7급제4호, 제9급제15호 및 제12급제15호에 해당하는 장해가 하나 이상있는 경우
2. 장해보상연금 지급 대상이 되는 장해 중 별표 6에 따른 제6급제5호, 제7급제14호, 제8급제2호, 제9급제17호, 제10급제8호, 제11급제7호, 제12급제16호에 해당하는 장해(척추 신경근장해에 따라 장해등급이 결정된 경우만 해당한다)가 하나 이상있는 경우

제56조(장해등급등의 재판정 시기 등)

① 법 제59조에 따른 장해등급등의 재판정은 장해보상연금 또는 진폐보상연금의 지급 결정을 한 날을 기준으로 2년이 지난날부터 1년 이내에 하여야 한다.

② 제1항에도 불구하고 장해등급등의 재판정 대상자가 재요양을 하는 경우에는 그 재요양 후 치유된 날(장해등급등이 변경된 경우에는 그에 따른 장해보상연금 또는 진폐보상연금의 지급 결정을 한 날)을 기준으로 2년이 지난날부터 1년

이내에 하여야 한다.
③ 공단은 제1항 또는 제2항에 따라 장해등급등의 재판정을 하려면 재판정 대상자에게 제117조제1항제2호에 따른 진찰을 받도록 요구하여야 한다.
④ 법 제59조제1항에 따라 장해등급등의 재판정을 받으려는 사람은 고용노동부령으로 정하는 바에 따라 공단에 신청하여야 한다.
⑤ 공단은 장해등급등의 재판정을 하려는 때에는 장해 정도를 진찰할 산재보험 의료기관(진폐장해등급을 재판정하려는 경우에는 법 제91조의6제1항에 따른 건강진단기관을 말한다), 진찰일이나 그 밖에 재판정에 필요한 사항을 구체적으로 밝혀 진찰일 30일 전까지 해당 근로자에게 알려야 한다.
끝.

[참조조문]

산업재해보상보험법 제59조, 제120조, 부칙

산업재해보상보험법 시행령 제56조, 제55조

◎ 2심 서울고등법원 제9행정부 [2019누30940]

원 고 : 항소인 ○○○

○○시 ○○○구 ○○○로 ○○길 ○○

소송대리인 변호사 ○○○

피 고 : 피항소인 근로복지공단

전심판결 : 1심 2016구단23458 서울행정법원

변론종결 : 2017. 05. 25

판결선고 : 2017. 06. 15

[주문]

1. 원고의 항소를 기각한다.

2. 항소 비용은 원고가 부담한다.

[청구취지 및 항소취지]

제1심 판결을 취소한다. 피고가 2016. 8. 23. 원고에 대하여 한 장해연금 지급 일시중지 결정처분을 취소한다.

[이유]

1. 제1심 판결 인용

원고가 항소하면서 당심에서 주장하는 사유는 제1심에서 원고가 주장한 내용과 같고, 제1심과 당심에서 제출된 증거를 원고의 주장과 함께 다시 살펴보더라도 원고의 주장을 배척하고 원고의 청구를 기각한 제1심의 판단은 정당하다고 인정된다.

이에 이 법원이 이 사건에 관하여 설시할 이유는, 제1심 판결문 3쪽 7째 줄의 "2008. 11. 26." 다음에 아래와 같은 내용을 추가하는 것 이외에는 제1심 판결의 이유 부분 기재와 같으므로, 행정소송법 제8조 제2항, 민사소송법 제420조 본문에 의하여 이를 인용한다.

『또는 우울증과 관련한 장해보상청구에 대하여 부지급처분을 한 2009. 6. 26.』

2. 결론

그렇다면 제1심 판결은 정당하므로 원고의 항소는 이유 없어 이를 기각하기로 하여, 주문과 같이 판결한다.

[참조조문]

행정소송법 제8조

민사소송법 제420조

제4절 유족급여

1. 유족급여 및 장의비부지급처분취소

(현장소장으로 근무하던 중 산행 행사도중 사망)

◎ 대법원 2018. 6. 19., 선고, 2017두35097, 판결

원고 : 상고인 ○○○

소송대리인 변호사 ○○○

피고 : 피상고인 근로복지공단

원심판결 : 부산고법 2017. 1. 18. 선고 2016누22773 판결

[주문]

원심판결을 파기하고, 사건을 부산고등법원에 환송한다.

[이유]

상고이유(상고이유서 제출기간이 지난 다음 제출된 준비서면의 기재는 상고이유를 보충하는 범위 내에서)를 판단한다.

1. 산업재해보상보험법 제5조 제1호, 제37조에 따른 '업무상의 재해'에 포함되는 '업무상 질병'은 근로자가 업무수행 과정에서 유해·위험 요인을 취급하거나 그에 노출되어 발생한 질병, 업무상 부상이 원인이 되어 발생한 질병, 그 밖에 업무와 관련하여 발생한 질병으로서 근로자의 업무수행 중 그 업무에 기인하여 발생한 질병을 의미하는 것이므로 업무와 사망의 원인이 된 질병 사이에 인과관계가 있어야 한다. 그러나 질병의 주된 발생원인이 업무수행과 직접적인 관계가 없더라도 적어도 업무상의 과로나 스트레스가 질병의 주된 발생원인에 겹쳐서 질병을 유발 또는 악화시켰다면 그 사이에 인과관계가 있다고 볼 수 있고, 그 인과관계는 반드시 의학적·자연과학적으로 명백히 증명하여야 하는 것은 아니며, 제반 사정을 고려할 때 업무와 질병 사이에 상당인과관계가 있다고 추

단되는 경우에도 그 증명이 있다고 보아야 한다. 또한 평소에 정상적인 근무가 가능한 기초질병이나 기존 질병이 직무의 과중 등이 원인이 되어 자연적인 진행속도 이상으로 급격하게 악화된 때에도 그 증명이 있는 경우에 포함되는 것이고, 이때 업무와 질병 또는 사망과의 인과관계 유무는 보통 평균인이 아니라 당해 근로자의 건강과 신체조건을 기준으로 판단하여야 한다(대법원 2012. 4. 13. 선고 2011두30014 판결 등 참조). 여기서 말하는 업무상의 과로나 스트레스에는 근로자의 본래의 업무에서 비롯된 것뿐만 아니라 사업주가 주관하거나 사업주의 지시에 따라 참여한 행사나 행사준비에서 비롯된 과로나 스트레스도 포함된다.

2. 원심이 인용한 제1심판결 이유와 적법하게 채택한 증거들에 의하면, 다음과 같은 사실을 알 수 있다.

가. 원고의 남편인 소외인(이하 '망인'이라고 한다)은 2013. 4. 8. 주식회사 ○○○○에 입사하여 원주-강릉 철도건설 제10공구 노반 시설·기타공사 현장에서 현장소장으로 근무하던 중, 2015. 2. 28. 강원도 횡성군 둔내면에 있는 청태산(높이 약 1,194m)에서 위 회사가 개최한 '2015년 수주/안전 기원 산행 행사'(이하 '이 사건 행사'라고 한다)에 참여하였다.

나. 망인이 근무하던 회사는 매년 1~2월경 한 해 동안의 공사수주 및 안전을 기원하고 단합을 도모하기 위해 산행 행사를 개최하였는데, 강원도 소재 공사현장 소장으로 근무하던 망인은 이 행사에 반드시 참석하여야 했다. 망인을 비롯한 회사의 임직원 등은 2015. 2. 28. 10:00경 청태산 자연휴양림 주차장에 집결하여 10:30경 산행을 시작한 후, 약 2㎞를 등산하여 1시간 20분 후 청태산 정상에 도착하였다. 그런데 망인이 11:50경 청태산 정상 표지목 근처에 이르러 갑자기 쓰러졌고, 12:45경 119구조대 헬기로 병원으로 후송되었으나, 같은 날 13:27경 사망하였다. 망인의 사망진단서상 사인은 '급성 심장사 의증'이다.

다. 이 사건 행사 당일 최고기온은 영상 3.7℃, 최저기온은 영하 9.5℃이고, 평균기온은 영하 2.2℃이었다. 한편 망인은 1972년생으로 2013. 11.

경부터 2013. 12.경까지 알코올성 간질환으로 치료를 받았고, 2014. 10. 27. 실시한 건강검진 결과 망인에 대하여 '이상지질혈증, 간장질환, 고혈압 의심, 체중 감량 등'의 소견이 있었다.

라. 제1심법원의 인제대학교 부산백병원장에 대한 진료기록감정촉탁 결과는, '등산, 빠르게 걷기 등은 기존 심장질환(관상동맥질환 등)이 있는 경우 그 질환을 더욱 악화시킬 수 있고, 급성 심장사의 위험도 증가하게 되며, 겨울철 낮은 기온도 급성 심장사의 발생을 증가시킬 수 있다. 겨울철 운동이 망인의 기존 질병 악화 및 심장사 유발에 일정 부분 원인이 되었음을 완전히 배제할 수 없다'라는 취지였다.

3. 이러한 사실관계를 앞서 본 법리에 비추어 살펴보면, 다음과 같이 판단된다.

가. 망인의 사망은 이 사건 행사 도중에 일어난 것이고, 이 사건 행사는 위 회사의 지배·관리하에서 진행된 것으로 볼 수 있다.

나. 당시 최저기온이 영하 9.5℃, 평균기온이 영하 2.2℃인 추운 날씨에 1시간 20분 동안 약 2㎞의 거리를 등산한 것은 평소 등산을 하지 않았던 망인에게는 힘든 산행으로서 상당한 과로 또는 스트레스를 야기하였을 것으로 보인다.

다. 망인의 기초질병이나 기존 질병의 자연적인 진행 경과만으로도 급성 심장사가 발병할 가능성을 전혀 배제할 수는 없으나, 등산과 겨울철 낮은 기온이 망인의 기존 질병을 악화시켜 급성 심장사의 위험을 증가시켰을 수도 있다는 취지의 의학적 소견이 있었고, 망인에게 비만, 고지혈증, 고혈압 등의 급성 심장사의 위험인자라고 볼 수 있는 기존 질환이 있기는 하였으나 망인이 평소에 별 이상 없이 근무해 온 점 등에 비추어 보면, 이러한 기존 질환이 자연적인 진행경과만으로 급성 심장사를 일으킬 정도로 중하였다고 단정하기 어렵다.

라. 따라서 추운 날씨에 개최된 이 사건 행사에 망인이 참여함으로써 평소에 정상적인 근무가 가능한 수준인 망인의 기초질병이나 기존 질병 등

이 자연적인 진행속도 이상으로 급격하게 악화되어 급성 심장질환으로 발현되었고, 그 결과 망인이 사망에 이르게 되었다고 봄이 타당하다.

4. 그럼에도 원심은 판시와 같은 사정만을 들어 망인의 업무와 사망 사이의 상당인과관계를 인정하기에 부족하다고 판단하였으므로, 이러한 원심판단에는 업무상 재해의 상당인과관계에 관한 법리를 오해하여 판결에 영향을 미친 잘못이 있다. 이를 지적하는 상고이유 주장은 이유 있다.

5. 그러므로 원심판결을 파기하고, 사건을 다시 심리·판단하도록 원심법원에 환송하기로 하여, 관여 대법관의 일치된 의견으로 주문과 같이 판결한다.

2. 유족급여 청구

(덤프트럭에 탄 채 매립업무를 수행하다 지뢰폭발사고로 사망)

◎ 1심 울산지방법원제1행정부[2018구합5370]

원 고 : ○○○

강원도 철원군 ○○로 ○○길 ○○

소송대리인 법무법인 ◇◇

담당변호사 ○○○

피 고 : 근로복지공단

변론종결 : 2019. 05. 16

판결선고 : 2019. 08. 29

[주문]

1. 피고가 2018. 2. 12. 원고에게 한 유족급여 지급 거부처분을 취소한다.
2. 소송비용 중 원고와 피고 사이에 생긴 부분은 피고가 부담하고, 보조참가로 인한 부분은 피고보조참가인이 부담한다.

[청구취지]

주위적 청구취지: 주문 제1항과 같다.

예비적 청구취지: 피고가 2018. 2. 12. 원고에게 한 유족급여 지급 유예처분을 취소한다.

[이유]

1. 처분의 경위

가. 소외2는 2016. 11. 30. ○○구간 도로포장사업 근로자로 일하던 중 강원 철원군 이하생략에서 덤프트럭에 탄 채 매립업무를 수행하다가 지뢰폭발사고로 사망하였다(이하 소외2를 '망인'이라 한다).

나. 피고보조참가인은 망인의 형으로서 2016. 12.경 피고에게 산업재해보상보험법(이하 '산재보험법'이라고 한다)에 따른 유족급여 및 장의비 지급을 청구하였다.

다. 원고는 2017. 6. 15. 의정부지방검찰청 검사를 상대로 의정부지방법원 2017드단74058호로 망인과의 사이에 사실상 혼인관계가 존재하였음의 확인을 구하는 소를 제기하여, 2017. 11. 29. 위 법원으로부터 '원고와 망인 사이에 2016. 4. 18.부터 2016. 11. 30.까지 사실상 혼인관계가 존재하였음을 확인한다'는 판결(이하 '이 사건 사실상 혼인관계 존재확인 판결'이라고 한다)을 선고받았고, 위 판결은 2017. 12. 22. 그대로 확정되었다.

라. 원고는 2017. 12. 28. 피고에게 산재보험법에 따른 유족급여의 지급을 청구하였다. 이에 피고보조참가인은 2018. 2. 5. 원고가 이 사건 사실상 혼인관계 존재확인 판결에 따라 피고에 대하여 가지는 유족보상금채권에 대하여 의정부지방법원 2018카단200339호로 채권의 추심 및 처분금지가처분을 신청하여 2018. 2. 8. 위 법원으로부터 위 신청에 대한 인용 결정을 받았다(이하 '이 사건 가처분 결정'이라고 한다).

마. 피고는 2018. 2. 12. 원고에게, 이 사건 가처분 결정이 있었고, 이에 원고에게 유족급여를 지급할지는 위 결정에 대한 피고 소속 변호사의 법률 자문과 이 사건 소송(재배당 전 사건번호: 울산지방법원 2018가단52527호)의 결과에 따라 결정하여야 할 것으로 판단된다는 취지로 원고의 위 유족급여 청구를 반려하는 처분을 하였다(이하 '이 사건 처분'이라고 한다).

[인정 근거] 다툼 없는 사실, 갑 제1 내지 5호증, 을가 제1 내지 5호증, 을나 제2 내지 6호증의 각 기재, 변론 전체의 취지

2. 이 사건 처분의 적법 여부

가. 원고 주장의 요지

ㄴ원고는 망인이 사망하기 전 망인과 사실혼 관계에 있던 사람으로서 산재보험법 제63조 및 제65조에 의하여 유족급여를 청구할 수 있는 1순위 수급권자이고, 이 사건 사실상 혼인관계 존재확인 판결에 의하여 그러한 지위를 확인받기도 하였으므로, 피고는 원고에게 산재보험법이 정한 바에 따라 유족급여를 지급하여야 한다. 그러나 피고는 피고보조참가인이 이 사건 가처분결정을 받았음을 이유로 원고의 유족급여 청구의 지급을 유예(지연)한다는 내용의 통보를 하였는바, 이는 실질적으로 원고의 유족급여 청구를 거부하는 것이고(주위적 청구취지), 적어도 부당하게 지급을 유예한 것으로서(예비적 청구취지) 위법하여 취소되어야 한다.

나. 관련 법령

별지 관련 법령 기재와 같다.

다. 판단

1) 원고가 2017. 11. 29. 의정부지방법원으로부터 '원고와 망인 사이에 2016. 4. 18.부터 2016. 11. 30.까지 사실상 혼인관계가 존재하였음을 확인한다'는 내용의 이 사건 사실상 혼인관계 존재확인 판결을 선고받아 위 판결이 2017. 12. 22. 그대로 확정되었음은 앞서 본 바와 같다. 가사소송법 제21조 제1항, 제2조 제1항 제1호 나목에 의하면 사실상 혼인관계 존재확인 청구를 인용한 확정판결의 기판력은 제3자에게도 효력이 있는바, 현재 유효한 위 확정판결에 따라 망인과 원고가 사실상 혼인관계라는 신분관계가 획일적으로 확정되었으므로, 누구도 소송상으로나 소송 외에서 그와 다른 신분관계를 주장할 수 없게 되었다고 할 것이다(대법원 1992. 7. 24. 선고 91므566 판결 등 참조).

이 사건 사실상 혼인관계 존재확인 판결이 확정되어 유효한 이상 피고는 다른 소송절차 등이 존재함을 이유로 망인과 원고가 사실상 혼인관계임을 부정하는 판단을 할 수 없다. 그럼에도 불구하고 피고가 산재보험법 제65조 제1항 제1호에 따른 최선순위 유족급여 수급권자인 원고의 유족급여 지급 청구를 거부한 것은 위법하다(원고는 피고의 2018. 2. 12.자 통지의 법적 실질이 '유족급여 청구의 거부처분'인지 '유족급여 청구의 지급유예처분'인지가 불분명함을 전제로 예비적 청구를 하였으나, 위 통지는 이 사건 판결에 의해 결론이 날 때까지는 원고의 청구에 따른 유족급여 지급처분을 할 수 없다는 것으로서 거부처분이라고 함이 타당하다. 한편 피고는 2019. 8. 16.자 변론재개 신청서에서 위 통지가 원고의 민원신청 처리가 지연되는 것을 알리는 것에 불과하여 항고소송의 대상인 처분에 해당하지 않는다는 취지로 주장하나, 위 통지는 원고의 유족급여 신청에 따른 지급 여부의 결정을 그 확정시기를 가늠할 수 없는 법원의 확정판결에 맡기는 것으로서 그 신청을 실질적으로 거부하는 처분에 해당하므로, 위 주장은 이유 없어 위 변론재개신청 역시 받아들이지 않는다).

2) 이에 대하여 피고보조참가인은, 이 사건 사실상 혼인관계 존재확인 판결의 증거가 된 소외3의 증언은 거짓 증언으로서 위 판결에는 가사소송법 제12조, 민사소송법 제451조 제1항 제7호의 재심 사유가 존재하고, 이 사건 사실상 혼인관계 존재확인 판결은 장차 취소되어야 할 것이므로,

위 판결의 결론이 아니라 원고와 망인 사이에 사실혼 관계가 존재하지 않았다는 실질에 따라 원고에게 유족급여가 지급되어서는 안된다는 취지로 다툰다.

살피건대, 을나 제12호증 등 피고보조참가인이 제출한 증거들만으로는 이 사건 사실상 혼인관계 존재확인 판결의 증거가 된 소외3의 증언이 거짓 증언임을 인정하기에 부족하고, 달리 이를 인정할 증거가 없으므로[오히려, 갑 제7, 8호증의 각 기재 및 변론 전체의 취지를 종합하면, 피고보조참가인이 의정부지방검찰청 2018년 형제47845호로 이 사건 사실상 혼인관계 존재확인 판결의 재판절차에 출석하여 증언하였던 소외3을 위증혐의로 고소하였으나, 소외3은 2018. 12. 17. 의정부지방검찰청 검사로부터 위증 혐의에 대해 혐의없음(증거불충분) 처분을 받았고, 이에 피고보조참가인이 서울고등검찰청 2019 고불항 제1019호로 항고하였으나 2019. 2. 13. 위 항고가 기각된 사실이 인정될 뿐이다], 피고보조참가인의 위 주장은 나머지 점에 관하여 더 나아가 살펴볼 필요 없이 이유 없다.

3) 한편 갑 제9, 12호증의 각 기재 및 변론 전체의 취지를 종합하면, ① 피고가 2018. 2. 13. 피고보조참가인의 유족급여를 반려하는 처분을 하자 피고보조참가인이 피고를 상대로 의정부지방법원 2018구합10700호로 유족급여청구서반려처분의 취소를 구하는 소를 제기하였고, 위 법원이 2019. 4. 9. 위 1)항과 같은 법리를 들어 피고보조참가인의 청구를 기각하였으며, 이에 피고 보조참가인이 서울고등법원 2019누42114호로 항소하여 위 사건이 현재 항소심에 계속 중인 사실, ② 원고는 피고보조참가인을 상대로 의정부지방법원 2018카단200448호로 이 사건 가처분 결정에 대한 가처분이의 신청을 하였고, 위 법원은 2019. 5. 14. 이 사건 가처분 결정을 취소하고 피고보조참가인의 가처분신청을 각하한다는 결정을 하였으며, 피고보조참가인이 이에 불복하여 의정부지방법원 2019라60219호로 항고함에 따라 위 사건이 항고심 계속 중인 사실을 각 인정할 수 있다.

그러나 이 사건 가처분 결정은 원고에 대한 유족급여 지급의 장애사유일 뿐이고 이 사건 가처분 결정으로 인하여 피고가 원고에 대하여 유족급여 지급처분을 할 수 없게 되는 것은 아니라고 할 것이므로, 이 사건 처분 당시 이 사건 가처분결정이 존재하였던 사정은 이 사건 처분을 정당화할 사유라고 할 수도 없다(더욱이 현재는 그 지급의 장애사유가 소멸하였다).

3. 결론

그렇다면 원고의 주위적 청구는 이유 있으므로 이를 인용하기로 하여, 주문과 같이 판결한다.

[별지] 관련 법령

■ 산업재해보상보험법

제5조(정의)

이 법에서 사용하는 용어의 뜻은 다음과 같다.

3. "유족"이란 사망한 자의 배우자(사실상 혼인 관계에 있는 자를 포함한다. 이하 같다)·자녀·부모·손자녀·조부모 또는 형제자매를 말한다.

제62조(유족급여)

① 유족급여는 근로자가 업무상의 사유로 사망한 경우에 유족에게 지급한다.

② 유족급여는 별표 3에 따른 유족보상연금이나 유족보상일시금으로 하되, 유족보상일시금은 근로자가 사망할 당시 제63조 제1항에 따른 유족보상연금을 받을 수 있는 자격이 있는 자가 없는 경우에 지급한다.

제63조(유족보상연금 수급자격자의 범위)

① 유족보상연금을 받을 수 있는 자격이 있는 자(이하 "유족보상연금 수급자격자"라 한다)는 근로자가 사망할 당시 그 근로자와 생계를 같이 하고 있던 유족(그 근로자가 사망할 당시 대한민국 국민이 아닌 자로서 외국에서 거주하고 있던 유족은 제외한다) 중 배우자와 다음 각 호의 어느 하나에 해당하는 자로 한다. 이 경우 근로자와 생계를 같이 하고 있던 유족의 판단 기준은 대통령령으로 정한다.

3. 형제자매로서 19세 미만이거나 60세 이상인 자

③ 유족보상연금 수급자격자 중 유족보상연금을 받을 권리의 순위는 배우자·자녀·부모·손자녀·조부모 및 형제자매의 순서로 한다.

제65조(수급권자인 유족의 순위)

① 제57조 제5항·제62조 제2항(유족보상일시금에 한한다) 및 제4항에 따른 유족

간의 수급권의 순위는 다음 각 호의 순서로 하되, 각 호의 자 사이에서는 각각 그 적힌 순서에 따른다. 이 경우 같은 순위의 수급권자가 2명 이상이면 그 유족에게 똑같이 나누어 지급한다.
1. 근로자가 사망할 당시 그 근로자와 생계를 같이 하고 있던 배우자·자녀·부모·손자녀 및 조부모
2. 근로자가 사망할 당시 그 근로자와 생계를 같이 하고 있지 아니하던 배우자·자녀·부모·손자녀 및 조부모 또는 근로자가 사망할 당시 근로자와 생계를 같이 하고 있던 형제자매
3. 형제자매. 끝.

[참조조문]

민사소송법 제451조 제1항

산재보험법 제63조, 제65조 제1항 제1호

가사소송법 제21조 제1항, 제2조 제1항 제1호 나목, 제12조

[참조판례]

의정부지방법원 2017드단74058, 2018카단200339, 2018구합10700

울산지방법원 2018가단52527

대법원 1992. 7. 24. 선고 91므566 판결

서울고등법원 2019누42114

의정부지방법원 2018카단200448호, 2019라60219

◎ 2심 부산고등법원 제2행정부[2019누23319]

원 고 : 피항소인 ○○○

강원도 철원군 ○○로 ○○길 ○○

소송대리인 법무법인 ◇◇

담당변호사 ○○○

피 고 : 근로복지공단

전심판결 : 1심 2018구합5370 울산지방법원

변론종결 : 2019. 12. 11

판결선고: 2020. 01. 08

[주문]

1. 피고보조참가인의 항소를 기각한다.
2. 항소비용은 피고보조참가인이 부담한다.

[청구취지 및 항소취지]

1. 청구취지

주위적으로, 피고가 2018. 2. 12. 원고에게 한 유족급여 지급 거부처분을 취소한다. 예비적으로, 피고가 2018. 2. 12. 원고에게 한 유족급여 지급 유예처분을 취소한다.

2. 항소취지

제1심판결을 취소한다. 원고의 주위적 청구 및 예비적 청구를 모두 기각한다(피고보조참가인만이 항소를 제기하였다).

[이유]

1. 제1심판결의 인용

이 법원이 이 사건에 관하여 설시할 이유는, 제1심판결문 제5면 제20행의 "기각된 사실"을 "기각되었고, 피고보조참가인이 다시 대검찰청 2019 대불재항 제439호로 재항고하였으나 2019. 7. 26. 위 재항고도 기각된 사실"로, 제1심판결문 제6면 제7행의 "항소하여 위 사건이 현재 항소심에 계속 중인 사실"을 "항소하였으나 2019. 10. 31. 위 항소가 기각되었고, 피고보조참가인이 다시 대법원 2019두59202호로 상고하여 위 사건 이 현재 대법원에 계속중인 사실"로, 제1심판결문 제6면 제11행의 "항고함에 따라 위 사건이 항고심 계속 중인 사실"을 "항고하였으나 2019. 11. 8. 위 항고가 기각되어 위 가처분 취소 결정이 2019. 11. 19. 그대로 확정된 사실"로 각 고쳐 쓰고, 원·피고가 당심에 이르러 추가한 주장에 대하여 아래와 같은 판단을 추가하는 외에는, 제1심판결의 이유 기재와 같으므로, 행정소송법 제8조 제2항, 민사소송법 제420조 본문에 의하여 이를 그대로 인용한다.

2. 추가하는 판단

가. 원고의 본안전항변에 관한 판단

(1) 원고는, 피고보조참가인의 항소가 피참가인인 피고의 의사에 반하여 효력이 없다고 주장한다.
살피건대, 민사소송법 제76조 제2항에서 참가인의 소송행위가 효력을 가지지 않는 것으로 정한 '피참가인의 소송행위에 어긋나는 경우'란 참가인의 소송행위가 피참가인의 행위와 명백히 적극적으로 배치되는 경우를 말하고 소극적으로만 피참가인의 행위와 불일치하는 때에는 이에 해당하지 않는다(대법원 2007. 11. 29. 선고 2007다53310 판결 등 참조). 한편 행정소송법 제8조 제2항, 민사소송법 제395조에 의하면, 항소권의 포기는 항소를 하기 이전에는 제1심법원에, 항소를 한 뒤에는 소송기록이 있는 법원에 서면으로 하여야 하고 항소권의 포기에 관한 서면은 상대방에게 송달하여야 한다고 규정하고 있다.
위와 같은 법리 및 위 법률조항의 취지를 바탕으로 이 사건에 관하여 보건대, 기록에 의하면 피고가 제1심판결문을 송달받고도 적법한 항소기간 내에 항소장을 제출하지 아니한 사실이 인정될 뿐, 달리 피고가 법원에 항소권의 포기에 관한 서면을 제출하였음을 인정할 만한 자료가 없으며, 오히려 피고가 2019. 10. 29. 당심 법원에 소송수행자 지정서를 제출하였음은 기록상 명백한바, 사정이 이와 같다면 피고보조참가인의 이 사건 항소 제기가 피참가인인 피고의 행위와 명백히 적극적으로 배치되는 경우에 해당한다고는 볼 수 없다 할 것이고, 비록 피참가인인 피고가 항소의 의사가 없더라도 항소권을 포기하지 않는 한 피고보조참가인은 피고의 항소기간 내라면 항소를 제기할 수 있으므로, 피고의 항소기간 내에 제기된 피고보조참가인의 이 사건 항소 제기를 무효라 할 수는 없다 할 것이다.
따라서 원고의 이 부분 주장은 이유 없다.
(2) 원고는 또, 관련 사건인 의정부지방법원 2018구합10700호 유족급여청구서반려 처분 취소 사건의 항소심에서 피고보조참가인의 항소가 기각되었으므로 피고보조참가인의 이 사건에서의 항소는 항소의 이익이 없다고 주장한다.

살피건대, 당사자의 승소보조자에 불과할 뿐이고 당사자도 공동소송인도 아닌 보조참가인은 피참가인의 승소를 위하여 필요한 소송행위(상소제기, 증거신청 등)를 자기의 이름으로 할 수 있으나, 이와 같은 보조참가인의 소송행위는 피참가인 자신이 행한 것과 같은 효과가 있을 뿐이므로, 항소의 이익은 피참가인인 피고를 기준으로 판단하여야 할 것인바, 피고가 이 사건 제1심에서 전부 패소한 사실은 기록상 명백하므로, 원고가 주장하는 위와 같은 사정만으로는 피고보조참가인의 이 사건 항소에 항소의 이익이 없다고 볼 수 없다.

따라서 원고의 이 부분 주장도 이유 없다.

나. 피고보조참가인의 본안에 관한 주장에 관한 판단 피고보조참가인은, 이 사건 사실상 혼인관계 존재확인 판결의 확정에도 불구하고, 원고와 망인은 망인의 사망 당시 생계를 같이하고 있지 아니하였으므로, 결과적으로 피고가 원고에게 유족급여 지급을 거부한 이 사건 처분은 적법하다는 취지로 주장한다.

살피건대, 행정처분의 취소를 구하는 항고소송에 있어 처분청은 당초 처분의 근거로 삼은 사유와 기본적 사실관계가 동일성이 있다고 인정되는 한도 내에서는 다른 사유를 추가하거나 변경할 수도 있으나, 기본적 사실관계가 동일하다는 것은 처분사유를 법률적으로 평가하기 이전의 구체적인 사실에 착안하여 그 기초적인 사회적 사실관계가 기본적인 점에서 동일한 것을 말하며, 처분청이 처분 당시에 적시한 구체적 사실을 변경하지 아니하는 범위 내에서 단지 그 처분의 근거 법령만을 추가·변경하거나 당초의 처분사유를 구체적으로 표시하는 것에 불과한 경우에는 새로운 처분사유를 추가하거나 변경하는 것이라고 볼 수 없다(대법원 2013. 10. 11. 선고 2012두24825 판결 참조). 이와 같이 기본적 사실관계와 동일성이 인정되지 않는 별개의 사실을 들어 처분사유로 주장하는 것이 허용되지 않는다고 해석하는 이유는 행정처분의 상대방의 방어권을 보장함으로써 실질적 법치주의를 구현하고 행정처분의 상대방에 대한 신뢰를 보호하고자 함에 그 취지가 있다(대법원 2003.12.11. 선고 2001두8827 판결 참조).

위와 같은 법리를 바탕으로 이 사건에 관하여 보건대, 원고가 이 사건 사실상 혼인관계 존재확인 판결의 확정 후인 2017. 12. 28. 피고에게 유족급여의 지급을 청구하자, 피고보조참가인은 2018. 2. 5. 원고가 이 사건 사실상 혼인관계 존재확인 판결에 따라 피고에 대하여 가지는 유족보상금채권에 대하여 채권의 추심 및 처분금지 가처분을 신청하여 법원으로부터 이 사건 가처분 결정을 받은 사실, 이에 피고는 2018. 2. 12. 원고에게 이 사건 처분을 하면서 그 사유로 '이 사건 가처분 결정이 있었고, 이에 원고에게 유족급여를 지급할지는 위 결정에 대한 피고 소속 변호사의 법률 자문과 이 사건 소송의 결과에 따라 결정하여야 할 것으로 판단된다는 점'을 든 사실은 앞서 본 바와 같은바, 위 인정사실에 의하면 이 사건 처분의 당초 처분사유는 '이 사건 가처분 결정의 존재 및 이 사건 소송의 미확정'이라고 봄이 상당한데, 피고보조참가인이 당심에서 이 사건 처분이 적법한 이유로 들고 있는 점은 '망인의 사망 당시 원고가 망인의 사실혼 배우자였는지 여부를 막론하고 망인과 생계를 같이하지 아니하였다는 점'이므로, 이 사건에서 당초의 처분사유와 당심에서 추가하는 처분사유는 그 기초적인 사회적 사실관계가 기본적인 점에서 동일하다고 할 수 없다.

또한 위 각 사유의 내용 등에 비추어 볼 때, 당심에서 추가하는 처분사유가 단지 당초의 처분사유를 구체적으로 표시하는 것에 불과하다고는 할 수 없을 뿐만 아니라(다만, 피고가 이 사건 사실상 혼인관계 존재확인 판결의 내용과 위 판결에 따른 원고의 유족보상금채권에 대하여 추심 및 처분금지 가처분 신청을 인용한 이 사건 가처분 결정의 내용이 사실혼관계의 인정 여부에 관한 판단에 있어 일응 서로 모순되어 보인다는 이유로 이 사건 처분에 이르게 된 것으로 보이므로, '망인의 사망 당시 원고와 망인 사이에 사실혼관계 자체가 존재하지 않았다는 점'을 이 사건 처분의 사유로 추가하는 것은 당초의 처분사유를 구체적으로 표시하는 것에 불과하다고 볼 여지가 없지는 아니하나, 이 사건 처분의 사유를 위와 같이 보더라도 이 사건 처분이 위법하다는 취지의 제1심법원의 판단은 정당한 것으로 충분히 수긍할 수 있다), 이 사건 처분 당시 원고가 망인의 사망 당시 자신이 망인과 생계를 같이하고 있지 않았음을 이유로 이 사건 처분이 내려진 것으로 알고 있었던 것이라고 볼 만한 사정도 전혀 없다.

따라서 피고보조참가인이 당심에 이르러 주장하는 처분사유의 추가 또는 변경은 허용되지 않는다고 할 것이므로, 피고보조참가인의 위 주장은 받아들이지 아니한다.

[설령 피고보조참가인의 위와 같은 처분사유의 추가 또는 변경이 허용된다고 하더라도, 앞서 든 각 증거들 및 변론 전체의 취지에 의하여 인정되는 다음과 같은 사정 즉, ① 사실혼은 당사자 사이에 주관적으로 혼인의 의사가 있고 객관적으로도 사회관념상 가족질서적인 면에서 부부공동생활을 인정할 만한 혼인생활의 실체가 존재하여야 인정되는데, 혼인생활의 실체 여부는 당사자 사이의 동거생활 여부, 경제적 결합관계 등을 종합적으로 고찰하여 판단되는바, 이 사건 사실상 혼인관계 존재확인 판결이 2017. 12. 22. 확정된 후 재심에 의하여 위 판결이 취소된 바가 없는 이상, 누구도 소송상으로나 소송 외에서 그와 다른 신분관계를 주장할 수 없으므로, 원고와 망인은 2016. 4. 18.부터 망인이 사망한 2016. 11. 30.까지 경제적인 결합관계를 맺으면서 동거생활을 영위해 온 것으로 보아야 할 것인 점, ② 원고가 망인의 경제적 지원만으로 생계의 전부를 유지하여야만 망인과 생계를 같이한 것으로 인정될 수 있는 것은 아니므로, 원고가 망인과의 사실혼 기간 동안 옷가게를 하면서 별도의 소득을 얻고 있었다는 사정만으로 원고와 망인이 생계를 같이하지 아니한 것으로 단정할 수는 없는 점 등을 종합적으로 고려하여 보면, 원고는 망인의 사망 당시 망인과 생계를 같이하고 있었다고 봄이 상당하므로, 이와 다른 전제에서 망인의 사망 당시 원고와 망인이 생계를 같이하지 않았다는 점을 사유로 하는 이 사건 처분 역시 위법하여 취소를 면할 수 없다 할 것이다.]

3. 결론

그렇다면, 원고의 주위적 청구는 이유 있으므로 이를 인용하여야 할 것인바, 제1심판결은 이와 결론을 같이하여 정당하므로 피고보조참가인의 항소는 이유 없어 이를 기각하기로 하여 주문과 같이 판결한다.

[참조조문]

행정소송법 제8조 제2항

민사소송법 제420조

민사소송법 제76조 제2항

행정소송법 제8조 제2항

민사소송법 제395조

[참조판례]

대검찰청 2019 대불재항 제439호

대법원 2019두59202호

대법원 2007. 11. 29. 선고 2007다53310 판결

의정부지방법원 2018구합10700호

대법원 2013. 10. 11. 선고 2012두24825 판결

대법원 2003. 12. 11. 선고 2001두8827 판결

3. 유족급여 청구

(덤프트럭에 탄 채 매립업무를 하다가 지뢰폭발사고로 사망)

◎ 1심 울산지방법원 제1행정부[2018구합5370]

원 고 : ○○○

강원도 철원군 ○○면 ○○리 ○○

소송대리인 법무법인 ◇◇

담당변호사 ○○○

피 고 : 근로복지공단

변론종결 : 2019. 05. 16

판결선고 : 2019. 08. 29

[주문]

1. 피고가 2018. 2. 12. 원고에게 한 유족급여 지급 거부처분을 취소한다.
2. 소송비용 중 원고와 피고 사이에 생긴 부분은 피고가 부담하고, 보조참가로 인한 부분은 피고보조참가인이 부담한다.

[청구취지]

주위적 청구취지: 주문 제1항과 같다.

예비적 청구취지: 피고가 2018. 2. 12. 원고에게 한 유족급여 지급 유예처분을 취소한다.

[이유]

1. 처분의 경위

가. 소외2는 2016. 11. 30. ○○구간 도로포장사업 근로자로 일하던 중 강원 철원군 이하생략에서 덤프트럭에 탄 채 매립업무를 수행하다가 지뢰폭발사고로 사망하였다(이하 소외2를 '망인'이라 한다).

나. 피고보조참가인은 망인의 형으로서 2016. 12.경 피고에게 산업재해보상보험법(이하 '산재보험법'이라고 한다)에 따른 유족급여 및 장의비 지급을 청구하였다.

다. 원고는 2017. 6. 15. 의정부지방검찰청 검사를 상대로 의정부지방법원 2017드단74058호로 망인과의 사이에 사실상 혼인관계가 존재하였음의 확인을 구하는 소를 제기하여, 2017. 11. 29. 위 법원으로부터 '원고와 망인 사이에 2016. 4. 18.부터 2016. 11. 30.까지 사실상 혼인관계가 존재하였음을 확인한다'는 판결(이하 '이 사건 사실상 혼인관계 존재확인 판결'이라고 한다)을 선고받았고, 위 판결은 2017. 12. 22. 그대로 확정되었다.

라. 원고는 2017. 12. 28. 피고에게 산재보험법에 따른 유족급여의 지급을 청구하였다. 이에 피고보조참가인은 2018. 2. 5. 원고가 이 사건 사실상 혼인관계 존재확인 판결에 따라 피고에 대하여 가지는 유족보상금채권에 대하여 의정부지방법원 2018카단200339호로 채권의 추심 및 처분금지가처분을 신청하여 2018. 2. 8. 위 법원으로부터 위 신청에 대한 인용 결정을 받았다(이하 '이 사건 가처분 결정'이라고 한다).

마. 피고는 2018. 2. 12. 원고에게, 이 사건 가처분 결정이 있었고, 이에 원고에게 유족급여를 지급할지는 위 결정에 대한 피고 소속 변호사의 법률 자문과 이 사건 소송(재배당 전 사건번호: 울산지방법원 2018가단52527호)의 결과에 따라 결정하여야 할 것으로 판단된다는 취지로 원고의 위 유족급여 청구를 반려하는 처분을 하였다(이하 '이 사건 처분'이라고 한다).

[인정 근거] 다툼 없는 사실, 갑 제1 내지 5호증, 을가 제1 내지 5호증, 을나 제2 내지 6호증의 각 기재, 변론 전체의 취지

2. 이 사건 처분의 적법 여부

가. 원고 주장의 요지

원고는 망인이 사망하기 전 망인과 사실혼 관계에 있던 사람으로서 산재보험법 제63조 및 제65조에 의하여 유족급여를 청구할 수 있는 1순위 수급권자이고, 이 사건 사실상 혼인관계 존재확인 판결에 의하여 그러한 지위를 확인받기도 하였으므로, 피고는 원고에게 산재보험법이 정한 바에 따라 유족급여를 지급하여야 한다. 그러나 피고는 피고보조참가인이 이 사건 가처분결정을 받았음을 이유로 원고의 유족급여 청구의 지급을 유예(지연)한다는 내용의 통보를 하였는바, 이는 실질적으로 원고의 유족급여 청구를 거부하는 것이고(주위적 청구취지), 적어도 부당하게 지급을 유예한 것으로서(예비적 청구취지) 위법하여 취소되어야 한다.

나. 관련 법령

별지 관련 법령 기재와 같다.

다. 판단

1) 원고가 2017. 11. 29. 의정부지방법원으로부터 '원고와 망인 사이에 2016. 4. 18.부터 2016. 11. 30.까지 사실상 혼인관계가 존재하였음을 확인한다'는 내용의 이 사건 사실상 혼인관계 존재확인 판결을 선고받아 위 판결이 2017. 12. 22. 그대로 확정되었음은 앞서 본 바와 같다. 가사소송법 제21조 제1항, 제2조 제1항 제1호 나목에 의하면 사실상 혼인관계 존재확인 청구를 인용한 확정판결의 기판력은 제3자에게도 효력이 있는바, 현재 유효한 위 확정판결에 따라 망인과 원고가 사실상 혼인관계라는 신분관계가 획일적으로 확정되었으므로, 누구도 소송상으로나 소송 외에서 그와 다른 신분관계를 주장할 수 없게 되었다고 할 것이다(대법원 1992. 7. 24. 선고 91므566 판결 등 참조).

   이 사건 사실상 혼인관계 존재확인 판결이 확정되어 유효한 이상 피고는 다른 소송절차 등이 존재함을 이유로 망인과 원고가 사실상 혼인관계임을 부정하는 판단을 할 수 없다. 그럼에도 불구하고 피고가 산재보험법 제65조 제1항 제1호에 따른 최선순위 유족급여 수급권자인 원고의 유족급여 지급 청구를 거부한 것은 위법하다(원고는 피고의 2018. 2. 12.자 통지의 법적 실질이 '유족급여 청구의 거부처분'인지 '유족급여 청구의 지급유예처분'인지가 불분명함을 전제로 예비적 청구를 하였으나, 위 통지는 이 사건 판결에 의해 결론이 날 때까지는 원고의 청구에 따른 유족급여 지급처분을 할 수 없다는 것으로서 거부처분이라고 함이 타당하다. 한편 피고는 2019. 8. 16.자 변론재개 신청서에서 위 통지가 원고의 민원신청 처리가 지연되는 것을 알리는 것에 불과하여 항고소송의 대상인 처분에 해당하지 않는다는 취지로 주장하나, 위 통지는 원고의 유족급여 신청에 따른 지급 여부의 결정을 그 확정시기를 가늠할 수 없는 법원의 확정판결에 맡기는 것으로서 그 신청을 실질적으로 거부하는 처분에 해당하므로, 위 주장은 이유 없어 위 변론재개신청 역시 받아들이지 않는다).

2) 이에 대하여 피고보조참가인은, 이 사건 사실상 혼인관계 존재확인 판결의 증거가 된 소외3의 증언은 거짓 증언으로서 위 판결에는 가사소송법 제12조, 민사소송법 제451조 제1항 제7호의 재심 사유가 존재하

고, 이 사건 사실상 혼인관계 존재확인 판결은 장차 취소되어야 할 것이므로, 위 판결의 결론이 아니라 원고와 망인 사이에 사실혼 관계가 존재하지 않았다는 실질에 따라 원고에게 유족급여가 지급되어서는 안 된다는 취지로 다툰다.

살피건대, 을나 제12호증 등 피고보조참가인이 제출한 증거들만으로는 이 사건 사실상 혼인관계 존재확인 판결의 증거가 된 소외3의 증언이 거짓 증언임을 인정하기에 부족하고, 달리 이를 인정할 증거가 없으므로[오히려, 갑 제7, 8호증의 각 기재 및 변론 전체의 취지를 종합하면, 피고보조참가인이 의정부지방검찰청 2018년 형제47845호로 이 사건 사실상 혼인관계 존재확인 판결의 재판절차에 출석하여 증언하였던 소외3을 위증 혐의로 고소하였으나, 소외3은 2018. 12. 17. 의정부지방검찰청 검사로부터 위증 혐의에 대해 혐의없음(증거불충분) 처분을 받았고, 이에 피고보조참가인이 서울고등검찰청 2019 고불항 제1019호로 항고하였으나 2019. 2. 13. 위 항고가 기각된 사실이 인정될 뿐이다], 피고보조참가인의 위 주장은 나머지 점에 관하여 더 나아가 살펴볼 필요 없이 이유 없다.

3) 한편 갑 제9, 12호증의 각 기재 및 변론 전체의 취지를 종합하면, ① 피고가 2018. 2. 13. 피고보조참가인의 유족급여를 반려하는 처분을 하자 피고보조참가인이 피고를 상대로 의정부지방법원 2018구합10700호로 유족급여청구서반려처분의 취소를 구하는 소를 제기하였고, 위 법원이 2019. 4. 9. 위 1)항과 같은 법리를 들어 피고보조참가인의 청구를 기각하였으며, 이에 피고 보조참가인이 서울고등법원 2019누42114호로 항소하여 위 사건이 현재 항소심에 계속 중인 사실, ② 원고는 피고보조참가인을 상대로 의정부지방법원 2018카단200448호로 이 사건 가처분 결정에 대한 가처분이의 신청을 하였고, 위 법원은 2019. 5. 14. 이 사건 가처분 결정을 취소하고 피고보조참가인의 가처분신청을 각하한다는 결정을 하였으며, 피고보조참가인이 이에 불복하여 의정부지방법원 2019라60219호로 항고함에 따라 위 사건이

항고심 계속 중인 사실을 각 인정할 수 있다.

그러나 이 사건 가처분 결정은 원고에 대한 유족급여 지급의 장애사유일 뿐이고 이 사건 가처분 결정으로 인하여 피고가 원고에 대하여 유족급여 지급처분을 할 수 없게 되는 것은 아니라고 할 것이므로, 이 사건 처분 당시 이 사건 가처분결정이 존재하였던 사정은 이 사건 처분을 정당화할 사유라고 할 수도 없다(더욱이 현재는 그 지급의 장애사유가 소멸하였다).

3. 결론

그렇다면 원고의 주위적 청구는 이유 있으므로 이를 인용하기로 하여, 주문과 같이 판결한다.

[별지] 관련 법령

■ 산업재해보상보험법 제5조(정의) 이 법에서 사용하는 용어의 뜻은 다음과 같다. 3. "유족"이란 사망한 자의 배우자(사실상 혼인 관계에 있는 자를 포함한다. 이하 같다)·자녀·부모·손자녀·조부모 또는 형제자　매를 말한다. 제62조(유족급여) ① 유족급여는 근로자가 업무상의 사유로 사망한 경우에 유족에게 지급한다. ② 유족급여는 별표 3에 따른 유족보상연금이나 유족보상일시금으로 하되, 유족보상일시금은 근로자가 사망할 당시 제63조 제1항에 따른 유족보상연금을 받을 수 있는 자격이 있는 자가 없는 경우에 지급한다. 제63조(유족보상연금 수급자격자의 범위) ① 유족보상연금을 받을 수 있는 자격이 있는 자(이하 "유족보상연금 수급자격자"라 한다)는 근로자가 사망할 당시 그 근로자와 생계를 같이 하고 있던 유족(그 근로자가 사망할 당시 대한민국 국민이 아닌 자로서 외국에서 거주하고 있던 유족은 제외한다) 중 배우자와 다음 각 호의 어느 하나에 해당하는 자로 한다. 이 경우 근로자와 생계를 같이 하고 있던 유족의 판단 기준은 대통령령으로 정한다. 3. 형제자매로서 19세 미만이거나 60세 이상인 자 ③ 유족보상연금 수급자격자 중 유족보상연금을 받을 권리의 순위는 배우자·자

녀·부모·손자녀·조부모 및 형제자매의 순서로 한다.
제65조(수급권자인 유족의 순위)
① 제57조 제5항·제62조 제2항(유족보상일시금에 한한다) 및 제4항에 따른 유족 간의 수급권의 순위는 다음 각 호의 순서로 하되, 각 호의 자 사이에서는 각각 그 적힌 순서에 따른다. 이 경우 같은 순위의 수급권자가 2명 이상이면 그 유족에게 똑같이 나누어 지급한다.
1. 근로자가 사망할 당시 그 근로자와 생계를 같이 하고 있던 배우자·자녀·부모· 손자녀 및 조부모
2. 근로자가 사망할 당시 그 근로자와 생계를 같이 하고 있지 아니하던 배우자·자녀·부모·손자녀 및 조부모 또는 근로자가 사망할 당시 근로자와 생계를 같이 하고 있던 형제자매
3. 형제자매. 끝.

[참조조문]

민사소송법 제451조 제1항

산재보험법 제62조, 제63조, 제65조, 제65조 제1항 제1호

가사소송법 제21조 제1항, 제2조 제1항 제1호 나목, 제12조

[참조판례]

의정부지방법원 2017드단74058, 2018카단200339

울산지방법원 2018가단52527

대법원 1992. 7. 24. 선고 91므566 판결

의정부지방법원 2018구합10700

서울고등법원 2019누42114

의정부지방법원 2018카단200448, 2019라60219

◎ 2심 부산고등법원 제2행정부[2019누23319]

원 고 : 피항소인 ○○○

강원도 철원군 ○○면 ○○리 ○○

소송대리인 법무법인 ◇◇

담당변호사 ○○○

피 고 : 근로복지공단

전심판결 : 1심 2018구합5370 울산지방법원
변론종결 : 2019. 12. 11
판결선고 : 2020. 01. 08

[주문]

1. 피고보조참가인의 항소를 기각한다.
2. 항소비용은 피고보조참가인이 부담한다.

[청구취지 및 항소취지]

1. 청구취지

주위적으로, 피고가 2018. 2. 12. 원고에게 한 유족급여 지급 거부처분을 취소한다. 예비적으로, 피고가 2018. 2. 12. 원고에게 한 유족급여 지급 유예처분을 취소한다.

2. 항소취지

제1심판결을 취소한다. 원고의 주위적 청구 및 예비적 청구를 모두 기각한다(피고보조참가인만이 항소를 제기하였다).

[이유]

1. 제1심판결의 인용

이 법원이 이 사건에 관하여 설시할 이유는, 제1심판결문 제5면 제20행의 "기각된 사실"을 "기각되었고, 피고보조참가인이 다시 대검찰청 2019 대불재항 제439호로 재항고하였으나 2019. 7. 26. 위 재항고도 기각된 사실"로, 제1심판결문 제6면 제7행의 "항소하여 위 사건이 현재 항소심에 계속 중인 사실"을 "항소하였으나 2019. 10. 31. 위 항소가 기각되었고, 피고보조참가인이 다시 대법원 2019두59202호로 상고하여 위 사건 이 현재 대법원에 계속중인 사실"로, 제1심판결문 제6면 제11행의 "항고함에 따라 위 사건이 항고심 계속 중인 사실"을 "항고하였으나 2019. 11. 8. 위 항고가 기각되어 위 가처분 취소 결정이 2019. 11. 19. 그대로 확정된 사실"로 각 고쳐 쓰고, 원·피고가 당심에 이르러 추가한 주장에 대하여 아래와 같은 판단을 추가하는 외에는, 제1심판결의 이유 기재와 같으므로, 행정소송법 제8조 제2항, 민사소송법 제420조 본문에 의하여 이를 그대로 인용한다.

2. 추가하는 판단

가. 원고의 본안전항변에 관한 판단

(1) 원고는, 피고보조참가인의 항소가 피참가인인 피고의 의사에 반하여 효력이 없다고 주장한다.

살피건대, 민사소송법 제76조 제2항에서 참가인의 소송행위가 효력을 가지지 않는 것으로 정한 '피참가인의 소송행위에 어긋나는 경우'란 참가인의 소송행위가 피참가인의 행위와 명백히 적극적으로 배치되는 경우를 말하고 소극적으로만 피참가인의 행위와 불일치하는 때에는 이에 해당하지 않는다(대법원 2007. 11. 29. 선고 2007다53310 판결 등 참조). 한편 행정소송법 제8조 제2항, 민사소송법 제395조에 의하면, 항소권의 포기는 항소를 하기 이전에는 제1심법원에, 항소를 한 뒤에는 소송기록이 있는 법원에 서면으로 하여야 하고 항소권의 포기에 관한 서면은 상대방에게 송달하여야 한다고 규정하고 있다.

위와 같은 법리 및 위 법률조항의 취지를 바탕으로 이 사건에 관하여 보건대, 기록에 의하면 피고가 제1심판결문을 송달받고도 적법한 항소기간 내에 항소장을 제출하지 아니한 사실이 인정될 뿐, 달리 피고가 법원에 항소권의 포기에 관한 서면을 제출하였음을 인정할 만한 자료가 없으며, 오히려 피고가 2019. 10. 29. 당심 법원에 소송수행자 지정서를 제출하였음은 기록상 명백한바, 사정이 이와 같다면 피고보조참가인의 이 사건 항소 제기가 피참가인인 피고의 행위와 명백히 적극적으로 배치되는 경우에 해당한다고는 볼 수 없다 할 것이고, 비록 피참가인인 피고가 항소의 의사가 없더라도 항소권을 포기하지 않는 한 피고보조참가인은 피고의 항소기간 내라면 항소를 제기할 수 있으므로, 피고의 항소기간 내에 제기된 피고보조참가인의 이 사건 항소 제기를 무효라 할 수는 없다 할 것이다.

따라서 원고의 이 부분 주장은 이유 없다.

(2) 원고는 또, 관련 사건인 의정부지방법원 2018구합10700호 유족급여청구서반려 처분 취소 사건의 항소심에서 피고보조참가인의 항소가 기각되었으므로 피고보조참가인의 이 사건에서의 항소는 항소의 이익

이 없다고 주장한다.

살피건대, 당사자의 승소보조자에 불과할 뿐이고 당사자도 공동소송인도 아닌 보조참가인은 피참가인의 승소를 위하여 필요한 소송행위(상소제기, 증거신청 등)를 자기의 이름으로 할 수 있으나, 이와 같은 보조참가인의 소송행위는 피참가인 자신이 행한 것과 같은 효과가 있을 뿐이므로, 항소의 이익은 피참가인인 피고를 기준으로 판단하여야 할 것인바, 피고가 이 사건 제1심에서 전부 패소한 사실은 기록상 명백하므로, 원고가 주장하는 위와 같은 사정만으로는 피고보조참가인의 이 사건 항소에 항소의 이익이 없다고 볼 수 없다.

따라서 원고의 이 부분 주장도 이유 없다.

나. 피고보조참가인의 본안에 관한 주장에 관한 판단 피고보조참가인은, 이 사건 사실상 혼인관계 존재확인 판결의 확정에도 불구하고, 원고와 망인은 망인의 사망 당시 생계를 같이하고 있지 아니하였으므로, 결과적으로 피고가 원고에게 유족급여 지급을 거부한 이 사건 처분은 적법하다는 취지로 주장한다.

살피건대, 행정처분의 취소를 구하는 항고소송에 있어 처분청은 당초 처분의 근거로 삼은 사유와 기본적 사실관계가 동일성이 있다고 인정되는 한도 내에서는 다른 사유를 추가하거나 변경할 수도 있으나, 기본적 사실관계가 동일하다는 것은 처분사유를 법률적으로 평가하기 이전의 구체적인 사실에 착안하여 그 기초적인 사회적 사실관계가 기본적인 점에서 동일한 것을 말하며, 처분청이 처분 당시에 적시한 구체적 사실을 변경하지 아니하는 범위 내에서 단지 그 처분의 근거 법령만을 추가·변경하거나 당초의 처분사유를 구체적으로 표시하는 것에 불과한 경우에는 새로운 처분사유를 추가하거나 변경하는 것이라고 볼 수 없다(대법원 2013. 10. 11. 선고 2012두24825 판결 참조). 이와 같이 기본적 사실관계와 동일성이 인정되지 않는 별개의 사실을 들어 처분사유로 주장하는 것이 허용되지 않는다고 해석하는 이유는 행정처분의 상대방의 방어권을 보장함으로써 실질적 법치주의를 구현하고 행정처분의 상대방에 대한 신뢰를 보호하고자 함에 그 취지가 있다(대법원 2003. 12. 11. 선고 2001두8827 판결 참조).

위와 같은 법리를 바탕으로 이 사건에 관하여 보건대, 원고가 이 사건 사실상 혼인관계 존재확인 판결의 확정 후인 2017. 12. 28. 피고에게 유족급여의 지급을 청구하자, 피고보조참가인은 2018. 2. 5. 원고가 이 사건 사실상 혼인관계 존재확인 판결에 따라 피고에 대하여 가지는 유족보상금채권에 대하여 채권의 추심 및 처분금지 가처분을 신청하여 법원으로부터 이 사건 가처분 결정을 받은 사실, 이에 피고는 2018. 2. 12. 원고에게 이 사건 처분을 하면서 그 사유로 '이 사건 가처분 결정이 있었고, 이에 원고에게 유족급여를 지급할지는 위 결정에 대한 피고 소속 변호사의 법률 자문과 이 사건 소송의 결과에 따라 결정하여야 할 것으로 판단된다는 점'을 든 사실은 앞서 본 바와 같은바, 위 인정사실에 의하면 이 사건 처분의 당초 처분사유는 '이 사건 가처분 결정의 존재 및 이 사건 소송의 미확정'이라고 봄이 상당한데, 피고보조참가인이 당심에서 이 사건 처분이 적법한 이유로 들고 있는 점은 '망인의 사망 당시 원고가 망인의 사실혼 배우자였는지 여부를 막론하고 망인과 생계를 같이하지 아니하였다는 점'이므로, 이 사건에서 당초의 처분사유와 당심에서 추가하는 처분사유는 그 기초적인 사회적 사실관계가 기본적인 점에서 동일하다고 할 수 없다.

또한 위 각 사유의 내용 등에 비추어 볼 때, 당심에서 추가하는 처분사유가 단지 당초의 처분사유를 구체적으로 표시하는 것에 불과하다고는 할 수 없을 뿐만 아니라(다만, 피고가 이 사건 사실상 혼인관계 존재확인 판결의 내용과 위 판결에 따른 원고의 유족보상금채권에 대하여 추심 및 처분금지 가처분 신청을 인용한 이 사건 가처분 결정의 내용이 사실혼관계의 인정 여부에 관한 판단에 있어 일응 서로 모순되어 보인다는 이유로 이 사건 처분에 이르게 된 것으로 보이므로, '망인의 사망 당시 원고와 망인 사이에 사실혼관계 자체가 존재하지 않았다는 점'을 이 사건 처분의 사유로 추가하는 것은 당초의 처분사유를 구체적으로 표시하는 것에 불과하다고 볼 여지가 없지는 아니하나, 이 사건 처분의 사유를 위와 같이 보더라도 이 사건 처분이 위법하다는 취지의 제1심법원의 판단은 정당한 것으로 충분히 수긍할 수 있다), 이 사건 처분 당시 원고가 망인의 사망 당시 자신이 망인과 생계를 같이하고 있지 않았음을 이유로 이 사건 처분이 내려진 것으로 알고 있었던 것이라고 볼 만한 사정도 전혀 없다.

따라서 피고보조참가인이 당심에 이르러 주장하는 처분사유의 추가 또는 변경은 허용되지 않는다고 할 것이므로, 피고보조참가인의 위 주장은 받아들이지 아니한다.

[설령 피고보조참가인의 위와 같은 처분사유의 추가 또는 변경이 허용된다고 하더라도, 앞서 든 각 증거들 및 변론 전체의 취지에 의하여 인정되는 다음과 같은 사정 즉, ① 사실혼은 당사자 사이에 주관적으로 혼인의 의사가 있고 객관적으로도 사회관념상 가족질서적인 면에서 부부공동생활을 인정할 만한 혼인생활의 실체가 존재하여야 인정되는데, 혼인생활의 실체 여부는 당사자 사이의 동거생활 여부, 경제적 결합관계 등을 종합적으로 고찰하여 판단되는바, 이 사건 사실상 혼인관계 존재확인 판결이 2017. 12. 22. 확정된 후 재심에 의하여 위 판결이 취소된 바가 없는 이상, 누구도 소송상으로나 소송 외에서 그와 다른 신분관계를 주장할 수 없으므로, 원고와 망인은 2016. 4. 18.부터 망인이 사망한 2016. 11. 30.까지 경제적인 결합관계를 맺으면서 동거생활을 영위해 온 것으로 보아야 할 것인 점, ② 원고가 망인의 경제적 지원만으로 생계의 전부를 유지하여야만 망인과 생계를 같이한 것으로 인정될 수 있는 것은 아니므로, 원고가 망인과의 사실혼 기간 동안 옷가게를 하면서 별도의 소득을 얻고 있었다는 사정만으로 원고와 망인이 생계를 같이하지 아니한 것으로 단정할 수는 없는 점 등을 종합적으로 고려하여 보면, 원고는 망인의 사망 당시 망인과 생계를 같이하고 있었다고 봄이 상당하므로, 이와 다른 전제에서 망인의 사망 당시 원고와 망인이 생계를 같이하지 않았다는 점을 사유로 하는 이 사건 처분 역시 위법하여 취소를 면할 수 없다 할 것이다.]

3. 결론

그렇다면, 원고의 주위적 청구는 이유 있으므로 이를 인용하여야 할 것인바, 제1심판결은 이와 결론을 같이하여 정당하므로 피고보조참가인의 항소는 이유 없어 이를 기각하기로 하여 주문과 같이 판결한다.

[참조조문]

행정소송법 제8조 제2항

민사소송법 제76조 제2항, 제395조, 제420조

[참조판례]

대검찰청 2019 대불재항 제439호

대법원 2019두59202호

대법원 2007. 11. 29. 선고 2007다53310 판결

의정부지방법원 2018구합10700호

대법원 2003. 12. 11. 선고 2001두8827 판결

◈ 행정처분의 취소를 구하는 항고소송에서 처분청이 처분 당시에 적시한 구체적 사실을 변경하지 않는 범위 내에서 단지 처분의 근거법령만을 추가·변경하거나 당초의 처분사유를 구체적으로 표시하는 것에 불과한 경우, 새로운 처분사유의 추가·변경에 해당하는지 여부(소극)

(대법원 2013. 10. 11. 선고 2012두24825 판결)

【주 문】

상고를 기각한다. 상고비용은 원고가 부담한다.

【이 유】

상고이유를 판단한다.

1. 행정처분 사유의 변경에 관한 법리오해 주장에 관하여

행정처분의 취소를 구하는 항고소송에 있어 처분청은 당초 처분의 근거로 삼은 사유와 기본적 사실관계가 동일성이 있다고 인정되는 한도 내에서는 다른 사유를 추가하거나 변경할 수도 있으나 기본적 사실관계가 동일하다는 것은 처분사유를 법률적으로 평가하기 이전의 구체적인 사실에 착안하여 그 기초인 사회적 사실관계가 기본적인 점에서 동일한 것을 말하며, 처분청이 처분 당시에 적시한 구체적 사실을 변경하지 아니하는 범위 내에서 단지 그 처분의 근거법령만을 추가·변경하거나 당초의 처분사유를 구체적으로 표시하는 것에 불과한 경우에는 새로운 처분사유를 추가하거나 변경하는 것이라고 볼 수 없다(대법원 1989. 7. 25. 선고 88누11926 판결, 대법원 2007.2. 8. 선고 2006두4899 판결 등 참조).

원심은, 이 사건 건물의 용도를 변경하려면 원고가 관리기관인 한국산업단지공단과 새로운 입주계약을 체결하여야 한다는 사실은 입주자가 개별적으로 공장의 용도를 변경하는 것이 불가하다는 당초의 처분사유를 구체적으로 설명한 것에 불과하여 그 기본적 사실관계가 동일하다고 볼 수 있고, 또한 구분소유자들의 동의를 받아야 한다는 사실과 대표위원회의 의결 또는 그 의결을 거쳐 입주

자 총회의 의결을 받아야 한다는 사실은 비록 동의율에 다소 차이가 있더라도 기본적 사실관계가 동일하다고 볼 수 있다는 이유로 이 사건 처분 사유의 변경이 당초 처분의 근거로 삼은 사유와 기본적 사실관계가 동일성이 있다고 인정되는 한도 내에서 이루어진 것이라고 판단하였다.
위 법리와 기록에 비추어 살펴보면, 원심의 위와 같은 판단은 정당하고 거기에 상고이유 주장과 같이 행정처분 사유의 변경에 관한 법리오해의 잘못이 없다.
2. 구 산업집적활성화 및 공장설립에 관한 법률(2013. 3. 23. 법률 제11690호로 개정되기 전의 것, 이하 '법'이라고 한다) 제38조 제2항에 관한 법리오해 등 주장에 관하여
법 제28조의5 제1항, 구 산업집적활성화 및 공장설립에 관한 법률 시행령(2013. 3. 23. 대통령령 제24442호로 개정되기 전의 것, 이하 '법 시행령'이라고 한다) 제6조, 제36조의4 제1항, 제2항은 지식산업센터에 입주할 수 있는 시설로서 제조업, 지식기반산업, 정보통신산업과 벤처기업 등의 사업을 운영하기 위한 시설과 입주업체의 생산활동을 지원하는 시설을 엄격히 구분하여 규정하고 있고, 법 시행령 제36조의4 제4항은 생산활동 지원시설의 면적 비율을 20%로 제한하고 있다. 법 제38조 제1, 2, 3항, 구 산업집적활성화 및 공장설립에 관한 법률 시행규칙(2013. 3. 23. 산업통상부령 제1호로 개정되기 전의 것) 제35조 제1항 제2호, 제2항에 의하면, 산업단지에서 제조업 또는 제조업 외의 사업을 하거나 하려는 자는 관리기관과 입주계약을 체결하여야 하고, 업종 또는 사업내용을 변경하려는 경우에는 새로 변경계약을 체결하여야 한다. 법 시행령 제48조의2 제4항은 관리기관이 입주계약을 체결하려면 그 내용이 관련 법령 및 해당 산업단지의 관리기본계획에 적합하여야 할 것을 요구하고 있다. 법 제50조는 '시·도지사, 시장·군수 또는 구청장은 이 법에 따른 공장의 신설·증설·이전 또는 업종변경에 관한 승인을 받지 아니한 자에 대하여는 관계 법령에 따른 공장의 건축허가·영업 등의 허가 등을 하여서는 아니 된다'고 규정하고 있다.
위 규정을 종합하면, 원고가 국가산업단지 내의 지식산업센터에 속한 이 사건 건물을 생산시설인 공장에서 지원시설인 근린생활시설로 용도를 변경하는 것은 그 사업내용을 실질적으로 변경하는 것을 의미하므로 원고가 이 사건 건물의 용도를 변경하기 위해서는 관리기관인 한국산업단지공단과 입주계약에 관하여 새로이 변경계약을 체결하여야 할 것이고, 피고로서는 이러한 변경계약을 체결하는 절차 없이 한 원고의 이 사건 건물의 용도변경신청을 수리할 수 없다고 할 것이다.
같은 취지에서 원심이, 원고가 관리기관인 한국산업단지공단과 변경계약을 체결하였음을 인정할 자료가 없다는 이유로 피고가 이 사건 용도변경 신청을 반려한 것이 적법하다고 판단한 것은 정당하고, 거기에 법 제38조 제2항에 관한 법

리를 오해하는 등의 잘못이 없다.
3. 이 사건 관리규약 제22조의 해석에 관한 법리오해 주장에 관하여
앞서 본 바와 같이 법 제28조의5 제1항, 법 시행령 제6조, 제36조의4 제1항, 제2항은 지식산업센터에 입주할 수 있는 시설로서 제조업, 지식기반산업, 정보통신산업과 벤처기업 등의 사업을 운영하기 위한 시설과 입주업체의 생산활동을 지원하는 시설을 엄격히 구분하여 규정하고 있고, 법 시행령 제36조의4 제4항은 생산활동 지원시설의 면적 비율을 20%로 제한하고 있다.
한편 법에 의하여 설립된 지식산업센터의 생산시설 또는 지원시설이 법 제28조의4의 절차를 거쳐 분양됨으로써 지식산업센터에 집합건물의 소유 및 관리에 관한 법률(이하 '집합건물법'이라 한다)에 따른 구분소유관계가 성립하는 경우에 법 제28조의6 제1항 제1호에서 집합건물법 제23조 제1항에 따른 관리단이 이를 관리한다고 규정하고 있고, 같은 조 제2항은 관리단은 집합건물법 제28조 제1항에 따른 규약을 정하여 관할 행정청에 신고하여야 한다고 규정하고 있으며, 법 제28조의7 제2항은 입주자는 제28조의6 제2항에 따른 규약을 준수하여야 한다고 규정하고 있다. 그리고 관리규약 제22조 제1항 (사)목은 '입주자 상호간에 이해가 상반되는 사항의 조정'을 대표위원회의 의결사항으로 규정하고 있고, 제15조 제2항 (바)목은 '기타 대표위원회의 의결을 거쳐 부의한 사항'을 입주자 총회의 의결사항으로 규정하고 있다.
위와 같은 관련 규정과 그에 따라 정해진 관리규약의 취지에 비추어 보면, 지식산업센터의 입주자가 지식산업센터의 지원시설을 생산시설로 바꾸거나 생산시설을 지원시설로 변경하는 행위는 지식산업센터의 입주자 상호 간에 이해가 상반되는 행위로서 입주자 간에 기존에 형성된 이해관계를 변경하기 위해서는 관리규약에서 정한 절차를 거칠 필요가 있다고 봄이 타당하다.
같은 취지에서 원심은 원고가 이 사건 건물을 생산시설인 공장에서 지원시설인 근린생활시설로 용도변경을 하는 것은 관리규약 제22조 제1항 (사)목의 '입주자 상호 간에 이해가 상반되는 사항의 조정'에 해당하므로 대표위원회의 의결 또는 그 의결을 거쳐 입주자 총회의 의결을 받아야 한다고 보고, 원고가 위와 같은 의결을 받지 않았음을 이유로 원고의 이 사건 용도변경 신청을 반려한 피고의 이 사건 처분이 적법하다고 판단하였다.
이러한 원심판단은 정당하고, 거기에 상고이유 주장과 같이 이 사건 관리규약 제22조의 해석에 관한 법리를 오해한 잘못이 없다.
4. 결론
그러므로 상고를 기각하고 상고비용은 패소자가 부담하도록 하여, 관여 대법관의 일치된 의견으로 주문과 같이 판결한다.

4. 요양승인처분 취소(신호를 보내는 업무를 수행하던 중 덤프 트럭이 쏟아 내린 토사에 매몰되어 사망한 사고)

◎ 1심 서울행정법원 제13부[2018구합81417]

원 고 : 주식회사 ○○○○

전남 화순군 화순읍 ○○리 ○○

대표이사 ○○○

소송대리인 변호사 ○○○

피 고 : 근로복지공단

변론종결 : 2019. 03. 14

판결선고 : 2019. 04. 11

[주문]

1. 원고의 청구를 기각한다.

2. 소송비용은 원고가 부담한다.

[청구취지]

피고가 2018. 9. 12. 소외1에 대하여 한 보험급여결정처분을 취소한다.

[이유]

1. 처분의 경위

가. 당사자들의 관계

1) 주식회사 ○○○○○○(이하 회사명을 기재함에 있어 '주식회사'는 생략한다)은 김포시 이하생략 지상 아파트 신축공사(공사명 : ○○○○ 신도시 이하생략 ○○○○○○○ 아파트 신축공사, 이하 '이 사건 공사'라 한다)의 발주자이다. 원고 회사는 2017. 8. 7. ○○○○○○과 사이에, 이 사건 공사 중 토목, 전기, 통신, 소방, 조경공사 부분을 도급받기로 하는 계약을 체결하였다(을 제12호증). ○○○○산업은 2017. 8.경 원고 회사와 사이에, 이 사건 공사 중 토공사를 도급받기로 하는 계약을 체결하였다(을 제13, 14호증). ○○개발은 2017. 11. 25. ○○○○산업과 사이에, 이 사건 공사의 토공사 중 잔토처리(토사반출) 업무를 도급받기로 하는 계약을 체결하였다(을 제8호증). ○○건

설은 ○○개발과 사이에, ○○건설이 운영하는 토사매립장에 ○○개발이 토사를 하차하면 ○○개발로부터 토사를 하차한 덤프트럭 1대당 15,000원의 비율로 계산한 돈을 지급받기로 하는 계약을 체결하였다(을 제2, 3, 9호증).

2) ○○건설은 2017. 8. 12. 소외1과 사이에, 소외1을 신호수로 고용하는 근로계약을 체결(이하 '이 사건 근로계약'이라 한다)하였다(갑 제2호증, 을 제2, 3, 7호증).

나. 사고 발생 경위

○○개발은 2017. 12. 12. 이 사건 공사현장의 토공사 과정에서 파낸 토사를 덤프 트럭에 실어 ○○건설이 운영하는 토사매립장에 하차하는 업무를 수행하였다. 소외1은 같은 날 14:00경 김포시 이하생략에 있는 위 토사매립장에서 ○○개발의 덤프트럭이 토사를 정확한 위치에 하차할 수 있도록 신호를 보내는 업무를 수행하던 중 덤프 트럭이 쏟아 내린 토사에 매몰되어 사망하였다(이하 위 사망사고를 가리켜 '이 사건 사고'라 하고, 김포시 이하생략은 '사고 발생 장소'라 하며, 소외1은 '망인'이라 한다)(을 제2 내지 5호증).

다. 요양승인처분

피고는 2018. 9. 12. 고용보험 및 산업재해보상보험의 보험료징수 등에 관한 법률(이하 '고용산재보험료징수법'이라 한다) 제9조 제1항에 따라 원고 회사를 망인의 사업주로 정하여 망인에 대한 요양승인처분(이하 '이 사건 처분'이라 한다)을 하였다(갑 제1호증).

[인정근거] 갑 제1, 2호증, 을 제2 내지 5, 7 내지 9, 12 내지 14호증의 기재, 변론 전체의 취지

2. 본안전항변에 관한 판단

가. 피고의 주장 요지

이 사건 처분은 원고 회사를 대상으로 한 것이 아니고, 원고 회사의 권리를 제한하거나 의무를 부과하지도 아니한다. 원고 회사는 이 사건 처분의 취소를 구할 법률상의 이익을 갖고 있지 않다고 할 것인바, 이 사건 소는 부적법하다.

나. 판단

위법한 행정처분에 의하여 권리의 침해를 받은 자는 그 처분의 취소변경을 구하기 위하여 처분청을 상대로 행정소송을 제기할 수 있고 이 경우 권리의 침해를 받은 자는 그 처분의 직접 상대방이 됨이 일반적이며 제3자의 경우에는 그 행정처분의 취소변경에 관하여 법률상 구체적인 이익이 있어야 한다. 그러나 산업재해보상보험법에 의한 보험급여 결정에 대하여는 보험가입자인 사업주도 보험료액의 부담범위에 영향을 받는 자로서 그 적법 여부를 다툴 법률상의 정당한 이익이 있다 할 것이고, 이 경우 사업주에게 반드시 보험료액의 결정에 어떠한 변동이 있고 보험료부과처분이 있은 연후라야만 정당한 이익이 있게 되는 것은 아니다(대법원 1987. 9. 22. 선고 87누176 판결 등 참조). 따라서 피고의 위 주장은 이유 없다(피고는 대법원 2016. 7. 14. 선고 2014두 47426 판결을 들어, '업무상 재해와 관련하여 사업주로 지목된 자는 산재보험료가 증액될 수 있으나 현재 원고 회사의 보험료가 증액된 상태는 아니고, 향후 산재보험료가 증액되면 보험료 부과처분을 항고소송으로 다툴 수 있으므로 원고 회사에 이 사건 처분의 취소를 구할 법률상의 이익은 없다'는 취지로 주장한다. 그러나 해당 사건은 사업주가 피고에게 '재해근로자의 사용자가 제3자이다'라는 이유로 사업주 변경신청을 할 수 있는 조리상 신청권을 가졌는지 여부가 문제되었던 경우로서, 이 사안과는 사실관계에 차이가 있다. 이 사안으로 돌아와 보건대, 원고 회사가 나중에 보험료 부과처분을 항고소송으로 다툴 수 있다고 하더라도 현재 이 사건 처분으로 인하여 보험료액의 부담범위에 영향을 받게 되는 이상 이 사건 처분의 적법 여부를 다툴 법률상의 정당한 이익이 인정된다고 할 것이다).

3. 이 사건 처분의 적법 여부

가. 원고 회사 주장의 요지

이 사건 사고는 망인이 ○○건설의 근로자로서 ○○건설 고유의 사업인 '농지 객토 사업'을 수행하는 과정에서 발생하였으므로, 이 사건 공사를 수행하는 과정에서 발생한 사고가 아니다. 그럼에도 피고는 ○○건설을 원고 회사의 하수급인으로 보아 원고 회사를 망인의 사업주로 정하여 이 사건 처분을 하였다. 이 사건 처분은 위법하다.

나. 관련 법령

고용산재보험료징수법 제9조 제1항, 같은 법 시행령 제7조 제1항은 '건설업이 여러 차례의 도급에 의하여 시행되는 경우에는 그 원수급인을 이 법을 적용받는 사업주로 본다'는 취지로 규정하고 있다. 위 법률 규정 및 관련 법령의 내용은 별지 관련 법령 기재와 같다.

다. 판단

앞서 본 인정 사실과 앞서 제시한 각 증거, 갑 제4호증의 1, 2, 4, 갑 제5호증, 을 제8호증의 각 기재 및 변론 전체의 취지를 종합하여 알 수 있는 아래와 같은 사정들을 위 법률 규정에 비추어 보건대, 고용산재보험료징수법 제9조 제1항에 따라 원고 회사는 이 사건 공사의 원수급자로서 이 사건 사고에 관하여 망인의 사업주에 해당한다고 할 것이다. 따라서 원고 회사의 위 주장은 이유 없다.

① 고용산재보험료징수법 시행령 제4조는 '사업의 범위에 관하여 특별한 규정이 없으면 통계법 제22조에 따라 통계청장이 고시하는 산업에 관한 표준분류에 따른다'는 취지로 규정하고 있고, 통계청장이 고시한 한국표준산업분류는 '건설업'에 '파일공사 및 축조 관련 기초 공사업'을 포함하면서 그 예시로 '축조 관련 부지 기초공사 및 관련 공사(대지 굴착, 흙 운반, 배수로 공사 등)'를 규정하고 있다. 통상적으로 보아 '흙 운반'의 업무 범위는 흙을 운송수단에 상차하여 운반한 뒤 하차하는 일련의 과정을 모두 포함하는 것이라고 봄이 상당하고, 이 사건 공사 과정에서의 흙 운반 작업을 비롯한 대부분의 공사현장 흙 운반 작업은 덤프트럭이 공사현장에서 흙을 상차하여 토사매립장에 하차한 뒤 다시 공사현장으로 돌아가 흙을 상차하는 작업을 반복하는 방식으로 진행되는 점 또한 이러한 해석을 뒷받침하는바, 특별한 사정이 없는 이상 '흙을 상차한 덤프트럭이 대지 굴착 현장을 떠나는 순간 흙 운반 업무가 종료된다'고 해석할 수는 없다. ○○○○산업은 ○○개발과 사이에 '토사반출 완료시'까지 잔토처리 업무를 수행하기로 정하였는데(을 제8호증), 이를 '흙 운반'의 의미와 달리 볼 사정도 보이지 않는다. 그렇다면 이 사건 공사의 토공사 과정에서 파낸 토사를 토사매립장에 하차하게 하는 ○○건설의 업무는 이 사건 공사에

관하여 이루어진 여러 차례의 도급에 의하여 시행된 건설업에 포함된다고 할 것이다. 사고 발생 장소가 아파트 건설현장에서 2.2km 떨어진 곳에 있었다는 점(을 제3호증)은 위 인정에 아무런 영향을 주지 못한다.

② ○○건설이 사고 발생 장소의 소유자인 소외 소외2와 사이에, 농사에 적합한 토사를 사고 발생 장소에 매립하여 주기로 하는 계약을 체결하였고, 위 계약에 따라 사고 발생 장소에 토사를 하차하게 하는 과정에서 이 사건 사고가 발생한 사실(갑 제4 호증의 1, 을 제9호증)이 인정되기는 한다. 그러나 위와 같은 객토(**客土**)계약의 체결은 ○○건설이 토사 하차 장소를 확보하는 방법 중 하나에 불과한 것으로 보인다. ○○건설이 소외 소외2로부터 객토에 대한 대가를 취득한 것으로 보이지도 아니할뿐더러[나아가, ○○건설은 사고 발생 장소 인근의 다른 토지들에 대해서도 토사매립을 위한 임차계약을 체결한 바 있는데, 사고 발생 장소와 마찬가지로 농사에 적합한 토사로 객토를 해주기로 하였으면서도 오히려 토지 소유자들에게 임차료를 지급하기로 약정한 바 있다(갑 제4호증의 2, 4)], 사고 발생 장소에 토사를 하차함으로써 농지 객토의 결과가 발생한다고 하여 토사 하차행위가 이 사건 공사와 무관해지는 것도 아니다. 이는 원고 회사가 위 계약의 체결을 비롯한 토사 처리 방법·장소 선택에 전혀 개입하지 아니하였다거나, 사고 발생 장소에 다른 건설현장의 토사가 하차될 예정이었다거나(갑 제3, 5호증), 망인의 ○○건설 최초 취업 시기가 이 사건 공사에서의 최초 토사반출 시기보다 앞선다고 하더라도 달리 볼 것은 아니다.

라. 소결론

이 사건 처분은 적법하다.

4. 결론

그렇다면 원고 회사의 청구는 이유 없으므로 이를 기각하기로 하여 주문과 같이 판결한다.

[별지] 관련법령

■ 산업재해보상보험법
제7조(보험 관계의 성립·소멸)
이 법에 따른 보험 관계의 성립과 소멸에 대하여는 보험료징수법으로 정하는 바에 따른다.
■ 고용보험 및 산업재해보상보험의 보험료징수 등에 관한 법률
제2조(정의)
이 법에서 사용하는 용어의 뜻은 다음과 같다.
4. "원수급인"이란 사업이 여러 차례의 도급에 의하여 행하여지는 경우에 최초로 사업을 도급받아 행하는 자를 말한다. 다만, 발주자가 사업의 전부 또는 일부를 직접 하는 경우에는 발주자가 직접 하는 부분(발주자가 직접 하다가 사업의 진행경과에 따라 도급하는 경우에는 발주자가 직접 하는 것으로 본다)에 대하여 발주자를 원수급인으로 본다.
5. "하수급인"이란 원수급인으로부터 그 사업의 전부 또는 일부를 도급받아 하는 자와 그 자로부터 그 사업의 전부 또는 일부를 도급받아 하는 자를 말한다.
제9조(도급사업의 일괄적용)
① 건설업 등 대통령령으로 정하는 사업이 여러 차례의 도급에 의하여 시행되는 경우에는 그 원수급인을 이 법을 적용받는 사업주로 본다. 다만, 대통령령으로 정하는 바에 따라 공단의 승인을 받은 경우에는 하수급인을 이 법을 적용받는 사업주로 본다.
■ 고용보험 및 산업재해보상보험의 보험료징수 등에 관한 법률 시행령
제4조(건설업 등의 범위)
이 영에서 규정된 사업의 범위에 관하여 이 영에 특별한 규정이 없으면 「통계법」 제22조에 따라 통계청장이 고시하는 산업에 관한 표준분류(이하 "한국표준산업분류표"라 한다)에 따른다.
제7조(도급사업의 일괄적용)
① 법 제9조제1항 본문에서 "건설업 등 대통령령으로 정하는 사업"이란 건설업을 말한다.
■ 한국표준산업분류
F 건설업(41 ∼ 42)
Construction
42123 파일공사 및 축조관련 기초 공사업 Pile driving and related construction of foundation works
42123 파일공사 및 축조관련 기초 공사업

전문직별 도급 건설업자가 건축물의 축조에 관련되는 파일공사(항타기에 의하여 파일을 박거나 샌드파일 등을 설치하는 공사), 축조용 대지 굴착 및 관련 흙 운반공사, 건축물 기초 공사관련 배수로공사 등의 축조관련 기초공사를 수행하는 산업활동을 말한다.

〈예시〉

· 파일공사 및 관련공사

· 축조관련 부지 기초공사 및 관련공사(대지 굴착, 흙 운반, 배수로공사 등)

· 축조 관련 기초공사와 결합된 콘크리트공사

· 건축부지, 농·임업용지 배수로 공사

〈제외〉

· 건설용지, 농지, 광산용지 등 지반조성 관련공사(4121)

· 사방공사 등 토공사(42121)

· 철근공사 등 축조관련 전문공사(4213). 끝.

[참조조문]

고용보험 및 산업재해보상보험의 보험료징수 등에 관한 법률 제9조 제1항, 같은 법 시행령 제7조 제1항, 제4조

통계법 제22조

[참조판례]

대법원 1987. 9. 22. 선고 87누176 판결

◈ **업무상 재해를 당한 갑의 요양급여 신청에 대하여 근로복지공단이 요양승인 처분을 하면서 사업주를 을 주식회사로 보아 요양승인 사실을 통지하자, 을 회사가 갑이 자신의 근로자가 아니라고 주장하면서 사업주 변경신청을 하였으나 근로복지공단이 거부 통지를 한 사안에서, 위 통지는 항고소송의 대상이 되는 행정처분이 되지 않는다고 한 사례**(대법원 2016.7.14. 선고 2014두47426 판결)

【원고, 상고인】 주식회사 두잉씨앤에스 (소송대리인 법무법인 피플 담당변호사 문권천 외 3인)

【피고, 피상고인】 근로복지공단

【원심판결】 서울고법 2014. 12. 3. 선고 2014누47268 판결

【주 문】

상고를 기각한다. 상고비용은 원고가 부담한다.

【이 유】

상고이유를 판단한다.

1. 행정청이 국민의 신청에 대하여 한 거부행위가 항고소송의 대상이 되는 행정처분에 해당하기 위하여는, 국민에게 행정청의 행위를 요구할 법규상 또는 조리상의 신청권이 있어야 할 것인데, 이러한 신청권이 없음에도 이루어진 국민의 신청을 행정청이 받아들이지 아니한 경우 그 거부로 인하여 신청인의 권리나 법적 이익에 어떤 영향을 미친다고 볼 수 없으므로 이를 항고소송의 대상이 되는 행정처분이라 할 수 없다(대법원 2005. 4. 15. 선고 2004두11626 판결, 대법원 2014. 7. 10. 선고 2012두22966 판결 등 참조).

2. 가. 원심판결 이유에 의하면, 업무상 재해를 당한 소외인의 요양급여 신청에 대하여 피고는 요양승인 처분을 하며 그 사업주를 원고로 보아 원고에게 요양승인 사실을 통지한 사실, 이에 원고는 소외인이 자신의 근로자가 아니라고 주장하며 피고에게 사업주 변경을 구하는 이 사건 신청을 하였으나, 피고가 이를 거부하는 내용의 이 사건 통지를 한 사실을 알 수 있다.

나. 먼저 산업재해보상보험법, 「고용보험 및 산업재해보상보험의 보험료징수 등에 관한 법률」(이하 '고용산재보험료징수법'이라고 한다) 등 관련 법령은 이 사건 신청과 같이 사업주가 이미 발생한 업무상 재해와 관련하여 당시 재해근로자의 사용자가 자신이 아니라 제3자임을 근거로 사업주 변경신청을 할 수 있도록 하는 규정을 두고 있지 아니하므로 법규상으로 그러한 신청권이 인정된다고 볼 수 없다.

나아가 ① 산업재해보상보험법 제6조, 고용산재보험료징수법 제5조 제3항, 제7조 제2호 등에 의하면, 원칙적으로 근로자를 사용하는 모든 사업 또는 사업장의 사업주는 당연히 산업재해보상보험(이하 '산재보험'이라고 한다)의 보험가입자가 되는데, 산재보험에 있어서 보험가입자인 사업주와 보험급여를 받을 근로자에 해당하는지 여부는 해당 사실의 실질에 의하여 결정되는 것일 뿐이고(대법원 1999. 2. 24. 선고 98두2201 판결 참조) 피고의 결정에 의하여 보험가입자(당연가입자) 지위가 발생하는 것은 아닌 점, ② 피고는 재해근로자의 요양신청을 심사하는 과정에서 그의 사업주를 특정하게 되나, 이는 요양승인 여부를 결정하는 중간단계에서 이루어지는 내부적인 판단에 불과할 뿐이어서, 그러한 판단 자체가 사업주의 구체적인 권리·의무에 직접적 변동을 초래하지 아니한 점, ③ 고용산재보험료징수법 제15조 제2항, 제26조 제1항 제1호, 제11조 등에 의하면, 특정한 업무상 재해와 관련하여 사업주로 지목된 자는 향후 산재보험료가 증액될 수 있고, 만약 산재보험관계 성립신고를 게을리한 상태에서 업무상 재해가 발생한 경우에는 근로자에게 지급된 보험급여액 중 일부를 징수당할 가능성이 있으나, 이러한 경우 사업주는 보험료 부과처분이나 보험급여액 징수처분을 항고소송으로 다툴 수 있는 점 등을 종합하면, 이 사건 신청과 같은 내용의 조리상 신청권이 인정된다고 볼 수도 없다.
따라서 피고가 이러한 내용의 신청을 거부하였다 하더라도 이로 인하여 원고의 권리나 법적 이익에 어떤 영향을 미치는 것은 아니라 할 것이므로, 이 사건 통지는 항고소송의 대상이 되는 행정처분이 되지 아니한다.
다. 같은 취지에서 원심이 이 사건 통지의 처분성이 인정되지 아니하여 이 사건 소가 부적법하다고 판단한 것은 정당한 것으로 수긍이 가고, 거기에 항고소송의 대상이 되는 거부처분에 관한 법리를 오해하여 판결에 영향을 미친 잘못이 없다.
3. 그러므로 상고를 기각하고, 상고비용은 패소자가 부담하기로 하여, 관여 대법관의 일치된 의견으로 주문과 같이 판결한다.

5. 유족급여 및 장의비부지급처분취소

(붕괴된 계단슬래브에 깔려 중증 뇌손상으로 사망)

◎ 1심 광주지방법원[2019구단10378]

원 고 : ○○○

광주광역시 북구 ○○로 ○○길 ○○

소송대리인 변호사 ○○○

피 고 : 근로복지공단

변론종결 : 2019. 08. 21

판결선고 : 2019. 09. 25

[주문]

1. 원고의 청구를 기각한다.
2. 소송비용은 원고가 부담한다.

[청구취지]

피고가 2019. 3. 6. 원고에 대하여 한 유족급여 및 장의비 불승인처분을 취소한다.

[이유]

1. 처분의 경위

가. 원고의 형인 망 소외1(이하 '망인'이라 한다)은 2016. 9. 22. 소외2 소유의 전남 장성군 이하생략의 25평 규모 단독주택 신축공사(이하 '이 사건 공사'라 한다) 현장에서 계단슬래브 아래 설치된 거푸집 동바리 해체작업을 하던 도중 붕괴된 계단슬래브에 깔려 중증 뇌손상으로 사망하였다(이하 '이 사건 사고'라 한다).

나. 원고는 2018. 12. 5. 망인의 사망이 업무상 재해라는 이유로 피고에게 유족급여 및 장의비 청구를 하였다.

다. 이에 피고는 2019. 3. 6. 원고에 대하여 '이 사건 공사는 건설업 면허가 없는 소외3가 시공하는 건축공사로서 건축허가 연면적이 82.89㎡로 산업재해보상보험법의 적용 대상이 아니다'라는 이유로 유족급여 및 장의비 청구를 불승인하였다(이하 '이 사건 처분'이라 한다).

[인정근거] 다툼 없는 사실, 갑 제1, 3 내지 5호증, 을 제1호증의 각 기재, 변론 전체의 취지

2. 이 사건 처분의 적법 여부

가. 원고의 주장

소외2으로부터 이 사건 공사를 도급받은 것은 소외3가 아니라 ○○○○ 건설 주식회사(대표이사 소외4, 이하 '소외 회사'라 한다)이고, 소외3는 소외2의 대리인에 불과한데, 망인은 소외 회사에 형틀목공으로 고용되어 이 사건 공사 현장에서 작업하던 중 사망하였다.

소외 회사는 건설업 면허를 가지고 있는 건설업자이므로, 연면적 100㎡ 이하인 공사를 산업재해보상보험법의 적용제외사업으로 하고 있는 관련 법령의 적용을 받지 아니하고, 산업재해보상보험법상 산업재해보험에 가입되어 있는 보험가입자이며, 소외 회사 소속 근로자인 망인의 사망은 업무상 재해에 해당한다.

따라서 이와 다른 전제에 선 피고의 이 사건 처분은 위법하여 취소되어야 한다.

나. 관계 법령

별지 기재와 같다.

다. 판단

살피건대, 갑 제6 내지 10호증, 을 제2 내지 8호증의 각 기재, 이 법원에 현저한 사실에 변론 전체의 취지를 종합하여 알 수 있는 다음과 같은 사정 즉, ① 소외3는 2016. 8. 8. 소외2과 사이에 평당 4,000,000원(건축면적 25.07평)을 공사금액으로 하여 이 사건 공사계약을 체결하였고, 소외2으로부터 2016. 8. 9.부터 2016. 8. 24.까지 사이에 합계 41,804,900원을 직접 지급받아 그 중 설계비로 소외5에게 1,750,000원, 소외4에게 38,250,000원을 지급하여 공사비로 사용하였으며, 건축주인 소외2은 이 사건 공사를 소외3에게 맡겼다고 진술한 점, ② 소외3는 망인이 사망함에 따라 산업안전보건법위반죄 및 업무상과실치사죄로 입건되어 조사를 받는 과정에서 소외4이 이 사건 공사를 하도록 소개만 하였는데 이후 공

정진행을 확인만 하였을 뿐 공사에 개입한 사실은 없고, 자신이 소외2에게 받기로 한 공사대금 100,000,000원을 그대로 소외4에게 주기로 하였다고 진술하다가 위 죄명으로 소외4 등과 함께 기소되어 재판(이 법원 2017고단3276)받는 과정에서는 소외4에게 이 사건 공사를 전부 하도급하였으므로 사업주 지위에 있지 않다고 주장하였고, 또한 원고가 소외3, 소외4 등을 상대로 한 손해배상청구(이 법원 2016가합61131) 사건에서도 자신이 소외4에게 이 사건 공사를 일괄하여 하도급하였으므로 이 사건 공사에 관여한 사실이 없다고 주장한 점, ③ 한편, 소외3는 산업안전보건법위반죄, 업무상과실치사죄로 기소된 위 2017고단3276호 사건에서는 소외4과 함께 이 사건 공사와 관련하여 산업안전보건법상 근로자를 사용하여 사업을 한 사업주에 해당한다는 점이 인정되어 유죄판결을 선고받았고, 원고의 소외3, 소외4 등에 대한 위 손해배상청구 사건에서는 소외3가 소외2으로부터 이 사건 공사를 도급받은 후 소외4에게 위 공사를 하도급한 사실 등이 인정되어 원고에 대한 손해배상책임이 인정된 점 등에 비추어 보면, 이 사건 공사는 소외3가 소외2으로부터 도급받은 후 소외4 개인에게 하도급한 것이라고 봄이 상당하고, 그 밖에 원고가 제출한 증거들만으로는 소외3가 소외2의 대리인이고, 소외 회사가 소외3의 소개로 소외2과 사이에 이 사건 공사에 관한 계약을 체결한 원수급인이라는 점을 인정하기에 부족하며, 달리 이를 인정할 만한 증거가 없다.

따라서 위와 같이 이 사건 공사 계약의 원수급인을 소외3로 보는 이상, 하수급인인 소외4의 근로자인 망인의 사업주는 원수급인인 소외3인데, 건설업자가 아닌 소외3의 이 사건 공사가 산업재해보상보험법상의 적용제외사업에 해당하여 망인의 업무상 재해는 산업재해보상보험법의 적용을 받지 못하므로, 그와 다른 전제 하에 이 사건 처분이 위법하다는 원고의 위 주장은 이유 없다.

3. 결론

그렇다면, 원고의 이 사건 청구는 이유 없어 이를 기각하기로 하여 주문과 같이 판결한다.

[별지] 관계 법령

■ 산업재해보상보험법
제6조(적용 범위)
이 법은 근로자를 사용하는 모든 사업 또는 사업장(이하 "사업"이라 한다)에 적용한다. 다만, 위험률·규모 및 장소 등을 고려하여 대통령령으로 정하는 사업에 대하여는 이 법을 적용하지 아니한다.
제37조(업무상의 재해의 인정 기준)
① 근로자가 다음 각 호의 어느 하나에 해당하는 사유로 부상·질병 또는 장해가 발생하거나 사망하면 업무상의 재해로 본다. 다만, 업무와 재해 사이에 상당인과관계가 없는 경우에는 그러하지 아니하다.
1. 업무상 사고
가. 근로자가 근로계약에 따른 업무나 그에 따르는 행위를 하던 중 발생한 사고
제62조(유족급여)
① 유족급여는 근로자가 업무상의 사유로 사망한 경우에 유족에게 지급한다.
제71조(장의비)
① 장의비는 근로자가 업무상의 사유로 사망한 경우에 지급하되, 평균임금의 120일분에 상당하는 금액을 그 장제를 지낸 유족에게 지급한다.
■ 구 산업재해보상보험법 시행령(2017. 12. 23. 대통령령 제28506호로 개정되기 전의 것)
제2조(법의 적용 제외 사업)
① 「산업재해보상보험법」(이하 "법"이라 한다) 제6조 단서에서 "대통령령으로 정하는 사업"이란 다음 각 호의 어느 하나에 해당하는 사업 또는 사업장(이하 "사업"이라 한다)을 말한다.
3. 「주택법」에 따른 주택건설사업자, 「건설산업기본법」에 따른 건설업자, 「전기공사업법」에 따른 공사업자, 「정보통신공사업법」에 따른 정보통신공사업자, 「소방시설공사업법」에 따른 소방시설업자 또는 「문화재보호법」에 따른 문화재수리업자가 아닌 자가 시공하는 다음 각 목의 어느 하나에 해당하는 공사
나. 연면적이 100제곱미터 이하인 건축물의 건축 또는 연면적이 200제곱미터 이하인 건축물의 대수선에 관한 공사
■ 고용보험 및 산업재해보상보험의 보험료징수 등에 관한 법률
제9조(도급사업의 일괄적용)
① 건설업 등 대통령령으로 정하는 사업이 여러 차례의 도급에 의하여 시행되는 경우에는 그 원수급인을 이 법을 적용받는 사업주로 본다. 끝.

[참조조문]

산업재해보상보험법 제6조, 제37조, 제62조, 제71조, 제2조

[참조판례]

2017고단3276호

2016가합61131

2017고단3276

◎ 2심 광주고등법원 제1행정부[2019누12394]

원 고 : 항소인 ○○○

광주광역시 북구 ○○○로 ○○길 ○○

소송대리인 변호사 ○○○

피 고 : 피항소인 근로복지공단

전심판결 : 1심 2019구단10378 광주지방법원

변론종결 : 2020. 01. 09

판결선고 : 2020. 02. 13

[주문]

1. 원고의 항소를 기각한다.
2. 항소비용은 원고가 부담한다.

[청구취지 및 항소취지]

제1심판결을 취소한다. 피고가 2019. 3. 6. 원고에 대하여 한 유족급여 및 장의비 불승인처분을 취소한다.

[이유]

1. 제1심판결의 인용

이 사건에 관한 이 법원의 판결이유는 제1심판결의 이유 부분 기재와 같으므로, 행정소송법 제8조 제2항, 민사소송법 제420조 본문에 따라 이를 그대로 인용한다(원고가 이 법원에서 주장하는 내용은 원고가 제1심에서 주장한 내용과 크게 다르지 아니하고, 제1심에 제출된 증거들을 모두 살펴보더라도 원고의 이러한 주장을 배척한 제1심법원의 판단은 정당하다).

2. 결론

그렇다면 원고의 이 사건 청구는 이유 없어 기각하여야 할 것인바, 제1심판결은 이와 결론을 같이하여 정당하므로, 원고의 항소를 기각하기로 하여 주문과 같이 판결한다.

[참조조문]

행정소송법 제8조 제2항

민사소송법 제420조

제5절 재요양 등

1. 재해위로금지급청구의 소

(광업소에서 채탄부 광원으로 근무 중 진폐병 판정)

◎ 대법원 2020. 10. 15., 선고, 2020두34308, 판결

원고 : 상고인 ○○○

소송대리인 변호사 ○○○

피고 : 피상고인 한국광해관리공단

원심판결 : 서울고법 2020. 1. 17. 선고 2019누53985 판결

[주문]

원심판결을 파기하고, 사건을 서울고등법원에 환송한다.

[이유]

상고이유를 판단한다.

1. 사건의 개요와 쟁점

가. 원심판결 이유에 의하면, 다음과 같은 사실을 알 수 있다.

1) 원고는 1988. 8. 8.부터 1992. 10. 31.까지 ○○광업소(이하 '이 사건 광업소'라고 한다)에서 채탄부 광원으로 근무하였고, 이 사건 광업소는 1993. 5. 14. 폐광되었다.

2) 원고는 이 사건 광업소 근무 중이던 1990. 1. 8. '진폐병형 2/1형'으로 진단되어 산업재해보상보험법에 따른 장해등급 11급 판정을 받고 1990. 4. 26. 장해보상일시금 4,055,400원을 지급받았다.

3) 원고는 이 사건 광업소 폐광 후인 2009. 8. 26. '진폐병형 4B형, 심폐기능 F1/2' 판정을 받았고 그에 따라 장해등급 9급으로 상향되어 2009. 9. 11. 장해보상일시금 19,406,060원을 지급받았다.

4) 2010. 5. 20. 법률 제10305호로 산업재해보상보험법이 개정되어(이하 '개정 산재보험법'이라고 한다) 진폐에 관해서는 휴업급여, 장해급여, 유족

급여, 상병보상연금을 지급하지 않고, 진폐보상연금 및 진폐유족연금을 지급하도록 하였다(제36조 제1항, 제91조의3, 제91조의4).

5) 원고는 2015. 6. 16. '진폐병형 4B형, 심폐기능 F1' 판정을 받고 장해등급이 5급으로 상향되었으며, 개정 산재보험법에 따라 진폐보상연금을 지급받고 있다.

6) 피고는 2019. 4. 8. 원고에게 위 2)항 및 3)항에서 원고가 지급받은 장해보상일시금과 동일한 금액의 재해위로금을 지급하였다.

나. 이 사건의 쟁점은, 개정 산재보험법에 따라 '진폐보상연금'을 받는 근로자가 구 석탄산업법 시행령(1993. 3. 6. 대통령령 제13870호로 개정되기 전의 것) 제41조 제3항 제5호(이하 '이 사건 조항'이라고 한다)에 따른 장해보상일시금 상당액의 재해위로금 지급 대상에 해당하는지 여부이다.

2. 관련 규정과 법리

가. 구 석탄산업법(1993. 3. 6. 법률 제4541호로 개정되기 전의 것) 제39조의3 제1항은 폐광대책비의 지급 대상이 되는 광산의 석탄광업자가 당해 광업권·조광권 또는 계속작업권의 소멸등록을 마친 때에는 석탄산업합리화사업단은 당해 광산의 퇴직근로자 및 석탄광업자 등에게 다음 각호의 금액을 폐광대책비로 지급하여야 한다고 규정하고, 제4호에서 '기타 대통령령이 정하는 폐광대책비'를 규정하고 있다. 그 위임에 따라 이 사건 조항은 "제42조의2 제1항의 규정에 의하여 확인을 받기 위한 신청일 또는 법 제39조의3 제2항의 규정에 의하여 위원회의 심의를 거쳐 폐광하는 경우에는 위원회에서 정한 날부터 소급하여 1년 전부터 폐광일까지의 기간 중에 업무상 재해를 입은 자로서 폐광일 현재 장해등급이 확정된 자 또는 재해발생기간에 불구하고 폐광일 현재 장해등급이 확정되지 아니한 자에 대하여 지급하는 재해위로금. 이 경우 재해위로금액은 퇴직근로자가 지급받은 산업재해보상보험법 제9조의5 제1항의 규정에 의한 장해보상일시금 또는 동법 제9조의6 제1항의 유족보상일시금과 동일한 금액으로 한다." 라고 규정하고 있다. 이 사건 조항은 여러 차례 개정되었으나, 그 내용은 실질적으로 동일하게 유지되었다. 그러다가 석탄산업법 시행령이 2014.

12. 9. 대통령령 제25831호로 개정되면서 '산업재해보상보험법 제91조의 2에 따라 진폐로 인한 업무상 재해로 인정된 경우'를 재해위로금의 지급 대상에서 명시적으로 제외하였다.

나. 폐광대책비의 일환으로 폐광된 광산에서 업무상 재해를 입은 근로자에게 지급되는 재해위로금은, 국내의 석탄수급상황을 감안하여 채탄을 계속하는 것이 오히려 국민경제의 균형발전을 위하여 바람직하지 못하다고 판단되는 경제성이 없는 석탄광산을 폐광함에 있어서 그 광산에서 입은 재해로 특히 전업 등에 특별한 어려움을 겪게 될 근로자에게 사회보장적인 차원에서 통상적인 재해보상금에 추가하여 지급되는 위로금의 성격을 갖는다(대법원 2002. 3. 29. 선고 2001두9592 판결 참조).

진폐증은 석탄광업소의 근로자에게 발생할 수 있는 대표적인 업무상 재해로서, 현대의학으로도 완치가 불가능하고 분진이 발생하는 직장을 떠나더라도 진행을 계속하는 한편 진행 정도도 예측하기 어렵다. 또한 진폐증에 걸리면 여러 합병증에 노출되는데, 주로 요양급여는 진폐로 인한 합병증을 치료하기 위하여 지급된다. 이러한 진폐증의 특성을 고려하면, 폐광일 전에 발생한 진폐증이 그 즉시 장해등급이 부여될 정도인지 또는 점차 악화되어 폐광일 후에 장해등급이 부여될지 여부는 예측 곤란한 진폐증의 진행 속도에 따른 우연한 사정에 불과하다(대법원 2019. 7. 25. 선고 2017두69830 판결 등 참조). 따라서 이 사건 조항의 '재해발생기간에 불구하고 폐광일 현재 장해등급이 확정되지 아니한 자'에는 일단 최초의 요양을 종결하고 그에 따른 신체장해등급 판정을 받고 그에 상응하는 재해위로금을 받았다가 폐광일 이후 해당 상병이 재발하거나 또는 해당 상병에 기인한 합병증이 발생하여 재요양을 받게 된 피재근로자도 포함되며, 이 경우 재요양 후의 새로운 장해등급에 따른 재해위로금에서 최초 장해등급에 따른 재해위로금의 차액을 추가로 지급하여야 한다(대법원 1999. 1. 26. 선고 98두12598 판결 참조).

3. 진폐보상연금을 받는 근로자가 재해위로금 지급 대상인지 여부

진폐증의 특성을 기초로 관련 규정의 내용과 폐광대책비의 일환으로 지

급되는 재해위로금의 입법 목적을 종합하여 보면, 폐광된 광산에서 진폐로 인한 업무상 재해를 입은 근로자가 '개정 산재보험법 시행일인 2010. 11. 21. 이후에 장해등급이 확정'되어 장해급여(장해보상연금 또는 장해보상일시금)가 아닌 진폐보상연금을 받게 되었더라도, 이 사건 조항에 따른 재해위로금 지급 대상에 해당한다고 보아야 한다. 구체적인 이유는 다음과 같다.

가. 이 사건 조항은 전문에서 '… 자에 대하여 지급하는 재해위로금'이라고 규정하고, 후문에서 '이 경우 재해위로금액은 … 과 동일한 금액으로 한다'고 규정하고 있으므로, 전문은 '지급 대상(지급요건)'에 관한 규정이고, 후문은 전문의 지급요건이 충족된 자에게 지급하는 재해위로금의 '금액 산정기준'을 규정한 것이라고 보아야 한다.

이 사건 조항 후문의 제정 당시에는 진폐보상연금 및 진폐유족연금 제도가 도입되지 않아 폐광된 광산에서 업무상 재해를 입고 장해등급 판정을 받은 근로자와 그 유족은 모두 장해보상일시금과 유족보상일시금을 받았거나 받을 수 있었다. 이 때문에 재해위로금액의 산정을 용이하게 하기 위하여 '장해보상일시금 또는 유족보상일시금과 동일한 금액'으로 하도록 규정한 것이지, 오로지 장해보상일시금 또는 유족보상일시금을 받은 경우에만 재해위로금을 지급하라는 취지로 이 사건 조항 후문이 제정된 것은 아니다.

나. 2010. 5. 20. 법률 제10305호로 개정되기 전의 구 산업재해보상보험법(이하 '구 산재보험법'이라고 한다)에 따른 장해급여 및 유족급여와 개정 산재보험법에 따른 진폐보상연금 및 진폐유족연금은 '진폐로 인하여 장해등급 판정을 받은 근로자'와 '그 근로자가 진폐로 사망한 경우의 유족'에게 지급되는 보험급여라는 점에서 성격이 동일하고, 단지 보험급여의 명칭과 액수, 지급방식만 바뀐 것이다. 진폐병형과 심폐기능 정도의 판정기준, 증상의 정도에 따른 장해등급 기준이 같으므로 같은 급수의 장해등급이라면 개정 산재보험법에 의해 '진폐보상연금을 받는 장해'와 구 산재보험법에 의해 '장해보상연금 또는 일시금을 받는 장해'는 진폐로 인한 장해의 정도에 있어서 차이가 없다(개정 산재보험법 제57조 제2항, 제91조의8 제1항 및 제2항, 같은 법 시행령 제53조 제1항 [별표 6], 제83조의2

제1항 [별표 11의2] 참조).

다. 폐광일 전에 발생한 진폐증이 개정 산재보험법 시행일 전에 장해등급이 확정되어 '장해급여'를 받게 될 것인지, 개정 산재보험법 시행일 이후에 장해등급이 확정되어 '진폐보상연금'을 받게 될 것인지는 예측 곤란한 진폐증의 진행 속도에 따른 우연한 사정에 불과하다. 또한 근로자가 개정 산재보험법 시행일 전에 사망하여 그 유족이 '유족급여'를 받게 될 것인지, 아니면 개정 산재보험법 시행일 이후에 사망하여 그 유족이 '진폐유족연금'을 받게 될 것인지 역시 진폐증의 진행 속도에 따른 우연한 사정에 불과하다.

라. 개정 산재보험법은 진폐근로자 간 보상의 형평성을 높이고 진폐근로자의 생활안정에 기여하기 위한 데 그 취지가 있으며, '진폐보상연금을 받는 근로자'와 '진폐유족연금을 받는 유족'에게 석탄산업법상 재해위로금을 지급하지 않겠다는 입법의도가 있었다고 볼 만한 자료는 찾기 어렵다. 오히려 2014. 12. 9. 대통령령 제25831호로 개정된 석탄산업법 시행령 제41조 제4항 제5호 (가)목은 '산업재해보상보험법 제91조의2에 따라 진폐로 인한 업무상 재해로 인정된 경우'를 재해위로금 지급 대상에서 제외하도록 명시적으로 규정함으로써, 그전까지는 진폐보상연금을 받는 근로자와 진폐유족연금을 받는 유족에 대하여도 석탄산업법상 재해위로금이 지급될 수 있음을 전제로 법령 개정을 통하여 이와 달리 규율하였다는 취지를 밝히고 있다.

마. 근로자가 지급받는 급여가 장해급여인지 진폐보상연금인지에 따라 재해위로금 지급 여부를 달리할 경우, 실제 지급받는 급여 액수에 따라서도 재해위로금 지급 여부가 달라지는 불합리한 결과가 발생한다.

개정 산재보험법의 부칙 제2조 제2항은 종전 규정에 따라 진폐로 인하여 장해보상연금을 받고 있는 사람이 이 법 시행 후에 진폐장해등급이 변경된 경우 종전 규정에 따라 산정된 장해보상연금액이 개정 규정에 따라 산정된 진폐보상연금액보다 많은 경우에는 종전 규정에 따라 장해보상연금을 계속 지급하도록 규정하고 있다. 그런데 종전 규정에 따라 장해보상연금을 지급받는 경우에만 재해위로금 지급 대상이 된다고 볼 경우, 똑같이 진폐로 업무상 재해를 입고 개정 산재보험법 시행일인 2010. 11. 21. 이후에 장해등급이 상향되었음에도, 장해보상연금액이 진폐보상연금액보다 높아 계속 장해보상연금을 지급받는 근로자는 재해위로금을 지급받을 수 있고, 진폐보상연금액이 장해보상연금액보다 더 높아 진폐보상연금을 지급받는 근로자는 재해위로금을 지급받지 못하게 되는 불합리한 결과가 발생한다.

바. 진폐보상연금과 진폐유족연금을 받는 자에 대하여 개정 산재보험법에 따른 장해보상일시금 산정기준(제57조 제2항 [별표 2])과 유족보상일시금 산정기준(제62조 제2항 [별표 3])을 유추적용하여 재해위로금액을 산정한다고 하여 형평에 반한다고 보기 어렵다. 실제 산재보험법은 장해특별급여나 유족특별급여의 경우, 진폐보상연금이나 진폐유족연금을 받는 자에 대하여도 장해급여나 유족급여를 받는 자와 마찬가지로 장해보상일시금이나 유족보상일시금 산정기준을 그대로 적용한 금액 산정방식을 정하고 있다(개정 산재보험법 제78조, 제79조, 같은 법 시행령 제73조 제2항, 제74조 제1항). 개정 산재보험법에 따라 '진폐보상연금 및 진폐유족연금을 받는 경우'와 구 산재보험법에 따라 '장해급여 및 유족급여를 받는 경우' 사이에 급여액에 일부 차이가 있다 하더라도, 석탄산업법에 따른 재해위로금과 산재보험법에 따른 보험급여는 제도의 취지 및 성격을 달리하는 것이므로, 산재보험법 개정 및 그에 따른 보험급여의 액수 증감과 무관하게 종전 기준을 동일하게 적용하여 석탄산업법에 따른 재해위로금을 지급한다고 하여 형평에 반한다고 볼 수는 없다.

4. 이 사건에 관한 판단

가. 앞서 본 사실관계를 이러한 법리에 비추어 살펴보면, 다음과 같이 판단할 수 있다.

1) 원고는 이 사건 광업소에서 업무상 재해를 입고 폐광 후인 2015. 6. 16. 최종적으로 장해등급 5급 판정을 받았으므로 이 사건 조항 전문에 따른 재해위로금 지급 대상에 해당한다.

2) 원고가 지급받을 재해위로금액은 이 사건 조항 후문에 따라 '장해보상일시금과 동일한 금액'이므로, 개정 산재보험법 제57조 제2항 [별표 2]에서 정한 장해보상일시금 산정기준(= 장해등급 5급의 869일분−이미 재해위로금을 지급받은 장해등급 9급의 385일분)을 유추적용하여 산정할 수 있다.

나. 그런데도 원심은 이 사건 조항에 따른 재해위로금의 지급 대상이 되기 위하여는 이 사건 조항 전문의 요건을 충족하여야 할 뿐만 아니라 후문에서 정한 '장해보상일시금 또는 유족보상일시금'을 지급받을 수 있는 지위까지도 있어야 한다고 보아, 개정 산재보험법에 따른 진폐보상연금을 받고 있을 뿐 장해급여를 받고 있지 않은 원고는 이 사건 조항에 따른 재해위로금 지급 대상에 해당하지 않는다고 판단하였다. 이러한 원심판단에는 석탄산업법에 따른 재해위로금 지급 대상에 관한 법리를 오해하여 판결에 영향을 미친 위법이 있다. 이 점을 지적하는 상고이유 주장은 이유 있다.

5. 결론

그러므로 원심판결을 파기하고, 사건을 다시 심리·판단하도록 원심법원에 환송하기로 하여, 관여 대법관의 일치된 의견으로 주문과 같이 판결한다.

2. 추가상병불승인처분취소(작업 중 5미터 높이에서 추락하는 사고)

◎ 1심 대구지방법원[2018구단2488]

원 고 : ○○○

대구광역시 북구 ○○○로 ○○길 ○○

소송대리인 변호사 ○○○

피 고 : 근로복지공단

변론종결 : 2019. 05. 10

판결선고 : 2019. 05. 31

[주문]

1. 이 사건 소를 각하한다.
2. 소송비용은 원고가 부담한다.

[청구취지]

피고가 2017. 5. 30. 원고에 대하여 한 추가상병불승인처분을 취소한다.

[이유]

1. 처분의 경위

가. 원고는 ○○○○ 주식회사의 근로자로서 2016. 4. 19. 11:00경 경북 칠곡군 지천면 이하생략에서 작업 중 5미터 높이에서 추락하는 사고(이하 '이 사건 사고'라 한다)로 인하여 '좌측 종골의 관절 외 골절, 우측 족부 주상골의 골절, 우측 고관절 주위 근육의 다발성 부분파열, 우측 좌골신경 손상, 좌측 슬관절 외측 반달연골 파열, 골좌상, 좌측 전십자인대 부분파열상'을 입고 피고에게 요양급여를 신청하여 승인을 받고 요양을 하였다.

나. 원고는 2017. 5. 2. 피고에게 이 사건 사고로 인하여 '안면신경마비'가 발생하였다는 이유로 추가상병을 신청하였으나, 피고는 2017. 5. 30. 원고에 대하여 추가상병불승인처분(이하 '이 사건 처분'이라 한다)을 하였다.

다. 원고는 이 사건 처분에 대한 심사청구를 하였으나 2017. 8. 24. 원고의 심사청구가 기각되었고, 원고가 2018. 6. 14. 이에 불복하여 재심사를 청구하였으나 ○○○○○○○○○○○○위원회에서는 2018. 8. 31. 원고가 심사결정을 받은 2017. 8. 28.로부터 90일이 경과하여 재심사를 청구하였다는 이유로 원고의 재심사 청구를 각하하는 재결을 하였다.

[인정근거] 갑 제2호증의 1, 갑 제4, 6호증, 을 제1호증의 각 기재, 변론 전체의 취지

2. 이 사건 소의 적법 여부

가. 피고의 본안전 항변

이 사건 소는 제소기간을 도과하여 제기된 것으로 부적법하다.

나. 판단

행정소송법 제20조 제1항에 의하면 취소소송은 처분 등이 있음을 안 날부터 90일 이내에 제기하여야 하고, 다만 행정심판청구를 할 수 있는 경우에 행정심판청구가 있은 때의 기간은 재결서의 정본을 송달받은 날부터 기산하는데, 원고가 심사결정을 받은 2017. 8. 28.로부터 90일 이내에 재심사 청구나 이 사건 처분에 대한 취소소송을 제기하지 아니한 사실은 앞서 본 바와 같으므로, 이 사건 소는 제소기간을 도과하여 제기된 것이어서 부적법하다.

원고는, 심사결정서를 송달 받을 당시 업무상 재해로 인한 안면신경마비, 전십자인대의 파열, 관절통, 두통, 고혈압, 상세불명의 우울에피소드 등으로 지속적인 치료를 받고 있는 상황이었고, 이 사건 사고 이후 1년 이상 입원 및 통원치료를 받아 정상적인 사고 및 활동을 할 수 없었는바, 원고는 책임질 수 없는 사유로 제소기간을 준수하지 못하였다고 주장하므로 살피건대, 행정소송법 제8조, 민사소송법 제173조 제1항에 규정된 '당사자가 책임질 수 없는 사유'란 당사자가 소송행위를 하기 위하여 일반적으로 하여야 할 주의를 다하였음에도 불구하고 그 기간을 준수할 수 없었던 사유를 말하는바(대법원 2012. 10. 11. 선고 2012다44730 판결 참조), 원고가 제출한 증거들만으로는 원고가 책임질 수 없는 사유로 제소기간을 준수할 수 없었다고 인정하기에 부족하고, 달리 이를 인정할 증거가 없으며, 오히려 갑 제6, 7호증의 각 기재와 변론 전체의 취지에 의하면, 원고가 2017. 8. 28. 심사결정서를 직접 수령하였고, 당시 원고는 전십자인대파열 등의 상병으로 외래 진료를 받은 사실만이 인정된다.

3. 결론
이 사건 소는 부적법하므로 이를 각하하기로 하여 주문과 같이 판결한다.

[참조조문]
행정소송법 제20조 제1항, 제8조, 민사소송법 제173조 제1항
[참조판례]

◈ 소송의 진행 도중 통상의 방법으로 소송서류를 송달할 수 없게 되어 공시송달의 방법으로 송달하였는데 당사자가 소송의 진행상황을 조사하지 않아 불변기간을 지키지 못한 경우, 이를 민사소송법 제173조 제1항에 정한 '당사자가 책임질 수 없는 사유'에 의한 것이라고 할 수 있는지 여부(소극)
(대법원 2012. 10. 11. 선고 2012다44730 판결)
【주 문】
원심판결을 파기한다. 이 사건 항소를 각하한다. 항소 이후의 소송비용은 피고보조참가인이 부담한다.
【이 유】
상고이유에 대하여 판단한다.
1. 민사소송법 제173조 제1항에 규정된 '당사자가 책임질 수 없는 사유'라고 함은 당사자가 그 소송행위를 하기 위하여 일반적으로 하여야 할 주의를 다하였음에도 불구하고 그 기간을 준수할 수 없었던 사유를 가리키는데, 소송의 진행 도중 통상의 방법으로 소송서류를 송달할 수 없게 되어 공시송달의 방법으로 송달한 경우에는 처음 소장부본의 송달부터 공시송달의 방법으로 소송이 진행된 경우와 달라서 당사자에게 소송의 진행상황을 조사할 의무가 있으므로, 당사자가 이러한 소송의 진행상황을 조사하지 않아 불변기간을 지키지 못하였다면 이를 당사자가 책임질 수 없는 사유로 말미암은 것이라고 할 수 없다 (대법원 2004. 7. 22. 선고 2004다16082 판결, 대법원 2006. 3. 10. 선고 2006다3844 판결 등 참조).
2. 원심판결의 이유에 의하면, 원심은 제1심법원이 피고들에 대하여 송달한 소장부본과 변론기일통지서를, 피고 1(나머지 피고들의 법정대리인이기도 하다)의 동생인소외인이 동거인으로서 피고들의 주민등록지가 아닌 '남양주시 (이하 생략) 723동 101호'에서 수령한 사실, 피고들이 제1차 변론기일에 출석하지 아니하자 제1심법원은 변론을 종결한 후 2009. 5. 28. 민사소송법 제208조 제3항 제2호에 의하여 자백간주 판결을 선고하고 판결의 정본을 공시송달의 방법으로 송달한 사실을 인정한 다음, 이에 의하면 피고들은 이 사건 소송 계속 사실을

처음부터 알지 못한 채 제1심판결이 선고되었고, 판결정본이 공시송달의 방법으로 송달됨으로써 판결의 선고 및 송달 사실을 알지 못하였으며 이를 알지 못한 데 과실이 없다고 봄이 상당하고, 따라서 피고들이 책임질 수 없는 사유로 말미암아 항소기간을 지키지 못한 때에 해당한다고 할 것이므로, 피고보조참가인이 2011. 11. 14. 무렵 이러한 사실을 알고 같은 날 피고보조참가신청과 함께 이 사건 항소를 제기한 것은 적법하다고 판단하였다.

3. 그러나 이러한 원심의 판단은 아래와 같은 이유로 수긍하기 어렵다.
민사소송법 제186조 제1항에 의하면 근무장소 외의 송달할 장소에서 송달받을 사람을 만나지 못한 때에는 그 동거인 등으로서 사리를 분별할 지능이 있는 사람에게 서류를 교부하는 방법으로 송달할 수 있고, 여기에서 말하는 '송달할 장소'가 반드시 송달을 받을 사람의 주민등록상의 주소지에 한정되는 것은 아니며, '동거인' 역시 송달을 받을 사람과 사실상 동일한 세대에 속하여 생활을 같이 하는 사람이기만 하면 되는데 (대법원 2000. 10. 28.자 2000마5732 결정 등 참조), 판결의 선고 및 송달 사실을 알지 못하여 상소기간을 지키지 못한 데 과실이 없다는 사정은 상소를 추후보완하고자 하는 당사자 측에서 주장·입증하여야 할 것이므로, 이 사건에서피고 1이 위 소장부본 등의 송달 당시 '남양주시 (이하 생략) 723동 101호'에 거주하면서소외인과 함께 생활하지 아니하였다거나, 이에 따라 동생인소외인의 소장부본 수령에도 불구하고 이 사건 소송이 제기된 사실을 알지 못하였다는 점은 피고들이나 피고들을 위하여 항소를 추후보완한 피고보조참가인이 입증하여야 한다.
그런데 피고들이나 피고보조참가인은 위와 같은 사정에 대하여 별다른 주장이나 입증을 한 바 없고, 오히려 피고보조참가인은 그가 제출한 항소장과 보조참가신청서를 통하여피고 1이 이 사건 소장부본 및 변론기일통지서를 수령하고도 상속 포기를 이유로 응소하지 않았다고 주장하였을 뿐이다. 그럼에도 원심은 판시 사정만으로 피고들에 대한 최초 소장부본 송달이 부적법하여 무효라는 전제 아래, 피고 1이 이 사건 소송의 계속 및 제1심판결의 선고 사실을 알지 못하였으며 이를 알지 못한 데 과실이 없다고 하여 피고보조참가인이 추후보완한 항소가 적법하다고 판단한 다음 본안의 당부에까지 나아가 심리·판단한 끝에 제1심판결을 취소하고 원고의 청구를 모두 기각하는 판결을 하였으니, 이러한 원심판결에는 보충송달과 상소의 추후보완에 관한 법리를 오해함으로써 판결에 영향을 미친 위법이 있고, 이 점을 지적하는 상고이유 주장에는 정당한 이유가 있다.

4. 그러므로 나머지 상고이유에 관한 판단을 생략한 채 원심판결을 파기하고, 이 사건은 이 법원이 직접 재판하기에 충분하므로 자판하기로 하되, 피고보조참가인의 항소는 앞서 본 바와 같이 항소기간이 도과된 후에 제기된 것으로서 추후보완을 인정할 만한 사유가 없어 부적법하고 그 흠을 보정할 수 없으므로 이

를 각하하며 항소 이후의 소송비용은 피고보조참가인이 부담하도록 하여, 관여 대법관의 일치된 의견으로 주문과 같이 판결한다.

◎ 2심 대구고등법원 제1행정부[2019누3675]

원 고 : 항소인 ○○○

대구광역시 북구 ○○○로 ○○길 ○○

소송대리인 변호사 ○○○

피 고 : 피항소인 근로복지공단

전심판결 : 1심 2018구단2488 대구지방법원

변론종결 : 2019. 11. 22

판결선고 : 2020. 01. 10

[주문]

1. 원고의 항소를 기각한다.
2. 항소비용은 원고가 부담한다.

[청구취지 및 항소취지]

제1심판결을 취소한다. 피고가 2017. 5. 30. 원고에 대하여 한 추가상병불승인처분을 취소한다.

[이유]

1. 제1심판결의 인용

이 사건에 관한 이 법원의 판결이유는 제1심판결 이유 부분 기재와 같으므로, 행정소송법 제8조 제2항, 민사소송법 제420조 본문에 따라 이를 그대로 인용한다.

2. 결론

그렇다면 원고의 이 사건 청구는 이유 없어 이를 기각할 것인데, 제1심판결은 이와 결론이 같아 정당하므로 원고의 항소를 기각하기로 하여 주문과 같이 판결한다.

[참조조문]

행정소송법 제8조 제2항, 민사소송법 제420조

3. 추가상병불승인처분취소

(추락하여 인도 가드레일에 가슴 부위를 부딪치는 사고)

◎ 1심 서울행정법원[2018구단4901]

원 고 : ○○○

서울특별시 종로구 ○○로 ○○○길 ○○

소송대리인 공익법무관 ○○○(소송구조)

피 고 : 근로복지공단

변론종결 : 2019. 03. 13

판결선고 : 2019. 04. 03

[주문]

1. 원고의 청구를 기각한다.
2. 소송비용은 원고가 부담한다.

[청구취지]

피고가 2017. 11. 24. 원고에 대하여 한 추가상병 불승인 처분을 취소한다.

[이유]

1. 처분의 경위

가. 원고는 2017. 8. 21. 11:10경 서울 성동구 이하생략 주상복합건물 1층 폐기물 상·하차작업 수행 중, 폐기물을 상차하고 차량에서 내려오다가 미끄러지면서 1.5m 높이에서 추락하여 인도 가드레일에 가슴 부위를 부딪치는 사고(이하 '이 사건 재해'라 한다)를 당하였다. 원고는 이 사건 재해로 '흉부 좌상, 우측 늑골 제8, 9번 골절' (이하 '기승인 상병'이라 한다)의 상해를 진단받고 피고로부터 요양승인을 받아 요양하였다.

나. 원고는 2017. 11. 10. '요추 제5번 신경병증'(이하 '이 사건 추가상병'이라 한다)을 추가로 진단받고 피고에게 추가상병승인신청을 하였는데, 피고는 2017. 11. 24. 이 사건 재해 및 기승인 상병과 이 사건 추가상병 사이의 인과관계를 인정하기 어렵다는 이유로 원고의 추가상병신청을 불승인하는 처분(이하 '이 사건 처분'이라 한다)을 하였다.

다. 원고는 2017. 11. 30. 이에 불복하여 피고에게 심사를 청구하였으나

2018. 2. 19. 심사 청구가 기각되었다.

[인정 근거] 다툼 없는 사실, 갑 제1호증(가지번호 포함), 을 제1, 2(가지번호 포함), 4 호증의 각 기재, 변론 전체의 취지

2. 이 사건 처분의 적법 여부

가. 원고의 주장

원고는 이 사건 재해 당시 인도 가드레일에 가슴 부위를 부딪친 이후 인도 가드레일 아래 도로 경계석에 허리 부분을 부딪친 사실도 있다. 이로 인하여 원고는 이 사건 재해 이전에는 없었던 왼쪽 허리 및 다리 부위의 통증, 마비, 저림 등의 증상이 발생하였고 그에 따라 이 사건 추가상병을 진단받은 것이다. 따라서 이 사건 추가상병과 이 사건 재해 사이에 상당인과관계가 인정됨에도 이와 달리 본 피고의 이 사건 처분은 위법하여 취소되어야 한다.

나. 판단

1) 업무상 재해로 요양 중인 근로자는 그 업무상의 재해로 이미 발생한 부상이나 질병이 추가로 발견되어 요양이 필요한 경우 또는 그 업무상의 재해로 발생한 부상이나 질병이 원인이 되어 새로운 질병이 발생하여 요양이 필요한 경우 그 부상이나 질병, 즉 추가상병에 대한 요양급여 신청을 할 수 있는바, 추가상병은 업무상 재해나 당초의 상병과 인과관계가 있는 것이어야 하고, 이를 주장하는 원고에게 그 입증책임이 있다.

2) 앞서 든 증거에 더하여 을 제3, 5호증의 각 기재 및 변론 전체의 취지에 의하여 인정되는 다음과 같은 사실 내지 사정들을 종합해 보면, 원고가 제출한 의무기록과 진단서 등의 증거들만으로는 이 사건 추가상병과 이 사건 재해 또는 기승인 상병 사이에 상당인과관계를 인정하기에 부족하고, 달리 이를 인정할 만한 증거가 없다.

① 원고는 이 사건 재해가 발생하기 이전인 2015. 6. 17. '요추부 염좌 및 긴장', '신경뿌리병을 동반한 요추 및 기타 추간판장애'의 병명으로 치료를 받았고, 2015. 7. 31.과 2015. 9. 3.에도 '요통 및 요추부'의 병명으로 치료를 받은 기록이 확인되는데, 피고 측 자문 의사들

은 원고에 대한 자기공명 영상 검사, 근전도 검사에서 요추부에 '다발성 추간판 돌출 혹은 팽윤', '신경근 병증'은 확인이 되나, 뚜렷한 급성 추간판 탈출증은 확인되지 않는다면서 이 사건 추가상병은 퇴행성 질환으로 판단된다는 소견을 제시하였다.

② 원고는 이 사건 재해 당시 허리 부위도 도로 경계석에 부딪혀 충격을 받은 사실이 있다고 주장하지만, 원고가 이 사건 재해 당시 내원하여 치료를 받은 병원의 응급실 기록지에는 원고가 이 사건 재해로 오른쪽 옆구리 부분에 충격을 받아 오른쪽 갈비뼈 부위의 통증을 호소하였다고 기록되어 있을 뿐 원고의 허리 부분에 대한 충격 사실이나 통증의 호소에 대하여는 전혀 기록되어 있지 않아 충격 부위에 대한 원고의 위 주장을 그대로 인정하기는 어렵다.

③ 이 사건 추가상병은 기승인 상병과는 상병 부위가 상이하여 그로 인해 이 사건 추가상병이 발생하였다고 보기 어렵고, 원고가 이 사건 재해 당시 추락한 높이나 충격의 부위 등에 비추어 원고의 허리 부위 퇴행성 변화가 자연 경과 이상의 속도로 악화되었다고 보기도 어렵다.

3) 따라서 원고의 주장은 받아들일 수 없고, 이 사건 처분은 적법하다.

3. 결론

그렇다면 원고의 이 사건 청구를 기각하기로 하여 주문과 같이 판결한다.

◎ 2심 서울고등법원 제7행정부[2019누44592]

원 고 : 항소인 ○○○

서울특별시 종로구 ○○로 ○○○길 ○○

소송대리인 공익법무관 ○○○

피 고 : 피항소인 근로복지공단

전심판결 : 1심 2018구단4901 서울행정법원

변론종결 : 2020. 03. 26

판결선고 : 2020. 04. 09

[주문]

1. 제1심 판결을 취소한다.

2. 피고가 2017.11.24. 원고에 대하여 한 추가상병 불승인처분을 취소한다.
3. 소송 총비용은 피고가 부담한다.

[청구취지 및 항소취지]

주문과 같다.

[이유]

1. 처분의 경위

이 법원이 이 부분에 관하여 설시할 이유는 제1심 판결문의 해당 부분 기재와 같으므로, 행정소송법 제8조 제2항, 민사소송법 제420조 본문에 의하여 이를 인용한다.

2. 처분의 적법 여부

가. 원고의 주장

원고는 이 사건 재해 당시 인도 가드레일에 가슴 부위를 부딪친 이후 인도 가드레일 아래 도로 경계석에 허리 부분을 부딪쳤다. 이로 인하여 원고는 이 사건 재해 이전에는 없었던 왼쪽 허리 및 다리 부위의 통증, 마비, 저림 등의 증상이 발생하였고 그에 따라 이 사건 추가상병을 진단받았다. 이처럼 이 사건 추가상병과 이 사건 재해 사이에 상당인과관계가 인정됨에도 이와 다른 전제에서 이루어진 피고의 이 사건 처분은 위법하다.

나. 인정사실

1) 이 사건 추가상병 부위와 관련된 기존 치료내역 원고는 2015. 6. 17. '요추의 염좌 및 긴장' 및 '신경뿌리병증을 동반한 요추 및 기타 추간판 장애'의 병명으로, 2015. 7. 31.과 2015. 9. 3. '요통 및 요추부'의 병명으로 각 치료를 받았다.

2) 의학적 견해

가) 원고 주치의의 소견

- 2017. 8. 21. 수상 후 발생한 좌측 하지 저림, 위약을 호소하여 시행한 근전도 소견상 좌측 요추 5번 신경병증 가능성 있으며, 이전 요추 MRI 상 조영제 추가 MRI 필요성 있을 것으로 판단되어 이를 시행하고자 함

나) 피고 측 자문의의 소견

- 추가 신청 상병의 본건 재해 기인성 인정하기 어렵고, 요추부 퇴행성

질환으로 판단됨

- 원고에 대한 자기공명 검사, 근전도 검사상 요추부에 '다발성 추간판 돌출 혹은 팽윤', '신경근 병증'은 확인되나, 뚜렷한 급성 추간판 병변은 확인되지 않으므로, 이 사건 재해와 이 사건 추가상병 간에 상당인과관계를 인정하기 어려움

다) 이 법원 진료기록 감정촉탁의의 감정서

- 요추신경병증은 척추신경이 압박 자극되어 발생하는 병증을 의미하고, 추간판탈출증을 비롯한 요추협착증, 척추전방전위증, 척추퇴행성 질환 등 다양한 질환에 의하여 발생한다. 특히 낙상사고 등의 외상으로 인한 디스크 탈출 및 기존 디스크 질환의 악화로도 요추신경병증이 발생할 수 있다.
- 이 사건 재해 이후인 2017. 9. 13. 촬영된 L-MRI 상 요추 부위에 요추 2-3번, 3-4번, 4-5번에서 추간판 팽윤 소견 관찰된다. 요추 4-5번 부위의 중앙으로의 디스크 탈출은 그 탈출 정도가 팽윤보다는 상당한 정도(이로 인하여 요추 협착증을 일으킬 정도)의 탈출로 추정된다.
- 원고의 ① 좌하지 저림 증상과 위와 같은 추락사고로 인하여 ② 좌측 하지의 전반적인 하지 감각저하 및 하지 위약감 호소 그리고 ③ 요추 5번 신경병증의 근전도 소견, ④ 요추 MRI 영상검사상 요추 4-5번간 요추추간판탈출증 및 협착증의 소견은 이 사건 재해 이전에 요추추간판탈출증의 기왕증이 있었다고 전제되더라도, 이 사건 재해로 상기의 상병이 악화되는데 일부(50% 정도) 관여한 것으로 추정된다.

라) 이 법원의 진료 감정 촉탁의에 대한 사실조회 결과

- 이 사건 재해의 외상이 허리에 영향을 줄 수 있는 외력으로 인정하더라도, 이 사건 재해 2년 전에 이미 추간판탈출증의 병력으로 치료받은 이력인 기왕질환의 양상이 더 짙다 사료된다. 그러므로 (감정의 기존 의견을 수정하여) 이 사건 재해는 원고의 기존 질환인 추간판 장애의 상병이 악화되는데 일부분 정도(30% 정도) 관여한 것으로 추정된다.

[인정근거] 갑 제3, 4호증, 을 제3, 5호증의 각 기재, 이 법원의 ○○의료원장에 대한 진료기록 감정촉탁 결과, 이 법원의 ○○의료원에 대한

사실조회 결과, 변론 전체의 취지

다. 판단

1) 산업재해보상보험법 제49조에 의하면, 근로자는 '업무상의 재해로 이미 발생한 부상이나 질병이 추가로 발견되어 요양이 필요한 경우' 또는 '업무상의 재해로 발생한 부상이나 질병이 원인이 되어 새로운 질병이 발생하여 요양이 필요한 경우'에 해당할 때, 그 새로운 부상 또는 질병에 대한 추가상병 요양급여를 신청할 수 있다.

한편, 산업재해보상보험법상의 업무상 재해라 함은 업무상의 사유에 따른 근로자의 부상·질병·장해 또는 사망을 말하는 것이므로, 업무와 근로자의 질병 사이에 상당인과관계가 있어야 한다. 그 인과관계에 관하여는 이를 주장하는 측에서 입증하여야 하나 반드시 의학적, 자연과학적으로 명백하게 입증되어야 하는 것은 아니고, 근로자의 취업 당시의 건강상태, 발병 경위, 질병의 내용, 치료의 경과 등 제반 사정을 고려할 때 업무와 질병 사이에 상당인과관계가 있다고 추단되는 경우에도 그의 입증이 있다고 보아야 한다(대법원 2009. 7. 9. 선고 2009두6186 판결 등 참조). 이러한 법리는 업무상의 재해 또는 그로 인한 기존의 상병과 추가상병 사이의 인과관계를 판단하는데도 적용된다.

2) 위 인정사실과 앞서 든 증거들에 의하여 인정되는 아래와 같은 사정을 종합하면, 이 사건 재해로 기존 질환인 요추추간판 장애가 자연경과적 진행속도 이상으로 악화되어 이 사건 추가상병이 발생한 것으로 볼 수 있으므로, 이 사건 재해와 이 사건 추가상병 사이에 상당인과관계가 인정된다. 따라서 이와 다른 전제에서 이루어진 이 사건 처분은 위법하다.

① 원고는 1.5m 높이에서 추락하여 인도 가드레일에 가슴 부위를 부딪친 이 사건 재해로 '흉부 좌상, 우측 늑골 제8, 9번 골절'의 상해를 진단받았는데, 이 사건 재해로 직접 충격을 받아 골절된 우측 늑골 제8, 9번 부위는 이 사건 추가상병 부위인 요추 제5번 부위와 인접하여 있다. 또한 이 사건 재해 직후 작성된 ○○대학교 ○○병원 응급실의 진료기록(을 제2호증의 2)에는 원고가 직접적으로 허리 부위 통증을

호소하였다는 취지의 기재는 없으나, 우측 옆구리 통증을 호소한 내용이 기재되어 있다. 이를 고려하면, 이 사건 재해 당시 이 사건 추가상병 부위인 원고의 허리 부분에도 강한 충격이 미쳤다고 볼 수 있다.

② 원고는 2015. 6. 17.부터 2015. 9. 3.까지 약 4회에 걸쳐 '요추의 염좌 및 긴장' 등 병명으로 치료받았으나, 2015. 9. 3. 이후 이 사건 재해가 발생하기까지 약 2년 동안 허리 부위의 부상 내지 질병으로 치료받은 사실이 없다. 그런데 이 사건 재해 이후부터 갑자기 이전에는 느끼지 못하였던 왼쪽 허리 및 다리 부위의 통증, 마비, 저림 등의 증상이 발생하였다.

③ 이 법원 진료기록 감정의는 '요추신경병증은 척추신경이 압박 자극되어 발생하는 병증을 의미하고, 추간판탈출증 등 다양한 질환에 의하여 발생한다. 특히 낙상사고 등의 외상으로 인한 디스크 탈출 및 기존 디스크 질환의 악화로도 요추신경병증이 발생할 수 있다', '원고에게 이 사건 재해로부터 2년 전에 이미 추간판탈출증의 병력으로 치료 받은 이력인 기존 질환이 있었고, 이 사건 재해는 원고의 기존 질환인 추간판 장애의 상병이 악화되는데 일부분 정도(30%) 관여한 것으로 추정된다'라는 의학적 소견을 제시하였다.

3. 결론

그렇다면 원고의 청구는 이유 있으므로 이를 인용하여야 한다. 이와 결론이 다른 제1심 판결은 부당하므로 원고의 항소를 받아들여 이를 취소하고, 이 사건 처분을 취소한다.

[참조조문]

민사소송법 제420조

행정소송법 제8조 제2항

산업재해보상보험법 제49조

[참조판례]

◈ 업무와 직접 관련이 없는 기존 질병이 업무와 관련하여 발생한 사고 등으로 악화되거나 그 증상이 비로소 발현한 경우 업무상의 재해에 해당하는지 여부, 그 인과관계에 관한 증명책임의 소재 및 증명의 정도

(대법원 2009. 7. 9. 선고 2009두6186 판결)

【주 문】

원심판결을 파기하고, 사건을 부산고등법원으로 환송한다.

【이 유】

상고이유를 판단한다.

구 산업재해보상보험법(2007. 4. 11. 법률 제8373호로 전부 개정되기 전의 것, 이하 '법'이라 한다)에 규정된 업무상 재해라 함은 근로자가 업무수행에 기인하여 입은 재해를 뜻하는 것이어서 업무와 재해발생과의 사이에 인과관계가 있어야 하지만 그 재해가 업무와 직접 관련이 없는 기존의 질병이더라도 그것이 업무와 관련하여 발생한 사고 등으로 말미암아 더욱 악화되거나 그 증상이 비로소 발현된 것이라면 업무와의 사이에는 인과관계가 존재한다고 보아 악화된 부분이 악화 전의 상태로 회복하기까지 또는 악화 전의 상태로 되지 않고 증상이 고정되는 경우는 그 증상이 고정되기까지를 업무상의 재해로서 취급할 것이며, 그의 인과관계에 관하여는 이를 주장하는 측에서 입증하여야 하는 것이나 반드시 의학적, 자연과학적으로 명백하게 입증되어야 하는 것은 아니고, 근로자의 취업 당시의 건강상태, 발병 경위, 질병의 내용, 치료의 경과 등 제반 사정을 고려할 때 업무와 질병 사이에 상당인과관계가 있다고 추단되는 경우에도 그의 입증이 있다고 보아야 할 것이다. 그리고 법에 규정된 요양급여는 업무상 재해로 상실된 노동능력을 일정 수준까지 보장하는 것을 주목적으로 하는 장해급여 등과는 달리 업무상 재해에 의한 상병을 치유하여 상실된 노동능력을 원상회복하는 것을 주목적으로 하는 것이므로, 요양급여는 재해 전후의 장해 상태에 관한 단순한 비교보다는 재해로 말미암아 비로소 발현된 증상이 있고 그 증상에 대하여 최소한 치료효과를 기대할 수 있는 요양이 필요한지에 따라서 그 지급 여부나 범위가 결정되어야 할 것이다(대법원 1999. 12. 10. 선고 99두10360 판결, 대법원 2000. 6. 9. 선고 2000두1607 판결 등 참조).

원심이 인용한 제1심판결 이유 및 제출된 증거에 의하면, 원고는 1987. 3. 소외 1 주식회사에 입사하여 패널조립부에 배치된 후 2006. 8. 25. 휴직신청을 하기까지 19년 5개월간 1일 평균 10시간 가량 용접업무를 수행하여 왔고, 위 업무는 그 특성상 협소한 공간에서 불안정한 자세 또는 고정된 자세로 작업을 하는 경우가 많았는데, 원고는 2006. 6. 초순경 구조물에 올라가 용접점검을 하던 중 케이블에 걸려 넘어지면서 1m 아래의 바닥으로 추락하는 이 사건 사고를 당한 사실, 원고는 이 사건 사고 후에도 용접조장의 직책상 평소와 같이 근무를 하였으나 계속되는 통증으로 인하여 2006. 8. 8.부터 2006. 8. 16.까지 사이에 6일간 ○○신경외과의원에서, 2006. 8. 17.부터 2006. 8. 24.까지 사이에 4일간 ◇◇신경외과의원에서 각 통원치료를 받았고, 2006. 8. 25.◇◇병원에서 자기공명영상 촬영결과 제4-5요추간 추간판탈출증, 요추부 염좌(이하 '이 사건 상병'이라 한다)의 진단을 받고 이후 같은 병원에서 42일간 통원치료를 받은 사실, ◇◇대학교병원 산업의학과 의사인소외 2, 원심법원의 감정의사인 ○○대학교병원 정형외과소외 3 등은 조선소의 용접작업이 근골격계 질환을 흔히 발생시킬 수 있는 작업으로 알려져 있으며, 원고의 근무형태, 근무강도 등에 비추어 원고의 업무가 요추부에 상당한 부담으로 작용하여 이 사건 상병을 유발시키거나 악화시켰을 가능성이 매우 높고, 이 사건 사고 후 통증이 심해진 것으로 보아 이 사건 사고는 이 사건 상병의 악화요인으로 작용하였을 것으로 판단된다는 소견을 제시한 사실, 원고는 이 사건 사고 발생 전인 2004. 3. 25.에 ○○정형외과의원에서 요추부 및 좌측 골반부 동통으로, 2004. 8. 5.◇◇연합정형외과의원에서 요추의 염좌 및 긴장으로 각 진료를 받은 적이 있으나, 이 사건 사고 발생시까지 허리통증을 호소하거나 치료를 받은 사실이 없는데, 이 사건 사고 후 요통과 좌측 하지 방사통을 호소하고 하지 직거상 검사에서 좌측의 운동각 제한을 보이고 있는 사실을 알 수 있다.

위와 같은 법리 및 사실관계에 의하면, 비록 원고의 이 사건 상병 중 제4-5요추간 추간판탈출증이 피고 자문의들의 소견과 같이 퇴행성 변화에 따른 것으로 볼 수 있는 면이 없지 않더라도, 19년 5개월의 오랜 기간 동안 요추부에 부담을 주는 용접업무를 수행하여 온 원고의 경우 그와 같은 업무로 말미암아 요추부의 변형과 퇴행이 정상인에 비하여 빨리 진행되어 오던 중 이 사건 사고로 인한 충격으로 그 악화의 정도가 심화되었고, 그 외에도 요추부 염좌가 발생한 것으로 봄이 상당하므로, 장해급여는 별론으로 하더라도 요양급여신청을 하고 있는 이 사건에서 원고의 이 사건 상병을 업무상 재해에 해당한다고 볼 여지가 충분하다.

그럼에도 불구하고 원심은 이 사건 상병이 퇴행성 변화에 의한 기왕증으로서 이 사건 사고로 발생하였다거나 자연적인 진행경과를 넘어 급격히 악화되었다고 보기 어렵다는 이유로 원고의 업무와 상당인과관계가 있는 업무상 재해에 해당하지 않는다고 판단하고 말았으니, 원심의 위와 같은 판단에는 업무상 재해에 관한 법리를 오해하여 판결에 영향을 미친 위법이 있다 할 것이고, 이를 지적하는 상고이유의 주장은 이유 있다.

그러므로 나머지 상고이유에 대한 판단을 생략한 채 원심판결을 파기하고, 사건을 다시 심리·판단하게 하기 위하여 원심법원으로 환송하기로 하여 관여 법관의 일치된 의견으로 주문과 같이 판결한다.

4. 재요양불승인처분취소(철판 모서리 부분에 허리를 부딪치는 사고)

◎ 1심 서울행정법원[2018구단14953]

원 고 : ○○○

서울특별시 동작구 ○○○로 ○○○

소송대리인 법무법인 ◇◇

담당변호사 ○○○, ○○○(소송구조)

피 고 : 근로복지공단

변론종결 : 2019. 07. 10

판결선고 : 2019. 08. 14

[주문]

1. 원고의 청구를 기각한다.
2. 소송비용은 원고가 부담한다.

[청구취지]

피고가 2017. 9. 7. 원고에 대하여 한 재요양불승인처분을 취소한다.

[이유]

1. 처분의 경위

가. 원고는 2017. 3. 4. ○○ ○○점에 출근하여 일하던 중 냉장고에 손질한 채소를 넣어두고 계단으로 내려오다가 계단 중간에 놓여있던 철판 위로 넘어져 철판 모서리 부분에 허리를 부딪치는 사고를 당하였다(이하 "이 사건 사고"라 한다).

나. 원고는 이 사건 사고로 발병한 '요추 염좌 및 긴장'(이하 '이 사건 기승인 상병'이라 한다)에 대한 요양승인을 받아 2017. 3. 5.부터 2017. 5. 18.까지 요양(입원 13일, 통원 62일)을 하였다.

다. 그 후 원고는 2017. 9. 4. 피고에게 이 사건 사고로 인한 이 사건 기승인 상병이 악화되었음을 주장하면서 이를 치유하기 위한 치료가 필요하다며 재요양을 신청하였다. 그러나 피고는 2017. 9. 7. '원고의 현재 의학적 증상은 추간판 탈출에 따른 소견으로 추간판 탈출은 이 사건 사고와의 인과관계가 없다'는 의학적 자문소견에 근거하여 원고의 재요양

신청을 불승인하는 처분(이하 '이 사건 처분'이라 한다)을 하였다.

라. 이에 원고는 이 사건 처분에 불복하여 피고에게 심사청구를 하였으나, 피고는 2017. 12. 15. 원고의 심사청구를 기각하였다. 원고는 2018. 1. 8. ○○○○○○○○○○○위원회에 재심사청구를 하였으나, 위 위원회는 2018. 4. 5. 원고의 재심사청구를 기각하였다.

마. 한편, 원고는 2017. 11. 1. 피고에게 이 사건 사고로 '제4-5요추간판탈출증(좌 극외측방향)'이 발병하였다며 추가상병신청을 하였으나, 피고는 2017. 11. 9. 원고에 대하여 추가상병 불승인 처분을 하였다. 이에 불복하여 원고는 위 추가상병 불승인 처분의 취소를 구하는 소를 제기(이 법원 2018구단14946, 이하, 관련 사건'이라 한다)하였으나 원고 패소판결을 선고받고 현재 항소심에 계속 중(서울고등법원 2019누43223)이다.

[인정 근거] 다툼 없는 사실, 갑 제1, 2호증, 을 제1 내지 3호증(가지번호가 있는 것은 각 가지번호 포함, 이하 같다), 이 법원에 현저한 사실, 변론 전체의 취지

2. 이 사건 처분의 적법 여부

가. 원고의 주장

이 사건 기승인 상병이 치유 당시보다 많이 악화되어 요추 부위 통증 및 하지 부위 방사 통증이 있으므로 이에 대한 적극적인 치료가 필요하다. 또한 이 사건 기승인 상병만이 아닌 추간판탈출증도 이 사건 사고와 상당인과관계에 있으므로 이를 치료하기 위한 재요양이 필요하다. 따라서 이와 다른 전제에서 내려진 이 사건 처분은 위법하므로 취소되어야 한다.

나. 관계 법령

별지 관계 법령 기재와 같다.

다. 인정 사실

1) 원고의 허리 관련 건강보험 진료 내역 및 수술 내역

가) 원고가 2007. 11.경부터 2017. 11.경까지 사이에 허리와 관련하여 진료받은 내역은 아래와 같다.

순번	진료일	요양기관명	주상병명(주상병기호)	부상병명(부상병 기호)
1	2008. 4. 25.	○○의원	요추의 염좌 및 긴장 (S335)	
2	2008. 5. 9.	○○의원		요추의 염좌 및 긴장 (S335)
3	2010. 10. 1.	의료법인 ○○병원		요추의 염좌 및 긴장 (S335)
4	2015. 9. 21.	의료법인 ○○○○재단 ○○○○병원		요통, 흉요추부 (M5455)

나) 원고는 2017. 8. 1. 의료법인 ○○○○재단 ○○○○병원에서 '제4-5 요추간판탈출증(좌 극외측방향)'의 치료를 위해 추궁부분절제 및 추간판제거술을 받았다.

2) 의학적 소견

가) 원고 주치의

원고는 이 사건 기승인 상병의 요양종결 이후에도 지속적으로 요추부위 통증 및 하지 부위 방사통을 호소하고 있고, 수술적 가료 이후 환부 드레싱 및 침상안정가료, 물리치료 등이 필요하다.

나) 피고 측 자문의

(1) 자문의 1 : 원고의 현재 증상은 추간판 탈출에 따른 소견인데, 이 사건 사고의 경위에 비추어 이 사건 사고와 추간판 탈출 사이에는 인과관계가 인정되지 않으므로 현재의 증상과 이 사건 사고와는 인과관계가 없다.

(2) 자문의 2 : 이 사건 기승인 상병인 요추부 염좌 및 긴장의 일반적인 회복 및 치유 기간을 고려할 때, 2017. 3. 4.부터 2017. 5. 18.까지의 요양 기간은 충분하다고 판단되므로, 이 사건 사고 후 약 6개월이 경과하여 이 사건 기승인 상병으로 재요양하는 것은 타당하지 않다.

다) 관련 사건 진료기록감정의

– 요추부 MRI상 제4-5요추간 좌 극외측 추간판탈출증이 관찰되나, 추간판탈출증은 일반적으로 단일 손상에 의해 발생한다기보다는 반복적이고 무리한 사용 등에 의해 발생하는 것이므로, 원고의 제4-5요

추간판탈출증은 외상성으로 보기 어렵다.

- 원고는 이 사건 사고 발생 이전에 여러 차례 허리 통증으로 진료받은 것이 확인되고, 원고의 MRI 영상에서 급성 손상 시 동반되는 골절은 관찰되지 않으며, 후관절의 비후와 같은 퇴행성 변화는 동반되어 있는바, 원고의 제4-5요추간판탈출증은 기왕증일 가능성이 높다.

[인정 근거] 갑 제1 내지 4, 12, 16호증, 을 제1 내지 3호증의 각 기재 내지 영상, 변론 전체의 취지

라. 판단

1) 산업재해보상보험법에 의한 재요양은 일단 요양이 종결된 후에 당해 상병이 재발하거나 당해 상병에 기인한 합병증에 대하여 실시하는 요양이라는 점 외에는 최초의 요양과 그 성질이 같으므로, 재요양의 요건은 최초 요양이 종결된 후에 실시하는 요양이라는 점을 제외하고는 최초 요양의 요건과 다를 바가 없다. 따라서 재요양 대상이 되기 위해서는 요양의 요건 외에 당초의 상병과 재요양 신청한 상병과의 사이에 의학상 상당인과관계가 인정되고, 당초 상병의 치료종결 시 또는 장해급여 지급 당시의 상병 상태보다 그 증상이 악화되어 재요양을 함으로써 치료 효과가 기대된다는 의학적 소견이 있어야 한다(대법원 2002. 4. 26. 선고 2002두1762 판결 참조).

한편, 산업재해보상보험법상 업무상 재해로 인정받기 위해서는 업무와 재해발생 사이에 인과관계가 있어야 하고, 이러한 인과관계는 이를 주장하는 측에서 증명하여야 하는데(대법원 2008. 1. 31. 선고 2006두8204 판결 등 참조), 재요양에 있어서도 이와 마찬가지로 기승인 상병과 재요양신청 상병 사이의 상당인과관계가 있음은 이를 주장 하는 원고가 증명하여야 한다.

2) 위 법리에 비추어 이 사건에 관하여 본다. 위 인정 사실 및 갑 제1, 5 내지 11호 증의 각 기재 및 영상에 변론 전체의 취지를 종합하면 인정되는 다음과 같은 사정들에 비추어 보면, 원고가 제출한 증거들만으로는 이 사건 사고 당시와 비교할 때 이 사건 기승인 상병이 악화되

었다거나 추간판 탈출의 상병과 이 사건 사고 사이에 상당인과관계가 있다고 인정하기 부족하고, 달리 이를 인정할 증거가 없다.

① 원고가 증상 악화를 이유로 재요양을 신청한 시기는 이 사건 사고 발생일로부터 약 6개월이 지난 시점이다.

② 이 사건 기승인 상병인 요추 염좌 및 긴장은 일반적으로 그 치료 기간이 3~4주 이고, 물리치료 및 약물치료 등으로 증세가 호전되는 상병이다. 그런데 원고가 이 사건 기승인 상병으로 치료받은 내역 및 치료 기간에 비추어 보면, 원고가 이 사건 재요양 신청을 하면서 호소하는 증상은 원고가 진단받은 제4-5요추간판탈출증(좌 극외측방향) 으로 인한 것으로 보인다.

③ 그런데 관련 사건 진료기록 감정의는, 원고에 대한 진료기록 등을 종합적으로 검토한 다음 '원고가 이 사건 사고 발생 이전에도 여러 차례 허리 통증으로 진료받은 내역이 확인되고, 원고의 MRI 영상에서 급성 손상 시 동반되는 골절이 관찰되지 않지만, 후관절의 비후와 같은 퇴행성 변화는 동반되어 있으므로, 원고에게 발병한 제4-5요추간판탈출증(좌 극외측방향)은 노화로 인해 발생한 퇴행성 병변일 가능성이 높다.' 라는 의학적 소견을 분명하게 제시하고 있고, 그 소견이 부당하다고 볼 만한 특별한 사정은 보이지 않는다.

④ 결국 원고가 이 사건 재요양신청을 하면서 호소하는 증상은 이 사건 기승인 상병이 악화된 증상이라고 보기 어렵고, 현재의 증상과 관련된 추간판 탈출의 상병도 이 사건 사고로 발병하였다고 보기도 어렵다.

3) 따라서 원고의 주장은 이유 없고, 이 사건 처분은 적법하다.

3. 결론

그렇다면 원고의 청구는 이유 없으므로 이를 기각하기로 하여 주문과 같이 판결한다.

[별지] 관계 법령

■ 산업재해보상보험법
제51조(재요양)
① 제40조에 따른 요양급여를 받은 자가 치유 후 요양의 대상이 되었던 업무상의 부상 또는 질병이 재발하거나 치유 당시보다 상태가 악화되어 이를 치유하기 위한 적극적인 치료가 필요하다는 의학적 소견이 있으면 다시 제40조에 따른 요양급여(이하 "재요양"이라 한다)를 받을 수 있다.
② 재요양의 요건과 절차 등에 관하여 필요한 사항은 대통령령으로 정한다.
■ 산업재해보상보험법 시행령
제48조(재요양의 요건 및 절차)
① 법 제51조에 따른 재요양(이하 "재요양"이라 한다)은 업무상 부상 또는 질병에 대하여 요양급여(요양급여를 받지 아니하고 장해급여를 받는 부상 또는 질병의 경우에는 장해급여)를 받은 경우로서 다음 각 호의 요건 모두에 해당하는 경우에 인정한다.
1. 치유된 업무상 부상 또는 질병과 재요양의 대상이 되는 부상 또는 질병 사이에 상당인과관계가 있을 것
2. 재요양의 대상이 되는 부상 또는 질병의 상태가 치유 당시보다 악화된 경우로서 나이나 그 밖에 업무 외의 사유로 악화된 경우가 아닐 것
3. 재요양의 대상이 되는 부상 또는 질병 상태의 호전을 위하여 수술(신체 내고 정물의 제거 수술 또는 의지 장착을 위한 절단부위의 재수술을 포함한다) 등 적극적인 치료가 필요하다고 인 정될 것
4. 재요양의 대상이 되는 부상 또는 질병의 상태가 재요양으로 치료효과를 기대할 수 있다고 인정될 것. 끝.

[참조조문]

산업재해보상보험법 제40조, 제51조

산업재해보상보험법 시행령 제48조

[참조판례]

대법원 2002. 4. 26. 선고 2002두1762 판결

대법원 2008. 1. 31. 선고 2006두8204 판결

서울행정법원 2018구단14946

서울고등법원 2019누43223

◎ **2심 서울고등법원 제6행정부[2019누55578]**

원 고 : 항소인 ○○○

서울특별시 동작구 ○○○로 ○○○

피 고 : 피항소인 근로복지공단

전심판결 : 1심 2018구단14953 서울행정법원

변론종결 : 2020. 01. 08

판결선고 : 2020. 02. 05

[주문]

1. 원고의 항소를 기각한다.
2. 항소비용은 원고가 부담한다.

[청구취지 및 항소취지]

제1심 판결을 취소한다. 피고가 2017. 9. 7. 원고에게 한 재요양 불승인 처분을 취소한다.

[이유]

제1심 판결의 이유에서 인정하는 사실들을 그 인정 근거와 비교·대조하면, 제1심 판결의 사실인정과 이에 근거한 판단은 정당하다. 이는 원고가 항소심에서 제출한 서증인 갑 제17호증의 1, 2의 각 기재를 제1심 제출의 증거들에 더하여 살펴보아도 마찬가지다. 이에 행정소송법 제8조 제2항, 민사소송법 제420조 본문에 따라 제1심 판결의 이유를 이 판결 이유로 인용한다. 따라서 원고의 청구는 이유 없어 이를 기각해야 한다. 제1심 판결은 이와 결론을 같이하여 정당하므로 원고의 항소를 기각한다.

[참조조문]

행정소송법 제8조 제2항, 민사소송법 제420조

제6절 평균임금

1. 평균임금정정불승인 및 보험급여차액부지급처분취소

(특례 고시 및 평균임금 산정 특례 규정의 적용 범위)

◎ 대법원 2019. 11. 14., 선고, 2016두54640, 판결

원고 : 피상고인 별지 원고 명단 기재와 같다.(생략)

소송대리인 법무법인 ◇◇ 외 1인

피고 : 상고인 근로복지공단

소송대리인 법무법인(유한) ◇◇◇ 담당변호사 ○○○ 외 1인

원심판결 : 서울고법 2016. 9. 2. 선고 2016누32741 판결

[주문]

상고를 모두 기각한다. 상고비용은 피고가 부담한다.

[이유]

상고이유를 판단한다.

1. 구 산업재해보상보험법(2003. 12. 31. 법률 제7049호로 개정되기 전의 것, 이하 '구 산재법'이라고 한다) 제38조 제5항, 구 산업재해보상보험법 시행령(2003. 5. 7. 대통령령 제17977호로 개정되기 전의 것) 제26조 제2항, 제3항, 구 산업재해보상보험법 시행규칙(2003. 7. 1. 노동부령 제193호로 개정되기 전의 것) 제12조 제2항은 진폐 등 직업병에 걸린 근로자의 평균임금을 산정하기 위한 특례 규정(이하 '평균임금 산정 특례 규정'이라고 한다)을 두고 있다.

   구 산재법이 이러한 평균임금 산정 특례 규정을 둔 취지와 함께 구 산재법상 각종 보험급여의 산정 기준이 되는 평균임금은 근로자의 통상의 생활임금을 사실대로 산정하는 것을 그 기본원리로 하고 있다는 점을 감안하면, 사업이 휴업 또는 폐업되거나 근로자가 퇴직한 이후 진폐 등 직업병 진단이 확정된 근로자에 대하여 구 산재법 제4조 제2호에 따라 구 근로기준법(2003. 9. 15. 법률 제6974호로 개정되기 전의 것, 이하 같다)이 정

하는 원칙적인 방법으로 평균임금을 산정할 수 없는 경우에도 곧바로 평균임금 산정 특례 규정을 적용할 것이 아니라 근로자의 통상의 생활임금을 사실대로 산정할 수 있는 합리적인 평균임금 산정 방법이 있는지를 먼저 찾아보아야 하고, 그러한 방법에 의하는 것이 평균임금 산정 특례 규정을 적용하여 평균임금을 산정하는 것보다 근로자 보호에 부적당한 경우에 한하여 비로소 평균임금 산정 특례 규정을 적용할 수 있다고 보아야 한다(대법원 2012. 1. 12. 선고 2011두2545 판결 참조).

그런데 구 산재법 제4조 제2호는 같은 법에서 말하는 평균임금은 근로기준법에 의한 평균임금을 말하고, 근로기준법에 의하여 평균임금을 결정하기 곤란하다고 인정되는 경우에는 노동부장관이 정하여 고시하는 금액을 당해 평균임금으로 한다고 규정하고 있다. 또한 구 근로기준법 시행령(2003. 12. 11. 대통령령 제18158호로 개정되기 전의 것, 이하 같다) 제4조는 구 근로기준법과 구 근로기준법 시행령에 의하여 평균임금을 산정할 수 없는 경우에는 노동부장관이 정하는 바에 의한다고 규정하고 있다. 이에 따라 노동부장관이 제2004-22호로 고시한 구 평균임금 산정 특례 고시(노동부 고시 제2007-47호 부칙 제2항으로 폐지, 이하 '특례 고시'라고 한다) 제5조는 "제1조 내지 제4조의 규정에 의하여 평균임금을 산정할 수 없는 경우 지방노동관서장이 당해 사업장 소재 지역의 임금 수준 및 물가 사정에 관한 사항(제1호), 당해 근로자에 대한 소득세법령상 기재된 소득자별 근로소득원천징수부, 국민연금법·국민건강보험법·고용보험법상 신고된 보수월액·소득월액·월평균임금 등에 관한 사항(제2호), 당해 사업장 소재 지역의 업종과 규모가 동일하거나 유사한 사업장에서 해당 근로자와 동일한 직종에 종사한 근로자의 임금에 관한 사항(제3호), 당해 사업장의 근로제공기간 중에 받은 금품에 대하여 본인 또는 그 가족 등이 보유하고 있는 기록(사업주가 인정하는 경우에 한한다) 등 증빙서류에 관한 사항(제4호), 노동부장관이 조사·발간하는 임금구조기본통계조사보고서, 매월노동통계조사보고서 및 소규모사업체근로실태조사보고서 등 노동통계에 관한 사항(제5호)을 감안하여 적정하다고 결정한 금액을 당해 근로자의 평균임금으로 본다."라고 정하고 있다. 이와 같이 특례 고시 제5조는 구 근로기준법과 구 근로기준법 시행령 및 특례 고시 제1조 내지 제4조에 따라 평균임금을 산정할 수 없는 경우에 평균임금을 결정하면서 고려해야 할 사항을 구체적으로 정하고 있으므로, 피고가 진폐 등 직업병에 걸린 근로자에게 적용되는 평균임금을 결정할 때에는 특례 고시 제5조 각 호의 사항을 고려하여 최대한 근로자의 통상의 생활임금에 가까운 합리적인 평균임금을 산정하여 평균임금 산정 특례 규정에 따라 산정된 금액과 비교하여야 한다.

그리고 특례 고시 제5조 각호에서 정한 자료의 일부를 확인할 수 없다고 하더라도, 나머지 각호에서 정한 자료를 통해 통상의 생활임금에 가까운 합리적인 평균임금을 산정할 수 있는 이상, 곧바로 평균임금 산정 특례 규정을 적용할 것은 아니다.

2. 원심은 그 판시와 같은 이유를 들어, 특례 고시 제5조 제2호, 제4호의 자료가 없는 근로자에 대해서는 평균임금을 산정할 수 없으므로 곧바로 산재법상 평균임금 산정 특례 규정을 적용해야 한다는 취지의 피고의 이 사건 각 처분이 위법하다고 판단하였다.

   원심판결 이유를 앞서 본 법리에 비추어 살펴보면 이와 같은 원심판결에 상고이유 주장과 같이 특례 고시 및 평균임금 산정 특례 규정의 적용 범위, 직업병에 걸린 근로자의 평균임금 산정 방법, 구 근로기준법 시행령 제2조 제1항의 해석 등에 관한 법리를 오해한 잘못이 없다.

3. 그러므로 상고를 모두 기각하고, 상고비용은 패소자가 부담하기로 하여, 관여 대법관의 일치된 의견으로 주문과 같이 판결한다.

2. 평균임금 결정처분 취소 청구 및 휴업급여 차액 청구

(파이프가 낙하하여 원고의 목덜미를 충격하는 사고)

◎ 1심 서울행정법원[2019구단4311]

원 고 : ○○○

인천광역시 서구 ○○○로 ○○○

피 고 : 근로복지공단

변론종결 : 2020. 01. 22

판결선고 : 2020. 02. 19

[주문]

1. 원고의 청구를 기각한다.
2. 소송비용은 원고가 부담한다.

[청구취지]

피고가 2018. 12. 5. 원고에 대하여 한 평균임금 결정처분을 취소한다.

[이유]

1. 처분의 경위

가. 원고는 ○○○○○○ 주식회사(이하, '이 사건 회사'라 한다) 소속 근로자로, 2016. 7. 2. 15:20경 ○○○○○○○○발전소 건설현장(이하, '이 사건 현장'이라 한다) 내에서 보일러 내부 비계 해체 작업을 하던 중 30~35m 정도의 높이에서 4m 길이의 비계 파이프가 낙하하여 원고의 목덜미를 충격하는 사고를 당하였고(이하, '이 사건 사고'라 한다), 2016. 10. 27. 이 사건 사고로 피고로부터 '요추부 및 경추부 염좌'에 대한 요양승인을 받았다.

나. 피고는 원고의 평균임금을 118,122원 41전으로 산정하고 이를 기초로 하여 원고에게 휴업급여를 지급하였는데, 이에 대하여 원고는 이 사건 회사로부터 지급받은 숙식비, 능률급 등을 모두 포함하여 평균임금을 산정하였어야 한다며 2018. 11. 7. 피고에게 평균임금 정정 신청 및 보험급여 차액 청구서를 제출하였다.

다. 이에 대하여 피고는 2018. 12. 5. 원고의 청구를 일부 받아들여 최초 평균임금 산정에서 누락되었던 급여명세서상 '기타수당I'의 항목은 이를 평균임금에 포함하였으나, 급여명세서상 '기타수당Ⅱ' 항목(이하, '이 사건 수당'이라 한다)에 대하여는 이를 평균임금 산정에서 제외하고 원고의 평균임금을 165,494원 51전으로 재산정하였다(이하, '이 사건 처분'이라 한다).

[인정 근거] 다툼 없는 사실, 갑 제1 내지 3호증, 을 제1 내지 7호증의 각 기재, 변론 전체의 취지

2. 이 사건 처분의 적법 여부

가. 원고 주장의 요지

원고가 이 사건 회사로부터 매월 정기적으로 지급받은 숙식비와 위험수당, 기술수당 등의 명목으로 지급받은 능률급 전부가 평균임금 산정의 기초가 되는 임금에 해당함에도, 피고는 원고의 평균임금을 산출함에 있어 숙식비와 일부 능률급을 평균임금 산정에서 제외하였다. 따라서 이 사건 처분은 위법하여 취소되어야 한다.

나. 판단

이 사건의 쟁점은, 원고가 이 사건 회사로부터 지급받은 이 사건 수당이 평균임금 산정의 기초가 되는 임금총액에 포함될 수 있는지 여부이다.

1) 근로자에게 지급되는 금품이 평균임금 산정의 기초가 되는 임금총액에 포함될 수 있으려면 그 명칭의 여하를 불문하고, 또 그 금품의 지급이 단체협약, 취업규칙, 근로계약 등이나 사용자의 방침 등에 의하여 이루어진 것이라 하더라도 그 지급의무의 발생이 근로제공과 직접적으로 관련되거나 그것과 밀접하게 관련된 것으로 볼 수 있는 것, 즉, 근로의 대상으로 지급된 것으로 볼 수 있어야 한다(대법원 1999. 5. 12. 선고 97다5015 전원합의체 판결). 상여금이 계속적·정기적으로 지급되고 그 지급액이 확정되어 있다면 이는 근로의 대가로 지급되는 임금의 성질을 가지나, 그 지급사유의 발생이 불확정이고 일시적으로 지급되는 것은 임금이라고 볼 수 없다(대법원 2006. 5. 26. 선고 2003다54322, 54339 판결).

2) 위 법리에 기초하여 이 사건에 관하여 본다. 위 인정 사실 및 앞서 든 증거, 이 법원의 이 사건 회사에 대한 사실조회 결과에 변론 전체의 취지를 더하면 인정되는 다음과 같은 사실 또는 사정들에 비추어 보

면, 이 사건 회사가 원고에게 지급한 이 사건 수당은 근로의 대가로 지급된 것으로 보기 어려워 이를 평균임금 산정의 기초가 되는 임금 총액에 포함할 수 없다고 판단된다.

① 원고에게 지급한 이 사건 수당은 '숙박비, 의료비, 인센티브' 항목으로 구성되어 있는데, 이 사건 수당을 구성하는 위 각 항목이 단체협약, 취업 및 급여규칙, 근로계약, 노동 관행 등에 의해 이 사건 회사에 그에 대한 지급의무가 지워져 있다는 사정을 인정할 만한 증거가 없다.

② 이 사건 수당 중 숙박비는 이 사건 현장인 삼척 지역에 거주하지 않고, 이 사건 회사에서 숙소를 제공하지 않는 경우 월 50만 원을 기준으로 근로일수에 따라 지급하는 비용이다. 위와 같이 숙박비는 이 사건 현장에서 근무하는 모든 근로자에게 정기적·일률적으로 지급되는 것이 아니라 일정한 조건을 충족하는 근로자에 대하여 지급되는 복리후생적 비용에 해당하므로, 이를 평균임금의 산정에 기초가 되는 임금에 포함할 수는 없다.

③ 이 사건 수당 중 의료비는 이 사건 현장에서 근무 중 의료비가 발생한 경우 실비정산 명목으로 지급되는 비용이고, 이 사건 수당 중 인센티브 또한 성과에 따라 일시적으로 지급하는 비용으로, 일정한 조건을 충족하는 근로자에 대하여 지급되는 것이다. 위 의료비, 인센티브 명목의 수당이 원고에게 지급된 시기, 횟수, 금액에 비추어 보면, 위 금원은 일정한 조건과는 무관하게 근로자에게 정기적, 계속적으로 지급된 것이 아니라 우발적·일시적으로 지급된 것으로 보이고, 위와 같이 그 지급 사유의 발생도 불확정적이라고 보인다. 따라서 이 사건 수당 중 의료비, 인센티브 또한 이를 평균임금의 산정에 기초가 되는 임금에 포함할 수는 없다.

④ 원고는, 이 사건 수당이 이 사건 현장의 특수성, 원고가 가진 기술, 경력 등을 반영한 위험수당, 기술수당 등의 성격을 지닌 것으로 원고가 근로한 대가로 이 사건 회사로부터 지급받은 것이라고 주장하나, 원고가 제출한 증거들만으로는 이를 인정하기 부족하고 달리 이를

인정할 만한 증거가 없다. 오히려 앞서 본 바와 같이 이 사건 수당은 일정한 조건을 충족하는 일시적·우발적인 사유로 인하여 지급되는 것으로 그 지급 사유의 발생이 사전에 확정되어 있지 않은 것으로 볼 수 있으므로, 임금으로서의 고정성을 지니고 있다고 보기 어렵다.

3) 따라서 원고의 휴업급여 등의 산정기준이 되는 평균임금에는 이 사건 수당은 포함되지 않음이 상당하고, 그와 같은 전제에서 이루어진 피고의 이 사건 처분은 적법하다.

3. 결론

그렇다면 원고의 청구는 이유 없으므로 이를 기각하기로 하여, 주문과 같이 판결한다.

[참조판례]

대법원 1999. 5. 12. 선고 97다5015 전원합의체 판결

대법원 2006. 5. 26. 선고 2003다54322,54339 판결

◎ 2심 서울고등법원 제3행정부[2020누37774]

원 고 : 항소인 ○○○

인천광역시 서구 ○○○로 ○○○

피 고 : 피항소인 근로복지공단

전심판결 : 1심 2019구단4311 서울행정법원

변론종결 : 2020. 06. 18

판결선고 : 2020. 07. 09

[주문]

1. 원고의 항소를 기각한다.
2. 항소비용은 원고가 부담한다.

[청구취지 및 항소취지]

제1심판결을 취소한다. 피고가 2018. 12. 5. 원고에 대하여 한 평균임금 결정처분을 취소한다.

[이유]

1. 제1심판결의 인용

이 법원의 판결 이유는, 아래와 같이 제1심판결문의 해당 부분을 고치는 외에는 제1심판결의 이유 기재와 같으므로, 행정소송법 제8조 제2항, 민사소송법 제420조 본문에 의하여 이를 인용한다.

[고치는 부분]

○ 3면 14행부터 제15행까지 사이의 "이 법원의 이 사건 회사에 대한 사실조회 결과"를 "제10, 11, 12. 17, 18, 20, 21호증의 각 기재 및 제1심법원의 이 사건 회사에 대한 사실조회 결과"로 고친다.

○ 4면 16행부터 5면 1행까지를 아래와 같이 고친다.

『④ 원고는, 이 사건 수당이 이 사건 현장의 특수성, 원고가 가진 기술, 경력 등을 반영한 위험수당, 기술수당 등의 성격을 지닌 것으로 원고가 근로한 대가로 이 사건 회사로부터 지급받은 것이라고 주장한다. 그러나 원고가 제출한 증거들만으로는 이를 인정하기에 부족하고 달리 이를 인정할만한 증거가 없다. 오히려 이 사건 수당의 구체적인 월별 구성내역을 살펴보면, 원고는 이 사건 회사로부터 2016년 4월에 숙박비 483,333원, 5월에 숙박비 483,871원, 6월에 숙박비 500,000원, 인센티브 180,000원, 7월에 숙박비 500,000원, 의료비 353,600원, 인센티브 1,170,000원, 8월에 숙박비 354,839원, 의료비 740,000원을 지급받았다. 원고의 동료 근로자인 소외1, 소외2, 소외3가 이 사건 회사로부터 지급받은 기타수당 Ⅱ 금액도 각 근로자별로 차이가 있을 뿐 아니라 동일 근로자의 경우에도 월별로 차이가 있다. 위와 같은 사정을 감안하면, 이 사건 수당은 앞서 본 바와 같이 일정한 조건을 충족하는 근로자에 대하여 지급되는 것으로서 그 지급 사유의 발생이 사전에 확정되어 있지 않은 것으로 볼 수 있으므로, 임금으로서의 고정성을 지니고 있다고 보기 어렵다.』

2. 결론

그렇다면, 제1심판결은 정당하므로, 원고의 항소는 이유 없어 이를 기각하기로 하여 주문과 같이 판결한다.

[참조조문]

행정소송법 제8조 제2항, 민사소송법 제420조

3. 평균임금정정불승인처분 취소 등 청구의 소

(시설물의 유지·보수 업무중 추락하여 부상을 입는 사고)

◎ 1심 울산지방법원 제1행정부[2018구합6953]

원 고 : ○○○

울산광역시 중구 ○○○로 ○○○

소송대리인 변호사 ○○○

소송복대리인 변호사 ○○○

피 고 : 근로복지공단

변론종결 : 2019. 03. 07

판결선고 : 2019. 04. 18

[주문]

1. 원고의 청구를 기각한다.
2. 소송비용은 원고가 부담한다.

[청구취지]

피고가 2018. 1. 18. 원고에 대하여 한 평균임금정정불승인처분 및 보험급여차액 부지급처분을 취소한다.

[이유]

1. 처분의 경위

가. 원고는 2013. 6. 1. ○○○○에 입사하여 판넬 등 시설물의 유지·보수 업무를 담당해 왔고, 2016. 3. 24. 근무 중 추락하여 부상을 입는 사고(이하 '이 사건 재해'라고 한다)를 당하였다. 피고는 이 사건 재해를 업무상 재해로 인정하여 원고에게 휴업급여를 지급하였다.

나. 피고는 ○○○○의 임금대장, 연장근무대장, 휴일근무대장 등을 토대로 원고의 이 사건 재해일 전 3개월간의 임금을 아래와 같이 조사하여 평균임금을 83,300원(= 91일간의 임금총액 7,580,308원/총 일수 91일, 원 미만 버림, 이하 같다)으로 산정하고, 위 액수를 기준으로 원고에게 2016. 3. 25.부터 2016. 12. 31.까지 휴업급여 16,385,110원(= 평균임금 83,300원 × 70% × 281일)을, 2017. 1. 1.부터 2017. 12. 31.까지 휴업급여 21,930,050원(= 평

균임금 83,300원 × 70% × 365일)을 각 지급하였다.

[원고의 재해일 전 3개월간의 임금]

- 2015. 12. 24.부터 2015. 12. 31.까지 8일간: 1,041,935원
- 2016. 1. 1.부터 2016. 1. 31.까지 31일간: 2,300,000
- 2016. 2. 1.부터 2016. 2. 29.까지 29일간: 2,338,380
- 2016. 3. 1.부터 2016. 3. 23.까지 23일간: 1,889,993원
- 총 91일간의 임금총액 7,580,308원

다. 원고는 2017. 12. 4. 피고에게 '① ○○○○이 세금 관련 문제로 실제 지급한 임금보다 낮게 임금대장을 작성하였으므로 ○○○○이 제출한 임금대장이 아니라 실제 지급받은 임금으로 평균임금을 산정하여야 하며, ② ○○○○의 귀책사유로 인하여 재해일 이전 3개월 동안 임금이 현저하게 감소하였으므로 근로기준법 시행령 제2조에 의하여 임금이 감소한 부분은 평균임금 산정에서 제외하고 그 이전의 임금을 적용하여야 한다'고 주장하면서 평균임금정정신청 및 보험급여차액 지급 신청을 하였다. 피고는 원고의 위 신청에 대한 검토 결과, ○○○○이 실제 지급한 임금대로 임금대장을 작성하였고, 이 사건의 경우 근로기준법 시행령 제2조에 의하여 재해일 이전 3개월보다 이전의 임금을 적용하여 평균임금을 산정할 경우에 해당하지 않는다는 이유로 위 ①, ②의 주장은 받아들이지 않았다. 다만 피고는 원고의 2016. 3.경 연장근무수당 900,000원이 누락되었음을 확인하고 2018. 1. 18. 위 누락된 연장근무수당을 반영한 평균임금을 92,201원으로 재산정하여 평균임금을 정정하고 그때까지 지급된 휴업급여에 대하여 미지급 차액분 4,090,380원을 지급하기로 결정하는 처분을 하였다(이하 '이 사건 처분'이라고 한다).

라. 이에 대하여 원고는 피고에게 2018 심사결정 제1271호로 이 사건 처분의 취소를 구하는 심사청구를 하였으나, 피고는 2018. 5. 15. '원고의 재해 발생일 이전 3개월 동안에 사업주 귀책사유로 휴업한 기간 등 평균임금 산정 제외기간으로 인정할 만한 기간은 없는 것으로 확인되며, 원고는 매월 기본급이 고정적으로 정해져 있고, 그 외 휴일근무와 연장근무를

수행할 경우 별도로 수당을 합산하여 수령해 온 것으로 확인될 뿐 원고가 주장하는 바와 같이 일당으로 16만 원을 받았다고 볼 만한 객관적인 자료 또한 확인되지 않으므로 원처분기관(피고 울산지사)의 처분과 달리 청구인의 평균임금을 재산정할 사유는 없는 것으로 판단된다'는 이유로 위 심사청구를 기각하였다.

[인정근거] 다툼 없는 사실, 갑 제1, 2호증, 을 제1 내지 4호증(가지번호 있는 것은 각 가지번호 포함, 이하 같다)의 각 기재, 변론 전체의 취지

2. 이 사건 처분의 적법 여부

가. 원고 주장의 요지

이 사건 재해일인 2016. 3. 24. 이전 3개월 동안 사업주(사용자) ○○○○의 귀책 사유인 판매부진 등 경영장애로 말미암아 일거리가 줄어들고 그에 따라 원고의 근무시간도 축소되어 원고가 수령한 임금이 현저하게 감소하였다. 피고로서는 근로기준법 시행령 제2조에 의하여 임금이 감소한 부분은 평균임금 산정에서 제외하고 그 이전의 임금을 바탕으로 하여 평균임금을 정정하고 그에 따라 산정된 미지급 보험급여 차액을 지급하였어야 함에도, 이 사건 재해일 이전 3개월 동안의 임금에 기초하여 평균임금을 산정한 잘못이 있다. 따라서 이 사건 처분은 위법하여 취소되어야 한다.

나. 관련 법령

별지 관련 법령 기재와 같다.

다. 판단

앞서 든 증거들과 을 제5호증의 기재에 변론 전체의 취지를 종합하여 알 수 있는 다음과 같은 사정들에 비추어 보면, 원고가 제출한 증거만으로는 이 사건 재해 발생일 이전 3개월 동안에 사업주 귀책사유로 휴업을 하는 등 평균임금 산정에서 제외할 기간을 인정하기 어려우므로, 원고의 위 주장은 이유 없다.

1) 근로기준법 시행령 제2조 제1항 제2호에 의하면, '근로기준법 제46조에 따른 사용자의 귀책사유로 휴업한 기간'에 해당하는 기간과 그 기

간 중에 지급된 임금은 평균 임금 산정기준이 되는 기간과 임금의 총액에서 각각 뺀다는 것이므로, 위 법령조항을 적용하기 위해서는 사업주가 그의 귀책사유로 인하여 '휴업'을 한 기간이어야 하는바, 원고는 이 사건 재해일 이전 3개월 동안 그 의사에 반하여 취업이 거부되거나 불가능하게 된 상황을 겪은 바 없어 위 법조 소정의 '휴업'이 있었다고 할 수 없다.

2) 원고는 매월 2,000,000원의 일정한 기본급에 식대, 차량보조금, 연장근무수당, 휴일근무수당을 가산하여 지급받아왔던 것으로 보이고, 연장근무와 휴일근무가 많은 경우에는 근무시간과 근무일수가 증가함에 따라 사업주로부터 더 많은 임금 총액을 받은 것에 불과한 것으로 보인다.

3) 원고가 이 사건 재해일 이전 3개월 동안 사업주로부터 받은 임금 총액이 그 이전 기간에 받던 임금 총액에 비해 적은 것은 사실이나, 이는 사업주가 수행하는 업무량의 감소에 따라 실제 근무시간이 줄어들었기 때문이다.

4) 원고는 2016. 1.경 ○○○○에서 발생한 선행 산업재해로 인하여 원청인 ○○○○○○○○○○로부터 1년간 입찰정지를 받는 바람에 경영장애가 발생하였다고 주장하나, ○○○○이 원청으로부터 1년간 입찰정지의 제재를 받은 것은 이 사건 재해 발생 이후이다.

3. 결론

그렇다면 원고의 청구는 이유 없으므로 이를 기각하기로 하여, 주문과 같이 판결한다.

[별지] 관련 법령

■ 산업재해보상보험법

제5조(정의) 이 법에서 사용하는 용어의 뜻은 다음과 같다.

1. '업무상의 재해'란 업무상의 사유에 따른 근로자의 부상·질병·장해 또는 사망을 말한다.

2. '근로자'·'임금'·'평균임금'·'통상임금'이란 각각 「근로기준법」에 따른 '근로자'·'임금'·'평균임금'·'통상임금'을 말한다. 다만, 「근로기준법」에 따라 '임금' 또는 '평균임금'을 결정하기 어렵다고 인정되면 고용노동부장관이 정하여 고시하는 금액을 해당 '임금' 또는 '평균임금'으로 한다.
■ 근로기준법
제2조(정의) ①이 법에서 사용하는 용어의 뜻은 다음과 같다.
5. '임금'이란 사용자가 근로의 대가로 근로자에게 임금, 봉급, 그 밖의 어떠한 명칭으로든지 지급하는 일체의 금품을 말한다.
6. '평균임금'이란 이를 산정하여야 할 사유가 발생한 날 이전 3개월 동안에 그 근로자에게 지급된 임금의 총액을 그 기간의 총일수로 나눈 금액을 말한다. 근로자가 취업한 후 3개월 미만의 경우에도 이에 준한다.
② 제1항 제6호에 따라 산출된 금액이 그 근로자의 통상임금보다 적으면 그 통상임금액을 평균임금으로 한다.
제46조(휴업수당) ① 사용자의 귀책사유로 휴업하는 경우에 사용자는 휴업기간 동안 그 근로자에게 평균임금의 100분의 70 이상의 수당을 지급하여야 한다. 다만, 평균임금의 100분의 70에 해당하는 금액이 통상임금을 초과하는 경우에는 통상임금을 휴업수당으로 지급할 수 있다.
② 제1항에도 불구하고 부득이한 사유로 사업을 계속하는 것이 불가능하여 ○○위원회의 승인을 받은 경우에는 제1항의 기준에 못 미치는 휴업수당을 지급할 수 있다.
■ 근로기준법 시행령
제2조(평균임금의 계산에서 제외되는 기간과 임금)
① 「근로기준법」(이하 '법'이라 한다) 제2조 제1항 제6호에 따른 평균임금 산정기간 중에 다음 각 호의 어느 하나에 해당하는 기간이 있는 경우에는 그 기간과 그 기간 중에 지급된 임금은 평균임금 산정기준이 되는 기간과 임금의 총액에서 각각 뺀다.
2. 법 제46조에 따른 사용자의 귀책사유로 휴업한 기간. 끝.

[참조조문]

근로기준법 시행령 제2조 제1항 제2호, 제46조

◎ 2심 부산고등법원 제2행정부[2019누21542]

원 고 : 항소인 ○○○

울산광역시 중구 ○○○로 ○○○
소송대리인 변호사 ○○○, ○○○
피 고 : 피항소인 근로복지공단
전심판결 : 1심 2018구합6953 울산지방법원
변론종결 : 2019. 07. 10
판결선고 : 2019. 08. 14

[주문]

1. 원고의 항소를 기각한다.
2. 항소비용은 원고가 부담한다.

[청구취지 및 항소취지]

제1심판결을 취소한다. 피고가 2018. 1. 18. 원고에 대하여 한 평균임금정정불승인처분 및 보험급여차액 부지급처분을 취소한다.

[이유]

1. 제1심 판결의 인용

이 법원이 이 사건에 관하여 설시할 이유는 제1심판결의 이유 기재와 같으므로, 행정소송법 제8조 제2항, 민사소송법 제420조에 의하여 이를 그대로 인용한다.

[원고는 당심에 이르러 다음과 같은 취지의 주장 즉, 원고의 사업주인 ○○산업이 원청 업체인 주식회사 ○○○○으로부터 일거리를 수주하지 못하여 원고를 포함한 소속 근로자들의 실제 근무일수가 줄어든 것은 근로기준법 제46조 소정의 '사용자의 귀책사유로 인하여 휴업한 기간'에 해당하므로, 같은법 시행령 제2조 제1항 제2호에 따라 그 기간 및 그 기간 중에 지급된 임금은 평균임금 산정기준이 되는 기간 및 임금 총액에서 제외하여야 한다는 취지로 주장한다.

그러나, 제1심이 적법하게 채택·조사한 증거들에 의하면 안정되는 다음과 같은 사정들 즉, ① 원고는 매월 2,000,000원의 기본급과 매월 100,000원의 식대 및 매월 200,000원의 차량보조금 등 고정적인 급여 합계 2,300,000원에다가 연장근무수당 및 휴일근무수당을 가산하여 지급받아왔던 점, ② 따라서, 연장근무와 휴일근무가 많은 달에는 근무 시간 및 근무 일수가 증가하여 보다 많은 급여를 지급받았던 반면, 연장근무와 휴일근무가 적은 달에는 근무시간 및 근무일수가 줄어들어 상대적으로 적은 급여를 지급받았던 점, ③ 실제로 2015년 12월의 경우 연장근무와 휴일근무가 많아 1,400,000원의 연장근무수당과 278,380원의 휴일근무수당을 지급받았던 반면, 2016년 1월과 2월의 경우 연장근무와 휴일근무가 없거나 줄어들어 1월에는 200,000원의 연장근무수당만을, 2월에는 238,280원의 휴일근무수당만을 각 지급받았던 점(그와 관련하여, 원고의 사업주인 ○○산업 측은 이 사건 재해에 대한 산재심사과정에서 다음과 같은 취지의 진술 즉, 매년 1월부터 3월까지는 일이 없는 비수기이며, 그 이유는 날씨가 추워서 작업하기 힘들고 사고의 위험도 있으므로 주식회사 ○○○○ 측이 협력업체에 일을 많이 풀지 않으며 설 명절이 지나고 나서야 일을 풀기 때문에 다른 협력업체들도 1월부터 3월까지는 동일하게 비수기에 해당한다는 취지의 진술을 한 바 있음), ④ 그런데, 이 사건 재해일(2016. 3. 24.)이 속한 2016년 3월의 경우 다시 연장근무과 휴일근무가 증가하여 900,000원의 연장근무수당과 251,928원의 휴일근무수당을 지급받았던 점 등을 종합해 보면, 제1심의 사실인정과 판단(즉, 제1심에 제출된 증거들만으로는 이 사건 재해 발생일 이전 3개월의 기간이 원고의 사용자인 ○○산업의 귀책사유로 인하여 휴업한 기간에 해당한다고 보기 어렵고, 따라서 이 사건 재해 발생일 이전 3개월 및 그 기간 중에 지급된 임금 총액을 평균임금 산정에서 제외할 수는 없다는 취지의 판단)은 정당한 것으로 수긍이 가고, 그와 배치되는 원고의 당심에서의 주장은 이를 받아들일 수 없는 것으로 판단된다.]

2. 결론

그렇다면, 제1심판결은 정당하므로 원고의 항소는 이유 없어 이를 기각하기로 하여 주문과 같이 판결한다.

[참조조문]

행정소송법 제8조 제2항

민사소송법 제420조

근로기준법 제46조, 같은법 시행령 제2조 제1항 제2호

제2장 출퇴근 중 사고

제1절 요양급여

1. 요양비의 지급을 구하는 소

(교통사고로 입은 부상에 대한 요양급여)

◎ 대법원 2015. 8. 27., 선고, 2012다53925, 판결]

원고 : 상고인 전국버스운송사업조합연합회
소송대리인 법무법인(유한) ◇◇
담당변호사 ○○○ 외 4인

피고 : 피상고인 근로복지공단

원심판결 : 서울중앙지법 2012. 5. 25. 선고 2011나51297 판결

[주문]

원심판결을 파기한다. 제1심판결을 취소하고, 이 사건 소를 각하한다. 소송총비용은 원고가 부담한다.

[이유]

직권으로 판단한다.

산업재해보상보험법(이하 '산재보험법'이라 한다) 제36조 제2항, 제41조 제1항, 산업재해보상보험법 시행령 제38조 제2항, 산업재해보상보험법 시행규칙 제21조 제1항의 각 규정을 종합하면, 산재보험법이 규정한 요양비의 지급요건에 해당하는 것만으로 바로 수급권자에게 구체적인 요양비청구권이 발생하는 것이 아니라 수급권자의 청구에 따라 근로복지공단이 지급결정을 함으로써 비로소 구체적인 요양비청구권이 발생하고, 근로복지공단의 요양비에 관한 결정은 국민의 권리에 직접 영향을 미치는 것이어서 행정처분에 해당하므로, 수급권자는 그 결정에 대한 항고소송을 제기하는 등으로 구체적 권리를 인정받아야 하고, 구체적인 권리가 발생하지 아니한 상태에서 근로복지공단을 상대로 요양비의 지급을 구하는 소송을 바로 제기하는 것은

허용되지 아니한다(대법원 2008. 2. 1. 선고 2005두12091 판결, 대법원 2010. 2. 25. 선고 2009다98447 판결 등 참조).

기록에 의하면, ① 소외인이 2007. 6. 7.부터 2008. 7. 14.까지 교통사고로 입은 부상을 치료받았고, 원고가 그 치료비 22,844,860원을 지급한 사실, ② 피고는 2008. 7. 7. 요양승인결정을 하였고, 이에 따라 2008. 7. 30.부터 2010. 3. 4.까지 소외인이 의료기관에서 위 교통사고로 입은 부상에 대한 요양을 받도록 하는 방법으로 요양급여를 한 사실, ③ 소외인은 위와 같이 요양승인결정은 받았지만 원고가 치료비를 지급한 부분에 관하여는 아직 요양비지급결정을 받지 아니한 사실, ④ 원고는 이 사건 소송에서 위 치료비 상당 부당이득반환채권을 보전하기 위하여 소외인을 대위하여 피고를 상대로 요양비의 지급을 구하고 있는 사실을 알 수 있다.

이러한 사실관계를 앞서 본 법리에 비추어 살펴보면, 소외인이 요양비지급결정을 받지 아니한 채 요양비의 지급을 구하는 소송을 바로 제기하는 것은 허용되지 아니하므로, 원고가 소외인을 대위하여 요양비의 지급을 구하는 이 사건 소 역시 부적법하다고 할 것이다.

그럼에도 원심은 이와 달리 이 사건 소가 적법함을 전제로 본안판결에 나아갔으니, 이러한 원심판결에는 산재보험법에 따른 보험급여수급권 등에 관한 법리를 오해하여 판결에 영향을 미친 위법이 있다.

그러므로 상고이유에 대한 판단을 생략한 채 원심판결을 파기하되, 이 사건은 대법원이 직접 재판하기에 충분하므로 자판하기로 하여 제1심판결을 취소하고 이 사건 소를 각하하며 소송총비용은 패소자가 부담하도록 하여, 관여 대법관의 일치된 의견으로 주문과 같이 판결한다.

2. 최초요양 불승인처분 취소

(신호위반으로 반대편에서 좌회전해서 오는 차량과 충돌하는 사고)

◎ 1심 울산지방법원[2019구단1354]

원 고 : ○○○
부산시 부산진구 ○○○로 ○○○
소송대리인 변호사 ○○○
피 고 : 근로복지공단
변론종결 : 2019. 12. 12
판결선고 : 2020. 01. 16

[주문]

1. 원고의 청구를 기각한다.
2. 소송비용은 원고가 부담한다.

[청구취지]

피고가 2019. 청구취지 4. 18. 원고에게 한 산업재해보상보험 최초요양신청에 대한 불승인처분을 취소한다.

[이유]

1. 처분의 경위

가. 원고는 ○○○○ 하청업체인 ○○엔지니어링 소속 근로자로서, ○○○○에서 발주한 울산 이하생략 소재 ○○○○○○○○○ 신축공사현장에서 2018. 10. 1.부터 근무해왔다.

나. 원고는 2019. 2. 13. 오전 4시 35분 부산 이하생략에서 오토바이를 타고 출근길 카풀 동승지인 부산 이하생략으로 가던 중, 부산 이하생략 시청 앞 로타리에서 원고 본인의 신호위반으로 반대편에서 좌회전해서 오는 차량과 충돌하는 사고(이하 '이 사건 사고'라 한다)가 발생하였다(아래 사고현장약도상에서 #1차량이 원고가 운전한 오토바이, #2차량이 이 사건 사고의 피해자가 운전한 차량).

다. 원고는 이 사고로 "폐쇄성 골반환의 골절, 폐쇄성 천골 골절, 폐쇄성 상완근위부 골절(좌측), 우측 요골 골절, 좌측 5수지 골절, 우측 엄지발가락 골절, 요추 5번 횡돌기 골절, 안면부 열상, 안면부 찰과상, 혈종 눈썹(좌측)"을 진단받아 피고 공단에 최초요양 급여를 신청하였다.

라. 피고 공단은 2019. 4. 18. "원고가 통상의 경로 및 방법을 이용하여 출근 중이었다는 사실은 확인되나, 부상의 주된 원인이 원고의 신호위반으로 인한 교통사고로 발생하였으므로 이는 산업재해보상보험법 제37조 2항에 따른 범죄행위 또는 그것이 원인이 되어 발생한 재해에 해당"된다는 이유로 불승인처분(이하 '이 사건 처분'이라 한다) 하였다.

마. 원고는 이 사건 사고에 대하여 교통사고처리특례법 제3조 제2항 단서 제1호가 적용된 신호위반의 중과실 사유가 있는 교통사고처리특례법 위반 혐의로 이 법원에 벌금 30만 원의 약식명령이 청구된 상태이다. 원고는 위 벌금을 미리 납부하였고, 이 사건 사고의 피해자와 합의하였다.

[인정근거] 다툼 없는 사실, 갑 제1, 2, 7호증, 을 제1 내지 8호증의 각 기재, 변론 전체의 취지

2. 원고의 주장

원고는 대중교통을 타기 힘든 새벽 시간대에 부산에서부터 울산까지의 장거리를 자가 오토바이 및 카풀 차량을 순차적으로 이용하여 출근을 해야 했고, 이 사건 사고 당시 시간은 오전 4시 50분으로 일출 전이었으며, 맞은 편 직진 차량이 좌회전할 것을 예상하지 못한 데다, 평소보다 10-15분 정도 지각으로 인해 원고가 어쩔 수 없이 신호를 위반했던 상황을 미루어 볼 때, 이 사건 사고가 원고의 고의 또는 중과실의 범죄행위에 의하여 발생하였다거나 통상적인 운전 업무에 내재된 위험성과는 별개로 오로지 또는 주로 원고의 범죄행위로 인하여 재해를 입은 것이 명백하다고 보기 어려우므로, 이 사건 처분은 취소되어야 한다.

3. 관계 법령

별지 기재와 같다.

4. 판단

산업재해보상보험법 제37조 제2항은 '근로자의 고의·자해행위나 범죄행위

또는 그것이 원인이 되어 발생한 부상·질병·장해 또는 사망은 업무상의 재해로 보지 아니한다.'라고 규정하고 있으므로, 이 사건 사고가 산업재해보상보험법 제37조 제1항 제3호의 출퇴근 재해에 해당하더라도 그로 인한 원고의 상해가 원고 자신의 범죄행위로 발생하였거나 범죄행위가 원인이 되어 발생한 것이라면 이를 업무상 재해로 볼 수 없다.

그런데 다음과 같은 사정에 비추어보면, 원고의 상해는 그 자신의 고의적인 범죄행위(고의적인 신호위반)가 원인이 되어 발생한 것으로 판단되므로, 이 사건 사고로 인한 원고의 상해를 업무상 재해로 볼 수는 없다.

① 도로교통법 제5조 제1항은 도로를 통행하는 보행자와 차마의 운전자는 교통안전시설이 표시하는 신호 또는 지시를 따라야 한다고 규정하고, 같은 법 제156조는 제5조를 위반한 차마의 운전자는 20만원 이하의 벌금이나 구류 또는 과료에 처한다고 규정하고 있다. 따라서 신호위반행위는 그 자체로 도로교통법에 의하여 처벌되는 범죄행위에 해당한다.

② 이 사건 사고는 원고가 빨간불 신호임에도 직진을 하여, 맞은 편에서 좌회전 신호에 따라 정상적으로 신호를 준수하여 좌회전하던 상대 차량과 교차로상에서 충돌한 사고로서, 원고의 100% 과실로 발생하였다고 평가되는 교통사고이다(을 제5호증 사고 조사보고서 참조). 게다가 원고 스스로, 평소보다 늦잠을 자는 바람에 회사에 지각하지 않기 위해 서두르느라 불가피하게 신호위반을 하게 되었다고 진술하고 있다. 이와 같이 원고의 신호위반이 고의로 이루어진 것으로 보이는 점(고의로 교통사고를 발생시킨 것은 아니라 하더라도), 신호위반 자체가 도로교통법 위반의 범죄행위에 해당하는 점, 원고가 상해를 입게 된 교통사고 발생의 주된, 그리고 결정적인 원인이 원고의 신호위반 행위 때문인 점 등을 모두 종합하면, 이 사건 사고는 오로지 또는 주로 원고의 범죄행위로 인하여 재해를 입은 것이 명백한 경우에 해당하고, 원고의 주장과 같이 '운전자체에 통상수반되는 위험이 현실화된 사고'에 해당한다고 보기는 어렵다.

③ 한편, 산업재해보상보험법 제37조 제1항 제3호의 나목은 출퇴근 재해 중 '그 밖에 통상적인 경로와 방법으로 출퇴근하는 중 발생한 사고'를 업

무상의 재해로 규정하고 있는데, 애초부터 이 사건과 같이 교차로상에서 고의로 정지신호를 위반하여 직진하면서 도로를 진행하는 방법. 통상적인 '방법'으로 출퇴근하는 경우에 해당한다고 평가하기도 어렵다.

5. 결론

그렇다면 이 사건 청구는 이유 없으므로 이를 기각하기로 하여 주문과 같이 판결한다.

[별지] 관계 법령

■ 산업재해보상보험법

제5조(정의) 이 법에서 사용하는 용어의 뜻은 다음과 같다.

1. "업무상의 재해"란 업무상의 사유에 따른 근로자의 부상·질병·장해 또는 사망을 말한다.

8. "출퇴근"이란 취업과 관련하여 주거와 취업장소 사이의 이동 또는 한 취업장소에서 다른 취업장소로의 이동을 말한다.

제37조(업무상의 재해의 인정 기준)

① 근로자가 다음 각 호의 어느 하나에 해당하는 사유로 부상·질병 또는 장해가 발생하거나 사망하면 업무상의 재해로 본다. 다만, 업무와 재해 사이에 상당인과관계(**相當因果關係**)가 없는 경우에는 그러하지 아니하다.

3. 출퇴근 재해

가. 사업주가 제공한 교통수단이나 그에 준하는 교통수단을 이용하는 등 사업주의 지배관리하에서 출퇴근하는 중 발생한 사고

나. 그 밖에 통상적인 경로와 방법으로 출퇴근하는 중 발생한 사고

② 근로자의 고의·자해행위나 범죄행위 또는 그것이 원인이 되어 발생한 부상·질병·장해 또는 사망은 업무상의 재해로 보지 아니한다. 다만, 그 부상·질병·장해 또는 사망이 정상적인 인식능력 등이 뚜렷하게 저하된 상태에서 한 행위로 발생한 경우로서 대통령령으로 정하는 사유가 있으면 업무상의 재해로 본다.

③ 제1항제3호나목의 사고 중에서 출퇴근 경로 일탈 또는 중단이 있는 경우에는 해당 일탈 또는 중단 중의 사고 및 그 후의 이동 중의 사고에 대하여는 출퇴근 재해로 보지 아니한다. 다만, 일탈 또는 중단이 일상생활에 필요한 행위로서 대통령령으로 정하는 사유가 있는 경우에는 출퇴근 재해로 본다.

■ 산업재해보상보험법 시행령

제35조(출퇴근 중의 사고)

① 근로자가 출퇴근하던 중에 발생한 사고가 다음 각 호의 요건에 모두 해당하면 법 제37조제1항제3호가목에 따른 출퇴근 재해로 본다.
1. 사업주가 출퇴근용으로 제공한 교통수단이나 사업주가 제공한 것으로 볼 수 있는 교통수단을 이용하던 중에 사고가 발생 하였을 것
2. 출퇴근용으로 이용한 교통수단의 관리 또는 이용권이 근로자측의 전속적 권한에 속하지 아니하였을 것
② 법 제37조제3항 단서에서 "일상생활에 필요한 행위로서 대통령령으로 정하는 사유"란 다음 각 호의 어느 하나에 해당하는 경우를 말한다.
1. 일상생활에 필요한 용품을 구입하는 행위
2. 「고등교육법」 제2조에 따른 학교 또는 「직업교육훈련 촉진법」 제2조에 따른 직업교육훈련기관에서 직업능력 개발향상에 기여할 수 있는 교육이나 훈련 등을 받는 행위
3. 선거권이나 국민투표권의 행사
4. 근로자가 사실상 보호하고 있는 아동 또는 장애인을 보육기관 또는 교육기관에 데려주거나 해당 기관으로부터 데려오는 행위
5. 의료기관 또는 보건소에서 질병의 치료나 예방을 목적으로 진료를 받는 행위
6. 근로자의 돌봄이 필요한 가족 중 의료기관 등에서 요양 중인 가족을 돌보는 행위
7. 제1호부터 제6호까지의 규정에 준하는 행위로서 고용노동부장관이 일상생활에 필요한 행위라고 인정하는 행위

[참조조문]

산업재해보상보험법 제37조 제1항 제3호, 제2항

교통사고처리특례법 제3조 제2항

도로교통법 제5조 제1항, 제156조

◎ 2심 부산고등법원 제2행정부[2020누20354]

원 고 : 항소인 ○○○

부산시 부산진구 ○○○로 ○○○

소송대리인 변호사 ○○○

피 고 : 피항소인 근로복지공단

전심판결 : 1심 2019구단1354 울산지방법원

변론종결 : 2020. 04. 29

판결선고 : 2020. 05. 27

[주문]

1. 원고의 항소를 기각한다.
2. 항소비용은 원고가 부담한다.

[청구취지 및 항소취지]

제1심판결을 취소한다. 피고가 2019. 4. 18. 원고에게 한 산업재해보상보험 최초요양신청에 대한 불승인처분을 취소한다.

[이유]

1. 제1심판결의 인용

원고의 항소이유는 제1심에서의 주장과 크게 다르지 아니한바, 제1심에 제출된 증거들에다가 당심에 추가로 제출된 증거를 종합해 보더라도, 제1심의 사실인정과 판단은 정당한 것으로 인정된다.

이에 이 법원이 이 사건에 관하여 설시할 이유는, 제1심판결 중 제3면 8째줄의 '이 법원'을 '부산지방법원'으로 고치고, 제5면 ③항 부분을 아래와 같이 고쳐 쓰는 외에는 제1심판결 이유 기재와 같으므로, 행정소송법 제8조 제2항, 민사소송법 제420조 본문에 의하여 이를 그대로 인용한다.

『산업재해보상보험법 제37조 제2항에서 규정하고 있는 근로자의 범죄행위가 원인이 되어 부상 등이 발생한 경우란 근로자의 범죄행위가 부상 등의 직접 원인이 되는 경우를 의미하는 것이라고 할 것인데(대법원 2017. 4. 27. 선고 2016두55919 판결 참조), 앞서 든 증거들에 변론 전체의 취지를 종합하여 인정할 수 있는 다음과 같은 사정들 즉, 이 사건 사고는 원고가 2019. 2. 13. 04:40~04:50경 편도 4차선 도로의 1차로를 따라 진행하다가 교차로에서 정지신호를 무시하고 직진하여 진행한 과실로 반대편 차로에서 신호에 따라 좌회전을 하던 차량을 충돌한 것인 점, 원고는 이로 인하여 2019. 4.경 교통사고처리특례법위반(치상)죄로 벌금 300,000원의 약식명령을 받은 점, 상대차량 운전자로서는 야간에 신호를 위반하여 교차로를 진입하던 원고의 오토바이를 미리 발견하거나 이를 예상하기 어려웠을 것으로 보이는 점, 이 사건 사고조사 당시 원고는 교차로 진입 전 적색신호를 보았음에도 바쁘다는 핑계로 신호를 위반하여 진행하다가 발생한 사고임을 인정하였던 점, 보험회사의 사고조사보고서에서도 이 사건 사고를 원고의 100% 과실로 인한 것으로 판단하고 있는 점 등의 사정에 비추어 보면, 원고의 부상은 원고가 야기한 범죄행위인 이 사건 사고가 직접적인 원인이 되어 발생한 경우 에 해당한다고 봄이 타당하다.

한편, 원고는 이 사건 사고 발생에 대한 원고의 과실을 들어 보험급여를 제한하는 것은 부당하다는 취지로 주장하기도 하나, 이 사건 처분은 원고의 부상이 근로자인 원고의 범죄행위가 원인이 되어 발생한 것이어서 제37조 제2항에 따라 이를 업무상 재해로 볼 수 없다는 것이므로 이와 다른 전제에 선 원고의 위 주장도 이유 없다.』

2. 결론

그렇다면, 제1심판결은 정당하고 원고의 항소는 이유 없으므로 이를 기각하기로 하여 주문과 같이 판결한다.

[참조조문]

행정소송법 제8조 제2항

민사소송법 제420조

산업재해보상보험법 제37조 제2항

[참조판례]

[1] 근로자가 타인의 폭력에 의하여 재해를 입은 경우, 업무상 재해로 인정할 수 있는지 판단하는 기준

[2] 산업재해보상보험법 제37조 제2항에서 규정하고 있는 '근로자의 범죄행위가 원인이 되어 사망 등이 발생한 경우'의 의미

(대법원 2017. 4. 27. 선고 2016두55919 판결)

【주 문】

원심판결을 파기하고, 사건을 서울고등법원에 환송한다.

【이 유】

상고이유를 판단한다.

1. 상고이유 제1점에 대하여

가. 산업재해보상보험법(이하 '산재보험법'이라 한다) 제5조 제1호는 "업무상의 재해란 업무상의 사유에 따른 근로자의 부상·질병·장해 또는 사망을 말한다."라고 규정하고 있는 바, 근로자가 타인의 폭력에 의하여 재해를 입은 경우라고 하더라도, 가해자의 폭력행위가 피해자와의 사적인 관계에서 기인하였다거나 피해자가 직무의 한도를 넘어 상대방을 자극하거나 도발함으로써 발생한 경우에는 업무기인성을 인정할 수 없어 업무상 재해로 볼 수 없다고 할 것이나, 그것이 직장 안의 인간관계 또는 직무에 내재하거나 통상 수반하는 위험이 현실화되어 발생한 것으로서 업무와 사이에 상당인과관계가 있으면 업무상 재해로 인정하여야 할 것이다(대법원 1995. 1. 24. 선고 94누8587 판결 등 참조).

나. 원심은 다음과 같은 사실을 인정하였다.

(1) 원고의 배우자인 소외 1(이하 '망인'이라 한다)은 주식회사 △△의 □□공장 생산팀 제병C조의 반장이었고, 소외 2는 같은 조에 속한 후배 직원으로 금전관리 등 총무 업무를 하고 있었다.

(2) 망인은 야간근무 중이던 2014. 7. 16. 22:00경 회사로부터 지급받은 야식비의 사용 방법을 두고 소외 2와 의견을 나누던 중 말다툼을 하게 되었다.

(3) 위 말다툼이 격화되어 소외 2가 망인에게 '야식비를 회식 불참자에게 나누어 주지 않으면 이는 엄연히 갈취나 마찬가지이다'라는 취지의 발언을 하기에 이르렀고, 이에 격분한 망인이 소외 2의 얼굴을 때리면서 몸싸움이 시작되어 두 사람은 서로 엉겨 붙은 채 바닥을 수차례 구르기도 하였다. 동료 직원들의 만류로 몸싸움이 잠시 중단되었으나 망인이 다시 대걸레 막대기를 들고 소외 2에게 휘두르면서 두 사람이 다시 엉겨 붙어 싸우게 되었다. 동료 직원들이 다시 몸싸움을 말리고 만류하는 과정에서 망인은 갑자기 기력을 잃고 잠시 걸어 나가다가 그대로 쓰러졌다(이하 망인이 쓰러지기까지의 과정을 통틀어 '이 사건 다툼'이라 한다).

(4) 망인은 곧바로 병원으로 이송되었으나 이 사건 다툼이 있은 지 얼마 지나지 아니한 2014. 7. 17. 00:33경 급성 심장사를 원인으로 사망하였다.

다. 원심은 이러한 사실관계를 전제로 하여, 평소 심장질환이 있던 망인이 이 사건 다툼의 과정에서 받은 충격으로 인해 사망에 이르게 되었다는 점은 인정하면서도, 다른 한편으로 ① 망인이 먼저 소외 2를 폭행하였고 동료 직원들의 만류에도 불구하고 재차 소외 2에게 폭력을 행사한 점, ② 반면 소외 2는 적극적으로 망인을 공격하지는 않은 점, ③ 소외 2의 갈취 관련 발언이 망인의 선행 폭력을 정당화할 수 있을 정도로 지나친 것으로 보이지는 않는 점 등의 사정을 들어, 이 사건 다툼은 망인의 사적인 화풀이의 일환으로 망인의 업무행위에 포함된다고 볼 수 없고, 따라서 이로 인하여 망인의 심장질환이 악화되어 사망에 이르렀다고 하더라도 이를 업무상 재해로 평가할 수 없다고 판단하였다.
라. 그러나 원심의 이러한 업무관련성에 관한 판단은 다음과 같은 이유로 수긍하기 어렵다.
(1) 먼저 원심이 적법하게 채택한 증거에 의하면, 야식비 사용과 관련한 망인의 의견은 단합을 위해 기존의 관행대로 전체를 단체회식비로 사용하자는 것이었으나, 소외 2의 의견은 회식 불참자에게는 야식비를 분배하자는 것이었고, 이로 인하여 이 사건 다툼이 시작되었음을 알 수 있다.
(2) 이러한 사정 및 원심이 인정한 사실관계를 앞서 본 법리와 기록에 비추어 살펴보면 다음과 같이 판단된다.
① 망인과 소외 2가 말다툼을 벌이게 된 근본 원인은 회사로부터 분배된 야식비의 구체적 사용 방법에 관한 것이었으므로, 이 사건 다툼은 회사에서의 업무처리 방식과 관련한 다툼으로 볼 수 있다.
② 원심은 망인이 먼저 소외 2를 자극하거나 도발하여 이 사건 다툼이 발생한 것으로 전제하고 있으나, 야식비와 관련된 논의 과정에서 오히려 소외 2가 망인에게 먼저 갈취 등을 언급하며 공격적인 발언을 한 것으로 볼 수 있고, 이러한 발언은 망인이 업무와 관련하여 정당하게 개진한 의견을 범죄행위에 빗대는 모욕적인 것으로서, 망인과 소외 2의 회사 내에서의 관계 등을 고려하면 이러한 발언의 정도가 가벼운 것이라고 단정하기 어렵다.
③ 이 사건 다툼이 발생한 장소는 회사 내부였고, 당시 망인과 소외 2는 함께 야간근무 중이었으며, 두 사람 사이에 위 문제 이외에 사적인 원한관계가 있었다는 사정도 엿보이지 아니한다.
(3) 위와 같은 사정을 종합하면, 이 사건 다툼은 직장 안의 인간관계 또는 직무에 내재하거나 통상 수반하는 위험이 현실화되어 발생한 것으로 보아야 하고, 망인과 소외 2의 사적인 관계에서 기인하였다거나 망인이 직무의 한도를 넘어 상대방을 자극하거나 도발함으로써 발생한 경우라고 보기 어렵다.
마. 그럼에도 원심은 그 판시와 같은 이유로 업무관련성을 부정하였으니, 이러한 원심의 판단에는 업무관련성에 관한 법리를 오해하여 그릇된 판단을 함으로써 판결에 영향을 미친 잘못이 있다.
2. 상고이유 제2점에 대하여
산재보험법 제37조 제2항 본문은 "근로자의 고의·자해행위나 범죄행위 또는 그것이 원인이 되어 발생한 부상·질병·장해 또는 사망은 업무상의 재해로 보지 아니한다."라고 규정하고 있다.
원심은, 망인의 소외 2에 대한 폭력행위가 형사상 범죄행위에 해당하는데 망인은 결과적으로 그 폭력행위가 원인이 되어 사망한 것이므로, 망인의 사망은 산재보험법 제37조 제2항 본문에 의하더라도 업무상 재해로 볼 수 없다고 판단하였다.
그러나 산재보험법 제37조 제2항에서 규정하고 있는 '근로자의 범죄행위가 원인이 되어 사망 등이 발생한 경우'라 함은, 근로자의 범죄행위가 사망 등의 직접 원인이 되는 경우를 의미하는 것이지, 근로자의 폭행으로 자극을 받은 제3자가 그 근로자를 공격하여 사망 등이 발생한 경우와 같이 간접적이거나 부수적인 원인이 되는 경우까지 포함된다고 볼 수는 없다.
그럼에도 원심은 위와 같은 이유를 들어 망인의 사망이 업무상 재해에 해당되지 않는다고 보았으니, 이러한 원심의 판단에는 산재보험법 제37조 제2항 본문에 관한 법리를 오해하여 판결에 영향을 미친 잘못이 있다.
3. 결론
그러므로 원심판결을 파기하고, 사건을 다시 심리·판단하도록 원심법원에 환송하기로 하여, 관여 대법관의 일치된 의견으로 주문과 같이 판결한다.

3. 최초요양 불승인처분 취소

(신호위반으로 반대편에서 좌회전해서 오는 차량과 충돌하는 사고)

◎ 1심 울산지방법원[2019구단1354]

원 고 : ○○○

부산시 부산진구 ○○○로 ○○○

소송대리인 변호사 ○○○

피 고 : 근로복지공단

변론종결 : 2019. 12. 12

판결선고 : 2020. 01. 16

[주문]

1. 원고의 청구를 기각한다.
2. 소송비용은 원고가 부담한다.

[청구취지]

피고가 2019. 청구취지 4. 18. 원고에게 한 산업재해보상보험 최초요양신청에 대한 불승인처분을 취소한다.

[이유]

1. 처분의 경위

가. 원고는 ○○○○ 하청업체인 ○○엔지니어링 소속 근로자로서, ○○○○에서 발주한 울산 이하생략 소재 ○○○○○○○○○ 신축공사현장에서 2018. 10. 1.부터 근무해왔다.

나. 원고는 2019. 2. 13. 오전 4시 35분 부산 이하생략에서 오토바이를 타고 출근길 카풀 동승지인 부산 이하생략으로 가던 중, 부산 이하생략 시청 앞 로타리에서 원고 본인의 신호위반으로 반대편에서 좌회전해서 오는 차량과 충돌하는 사고(이하 '이 사건 사고'라 한다)가 발생하였다(아래 사고현장약도상에서 #1차량이 원고가 운전한 오토바이, #2차량이 이 사건 사고의 피해자가 운전한 차량).

다. 원고는 이 사고로 "폐쇄성 골반환의 골절, 폐쇄성 천골 골절, 폐쇄성 상완근위부 골절(좌측), 우측 요골 골절, 좌측 5수지 골절, 우측 엄지발가락 골절, 요추 5번 횡돌기 골절, 안면부 열상, 안면부 찰과상, 혈종 눈썹(좌측)"을 진단받아 피고 공단에 최초요양 급여를 신청하였다.

라. 피고 공단은 2019. 4. 18. "원고가 통상의 경로 및 방법을 이용하여 출근 중이었다는 사실은 확인되나, 부상의 주된 원인이 원고의 신호위반으로 인한 교통사고로 발생하였으므로 이는 산업재해보상보험법 제37조 2항에 따른 범죄행위 또는 그것이 원인이 되어 발생한 재해에 해당"된다는 이유로 불승인처분(이하 '이 사건 처분'이라 한다) 하였다.

마. 원고는 이 사건 사고에 대하여 교통사고처리특례법 제3조 제2항 단서 제1호가 적용된 신호위반의 중과실 사유가 있는 교통사고처리특례법 위반 혐의로 이 법원에 벌금 30만 원의 약식명령이 청구된 상태이다. 원고는 위 벌금을 미리 납부하였고, 이 사건 사고의 피해자와 합의하였다.

[인정근거] 다툼 없는 사실, 갑 제1, 2, 7호증, 을 제1 내지 8호증의 각 기재, 변론 전체의 취지

2. 원고의 주장

원고는 대중교통을 타기 힘든 새벽 시간대에 부산에서부터 울산까지의 장거리를 자가 오토바이 및 카풀 차량을 순차적으로 이용하여 출근을 해야 했고, 이 사건 사고 당시 시간은 오전 4시 50분으로 일출 전이었으며, 맞은 편 직진 차량이 좌회전할 것을 예상하지 못한 데다, 평소보다 10-15분 정도 지각으로 인해 원고가 어쩔 수 없이 신호를 위반했던 상황을 미루어 볼 때, 이 사건 사고가 원고의 고의 또는 중과실의 범죄행위에 의하여 발생하였다거나 통상적인 운전 업무에 내재된 위험성과는 별개로 오로지 또는 주로 원고의 범죄행위로 인하여 재해를 입은 것이 명백하다고 보기 어려우므로, 이 사건 처분은 취소되어야 한다.

3. 관계 법령

별지 기재와 같다.

4. 판단

산업재해보상보험법 제37조 제2항은 '근로자의 고의·자해행위나 범죄행위 또는 그것이 원인이 되어 발생한 부상·질병·장해 또는 사망은 업무상의

재해로 보지 아니한다.'라고 규정하고 있으므로, 이 사건 사고가 산업재해보상보험법 제37조 제1항 제3호의 출퇴근 재해에 해당하더라도 그로 인한 원고의 상해가 원고 자신의 범죄행위로 발생하였거나 범죄행위가 원인이 되어 발생한 것이라면 이를 업무상 재해로 볼 수 없다.

그런데 다음과 같은 사정에 비추어보면, 원고의 상해는 그 자신의 고의적인 범죄행위(고의적인 신호위반)가 원인이 되어 발생한 것으로 판단되므로, 이 사건 사고로 인한 원고의 상해를 업무상 재해로 볼 수는 없다.

① 도로교통법 제5조 제1항은 도로를 통행하는 보행자와 차마의 운전자는 교통안전시설이 표시하는 신호 또는 지시를 따라야 한다고 규정하고, 같은 법 제156조는 제5조를 위반한 차마의 운전자는 20만원 이하의 벌금이나 구류 또는 과료에 처한다고 규정하고 있다. 따라서 신호위반행위는 그 자체로 도로교통법에 의하여 처벌되는 범죄행위에 해당한다.

② 이 사건 사고는 원고가 빨간불 신호임에도 직진을 하여, 맞은 편에서 좌회전 신호에 따라 정상적으로 신호를 준수하여 좌회전하던 상대 차량과 교차로상에서 충돌한 사고로서, 원고의 100% 과실로 발생하였다고 평가되는 교통사고이다(을 제5호증 사고 조사보고서 참조). 게다가 원고 스스로, 평소보다 늦잠을 자는 바람에 회사에 지각하지 않기 위해 서두르느라 불가피하게 신호위반을 하게 되었다고 진술하고 있다. 이와 같이 원고의 신호위반이 고의로 이루어진 것으로 보이는 점(고의로 교통사고를 발생시킨 것은 아니라 하더라도), 신호위반 자체가 도로교통법 위반의 범죄행위에 해당하는 점, 원고가 상해를 입게 된 교통사고 발생의 주된, 그리고 결정적인 원인이 원고의 신호위반 행위 때문인 점 등을 모두 종합하면, 이 사건 사고는 오로지 또는 주로 원고의 범죄행위로 인하여 재해를 입은 것이 명백한 경우에 해당하고, 원고의 주장과 같이 '운전자체에 통상수반되는 위험이 현실화된 사고'에 해당한다고 보기는 어렵다.

③ 한편, 산업재해보상보험법 제37조 제1항 제3호의 나목은 출퇴근 재해 중 '그 밖에 통상적인 경로와 방법으로 출퇴근하는 중 발생한 사고'를 업무상의 재해로 규정하고 있는데, 애초부터 이 사건과 같이 교차로상에서

고의로 정지신호를 위반하여 직진하면서 도로를 진행하는 방법. 통상적인 '방법'으로 출퇴근하는 경우에 해당한다고 평가하기도 어렵다.

5. 결론

그렇다면 이 사건 청구는 이유 없으므로 이를 기각하기로 하여 주문과 같이 판결한다.

[별지] 관련 법령

■ 산업재해보상보험법

제5조(정의) 이 법에서 사용하는 용어의 뜻은 다음과 같다.

1. "업무상의 재해"란 업무상의 사유에 따른 근로자의 부상·질병·장해 또는 사망을 말한다.

8. "출퇴근"이란 취업과 관련하여 주거와 취업장소 사이의 이동 또는 한 취업장소에서 다른 취업장소로의 이동을 말한다.

제37조(업무상의 재해의 인정 기준)

① 근로자가 다음 각 호의 어느 하나에 해당하는 사유로 부상·질병 또는 장해가 발생하거나 사망하면 업무상의 재해로 본다. 다만, 업무와 재해 사이에 상당인과관계(**相當因果關係**)가 없는 경우에는 그러하지 아니하다.

3. 출퇴근 재해

가. 사업주가 제공한 교통수단이나 그에 준하는 교통수단을 이용하는 등 사업주의 지배관리하에서 출퇴근하는 중 발생한 사고

나. 그 밖에 통상적인 경로와 방법으로 출퇴근하는 중 발생한 사고

② 근로자의 고의·자해행위나 범죄행위 또는 그것이 원인이 되어 발생한 부상·질병·장해 또는 사망은 업무상의 재해로 보지 아니한다. 다만, 그 부상·질병·장해 또는 사망이 정상적인 인식능력 등이 뚜렷하게 저하된 상태에서 한 행위로 발생한 경우로서 대통령령으로 정하는 사유가 있으면 업무상의 재해로 본다.

③ 제1항제3호나목의 사고 중에서 출퇴근 경로 일탈 또는 중단이 있는 경우에는 해당 일탈 또는 중단 중의 사고 및 그 후의 이동 중의 사고에 대하여는 출퇴근 재해로 보지 아니한다. 다만, 일탈 또는 중단이 일상생활에 필요한 행위로서 대통령령으로 정하는 사유가 있는 경우에는 출퇴근 재해로 본다.

■ 산업재해보상보험법 시행령

제35조(출퇴근 중의 사고)

① 근로자가 출퇴근하던 중에 발생한 사고가 다음 각 호의 요건에 모두 해당하면 법 제37조제1항제3호가목에 따른 출퇴근 재해로 본다.

1. 사업주가 출퇴근용으로 제공한 교통수단이나 사업주가 제공한 것으로 볼 수 있는 교통수단을 이용하던 중에 사고가 발생하였을 것
2. 출퇴근용으로 이용한 교통수단의 관리 또는 이용권이 근로자측의 전속적 권한에 속하지 아니하였을 것
② 법 제37조제3항 단서에서 "일상생활에 필요한 행위로서 대통령령으로 정하는 사유"란 다음 각 호의 어느 하나에 해당하는 경우를 말한다.
1. 일상생활에 필요한 용품을 구입하는 행위
2. 「고등교육법」 제2조에 따른 학교 또는 「직업교육훈련 촉진법」 제2조에 따른 직업교육훈련기관에서 직업능력 개발향상에 기여할 수 있는 교육이나 훈련 등을 받는 행위
3. 선거권이나 국민투표권의 행사
4. 근로자가 사실상 보호하고 있는 아동 또는 장애인을 보육기관 또는 교육기관에 데려주거나 해당 기관으로부터 데려오는 행위
5. 의료기관 또는 보건소에서 질병의 치료나 예방을 목적으로 진료를 받는 행위
6. 근로자의 돌봄이 필요한 가족 중 의료기관 등에서 요양 중인 가족을 돌보는 행위
7. 제1호부터 제6호까지의 규정에 준하는 행위로서 고용노동부장관이 일상생활에 필요한 행위라고 인정하는 행위

[참조조문]

산업재해보상보험법 제37조 제1항 제3호, 제2항

교통사고처리특례법 제3조 제2항

도로교통법 제5조 제1항, 제156조

◎ 2심 부산고등법원 제2행정부[2020누20354]

원 고 : 항소인 ○○○

부산시 부산진구 ○○○로 ○○○

소송대리인 변호사 ○○○

피 고 : 피항소인 근로복지공단

전심판결 : 1심 2019구단1354 울산지방법원

변론종결 : 2020. 04. 29

판결선고 : 2020. 05. 27

[주문]

1. 원고의 항소를 기각한다.

2. 항소비용은 원고가 부담한다.

[청구취지 및 항소취지]

제1심판결을 취소한다. 피고가 2019. 4. 18. 원고에게 한 산업재해보상보험 최초요양신청에 대한 불승인처분을 취소한다.

[이유]

1. 제1심판결의 인용

원고의 항소이유는 제1심에서의 주장과 크게 다르지 아니한바, 제1심에 제출된 증거들에다가 당심에 추가로 제출된 증거를 종합해 보더라도, 제1심의 사실인정과 판단은 정당한 것으로 인정된다.

이에 이 법원이 이 사건에 관하여 설시할 이유는, 제1심판결 중 제3면 8째줄의 '이 법원'을 '부산지방법원'으로 고치고, 제5면 ③항 부분을 아래와 같이 고쳐 쓰는 외에는 제1심판결 이유 기재와 같으므로, 행정소송법 제8조 제2항, 민사소송법 제420조 본문에 의하여 이를 그대로 인용한다.

『산업재해보상보험법 제37조 제2항에서 규정하고 있는 근로자의 범죄행위가 원인이 되어 부상 등이 발생한 경우란 근로자의 범죄행위가 부상 등의 직접 원인이 되는 경우를 의미하는 것이라고 할 것인데(대법원 2017. 4. 27. 선고 2016두55919 판결 참조), 앞서 든 증거들에 변론 전체의 취지를 종합하여 인정할 수 있는 다음과 같은 사정들 즉, 이 사건 사고는 원고가 2019. 2. 13. 04:40~04:50경 편도 4차선 도로의 1차로를 따라 진행하다가 교차로에서 정지신호를 무시하고 직진하여 진행한 과실로 반대편 차로에서 신호에 따라 좌회전을 하던 차량을 충돌한 것인 점, 원고는 이로 인하여 2019. 4.경 교통사고처리특례법위반(치상)죄로 벌금 300,000원의 약식명령을 받은 점, 상대차량 운전자로서는 야간에 신호를 위반하여 교차로를 진입하던 원고의 오토바이를 미리 발견하거나 이를 예상하기 어려웠을 것으로 보이는 점, 이 사건 사고조사 당시 원고는 교차로 진입 전 적색신호를 보았음에도 바쁘다는 핑계로 신호를 위반하여 진행하다가 발생한 사고임을 인정하였던 점, 보험회사의 사고조사보고서에서도 이 사건 사고를 원고의 100% 과실로 인한 것으로 판단하고 있는 점 등의 사정에 비추어 보면, 원고의 부상은 원고가 야기한 범죄행위인 이 사건 사고가 직접적인 원인이 되어 발생한 경우 에 해당한다고 봄이 타당하다.

한편, 원고는 이 사건 사고 발생에 대한 원고의 과실을 들어 보험급여를 제한하는 것은 부당하다는 취지로 주장하기도 하나, 이 사건 처분은 원고의 부상이 근로자인 원고의 범죄행위가 원인이 되어 발생한 것이어서 제37조 제2항에 따라 이를 업무상 재해로 볼 수 없다는 것이므로 이와 다른 전제에 선 원고의 위 주장도 이유 없다.』

2. 결론

그렇다면, 제1심판결은 정당하고 원고의 항소는 이유 없으므로 이를 기각하기로 하여 주문과 같이 판결한다.

[참조조문]

행정소송법 제8조 제2항

민사소송법 제420조

산업재해보상보험법 제37조 제2항

[참조판례]

[1] 근로자가 타인의 폭력에 의하여 재해를 입은 경우, 업무상 재해로 인정할 수 있는지 판단하는 기준
[2] 산업재해보상보험법 제37조 제2항에서 규정하고 있는 '근로자의 범죄행위가 원인이 되어 사망 등이 발생한 경우'의 의미

(대법원 2017. 4. 27. 선고 2016두55919 판결)

【주 문】

원심판결을 파기하고, 사건을 서울고등법원에 환송한다.

【이 유】

상고이유를 판단한다.

1. 상고이유 제1점에 대하여

가. 산업재해보상보험법(이하 '산재보험법'이라 한다) 제5조 제1호는 "업무상의 재해란 업무상의 사유에 따른 근로자의 부상·질병·장해 또는 사망을 말한다."라

고 규정하고 있는 바, 근로자가 타인의 폭력에 의하여 재해를 입은 경우라고 하더라도, 가해자의 폭력행위가 피해자와의 사적인 관계에서 기인하였다거나 피해자가 직무의 한도를 넘어 상대방을 자극하거나 도발함으로써 발생한 경우에는 업무기인성을 인정할 수 없어 업무상 재해로 볼 수 없다고 할 것이나, 그것이 직장 안의 인간관계 또는 직무에 내재하거나 통상 수반하는 위험이 현실화되어 발생한 것으로서 업무와 사이에 상당인과관계가 있으면 업무상 재해로 인정하여야 할 것이다(대법원 1995. 1. 24. 선고 94누8587 판결 등 참조).
나. 원심은 다음과 같은 사실을 인정하였다.
(1) 원고의 배우자인 소외 1(이하 '망인'이라 한다)은 주식회사 △△의 □□공장 생산팀 제병C조의 반장이었고, 소외 2는 같은 조에 속한 후배 직원으로 금전관리 등 총무 업무를 하고 있었다.
(2) 망인은 야간근무 중이던 2014. 7. 16. 22:00경 회사로부터 지급받은 야식비의 사용 방법을 두고 소외 2와 의견을 나누던 중 말다툼을 하게 되었다.
(3) 위 말다툼이 격화되어 소외 2가 망인에게 '야식비를 회식 불참자에게 나누어 주지 않으면 이는 엄연히 갈취나 마찬가지이다'라는 취지의 발언을 하기에 이르렀고, 이에 격분한 망인이 소외 2의 얼굴을 때리면서 몸싸움이 시작되어 두 사람은 서로 엉겨 붙은 채 바닥을 수차례 구르기도 하였다. 동료 직원들의 만류로 몸싸움이 잠시 중단되었으나 망인이 다시 대걸레 막대기를 들고 소외 2에게 휘두르면서 두 사람이 다시 엉겨 붙어 싸우게 되었다. 동료 직원들이 다시 몸싸움을 말리고 만류하는 과정에서 망인은 갑자기 기력을 잃고 잠시 걸어 나가다가 그대로 쓰러졌다(이하 망인이 쓰러지기까지의 과정을 통틀어 '이 사건 다툼'이라 한다).
(4) 망인은 곧바로 병원으로 이송되었으나 이 사건 다툼이 있은 지 얼마 지나지 아니한 2014. 7. 17. 00:33경 급성 심장사를 원인으로 사망하였다.
다. 원심은 이러한 사실관계를 전제로 하여, 평소 심장질환이 있던 망인이 이 사건 다툼의 과정에서 받은 충격으로 인해 사망에 이르게 되었다는 점은 인정하면서도, 다른 한편으로 ① 망인이 먼저 소외 2를 폭행하였고 동료 직원들의 만류에도 불구하고 재차 소외 2에게 폭력을 행사한 점, ② 반면 소외 2는 적극적으로 망인을 공격하지는 않은 점, ③ 소외 2의 갈취 관련 발언이 망인의 선행 폭력을 정당화할 수 있을 정도로 지나친 것으로 보이지는 않는 점 등의 사정을 들어, 이 사건 다툼은 망인의 사적인 화풀이의 일환으로 망인의 업무행위에 포함된다고 볼 수 없고, 따라서 이로 인하여 망인의 심장질환이 악화되어 사망에 이르렀다고 하더라도 이를 업무상 재해로 평가할 수 없다고 판단하였다.
라. 그러나 원심의 이러한 업무관련성에 관한 판단은 다음과 같은 이유로 수긍

하기 어렵다.
(1) 먼저 원심이 적법하게 채택한 증거에 의하면, 야식비 사용과 관련한 망인의 의견은 단합을 위해 기존의 관행대로 전체를 단체회식비로 사용하자는 것이었으나, 소외 2의 의견은 회식 불참자에게는 야식비를 분배하자는 것이었고, 이로 인하여 이 사건 다툼이 시작되었음을 알 수 있다.
(2) 이러한 사정 및 원심이 인정한 사실관계를 앞서 본 법리와 기록에 비추어 살펴보면 다음과 같이 판단된다.
① 망인과 소외 2가 말다툼을 벌이게 된 근본 원인은 회사로부터 분배된 야식비의 구체적 사용 방법에 관한 것이었으므로, 이 사건 다툼은 회사에서의 업무처리 방식과 관련한 다툼으로 볼 수 있다.
② 원심은 망인이 먼저 소외 2를 자극하거나 도발하여 이 사건 다툼이 발생한 것으로 전제하고 있으나, 야식비와 관련된 논의 과정에서 오히려 소외 2가 망인에게 먼저 갈취 등을 언급하며 공격적인 발언을 한 것으로 볼 수 있고, 이러한 발언은 망인이 업무와 관련하여 정당하게 개진한 의견을 범죄행위에 빗대는 모욕적인 것으로서, 망인과 소외 2의 회사 내에서의 관계 등을 고려하면 이러한 발언의 정도가 가벼운 것이라고 단정하기 어렵다.
③ 이 사건 다툼이 발생한 장소는 회사 내부였고, 당시 망인과 소외 2는 함께 야간근무 중이었으며, 두 사람 사이에 위 문제 이외에 사적인 원한관계가 있었다는 사정도 엿보이지 아니한다.
(3) 위와 같은 사정을 종합하면, 이 사건 다툼은 직장 안의 인간관계 또는 직무에 내재하거나 통상 수반하는 위험이 현실화되어 발생한 것으로 보아야 하고, 망인과 소외 2의 사적인 관계에서 기인하였다거나 망인이 직무의 한도를 넘어 상대방을 자극하거나 도발함으로써 발생한 경우라고 보기 어렵다.
마. 그럼에도 원심은 그 판시와 같은 이유로 업무관련성을 부정하였으니, 이러한 원심의 판단에는 업무관련성에 관한 법리를 오해하여 그릇된 판단을 함으로써 판결에 영향을 미친 잘못이 있다.
2. 상고이유 제2점에 대하여
산재보험법 제37조 제2항 본문은 "근로자의 고의·자해행위나 범죄행위 또는 그것이 원인이 되어 발생한 부상·질병·장해 또는 사망은 업무상의 재해로 보지 아니한다."라고 규정하고 있다.
원심은, 망인의 소외 2에 대한 폭력행위가 형사상 범죄행위에 해당하는데 망인은 결과적으로 그 폭력행위가 원인이 되어 사망한 것이므로, 망인의 사망은 산재보험법 제37조 제2항 본문에 의하더라도 업무상 재해로 볼 수 없다고 판단하였다.

그러나 산재보험법 제37조 제2항에서 규정하고 있는 '근로자의 범죄행위가 원인이 되어 사망 등이 발생한 경우'라 함은, 근로자의 범죄행위가 사망 등의 직접 원인이 되는 경우를 의미하는 것이지, 근로자의 폭행으로 자극을 받은 제3자가 그 근로자를 공격하여 사망 등이 발생한 경우와 같이 간접적이거나 부수적인 원인이 되는 경우까지 포함된다고 볼 수는 없다.
그럼에도 원심은 위와 같은 이유를 들어 망인의 사망이 업무상 재해에 해당되지 않는다고 보았으니, 이러한 원심의 판단에는 산재보험법 제37조 제2항 본문에 관한 법리를 오해하여 판결에 영향을 미친 잘못이 있다.
3. 결론
그러므로 원심판결을 파기하고, 사건을 다시 심리·판단하도록 원심법원에 환송하기로 하여, 관여 대법관의 일치된 의견으로 주문과 같이 판결한다.

4. 요양불승인처분 취소

(출근하던 중 중앙선을 침범하여 가로수와 가로등을 충격하는 사고)

◎ **1심 광주지방법원[2019구단50]**

원 고 : ○○○

광주시 남구 ○○○로 ○○○

법정대리인 후견인 ○○○

소송대리인 변호사 ○○○

피 고 : 근로복지공단

변론종결 : 2019. 06. 13

판결선고 : 2019. 08. 29

[주문]

1. 원고의 청구를 기각한다.

2. 소송비용은 원고가 부담한다.

[청구취지]

피고가 2018. 6. 7. 원고에게 한 요양불승인 처분을 취소한다.

[이유]

1. 처분의 경위

가. 원고는 소외 (주)○○○○○○병원(이하, '소외 병원'이라고 한다) 소속 물리치료사인데, 2017. 4. 6. 08:26경 원고는 본인 소유 자동차를 이용하여 출근하던 중 중앙선을 침범하여 가로수와 가로등을 충격하는 사고(이하, '이 사건 사고'라고 한다)로 「두개골 골절을 동반한 대뇌 타박상, 급성 경막하 출혈, 두개골 복합 분쇄 함몰 골절(개방성), 경추 제2~7번 다발성 골절, 흉추 제1~3번의 다발성 골절」을 진단받았다.

나. 원고는 2018. 5. 23. 피고에게 요양급여 신청을 하였으나, 피고는 2018. 6. 7. 사고차량이 원고 소유 차량으로 사고발생 당시 사업주의 지배관리 하에서 출근 중이었다고 보기 어렵다는 사유로 요양급여 불승인 처분(이하, '이 사건 처분'이라고 한다)을 하였다.

다. 원고가 이에 불복하여 피고에게 심사 청구를 하였는데, 피고는 2018.

11. 13. 이 사건 처분 사유와 같은 사유로 심사 청구를 기각하였다.

[인정근거] 갑 제1, 5, 6, 7, 8, 10호증의 각 기재, 변론 전체의 취지

2. 처분의 적법 여부

가. 원고의 주장

1) 헌법재판소는 2016. 9. 29. 2014헌바254호로 구 산업재해보상보험법(2017. 10. 24. 법률 제14933호로 개정되기 전의 것, 이하, '구 산재보험법'이라 한다) 제37조 제1항 제1호 다목에 대하여 헌법불합치결정을 하였으므로, 피고는 헌법불합치결정 이후에 발생한 이 사건 사고에 대하여 적용하여서는 아니되는 구 산재보험법 제37조 제1항 제1호 다.목을 적용하여 이 사건 처분을 하였는바, 이는 헌법불합치결정의 기속력에 반하는 것으로 당연 무효 사유가 있으므로 취소되어야 한다.

2) 가사 구 산재보험법이 적용된다고 하더라도, 원고가 근무한 회사는 근로자들을 위해서 별도의 통근버스를 제공하지 않았던 점, 원고가 2015. 8.부터 1년여 간 회사에서 물리치료사들의 주임을 맡아서 많은 업무를 처리하기 위해서 늦은 시간까지 잦은 야간 근무와 휴일 근무를 하였으며 2016. 5.말 주임을 그만두고도 후임 주임에 대한 인수인계 등의 사유로 시간외 근무가 많았으며 인수인계 기간도 비교적 장기간이었던 점, 원고가 주임 업무를 맡은 기간에는 업무 처리로 인하여 퇴근 시간이 일정치 않아서 대중교통보다는 자가용을 이용하는 것이 업무의 효율성을 위해서 불가피하였고 주임을 그만둔 이후에도 출퇴근 수단을 대중교통수단으로 바꾸는 것은 합리적으로 기대하기 어려운 상황이었던 점, 소외 회사에서는 업무 준비를 위해서 원고와 같은 물리치료사들에게 근로계약서상 출근시간인 오전 9시보다 30분 이른 오전 8시 30분까지 출근하도록 정한 점, 원고가 하루 담당하는 환자들의 수, 환자 1인당 치료에 소요되는 시간, 물리치료의 형태로 보아 원고의 체력적 소모가 상당하였던 점, 원고가 출퇴근을 위해서 자가용을 이용하는 경우보다 약 40분 정도가 더 소요되는 대중교통수단을 이용하도록 하는 것은 원고에게 현저한 육체적 노고와 일상생활의

부담을 감수하도록 하는 것이어서 위 자가용을 이용한 출퇴근 이외에 다른 합리적 선택의 기대가능성이 없는 점 등을 고려할 때, 원고에게는 출·퇴근의 방법 등에 선택의 여지가 없어 실제로는 그것이 원고에게 유보된 것이라고 볼 수 없고 사회통념상 아주 긴밀한 정도로 업무와 밀접·불가분의 관계에 있다 할 것이어서 이 사건 사고는 업무상 재해로 인정되어야 한다.

나. 관계 법령

별지 기재와 같다.

다. 판단

1) 이 사건 처분 당시 구법 규정을 적용한 것이 위법한 것인지 여부

가) 헌법불합치결정

헌법재판소는 2016. 9. 29. 2014헌바254호로 "근로자의 출퇴근 중의 사고와 관련하여 특히 「사업주의 지배관리 하에서 출퇴근 중 발생한 사고」만을 업무상 사고로 규정한 구 산재보험법 제37조 제1항 제1호 다목은 도보나 자기 소유 교통수단 또는 대중교통수단 등을 이용하여 출퇴근하는 산업재해보상보험(이하, '산재보험'이라 한다) 가입 근로자를 사업주가 제공하거나 그에 준하는 교통수단을 이용하여 출퇴근하는 산재보험 가입 근로자와 합리적인 이유 없이 차별하는 것이어서 헌법상 평등 원칙에 위배된다."고 판단하였다. 다만, 헌법재판소는 위 조항의 위헌성은 사업주의 지배관리 아래 출퇴근 중 발생한 사고를 업무상 재해로 인정하는 것 자체에 있는 것이 아니라 그러한 사고만으로 한정하여 업무상 재해를 인정하는 것이 평등 원칙에 위배된다는 데 있는 것인데 위 조항을 단순위헌으로 선언하는 경우 출퇴근 재해를 업무상 재해로 인정하는 최소한의 법적 근거마저도 상실되는 부당한 법적 공백상태와 혼란이 발생할 우려가 있다. 따라서 위 조항에 대하여 헌법불합치를 선언함과 아울러 위 조항은 2017. 12. 31.을 시한으로 입법자의 개선입법이 있을 때까지 적용하기로 한다."는 취지의 잠정적용 헌법불합치결정을 하였다.

나) 산업재해보상보험법의 개정과 헌법불합치결정의 소급효

위 헌법불합치결정에 따라 개정된 산업재해보상보험법(2017. 10. 24. 법률 제14933호로 개정된 것, 이하, '개정 산재보험법'이라 한다) 제37조 제1항 제1항 다목을 삭제하고, 같은 항 제3호에 업무상 재해로 인정되는 출퇴근 재해로서 '가. 사업주가 제공한 교통수단이나 그에 준하는 교통수단을 이용하는 등 사업주의 지배관리 하에서 출퇴근하는 중 발생한 사고, 나. 그 밖에 통상적인 경로와 방법으로 출퇴근하는 중 발생한 사고'를 신설하였으나, 부칙 제1조에서 "이 법은 2018. 1. 1.부터 시행한다."고 규정 하면서, 제2조에서 출퇴근 재해에 관한 개정규정에 관하여 "이 법 시행 후 최초로 발생하는 재해부터 적용한다."고 명시적으로 경과규정을 두고 있다.

그런데 위 헌법불합치결정에 나타난 구 산재보험법 제37조 제1항 제1호 다목의 위헌성과 이에 대한 헌법불합치결정 및 잠정적용의 이유 등에 의하면, 위 헌법불합치결정에서 구 산재보험법 제37조 제1항 제1호 다목의 계속 적용을 명한 부분의 효력은 사업주가 제공하거나 그에 준하는 교통수단을 이용하여 출퇴근하는 산재보험 가입 근로자의 출퇴근 중 발생한 사고를 업무상 사고로 계속 인정할 수 있는 근거규정이라는 점에만 미치고, 나아가 도보나 자기 소유 교통수단 또는 대중교통수단 등을 이용하여 출퇴근하는 산재보험 가입 근로자의 출퇴근 중 발생한 사고에 대하여 업무상의 재해를 인정하지 않는 근거규정이라는 점에까지는 미치지 않는 것으로 볼 여지가 없지 않다. 즉 구 산재보험법 제37조 제1항 제1호 다목 가운데 '도보나 자기 소유 교통수단 또는 대중교통수단 등을 이용하여 출퇴근하는 산재보험 가입 근로자의 출퇴근 중 발생한 사고'를 업무상 사고에서 제외한 부분은 여전히 적용중지 상태에 있다고 볼 여지도 있다(대법원 2011. 9. 29. 선고 2008두18885 판결 참조).

설령 그와 같이 본다고 하더라도 어떠한 법률조항에 대하여 헌법재판소가 헌법불합치결정을 하여 입법자에게 그 법률조항을 합헌적으로

개정 또는 폐지하는 임무를 입법자의 형성 재량에 맡긴 이상, 그 개선입법의 소급적용 여부와 소급적용의 범위는 원칙적으로 입법자의 재량에 달린 것이다. 따라서 어느 법률 또는 법률조항에 대한 적용중지의 효력을 갖는 헌법불합치결정에 따라 개선입법이 이루어진 경우 '헌법불합치결정 이후에 제소된 일반사건'에 관하여 개선입법이 소급하여 적용될 수 있는지 여부는 그와 같은 입법형성권 행사의 결과로 만들어진 개정법률의 내용에 따라 결정되어야 할 것이므로, 개정법률에 소급적용에 관한 명시적인 규정이 있는 경우에는 그에 따라야 하고, 개정법률에 그에 관한 경과규정이 없는 경우에는 다른 특별한 사정이 없는 한 헌법불합치결정 전의 구법이 적용되어야 할 사인에 관하여 그 개정법률을 소급하여 적용할 수 없는 것이 원칙이다(대법원 2015. 5. 29. 선고 2014두35447 판결 참조).

따라서 위와 같이 개정 산재보험법이 명시적으로 개선입법의 시적 적용을 헌법불합치결정시까지 소급하지 않고 있는 이상 이 사건 헌법불합치결정 후 소가 제기된 일반 사건에 해당하는 이 사건에는 개정 산재보험법 조항이 소급하여 적용되지 아니하고 이 사건 구법 규정이 적용된다고 할 것이므로 피고가 이 사건 처분 당시 구법 규정을 적용한 것을 두고 헌법불합치결정의 기속력에 반한다고 볼 수 없다. 따라서 원고의 이 부분 주장은 이유 없다.

2) 이 사건 사고가 구법 규정에 따른 업무상 재해에 해당하는지 여부

가) 근로자의 출퇴근은 일반적으로 출퇴근 방법과 경로의 선택이 근로자에게 유보되어 있어 통상 사업주의 지배·관리 하에 있다고 할 수 없고, 산재보험법에서 근로자가 통상적인 방법과 경로에 의하여 출퇴근하는 중에 발생한 사고를 업무상 재해로 인정한다는 특별한 규정을 따로 두고 있지 않은 이상, 근로자가 선택한 출퇴근 방법과 경로의 선택이 통상적이라는 이유만으로 출퇴근 중에 발생한 재해가 업무상의 재해로 될 수는 없다. 따라서 출퇴근 중에 발생한 재해가 업무상의 재해로 되기 위해서는 사업주가 제공한 교통수단을 근로자가 이용하거나 또는 사업주가 이에 준하는 교통수단을 이용하도록 하는

경우, 외형상으로는 출퇴근의 방법과 그 경로의 선택이 근로자에게 맡겨진 것으로 보이지만 출퇴근 도중에 업무를 행하였다거나 통상적인 출퇴근시간 이전 혹은 이후에 업무와 관련한 긴급한 사무처리나 그 밖에 업무의 특성이나 근무지의 특수성 등으로 출퇴근의 방법 등에 선택의 여지가 없어 실제로는 그것이 근로자에게 유보된 것이라고 볼 수 없고 사회통념상 아주 긴밀한 정도로 업무와 밀접·불가분의 관계에 있다고 판단되는 경우 등 근로자의 출퇴근 과정이 사업주의 지배·관리 하에 있다고 볼 수 있는 경우라야 한다(대법원 2014. 2. 27. 선고 2013두17817 판결 등 참조).

나) 이 사건의 경우 갑 제6, 13, 16호증, 을 제1, 3, 4호증(가지 번호 포함의 각 의 각 기재, 증인 소외1의 증언, 이 법원의 ○○○○주식회사, 소외 병원에 대한 각 사실조회 결과 및 변론 전체의 취지를 더하여 인정할 수 있는 다음과 같은 사실 내지 사정들, 즉, ① 원고는 소외 병원 소속 물리 치료사로 2015. 8. 11.부터 2016. 5.경까지 주임 직책을 수행하였고, 이후부터 이 사건 사고가 발생한 2017. 4. 6.까지는 일반 물리치료사 업무를 수행하였는데, 소외 병원에는 원고를 포함한 약 42명의 물리치료사들이 30분 치료 후, 5분 휴식하는 형태로 09:00경부터 17:30경까지 업무를 수행하였고, 원고의 경우 이 사건 사고 발생 전 한 달 동안(2017. 3. 6. ~ 2017. 4. 5.) 하루 평균 11명의 환자에게 물리치료를 수행해 온 점, ② 이 사건 사고일은 원고는 주임 직책이 종료된 지 1년여가 지나 일반 물리치료사 업무를 수행하던 때이므로 원고의 주장처럼 잦은 야근이 발생하지는 않았을 것으로 여겨지나 설령 인수인계 문제로 인해 야근이 잦았다고 하더라도 야근 시 퇴근 시간은 19:30경 내지 21:00경이었던 점(소외1의 진술), ③ 원고의 출근 시간은 보통 08:30경이었고, 이 사건 사고가 발생한 시간은 08:26경인 통상의 출근 시간대로, 대중교통을 이용한 출근이 충분히 가능한 시간이었던 점, ④ 원고의 자택에서 소외 회사까지 승용차로 이동하는 경우 이동거리는 약 21.3km로 약 40분 정도 소요되지만, 버스나 지하철 등 대중교통을 이용할 경우 복수의 대중교통 선택이 가능한데 승용차로 이동하는 경우보다 약 30분가량 더 소요되는 정도이어서(예컨대 생략번 시내버스를 이용하는 경우 원고의 자택에서 생략정류장까지 10분 정도 도보로 이동하

여 위 시내버스를 타고 소외 회사 앞 정류장에 하차할 수 있고 소요 시간은 걷는 시간 포함하여 약 1시간 3분 정도인데 위 시내버스의 배차시간은 05:40부터 22:35까지이며 배차간격은 13분이다) 원고의 업무 특성상 출퇴근시 교통수단 선택에 제한이 있었다고 보기 어려운 점 등에 비추어 보면, 대중교통 이용이 가능한 상황에서 출·퇴근 수단과 경로를 원고가 임의로 선택하는 것이 가능했기 때문에 출·퇴근 방법과 경로의 선택이 원고에게 전적으로 유보되어 있었고, 원고가 대중교통을 이용할 경우와 승용차를 이용할 경우 약 30분의 차이가 발생한다 하더라도, 이러한 이동시간의 문제는 원고의 편의를 위한 고려일 뿐이고, 업무의 특성이나 근무지의 특수성 자체에서 비롯된 것이라 볼 수는 없다. 따라서 이 사건 사고가 사업주의 지배관리 아래에서 출퇴근을 하던 중 발생한 사고라고 보기 어렵고, 이 사건 사고와 업무와 사이에 직접적이고도 밀접한 내적 관련성이 존재하여 소외 회사의 객관적 지배·관리 아래 업무상의 사유로 발생한 것이라 보기도 어렵다.

이 사건 사고가 사업주의 지배관리 아래에서 출퇴근을 하던 중 발생한 사고라고 보기 어려우므로, 이 사건 상병은 구법 조항 소정의 업무상 재해에 해당하지 않는다. 그리고 구 산재보험법 제37조 제1항 제1호 가목 및 바목 소정의 업무상 재해가 인정되기 위해서는 이 사건 사고와 업무 사이에 직접적이고도 밀접한 내적 관련성이 존재하여 소외 회사의 객관적 지배·관리 아래 업무상의 사유로 발생한 것이어야 할 것인데, 앞서 본 바와 같이 이 사건 사고와 업무와 사이에 직접적이고도 밀접한 내적 관련성이 존재하여 소외 회사의 객관적 지배·관리 아래 업무상의 사유로 발생한 것이라 보기 어렵다. 따라서 원고의 주장은 받아들이지 아니한다.

3. 결론

그렇다면, 원고의 청구는 이유 없다 할 것이므로 이를 기각하기로 하여 주문과 같이 판결한다.

[별지] 관계 법령

■ 구 산업재해보상보험법(2017. 10. 24. 법률 제14933호로 개정되기 전의 것)
제5조(정의)
이 법에서 사용하는 용어의 뜻은 다음과 같다.
1. "업무상의 재해"란 업무상의 사유에 따른 근로자의 부상·질
3. "유족"이란 사망한 자의 배우자(사실상 혼인 관계에 있는 자를 포함한다. 이하 같다)·자녀·부모·손자녀·조부모 또는 형제자매를 말한다.
제37조(업무상의 재해의 인정 기준)
① 근로자가 다음 각 호의 어느 하나에 해당하는 사유로 부상·질병 또는 장해가 발생하거나 사망하면 업무상의 재해로 본다. 다만, 업무와 재해 사이에 상당인과관계가 없는 경우에는 그러하지 아니하다.
1. 업무상 사고
가. 근로자가 근로계약에 따른 업무나 그에 따르는 행위를 하던 중 발생한 사고
나. 사업주가 제공한 시설물 등을 이용하던 중 그 시설물 등의 결함이나 관리소홀로 발생한 사고
다. 사업주가 제공한 교통수단이나 그에 준하는 교통수단을 이용하는 등 사업주의 지배관리 하에서 출퇴근 중 발생한 사고
라. 사업주가 주관하거나 사업주의 지시에 따라 참여한 행사나 행사준비 중에 발생한 사고
마. 휴게시간 중 사업주의 지배관리 하에 있다고 볼 수 있는 행위로 발생한 사고
바. 그 밖에 업무와 관련하여 발생한 사고
② 근로자의 고의·자해행위나 범죄행위 또는 그것이 원인이 되어 발생한 부상·질병·장해 또는 사망은 업무상의 재해로 보지 아니한다. 다만, 그 부상·질병·장해 또는 사망이 정상적인 인식능력 등이 뚜렷하게 저하된 상태에서 한 행위로 발생한 경우로서 대통령령으로 정하는 사유가 있으면 업무상의 재해로 본다.
③ 업무상의 재해의 구체적인 인정 기준은 대통령령으로 정한다.
■ 산업재해보상보험법
제37조(업무상의 재해의 인정 기준)
① 근로자가 다음 각 호의 어느 하나에 해당하는 사유로 부상·질병 또는 장해가 발생하거나 사망하면 업무상의 재해로 본다. 다만, 업무와 재해 사이에 상당인과관계가 없는 경우에는 그러하지 아니하다.
3. 출퇴근 재해
가. 사업주가 제공한 교통수단이나 그에 준하는 교통수단을 이용하는 등 사업

주의 지배관리 하에서 출퇴근하는 중 발생한 사고 나. 그 밖에 통상적인 경로와 방법으로 출퇴근하는 중 발생한 사고 부칙 (2017. 10. 24. 법률 제14933호) 제1조(시행일) 이 법은 2018년 1월 1일부터 시행한다. 제2조(출퇴근 재해에 관한 적용례) 제5조 및 제37조의 개정규정은 이 법 시행 후 최초로 발생하는 재해부터 적용한다.

[참조조문]

구 산업재해보상보험법(2017. 10. 24. 법률 제14933호로 개정되기 전의 것) 제37조 제1항 제1호 가목, 다목 및 바목

[참조판례]

2014헌바254

대법원 2011. 9. 29. 선고 2008두18885 판결

대법원 2015. 5. 29. 선고 2014두35447 판결

대법원 2014. 2. 27. 선고 2013두17817 판결

대법원 2017. 4. 27. 선고 2016두55919 판결

◎ 2심 광주고등법원 제1행정부[2019누12189]

원 고 : 항소인 ○○○

광주시 남구 ○○○로 ○○○

법정대리인(후견인) ○○○

소송대리인 변호사 ○○○

피 고 : 피항소인 근로복지공단

전심판결 : 1심 2019구단50 광주지방법원

변론종결 : 2020. 01. 09

판결선고 : 2020. 02. 13

[주문]

1. 제1심판결을 취소한다.

2. 피고가 2018. 6. 7. 원고에게 한 요양불승인 처분을 취소한다.

3. 소송총비용은 피고가 부담한다.

[청구취지 및 항소취지]

주문과 같다.

[이유]

1. 처분의 경위

가. 원고는 소외 (주)○○○○○○병원(이하 '소외 병원'이라고 한다) 소속 물리치료사인데, 2017. 4. 6. 08:26경 원고 소유 자동차를 이용하여 출근하던 중 중앙선을 침범하여 가로수와 가로등을 충격하는 사고(이하 '이 사건 사고'라고 한다)로 「두개골 골절을 동반한 대뇌 타박상, 급성 경막하 출혈, 두개골 복합 분쇄 함몰 골절(개방성), 경추 제2~7번 다발성 골절, 흉추 제1~3번의 다발성 골절」을 진단받았다.

나. 원고는 2018. 5. 23. 피고에게 요양급여신청을 하였으나, 피고는 2018. 6. 7. 사고차량이 원고 소유 차량으로 사고발생 당시 사업주의 지배관리 하에서 출근 중이었다고 보기 어렵다는 사유로 요양급여불승인 처분(이하 '이 사건 처분'이라고 한다)을 하였다.

다. 원고가 이에 불복하여 피고에게 심사청구를 하였는데, 피고는 2018. 11. 13. 이 사건 처분 사유와 같은 사유로 심사청구를 기각하였다.

[인정근거] 다툼 없는 사실, 갑 제1, 5, 6, 7, 8, 10호증의 각 기재, 변론 전체의 취지

2. 처분의 적법 여부

가. 원고의 주장

헌법재판소는 2019. 9. 26. "『산업재해보상보험법』 부칙(2017. 10. 24. 법률 제14933호) 제2조 중 '제37조의 개정규정'에 관한 부분은 헌법에 합치되지 아니한다."는 결정을 함으로써 '그 밖의 통상적인 경로와 방법으로 출퇴근하는 중 발생한 사고'를 업무상 재해로 인정하는 개정규정을 법률 시행

일인 2018. 1. 1. 이후 최초로 발생하는 재해부터 적용하도록 한 위 부칙 규정에 대해 헌법불합치 결정을 하였으므로, 원고의 이 사건 사고의 경우도 위 2019. 9. 26.자 헌법불합치결정의 취지에 따라 신법 조항이 소급 적용되어야 한다. 따라서 구법이 적용됨을 전제로 한 이 사건 처분은 위법하여 취소되어야 한다.

나. 관계 법령

별지 기재와 같다.

다. 판단

1) 『산업재해보상보험법』 부칙 제2조에 대한 헌법불합치결정

가) 헌법재판소는 2016. 9. 29. 2014헌바254호 사건에서 '근로자의 출퇴근 중의 사고와 관련하여 특히 「사업주의 지배관리 하에서 출퇴근 중 발생한 사고」 만을 업무상 사고로 규정한 구 『산업재해보상보험법』 (2017. 10. 24. 법률 제14933호로 개정되기 전의 것) 제34조 제1항 제1호 다목(이하 '이 사건 구법 규정'이라 한다)은 도보나 자기 소유 교통수단 또는 대중교통수단 등을 이용하여 출퇴근하는 산업재해보상보험(이하 '산재보험'이라 한다) 가입 근로자를 사업주가 제공하거나 그에 준하는 교통수단을 이용하여 출퇴근하는 산재보험 가입 근로자와 합리적인 이유 없이 차별하는 것이어서 헌법상 평등 원칙에 위배된다'고 판단하였다.

다만, 헌법재판소는 '이 사건 구법 규정의 위헌성은 사업주의 지배관리 아래 출퇴근 중 발생한 사고를 업무상 재해로 인정하는 것 자체에 있는 것이 아니라 그러한 사고만으로 한정하여 업무상 재해를 인정하는 것이 평등 원칙에 위배된다는 데 있는 것인데, 위 조항을 단순위헌으로 선언하는 경우 출퇴근 재해를 업무상 재해로 인정하는 최소한의 법적 근거마저도 상실되는 부당한 법적 공백상태와 혼란이 발생할 우려가 있다. 따라서 위 조항에 대하여 헌법불합치를 선언함과 아울러 위 조항은 2017. 12. 31.을 시한으로 입법자의 개선입법이 있을 때까지 적용하기로 한다'는 취지의 잠정적용 헌법불합치결정(이하 '2016. 9. 29.자 헌법불합치결정'이라 한다)을 하였다.

나) 2016. 9. 29.자 헌법불합치결정에 따라 개선 입법으로 『산업재해보상보험법』 제37조 제1항 제3호 나목에 '그 밖에 통상적인 경로와 방법으로 출퇴근하는 중 발생한 사고'를 업무상 재해로 보도록 하는 규정(이하 '이 사건 신법 규정'이라 한다)이 신설됨에 따라 통상의 출퇴근 재해도 업무상 재해로 인정하게 되었으나, 『산업재해보상보험법』 부칙 제2조에서는 '제37조의 개정규정은 이 법 시행 후 최초로 발생하는 재해부터 적용한다'고 규정하였을 뿐, 이 사건 신법 규정의 소급적용을 위한 경과규정을 두지 않았다.

다) 이에 다시 위 부칙 규정의 위헌 여부가 문제되었고, 헌법재판소는 2019. 9. 26. 2018헌바218, 2018헌가13호(병합)로 '산재보험법 시행일 전에 통상의 출퇴근 사고를 당한 비혜택근로자를 보호하기 위한 최소한의 조치도 취하지 않은 것은, 산재보험의 재정상황 등 실무적 여건이나 경제상황 등을 고려한 것이라고 하더라도, 그 차별을 정당화할 만한 합리적인 이유가 있는 것으로 보기 어렵고, 2016. 9. 29.자 헌법불합치결정의 취지에도 어긋난다. 따라서 심판대상조항(『산업재해보상보험법』 부칙 제2조 중 '제37조의 개정규정'에 관한 부분을 말한다)은 헌법상 평등 원칙에 위배된다'는 취지로 판단하였다. 나아가 헌법재판소는 '심판대상조항을 단순위헌으로 선언하여 즉시 그 효력을 상실하게 하더라도 부칙 제1조에 따라 2018. 1. 1.부터 이 사건 신법 규정이 시행되어 위에서 지적한 심판대상조항의 위헌성이 제거되는 것이 아니므로, 심판대상조항의 위헌성을 제거하기 위해서는 헌법불합치결정과 그에 따른 개선입법이 필요하다. 입법자는 적어도 2016. 9. 29.자 헌법불합치결정 이후에 통상의 출퇴근 사고를 당한 근로자에 대해서는 이 사건 신법 규정을 소급적용하도록 하여 심판대상조항의 위헌성을 제거할 의무가 있다. 심판대상조항에 대하여 헌법불합치결정을 선고하되, 다만, 입법자의 개선입법이 있을 때까지 적용할 수 없도록 함이 상당하다. 입법자는 가능한 한 빠른 시일 내에 이와 같은 결정의 취지에 맞추어 개선입법을 해야 할 의무가 있고, 늦어도

2020. 12. 31.까지 개선입법을 이행하여야 한다'는 취지의 헌법불합치결정(이하 '이 사건 헌법불합치결정'이라 한다)을 하였다.

2) 이 사건 헌법불합치결정의 소급효

가) 어떠한 법률조항에 대하여 헌법재판소가 헌법불합치결정을 하여 입법자에게 그 법률조항을 합헌적으로 개정 또는 폐지하는 임무를 입법자의 형성 재량에 맡긴 이상, 그 개선입법의 소급적용 여부와 소급적용의 범위는 원칙적으로 입법자의 재량에 달린 것이다. 그러나 구법 조항에 대한 헌법불합치결정의 취지나 위헌심판에서의 구체적 규범통제의 실효성 보장이라는 측면을 고려할 때, 적어도 헌법불합치결정을 하게 된 당해 사건 및 헌법불합치결정 당시에 구법 조항의 위헌 여부가 쟁점이 되어 법원에 계속 중인 사건에 대하여는 헌법불합치결정의 소급효가 미친다(대법원 2011. 9. 29. 선고 2008두18885 판결 등 참조).

나) 앞서 본 바와 같이 이 사건 사고는 2016. 9. 29.자 헌법불합치결정 이후 이 사건 신법 규정의 시행일(2018. 1. 1.) 이전에 발생하였다. 한편 원고는 2019. 1. 10. 이 사건 소를 제기하면서 『산업재해보상보험법』 부칙 제2조로 인해 이 사건 사고에 대해서는 이 사건 신법 규정의 적용을 받지 못하는 부당한 결과가 초래되었다고 주장한 바 있다. 위와 같은 사실을 앞서 본 법리에 비추어 보면, 이 사건은 '이 사건 헌법불합치결정 당시 위 부칙 규정의 위헌 여부가 쟁점이 되어 법원에 계속 중'인 사안으로서 이 사건 헌법불합치결정의 소급효가 미친다. 따라서 이 사건 사고에 관하여는 '이 사건 신법 규정'을 적용함이 타당하다.

3) 이 사건 처분의 위법성

이 사건 신법 규정에 따르면, 근로자가 통상적인 경로와 방법으로 출퇴근하는 중 발생한 사고로 인하여 부상·질병 또는 장해가 발생하거나 사망하면 '업무상 재해'에 해당하고, 원고가 이 사건 사고 당시 '통상적인 경로와 방법'으로 출근 중이었음은 당사자 사이에 다툼이 없으므로,[1]) 결국 이 사건 사고는 이 사건 신법 규정에 따라 업무상 재해로 보아야 한다.

따라서 이와 다른 전제에 선 이 사건 처분은 위법하여 취소되어야 한다.

3. 결론

원고의 이 사건 청구는 이유 있으므로 이를 인용하여야 할 것인데, 제1심판결은 이와 결론이 달라 부당하므로 이를 취소하고, 이 사건 처분을 취소하기로 하여 주문과 같이 판결한다.

[별지] 관계 법령(1심 참조)

[각주내용]

1) 피고는 제1심 법원에서 구법이 적용된다는 전제 하에 원고가 개인 소유 차량을 운행하는 대신 대중교통을 이용하여 출근할 수 있는 등 대안이 있었으므로 사업주의 지배관리 하에 있지 않았다는 취지로 주장하기도 하였으나, 원고가 이 사건 사고 당시 통상적인 경로와 방법으로 출근하는 중이었다는 원고 주장에 대해 따로 다투지는 않았다. 나아가, 피고는 이 법원에서 이 사건 헌법불합치결정 취지에 따라 개선 입법이 이루어지면 원고에 대한 불이익 처분을 해소하는 재처분을 할 예정이라고 하고 있다.

[참조조문]

『산업재해보상보험법』 부칙(2017. 10. 24. 법률 제14933호) 제2조 중 '제 37조의 개정규정'

『산업재해보상보험법』 부칙 제2조

구 『산업재해보상보험법』 (2017. 10. 24. 법률 제14933호로 개정되기 전의 것) 제34조 제1항 제1호 다목

『산업재해보상보험법』 제37조 제1항 제3호 나목

『산업재해보상보험법』 부칙 제1조, 제2조

「고등교육법」 제2조

「직업교육훈련 촉진법」 제2조

[참조판례]

2016. 9. 29. 2014헌바254호 사건

2019. 9. 26. 2018헌바218

2018헌가13호(병합)

대법원 2011. 9. 29. 선고 2008두18885 판결

제2절 휴업급여

■ 휴업급여불승인처분취소
(택시에 부딪혀 '하지부 압궤' 등의 부상을 당한 사고)

◎ **서울행정법원[2012구단20581]**

원 고 : ○○○
　　○○시 ○○○구 ○○○로 ○○
　　소송대리인 변호사 ○○○

피 고 : 근로복지공단

변론종결 : 2012. 12. 07

판결선고 : 2013. 02. 01

[주문]

1. 원고의 청구를 기각한다.
2. 소송비용은 원고가 부담한다.

[청구취지]

피고가 2012. 6. 7. 원고에게 한 휴업급여 부지급처분을 취소한다.

[이유]

1. 처분의 경위

가. 원고는 ○○○○ 주식회사(이하 '소외 회사'라 한다) 소속 근로자로서, 2010. 4. 28. 09:35경 출근 중 버스를 갈아타다가 택시에 부딪혀 '하지부 압궤' 등의 부상을 당하자(이하 '이 사건 재해'라 한다), 2010. 12. 15. 피고에게 요양신청을 하였다. 피고는 2011. 1. 4. 이 사건 재해가 업무상 재해에 해당하지 않는다는 이유로 원고의 요양신청을 불승인하였다.

나. 원고는 2012. 6. 5. 피고에게 2010. 4. 28.부터 2012. 1. 27.까지의 휴업급여를 청구하였고, 피고는 2012. 6. 7. 원고의 요양신청이 불승인되었음을 이유로 휴업급여 부지급처분(이하 '이 사건 처분'이라 한다)을 하였다.

[인정근거] 갑 제8호증의 1, 2, 을 제1호증의 각 기재

2. 처분의 적법 여부

가. 원고의 주장

근로자가 통상적인 경로와 방법에 의하여 통근 중 발생한 사고로 인하여 부상한 경우 업무상 재해에 해당한다고 할 것인다. 그렇지 않더라도 원고의 출근 과정은 사업주의 지배 · 관리하에 있었으므로 이 사건 재해는 업무상 재해에 해당한다. 이와 달리 본 이 사건 처분은 위법하다.

나. 판단

1) 피고는 원고의 요양신청이 불승인되었음을 이유로 이 사건 처분을 하였는바, 결국 이 사건 처분은 요양불승인처분의 처분사유 즉, 이 사건 재해가 업무상 재해에 해당하지 않는다는 점을 전제로 하고 있다.

2) 산업재해보상보험법에 정한 휴업급여는 업무상 재해로 요양 중에 있는 근로자와 그 가족의 최저생활을 보장해 주기 위하여 요양으로 인하여 취업하지 못한 기간에 대하여 지급하는 보험급여를 말하므로, 근로자가 휴업급여를 지급받기 위해서는 우선 업무상 재해가 인정되어야 한다. 그리고 '업무상의 재해'란 근로자와 사업주 사이의 근로계약에 터잡아 사업주의 지배·관리하에서 당해 근로업무의 수행 또는 그에 수반되는 통상적인 활동을 하는 과정에서 이러한 업무에 기인하여 발생한 재해를 말한다. 그런데 비록 근로자의 출·퇴근이 노무의 제공이라는 업무와 밀접·불가분의 관계에 있다 하더라도, 일반적으로 출·퇴근 방법과 경로의 선택이 근로자에게 유보되어 있어 통상 사업주의 지배·관리하에 있다고 할 수 없고, 산업재해보상보험법에서 근로자가 통상적인 방법과 경로에 의하여 출·퇴근하는 중에 발생한 사고를 업무상 재해로 인정한다는 특별한 규정을 따로 두고 있지 않은 이상, 근로자가 선택한 출·퇴근 방법과 경로의 선택이 통상적이라는 이유만으로 출·퇴근 중에 발생한 재해가 업무상의 재해로 될 수는 없다. 따라서 출·퇴근 중에 발생한 재해가 업무상의 재해로 되기 위하여는 사업주가 제공한 교통수단을 근로자가 이용하거나 또는 사업주가 이에 준하는 교통수단

을 이용하도록 하는 등 근로자의 출·퇴근 과정이 사업주의 지배·관리하에 있다고 볼 수 있는 경우라야 한다(대법원 2007. 9. 28. 선고 2005두12572 전원합의체 판결 참조). 그리고 출 · 퇴근 과정이 사업주의 지배 · 관리하에 있다는 점에 관하여는 이를 주장하는 측에서 입증하여야 한다.

3) 이러한 법리와 위 인정사실을 종합하여 이 사건에 관하여 보건대, 이 사건 재해는 출근 중에 발생한 재해인데, 원고가 제출한 증거만으로는 원고의 출근 과정이 사업주의 지배 · 관리하에 있다고 인정하기에 부족하고 달리 이를 인정할 증거가 없다.

따라서 이 사건 재해는 업무상 재해에 해당하지 아니하므로 이와 같은 전제에서 한 이 사건 처분은 적법하다.

3. 결론

그렇다면, 원고의 이 사건 청구는 이유 없으므로 이를 기각하기로 하여 주문과 같이 판결한다.

[참조조문]

산업재해보상보험법

[참조판례]

◈ 구 산업재해보상보험법 제4조 제1호에 정한 '업무상 재해'의 의미 및 근로자의 출·퇴근 중에 발생한 재해를 업무상 재해로 인정하기 위한 요건

(대법원 2007. 9. 28. 선고 2005두12572 전원합의체 판결)

[다수의견] 구 산업재해보상보험법(2007. 4. 11. 법률 제8373호로 전문 개정되기 전의 것) 제4조 제1호에 정한 '업무상의 재해'란 근로자와 사업주 사이의 근로계약에 터 잡아 사업주의 지배·관리하에서 당해 근로업무의 수행 또는 그에 수반되는 통상적인 활동을 하는 과정에서 이러한 업무에 기인하여 발생한 재해를 말한다. 그런데 비록 근로자의 출·퇴근이 노무의 제공이라는 업무와 밀접·불가분의 관계에 있다 하더라도, 일반적으로 출·퇴근 방법과 경로의 선택이 근로자에게 유보되어 있어 통상 사업주의 지배·관리하에 있다고 할 수 없고, 산업재해보상보험법에서 근로자가 통상적인 방법과 경로에 의하여 출·퇴근하는 중에 발생한 사고를 업무상 재해로 인정한다는 특별한 규정을 따로 두고 있지 않은 이상, 근로자가 선택한 출·퇴근 방법과 경로의 선택이 통상적이라는 이유만으로

출·퇴근 중에 발생한 재해가 업무상의 재해로 될 수는 없다. 따라서 출·퇴근 중에 발생한 재해가 업무상의 재해로 되기 위하여는 사업주가 제공한 교통수단을 근로자가 이용하거나 또는 사업주가 이에 준하는 교통수단을 이용하도록 하는 등 근로자의 출·퇴근 과정이 사업주의 지배·관리하에 있다고 볼 수 있는 경우라야 한다.
[대법관 김영란, 박시환, 김지형, 김능환, 전수안의 반대의견] (가) 구 산업재해보상보험법(2007. 4. 11. 법률 제8373호로 전문 개정되기 전의 것)은 제4조 제1호에서 "업무상의 재해라 함은 업무상의 사유에 의한 근로자의 부상·질병·신체장해 또는 사망을 말한다."라고 규정하고 있을 뿐, 구체적으로 어떤 경우가 업무상 재해에 해당하는지에 관하여는 명시적인 규정을 두고 있지 않으므로, 업무상 재해에 해당하는지 여부는 산업재해보상보험법 제4조 제1호의 해석에 의해 결정될 것이지 산업재해보상보험법에서 업무상 재해로 인정하는 규정을 따로 두고 있는지 여부에 의해 좌우되는 것은 아니다.
(나) 출·퇴근 행위란 근로자가 노무를 제공하기 위해 주거지와 근무지 사이를 왕복하는 반복적 행위로서 노무를 제공하기 위해 반드시 거쳐야 하는 필수적인 과정인바, 근무지나 출·퇴근 시각은 근로자가 자유로이 정할 수 있는 것이 아니고 오로지 사업주의 결정과 방침에 구속된다. 즉 근무지는 이미 정해져 있는 것이며 출·퇴근 시각 또한 사업주가 일방적으로 결정한 것에 따라야 하는 것이다. 또한, 이러한 출·퇴근 행위가 사업주의 지배·관리하에 있는지 여부는 규범적으로 파악되어야 할 것이지, 당해 행위가 사업장 안에서 이루어진 것인지 사업장 밖에서 이루어진 것인지 하는 단순한 물리적·공간적 요소에 의해 평가될 것은 아니라 할 것인바, 출·퇴근 행위 역시 업무와 밀접불가분의 관계에 있는 행위인 이상, 사업장 밖에서 이루어지는 행위라 하여 사업주의 지배·관리하에 있음이 부정될 수는 없는 일이다.
(다) 결국 근로자의 출·퇴근 행위는 업무와 밀접불가분의 관계에 있는 것으로, 출·퇴근을 위한 합리적인 방법과 경로는 사업주가 정한 근무지와 출·퇴근시각에 의해 정해지므로, 합리적인 방법과 경로에 의한 출·퇴근 행위라면 이는 사업주의 지배·관리하에 있다고 보아야 하고, 그러한 출·퇴근 과정에서 발생한 재해는 업무상 재해에 해당한다.
[다수의견에 대한 대법관 양승태, 김황식, 안대희의 보충의견] 출·퇴근 재해에 따른 산재보험 수급권을 비롯하여 근로자에게 인정되는 산재보험 수급권은 산업재해보상보험법에 의하여 비로소 구체화되는 사회적 기본권으로서 적극적으로 급부를 요구할 수 있는 권리를 주된 내용으로 하고 있기 때문에 그 권리의 구체적인 부여 여부, 내용 등은 필요성이나 정책적 선호도를 따지기에 앞서 무엇보다

도 국가와 국민의 경제적인 수준 등에 따르는 재원확보의 가능성이라는 요인 등을 고려하여 결정되어야 한다. 이와 같이 여러 가지 사회정책적 요소를 고려하여 관련 당사자들 사이의 합리적인 의사소통에 의한 조정을 통하여 입법적으로 해결하여야 할 분야에 입법 취지를 넘는 해석을 하는 것은 헌법상의 원칙에 반하는 것으로, 현재 산업재해보상보험법 개정안이 국회 계류중에 있는 이상, 출·퇴근 재해를 업무상 재해로 인정할 것인지, 인정한다면 출·퇴근 재해 중 어느 정도의 범위까지를 업무상 재해에 속한다고 할 것인지 여부는 사회보장적 견지에서 입법에 의하여 그 한계를 설정하는 것이 타당하다.
[다수의견에 대한 대법관 이홍훈의 보충의견] 출·퇴근 재해를 업무상 재해로 인정하기 위한 요건을 어떻게 설정할 것인지, 그 보험급여의 수준을 어느 정도로 할 것인지, 재정적 여건을 갖추기 위하여 보험료율은 얼마나 인상할 것인지 등에 관한 종합적인 제도개선이 되기 이전에, 통상적인 출·퇴근 중에 발생한 재해를 원칙적으로 업무상 재해가 된다고 해석하는 것은 산재보험의 재정적 위기를 초래하고 보험료율 인상으로 인한 사업주들의 반발이 예상되는 등 상당한 혼란을 불러일으킬 우려가 있어 오히려 근로자 전체의 공공복리 증진을 저해할 수도 있다. 그러나 위와 같은 개선책이 마련되기 이전이라고 하더라도 현행법의 해석을 통하여 출·퇴근 중 발생한 재해를 업무상 재해로 인정하는 범위를 점진적으로 확대하여 나가는 것이 바람직하다.
[반대의견에 대한 대법관 김영란, 박시환, 김지형의 보충의견] 산업재해보상보험법과 공무원연금법 두 법률규정의 '문언'으로 보나 '입법 취지'로 보나 산업재해보상보험법상의 '업무상의 재해'와 공무원연금법상의 '공무로 인한 재해'에 대하여 그 의미를 달리 해석할 근거가 없고, '국가의 재정적 부담규모의 현격한 차이', '보험주체의 차이' 및 '기여금의 불입 여부' 등을 이유로 출·퇴근 중의 재해라는 동일한 유형의 재해에 대한 보험수급권의 부여 여부에 관하여 일반근로자와 공무원 등을 구분하여 이를 전혀 달리 취급하는 것은 형평성 내지 헌법상 평등의 원칙에 반하는 것으로서 위헌의 의심이 있다.
[다수의견에 대한 대법관 안대희의 재보충의견] 국가가 재정적 여건 등 여러 가지 사정을 감안하여 선별적으로 수혜를 확대하는 것은 평등원칙에 위배되는 것으로 볼 수 없다. 사회권적 기본권에 속하는 사항에 관한 법률에 대하여 단편적이고 제한적인 해석을 하는 것은 헌법상의 원칙에 반할 뿐 아니라 헌법에서 규정한 국민의 사회복지를 진정으로 보장·증진시키는 것도 아니며 오히려 그로 인하여 준비되지 아니한 정책을 사회적 대책없이 맞이하는 혼란을 초래하고, 신속한 보장이 필요한 분야에 대한 적절한 보장을 할 수 없게 만드는 문제점이 있으며, 입법적으로도 모든 사정을 종합하여 신중히 결정하여야 하는 분야를 단편적인 법률의 해석으로 채택하는 것은 더없이 위험하다.

제3절 장해급여

1. 장해급여 부지급처분취소(보험급여 청구를 민법상의 시효중단 사유와는 별도의 고유한 시효중단 사유로 정한 것인지 여부)

◎ 대법원 2019. 4. 25., 선고, 2015두39897, 판결

원고 : 소송대리인 변호사 ○○○ 외 1인

피고 : 피상고인 근로복지공단

원심판결 : 대구고법 2015. 2. 13. 선고 2014누5973 판결

[주문]

원심판결을 파기하고, 사건을 대구고등법원에 환송한다.

[이유]

상고이유(상고이유서 제출기간이 지난 다음 제출된 상고이유보충서는 이를 보충하는 범위에서)를 판단한다.

1. 가. 소멸시효 중단사유인 채무 승인은 시효이익을 받는 당사자인 채무자가 소멸시효 완성으로 채권을 상실하게 될 상대방 또는 그 대리인에 대하여 상대방의 권리 또는 자신의 채무가 있음을 알고 있다는 뜻을 표시함으로써 성립하며, 그 표시의 방법은 특별한 형식이 필요하지 않고 묵시적이든 명시적이든 상관없다. 또한 승인은 시효이익을 받는 채무자가 상대방의 권리 등의 존재를 인정하는 일방적 행위로서, 권리의 원인·내용이나 범위 등에 관한 구체적 사항을 확인하여야 하는 것은 아니고, 채무자가 권리 등의 법적 성질까지 알고 있거나 권리 등의 발생원인을 특정하여야 할 필요는 없다. 그리고 그와 같은 승인이 있는지는 문제가 되는 표현행위의 내용·동기와 경위, 당사자가 그 행위 등으로 달성하려고 하는 목적과 진정한 의도 등을 종합적으로 고찰하여 논리와 경험의 법칙, 그리고 사회일반의 상식에 따라 객관적이고 합리적으로 이루어져야 한다(대법원 2008. 7. 24. 선고 2008다25299 판결, 대법원 2012.10.25. 선고 2012다45566 판결 등 참조).

나. (1) 산업재해보상보험법(이하 '산재보험법'이라 한다)은 산재보험법에 따른 보험급여를 받을 권리는 3년간 행사하지 않으면 시효로 말미암아 소멸하고(제112조 제1항 제1호), 산재보험법 제112조에 따른 소멸시효는 산재보험법 제36조 제2항에 따른 수급권자의 보험급여 청구로 중단된다(제113조)고 정하고 있다. 이러한 규정의 문언과 입법 취지, 산재보험법상 보험급여 청구의 성격 등에 비추어 보면, 산재보험법 제113조는 산재보험법 제36조 제2항에 따른 보험급여 청구를 민법상의 시효중단 사유와는 별도의 고유한 시효중단 사유로 정한 것으로 볼 수 있다(대법원 2018. 6. 15. 선고 2017두49119 판결 참조).

산재보험법 제112조 제2항은 '산재보험법에서 정한 소멸시효에 관하여 산재보험법에 규정된 것 외에는 민법에 따른다.'고 정하고 있고, 민법 제178조 제1항은 '시효가 중단된 때에는 중단까지에 경과한 시효기간은 이를 산입하지 않고 중단사유가 종료한 때부터 새로이 진행한다.'고 정하고 있는데, 이 조항은 산재보험법에서 정한 소멸시효에도 적용된다.

(2) 시효중단제도의 취지에 비추어 볼 때 시효중단 사유인 보험급여 청구에 대한 근로복지공단의 결정이 있을 때까지는 청구의 효력이 계속된다고 보아야 한다(대법원 1995. 5. 12. 선고 94다24336 판결, 대법원 2006. 6. 16. 선고 2005다25632 판결 등 참조). 따라서 보험급여 청구에 따른 시효중단은 근로복지공단의 결정이 있은 때 중단사유가 종료되어 새로이 3년의 시효기간이 진행된다.

(3) 산재보험법 제111조는 "제103조 및 제106조에 따른 심사 청구 및 재심사 청구의 제기는 시효의 중단에 관하여 민법 제168조에 따른 재판상의 청구로 본다."라고 정하고 있다. 그리고 민법 제170조는 제1항에서 "재판상의 청구는 소송의 각하, 기각 또는 취하의 경우에는 시효중단의 효력이 없다."라고 정하고, 제2항에서 "전항의 경우에 6월 내에 재판상의 청구, 파산절차참가, 압류 또는 가압류, 가처분을 한 때에는 시효는 최초의 재판상의 청구로 인하여 중단된 것으로 본다."라고 정하고 있다.

그러나 산재보험법이 보험급여 청구에 대하여는 재판상의 청구로 본다는 규정을 두고 있지 않은 점, 보험급여 청구에 따라 발생한 시효중단의 효력이 보험급여 결정에 대한 임의적 불복절차인 심사 청구 등에 따라 소멸한다고 볼 근거가 없는 점을 고려하면, 산재보험법상 고유한 시효중단 사유인 보험급여 청구에 따른 시효중단의 효력은 심사 청구나 재심사 청구에 따른 시효중단의 효력과는 별개로 존속한다고 보아야 한다. 따라서 심사 청구 등이 기각된 다음 6개월 안에 다시 재판상의 청구가 없어 심사 청구 등에 따른 시효중단의 효력이 인정되지 않는다고 하더라도, 보험급여 청구에 따른 시효중단의 효력은 이와 별도로 인정될 수 있다.

2. 원심판결 이유에 따르면 다음 사정을 알 수 있다.

가. 원고는 2002. 9. 25. 피고로부터 '뇌경색, 경동맥협착(좌측), 경동맥폐쇄(우측)'(이하 통틀어 '이 사건 상병'이라 한다)에 관하여 업무상 질병으로 요양승인을 받고 병원에서 요양을 하였고, 피고는 2008. 2. 29. '이 사건 상병에 대해 더 이상 요양이 필요하지 않다'는 이유로 요양을 종결하라는 결정을 하였다. 위 요양종결일 당시에 이미 원고는 ① 이 사건 상병으로 인한 장해등급 1급 3호에 해당하는 후유장해(양측 상하지 운동마비와 실조로 인한 일상처리 동작에서 항상 타인의 간병을 받아야 하는 상태) 외에도 ② 이 사건 상병이 원인이 되어 발생한 추가상병인 '시신경위축'으로 인한 시력 장해를 가지고 있었다.

나. 원고를 대리하는 원고의 누나 소외인은 2009. 4. 3. 피고에게 원고의 장해급여 청구를 하였는데(이하 '1차 장해급여청구'라 한다), 장해급여 지급 사무를 담당한 피고의 직원은 2009. 4. 23.경 소외인에게 '장해급여청구서에 첨부된 주치의의 장해진단서에 의하면, 원고에게 이 사건 상병에 따른 후유장해 외에 시신경위축에 따른 장해 진단이 있으므로, 시신경위축에 관해 추가상병으로 승인을 받은 후 장해급여를 청구하는 것이 보다 높은 장해등급 결정을 받을 수 있어 유리하다'는 취지로 안내하였다. 소외인은 위 안내에 따라 1차 장해급여청구 반려요청서를 작성하여 제출한 다음, 2009. 4. 24. 피고로부터 1차 장해급여청구 관련 서류 일체를 되돌려 받았다.

다. 그 후 원고는 2010. 8. 2. 피고에게 시신경위축에 관하여 추가상병 요양승인을 신청하여 2010. 8. 23. 추가상병 요양승인을 받았다. 당시 원고의 시신경위축은 이미 증상이 고정된 상태이어서 추가 요양이 필요한 상태는 아니었으며, 원고가 그 후로 시신경위축에 관하여 실제 요양을 한 적도 없다.

라. 원고는 2012. 8. 7. 피고에게 다시 장해급여를 청구하였는데(이하 '2차 장해급여청구'라 한다), 피고는 2012. 9. 5. 원고에게 '요양종결일(2008. 2. 29.)을 기준으로 3년의 시효기간이 도과하여 장해급여청구권이 소멸하였다'는 이유로 거부처분을 하였다. 원고는 위 거부처분에 불복하여 2012. 12. 4. 심사 청구서를 제출하였으나, 피고는 2013. 5. 22. 심사 청구 기각결정을 하였다.

마. 원고는 2013. 10. 25. 피고에게 다시 장해급여를 청구하였으나(이하 '이 사건 장해급여청구'라 한다), 피고는 2013. 11. 19. 원고에게 '요양종결일(2008. 2. 29.)을 기준으로 3년의 시효기간이 지나 장해급여청구권이 소멸하였다'는 이유로 이 사건 거부처분을 하였다.

3. 위 사실관계를 앞서 본 법리에 비추어 살펴보면, 다음과 같이 판단할 수 있다.

가. 원고는 이 사건 상병이 업무상 재해로 인정되어 요양승인을 받았고, 요양종결 후에도 신체 등에 장해가 남아 이미 이 사건 상병에 대한 장해급여청구권을 취득한 상태였다. 피고의 담당직원도 원고의 장해급여청구권 취득사실을 인식하고 2009. 4. 23.경 원고의 대리인 소외인에게 '이 사건 상병 외에 시신경위축에 관해서도 추가상병으로 승인을 받은 후 장해급여를 청구하는 것이 보다 높은 장해등급 결정을 받을 수 있어 유리하다'는 취지로 안내하여 원고로 하여금 이 사건 상병과 추가상병에 대한 장해급여 수령에 필요한 절차를 밟도록 하였다.

치유상태인 상병에 관한 추가상병 승인은 장해등급 판정과 장해급여 지급을 위한 사전 절차의 성격을 가지며, 장해등급은 수급권자의 전체 상병을 종합하여 판정하여야 한다. 원고가 피고 담당직원의 안내에 따라 이 사건 상병과 시신경위축 장해에 관한 장해급여를 함께 청구하기 위하여 시신경위축에 관한 추가상병 요양신청을 하였던 점을 고려하면, 피고가 2010. 8. 23. 이미 증상이 고정된 상태이어서 추가로 요양이 필요하지 않았던 원고의 시신경위축을 추가상병으로 승인한 행위는 특별한 사정이 없는 한 원고의 추가상병이 업무상 질병에 해당함을 인정하는 것에 그친다고 볼 수 없다. 여기에서 나아가 피고의 위와 같은 행위는 원고의 이 사건 상병으로 인한 장해와 추가상병으로 인한 장해를 함께 고려한 장해등급 결정절차를 거쳐 장해급여를 지급할 의무가 있음을 알고 있다는 것을 묵시적으로 표시한 것이라고 보아야 한다.

따라서 피고의 채무 승인으로 원고의 이 사건 상병과 추가상병에 관한 장해급여청구권의 소멸시효는 중단되었다.

나. 원고는 그로부터 3년 이내인 2012. 8. 7. 피고에게 다시 2차 장해급여청구를 함으로써 산재보험법 제113조에 따라 소멸시효가 다시 중단되었다. 피고가 2차 장해급여청구에 대해 거부처분을 하자, 원고는 위 중단사유가 종료한 때부터 3년 이내인 2013.10.25. 이 사건 장해급여청구를 하였다.

다. 결국 위와 같은 채무 승인과 2차 장해급여청구에 따라 소멸시효가 중단되었고, 원고는 중단사유가 종료한 때부터 3년 이내에 이 사건 장해급여청구를 하였다. 따라서 이 사건 장해급여청구가 3년의 시효기간이 지난 다음에 이루어진 것임을 전제로 한 이 사건 거부처분은 위법하다.

4. 그런데도 원심은 원고의 장해급여청구권의 소멸시효가 완성하였다고 판단하였다. 이러한 원심의 판단에는 산재보험법상 장해급여청구권의 소멸시효 중단에 관한 법리를 오해하여 판결에 영향을 미친 잘못이 있다.

5. 원고의 나머지 상고이유에 대한 판단을 생략한 채, 원심판결을 파기하고 사건을 다시 심리·판단하도록 원심법원에 환송하기로 하여, 대법관의 일치된 의견으로 주문과 같이 판결한다.

2. 장해등급결정처분취소

(업무상 사고로 입은 요추의 염좌 및 긴장 등으로 요양)

◎ 1심 서울행정법원[2018구단57011]

원 고 : ○○○

인천시 남동구 ○○로 ○○길 ○○

소송대리인 법무법인 ◇◇

담당변호사 ○○○

피 고 : 근로복지공단

변론종결 : 2018. 12. 21

판결선고 : 2019. 01. 18

[주문]

1. 원고의 청구를 기각한다.
2. 소송비용은 원고가 부담한다.

[청구취지]

피고가 2017. 5. 2. 원고에 대하여 한 장해등급결정처분을 취소한다.

[이유]

1. 처분의 경위

가. 원고는 2015. 5. 12.에 당한 업무상 사고로 입은 요추의 염좌 및 긴장, 경추의 염좌 및 긴장, 신경인성방광과 관련하여 피고의 승인 하에 2017. 4. 10.까지 요양하였다.

나. 원고는 위 가.항 기재와 같이 요양을 마친 후 방광기능에 장해가 남았다면서 2017. 4. 26. 피고에게 장해급여를 청구하였고, 피고는 2017. 5. 2. 원고의 장해등급이 9급 16호(치골상부 방광루 설치술을 통한 배뇨만 '가능한 상태이나 저장기능은 유지되고 있는 흉복부장기의 기능에 장해가 남아 노무가 상당한 정도로 제한된 사람)에 해당한다고 결정하였다(이하 '이 사건 처분'이라 한다).

【인정 근거】 다툼 없는 사실, 갑 제1, 2호증의 각 기재, 변론 전체의 취지

2. 이 사건 처분의 적법 여부

가. 원고의 주장

원고는 방광의 수축력이 전혀 없는 방광의 기능이 완전히 없어진 사람으로 그 장해등급은 3급에 해당한다. 따라서 이와 다른 전제에서 내려진 이 사건 처분은 위법하므로 취소되어야 한다.

나. 판단

산업재해보상보험법 시행령 제53조 제1항 후단의 위임에 따라 신체부위별 장해등급 판정에 관한 세부기준을 정하고 있는 산업재해보상보험법 시행규칙 제48조 [별표5]는 7. 흉복부장기 등의 장해 라. 방광장해 항목에서 '방광의 기능이 완전히 없어진 사람'은 3급, '위축방광[용량 50시시(cc) 이하]인 사람'은 7급, '항상 요류를 동반하는 경도의 방광기능부전 또는 방광경련으로 인한 지속성 배뇨통이 남은 사람'은 11급의 장해등급에 해당하는 것으로 규정하고 있다.

이 사건으로 돌아와 보건대, 원고가 제출한 증거만으로는 원고의 방광기능이 완전히 없어진 상태로 피고가 인정한 장해등급 9급의 정도보다 중하다는 점을 인정하기에 부족하고, 달리 이를 인정할 만한 증거가 없다. 오히려, 이 법원의 ○○○○대학교병원장에 대한 신체감정촉탁결과에 변론 전체의 취지를 보태어 보면, 다음과 같은 사실이나 사정을 알 수 있을 뿐이다. 즉, ① 방광은 '저장'과 '배출'이라는 두 가지 기능을 수행하는데, 원고는 무수축방광으로 배출기능이 상실된 상태이나 저장기능은 유지되고 있다. ② 신체감정 당시 측정된 원고 방광의 최대 용량은 204cc로 정상인과 비교하여 50~60% 감소하였으나, 7급의 장해등급에 해당하는 위축방광의 기준 용량(50cc 이하)을 넘는다. ③ 법원 감정의는 원고의 장해등급은 11급에 해당한다는 의학적 소견을 제시하였다.

따라서 이 사건 처분은 적법하고, 이를 다투는 원고의 주장은 이유 없다.

3. 결론

그렇다면, 원고의 이 사건 청구는 이유 없으므로 이를 기각하기로 하여, 주문과 같이 판결한다.

[참조조문]

산업재해보상보험법 시행령 제53조 제1항

산업재해보상보험법 시행규칙 제48조 [별표5]

◎ 2심 서울고등법원 제11행정부[2019누35796]

원 고 : 항소인 ○○○

인천시 서구 ○○로 ○○길 ○○

피 고 : 피항소인 근로복지공단

전심판결 : 1심 2018구단57011 서울행정법원

변론종결 : 2019. 09. 25

판결선고 : 2019. 10. 16

[주문]

1. 원고의 항소를 기각한다.
2. 항소비용은 원고가 부담한다.

[청구취지 및 항소취지]

제1심판결을 취소한다. 피고가 2017. 5. 2. 원고에 대하여 한 장해등급결정 처분을 취소한다.

[이유]

1. 제1심판결의 인용 등

이 법원의 판결 이유는 제1심판결 중 해당 부분을 다음 2항과 같이 수정하는 것 외에는 제1심판결의 이유('3. 결론' 부분을 제외한다) 기재와 같으므로 행정소송법 제8조 제2항, 민사소송법 제420조 본문에 따라 이를 그대로 인용한다.

2. 수정 부분

○ 3쪽 4행 "이 법원"을 "제1심법원"으로 고친다.

○ 3쪽 8행 "있다." 오른쪽에 다음 내용을 추가한다.

【한편, ○○○○대학교 의과대학부속 ○○병원에서는 원고에 대하여 "무기능성 신경인성 방광으로 자가배뇨 불가능하여 치골상부 방광루 삽입

후 주기적 교체중으로, 추후 방광기능 회복가능성 없는 영구적 방광손상으로 판단된다."라는 소견을 밝혔고(갑 제3호증), ○○대학교 ○○○○병원에서는 "방광의 수축력이 전혀 관찰되지 않는 무수축 방광으로 방광의 기능이 전혀 없는 것으로 판단됨"이라는 소견을 밝혔으나(갑 제4호증), 일반적으로 임상에서 배출기능이 사라진 환자를 방광기능이 소실되었다고 기술하기도 하지만 장해판정에 있어서는 배출기능만이 손상된 경우 방광기능의 완전 소실이라고 할 수 없다고 할 것이다. 따라서 원고의 경우 3급의 장해등급에 해당하는 방광기능이 완전히 없어진 사람에 해당한다고 볼 수 없다.】

○ 3쪽 10행 "넘는다."를 다음과 같이 고친다.

【넘으므로 7급의 장해등급에 해당한다고도 볼 수 없다.】

○ 3쪽 10행 "법원 감정의는"을 다음과 같이 고친다.

【제1심법원 감정의는 원고가 방광의 배출기능만이 소실되었고 저장기능은 아직 유지되고 있으므로 타 장애가 없다면】

○ 3쪽 11행 "제시하였다." 오른쪽에 다음 내용을 추가한다.

【④ 또한 제1심법원 감정의는 원고의 노동 능력 제한 정도에 관하여, 원고의 신체 장애는 맥브라이드 장해 평가표의 14-II-A-2의 감염, 요사, 빈번한 통증을 동반한 배뇨, 간헐적인 휴무를 요하는 것에 해당하고, 비뇨의학과적으로만 판단해 볼 때 신경 인성 방광에 의한 노동 능력 감퇴는 다른 장애(사지의 마비, 보행의 장애 등)가 동반되지 않는 한 일반도시 노동자의 경우 20%, 농촌 일용 노동자의 경우 17%에 해당하는 노동능력 상실이 예상된다는 소견도 밝혔다. ⑤ 피고는 원고가 산업재해보상보험법 시행규칙 제48조[별표5]에서 정하는 3급 또는 7급의 장해등급에 해당하는 기준을 충족하지 못하고 있으나, 곧바로 11급의 장해등급에 해당한다고 보지 않고 배출기능의 소실과 노동능력의 상실을 고려하여 산업재해보상보험법 시행령 제53조 제1항[별표6]의 제9급 제16호를 준용해 원고의 장해등급이 9급에 해당한다고 결정한 것으로 보인다. ⑥ 산업재해보상보험법 시행령 제53조 제1항[별표6]에서는 '7. 흉복부 장기 등

의 장해' 중 '가. 흉부장기의 장해'에 관하여 "흉부장기의 장해로 생명유지에 필요한 일상생활의 처리동작은 가능하나 평생 동안 어떤 노동에도 종사할 수 없는 사람"을 제3급으로, "흉부장기의 장해로 노동능력이 일반인의 4분의 1 정도만 남은 사람"을 제5급으로, "중등도의 흉부장기의 장해로 노동능력이 일반인의 2분의 1 정도만 남은 사람"을 제7급으로, "노동능력이 어느 정도 남아 있으나 흉부장기의 장해로 취업가능한 직종의 범위가 상당한 정도로 제한된 사람"을 제9급으로, "노동능력이 어느 정도 남아 있으나 흉부장기의 장해로 노동에 지장이 있는 사람"을 제11급으로 구분하고 있어 산업재해보상보험법 시행령의 규정취지에 맞게 흉부장기의 장해로 인한 노동능력의 상실 정도에 따라 장해등급을 결정하도록 하고 있다. 흉복부 장기 등의 장해에 관한 기준을 이 사건과 같은 방광장해의 장해 판단에 직접적으로 적용할 수는 없다고 하더라도, 이와 같은 노동능력의 상실을 반영한 판단기준을 고려해볼 때 원고의 노동능력 상실은 20% 정도로 예상되므로 흉복부장기 장해 제7급 기준에도 훨씬 미치지 못하는바 원고의 장해등급이 9급의 정도보다 중하다고 보기 어렵다.】

3. 결론

그렇다면 원고의 청구는 이유 없어 기각하여야 한다. 제1심판결은 이와 결론을 같이 하여 정당하므로 원고의 항소는 이유 없어 기각한다.

[참조조문]

행정소송법 제8조 제2항

민사소송법 제420조

산업재해보상보험법 시행규칙 제48조

산업재해보상보험법 시행령 제53조 제1항

3. 장해등급결정처분취소

(업무상 재해를 당하여 '뇌좌상, 경막하출혈 등으로 요양)

◎ **1심 서울행정법원[2014구단2037]**

원 고 : ○○○

○○시 ○○구 ○○로 ○○길 ○○

송달장소 서울 서초구 서초동 ○○○번지

소송대리인 변호사 ○○○

피 고 : 근로복지공단

변론종결 : 2016. 04. 26

판결선고 : 2016. 05. 13

[주문]

1. 원고의 청구를 기각한다.
2. 소송비용은 원고가 부담한다.

[청구취지]

피고가 2013. 11. 6. 원고에 대하여 한 장해등급 결정처분을 취소한다.

[이유]

1. 처분의 경위

가. 원고는 2009. 2. 7. 계단에서 넘어지는 업무상 재해를 당하여 '뇌좌상, 경막하출혈, 두피열상, 기질성 정신장애, 속발성 파킨슨 증후군'의 진단을 받고 피고의 요양승인하에 요양을 받은 후, 2013. 10. 1. 장해보상청구를 하였다.

나. 피고는 2013. 11. 6. 원고의 장해등급을 제3급 제3호(신경계통의 기능 또는 정신기능에 뚜렷한 장애가 남아 일생동안 노무에 종사할 수 없는 사람)로 결정하였다.

[인정근거] 다툼 없는 사실, 갑 1, 을 1, 2(가지번호 포함, 이하 같다), 변론 전체의 취지

2. 처분의 적법 여부

가. 원고의 주장

원고는 타인의 도움 없이는 혼자 힘으로 일상생활을 전혀 할 수 없는 상태이므로, 원고의 장해상태는 제1급 제3호(신경계통의 기능 또는 정신기능에 뚜렷한 장해가 남아 항상 간병을 받아야 하는 사람) 또는 제2급 제5호(신경계통의 기능 또는 정신기능에 뚜렷한 장해가 남아 수시로 간병을 받아야 하는 사람)에 해당한다. 따라서 이 사건 처분은 원고의 장해상태를 정확하게 반영하지 못한 처분으로서 위법하다.

나. 관계법령

■ 산업재해보상보험법 시행령
제53조 (장해등급의 기준 등)
① 법 제57조제2항에 따른 장해등급의 기준은 별표 6에 따른다. 이 경우 신체부위별 장해등급 판정에 관한 세부기준은 고용노동부령으로 정한다.
[별표 6]
장해등급의 기준(제53조제1항 관련)
- 제1급 제3호 신경계통의 기능 또는 정신기능에 뚜렷한 장해가 남아 항상 간병 을 받아야 하는 사람
- 제2급 제5호 신경계통의 기능 또는 정신기능에 뚜렷한 장해가 남아 수시로 간 병을 받아야 하는 사람
- 제3급 제3호 신경계통의 기능 또는 정신기능에 뚜렷한 장해가 남아 평생 동안 노무에 종사할 수 없는 사람
- 제5급 제8호 신경계통의 기능 또는 정신기능에 뚜렷한 장해가 남아 특별히 쉬 운 일 외에는 할 수 없는 사람
- 제7급 제4호 신경계통의 기능 또는 정신기능에 장해가 남아 쉬운 일 외에는 하지 못하는 사람
■ 산업재해보상보험법 시행규칙
제48조(신체부위별 장해등급 판정 기준)
영 제53조 제1항 후단에 따른 신체부위별 장해등급 판정에 관한 세부기준은 별표 5와 같다.
[별표 5] 신체부위별 장해등급 판정에 관한 세부기준(제48조 관련)
5. 신경계통의 기능 또는 정신기능의 장해
가. 중추신경계(뇌)의 장해
1) 영 별표 6에서 "신경계통의 기능 또는 정신기능에 뚜렷한 장해가 남아 항상 간병을 받아야 하는 사람"이란 고도의 신경계통의 기능 또는 정신기능장해로 다른 사람의 간병 없이는 혼자 힘으로 일상생활을 전혀 할 수 없거나 고도의 치

매, 정의(情意)의 황폐 등의 정신증상으로 항상 다른 사람의 감시가 필요한 사람을 말한다.
2) 영 별표 6에서 "신경계통의 기능 또는 정신기능에 뚜렷한 장해가 남아 수시로 간병을 받아야 하는 사람"이란 고도의 신경계통의 기능 또는 정신기능장해로 생명 유지에 필요한 일상생활의 처리동작에 수시로 다른 사람의 간병을 받아야 하거나 치매, 정의의 장해, 환각망상, 발작성 의식장해의 다발 등으로 수시로 다른 사람의 감시가 필요한 사람을 말한다.
3) 영 별표 6에서 "신경계통의 기능 또는 정신기능에 뚜렷한 장해가 남아 평생동안 노무에 종사할 수 없는 사람"이라 함은 2)의 규정에 의한 정도에는 미치지 아니하나 고도의 신경계통의 기능 또는 정신기능의 장해로 인하여 대뇌소증상 · 인격변화 또는 기억장해 등이 남아 평생 동안 어떤 노동에도 종사할 수 없는 사람을 말한다.
4) 영 별표 6에서 "신경계통의 기능 또는 정신기능에 뚜렷한 장해가 남아 특별히 쉬운 일 외에는 할 수 없는 사람"이라 함은 신경계통의 기능 또는 정신기능의 뚜렷한 장해로 인하여 노동능력이 일반평균인의 4분의 1정도만 남아 평생 동안 특별히 쉬운 일 외에는 노동을 할 수 없는 사람을 말한다.
5) 영 별표 6에서 "신경계통의 기능 또는 정신기능에 뚜렷한 장해가 남아 쉬운 일 외에는 하지 못하는 사람"이라 함은 중등도의 신경계통의 기능 또는 정신기능의 장해로 인하여 노동능력이 일반인의 2분의 1정도만 남은 사람을 말한다.

다. 의학적 소견

1) 원고의 주치의(○○○○병원)

원고는 인지기능 손상, 자극 과민성, 무감동 등의 증상이 두부손상을 받은 이후에 나타남. 본원 시행한 심리검사에서 확인됨. 상기 소견으로 일상생활에 대한 간병인의 도움이 필요할 것으로 사료됨. 정신기능에 뚜렷한 장해가 남아 개호를 받아야 함.

2) 특별진찰(○○○○병원)

2013. 3. 14. 시행한 신경심리검사에 따르면, 지능검사상 IQ 61로 '경도의 정신지체 수준'에 속하였으나, 평가시 관찰소견 및 사회적응 수준을 종합하여 추정된 지능은 IQ 20~25 정도의 '심한 정신지체수준'에 해당함. 인지기능 저하로 인해 검사수행 방법 자체에 대한 이해도가 떨어져 검사진행이 어려웠으며, 주의집중력, 언어능력, 수개념과

수리적 연산력, 시지각 능력, 시각-운동협응력, 장단기 기억과 의미기억 및 전두엽 실행기능 모두 저하된 소견을 보였음. 정서경험은 제한되어 보였고, 정서 표현 및 충동성 억제의 문제가 시사되었음. 사회성숙도 검사결과 수저로 음식을 천천히 떠먹는 것은 가능하지만 젓가락질이 불가능한 상태이고, 팔의 움직임이 원활하지 않아 옷을 입고 벗는 데에도 도움이 필요하다. 사회연령 2.36세, 사회지수 14.75점으로 수상 후 사회적응수준의 심각한 저하가 나타났음. 이러한 전반적 기능저하는 외상성 뇌손상에 기인한 것으로 사료되며, 사고 후 4년가량 경과하여 앞으로 현상태의 뚜렷한 호전이나 변화는 기대하기 어려운 것으로 예상됨.

3) 피고 원처분기관 자문의

2013. 3. 13. 촬영한 MRI 소견상 양측 대뇌 백질 부위의 심한 손상이 확인되며, 의사 소통가능하나 자기 이름도 말할 수 없는 상태이며, 심한 진전 및 운동이상으로 보행의 심한 장애가 있고, 특진 소견상 정신운동활성 정도는 매우 저하된 수준이고, 반응속도도 저하되어 있음. 종합하면, '신경계통의 기능 또는 정신기능에 뚜렷한 장해가 남아 평생동안 노무에 종사할 수 없는 사람'에 해당됨.

4) 피고 원처분기관 자문의사회의 심의소견

2013. 3. 13. 촬영한 MRI 소견상 양측 전두부 및 좌측 측두부에 뇌손상 소견이 보임. 면담시 인지기능저하가 보임. 따라서 환자는 '신경계통의 기능 또는 정신기능에 뚜렷한 장해가 남아 평생동안 노무에 종사할 수 없는 사람'에 해당되는 것으로 사료됨.

5) 이 법원 신체감정의

① ○○○○○○○○○○○○병원: 2015. 1. 7. 실시한 임상심리검사에 의하면 원고의 현재 지능은 IQ 64 정도로서 '경도 정신지체 수준'에 속하고 있으며 제반 기능이 다 손상되어 있는 상태이다. 신경심리검사상 인지적 유연성 및 창의성이 비효율적이고 선택적 주의력과 언어적·시각적 기억기능이 손상된 상태이다. 이와 함께 사고가 단순해져 있고

성격적으로도 퇴행이 되어 있으며 상황파악기능의 제한 속에 주변의 자극이나 반응에 부적절하게 예민해져 쉽게 흥분하고 자제력에 어려움을 느끼는 것 같다. 원고에게는 정신과적으로 개호인이 필요없다. 원고의 장해상태는 제3급 제3호(신경계통의 기능 또는 정신기능에 뚜렷한 장애가 남아 일생동안 노무에 종사할 수 없는 사람)에 해당한다.

② ○○○○○○○○○○병원: 자신의 의사를 어느 정도 표현할 수 있으나 인지기능의 저하가 있고, 식사, 배변, 배뇨는 물론 거동도 어려운 상태이므로 개호가 필요한 상태라고 봄. 식사 보조가 필요하고, 대소변 처리, 개인 위생, 옷 입기, 장소 이동 등에 다른 사람의 도움이 필요한 상태라고 봄. 수정바델지수 평가에서는 개인위생 3(중간정도 도움 필요), 목욕 1(많은 도움 필요), 식사 5(중간 정도 도움 필요), 용변 2 (많은 도움 필요), 소변조절 2(많은 도움 필요), 보행 8(중간 정도 도움 필요), 이동 8(중간 정도 도움 필요)으로 총점은 36/100점이다. 원고의 장해상태는 제3급 제3호(신경계통의 기능 또는 정신기능에 뚜렷한 장애가 남아 일생동안 노무에 종사할 수 없는 사람)에 해당한다.

[인정근거] 다툼 없는 사실, 갑 2, 을 3 내지 6, 이 법원의 ○○○○○○○○○○○병 원장, ○○○○○○○○○○병원장에 대한 각 신체감정촉탁결과, 변론 전체의 취지

라. 판단

1) 원고의 장해등급을 제3급 제3호(신경계통의 기능 또는 정신기능에 뚜렷한 장애가 남아 일생동안 노무에 종사할 수 없는 사람)로 결정한 이 사건 처분은 원고의 노동능력 상실률을 100%로 본 것으로서, 원고가 그 상위의 장해등급에 해당하는지 여부를 판단하기 위해서는 노동능력상실률이 아니라 일상생활을 하는 데에 있어서 어느 정도의 도움이 필요한지를 살펴보아야 한다.

2) 위 인정사실에 의하면, 원고는 다른 사람의 간병 없이는 혼자 힘으로 일상생활을 전혀 할 수 없거나 정신기능의 장해로 항상 다른 사람의 감시가 필요한 사람(제1급 제3호)에는 해당하지 않음이 명백하다. 또

한 원고는 생명유지에 필요한 동작, 예컨대 욕창 방지를 위하여 몸을 움직이는 동작, 음식을 삼키는 동작을 함에 있어서 수시로 다른 사람의 간병을 받아야 하거나 정신기능의 장해로 수시로 다른 사람의 감시가 필요한 사람(제2급 제5호)에도 해당하지 않는다고 할 것이다.

3) 따라서 원고의 상태는 위와 같은 등급에는 미치지 못하나, 고도의 신경계통의 기능 또는 정신기능의 장해로 대뇌소증상, 인격변화 또는 기억장해 등이 남아 평생 동안 어떤 노동에도 종사할 수 없는 사람(제3급 제3호)에 해당한다고 보이고, 이 법원 신체감정의들 역시 공통적으로 이와 같은 의학적 견해를 표명하는 점에 비추어 보면, 이 사건 처분은 적법하다.

3. 결론

그렇다면 원고의 청구는 이유 없으므로 주문과 같이 판결한다.

[참조조문]

산업재해보상보험법 시행령 제53조

산업재해보상보험법 시행령 [별표 6]

산업재해보상보험법 제57조

산업재해보상보험법 시행규칙 제48조

산업재해보상보험법시행규칙 [별표 5]

◎ 2심 서울고등법원 제9행정부[2016누48852]

원 고 : 항소인 ○○○

○○시 ○○구 ○○로 ○○길 ○○

송달장소 서울 서초구 서초동 ○○○번지

소송대리인 변호사 ○○○

피 고 : 피항소인 근로복지공단

전심판결 : 1심 2014구단2037 서울행정법원

변론종결 : 2016. 09. 22

판결선고 : 2016. 11. 03

[주문]
1. 원고의 항소를 기각한다.
2. 항소비용은 원고가 부담한다.

[청구취지 및 항소취지]

제1심 판결을 취소한다. 피고가 2013. 11. 6. 원고에 대하여 한 장해등급 결정처분을 취소한다.

[이유]

1. 제1심 판결의 인용

원고가 항소하면서 당심에서 주장하는 사유는 제1심에서 원고가 주장한 내용과 다르지 않고, 제1심 및 당심에서 제출된 각 증거를 원고의 주장과 함께 다시 살펴보더라도 원고의 청구를 기각한 제1심의 판단은 정당하다고 인정된다.

이에 이 법원이 이 사건에 관하여 설시할 이유는, 제1심 판결문 제7면 제9행 다음에 "(원고는 생명유지를 위한 일상생활을 원활히 함에 있어서 다른 사람의 도움을 다소 필요로 하는 상태인 것으로 보이나, 이처럼 일상생활을 대체로 할 수 있지만 이를 위하여 일부 다른 사람의 도움을 받아야 한다는 사정만으로는 '수시로 다른 사람의 간병을 받아야 하는 사람'에 해당한다고 보기 어렵다)"를 추가하는 외에는 제1심 판결의 이유 기재와 같으므로, 행정소송법 제8조 제2항, 민사소송법 제420조 본문에 의하여 이를 그대로 인용한다.

2. 결론

그렇다면, 제1심 판결은 정당하므로 원고의 항소는 이유 없어 이를 기각한다.

[참조조문]

행정소송법 제8조

민사소송법 제420조

제4절 유족급여

1. 유족급여 및 장의비부지급처분취소

(일용직 근로자로 고용되어 오피스텔 신축공사 현장에서 쓰려져 사망)

◎ 대법원 2018. 5. 15., 선고, 2018두32125, 판결

원고 : 상고인 ○○○

소송대리인 법무법인 ◇◇ 담당변호사 ○○○ 외 2인

피고 : 피상고인 근로복지공단

원심판결 : 서울고법 2017. 12. 14. 선고 2017누45140 판결

[주문]

원심판결을 파기하고, 사건을 서울고등법원에 환송한다.

[이유]

상고이유를 판단한다.

1. 산업재해보상보험법 제5조 제1호가 정하는 업무상의 사유에 따른 사망으로 인정하려면 업무와 사망의 원인이 된 질병 사이에 인과관계가 있어야 한다. 하지만 질병의 주된 발생원인이 업무수행과 직접적인 관계가 없더라도, 적어도 업무상의 과로나 스트레스가 질병의 주된 발생원인에 겹쳐서 질병을 유발 또는 악화시켰다면 그 사이에 인과관계가 있다고 보아야 한다. 그 인과관계는 반드시 의학적·자연과학적으로 명백히 증명하여야 하는 것은 아니고 제반 사정을 고려할 때 업무와 질병 사이에 상당인과관계가 있다고 추단되는 경우에도 그 증명이 있다고 보아야 하며, 또한 평소에 정상적인 근무가 가능한 기초 질병이나 기존 질병이 직무의 과중 등이 원인이 되어 자연적인 진행속도 이상으로 급격하게 악화된 때에도 그 증명이 있는 경우에 포함된다. 업무와 질병 또는 사망과의 인과관계 유무는 보통 평균인이 아니라 당해 근로자의 건강과 신체조건을 기준으로 판단하여야 한다(대법원 2001. 7. 27. 선고 2000두4538 판결 등 참조).

2. 원심판결 이유와 원심이 적법하게 채택한 증거에 의하면, 다음과 같은 사실들을 알 수 있다.

가. 원고의 배우자인 소외인(이하 '망인'이라 한다)은 (생년월일 생략)생으로, 2015. 11. 30. ○○건설 주식회사에 일용직 근로자로 고용되어 '△△△ △△ 오피스텔 신축공사 현장'(이하 '이 사건 현장'이라 한다)에서 도장공으로 근무하였다. 망인은 2015. 12. 16. 16:30경 신축건물 11층 엘리베이터 안에서 쓰러진 채 발견되어 병원으로 이송되었으나 이미 사망한 상태였다.

나. 망인은 경력이 많지 않아 도장작업과 함께 약 20kg 정도 되는 페인트통을 상층으로 운반하는 업무 등을 수행하였다. 통상 도장작업은 2인 1조로 이루어지는데 이 사건 현장은 그 규모에 비하여 인원이 적어 작업자들이 단독 작업을 수행하는 경우가 많았다. 망인은 종종 지인들에게 이 사건 현장에서 일하는 것이 힘들다는 취지로 호소하였다.

다. 망인은 통상 07:00경 출근하여 식사시간을 제외하고 매일 평균 8시간 30분 정도 작업을 하였는데 작업자들은 업무량 등 상황에 따라 재량껏 휴식을 취하였고 고정된 휴식시간은 없었다. 사망 당일에도 망인은 작업량이 많아 점심식사 직후에 휴식시간을 갖지 못하고 곧바로 작업에 투입되었다. 한편 망인은 이 사건 현장에서 근무한 16일 중 2015. 12. 6. 하루만 휴무를 하였다.

라. 사망 당일 이 사건 현장의 최저기온은 −3℃, 최고기온은 4℃로서 전날에 비하여 체감온도가 10℃ 이상 급격히 낮아진 상태였다. 망인이 근무하던 장소는 신축 건물 복도 부분으로 아직 창문이 설치되지 아니하여 고층 건물 외부의 강한 바람에 노출된 채 작업을 해야 하는 곳이었다. 당시 망인은 동료에게 바람이 너무 심하게 들어와 춥다고 하면서 이를 막아달라고 부탁하기도 하였다.

마. 망인의 검안서 내용, 진료 이력 및 감정의 소견 등은 다음과 같다.

(1) 검안서에는 망인의 직접 사인이 '심근경색의증(추정)'으로 기재되어 있고, 부검은 시행되지 아니하였다.

(2) 망인은 기존에 원발성 고혈압으로 지속적으로 병원 진료를 받아 왔고, 불안정협심증, 순환계통 및 호흡계통의 증상으로 진료를 받기도 하였으나, 망인에 대한 기존의 의무기록에는 심근경색을 의심할 만한 소견이 발견되지 않았다.

(3) 심근허혈을 유발하는 인자로는 심리적 스트레스, 감정 변화, 주야 변화, 식사 後, 추위 노출, 운동 등이 있는데, 특히 온도가 10℃ 감소하면 급성심근경색의 위험이 7% 증가하는 것으로 되어 있고 추위에 어떻게 반응하는가에 따른 개인적 차이가 있다. 망인의 사망 당시 체감온도를 고려하면 10℃ 정도 차이가 나므로 위험도가 증가하였을 것으로 추단해 볼 수 있다.

3. 위에서 본 법리와 사정들을 종합하면, 망인의 업무와 사망 원인이 된 질병 사이에 상당인과관계를 인정할 여지가 있다. 그 이유는 다음과 같다.

가. 망인이 이 사건 현장에 근무를 시작한지 불과 16일 만에 사망하였는데, 앞서 본 이 사건 현장에서의 작업 방식과 작업 내용, 작업량과 작업 강도, 망인의 경력 및 그 숙련도 등을 종합하여 볼 때 망인이 사망할 무렵 근무환경의 급격한 변화와 가중된 작업 강도가 망인의 육체적·정신적 피로를 급격히 증가시킨 것으로 보인다.

나. 망인은 고혈압, 불안정협심증 등의 지병이 있었음에도 충분한 휴식을 취하지 못한 채 연이어 근무를 한 것으로 보이고, 특히 사망 당일에는 전날보다 체감온도가 10℃ 이상 저하된 상태에서 고층 건물 외부의 강한 바람과 추위에 그대로 노출된 채 별다른 휴식시간 없이 작업을 계속한 사정이 인정된다. 또한 망인의 사인은 '심근경색의증'에 의한 것으로 추정된다. 이러한 사정들을 앞서 본 온도변화 및 고혈압 등 지병과 심근경색 발병 위험률의 의학적 상관관계에 비추어 보면, 위와 같은 사정이 망인의 사망에 상당한 영향을 주었을 것으로 볼 여지가 크다.

다. 결국, 망인은 고혈압, 불안정협심증 등의 기존 질환을 가진 상태에서 위와 같은 급격한 근무환경 변화 및 업무 강도 증가로 인하여 육체적·정신적 과로가 누적되었고, 이로 인하여 기존의 질환이 자연적인 진행속도 이상으로 급격하게 악화되면서 심근경색이 유발되었다고 추단할 여지가 있다.

4. 그런데도 원심은 그 판시와 같은 이유를 들어 망인의 업무와 사망의 원인이 된 질병 사이에 상당인과관계를 인정하기 어렵다고 판단하였다. 여기에는 업무상 재해의 상당인과관계에 관한 법리를 오해하고 필요한 심리를 다하지 않음으로써 판결에 영향을 미친 잘못이 있다.
5. 그러므로 원심판결을 파기하고, 사건을 다시 심리·판단하게 하기 위하여 원심법원에 환송하기로 하여, 관여 대법관의 일치된 의견으로 주문과 같이 판결한다.

2. 유족급여 및 장의비부지급처분취소

(철제 난간을 뚫고 해상에 추락하여 사망한 사고)

◎ 1심 서울행정법원 제3부[2019구합59738]

원 고 1 : ○○○

원 고 2 : ○○○

원고들 주소 전북 고창군 상하면 ○○○리 ○○

원고들 소송대리인 변호사 ○○○

피 고 : 근로복지공단

변론종결 : 2019. 11. 22

판결선고 : 2019. 12. 13

[주문]

1. 원고들의 청구를 모두 기각한다.

2. 소송비용은 원고들이 부담한다.

[청구취지]

피고가 2019. 1. 7. 원고들에게 한 유족급여 및 장의비 부지급처분을 취소한다.

[이유]

1. 처분의 경위

가. 망 소외1(생략생, 이하 '망인'이라 한다)은 2017. 10. 16.부터 ○○○○○○ 주식회사(이하 '이 사건 회사'라 한다)에서 주류 영업직 사원으로 근무하였다.

나. 망인은 2018. 2. 28. 19:10경부터 ○○○○○ 인근에서 이 사건 회사의 직원들 및 ○○○○○ 학생인 이 사건 회사의 서포터즈들과 3차에 걸쳐 회식(이하 '이 사건 회식'이라 한다)을 하던 중, 2018. 3. 1. 00:10경 혼자 회식 장소를 이탈하였다. 망인은 이 사건 회사의 영업용 차량(생략 ○○ 승용차, 이하 '이 사건 차량'이라 한다)을 운전하여 가다가 2018. 3. 1. 00:53경 ○○○○○○공원의 철제 난간을 뚫고 해상에 추락하였고(이하 '이 사건 사고'라 한다), 같은 날 03:35경 전복된 차량 내에서 사망한 채 발견되었다. 망인에 대한 국립과학수사연구원 부검 결과 사인은 익사로

판단되었고, 혈중알코올농도는 0.334%였다.

다. 망인의 부모인 원고들은 망인의 사망이 업무상 재해에 해당한다고 주장하며 피고에게 유족급여 및 장의비의 지급을 청구하였다. 그러나 피고는 2019. 1. 7. 원고들에게 '이 사건 회식 중 3차 회식은 업무와 관련이 없으므로 망인은 통상적인 퇴근 경로를 이탈한 것이고, 망인이 업무적인 스트레스로 과도한 음주를 하였다는 원고들의 주장을 뒷받침할 근거가 미흡하며, 망인은 도로교통법 위반의 범죄행위에 해당하는 음주 운전이 원인이 된 사고로 사망하였으므로, 망인의 사망을 업무상 재해로 인정할 수 없 다.'라는 이유로 유족급여 및 장의비 부지급처분(이하 '이 사건 처분'이라 한다)을 하였다.

[인정근거] 다툼 없는 사실, 갑 제1 내지 3, 9, 10호증의 각 기재, 변론 전체의 취지

2. 이 사건 처분의 적법 여부

가. 원고들의 주장

이 사건 회식은 3차 회식까지 모두 이 사건 회사의 영업활동에 해당하고, 망인은 영업실적 압박, 갑작스러운 매출 취소, 부당한 상사의 지시 등 업무상 스트레스로 과다한 음주를 하게 된 결과 정상적인 판단능력이 현저히 저하된 상태에서 운전을 하다가 이 사건 사고로 사망에 이르게 되었다. 따라서 망인의 사망은 업무와 상당인과관계가 인정되어 업무상 재해에 해당한다고 보아야 하므로, 이와 다른 전제에서 이루어진 이 사건 처분은 위법하다.

나. 관계 법령

별지 기재와 같다.

다. 인정사실

1) 망인의 업무내용 및 근무형태

망인은 담당구역인 군산 상권 내 2차 영업장(음식점 등 주류 판매처)을 관리하고 자사 제품을 홍보하는 업무를 담당하였다. 망인의 근무시간은 11:00경부터 21:00경까지였다. 망인은 평소 전주에 위치한 자택에서

이 사건 회사 ○○○○ 사무실로 출근하였다가 담당구역인 군산으로 이동하여 영업활동을 한 후 전주로 퇴근하였고, 출퇴근과 업무 시에는 이 사건 차량을 이용하였다.

2) 이 사건 회식의 경과

가) 이 사건 회사는 홍보 활동을 위해 ○○○○○ 학생들을 대상으로 서포터즈를 모집하여 운영하고 있다. 이 사건 회식은 이 사건 회사 직원들이 서포터즈 학생들과 함께 한 봉사활동 뒷풀이 및 서포터즈 신입생 환영회를 겸하여 이루어졌다.

나) 망인은 2018. 2. 28. 19:10경부터 20:00경까지 이 사건 회사 직원인 소외2 사원, 소외3 파트장(20:00경 합류) 및 서포터즈 학생들 14명과 함께 '○○○○'에서 1차 회식을 하면서 음주를 하였다. 1차 회식 장소는 서포터즈 학생들이 선정하였고, 1차 회식의 비용은 이 사건 회사의 법인카드 등으로 결제되었다.

다) 망인은 같은 날 20:00경부터 23:00경까지 소외2, 소외3, 소외4 대리(22:30경 합류) 및 서포터즈 학생들과 함께 '○○○○○'에서 2차 회식을 하면서 음주를 하였다. 2차 회식 장소는 해당 구역을 담당하는 망인이 선정하였다. 망인은 2차 회식에서 기분이 좋고 목소리가 높아지거나 비틀거리는 등 다소 취한 모습을 보였다. 2차 회식의 비용 역시 이 사건 회사의 법인카드 등으로 결제되었다.

라) 망인은 같은 날 23:00경부터 소외2, 소외3, 소외4 및 서포터즈 학생들과 함께 '○○○' 주점에서 3차 회식을 하면서 음주를 하였다. 망인은 3차 회식에서 테이블에 엎드려 있거나 누워있는 등 많이 취한 모습을 보였다. 2018. 3. 1. 00:30경 3차 회식이 종료되었고, 비용은 소외4이 개인적으로 결제하였다.

3) 이 사건 사고 무렵 망인의 행적

가) 망인은 2018. 3. 1. 00:10경 3차 회식 장소에서 다른 직원들에게 얘기하지 않은 채 혼자 나왔고, 같은 날 00:09경, 00:15경, 00:22경, 00:41경 여자친구와 각 1분 정도 통화하였다. 망인은 2018. 3. 1.

00:22경 소외4에게, 00:26경 및 00:31경 소외2에게 전화를 하였으나 해당 직원들이 받지 않아 통화가 이루어지지 않았다.

나) 3차 회식 장소인 '○○○'에서 망인의 주거지인 전주로 가기 위해서는 산업도로를 이용해야 하나, 이 사건 사고 장소인 ○○○○○○공원은 그 반대방향에 위치해 있다. 3차 회식 장소에서 ○○○○○○공원까지는 약 6km로, 평소 주간에 차량 이용시 15분 정도 소요되는 거리이다.

[인정근거] 갑 제6, 8, 11호증, 을 제1 내지 3호증(가지번호 있는 것은 가지번호 포함, 이하 같다)의 각 기재, 증인 소외4의 증언, 다툼 없는 사실

라. 판단

1) 근로자가 근로계약에 의하여 통상 종사할 의무가 있는 업무로 규정되어 있지 않은 회사 외의 행사나 모임에 참가하던 중 재해를 당한 경우, 이를 업무상 재해로 인정하려면, 우선 그 행사나 모임의 주최자, 목적, 내용, 참가인원과 그 강제성 여부, 운영방법, 비용부담 등의 사정들에 비추어, 사회통념상 그 행사나 모임의 전반적인 과정이 사업주의 지배나 관리를 받는 상태에 있어야 하고, 또한 근로자가 그와 같은 행사나 모임의 순리적인 경로를 일탈하지 아니한 상태에 있어야 한다. 그리고 사업주가 지배나 관리를 하는 회식에서 근로자가 주량을 초과하여 음주를 한 것이 주된 원인이 되어 부상·질병 또는 장해가 발생하거나 사망하게 된 경우에도 업무와 과음, 그리고 위와 같은 재해 사이에 상당인과관계가 인정된다면 산업재해보상보험법에서 정한 업무상 재해에 해당한다고 볼 수 있다. 다만 여기서 업무와 과음, 재해 사이에 상당인과관계가 있는지는 사업주가 음주를 권유하거나 사실상 강요하였는지 아니면 음주가 근로자 본인의 판단과 의사에 의하여 자발적으로 이루어진 것인지, 재해를 당한 근로자 외에 다른 근로자들이 마신 술의 양은 어느 정도인지, 그 재해가 업무와 관련된 회식 과정에서 통상 수반하는 위험의 범위 내에 있는 것인지, 회식 또는 과음으로 인한 심신장애와 무관한 다른 비정상적인 경로를 거쳐 발생한 재해는

아닌지 등 여러 사정을 고려하여 신중하게 판단하여야 할 것이다(대법원 2015. 11. 12. 선고 2013두25276 판결 등 참조).

2) 위 인정사실과 앞서 든 증거 및 변론 전체의 취지에 의하여 알 수 있는 다음과 같은 사정들, 즉 이 사건 회식 중 1, 2차 및 3차 회식의 주최자, 목적, 내용, 참가대상이 동일하였던 점, 이 사건 회식에 참여한 이 사건 회사의 직원 4명은 서포터즈 학생들을 관리하고 책임지는 역할을 맡고 있었기에 모두 3차 회식까지 참여하였던 점, 3차 회식까지 이어진 것은 주로 서포터즈 학생들이 원하였기 때문인 점 등을 종합해 보면, 이 사건 회식 중 1, 2차 회식뿐만 아니라 3차 회식 또한 그 전반적인 과정이 사업주의 지배·관리를 받는 상태에 있었던 것으로 보이기는 한다.[1])

3) 그러나 위 인정사실과 앞서 든 증거 및 변론 전체의 취지에 의하여 인정되는 다음과 같은 사정들을 종합해 보면, 망인의 사망은 업무와 상당인과관계가 인정된다고 보기 어렵고, 달리 이를 인정할 증거가 없다. 따라서 이와 결론을 같이한 피고의 이 사건 처분은 적법하고, 원고들의 주장은 이유 없다.

① 이 사건 회식은 주로 서포터즈 학생들을 격려하고 활동을 독려하기 위한 목적에서 이루어진 것이고, 이 사건 회식의 참석자 및 경과 등에 비추어 보면 망인의 음주는 본인의 판단과 의사에 기하여 자발적으로 이루어진 것으로 보일뿐, 망인이 이 사건 회식에서 음주를 권유받거나 사실상 강요받는 등의 강제성이 있었다고 보기 어렵다.

② 원고들은 망인이 업무상 스트레스로 이 사건 회식에서 과도한 음주에 이르렀다고 주장한다. 그러나 갑 제4, 5, 7, 11호증의 각 기재만으로는 망인이 영업사원으로서 받는 통상적인 실적 스트레스를 넘어서는 수준의 과도한 업무상 스트레스를 받았다거나, 이 사건 회식에서 이루어진 음주가 주로 업무상 스트레스에 기한 것이라고 인정하기 부족하고 달리 이를 인정할 증거가 없다. 오히려 이 사건 회식에 참석한 직원들이나 서포터즈 학생들은 이 사건 회식의 분위기가 좋았다고 진

술하였고, 망인이 이 사건 회식에서 이 사건 회사나 업무에 관한 어떠한 불만이나 고충을 이야기하였다는 사정도 찾아볼 수 없다.

③ 이 사건 회사는 직원이 회식에서 음주 후 대리운전으로 귀가하는 경우 대리운전 비용을 지급하는바, 망인이 이 사건 회식에서 음주를 하였다고 하더라도 회식이 끝나기 전 혼자 회식 장소를 이탈하여 이 사건 차량을 운행한 것은 이례적인 행동이라고 보인다. 더욱이 이 사건 사고 장소는 망인의 통상적인 퇴근 경로와 반대방향에 있고, 그 시간에 영업이나 필요한 물건을 가져오는 등 업무상 이유로 이 사건 사고 장소에 갔다고 볼 만한 사정도 없다. 따라서 망인이 이 사건 차량을 운행하여 이 사건 사고 장소에 간 것은 이 사건 회식 과정에서 일반적으로 수반되는 위험의 범위 내에 있는 것이라고 보기 어렵고, 통상적인 경로를 일탈한 행위라고 보인다.

④ 망인의 혈중알코올농도는 0.334%로 나타났는바, 이는 운동실조가 뚜렷해지고 보행이 곤란해지며, 신체 반사기능이 저하되고 감각이 마비되며 의식이 혼탁해지고 때로는 혼수상태에 이를 수 있는 수준의 고도명정 상태에 해당한다. 이 사건 사고는 망인이 위와 같이 만취한 상태에서 차량을 운전하다가 난간을 들이받고 해상으로 추락함으로써 발생하였다. 이는 망인의 음주운전이 주된 원인으로 작용한 결과 발생한 사고로 보이므로, 이 사건 사고의 발생 역시 이 사건 회식 과정에서 일반적으로 수반되는 위험의 범위 내에 있는 것이라고는 볼 수 없다.

⑤ 산업재해보상보험법 제37조 제2항 본문은 '근로자의 고의·자해행위나 범죄행위 또는 그것이 원인이 되어 발생한 부상·질병·장해 또는 사망은 업무상의 재해로 보지 아니한다.'라고 규정하고 있는바, 망인의 음주운전은 구 도로교통법(2018. 3. 27. 법률 제15530호로 개정되기 전의 것) 제148조의2 제2항 제1호, 제44조 제1항의 규정에 의해 1년 이상 3년 이하의 징역이나 500만 원 이상 1,000만 원 이하 벌금의 부과대상에 해당할 수 있고, 위 산업재해보상보험법 규정의 취지에 비추어 망인의 음주운전으로 인해 이 사건 회식과 이 사건 사고로 인한 망인의 사망 사이의 인과관계가 단절되었다고 볼 여지가 있다.

3. 결론

그렇다면 원고들의 청구는 각 이유 없으므로 이를 모두 기각하기로 하여 주문과 같이 판결한다.

[별지] 관계 법령(생략)

[각주내용]

1) 당초 사용자의 전반적 지배·관리하에 개최된 회사 밖의 행사나 모임이 종료되었는지 여부가 문제될 때에는 일부 단편적인 사정만을 들어 그로써 위 공식적인 행사나 모임의 성격이 업무와 무관한 사적·임의적 성격으로 바뀌었다고 속단하여서는 안 될 것이다(대법원 2008. 10. 9. 선고 2008두8475 판결 참조).

[참조조문]

산업재해보상보험법 제5조, 제27조, 제37조 제1항제1호가목, 라목, 제2항 본문

구 도로교통법(2018. 3. 27. 법률 제15530호로 개정되기 전의 것) 제148조의2 제2항 제1호, 제44조 제1항

「건설기계관리법」 제26조제1항

[참조판례]

대법원 2008. 10. 9. 선고 2008두8475 판결

◈ 사업주가 지배나 관리를 하는 회식에서 근로자가 주량을 초과하여 음주를 한 것이 주된 원인이 되어 부상·질병 또는 장해가 발생하거나 사망한 경우, 업무상 재해에 해당하는지 여부 및 업무와 과음, 재해 사이에 상당인과관계가 있는지 판단하는 방법(대법원 2015. 11. 12. 선고 2013두25276 판결)

【주 문】

원심판결을 파기하고, 사건을 서울고등법원에 환송한다.

【이 유】

상고이유에 대하여 판단한다.

1. 근로자가 근로계약에 의하여 통상 종사할 의무가 있는 업무로 규정되어 있지 않은 회사 외의 행사나 모임에 참가하던 중 재해를 당한 경우, 이를 업무상 재해로 인정하려면, 우선 그 행사나 모임의 주최자, 목적, 내용, 참가인원과 그 강제성 여부, 운영방법, 비용부담 등의 사정들에 비추어, 사회통념상 그 행사나 모

임의 전반적인 과정이 사업주의 지배나 관리를 받는 상태에 있어야 하고, 또한 근로자가 그와 같은 행사나 모임의 순리적인 경로를 일탈하지 아니한 상태에 있어야 한다(대법원 2007. 11. 15. 선고 2007두6717 판결 참조). 그리고 사업주가 지배나 관리를 하는 회식에서 근로자가 주량을 초과하여 음주를 한 것이 주된 원인이 되어 부상·질병 또는 장해가 발생하거나 사망하게 된 경우에도 업무와 과음, 그리고 위와 같은 재해 사이에 상당인과관계가 인정된다면 산업재해보상보험법에서 정한 업무상 재해에 해당한다고 볼 수 있다. 다만 여기서 업무와 과음, 재해 사이에 상당인과관계가 있는지는 사업주가 음주를 권유하거나 사실상 강요하였는지 아니면 음주가 근로자 본인의 판단과 의사에 의하여 자발적으로 이루어진 것인지, 재해를 당한 근로자 외에 다른 근로자들이 마신 술의 양은 어느 정도인지, 그 재해가 업무와 관련된 회식 과정에서 통상 수반하는 위험의 범위 내에 있는 것인지, 회식 또는 과음으로 인한 심신장애와 무관한 다른 비정상적인 경로를 거쳐 발생한 재해는 아닌지 등 여러 사정을 고려하여 신중하게 판단하여야 할 것이다.

2. 원심판결 이유와 기록에 의하면, ① 원고는 소외 회사의 아이비알(IBR) 팀에 소속된 상담원으로서, 2012. 7. 6. 18:20경부터 같은 날 21:15경까지 음식점에서 아이비알 팀 책임자인 실장 소외 1을 포함하여 30명의 직원과 함께 아이비알 팀의 1차 회식을 한 다음, 같은 날 21:43경 소외 1을 포함하여 12명의 직원과 함께 바로 옆 건물 4층에 있는 노래연습장으로 자리를 옮겨 2차 회식을 한 사실, ② 원고는 위 노래연습장으로 옮기고 얼마 지나지 않아 화장실을 찾기 위해 노래연습장에서 나와 같은 층에 있는 비상구 문을 열고 들어갔는데, 그 안쪽에 있던 밖으로 나 있는 커다란 창문을 화장실 문으로 오인하여 밑에 놓여 있던 발판을 밟고 올라가 그 창문을 열고 나갔다가 건물 밖으로 추락하여 '골반골절, 천추골절 등'의 부상을 입은 사실, ③ 원고는 1차 회식자리에서 술을 많이 마셔 만취한 상태였으나, 소외 1이 원고 등 참석 직원들에게 술잔을 돌리거나 술을 마시지 않는 직원에게 술 마시기를 권하지는 않은 사실, ④ 소외 1은 주량이 소주 반병 정도이나 당시 맥주 한 잔 정도를 마셨고, 화장실에 간다고 나간 원고가 돌아오지 않자 다른 직원인 소외 2에게 원고를 찾아보라고 지시하기도 한 사실을 알 수 있다.

이러한 사실관계를 앞서 본 법리에 비추어 살펴보면, 비록 원고가 참여한 회식이 사업주 측의 주최로 이루어진 것이라고 하더라도, 원고는 사업주의 강요 등이 없었음에도 자발적 의사로 자신의 주량을 초과하여 소외 1이나 소외 2 등 회식을 함께 하였던 다른 사람들의 음주량을 훨씬 넘는 과음을 하였고, 그것이 주된 원인이 되어 업무와 관련된 회식 과정에 통상 수반되는 위험이라고 보기 어려운 위와 같은 사고를 당하게 된 것이므로, 업무와 원고가 입은 재해 사이에 상당인과관계가 있다고 보기는 어렵다고 할 것이다.
그럼에도 원심은 판시와 같은 이유만으로 위 사고로 인하여 원고가 입은 부상이 업무상 재해에 해당한다고 판단하였으므로, 이러한 원심판결에는 산업재해보상보험법에서 정한 업무상 재해에 관한 법리를 오해하여 판결에 영향을 미친 잘못이 있다. 이 점을 지적하는 상고이유의 주장에는 정당한 이유가 있다.
3. 그러므로 나머지 상고이유에 대한 판단을 생략한 채 원심판결을 파기하고, 사건을 다시 심리·판단하도록 원심법원에 환송하기로 하여, 관여 대법관의 일치된 의견으로 주문과 같이 판결한다.

◎ 2심 서울고등법원 제1-2행정부[2020누31110]

원 고 1 : 항소인 ○○○

원 고 2 : 항소인 ○○○

원고들 주소 전북 ○○군 ○○면 ○○리 ○○

원고들 소송대리인 변호사 ○○○

피 고 : 피항소인 근로복지공단

전심판결 : 1심 2019구합59738 서울행정법원

변론종결 : 2020. 05. 15

판결선고 : 2020. 07. 10

[주문]

1. 원고들의 항소를 모두 기각한다.
2. 항소비용은 원고들이 부담한다.

[청구취지 및 항소취지]

제1심판결을 취소한다. 피고가 2019. 1. 7. 원고들에 대하여 한 유족급여 및 장의비 부지급처분을 취소한다는 판결.

[이유]

1. 제1심판결의 인용

이 법원이 이 사건에 관하여 설시할 판결의 이유는, 원고들이 항소이유로 강조하거나 새로이 한 주장에 대한 판단을 아래 제2항에 추가하는 외에는, 제1심판결의 이유기재와 같으므로, 행정소송법 제8조 제2항, 민사소송법 제420조 본문에 의하여 이를 그대로 인용한다.

2. 추가 판단

가. 원고들 주장의 요지

1) 이 사건 회식에서의 음주는 사실상의 강제성이 있었고, 망인의 음주는 평소 직장 상사들의 부당한 업무 지시 및 실적 압박 등으로 인한 업무상 스트레스에 기인한 것이다(이하 '제1주장'이라고 한다).

2) 이 사건 차량은 이 사건 회사가 출퇴근 및 업무용으로 제공한 것인 점, 업무용 차량의 관리 또는 이용권이 망인에게 전속되어 있지 않은 점, 영업직의 특성상 여러 장소를 이동해야 해서 출퇴근 경로의 특정이 불가능하므로, 망인이 퇴근 목적으로 이 사건 차량을 운전한 이상 출퇴근 경로를 일탈한 것이라고 할 수 없는 점 등을 종합하면, 이 사건 사고는 산업재해보상보험법 제37조 제1항 제3호 가목, 같은 법 시행령 제35조 제1항에 따른 출퇴근 재해에 해당한다(이하 '제2주장'이라고 한다).

나. 판단

1) 원고들의 제1주장에 관한 판단

을 제 1. 2, 3호증(가지번호 있는 것은 각 가지번호 포함. 이하 같다)의 각 기재 및 변론 전체의 취지를 종합하여 알 수 있는 다음과 같은 사정들에 비추어 보면, 원고가 제출한 증거자료들을 모두 종합하여 보더라도, 이 사건 회식에서의 음주는 사실상 강제성이 있었다거나, 망인의 음주가 업무상 스트레스에 기인한 것이라는 점을 인정하기에 부족하고, 달리 이를 인정할 만한 증거가 없다. 따라서 원고들의 이 부분 주장은 이유 없다.

① 이 사건 회식은 이 사건 회사의 홍보 활동을 위해 모집한 ○○대학교 서포터즈 학생들과 함께 하는 자리였으므로 다소간의 음주가 불가피했을 것으로 보이기는 하다. 그러나 ○○대학교 서포터즈 학생 소외1은 '3차 회식에서는 망인이 몸을 완전히 못 가누었고, 혀도 꼬이고, 많이 취한 것 같았다. 이후 술을 더 이상 안 먹는 것 같았다. 자제를 하는 것 같았다'고 진술한바, 이 사건 회식 당시 망인에게 자신

의 주량에 맞추어 음주량을 조절할 재량이 있었던 것으로 보이고, 망인이 만취상태에 이를 때까지 음주가 강제되었던 것으로 보기도 어렵다.

② 망인의 회사 동료인 소외2, 소외3, 소외4의 각 진술에 의하면, 망인의 2018년 1월 및 2월 영업실적은 신입사원으로서 나쁘지 않았고, 망인이 직접적으로 회사 생활에서의 고충을 토로한 적은 없다고 한다.

③ 원고들은 평소 업무상 스트레스에 시달리던 망인이 이 사건 회식자리에서 차라리 음주를 하여 상사들의 업무 불만과 잔업을 피할 수 있다고 생각했을 것이라는 취지의 주장도 하나,1) 이는 그 주장 자체로 원고들의 추측에 불과하고, 원고들이 제출한 갑 제4, 5, 7, 11호증의 각 기재만으로는 망인이 과도한 업무상 스트레스로 인하여 이 사건 회식에서 음주를 하였음을 인정하기에 부족하다.

2) 원고들의 제2주장에 관한 판단

① 산업재해보상보험법 제37조 제1항 제3호 가.목은 "사업주가 제공한 교통수단이나 그에 준하는 교통수단을 이용하는 등 사업주의 지배관리 하에서 출퇴근하는 중 발생한 사고(출퇴근 재해)로 인하여 부상·질병 또는 장해가 발생하거나 사망한 경우 업무상의 재해로 본다. 다만, 업무와 재해 사이에 상당인과관계가 없는 경우에는 그러하지 아니하다."고 규정하고 있고, 산업재해보상보험법 시행령 제35조 제1항은 이를 구체화하여 "① 사업주가 출퇴근용으로 제공한 교통수단이나 사업주가 제공한 것으로 볼 수 있는 교통수단을 이용하던 중에 사고가 발생하였고. ② 출퇴근용으로 이용한 교통수단의 관리 또는 이용권이 근로자 측의 전속적 권한에 속하지 아니한 경우"에 모두 해당하면 위 출퇴근 재해로 본다고 규정하고 있다.

② 이 사건 회사가 망인에게 출퇴근 및 업무용으로 이 사건 차량을 제공한 사실은 인정되나, 원고들은 이 사건 차량으로 출퇴근하는 데 들어가는 실비용을 사업주가 부담하는 등 이 사건 차량의 관리 또는 이용권이 근로자인 망인의 전속적 권한에 속하지 아니한다고 볼 만한 사정에 관하여는 아무런 주장·증명이 없다.

오히려 을 제1호증의 기재 및 변론 전체의 취지를 종합하면, 망인은 영업사원으로서의 업무 특성상 평소에 주로 오전에 ○○○○ 전북지점 사무실로 출근하여 근무하고, 오후에 이 사건 차량으로 거래처에 방문하여 업무를 수행한 후 이 사건 차량을 이용하여 자택으로 퇴근하고 다음날 이 사건 차량을 이용하여 출근하여 온 사실을 인정 할 수 있고, 이러한 점에 비추어 보면 망인이 거래처 위치 등을 고려하여 자신의 편의에 따라 이 사건 차량을 이용하여 출퇴근함으로써 출퇴근 방법과 경로의 선택이 망인에게 유보되어 있었던 것으로 보인다.

따라서 이 사건 차량의 관리 또는 사용의 권한은 실제로 망인에게 속하였던 것으로 보이므로, 이 사건 사고가 출퇴근 재해에 해당한다고 보기 어렵다.

④ 한편, 음주운전이라 하여 바로 업무수행행위가 부정되는 것은 아니지만(대법원 2001. 7. 27. 선고 2000두5562 판결 참조), 사고 발생의 압도적인 원인이 되는 다른 요인이 있어 음주운전이 별다른 의미를 가지지 아니하는 등의 특별한 사정이 없는 한, 음주운전으로 인한 교통사고가 업무 수행에 수반되는 일반적인 위험 범위 내에 있는 것이라고 할 수 없다(대법원 2009. 4. 9. 선고 2009두508 판결 참조).

위 법리에 기초하여 볼 때, 설령 이 사건 차량의 관리 또는 이용권이 망인의 전속적 권한에 속하지 않은 것으로 가정하여 보더라도, 이 사건 사고 당시 망인이 술에 취한 상태에서 이 사건 차량을 운전하여야 할 불가피한 사정이나 업무상 필요성은 없었던 것으로 보임에도 불구하고(이와 관련하여 원고들은, '망인이 회사 상사의 업무 지시로 인해 운전을 하였거나, 회사 업무를 위하여 운전을 하였을 가능성이 있다'는 취지의 주장도 하나,2) 이를 인정할만한 아무런 증거가 없다), 혈중알코올농도 0.334%의 과도한 주취상태에서 이 사건 차량을 운전하다가 과실로 난간을 들이받아 이 사건 사고가 발생한 것으로 보이며, 달리 망인의 음주운전 외에 이 사건 사고 발생의 압도적인 원인이 될 만한 특별한 사정이 보이지 않는다.

그렇다면 이 사건 사고가 업무행위에 통상 수반되는 일반적인 위험

범위 내에 있는 것이라고 보기 어려워 이 사건 사고와 망인의 업무 사이의 상당인과관계를 인정하기 어렵고, 이는 원고들의 주장과 같이 영업직의 특수성에 따른 출퇴근 경로 지정의 어려움을 고려하더라도 마찬가지이다.

⑤ 따라서 원고들의 이 부분 주장도 이유 없다.

3. 결론

그렇다면 원고들의 청구는 모두 이유 없어 이를 모두 기각할 것인바, 제1심판결은 이와 결론을 같이하여 정당하므로, 원고들의 항소는 모두 이유 없어 이를 모두 기각하기로 하여 주문과 같이 판결한다.

[각주내용]

1) 원고들의 2020. 2. 13.자 항소이유서 제9면 참조.

2) 원고들의 2020. 2. 13.자 항소이유서 제14면 참조.

[참조조문]

행정소송법 제8조 제2항, 민사소송법 제420조

산업재해보상보험법 제35조 제1항, 제37조 제1항 제3호 가목

[참조판례]

대법원 2001. 7. 27. 선고 2000두5562 판결

◈ 회사 동료 직원들과 음주를 곁들인 회식을 한 후 승용차를 운전하여 기숙사로 돌아가던 근로자가 도로 중앙분리대를 들이받는 교통사고로 사망한 사안에서, 회식이 업무 수행의 범위에 속한다고 하더라도 사고가 망인의 만취운전으로 발생한 이상 업무상 재해에 해당하지 않는다고 한 사례

(대법원 2009. 4. 9. 선고 2009두508 판결)

【주 문】

원심판결을 파기하고, 사건을 부산고등법원에 환송한다.

【이 유】

상고이유를 본다.

원심은 그 채택증거에 의하여, 원고의 남편인소외 1이소외 2 주식회사의 영업부장으로 근무하던 중 2006. 9. 15. 18:00경부터 23:30경까지 동료 직원들과 함께 음주를 곁들인 회식을 한 후 부산 (차량 번호 생략) 카스타 승용차를 운전

하여소외 2 주식회사의 기숙사로 돌아가던 중 다음날 00:01경 도로 중앙분리대를 들이받는 교통사고(이하 '이 사건 사고'라 한다)를 일으켜 그 날 12:08경 사망한 사실을 인정하였다. 이어서 원심은, 소외 1이 참석한 위 회식은 그 전반적인 과정이소외 2 주식회사의 지배·관리 아래 있어서 사회통념상 위 망인이 수행한 업무의 연장이고, 이 사건 사고는 업무가 종료된 후 퇴근 과정에서 일어난 재해이지만 그 인정의 여러 사정들에 의하면소외 1이소외 2 주식회사의 기숙사로 퇴근하는 과정이소외 2 주식회사의 지배·관리 아래에 있었다고 할 것이므로 업무상 재해에 해당한다고 한 다음, 이 사건 사고 당시 위 망인이 혈중알콜농도 0.205%의 만취한 상태이었기는 하나 그 당시 기상 악화로 인한 시야장애가 이 사건 사고의 더 큰 원인이 되었다고 볼 수도 있다는 등의 이유로소외 1의 음주운전행위는 피고의 유족보상책임에 영향을 주지 못한다고 판단하였다.
그러나 원심이 인정한 위 사실관계에 의하면, 위 회식이 위 망인이 수행하는 업무의 범위에 속한다고 하더라도 이 사건 사고는 그 업무수행의 자연적인 경과에 의하여 유발된 것이 아니라 위 망인 자신이 만취한 상태에서 운전하면서 도로 중앙분리대를 들이받음으로써 발생하였다고 할 것이고, 이러한 경우에는 비록 기상 악화로 인한 시야장애가 개입하였다고 하더라도 그것이 사고 발생의 압도적인 원인이어서 음주운전이 별다른 의미를 가지지 아니한다는 등의 다른 특별한 사정이 없는 한 이 사건 사고와 같은 교통사고가 그 업무 수행에 수반되는 일반적인 위험의 범위 내에 있는 것이라고 할 수 없다. 기록에 의하면 이 사건 사고는 오히려 주로 위 망인의 만취운전으로 인하여 발생한 것으로 보이므로, 위 망인의 업무수행과 이 사건 사고로 인한 그의 사망 사이에는 상당인과관계가 없다고 할 것이고, 그렇다면 위 망인의 사망은 업무상 재해에 해당하지 않는다.
그럼에도 불구하고 이 사건 사고가 업무상 재해에 해당함을 전제로 피고의 이 사건 유족보상 및 장의비 부지급처분을 취소한 원심판결에는 산업재해보상보험법상 업무상 재해의 법리를 오해함으로써 판결 결과에 영향을 미친 위법이 있다.
그러므로 원심판결을 파기하고 사건을 다시 심리·판단하게 하기 위하여 원심법원에 환송하기로 하여 관여 대법관의 일치된 의견으로 주문과 같이 판결한다.

3. 유족급여 및 장의비부지급처분취소(중앙선을 침범하여 반대차의 콘크리트 옹벽을 충격하는 사고로 사망한 사건)

◎ 1심 광주지방법원[2019구단10538]

원 고 : ○○○
전남 강진군 ○○면 ○○리 ○○
소송대리인 법무법인 ◇◇
담당변호사 ○○○

피 고 : 근로복지공단

변론종결 : 2019. 10. 16

판결선고 : 2019. 11. 13

[주문]

1. 원고의 청구를 기각한다.
2. 소송비용은 원고가 부담한다.

[청구취지]

피고가 2019. 5. 24. 원고에 대하여 한 유족급여 및 장의비 부지급처분을 취소한다.

[이유]

1. 기초사실

가. 망 소외1(생략 생, 이하 '망인'이라 한다)는 전남 강진군 이하생략에 있는 ○○○○○○○○○에서 근무하던 자이고, 망인의 근무시간은 08:00부터 18:00까지이다.

나. 망인은 2018. 8. 7. 18:20경 1톤 화물차를 운전하여 퇴근하던 중 전남 강진군 군동면 이하생략 부근의 좌측으로 굽은 커브길에서 중앙선을 침범하여 반대차로 옆 배수로 콘크리트 옹벽을 충격하는 사고(이하 '이 사건 사고'라 한다)가 발생하였다.

다. 망인은 이 사건 사고 당일에는 병원에 가지 않았는데, 그로부터 며칠이 경과한 2018. 8. 10.경 구토증세가 나타나고 손을 움직이지 못하는 등 상태가 좋지 않아 ○○대학교병원으로 이송되었고, '외상성 뇌 경막하

출혈' 진단을 받아 수술 후 병원에서 치료를 받던 중 2018. 11. 4. 02:40경 사망하였다.

라. 망인의 배우자인 원고는 2019. 4. 5. 피고에게 망인의 사망이 업무상 재해에 해당한다고 주장하며 유족급여 및 장의비 지급을 청구하였다.

마. 피고는. 2019. 5. 24. '망인이 이 사건 사고로 치료 중 사망하였는바, 이는 도로교통법을 위반(중앙선 침범)한 위법행위에 기인한 교통사고로 산업재해보상보험법에 의한 업무상 재해에 해당된다고 보기 어렵다.'는 이유로 유족급여 및 장의비 부지급처분(이하 '이 사건 처분'이라 한다)을 하였다.

[인정근거] 다툼 없는 사실, 갑 제1 내지 8호증, 을 제1호증(각 가지번호 포함)의 각 기재 및 영상, 변론 전체의 취지

2. 이 사건 처분의 적법 여부

가. 원고의 주장

원고는 본인의 차량을 이용하여 통상적인 경로로 퇴근하던 중 이 사건 사고가 발생하였는바, 이 사건 사고는 '통상적인 경로와 방법으로 출퇴근하는 중 발생한 사고'에 해당하므로, 이 사건 사고로 인한 망인의 사망은 업무상 재해로 인정되어야 한다. 따라서 이와 다른 전제에 선 이 사건 처분은 위법하므로 취소되어야 한다.

나. 관계 법령

별지 기재와 같다.

다. 판단

산업재해보상보험법 제37조 제1, 2항에 의하면, 근로자가 통상적인 경로와 방법으로 출퇴근하는 중 발생한 사고로 인하여 부상·질병 또는 장해가 발생하거나 사망하면 업무상의 재해로 보나, 근로자의 고의·자해행위나 범죄행위 또는 그것이 원인이 되어 발생한 부상·질병·장해 또는 사망은 업무상의 재해로 보지 아니한다고 규정하고 있다.

여기에서 '범죄행위가 원인이 되어 발생한 사망'이란 오로지 또는 주로 자기의 범죄행위로 인하여 사고가 발생한 경우를 말하는데, 여기서 말하는 범죄행위에는 형법에 의하여 처벌되는 범죄행위는 물론 특별법령에

의하여 처벌되는 범죄행위도 포함되는 것이므로, 도로교통법의 범칙행위 도 위 범죄행위에 해당한다(대법원 1990. 2. 9. 선고 89누2295 판결, 대법원 1994. 9. 27. 선고 94누9214 판결, 대법원 1990. 5. 22. 선고 90누752 판결 등 참조).

앞에서 살펴본 바에 의하면, 망인이 자신의 차량을 운전하여 퇴근하던 중 좌측으로 굽은 커브길에서 중앙선을 침범하여 반대차로 옆 배수로 콘크리트 옹벽을 충격하는 이 사건 사고가 발생하였고, 그로 인하여 발생한 '외상성 뇌 경막하 출혈'로 사망하였는바, 이 사건 사고는 망인의 중앙선 침범행위로 인하여 발생하였고, 이는 도로교통법 제156조 제1호, 제13조 제3항의 규정에 의해 20만 원 이하의 벌금이나 구류 또는 과료의 부과대상에 해당하며, 달리 망인이 지배할 수 없는 부득이한 외부적 여건으로 말미암아 어쩔 수 없이 중앙선을 침범하였다고 인정할 만한 근거를 찾아볼 수 없다.

따라서 도로교통법 위반행위(중앙선 침범)가 원인이 되어 발생한 이 사건 사고로 인한 망인의 사망을 업무상 재해로 볼 수 없으므로, 이와 같은 전제에 선 이 사건 처분은 적법하고, 원고의 위 주장은 이유 없다.

3. 결론

그렇다면, 원고의 이 사건 청구는 이유 없어 이를 기각하기로 하여 주문과 같이 판결한다.

[별지] 관계 법령(생략)

[참조조문]

도로교통법 제13조 제3항, 제156조 제1호

[참조판례]

대법원 1990. 2. 9. 선고 89누2295 판결

대법원 1994. 9. 27. 선고 94누9214 판결

대법원 1990. 5. 22. 선고 90누752 판결

◎ 2심 광주지방법원[2019누12950]

원 고 : ○○○

전남 강진군 ○○면 ○○리 ○○

소송대리인 법무법인 ◇◇

담당변호사 ○○○

피 고 : 근로복지공단

전심판결 : 1심 2019구단10538 광주지방법원

변론종결 : 2020. 05. 22

판결선고 : 2020. 07. 03

[주문]

1. 제1심판결을 취소한다.

2. 피고가 2019. 5. 24. 원고에 대하여 한 유족급여 및 장의비 부지급처분을 취소한다.

3. 소송총비용은 피고가 부담한다.

[청구취지 및 항소취지]

주문과 같다.

[이유]

1. 처분의 경위

가. 망 소외1(생략생, 이하 '망인'이라 한다)는 전남 강진군 이하생략에 있는 ○○○○○○법인에서 근무하던 사람이다.

나. 망인이 2018. 8. 7. 18:20경 화물차를 운전하여 퇴근하던 중 전남 강진군 이하생략 전망대 부근의 좌측으로 굽은 커브길(이하 '이 사건 도로'라 한다)에서 중앙선을 침범하여 반대차로 옆 배수로 콘크리트 옹벽을 충격하는 사고(이하'이 사건 사고'라 한다)가 발생하였다.

다. 망인은 이 사건 사고 당일에는 병원에 가지 않았는데, 2018. 8. 10.경 구토증세가 나타나고 손을 움직이지 못하는 등 상태가 좋지 않아 ○○○학교병원으로 이송되었고, '외상성 뇌 경막하 출혈' 진단을 받아 수술 후 병원에서 치료를 받던 중 2018. 11. 4. 02:40경 사망하였다.

라. 망인의 배우자인 원고는 2019. 4. 5. 피고에게 망인의 사망이 업무상 재해에 해당한다고 주장하며 유족급여 및 장의비 지급을 청구하였다.

마. 피고는 2019. 5. 24. 원고에게 '이 사건 사고는 망인이 도로교통법을 위반(중앙선 침범)한 위법행위로 인해 발생한 것이어서, 산업재해보상보험법에 의한 업무상 재해에 해당한다고 보기 어렵다'는 이유로 유족급여 및 장의비 부지급처분(이하 '이 사건 처분' 이라 한다)하였다.

[인정근거] 다툼 없는 사실, 갑 제1 내지 8호증(가지번호, 있는 것은 가지번호 포함. 이하 같다), 을 제1호증의 각 기재 또는 영상, 변론 전체의 취지

2. 이 사건 처분의 적법 여부

가. 원고 주장의 요지

이 사건 사고는 중앙선 침범이 그 직접적인 원인이 되어 발생한 것이 아니고, 설령 이 사건 사고가 중앙선 침범으로 인한 것이라고 하더라도 망인이 고의 또는 과실로 중앙선을 침범하였다고 보기도 어렵다. 따라서 이 사건 사고는 망인의 범죄행위가 원인이 되어 발생한 것이라 볼 수 없으므로, 이와 다른 전제에 선 이 사건 처분은 위법하여 취소되어야 한다.

나. 관계 법령

[별지] 관계 법령 기재와 같다.

다. 판단

1) 산업재해보상보험법 제37조 제1, 2항에 의하면, 근로자가 통상적인 경로와 방법으로 출퇴근하는 중 발생한 사고로 인하여 부상·질병 또는 장해가 발생하거나 사망하면 업무상의 재해로 보나, 근로자의 고의·자해행위나 범죄행위 또는 그것이 원인이 되어 발생한 부상·질병·장해 또는 사망은 업무상의 재해로 보지 아니한다고 규정하고 있다. 여기에서 말하는 범죄행위에는 형법에 의하여 처벌되는 범죄행위는 물론 특별법령에 의하여 처벌되는 범죄행위도 포함되는 것이므로, 도로교통법의 범칙행위도 위 범죄 행위에 해당한다(대법원 1990. 5. 22. 선고 90누752 판결 등 참조). 그러나 '근로자의 범죄행위가 원인이 되어 사망 등이 발생한 경우'라 함은, 근로자의 범죄행위가 사망 등의 직접 원인이 되는

경우를 의미하는 것이지, 근로자의 범죄행위가 간접적이거나 부수적인 원인이 되는 경우까지 포함된다고 볼 수는 없다(대법원 2004. 4. 27. 선고 2002 두13079 판결, 2017. 4. 27. 선고 2016두55919 판결 등 참조). 한편 행정상의 단속을 주안으로 하는 법규라 하더라도 '명문규정이 있거나 해석상 과실범도 벌할 뜻이 명확한 경우'를 제외하고는 형법의 원칙에 따라 '고의'가 있어야 벌할 수 있다(대법원 2010. 2. 11. 선고 2009도9807 판결 등 참조).

2) 앞서 든 증거들에 갑 제9 내지 12호증의 각 기재 또는 영상, 이 법원 증인 소외2의 증언, 변론 전체의 취지를 종합하여 알 수 있는 다음과 같은 사정들을 앞서 본 법리에 비추어 보면, 망인의 사망이 도로의 중앙선을 침범한 범죄행위가 원인이 되어 발생한 것이라고 인정하기 어렵고, 달리 이를 인정할 증거가 없다. 따라서 이와 다른 전제에 선 이 사건 처분은 위법하므로 취소되어야 한다.

① 전남 강진군 ○○○에서 ○○○으로 향하는 이 사건 도로는 왕복 2차선의 도로로서, 이 사건 사고가 발생한 장소인 ○○○○ 전망대 부근에서 급격한 좌측 커브길이 시작되는 오르막길 구조이다. 이 사건 도로의 가드레일은 곳곳이 휘어있는데, 이는 이 사건 도로에서 빈번히 발생한 차량 사고로 인한 것으로 보인다. 견인업에 종사하는 증인 소외2도 이 사건 도로는 급커브길이어서 비가 오면 이 사건 사고와 같은 유형의 교통사고가 자주 발생한다고 진술하였다. 그렇다면 이 사건 도로는 그 구조상 위험성으로 인하여 사고 유발요인을 내재하고 있는 것으로 보인다.

② 강진군에는 이 사건 사고가 발생한 2018. 8. 7. 약 1.5mm의 비가 와서 이 사건 도로의 노면은 젖어 있는 상태였고, 평소 이 사건 도로에는 고라니, 너구리, 족제비 등의 야생동물이 자주 출현하기도 하였다. 망인은 이 사건 사고장소에 출동한 위 증인에게 '전망대를 막 지나가는데 오른쪽에서 뭔가 뛰어나와서 핸들을 틀었더니 꽁무니가 획 돌면서 처박았다'고 이야기한 바 있는데, 그렇다면 이 사건 사고는 망인이 도로 밖에서 갑자기 도로 안쪽으로 들어온 야생동물을 피하기

위해 사고차량의 조향장치를 조작하는 과정에서 위 차량이 젖어있는 노면 위를 미끄러지면서 발생하였을 가능성이 높아 보인다.

③ 도로교통법 제156조 제1호는 도로교통법 제13조 제3항을 위반하여 중앙선을 침범하여 운전한 운전자를 20만 원 이하의 벌금 등에 처한다고 규정하고 있는데 그 법문 규정의 형식 및 내용에 비추어보면 고의로 중앙선을 침범하여 운전한 경우에만 위 법조항의 처벌대상이 된다고 보인다. 그런데 앞서 본 사정에 비추어 보면 망인이 불가항력 또는 과실에 의하여 중앙선을 침범했다고 보일 뿐 제출된 증거만으로는 망인이 고의로 중앙선을 침범하였다고 인정하기 부족하고 달리 이를 인정할 증거가 없다. 따라서 망인이 중앙선 침범이라는 범죄행위를 저질렀다고 볼 수 없다. 설령 망인이 고의로 중앙선을 침범하였다고 하더라도 이 사건 사고는 급커브길이라는 이 사건 도로의 구조적 위험성과 미끄러운 노면이 주된 원인이 되어 발생한 것으로 보일 뿐 중앙선 침범이 직접적인 원인이 되어 발생하였다고 보기 어렵다.

3. 결론

그렇다면 원고의 이 사건 청구는 이유 있어 이를 인용할 것인바, 제1심 판결은 이와 결론이 달라 부당하므로, 이를 취소하고 원고의 이 사건 청구를 인용한다.

[별지] 관계 법령

■ 산업재해보상보험법

제5조(정의)

이 법에서 사용하는 용어의 뜻은 다음과 같다.

1. "업무상의 재해"란 업무상의 사유에 따른 근로자의 부상·질병·장해 또는 사망을 말한다.

제37조(업무상의 재해의 인정 기준)

① 근로자가 다음 각 호의 어느 하나에 해당하는 사유로 부상·질병 또는 장해가 발생하거나 사망하면 업무상의 재해로 본다. 다만, 업무와 재해 사이에 상당인과관계(**相當因果關係**)가 없는 경우에는 그러하지 아니하다.

1. 업무상 사고
가. 근로자가 근로계약에 따른 업무나 그에 따르는 행위를 하던 중 발생한 사고
바. 그 밖에 업무와 관련하여 발생한 사고
3. 출퇴근 재해
가. 사업주가 제공한 교통수단이나 그에 준하는 교통수단을 이용하는 등 사업주의 지배관리하에서 출퇴근하는 중 발생한 사고
나. 그 밖에 통상적인 경로와 방법으로 출퇴근하는 중 발생한 사고
② 근로자의 고의·자해행위나 범죄행위 또는 그것이 원인이 되어 발생한 부상·질병·장해 또는 사망은 업무상의 재해로 보지 아니한다. 다만, 그 부상·질병·장해 또는 사망이 정상적인 인식능력 등이 뚜렷하게 저하된 상태에서 한 행위로 발생한 경우로서 대통령령으로 정하는 사유가 잇으면 업무상의 재해로 본다.
⑤ 업무상의 재해의 구체적인 인정 기준은 대통령령으로 정한다.
■ 도로교통법
제13조(차마의 통행)
③ 차마의 운전자는 도로(보도와 차도가 구분된 도로에서는 차도를 말한다)의 중앙(중앙선이 설치되어 있는 경우에는 그 중앙선을 말한다. 이하 같다) 우측 부분을 통행하여야 한다.
제156조(벌칙)
다음 각 호의 어느 하나에 해당하는 사람은 20만원 이하의 벌금이나 구류 또는 과료(科料)에 처한다.
1. 제5조, 제13조제1항부터 제3항(제13조제3항의 경우 고속도로, 자동차전용도로, 중앙분리대가 있는 도로에서 고의로 위반하여 운전한 사람은 제외한다)까지 및 제5항, 제14조제2항·제3항·제5항, 제15조제3항(제61조제2항에서 준용하는 경우를 포함한다), 제15조의2제3항, 제16조제2항, 제17조제3항, 제18조, 제19조제1항·제3항 및 제4항, 제21조제1항·제3항 및 제4항, 제24조, 제25조부터 제28조까지, 제32조, 제33조, 제34조의3, 제37조(제1항제2호는 제외한다), 제38조제1항, 제39조제1항·제3항·제4항·제5항, 제48조제1항, 제49조(같은 조제1항제1호·제3호를 위반하여 차 또는 노면전차를 운전한 사람과 같은 항 제4호의 위반행위 중 교통단속용 장비의 기능을 방해하는 장치를 한 차를 운전한 사람은 제외한다), 제 50조제5항부터 제7항까지, 제51조, 제53조제1항 및 제2항(좌석안전띠를 매도록 하지 아니한 운전자는 제외한다), 제62조 또는 제73조제2항(같은 항 제1호는 제외한다)을 위반한 차마 또는 노면전차의 운전자 끝.

[참조조문]

산업재해보상보험법 제37조 제1,2항

도로교통법 제156조 제1호

도로교통법 제13조 제3항

[참조판례]

대법원 1990. 5. 22. 선고 90누752 판결

대법원 2004. 4. 27. 선고 2002 두13079 판결

대법원 2017. 4. 27. 선고 2016두55919 판결

대법원 2010. 2. 11. 선고 2009도9807 판결

제5절 재요양 등

1. 추가상병불승인처분취소

(오토바이를 타고 퇴근하다 일어난 교통사고)

◎ 1심 서울행정법원[2017구단60546]

원 고 : ○○○

서울시 서대문구 포방터2가길 ○○○

소송대리인 변호사 ○○○

피 고 : 근로복지공단

변론종결 : 2017. 07. 14

판결선고 : 2017. 08. 11

[주문]

1. 피고가 2016. 11. 22. 원고에 대하여 한 추가상병일부불승인처분을 취소한다.
2. 원고의 나머지 청구를 기각한다.
3. 소송비용 중 1/2은 원고가, 나머지는 피고가 각 부담한다.

[청구취지]

주문 제1항 및 피고가 2017. 2. 13. 원고에 대하여 한 추가상병불승인처분을 취소한다.

[이유]

1. 처분의 경위

가. 원고는 ○○○○○○ 주식회사의 시내버스 운전기사로 근무하던 2014. 7. 22. 오토바이를 타고 퇴근하다 교통사고(이하 '이 사건 교통사고'라 한다)로 당하였고, 그로인해 '좌측 경골 하단의 개방성 골절, 하지의 급성 골수염, 지라의 손상, 뇌진탕, 외상성 피하기종, 다발성 타박상, 경추 염좌, 양 복사 골절(좌측), 비골 몸통의 골절(좌측)' 이라는 부상을 입었고, 위 부상과 관련하여 피고로부터 요양승인을 받았다.

나. ① 원고는 2016. 11. 9. 피고에게 이 사건 교통사고로 우측 제6번 및 좌측 제3번-제9번 늑골 골절 및 어깨의 충격증후군'이라는 부상도 입었다고 주장하면서 추가상병신청을 하였으나, 피고는 2016. 11. 22. 우측 제6번 및 좌측 제3번-제9번 늑골 골질은 추가상병으로 인정되나 어깨의 충격증후군은 이 사건 교통사고와 사이에 인과관계가 없어 추가상병으로 인정할 수 없다는 내용의 처분을 하였다(위 처분 중 어깨의 충격증후군을 추가상병으로 승인하지 아니한 부분을 '이 사건 제1 처분이라 한다).

② 원고는 이 사건 제1 처분에 불복하여 피고에게 심사청구를 하였으나, 피고는 2017. 4. 20. 어깨의 충격증후군은 1회성 외상과는 무관한 만성적 질환이고, 최초 승인 상병이나 늑골 골절로 어깨관절의 긴장도가 증가되어 발생되었다고 볼 의학적 근거가 없다는 이유로 위 심사청구를 기각하였다.

다. 원고는 2017. 1. 19. 피고에게 이 사건 교통사고로 우측 귀 이명의라는 부상도 입었다고 주장하면서 추가상병신청을 하였으나, 피고는 2017. 2. 13. 원고에게서 관찰되는 우측 귀 이명 증상은 이 사건 교통사고와 사이에 인과관계가 없어 추가상병으로 인정할 수 없다는 내용의 처분(이하 '이 사건 제2 처분이라 한다)을 하였다.

[인정근거] 다툼 없는 사실, 갑 제2, 3, 4, 6, 8호증의 각 기재, 변론 전체의 취지

2. 이 사건 제1, 2 처분의 적법 여부

가. 원고의 주장

원고가 추가상병승인을 신청한 어깨의 충격증후군과 우측 귀 이명은 이 사건 교통 사고로 이미 발생하였으나 그 증상이 나중에 나타난 것일 뿐이어서 이 사건 교통사고와 위 각 상병의 발생 사이에는 상당인과관계가 있다. 이와 다른 전제에서 내려진 이 사건 제1, 2 처분은 위법하므로 취소되어야 한다.

나. 판단

1) 이 사건 제1 처분의 경우

산업재해보상보험법 제37조 제1항에 말하는 [업무상의 재해'란 업무수행 중 업무에 기인하여 발생한 근로자의 부상질병신체장애 또는 사망을 뜻하는 것이므로 업무와 재해발생 사이에는 인과관계가 있어야 한다. 그 인과관계는 이를 주장하는 측에서 증명하여야 하지만, 반드시 의학적,자연과학적으로 명백히 증명되어야 하는 것이 아니며 규범적 관점에서 상당인과관계가 인정되는 경우에는 증명이 있다고 보아야 한다.

이 사건으로 돌아와 보건대, 갑 제1호증, 을 제2호증의 각 기재에 변론 전체의 취지를 더하여 알 수 있는 다음과 같은 사정 즉, 어깨의 통증증후군은 연령 증가에 따른 퇴행성 변화에 의하여 나타날 뿐만 아니라 외상에 의해서도 발현될 수 있는 것으로 보이는 점, 원고는 이 사건 교통사고를 당하기 전까지 어깨 통증으로 치료를 받은 적이 없고, 이 사건 교통사고 이후 최초 승인된 상병으로 치료를 받는 과정에서 어깨 통증을 호소한 점, 어깨는 추가 승인된 상병 부위인 늑골과 인접한 부위인 점, 원고는 이 사건 교통사고 이후 어깨를 사용할 수 없었던 것으로 보이는 점 등 그 밖의 여러 제반사정에 비추어 볼 때, 이 사건 교통사고와 원고 어깨의 통증증후군의 발생 사이에는 상당인과관계가 있다고 봄이 타당하다.

따라서 이와 다른 전제에서 내려진 이 사건 제1 처분은 위법하므로 취소되어야 한다.

2) 이 사건 제2 처분의 경우

원고가 제출한 증거만으로는 원고에게서 현재 관찰되는 우측 귀 이명 증상과 이 사건 교통사고 사이에 상당인과관계가 있음을 인정하기에 부족하고, 달리 이를 인정할 만한 증거가 없다. 오히려 갑 제7호증의 1, 2, 제9호증의 각 기재에 변론 전체의 취지를 더하면, 원고는 2014. 12. 30. 우측 귀 이명 증상으로 진료를 받았는데, 이후 증상 이 호전되어 아무런 치료를 받지 않고 있다가 이 사건 교통사고 발생일로부터 약 2년 여가 경과한 2016. 9. 28. 똑같은 증상으로 치료를 받은 사실, 원고의 측두골 컴퓨터 단층촬영 영상상 특이 소견이 관찰되지 않았던 사실을 알 수 있을 뿐이다.

따라서 이 사건 제2 처분은 적법하고, 이를 다투는 원고의 주장은 이유 없다.

3. 결론

그렇다면, 원고의 이 사건 청구는 위 인정 범위 내에서 이유 있으므로 이를 인용하고, 나머지 청구는 이유 없으므로 이를 기각하기로 하여, 주문과 같이 판결한다.

[참조조문]

산업재해보상보험법 제37조 제1항

◎ 2심 서울고등법원 제8행정부[2017누70078]

원 고 : 피항소인 ○○○

서울시 서대문구 포방터2가길 ○○○

소송대리인 변호사 ○○○

피 고 : 항소인 근로복지공단

전심판결 : 1심 2017구단60546 서울행정법원

변론종결 : 2018. 07. 13

판결선고 : 2018. 10. 12

[주문]

1. 제1심 판결 중 피고 패소 부분을 취소하고, 그 취소 부분에 해당하는 원고의 청구를 기각한다.
2. 소송 총비용은 원고가 부담한다.

[청구취지 및 항소취지]

1. 청구취지

피고가 원고에 대하여 한 2016. 11. 22.자 추가상병 일부 불승인 처분 및 2017. 2. 13.자 추가상병 불승인 처분을 모두 취소한다.

2. 항소취지

주문과 같다.

[이유]

1. 이 법원의 심판범위

제1심 법원은 피고의 2016. 11. 22.자 추가상병 일부 불승인 처분 부분은 원고의 청구를 인용하여 이를 취소하고, 2017. 2. 13.자 추가상병 불승인 처분 부분은 원고의 청구를 기각하였다. 이에 대하여 피고만이 피고 패소 부분에 대하여 항소하였으므로, 이 법원의 심판범위는 제1심 판결 중 2016. 11. 22.자 추가상병 일부 불승인 처분 취소 청구 부분에 한정된다.

2. 제1심 판결 이유의 인용

이 판결 이유는 제1심 판결문 중 일부를 아래와 같이 고치는 외에는 제1심 판결 이유 중 1항, 2의 가, 나의 1)항과 같다. 그러므로 행정소송법 제8조 제2항, 민사소송법 제420조 본문에 따라 이를 인용한다.

○ 2면 4행의 "교통사고(이하 '이 사건 교통사고'라 한다)로"를 "교통사고(이하 '이 사건 교통사고'라 한다)를"로 고친다.

○ 3면 9행부터 4면 4행까지 부분을 아래와 같이 고친다.

『1) 이 사건 제1 처분의 경우

가) 인정사실

(1) 진료내역

- 원고는 2014. 7. 22. 이 사건 교통사고를 당하여 좌측 경골 하단의 개방성 골절, 좌측 족관절의 양과골절, 흉추의 횡돌기, 가시돌기 골절, 네 개 또는 그 이상의 늑골을 포함하는 다발골절(폐쇄성), 흉강내로의 열린 상처가 없는 외상성 혈액공기가슴증, 늑간 혈관의 손상 등 부상을 입고 ○○○대학교 ○○병원에 입원하였고, 이후 몇 차례 수술 및 입원치료를 받은 후 2015. 2. 14. 퇴원하였다.
- 원고는 다시 2015. 4. 9. 가슴 통증 등을 이유로 입원하였고, 2015. 4. 24. 절로 인한 가슴 통증을 호소하면서 협진을 받기도 하였으며, 2015. 5. 1. 퇴원하였다.
- 원고는 ○○○대학교 ○○병원에서 외래진료를 받으면서 2015. 6. 10.

에는 "전보다도 조금은 편해진 것 같아요. 통증 범위는 전보다 조금 넓어져서 왔다 갔다 해요."라고 이야기하였고, 2015. 8. 도에는 "약 먹고 비교적 편안한데, 어깨 주변으로 통증이 심해져요."라고 이야기하였다.

(2) 의학적 견해

(가) 주치의사 소견(2016. 11. 가, ○○○대학교 ○○병원, 이하 같다)

– 추가상병 신청 상병명 : 네 개 또는 그 이상의 늑골을 포함하는 다발골절(폐쇄성), 어깨의 충격증후군

– 추가상병 사유 : 최초 내원 시 크게 호소하지 않던 증상이 기존 상병의 치료 중 심화되어 새로운 상병을 의심하게 됨.

– 추가상병 발병원인 : 주변 부위의 지속적인 통증이 있는 경우에도 움직임이 제한받기 쉬우므로 발생에 영향을 줄 수 있음.

– 추가상병의 기승인상병 또는 이 사건 교통사고와의 인과관계 : 기존 늑골 골절에 의한 통증으로 움직임이 제한되어 있었으므로 인접한 어깨 관절의 긴장도도 증가되어 있는 상태가 오랜 시간 지속되었을 것이고 이것이 추가상병에 영향을 줄 수 있음.

– 치료내용 및 치료에 대한 소견 : 이 사건 교통사고로 본원 정형외과, 흉부외과에서 입원치료하였던 분으로 지속적인 좌측 가슴의 통증으로 본과에 내원하여 약물치료와 주사치료를 병행하고 있는 상태임. 지속적인 치료에도 통증은 안정적으로 조절되지 않고 현재 좌측 어깨 통증이 심화되어 향후 3개월 이상 지속적인 경과관찰 및 치료가 필요하다고 판단되며 증상변화에 따라 추가적인 기간이 더 요구될 수 있음.

(나) 근로복지공단 oooo지사 자문의사회의 심의소견(2016. 11. 16.) – 우측 6번과 좌측 3번–9번 늑골 골절은 추가상병이 타당하나, 어깨의 충격증후군은 이 사건 교통사고와 인과관계가 없어 인정할 수 없음.

(다) 주치의사 추가 소견(2017. 2. 8.)

– 원고는 2015. 5.경 다발성 늑골골절로 인한 좌측 흉부 통증으로 최초 내원 후 약물치료, 신경차단술로 지속적 치료 중 간헐적으로 좌측 어

깨 통증을 호소하여 어깨의 충격증후군 의심하에 2016. 10. 26. 좌측 견갑상 신경단술을 시행함. 현재 약물치료 지속 중이며 통증 양상에 따라 반복 치료 가능성 있음.

(라) 주치의사 추가 소견(2017. 3. 2.)

- 원고는 좌측 흉부 통증 및 좌측 어깨 통증으로 치료 받아왔던 환자로 향후 지속적인 약물치료 및 추적치료가 필요할 것으로 사료되며, 정중 신경 마비라는 진단이 맞는지 확인하기 위해 시행한 근전도 검사에서는 특이사항이 발견되지 않았음.

(마) 이 법원의 진료기록감정촉탁결과

- 원고에 대한 2015. 1. 21.자 양측 견관절 단순 X선 검사 결과 및 2015. 10. 2.자 흉곽부 CT 검사 결과, 좌측 늑골골절에 대하여 내고정한 소견 보입니다.
- 위 각 검사결과만으로는 좌측 어깨의 충격증후군을 진단하기는 어렵고, 좌측 어깨에 대한 MRI 검사 결과가 없어 외상성, 퇴행성 여부는 알 수 없습니다.
- 외상의 기전상 이 사건 교통사고가 좌측 어깨의 충격증후군의 원인이 될 가능성을 배제할 수는 없습니다.
- 첨부자료에 의하면 원고의 상병은 이 사건 교통사고일인 2014. 7. 22.로부터 약 2년 정도 후에 진단된 상병으로 이 사건 교통사고와 인과관계 여부를 인정하기 어려울 것으로 사료됩니다.
- 충격증후군은 팔을 들고 돌리는 회전근개 힘줄이 어깨 관절을 이루는 견갑골(견봉)과의 마찰에 의해 서로 충돌을 일으키며 염증과 파열을 동반하는 질환으로, 팔을 들어 올리는 동작을 반복함으로서 점점 악화됩니다. 어깨 관절의 긴장상태가 지속되는 경우와 충격증후군과 연관관계에 대한 참고문헌은 찾을 수가 없습니다.
- 어깨에 통증을 호소하는 환자 중에는 어깨 자체에는 특별한 문제가 없는 반면에, 다른 부위의 이상 때문에 어깨 부분에 통증을 느끼게 되는 경우가 드물지 않습니다. 따라서 어깨가 아프다고 호소하는 환

자를 진찰할 때에는 다른 부위의 질환이 원인일 수 있다는 것을 반드시 염두에 두어야 합니다. 이러한 질환들에는 경추부 질환, 심근경색, 폐첨부에 발생한 종양, 횡격막의 이상, 담도 및 간질환, 상완 신경종 손상, 흉곽 출구 증후군, 자세이상 등의 다양한 질환들에 의해서 어깨 부분에 통증이 발생할 수 있습니다.

상부늑골인 첫 번째와 두 번째 늑골 등은 빗장뼈, 어깨뼈, 어깨근육 등의 어깨 이음대(shoulder girdle)로 보호되어 있기 때문에 심한 충격에서만 골절아 됩니다. 따라서 상부 늑골의 골절이 관찰되면 큰 충격이 가해진 것으로 생각되며, 주위 장기들의 손상에 대한 철저한 검사가 필요합니다. 그러나 늑골의 골절에 의한 통증으로 충격증후군을 유발할 정도의 어깨 관절의 긴장이 일어날 수 있는지 여부는 알 수 없습니다.

- 관련 자료를 검토해 볼 때 "어깨의 충격증후군은 1회성 외상과 무관한 만성적 질환이며, 기승인상병 및 늑골골절로 인한 견관절의 긴장도가 증가되어 위 상병이 유발되었다고 볼 만한 의학적 근거는 없어 이 사건 교통사고 또는 승인상병과 신청 상병 간의 상당인과관계를 인정할 수 없다는 피고 측의 의학적 소견은 타당한 것으로 사료됩니다.

(바) 이 법원의 사실조회결과

- 좌측 어깨의 충격증후군과 관련하여 첨부자료를 참고하면 좌측 어깨가 아픈 사실 이외에 다른 소견은 발견할 수 없습니다.
- 이 사건 교통사고가 좌측 어깨의 충격증후군의 원인이라는 근거는 발견할 수 없습니다.
- 외래초진기록(2015. 4. 24.)의 통증 그림 위치상 견관절 부위가 아니고, 승모근 위치입니다. 외래진료기록(2015. 6. 10.)상 "전보다는 조금은 편해진 것 같아요.", "통증범위는 전보다 조금 넓어져서 왔다 갔다 해요."라는 내용은 있으나 어깨의 충격증후군의 위치를 지적한 내용은 없습니다. 외래진료기록(2015. 8. 5.)상 "어깨 주변으로 통증이 심해져요."라는 내용이 있으나 이 사건 교통사고 후 충격증후군이 발생하였

다는 근거가 되기는 어려울 것으로 사료됩니다.

- 이 사건 교통사고 후 9개월 만의 어깨 통증이 어깨의 충격증후군으로 진단되었다고 보기는 어렵고, "첨부자료에 의하면 원고의 상병은 이 사건 교통사고일인 2014. 7. 22.로부터 약 2년 정도 후에 진단된 상병으로 이 사건 교통사고와 인과관계여부를 인정하기 어려울 것으로 사료됩니다."라는 회신 소견은 적정한 것으로 사료됩니다.
- 어깨 관절의 긴장상태가 지속되는 경우와 충격증후군과 연관관계에 대한 참고문헌은 찾을 수가 없습니다.
- 회전근개 파열은 급성 외상으로 발생하는 경우도 있으나 대부분의 환자의 특별한 외상력 없이 견관절 통증이 발생하면서 진단을 받게 되는 경향이 있어서 예로부터 급성 외상 이외의 다른 발병 원인을 찾으려는 시도가 있어 왔습니다. 반복적인 스트레스는 회전근개 건 실질 내에 작은 손상을 초래하고 이러한 손상이 미처 치유되기 전에 추가적인 손상을 더하게 되며 이러한 과정이 과사용으로 반복되면 결과적으로 건 파열까지 진행될 수 있습니다. 그러나 급성외상으로 견봉하 충격증후군, 회전근개 부분 파열이 발현되거나 악화될 가능성을 배제할 수는 없을 것으로 사료됩니다.
- 어깨의 충격증후군과 관련하여, 이 사건 교통사고가 원인이라는 가능성을 완전히 배제할 수 있는 의학적 근거는 없습니다.
- 늑골골절의 치료과정에서 어깨의 충격증후군이 발생하게 되는 것은 일반적인 상황이 아닙니다.
- 주치의사의 소견은 개인적인 의학적 소견으로 잘못된 소견으로 볼 수는 없을 것으로 사료됩니다.

[인정근거] 다툼 없는 사실, 갑 제1 내지 4, 10, 11호증, 을 제1호증의 각 기재, 이 법원의 ○○○대학교 ○○병원장에 대한 진료기록감정촉탁결과와 사실조회결과 및 변론 전체의 취지

나) 판단

(1) 산업재해보상보험법 제37조 제1항에서 말하는 '업무상의 재해'란 업

무수행 중 업무에 기인하여 발생한 근로자의 부상, 질병, 신체장애 또는 사망을 뜻하는 것이므로 업무와 재해발생 사이에는 인과관계가 있어야 한다. 그 인과관계는 이를 주장 하는 측에서 증명하여야 하지만, 반드시 의학적, 자연과학적으로 명백히 증명되어야 하는 것이 아니며 규범적 관점에서 상당인과관계가 인정되는 경우에는 증명이 있다고 보아야 한다(대법원 2015. 1. 15. 선고 2013두7230 판결 참조).

(2) 앞서 인정한 사실관계에 변론 전체의 취지를 종합하여 인정되는 다음과 같은 사정들에 비추어 보면, 원고가 제출한 증거 및 주장하는 사정만으로는 원고 어깨의 충격증후군과 이 사건 교통사고 사이에 상당인과관계가 있다고 인정하기에 부족하고, 달리 이를 인정할 증거가 없다. 따라서 원고의 주장은 이유 없다.

① 충격증후군은 팔을 들고 돌리는 회전근개 힘줄이 어깨 관절을 이루는 견갑골과의 마찰에 의해 서로 충돌을 일으키며 염증과 파열을 동반하는 질환으로, 반복적으로 머리 위쪽에서 이루어지는 활동에 의해 악화되는 견관절 전상방의 통증이 주증상으로 나타난다. 주로 물건을 많이 나르는 사람이나 페인트공, 목수 등의 일에 종사하는 사람에게 많이 발생하며 스포츠 활동, 가사 노동을 심하게 한 경우에도 발생할 수 있다.

② 충격증후군의 원인이 되는 회전근개 파열은 급성 외상으로 발생하는 경우도 있으나 대부분의 경우 특별한 외상 없이 견관절 통증이 발생하면서 진단을 받는 경향이 있어 급성 외상 이외의 다른 발병 원인을 찾으려고 시도하여 왔다.

③ 원고 어깨의 충격증후군은 이 사건 교통사고 후 약 2년 정도 후에 진단받은 것인데, 그 이전에 원고가 어깨 부위의 통증을 호소했다고 보기 어렵고(원고는 2015. 4. 24.과 그 이후에도 어깨 부위의 통증을 호소했다고 주장하나, 위 사실조회결과에 의하면 이를 어깨 충격증후군 발생의 근거로 삼을 수는 없다고 봄이 타당하므로 위 주장은 받아들이지 않는다) 원고의 어깨에 대한 MRI 검사결과가 없어 충격증후군이 외상성인지 퇴행성인지 여부를 쉽

사리 단정할 수 없다. 더욱이 진료기록감정의는 이 사건 교통 사고가 원고 어깨의 충격증후군이 발생하였다는 근거가 되기 어렵다고 보고 있다.

④ 원고는 이 사건 교통사고로 인한 어깨 관절의 긴장상태가 어깨의 충격증후군의 원인이 될 수도 있다는 취지로 주장한다. 그러나 늑골의 골절에 의한 통증으로 말미암아 충격증후군을 유발할 정도로 어깨 관절의 긴장이 일어날 수 있다는 자료는 제출되지 않았고, 어깨 관절의 긴장상태가 지속되는 경우와 충격증후군 사이에 연관관계가 있음을 인정할 참고문헌 역시 찾을 수 없다.

3. 결론

그렇다면 원고의 청구는 이유 없어 기각하여야 한다. 제1심 판결은 이와 일부 결론을 달리하여 부당하므로, 피고의 항소를 받아들여 제1심 판결 중 피고 패소 부분을 취소하고, 그 취소 부분에 해당하는 원고의 청구를 기각한다.

[참조조문]

산업재해보상보험법 제37조

행정소송법 제8조

민사소송법 제420조

[참조판례]

대법원 2015. 1. 15. 선고 2013두7230 판결

2. 재요양불승인처분취소

(네거리 앞 도로에서 교통사고로 요양)

◎ 1심 대구지방법원[2015구단1613]

원 고 : ○○○

대구시 수성구 만촌로14길 ○○○

피 고 : 근로복지공단

변론종결 : 2016. 08. 19

판결선고 : 2016. 12. 16

[주문]

1. 이 사건 소를 모두 각하한다.
2. 소송비용은 원고가 부담한다.

[청구취지]

피고가 원고에 대하여 한 2005. 6. 2.자 요양불승인 및 변경승인처분과 2005. 6. 3.자 기기고정술에 대한 불승인 처분을 각 취소한다.

[이유]

1. 이 사건 소의 적법 여부에 대한 판단

가. 인정 사실

(1) 원고는 소외1에게 채용되어 주식회사 ○○○○이 시공하는 경산시 삼풍동 ○○공사현장에서 일하기로 하여, 2004. 8. 23. 소외1의 지시에 따라 원고 소유의 트럭에 작업 장비를 싣고 소외1과 함께 위 공사현장으로 이동하던 중, 대구 수성구 만촌동에 있는 ○○○○ 네거리 앞 도로에서 교통사고(이하 '이 사건 사고'라 한다)를 당하였다.

(2) 원고는 이 사건 사고 후 치료과정에서 '제4-5요추간 및 제5요추-제1천추간 추간 판내장증, 경추부 추간판내장증'(이하 '이 사건 상병'이라 한다)의 진단과 함께, 위 '제4-5 요추간 및 제5요추-제1천추간 추간판내장증'으로 인하여 '유합술 및 내고정술'(이하 '기기고정술'이라 한다)이 필요하다는 소견을 받고, 2005. 5. 18. 피고에게 이 사건 상병에 대한 요양신청과 기기고정술에 대한 사전승인신청을 하였다.

(3) 피고는 피고 자문의사협의회의의 '이 사건 상병은 퇴행성 기왕증이며, 재해상병은 요추 염좌, 경추 염좌로 인정함이 타당하고, 기기고정술은 불필요하다'는 소견에 근거하여 2005. 6. 2. 이 사건 상병에 대한 위 요양신청을 불승인하고 원고의 요양상병을 '요추 염좌, 경추 염좌'로 변경승인하였으며, 2005. 6. 3.에는 기기고정술에 대한 승인신청을 불승인하였다(이하 이 사건 상병에 대한 위 요양불승인 및 변경승인처분과 위 기기고정술 불승인처분을 통틀어 '이 사건 처분'이라 한다).

(4) 원고는 이 사건 처분에 대하여 행정 소송을 제기하였으나(서울행정법원 2005구단7887), 원고의 청구를 기각하는 판결이 2009. 3. 17. 확정되었다.

[인정근거] 다툼 없는 사실, 을 제6, 7호증의 각 기재, 변론 전체의 취지

나. 판단

위 인정사실에 의하면, 이 사건 처분에 대하여 2015. 9. 4. 다시 제기한 이 사건 소는 원고가 이 사건 처분을 안 날부터 90일이 경과하여 제기한 것이 명백하므로, 행정소송법 제20조 제1항에서 정한 제소기간이 경과한 후에 제기된 소로서 부적법하다.

2. 결론

그렇다면, 이 사건 소를 각하하기로 하여, 주문과 같이 판결한다.

[참조조문]

행정소송법 제20조

[참조판례]

서울행정법원 2005구단7887

◎ 2심 대구고등법원 제1행정부[2017누5059]

원 고 : 항소인 ○○○

대구시 수성구 만촌로 14길 ○○○

피 고 : 피항소인 근로복지공단

전심판결 : 1심 2015구단1613 대구지방법원

변론종결 : 2018. 08. 24
판결선고 : 2018. 09. 14
[주문]
1. 원고의 항소를 기각한다.
2. 항소 비용은 원고가 부담한다.
[청구취지 및 항소취지]
1. 청구취지
피고가 원고에 대하여 한 2005. 6. 2.자 요양 불승인 및 변경 승인 처분과 2005. 6. 3.자 기기고정술에 대한 불승인 처분을 각 취소한다.
2. 항소취지
제1심 판결을 취소한다. 피고가 2014. 8. 26.자 재요양신청서 처리결과 알림의 원처분과 2014. 12.의 심사결정과 2015. 6. 10. 원고가 송달받은 재결서의 경추, 요추부의 재요양 불승인 처분을 취소한다.
[이유]
1. 제1심 판결의 인용
이 법원이 이 사건에 관하여 설시할 이유는, 아래와 같은 당심 판단을 추가하는 것 외에는 제1심 판결의 이유 부분 기재와 같으므로, 행정소송법 제8조 제2항, 민사소송법 제420조 본문에 의하여 이를 그대로 인용한다.
2. 추가하는 내용
원고는 당심에서, 항소장 중 '항소취지'란에 기재된 처분들이나 결정도 이 사건의 청구취지에 포함된다는 취지로 주장한다.
그러나 제1심의 2016. 6. 17.자 변론조서, 위 변론기일 직후에 접수된 원고의 2016. 7. 6.자 위헌법률심판제청신청서(행정소송법의 제소기간 조항에 대한 위헌심판제청신청을 하였는데, 이는 청구취지 기재의 처분들에 관련된 내용일 뿐, 항소취지에 기재된 처분들이나 결정과는 무관한 내용이다), 제1심의 위헌심판제청신청기각 결정에 대한 원고의 2017. 1. 24.자 헌법소원심판청구서, 위 헌법소원심판청구에 대한 헌법재판소 2018. 6. 28. 선고 2017헌바66 결정, 제1심 판결문(특히 '청구취지'란) 및 당심에서 원고가 제출한 2018. 2.

28.자 답변서(위 헌법재판소 결정 시까지 당심의 변론기일을 연기하여 달라는 내용이다)의 각 기재 내용이나 그 제출 경위 등을 종합하여 보면, 이 사건의 청구취지는 제1심 판결 중 '청구취지'란에 기재된 내용과 같을 뿐, 항소장 중 '항소취지'란에 기재되어 있는 처분들이나 결정은 이에 포함되지 않는다고 할 것이다.

그리고 행정처분의 취소 또는 변경을 구하는 소송에 있어서는 취소 또는 변경을 구하는 행정처분이 다른 경우에는 그 소송의 목적물이 달라지므로 그 행정처분의 변경에 의한 청구의 변경은 특단의 사유가 없는 한 허용되지 않는다(대법원 1963. 2. 21. 선고 62누231 판결 등 참조). 그러므로 당심에서는 원고의 위와 같은 주장 취지에 따른 청구취지의 변경을 허용할 수가 없다(당심은 2018. 8. 24.자 변론기일에서 이러한 내용을 원고에게 고지하였다).

따라서 이와 다른 전제에 선 원고의 위 주장은 받아들일 수 없다.

3. 결론

그렇다면 이 사건 소는 제소기간을 도과하여 제기된 것으로 부적법하므로 이를 각하할 것이다. 제1심 판결은 이와 결론을 같이하여 정당하므로 원고의 항소는 이유 없어 이를 기각하기로 하여, 주문과 같이 판결한다.

[참조조문]

행정소송법 제8조

민사소송법 제420조

[참조판례]

헌법재판소 2018. 6. 28. 선고 2017헌바66 결정

대법원 1963. 2. 21. 선고 62누231 판결

제3장 출장중 사고

제1절 요양급여

1. 요양불승인처분취소(공사현장의 굴착 지점에 차량과 함께 추락하여 차량에 깔리는 사고)

◎ 1심 서울행정법원[2019구단57711]

원 고 : ○○○
　　용인시 처인구 ○○동 ○○번지
　　소송대리인 법무법인 ◇◇
　　담당변호사 ○○○, ○○○
피 고 : 근로복지공단
변론종결 : 2019. 09. 26
판결선고 : 2019. 11. 14

[주문]

1. 원고의 청구를 기각한다.
2. 소송비용은 원고가 부담한다.

[청구취지]

피고가 2019. 1. 24. 원고에 대하여 한 요양불승인처분을 취소한다.

[이유]

1. 처분의 경위

가. 원고는 2017. 9. 10. 13:00경 원고의 아들인 소외1가 대표자로 있는 ○○○○○○○○ 주식회사(이하 '이 사건 회사'라 한다)의 사무실 앞에서 원고의 차량에 승차하려던 중 차량이 뒤로 밀리자 이를 정차시키려다 이 사건 회사 사무실 앞에서 진행 중이던 ○○○ 제방정비공사 공사현장의 굴착 지점에 차량과 함께 추락하여 차량에 깔리는 사고를 당하여 외상성 쇼크, 무산소성 뇌손상, 외상성 뇌손상 등의 상해를 입었다.

나. 원고는 2018. 7. 20. 피고에게 요양급여신청을 하였으나, 피고는 2019. 1. 24. 원고에 대하여 '원고는 사업주의 지휘·감독을 받고 지배관리 하에서 노무를 제공하는 근로자로 보기 어렵다'는 사유로 요양불승인 처분(이하 '이 사건 처분'이라 한다)을 하였다.

[인정근거] 다툼 없는 사실, 갑 제2 내지 4호증, 을제2호증의 2의 각 기재, 변론 전체의 취지

2. 이 사건 처분의 적법 여부

가. 원고의 주장

원고는 이 사건 회사에 매일 8:30경 출근하여 9:00경 업무를 시작하였고, 18:00경 퇴근시까지 업무집행권을 갖는 대표이사 소외1의 지휘·감독 아래 재무관리 업무를 수행하였고 그 대가로 급여를 지급받아 왔다. 따라서 원고는 산업재해보상보험법의 보호를 받는 근로기준법상 근로자라고 할 것임에도 이와 다른 전제에서 이루어진 이 사건 처분은 위법하다.

나. 판단

1) 산업재해보상보험법에서 '근로자'란 근로기준법에 따른 근로자를 의미한다(제5조 제2호 본문). 근로기준법상의 근로자에 해당하는지는 계약의 형식이 고용계약, 도급계약 또는 위임계약인지 여부보다 근로제공 관계의 실질이 근로제공자가 사업 또는 사업장에 임금을 목적으로 종속적인 관계에서 사용자에게 근로를 제공하였는지 여부에 따라 판단하여야 한다. 여기에서 종속적인 관계가 있는지 여부는 업무 내용을 사용자가 정하고 취업규칙 또는 복무규정 등의 적용을 받으며 업무수행 과정에서 사용자가 상당한 지휘·감독을 하는지, 사용자가 근무시간과 근무장소를 지정하고 근로제공자가 이에 구속을 받는지, 근로제공자가 스스로 비품·원자재나 작업도구 등을 소유하거나 제3자를 고용하여 업무를 대행하게 하는 등 독립하여 자신의 계산으로 사업을 영위할 수 있는지, 근로제공을 통한 이윤의 창출과 손실의 초래 등 위험을 스스로 안고 있는지, 보수의 성격이 근로 자체의 대상적 성격인지, 기본급이나 고정급이 정하여졌고 근로소득세를 원천징수하였는지, 그리고 근

로제공 관계의 계속성과 사용자에 대한 전속성의 유무와 그 정도, 사회보장제도에 관한 법령에서 근로자로서 지위를 인정받는지 등의 경제적·사회적 여러 조건을 종합하여 판단하여야 한다. 다만 기본급이나 고정급이 정하여졌는지, 근로소득세를 원천징수하였는지, 사회보장제도에 관하여 근로자로 인정받는지 등의 사정은 사용자가 경제적으로 우월한 지위를 이용하여 임의로 정할 여지가 크다는 점에서 그러한 점들이 인정되지 않는다는 것만으로 근로자성을 쉽게 부정하여서는 안 된다(대법원 2006. 12. 7. 선고 2004다29736 판결 등 참조). 한편 회사나 법인의 이사 또는 감사 등 임원이라고 하더라도 그 지위 또는 명칭이 형식적·명목적인 것이고 실제로는 매일 출근하여 업무집행권을 갖는 대표이사나 사용자의 지휘·감독 아래 일정한 근로를 제공하면서 그 대가로 보수를 받는 관계에 있다거나 또는 회사로부터 위임 받은 사무를 처리하는 외에 대표이사 등의 지휘·감독 아래 일정한 노무를 담당하고 그 대가로 일정한 보수를 지급받아 왔다면 그러한 임원은 근로기준법상의 근로자에 해당한다(대법원 2003. 9. 26. 선고 2002다64681 판결 등 참조).

2) 이 사건에 관하여 보건대, 갑 제5, 6, 13 내지 15호증의 각 기재에 변론 전체의 취지를 종합하면, 법인등기부상 이 사건 회사의 이사로 소외1만 등재되어 있고 원고는 임원으로 등재되어 있지 않으며, 원고가 이 사건 회사의 주식을 보유하고 있지 않은 사실, 원고가 '관리부장'이라는 직함이 기재된 명함을 사용한 사실, 원고는 이 사건 회사로부터 매월 일정액의 보수를 지급받았으며, 위 보수에는 기본급이 정하여져 있었던 사실, 이 사건 회사는 원고의 근로소득세를 원천징수 하여온 사실이 인정된다. 그러나 한편 갑 제13 내지 15호증, 을 제5 내지 7, 12호증의 각 기재 및 증인 소외2의 일부 증언에 변론 전체의 취지를 종합하면 인정되는 다음의 사정들에 비추어 보면, 위 인정사실만으로는 원고가 종속적인 관계에서 사용자의 지휘·감독 아래 일정한 근로를 제공하면서 그 대가로 보수를 받았다고 인정하기 부족하고, 달리

이를 인정할 증거가 없다.

가) 원고는 이 사건 회사 내부 및 외부적으로 '이사'라는 직함을 사용하였고, 소외1는 '부장'이라는 직함을 사용하였다. 또한 이 사건 회사의 내부 문건인 '생산의뢰서' 중 결재란이 '담당, 과장, 이사, 사장'란으로 이루어진 문서에는 원고가 이사란에, 소외1가 과장란에 각 서명을 하였고, 결재란이 '담당, 과장, 차장, 부장, 이사, 사장'란 으로 이루어진 문서에는 원고가 이사란에, 소외1가 부장란에 각 서명을 하였으며, 또한 원고의 단독 결재 문건도 다수 보인다. 이에 비추어 보면 원고는 소외1의 상위결재자로 결재를 한 것으로 보이는바, 원고가 소외1의 지휘·감독 하에 종속적인 관계에서 업무를 수행하였다고 보기 어렵고, 단독으로 적어도 소외1와 함께 회사 업무의 최종 결재권자, 업무집행권자 및 업무대표권자로서의 역할을 하였을 가능성이 상당하다.

나) 원고가 이 사건 회사로부터 일정한 보수를 지급받아 온 것으로 보이기는 한다. 원고는 2016. 1월 및 2월에는 기본급 250만 원, 직책수당 100만 원 합계 350만 원의, 2016. 3월부터 같은 해 6월까지 연장근로수당 50만 원이 추가로 책정된 합계 400만 원의, 2016. 7월부터 2017. 4월까지는 연장근로수당이 100만원으로 증액된 합계 450만 원의, 2017. 5월부터는 기본급이 300만원으로 증액된 합계 500만 원의 각 보수에서 건강보험 및 소득세를 공제하고 나머지 금액을 지급받았다. 그러나 ① 다른 근로자들은 대부분 기본급 및 각종 수당의 금액이 100원 단위까지 세세하게 정해져있고, 그 증감도 거의 없거나 크지 않은데 반해, 원고의 기본급 및 각 수당은 모두 100만 원 또는 50만 원 단위로 정해져 있으며, 금액의 증가도 특별한 사정 없이 단기간 내에 50만 원 단위로 큰 폭으로 이루어져 온 점, ② 원고는 이 사건 사고 후 의식불명 상태여서 근로를 제공하지 못하였음에도 이 사건 회사는 2017년 원고에게 2016년보다 850만 원 증가한 6,200만 원을 급여로 지급하였고, 2018년도에도 원고에게 총 4,485만 원 상당의 급여를 지급하였던 점 등에 비추어 보면, 위 보수들이

'근로'의 대가로 지급된 금원인지 의심을 배제할 수 없다.

다) 원고가 사용하던 명함에는 원고의 직함이 '관리부장'으로 기재되어 있기는 하나, 원고는 실제로는 회사 내부 및 외부적으로 '이사'라는 직함을 사용하였던 점, 원고가 이 사건 회사의 대표자라고 주장하는 소외1도 직함이 부장으로 기재되어 있는 명함을 사용하였고, 외부 거래처에서도 소외1를 부장으로 칭하였던 점 등에 비추어 보면, 위와 같은 사정만으로 원고에게 업무결정 및 집행권이 없다고 보기에 부족하다.

라) 원고는 2016. 6. 7. 대표이사 소외1와 가족관계임을 사유로 들며 고용·산재보험 취득 취소신청을 하기도 하였는데, 원고가 소외1의 어머니였던 점에 비추어 볼 때 소외1가 경제적으로 우월한 지위를 이용하여 이와 같은 사항을 임의로 정하였다고 보기는 어렵다.

마) 원고는 소외1가 이 사건 회사의 대표자라고 주장하나, 소외1는 2012. 10.경 퇴직금 중간정산을 받은 사실이 있는데, 임원여부를 표시하는 란에 '부'라고 표시하였는바, 위 주장에 배치된다.

바) 원고가 매일 출근하여 다른 근로자들과 동일하게 8:30경부터 18:00경까지 근무를 하였다는 주장에 부합하는 증거는 증인 소외2의 증언뿐이고 이를 뒷받침 할 객관적이고 구체적인 증거는 없다.

3) 따라서 이와 같은 전제에서 이루어진 이 사건 처분은 적법하다.

3. 결론

그렇다면, 원고의 이 사건 청구는 이유 없으므로 이를 기각하기로 하여, 주문과 같이 판결한다.

[참조조문]

산업재해보상보험법 제5조 제2호 본문

[참조판례]

대법원 2003. 9. 26. 선고 2002다64681 판결

◈ **근로기준법상 근로자에 해당하는지 여부의 판단 기준**

(대법원 2006. 12. 7. 선고 2004다29736 판결)

근로기준법상의 근로자에 해당하는지 여부는 계약의 형식이 고용계약인지 도급계약인지보다 그 실질에 있어 근로자가 사업 또는 사업장에 임금을 목적으로 종속적인 관계에서 사용자에게 근로를 제공하였는지 여부에 따라 판단하여야 하고, 여기에서 종속적인 관계가 있는지 여부는 업무 내용을 사용자가 정하고 취업규칙 또는 복무(인사)규정 등의 적용을 받으며 업무 수행 과정에서 사용자가 상당한 지휘·감독을 하는지, 사용자가 근무시간과 근무장소를 지정하고 근로자가 이에 구속을 받는지, 노무제공자가 스스로 비품·원자재나 작업도구 등을 소유하거나 제3자를 고용하여 업무를 대행케 하는 등 독립하여 자신의 계산으로 사업을 영위할 수 있는지, 노무 제공을 통한 이윤의 창출과 손실의 초래 등 위험을 스스로 안고 있는지, 보수의 성격이 근로 자체의 대상적 성격인지, 기본급이나 고정급이 정하여졌는지 및 근로소득세의 원천징수 여부 등 보수에 관한 사항, 근로 제공 관계의 계속성과 사용자에 대한 전속성의 유무와 그 정도, 사회보장제도에 관한 법령에서 근로자로서 지위를 인정받는지 등의 경제적·사회적 여러 조건을 종합하여 판단하여야 한다. 다만, 기본급이나 고정급이 정하여졌는지, 근로소득세를 원천징수하였는지, 사회보장제도에 관하여 근로자로 인정받는지 등의 사정은 사용자가 경제적으로 우월한 지위를 이용하여 임의로 정할 여지가 크기 때문에, 그러한 점들이 인정되지 않는다는 것만으로 근로자성을 쉽게 부정하여서는 안 된다.

◎ 2심 서울고등법원 제9행정부[2019누66202]

원 고 : 항소인 ○○○

용인시 처인구 ○○동 ○○번지

소송대리인 법무법인 ◇◇

담당변호사 ○○○, ○○○

피 고 : 피항소인 근로복지공단

전심판결 : 1심 2019구단57711 서울행정법원

변론종결 : 2020. 05. 14

판결선고 : 2020. 06. 04

[주문]

1. 원고의 항소를 기각한다.

2. 항소비용은 원고가 부담한다.

[청구취지 및 항소취지]

제1심 판결을 취소한다. 피고가 2019. 1. 24. 원고에 대하여 한 요양불승인 처분을 취소한다.

[이유]

1. 제1심 판결의 인용

원고가 항소하면서 당심에서 주장하는 사유는 제1심에서 원고가 주장한 내용과 크게 다르지 않고, 제1심 및 당심에서 제출된 증거를 원고의 주장과 함께 다시 살펴보더라도 원고의 청구를 기각한 제1심의 판단은 정당하다고 인정된다.

이에 이 법원이 이 사건에 관하여 적을 이유는, 아래와 같이 고치거나 추가하는 외에는 제1심 판결의 이유 기재와 같으므로, 행정소송법 제8조 제2항, 민사소송법 제420조 본문에 의하여 이를 인용한다.

○ 제1심 판결문 4면 9행의 "갑 제13 내지 15호증"을 "갑 제5, 10, 13, 14, 15, 23, 25, 30 내지 34, 44, 45, 47호증"으로 고친다.

○ 4면 19행 "다수 보인다" 다음에"[소외1가 단독으로 결재할 때도 생산의뢰서의 결재란 중 '과장'란 또는 '부장'란에 서명하였고, 원고가 단독으로 결재할 때도 '이사'란에 서명하였다. 이는 이 사건 사고 이후 원고의 후임자인 소외2이 '담당'란에 서명하고 소외1가 '사장'란에 서명한 것과 대조된다(갑 제25, 47호증)]"를 추가한다.

○ 6면 10행의 "없다" 다음에 "[이 사건 회사의 취업규칙 제52조는 사원들로 하여금 출근시 타임카드 또는 출근부에 기록하도록 규정하고 있는 반면(갑 제23호증), 원고는 '공장동 근로자만 출근카드를 작성하고 사무동 근로자는 출근카드를 작성하지 않았다'고 진술하였다]"를 추가하고, 그 다음에 아래와 같이 추가한다.

『사) 원고는 당심에서, 원고의 남편인 소외3은 1983년 11월경 ○○○○

○○○을 설립하고 1995년 12월경 ○○○○○○ 주식회사(이하, '○○○○○○'이라 한다)를 설립하여 공조기기 생산·판매업을 하다가 외환위기로 위 업체들이 부도처리되자, 1998년 6월경 이 사건 회사를 설립하고 형식적으로 사업주를 동생 소외4 등으로 한 다음 실질적으로 이 사건 회사를 운영하였고, 2000년경부터 설비사업의 경험이 많은 소외5 등을 대표이사로 영입하여 이 사건 회사를 공동 경영하다가 2010년 4월경부터 아들 소외1에게 이 사건 회사를 승계받도록 하였으며, 이후 소외1는 대외적으로 이 사건 회사의 대표이사로서의 역할을 하고 내부적으로 이 사건 회사를 경영하면서 중요 사항에 대하여 소외3과 상의하여 결정하였는데, 원고는 1998년경부터 이 사건 사고 당시까지 이 사건 회사의 경리·회계·재무 등의 업무를 수행하면서, 2010년 6월경부터 약 8년간 금전출납부를 작성해 오는 등 소외5가 이 사건 회사의 대표자로 재임한 시기를 포함하여 이 사건 회사의 경리·회계·재무 등의 업무를 지속적으로 수행한 반면, 단지 원고의 근무 경력과 나이를 고려하여 예의상 '이사'로 호칭되었을 뿐이고, 원고가 결재한 '생산의뢰서'는 공장동 근무자들에게 생산품목을 알리는 내부적인 알림문서에 불과하므로, 원고가 수행한 위와 같은 경리·회계·재무 등 업무의 기간, 내용, 속성 등에 비추어 볼 때, 원고가 소외3, 소외1의 지휘·감독을 받아 종속적인 관계에서 근로를 제공한 경우에 해당한다는 취지로 주장한다.

살피건대, 갑 제5, 10, 44, 45호증의 각 기재에 의하면, 소외5가 2003년 5월경부터 2010년 3월경까지, 2012년 8월경부터 2014년 7월경까지 이 사건 회사의 법인등기부상 대표자(대표이사 또는 사내이사)로 등재되어 있었던 사실, 소외5는 '자신이 이 사건 회사의 대표로 재직할 당시 원고의 상시 출근 근로상태 등을 확인하고, 원고가 자신의 지시에 따라 경리, 회계, 재무 등 업무를 수행하면서 근로의 대가로 급여를 받았다'는 취지의 사실확인서(갑 제10호증)를 제출한 사실, 원고가 2010년 6월경부터 이 사건 회사에서 금전출납부를 작성하는 등 경리·회계·재무 등의 업무를 수행한 사실을 인정할 수 있으나, 앞서 본 사정 등에 앞서 든 증거에 변론 전체의 취지를 더하여 인정되는 다음과 같은 사정, 즉, ① 원고는 이 사건 회사의 실질적인 설립자인 소외3의 아내 겸 소외1의 어머니로서, 이 사건 회사에서 이사로 호칭되면서 여러 업무를 수행하였고, ○○○○○○○ 및 ○○○○○○의 채무를 연대보증하고 2015년경까지도 ○○○○○○○ 내지 ○○○○○○의 채무를 변제하는 등으로 소외3의 사업에 관여하여 상당한 이해관계를 가지고 있었던 점, ② 원고가 '이사'로서 결재한 '생산의뢰서'는 그 내용 및 결재 절차 등에 비추어 이 사건 회사가 의뢰받은 상품의 기종, 규격, 수량, 제작사양 등을 결정하고 출하일, 납품장소 등을 지정하는 주요 문서로 보일 뿐 경리·회계·재무 업무의 일환으로 작성되는 단순한 내부적인 알림문서에 불과한 것으로 보기 어려운 점, ③ 소외5가 이 사건 회사의 법인등기부상 대표자로 등재되어 있을 당시에도 소외3이 여전히 이 사건 회사의 경영권 내지 공동 경영권을 보유하고 있었고, 이 사건 사고 발생 전에 퇴임한 소외5로서는 이 사건 사고 당시 원고의 업무 형태나 지위 등에 관하여 구체적으로 알 수 있는 지위에 있지 않은 점, ④ 원고가 작성한 금전출납부 등의 서류만으로는 원고가 어떠한 지위에서 경리·회계·재무 등의 업무를 수행하였는지를 구체적으로 파악할 수 없는 점 등을 보태어 보면, 원고가 주장하는 여러 사정을 고려하더라도 원고가 종속적인 관계에서 사용자인 소외3, 소외1의 지휘·감독 아래 근로를 제공하였다고 보기 어려우므로, 원고의 위 주장은 받아들일 수 없다.』

2. 결론

그렇다면 제1심 판결은 정당하므로, 원고의 항소는 이유 없어 이를 기각한다.

[참조조문]

행정소송법 제8조 제2항

민사소송법 제420조

2. 요양불승인처분취소(과실로 앞차를 추돌하는 사고)

◎ 1심 서울행정법원[2017구단56981]

원 고 : ○○○
대구시 달서구 한들로 ○○길 ○○
소송대리인 변호사 ○○○

피 고 : 근로복지공단

변론종결 : 2017. 10. 12

판결선고 : 2017. 10. 19

[주문]

1. 원고의 청구를 기각한다.
2. 소송비용은 원고가 부담한다.

[청구취지]

피고가 2016. 4. 4. 원고에게 한 요양급여불승인처분을 취소한다.

[이유]

1. 처분의 경위

가. 원고의 배우자 소외1은 주식회사 ○○(이하 '○○'이라 한다)에서 제품운송 등을 도급받은 주식회사 ○○(이하 ○○라 한다)로부터 운송을 하도급받은 ○○○○ 주식회사(이하 '○○○○'이라 한다)에 ○○○○○○○○○ 화물차량(이하 '이 사건 차량이라 한다)을 지입하면서 ○○○○과 사이에 2012. 2.경 이 사건 차량에 관한 운송도급계약을 체결하였고, 원고는 위 운송도급계약에 연대보증을 한 후 이 사건 차량으로 운송업무를 수행하였다.

나. 원고는 ○○○○이 ○○에서 하도급받은, ○○ ○○공장에서 출하된 우유 완제품 등을 부천 등에 있는 대리점 등에 운송하기로 약정한 운송도급계약에 따른 제품운송업 무를 수행하던 중, 2014. 11. 11. 09:30경 ○○공장에서 상차하고 배송지인 부천 등으 로 이동하다가 인천 남동구 남동대로 영동고속도로 3.6Km 지점(인천방향)에서 과실로 앞차를 추돌하는 사고로 ○○○○병원에서 '강내로의 열린 상처가 있는 작은 창자의 손

상, 엉치뼈의 골절(폐쇄성), 상세불명 부분의 아래 다리의 골절(개방성), 눈 주위의 기타 표재성 손상, 박리, 찰과상(이하 '이 사건 상병'이라 한다)' 진단을 받았다.

다. 원고는 2015. 10. 17. 피고에 이 사건 상병이 업무상 재해에 해당한다는 이유로 요양급여를 신청하였으나, 피고는 2016. 4. 4. 원고에게 원고는 ○○과 사용종속적인 관계에서 노무를 제공하고 그 대가로 임금을 받아 생활하는 근로자가 아니라 자기 책임 하에 독자적인 사업을 영위하는 실제 사업주로, 산재보험급여의 대상이 되는 근로기준법상 근로자로 인정하기 어렵다는 이유로 요양 불승인 결정(이하 '이 사건 처분'이 라 한다)을 하였다.

라. 이에 원고는, 피고에 심사청구를 하였으나 피고에서 기각 결정을 받았고, 다시 ○○○○○○○○○○○○위원회에 재심사청구를 하였으나 2017. 1. 23. ○○○○○○○○○○○○위원회에서 기각 재결을 받았다.

[인정근거] 다툼 없는 사실, 갑 제1, 3호증의 각 기재, 변론 전체의 취지

2. 이 사건 처분의 적법 여부

가. 원고의 주장

(1) 원고는 ○○ ○○공장장의 지시와 감독을 받았고, 원고가 ○○○○과 운송도급계 약을 체결하기는 했으나, 그 계약의 내용이 ○○과 ○○ 사이에 체결된 제품운송용역계약 및 ○○와 ○○○○ 사이에 체결된 운송도급계약의 그것과 실질적으로 동일하여 이는 위장도급에 불과하며, 원고의 업무내용, 근무시간, 근무장소 등 역시 ○○에 의해 정해졌고, 원고는 독자적으로 별도의 다른 업무를 수행하거나 제3자를 고용하여 업무를 대신하게 할 수도 없었으며, 원고는 ○○○○에서, 매월 운송료로 380만 원을, 보험료 등을 공제한 금액을 월 급여로 수령하였고, 원고는 ○○의 우유 완제품 등을 운송 하는 것으로 알고 ○○○○과 운송계약을 체결한 이후 명시적인 재계약 없이 계속하여 ○○의 로고를 붙인 이 사건 차량으로 업무를 수행하였다. 따라서 원고는 ○○소속 근로자에 해당한다 할 것임에도 이와 다른 전제에 이루

어진 이 사건 처분은 위법 하다.

(2) 피고는 유사사건에서 종국적으로는 원고와 같은 지입차주를 근로자로 보아 요양 승인 결정을 한 적이 있어 피고가 원고를 근로자로 보지 않고 요양 불승인 결정을 한 이 사건 처분은 행정법상의 일반원칙인 자기구속의 원칙에 반하여 위법하다.

나. 기초사실

(1) 소외1은 2012. 2. 1. 사업장명을 ○○○○, 대표자를 소외1, 차량번호를 이 사건 차량으로 하여 사업자등록을 하였다.

(2) 소외1은 ○○○○과 운송도급계약을 체결하였는데, 그 주요 내용은 아래와 같다.

운송도급계약서 본 계약을 체결함에 있어서 ○○○○(이하 '갑'이라 칭함)과 ○○○○○○○○○○호(이하 '을'이라 칭함) 사 이에 제품운송, 집유운송을 위한 도급계약을 다음과 같이 체결한다. 제1조(목적) 본 계약은 갑이 수주한 제품, 집유, 원유를 수송함에 있어 갑과 갑의 화주가 지정하는 장소와 시간에 안전하게 수송함을 원칙으로 하고 갑은 그 결과에 대하여 을에게 운송료를 지급한다. 제5조 (운송 물품) (1) 제품차량: 갑의 화주가 생산하는 전 품목 및 지정하는 물품(판촉물, 스트로우 등)으로 정하고 회차 시에는 갑의 화주의 재산인 공상자를 인수하여 지정하는 장소까지 정확히 인계한다. 제6조 (운송구간 및 증, 감차) (1) 운송구간은 갑과 갑의 화주가 별도로 정하는 구간으로 한다. 제8조 (운송비) (1) 운송비는 계약 내용을 책임지고 완수하는 조건으로 아래와 같이 정한다. (2) 운송비의 정산기간은 매월 1일부터 말일까지로 정하고 본 계약이 월 중도에 개시 또는 시의 운송료는 일할 계산한다. (3) 운송비의 지불은 을의 청구에 의하여 갑의 검수를 거쳐 익월 26일에 현금(구매자금대출)으로 지급하되, 갑을 합의 하에 지급방식을 변경할 수 있다. (4) 유류대 지급은 실비정산하여 지급한다. 단, 유류대 실비정상 시 운반비에 포함하여 지급하되 갑은 운반비 지급 시 유류대를 주유소에 직접 지급할 수 있다. 제9조 (냉동기 가동) (1) 냉동기의 가동은 수, 배송 제품의 적정온도(0~10℃) 유지를 위해 년중 가동을 원칙으로 한다.

(3) 을은 냉동기를 철저히 가동하여야 하여 그렇지 않는 경우 또는 점검시 지적되었을 때는 다음과 같이 범칙금을 갑에게 납부하여야 한다.
제10조 (운영규칙)
(1) 운행일자는 월 만근운행을 원칙으로 한다.
(2) 자동차 점검 및 검사기간 내의 운송은 을의 책임 하에 시행한다.
(3) 을은 갑의 화주의 제품 수송 도중 갑이 지정한 운송품목 이외의 타 화물을 적재할 수 없으며, 위반시 갑의 임의로 해약조치된다.
(4) 운송용역계약 기간 동안 발생되는 차량사고에 대해서는 을의 책임으로 처리 수술하여야 하며, 갑과 갑의 화주에게 재산상의 손해를 입혀서는 안된다.
(6) 을은 운행 중 사고 및 기타 사유로 장기간 대차가 필요할 시 갑에게 사전통보 후 승인을 득하여 계약상 명시된 물품의 차량으로 대자하여야 하며, 동일차종 변경이 불가능한 경우 계약된 운송료에 의거 해당차량에 대한 운송료를 즉시 지물하여야 한다.
(7) 을은 갑과 계약된 차량을 갑의 승인 없이 타용도에 사용할 수 없다.
제14조 (종업원)
(1) 을은 기사를 채용하여 운행시 행위에 대하여 전적인 책임을 지며 관리상 부적당하다고 인정되어 갑과 갑의 화주측이 교체를 요구할 시 을은 즉시 교체하여야 한다.

(3) ○○○○은 ○○와 운송도급계약을 체결하였는데, 그 주요 내용은 아래와 같다.

운송도급계약서
○○와 ○○○○ 사이에 제품운송, 집유운송을 위한 도급계약을 다음과 같이 체결한다.
제1조(목적)
본 계약은 갑이 수주나 제품, 집유를 수송함에 있어 갑과 갑의 화주가 지정하는 장소와 시간에 안전하게 수송함을 원칙으로 하고 갑은 그 결과에 대하여 을에게 운송료를 지급한다.
제5조 (운송 물품)
(1) 제품차량: 갑의 화주가 생산하는 전품목 및 지정하는 물품(판촉물, 스트로우 등)으로 정하고
회차 시에는 갑의 화주의 재산인 공상자를 인수하여 지정하는 장소까지 정확히 인계한다. 제6조 (운송구간 및 증, 감차)

(1) 운송구간은 갑과 갑의 화주가 별도로 정하는 구간으로 한다.
제8조 (운송비)
(1) 운송비는 계약 내용을 책임지고 완수하는 조건으로 아래와 같이 정한다.
(2) 운송비의 정산기간은 매월 1 일부터 말일까지로 정하고 본 계약이 월 중도에 개시 또는 종료될 시의 운송료는 일할 계산한다.
(3) 운송비의 지불은 을의 청구에 의하여 갑의 검수를 거쳐 익월 14일에 현금(구매자금대출)으로 지급하되, 갑을 합의 하에 지급방식을 변경할 수 있다.
(4) 유류대 지급은 실비정산하여 지급한다. 단, 유류대 실비정상 시 운반비에 포함하여 지급하되 갑은 운반비 지급 시 유류대를 주유소에 직접 지급할 수 있다.
제9조 (냉동기 가동)
(1) 냉동기의 가동은 수, 배송 제품의 적정온도(0~10℃) 유지를 위해 년중 가동을 원칙으로 한다. (3) 을은 냉동기를 철저히 가동하여야 하며 그렇지 않는 경우 또는 점검시 지적되었을 때는 다음과 같이 범칙금을 갑에게 납부하여야 한다.
제10조 (운영규칙)
(1) 운행일자는 월 만근우행을 원칙으로 한다.
(2) 자동차 점검 및 검사기간 내의 운송은 을의 책임 하에 시행한다.
(3) 을은 갑의 화주의 제품 수송 도중 갑이 지정한 운송품목 이외의 타 화물을 적재할 수 없으며, 위반시 갑의 임의로 해약조치된다.
(4) 운송용역계약 기간 동안 발생되는 차량사고에 대해서는 을의 책임으로 처리 수습하여야 하며, 갑과 갑의 화주에게 재산상의 손해를 입혀서는 안된다.
(6) 을은 운행 중 사고 및 기타 사유로 장기간 대차가 필요할 시 갑에게 사진통보 후 승인을 득하여 계약상 명시된 물품의 차량으로 대차하여야 하며, 동일차종 변경이 불가능한 경우 계약된 운송료에 의거 해당차량에 대한 운송료를 즉시 지불하여야 한다.
(7) 을은 갑과 계약된 차량을 갑의 승인 없이 타용도에 사용할 수 없다.
제14조 (종업원)
(1) 을은 기사를 채용하여 운행시 행위에 대하여 전적인 책임을 지며 관리상 부적당하다고 인정되어 갑과 갑의 화주측이 교체를 요구할 시 을은 즉시 교체하여야 한다.

(4) ○○는 ○○과 제품운송용역계약 등을 체결하였는데, 그 주요 내용은 아래와 같다.

제품운송 용역계약서
○○ 대표이사 소외2(이하 '갑'이라 칭함)와 ○○ 대표이사 소외3(이하 '을'이라 칭함) 간에 제품 운송을 위한 계약을 다음과 같이 체결한다.
제1조 (권리와 의무)
본 계약은 갑의 제품을 을이 수송함에 있어 갑이 요구하는 장소와 정해진 시간 내에 안전하게 을이 수송함을 원칙으로 하고, 갑은 그 결과에 대하여 을에게 운송료를 지급한다.
제2조 (운송 물품)
운송물품은 갑이 생산하는 전 품목, 상품(OEM) 및 기타 갑의 사업에 필요한 모든 물품(판촉물, 스트로우 등)으로 정하고, 귀사 시에는 갑의 재산인 공상자를 갑의 대리점, 영업소 및 기타 갑의 거래처 에서 인수하여 갑이 지정하는 장소까지 정확히 인계하여야 한다.
제3조 (운송구간 및 증, 감차)
1) 운송구간은 갑이 별도로 정하는 구간으로 한다.
2) 운송구간은 갑의 공장. 대리점, 기타 거래처로 한다.
제4조 (운송차량)
1) 을은 갑의 제품을 수송하기 위하여 축산물 운반업 허가를 취득한 차량으로 냉동장지를 완비한 차량이어야 하며, 자량의 대폐차시는 사전 갑의 승인을 받아야 한다.
제5조 (운송료정산)
1)문송료의 정산기간은 매월 1일부터 말일까지로 정하고 본 계약이 월 중도에 개시 또는 종료될 시의 운송료는 일할계산한다.
2) 운송료의 지불은 운송료 산출 월의 익월 20일 이내에 현금 또는 은행도 약속어음으로 지불한다.
제6조 (작업한계) 공상자 회수 및 제품의 상차는 갑의 책임 하에 시행하고, 을은 수량을 정확히 파악하여 인계하여야 한다.
1) 제품하자용 콘베어를 사용하는 대리점의 경우 운전기사는 콘베이어에서 제품이 내려올 수 있도록 한다.
2) 콘베이어 미사용 대리점의 경우 기사가 대리점에서 받을 수 있도록 하차한다.
3) 공상자는 운전기사와 대리점이 같이 상자한다.
제7조 (냉동기 가동)
1) 냉동기의 가동은 수, 배송 제품의 적정은도(0~10℃) 유지를 위해 년중 가동

을 원칙으로 한다. 3) 을은 냉동기를 철저히 가동하여야 하며 그렇지 않는 경우 또는 점검 시 지적되었을 때는 다음과 같이 범칙금을 갑에게 납부하여야 한다. 4) 을의 제품차량기사는 제품상차 10분 전에 냉동기를 필수적으로 가동하여야 하면 차량냉동기 가동 지침 및 온도기록관리의 심행사항을 철저히 준수하여야 하면 그렇지 않은 경우에는 3)항에 의거 적용을 받게 된다. 제8조 (운영규칙) 1) 운행일자는 월 만근우행을 원칙으로 한다. 3) 을은 갑에게 운행일보 및 증빙을 제출하여 통행료를 정산한다. 자동차 점검 및 검사기간 내의 운송은 을의 책임 하에 시행한다. 5) 을은 갑의 제품 수송 도중 갑의 운송품목 이외의 타 화물을 적재할 수 없으며, 위반을 할 경우에 는 갑 임의로 계약을 해지할 수 있다. 6) 운송계약기간 동안 발생되는 차량사고에 대해서는 전적으로 을이 책임지고 처리, 수습하여야 하며 갑에게 재산상의 손해를 끼져서는 안 된다. 제10조 (종업원) 1) 을은 자기 종업원의 행위에 대하여 전적인 책임을 지며 관리상 부적당하다고 인정되어 갑이 교체를 요구할 시 을은 즉시 교체하여야 한다.

(4) 원고는 소외1 명의로 사업자등록을 하고 실제로는 자신 소유인 이 사건 차량의 등록 명의를 ○○○○로 변경한 후 이 사건 차량을 이용하여 ○○○○과의 운송도급계약에 따라 ○○ ○○공장에서 부천, 인천, 안성 등을 담당지역으로 하여 ○○의 거래처 등에 우유 완제품 등을 운송하는 업무를 수행하였다.

(5) 원고는 ○○○○과 운송도급계약을 체결하였을 뿐 ○○이나 ○○와 약 또는 이들과 고용계약을 체결한 사실은 없다.

(6) 원고는 ○○○○에서 매월 25.경 전월 운송료로 3,800,000원을 고정적으로 지급 받았고, 운송료에 운송료 일반, 부가가치세와 유류대의 실비변상금을 합한 금액에서 보험, 조합비, 공과금, 예비차용차비, 과태료, 회계수수료, 관제비용 등을 공제한 금액을 월 급여로 지급받았다. 이 사건 차량의 운송과 관련하여, ○○○○은 ○○에서 매월 14.경 운반비로 4,183,000원을 지급받았고, 운송료에 유류대의 실비변상

금을 합한 금액을 월 운송료로 지급받으며, ○○는 ○○에서 매월 20일경 운반비와 유류대의 실비면 상금을 합한 금액을 월 운송료로 지급받았다.

(7) 원고는 운송도급계약에 따라 이 사건 차량을 운전하여 05:00경 ○○○○공장에 가 그곳에서 출고장을 받은 후 우유 완제품 등 수량을 확인하고 이를 상차한 후 ○○의 거래처 등에 운송하였고, ○○에 제품 차량 온도 점검 현황을 제출하였다.

[인정근거] 다툼 없는 사실, 갑 제4, 8, 9호증, 을 제1 내지 4호증의 각 기재, 이 법원 주식회사 ○○에 대한 사실조회결과, 변론 전체의 취지

다. 판단

(1) 원고가 근로자에 해당하는지 여부

근로기준법상의 근로자에 해당하는지 여부는 계약의 형식이 고용계약인지 도급계약인지보다 그 실질을 보아 근로자가 사업 또는 사업장에 임금을 목적으로 종속적인 관계에서 사용자에게 근로를 제공하였는지 여부에 따라 판단하여야 한다. 위에서 말하는 종속적인 관계가 있는지 여부는 업무 내용을 사용자가 정하고 취업규칙 또는 복무(인 사)규정 등의 적용을 받으며 업무 수행 과정에서 사용자가 상당한 지휘 감독을 하는 지, 사용자가 근무시간과 근무장소를 지정하고 근로자가 이에 구속을 받는지, 노무제공자가 스스로 비품 원자재나 작업도구 등을 소유하거나 제3자를 고용하여 업무를 대행하게 하는 등 독립하여 자신의 계산으로. 사업을 영위할 수 있는지, 노무 제공을 통한 이윤의 창출과 손실의 초래 등 위험을 스스로 안고 있는지와, 보수의 성격이 근로 자체의 대상적 성격인지, 기본급이나 · 고정급이 정하여졌는지 및 근로소득세의 원천징수여부 등 보수에 관한 사항, 근로 제공 관계의 계속성과 사용자에 대한 전속성의 유무와 그 정도, 사회보장제도에 관한 법령에서 근로자로서 지위를 인정받는지 등의 경제적 사회적 여러 조건을 종합하여 판단하여야 하고, 근로를

제공하는 자가 기계, 기구 등을 소유하고 있다고 하여, 곧바로 독립하여 자신의 계산으로 사업을 영위하고 노무제공을 통한 이윤의 창출과 손실의 초래 등 위험을 안는 사업자라고 단정할 것은 아니 다. 다만, 기본급이나 고정급이 정하여졌는지, 근로소득세를 원천징수하였는지, 사회보장제도에 관하여 근로자로 인정받는지 등의 사정은 사용자가 경제적으로 우월한 지위를 이용하여 임의로 정할 여지가 크다는 점에서 그러한 점들이 인정되지 않는다는 것 만으로 근로자성을 쉽게 부정하여서는 안 된다(대법원 2000. 1. 18. 선고 99다48986 판결, 대법원 2006. 12. 7. 선고 2004다29736 판결, 대법원 2010. 4. 15. 선고 2009다99396 판결 등 참조).

위 기초사실과 위 거시증거들에 의해 인정되는 아래의 사정들을 위 법리에 비추어보면, 원고는 운송사업을 영위하는 실질적 지입차주로서 지입회사인 ○○○○과 별도의 운송도급계약을 체결하고 그에 따른 운송료를 지급받은 것으로 봄이 타당하고, 원고가 상당기간 고정된 운송일정과 운송경로에 따라 특정 운송업무를 반복 수행하며 ○○○○이나 ○○에서 일정한 금원을 지급받은 것은 위 운송도급계약의 내용과 특성에 따른 것일 뿐 그와 같은 사정만으로 원고가 ○○에 대하여 종속적인 관계에서 임금을 목적으로 근로를 제공하는 근로기준법상의 근로자에 해당한다고 볼 수는 없다.

① 원고는, 원고가 ○○에서 출고장을 받았고 ○○에 차량운행기록지와 제품차량 온도 점검 현황을 제출한 것을 이유로 ○○의 지휘감독을 받았다고 주장하나, 출고장은 출고된 우유 완제품 등의 수량에 차이가 발생할 경우, 제품차량 온도 점검 ,현황은 우유 완제품 등의 품질유지에 문제가 발생할 경우 ○○과 원고 사이의 문제를 방지하거나 해결하기 위한 용도로 작성된 것일 뿐이고, 1일 운행거리, 주유량 및 주유금액 등 정도만 기재된 차량운행기록지는 ○○이 종국적으로 원고에 주유대금을 실비변상하기 위한 용도로 보관한 것으로 보여 이것만으로 원고가 업무수행 과정에서 ○○의 지휘 감독을 받았다고 보기는 어렵다.

② 원고는 운송업무 수행에 요구되는 이 사건 차량의 실질 소유자이자 독립한 사업자로서 이 사건 차량에 대한 차량유지비 등을 모두 부담하고 자신의 책임으로 차량관리를 하면서 운송업무를 수행하였고, ○○○○이나 ○○은 실질 지입차주인 원고에게 이 사건 차량의 행정적 관리, 운송비 지급 등만 하였을 뿐 이 사건 차량의 관리 등에는 특별히 관여하거나 책임을 부담하지 않은 것으로 보인다.

③ 원고는 배정된 운송업무만 제대로 수행하기만 하면 그 업무수행을 위한 운행경로 의 선택, 퇴근 시간 등에 관하여 ○○이나 ○○○○로부터 별다른 간섭을 받지 않았던 것으로 보인다.

④ 원고와 ○○○○ 또는 ○○ 사이에는 근로계약이 체결되지 않았고 근로소득세가 원천징수되지 않았던 것으로 보이며 원고는 ○○○○ 또는 ○○의 산재보험, 고용보험 등의 적용을 받지 않았다.

⑤ 원고는 ○○○○이나 ○○의 취업규칙 복무규정 인사규정 등의 적용을 받지 아니하고, 별도의 사업자등록을 하였다.

⑥ 운송도급계약의 내용상 원고가 제3자로 하여금 자신의 운송업무를 대행하게 하는 데 특별한 장애는 없었던 것으로 보이고, 원고가 정액의 운송용역비를 지급받은 것처럼 보이는 것은 운송일정 및 자체가 고정되어 기인한 것으로 는t것은 운송일정 운총경로 있는 데에 보인다.

⑦ 원고는 자체 운송물량을 확보하고 있는 지입회사인 ○○○○에 이 사건 차량을 지입함으로써 일정 수준의 운송수익을 보장받는 대신에 운송도급계약에 따른 독립적인 운송사업자로서의 권한 중 상당 부분을 포기하기로 한 것이므로, 원고가 ○○○○이나 ○○에 일방적으로 종속되어 있다고 보기 어렵다.

⑧ 이 사건 차량에 ○○의 특정한 외장이나 도색을 하게 한 것은 ○○의 대외적인 이미지 제고와 동일성 식별을 위한 것으로, 원고도 어느 정도 양해한 내용으로 보인다.

(2) 이 사건 처분이 자기구속의 원칙에 위반하는지 여부

행정청의 행위에 대하여 행정의 자기구속의 원칙이 적용되기 위하여는, 재량권 행사의 준칙이 되는 행정규칙이나 내부지침에 따른 처분 등이 되풀이되어 행정관행이 형성 되었다고 볼 정도에 이르러야 하는데, 갑 제6, 7호증의 각 기재만으로는 이 사건 처분 이전에 원고와 동일한 조건 또는 상황에 있는 사람들에 대하여 근로자로 인정해 주는 관행이 형성되어 있었음을 인정하기 부족하고 달리 이를 인정할 증거가 없으므로, 이 사건 처분이 자기구속의 원칙에 반한다고 볼 수 없다.

(3) 소결론

따라서 원고가 근로기준법상의 근로자에 해당하지 않음을 전제로 이루어진 피고의 이 사건 처분은 적법하다.

3. 결론

그렇다면, 원고의 청구는 이유 없어 기각한다.

[참조조문]

근로기준법 제5조

[참조판례]

대법원 2000. 1. 18. 선고 99다48986 판결

대법원 2006. 12. 7. 선고 2004다29736 판결

대법원 2010. 4. 15. 선고 2009다99396 판결

◎ 2심 서울고등법원 제4행정부[2017누87717]

원 고 : 항소인 ○○○

대구시 달서구 한들로 ○○길 ○○

소송대리인 변호사 ○○○

피 고 : 피항소인 근로복지공단

전심판결 : 1심 2017구단56981 서울행정법원

변론종결 : 2018. 03. 20

판결선고 : 2018. 04. 17

[주문]

1. 원고의 항소를 기각한다.
2. 항소 비용은 원고가 부담한다.

[청구취지 및 항소취지]

제1심 판결을 취소한다. 피고가 2016. 4. 4. 원고에 대하여 한 요양급여 불승인 처분을 취소한다.

[이유]

1. 제1심 판결의 인용

원고가 당심에서 주장하는 사유는 제1심에서의 주장과 다르지 아니하고, 제출된 증거들을 원고의 주장과 함께 다시 살펴보아도 원고의 청구를 배척한 제1심의 판단은 정당한 것으로 인정된다. 이에 이 법원이 이 사건에 관하여 적을 이유는, 제1심 판결문 제3면 제10행의 '매월 운송료로 380만 원을,'을 '매월 운송료 380만 원에서'로, 같은 면 제14행의 '전제에1'를 '전제에서'로, 제4면 제20행의 '실비정상'을 '실비정산'으로, 같은 면 제31행의 '수술하여야'를 '수습하여야'로, 같은 면 제33행의 '사진통보'를 '사전통보'로, 같은 면 제34행의 '물품의'를 '동종의'로, 제5면 제10행의 '실비정상'을 '실비정산'으로, 같은 면 제17행의 '만근우행'을 '만근운행'으로, 같은 면 제23행의 '자진통뵈'를 '자진통보'로, 같은 면 제28행의 '기사를 채용하여 운행시 행위에 대하예'를 '자기 종업원의 행위에 대하여'로, 제6면 제14행의 '가동하여야 하면'을 '가동하여야 하며'로, 같은 면 제15행의 '싱행사항을 철저히 준수하여야 하면'을 '시행사항을 철저히 준수하여야 하며'로, 같은 면 제18행의 '만근우행'을 '만근운행'으로 각 고치고, 같은 면 제20행을 삭제하고, 같은 면 제24행의 '끼져서는'을 '끼쳐서는'으로, 같은 면 제28행의 '(4)'를'(5)'로, 같은 면 제32행의 '(5)'를 '(6)'으로, 같은 면 제34행의 '(6)'을 '(7)'로, 제7면 제2행의 '지급받으며'를 '지급받았으며'로, 같은 면 제4행의 '(7)'을 '(8)'로, 같은 면 제7, 8행의 '이 법원을 '제1심 법원'으로 각 고치는 외에는 제1심 판결 이유와 같으므로, 행정소송법 제8조 제2항, 민사소송법 제420조 본문에 의하여 이를 그대로 인용한다(원고는, 자신이 ○○ 소속 근로자라는 근거로, 배정된 업무 이외에 추가로 ○○이 요구하는 업무를 수행할 수밖에 없었던 점, 퇴근시간, 운행경로의 선택에 관하여 ○○의 엄격한 감독을 받은 점, 업무지시 및 근태보고 등의 관리가 ○○의 사업장에서 이루어진 점 등도 들고 있다. 그러나 제출된 증거들만으로 ○○이 ○○와 제품운송용역계약 등에 정한 업무 이외의 추가 업무를 원고에게 요구하였다거나, 원고의 퇴근시간, 운행경로를 감독하였다거나, 원고에 대한 업무지시 및 근태관리를 하였음을 인정하기에 부족하고, 달리 이를 인정할 증거가 없으므로, 원고가 주장하는 사정들을 판단의 근거로 삼을 수 없다).

2. 결론

그렇다면, 원고의 이 사건 청구는 이유 없어 이를 기각할 것인데, 제1심 판결은 이와 결론을 같이하여 정당하므로, 원고의 항소는 이유 없어 이를 기각한다.

[참조조문] 행정소송법 제8조, 민사소송법 제420조

제2절 휴업급여

■ 산업재해보상보험 휴업급여 지급이행 청구

(음식을 배달하던 중에 교통사고)

◎ 1심 서울행정법원[2012구단19949]

원 고 : ○○○

서울시 관악구 신림10동 ○○○번지

피 고 : 대한민국

법률상대표자 법무부장관 ○○○

소송수행자 근로복지공단

변론종결 : 2013. 07. 24

판결선고 : 2013. 08. 21

[주문]

1. 이 사건 소를 각하한다.
2. 소송비용은 원고가 부담한다.

[청구취지]

피고는 원고에게 19,226,550원 및 이에 대하여 2011. 5. 17.부터 이 사건 소장 부본 송달일까지는 연 5%, 그 다음날부터 다 갚는 날까지는 연 20%의 각 비율에 의한 금액을 지급하라.

[이유]

1. 기초사실

가. 원고는 '○○○'이라는 상호의 중국음식점에 고용된 배달직 근로자로 2005. 2. 17. 음식을 배달하던 중에 교통사고(교차로에서 급제동하던 중 원고 오토바이가 상대방 차량 운전석 뒷부분과 충격한 사고로서, 원고 오토바이의 브레이크 레버만 손상되고 상대방 차량은 아무런 손상을 입지 아니한 정도의 사고이다. 이하 '이 사건 사고'라 한다)를 당하여 '요추 염좌, 경추 염좌, 제5-6 경추간 추간판탈출증, 제4-5 요추간 추간판탈출증

'(이하 '이 사건 상병'이라 한다)의 진단을 받았다.

나. 원고는 이 사건 사고와 관련하여 ○○○○○○○○보험 주식회사를 상대로 손해배상청구소송(서울중앙지방법원 2005가단249115호)을 제기하였다가 2010. 2. 19. 일부 승소(원고는 1심에서 일부 승소한 후 2011. 5. 6. 2심에서 항소를 취하하여 2010. 3. 24. 위 1심 판결이 확정되었다)하여 14,725,601원을 지급받았다. 위 금액 중 원고 과실 상계(30%) 후 일실수입액(2005. 2. 17.부터 2012. 2. 21.까지 기간)은 17,615,052원이고, 그로부터 원고의 기왕증 기여분인 1,925,055원 및 원고 과실분 577,516원과 기지급된 손해배상금 6,386,880원을 공제한 8,725,601원이 재산상 손해액이며, 위자료가 6,000,000원으로 정해졌다.

다. 한편, 원고는 위 손해배상청구소송과 별개로 2006. 12. 6. 피고에게 요양신청을 하였던바, 이에 대하여 피고가 일부 통원치료기간만 인정하고 이 사건 상병은 퇴행성 질환이라며 요양승인을 하지 아니하자 원고가 불복하여 서울행정법원에 요양불승인처분취소소송(서울행정법원 2008구단4742)을 제기하여 승소하였고 2010. 7. 23. 그 판결이 확정되었다. 위 요양불승인처분취소소송의 결과에 따라 원고는 요양비청구를 하여 심사청구 등을 거친 후 아래 기간 동안 요양승인을 받아 진료비가 지급처리되었다.

요양기간	의료기관
2005. 11. 25 .~ 2010. 12. 30.	○○○○병원
2011. 2. 9. ~ 2011. 4. 20.	○○○○대병원
2011. 3. 18. ~ 2011. 3. 25.	○○○○대병원
2011. 1. 20. ~ 2011. 4. 13.	○○○○○○재활의학과의원

라. 더불어 원고는 피고에게 2011. 4. 14.에 975일분(2005. 4. 9. ~ 2007. 12. 9.) 및 2011. 4. 15.에 1001일분(2008. 4. 3. ~ 2010. 12. 20.)의 휴업급여 청구서를 제출하였던바, 위 청구에 따라 피고는 원고에게 2011. 5. 3.에 1,020,550원(2011. 4. 14.자 신청에 대한 것) 및 2011. 5. 4.에 1,020,560원(2011. 4. 15.자 신청에 대한 것) 합계 2,041,110원의 휴업급여를 가지급하였

다. 이 때 2011. 5. 3.자 및 2011. 5. 4.자 요양보험급여 결정통지서에는 지급금액을 계산함에 있어 다음과 같은 내용이 기재되어 있다.

2011.5.3.	(1) 지급대상 : 56,666원00전 * 70.0프로 * 745일 = 29,551,310원 (2) 다른배상 56,666원00전 * 70.0프로 * 745일 = 29,551,310원 *(521 .49-18) = 28,530,760원 (3) 지급기간 : 2005. 12. 25. ~ 2007. 12. 9.
2011.5.4.	(1) 지급대상 : 56,666원00전 * 70.0프로 * 992일 = 39,348,870원 (2) 다른배상 56,666원00전 * 70.0프로 * 992일 = 39,348,870원 *(694.39-18) = 38,328,310원 (3) 지급기간 : 2008. 4. 3. - 2010. 12. 20.

마. 그런데 위 휴업급여는 청구기간 중 원고가 취업하여 근무한 내역에 관한 공제 및 원고가 ○○○○○○○○보험 주식회사를 상대로 하여 승소한 손해배상금의 공제(153.98일분) 등이 제대로 이루어지지 아니한 채 지급된 것이었다면서, 피고는 재차 조사를 거쳐 휴업급여의 지급기간을 2005. 4. 9.부터 2006. 5. 31.(418일)까지로 정하고, 그 이후기간에 대해서는 실제 진료일(22일)에 한하여 지급하기로 하여 440일간의 휴업급여액을 지급하는 것으로 2011. 12. 28. 결정하였다. 이에 따라 피고가 원고에게 추가로 지급하기로 결정한 휴업급여는 9,304,210원[(56,666원 x 70% X 286.02(440 - 153.98)일} - 기지급한 2,041,110원]으로 계산되어 위 금액은 2011. 12. 28. 원고에게 지급되었다.

[인정근거] 갑 제1, 4, 5, 6, 12, 14호증, 을 제1 내지 18호증(각 서증에 가지번호 포함)의 각 기재, 변론 전체의 취지

2. 주장 및 판단

가. 원고 주장의 요지

피고는 2011. 5. 교자로 원고에게 보낸 휴업급여 결정통지서에서 2005. 11. 25.부터 2007. 12. 9.(745일)의 기간동안의 휴업급여를 승인하는 결정처분을 하였으므로 이에 표기된 대로 29,551,310원 전액을 지급할 의무가 있고, 이미 지급한 금액을 공제하면 나머지인 19,226,550원을 지급하여야 함에도 그 의무를 이행하지 아니하고 있으므로 청구취지 금액의 지급을 구한다.

나. 판단

(1) 직권으로 이 사건 소의 적법 여부에 대하여 살펴본다. 산업재해보상보험법(이하 '법'이라 한다) 제36조, 법시행령 제21조의 규정에 비추어 보면, 위 법령에 의한 보험급여에 관하여는 법령의 요건에 해당하는 것만으로 바로 구체적인 청구권이 발생하는 것이 아니라 피고의 지급결정이 있은 후에야 비로소 구체적 청구권이 발생한다고 할 것이다. 따라서 보험급여 중 휴업급여의 경우에도 수급자격과 급부금액 등에 관하여 피고의 결정이 선행되어야 비로소 원고는 구체적인 급부청구권을 취득한다고 할 것이고, 피고의 휴업급여 제한기간에 대한 휴업급여 지급결정이 없는 상태에서 곧바로 휴업급여액의 지급을 구하는 것은 허용될 수 없다(대법원 2008. 12. 24. 선고 2007두10945 판결 참조).

(2) 원고는 2011. 5. 3.자로 원고가 받은 휴업급여 결정통지서(갑 제1호증)가 피고의 휴업급여 지급결정이라는 취지의 주장을 하고 있으나, 앞에서 인정한 사실에 의하면 위 결정통지서는 피재근로자가 제3자와 사이에 일실수입과 관련한 손해배상소송을 하는 등의 경우 사후 구상권 행사 등 피고의 내부적 업무편의를 위하여 지급제한을 하면 서 일부 휴업급여액을 가지급금으로 지급한 것에 불과하고 위 결정통지서에 기재된 기간과 액수에 상응하는 금액 전부를 원고에게 지급하겠다는 확정적 의사를 표시한 것으 로 볼 수 없다(오히려, 통지서 내용에 착오가 있음을 발견하고 재차 사실조사를 하여 피고가 원고에게 지급할 휴업급여에 대하여 최종적으로 결정한 것은 2011. 11. 28.으로 봄이 타당하다. 원고는 위 2011. 11. 28.자 결정을 수령하지 못하였다고 주장하나, 설령 그렇다 하더라도 2011. 5. 3.자 통지서가 휴업급여에 대한 구체적 지급청구권을 발생시키는 결정이라 볼 수는 없다).

(3) 따라서 위 2011. 11. 28.에 지급결정된 금액이 아닌 2011. 5. 3.자 가지급금 지급통지와 관련하여 그 통지서에 제시된 기간과 액수에 따른 권리가 발생하였다면서 피고를 상대로 곧바로 당사자소송을 통하여 그 지급을 구하는 이 사건 소는 구체적으로 발생하지 아니한 급부청구권을 행사하겠다는 것에 불과하여 더 나아가 살펴볼 필요 없이 부적법하다

3. 결론

그렇다면, 이 사건 소는 부적법하므로 각하하기로 하여 주문과 같이 판결한다.

[참조조문]

산업재해보상보험법 제36조

산업재해보상보험법 시행령 제21조

[참조판례]

서울중앙지방법원 2005가단249115호

서울행정법원 2008구단4742

◈ 근로복지공단의 평균임금증액 결정이나 휴업급여제한기간에 대한 휴업급여지급 결정이 없는 상태에서, 곧바로 근로자가 정당한 보험급여와 실제 수령한 보험급여의 차액 또는 휴업급여액의 지급을 구하는 것은 허용될 수 없다고 한 사례(대법원 2008. 12. 24. 선고 2007두10945 판결)

【주 문】

원심판결 중 피고가 2001. 5. 25. 원고에게 한 휴업급여청구 등 반려처분 중 2000. 12. 5. 이후의 기간에 대한 부분에 관한 원고 패소부분을 파기하고, 이 부분 사건을 서울고등법원에 환송한다. 나머지 상고를 기각한다.

【이 유】

상고이유를 판단한다.

1. 상고이유 제1점에 대하여

원심은, 구 산업재해보상보험법(2007. 4. 11. 법률 제8373호로 전문 개정되기 전의 것, 이하 같다)에 의한 보험급여에 관하여는 법령의 요건에 해당하는 것만으로 바로 구체적인 청구권이 발생하는 것이 아니라 피고의 지급결정이 있은 후에야 비로소 구체적 청구권이 발생한다고 할 것이고, 또 평균임금의 증감도 보험급여 수급권자의 신청이 있거나 피고가 필요하다고 인정하는 때에 동일직종 근로자의 통상임금 변동률, 전 근로자의 월평균 정액급여 등을 심사하여 결정하도록 하고 있으므로 피고의 평균임금 증감결정이 있는 경우에 비로소 보험급여 수급권자의 보험급여차액지급청구권이 발생하는 것이며, 따라서 피고의 평균임금 증액결정이나 휴업급여제한기간에 대한 휴업급여지급결정이 없는 상태에서 곧바로 원고가 정당하다고 주장하는 보험급여와 실제 수령한 보험급여의 차액 또는 휴업급여액의 지급을 구하는 것은 허용될 수 없으므로, 이 사건 소 중 금원지급청구 부분은 부적법하다고 판단하였다.
기록에 비추어 살펴보면 원심의 판단은 정당하고, 거기에 상고이유에서 주장하는 바와 같은 소의 이익에 관한 법리오해 등의 위법이 없다.
2. 상고이유 제2점에 대하여
원심은 그 판시와 같은 사실을 인정한 다음, 원고의 이 사건 장해보상일시금 및 1차재요양기간의 휴업급여 청구권은 모두 소멸시효가 완성되었고, 피고의 소멸시효 완성의 항변이 신의칙에 위배되는 것도 아니라고 판단하였다.
기록에 비추어 살펴보면 원심의 사실인정과 판단은 정당하고, 거기에 상고이유에서 주장하는 바와 같은 소멸시효, 신의칙에 관한 법리오해 등의 위법이 없다.
3. 상고이유 제4점에 대하여
재요양은 일단 요양이 종결된 후에 당해 상병이 재발하거나 또는 당해 상병에 기인한 합병증에 대하여 실시하는 요양이라는 점 외에는 최초의 요양과 그 성질이 다를 바 없으므로, 재요양 중에 지급되는 휴업급여 등 각종 보험급여의 기초인 평균임금 산정의 기준시점은 '진단에 의하여 재요양의 대상이 되는 상병이 발생되었다고 확정된 날'이라고 할 것이다(대법원 1998. 10. 23. 선고 97누19755 판결 등 참조).
한편, 구 산업재해보상보험법 제42조는 근로자가 업무상의 사유로 부상을 당하거나 질병에 걸려 치유 후 신체 등에 장해가 있는 경우 당해 근로자에게 장해등급에 따라 일정한 일수의 평균임금을 장해보상연금 또는 장해보상일시금으로 지급한다고 규정하고, 같은 법 제4조 제2호는 이 법에서 말하는 평균임금은 근로기준법에 의한 평균임금을 말한다고 규정하고 있다. 그리고 구 근로기준법(2007. 4. 11. 법률 제8372호로 전문 개정되기 전의 것) 제19조는 평균임금을, 그 산정 사유 발생일 이전 3월간에 그 근로자에게 지급된 임금의 총액을 그 기간의 총일수로 나눈 금액이라고 정의하고 있는데, 구 근로기준법 시행령 제2조 제1항(2007. 6. 29. 대통령령 제20142호로 전문 개정되기 전의 것, 이하 같다)은 수습사용 중의 기간, 사용자의 귀책사유로 인하여 휴업한 기간, 산전·산후 휴가기간, 업무상 재해를 입고 그 요양을 위하여 휴업한 기간, 육아휴직기간 등 일정한 기간과 그 기간 중에 지급된 임금을 평균임금 산정 기준이 되는 기간과 임금 총액에서 제외한다고 규정하고 있다. 이와 같이 일정 기간과 그 기간 중 지급된 임금을 평균임금 산정 기간과 임금 총액에서 제외하는 이유는, 평균임금을 기준으로 근로기준법, 산업재해보상보험법 등의 각종 급여를 산정하면서 그 근로자의 생활임금을 사실대로 반영함으로써 통상적인 생활수준을 보장하기 위한 것이다. 이러한 통상 생활임금의 사실적 반영이라는 평균임금 제도의 취지와, 업무상 질병 등과 같은 평균임금 산정 사유는 근로관계 존속 당시 업무 수행 중 업무가 원인이 되어 발생한 것이라는 점 등을 고려하면, 퇴직한 근로자에게 진단에 의하여 재요양의 대상이 되는 상병이 발생되었다고 확정된 날을 평균임금 산정 사유 발생일로 하여(구 근로기준법 시행령 제48조 참조) 평균임금을 산정하고 이에 따라 산업재해보상보험법상 보험급여를 지급하는 경우, 그 근로자의 퇴직일 이후 평균임금 산정 사유 발생일, 즉 진단 확정일까지의 기간 역시 평균임금 산정 기간에서 제외하여야 한다. 그리고 만일 평균임금 산정 기간에서 제외되는 기간이 3월 이상인 경우에는 그 제외되는 기간의 최초일을 평균임금 산정 사유 발생일로 보아 평균임금을 산정하고(구 근로기준법 시행령 제4조, 노동부 고시 평균임금 산정 특례 고시 제1조 제1항 참조), 그와 같이 산정된 금액에서 구 산업재해보상보험법 제38조 제3항, 같은 법 시행령 제25조 제1항의 규정에 따라 동일 직종 근로자의 임금변동률로 평균임금 증감을 거친 금액을 그 근로자의 보험급여 산정 기준이 되는 평균임금으로 하여야 할 것이다(대법원 2007. 4. 26. 선고 2005두2810 판결 등 참조).

그럼에도 불구하고, 원심은 이와 달리, 원고가 진단에 의하여 재요양의 대상이 되는 상병이 발생되었다고 확정된 날에 이미 퇴사하였음을 이유로, 최초의 요양 종결 당시의 평균임금을 기초로 하고 여기에 구 산업재해보상보험법 제38조 제3항, 같은 법 시행령 제25조 제1항 [별표 1]에서 정하고 있는 근로자의 평균임금 증감에 관한 규정을 적용하여 평균임금을 산정하여야 한다고 판단하고 말았으니, 원심판결에는 평균임금 산정에 관한 법리를 오해하여 판결에 영향을 미친 위법이 있다. 이 점을 지적하는 상고이유의 주장은 정당하다.

4. 결 론

그러므로 나머지 상고이유를 판단할 것 없이 원심판결 중 피고가 2001. 5. 25. 원고에게 한 휴업급여청구 등 반려처분 중 2000. 12. 5. 이후의 기간에 대한 부분에 관한 원고 패소 부분을 파기하고, 이 부분 사건을 다시 심리·판단하도록 원심법원에 환송하되, 나머지 상고를 기각하기로 하여 관여 대법관의 일치된 의견으로 주문과 같이 판결한다.

◎ 2심 서울고등법원 제11행정부[2014누3770]

원 고 : 항소인 ○○○

서울시 관악구 광신길 ○○○

피 고 : 피항소인 근로복지공단

전심판결 : 1심 2012구단19949 서울행정법원

변론종결 : 2014. 12. 17

판결선고 : 2015. 01. 21

[주문]

1. 원고가 한 항소를 기각한다.
2. 항소비용은 원고가 부담한다.

[청구취지 및 항소취지]

제1심 판결을 취소한다. 피고는 원고에게 19,226 550원 및 이에 대하여 2011. 5. 17.부터 이 사건 소장 부본 송달일까지는 연 5%, 그 다음날부터 다 갚는 날까지는 연 20%의 각 비율로 계산한 금액을 지급하라.

[이유]

1. 제1심 판결 인용

이 법원의 판결 이유는 아래와 같이 제1심 판결을 고치고 "원고가 이 법원에서 내세우는 사유와 증거를 보태어 보더라도 제1심 판단을 뒤집기에 부족하다."는 점을 추가하는 것을 제외하고는 제1심 판결 해당 부분과 같으므로, 행정소송법 제8조 제2항, 민사소송법 제420조 본문에 따라 이를 그대로 인용한다.

○ 3쪽 라.항 2째줄 "2010. 12. 20."을 "2010. 12. 30."로 고친다.

○ 3쪽 두 번째 표의 "2005. 12. 25."을 "2005. 11. 25."로 고친다.

○ 3쪽 밑에서 5, 6째 줄 "원고가 취업하여 근무한 내역에 관한 공제 및"을 삭제한다.

2. 결론

제1심 판결은 정당하다. 원고가 한 항소를 기각한다.

[참조조문]

행정소송법 제8조

민사소송법 제420조

제3절 장해급여

■ **장해급여 부지급처분취소**

(추돌 사고로 상해로 인한 후유장해로 노동능력상실)

◎ **1심 부산지방법원[2019구단1719]**

원 고 : ○○○

구미시 ○○○로 ○○

피 고 : 근로복지공단

변론종결 : 2019. 12. 11

판결선고 : 2020. 01. 08

[주문]

1. 원고의 제1, 2 예비적 청구를 모두 각하한다.
2. 원고의 주위적 청구를 기각한다.
3. 소송비용은 원고가 부담한다.

[청구취지]

주위적 청구 : 피고가 2019. 9. 19. 및 2019. 9. 20. 원고에게 한 장해급여 부지급처분을 취소한다.

제1 예비적 청구 : 피고는 원고에게 1995년 이후 매년 평균임금 증감률에 따라 2019년까지 최초 평균임금을 증감한다.

제2 예비적 청구 : 피고는 원고에게 장해급여로 23,530,658원을 지급한다.

[이유]

1. 처분의 경위

가. 원고는 1978. 8. ○○○○○○(당시 ○○○○ 주식회사, 1981. 12. 31. 위 회사가 해산되었고 같은 날 그 권리·의무를 포괄승계하고 직원 역시 그대로 승계한 ○○○○○○가 설립되었다, 이하 두 회사 모두 '○○'이라고만 표기한다)에 입사하였고, 1994. 12.경부터는 ○○ 부산지사 ○○ 지점에서, 1995. 6. 15.부터는 ○○ 부산지사 ○○지점에서 각 근무하

다가 1998. 12. 17. 퇴사하였다.

나. 원고는 ○○ 부산지사 ○○지점에서 근무하던 중 1995. 3. 17. 19:00경 부산 남구 이하생략에서 추돌 사고(이하 '이 사건 사고'라고 한다)를 당하여 '요배부 및 경추부염좌, 요추 4-5번간 추간판탈출증'의 상해를 진단받았다. 원고는 1995. 6. 20. ○○대학교 의과대학 ○○○병원에서 위 상해로 인한 후유장해에 대하여 노동능력상실률 23%의 4년 한시장해 평가(이하 '1995년 한시장해평가'라고 한다)를 받았다.

다. 피고의 2005. 7. 18.자 요양불승인 처분(제1 요양불승인 처분) 및 그에 대한 판결 확정

1) 원고는 2005. 6.경 ○○○○병원에서 '요추 4-5번 디스크팽윤, 요추 4-5번 상극간 인대손상, 경추부(5-6번 부위 근육) 염좌'(이하 '제1상병'이라 한다)의 진단을 받고, 2005. 6. 17. 피고에게, ① 원고가 위 ○○지점에서 근무할 당시 전기요금 체납고객에 대한 방문, 수금 등의 업무를 수행하던 중 1995. 2. 말경 체납자를 방문하기 위해 원고 소유의 차량을 운전하여 경남 양산군 이하생략의 야산 부근을 운행하다가 앞서가던 차량이 후진을 하는 바람에 그 차량과 충돌하는 교통사고를 당하였고, ② 1995. 3. 17.에는 부산 남구 광안리 부근에 거주하는 전기요금 체납자를 방문하고 나와 퇴근하던 중 이 사건 사고를 당하여 목과 허리 등을 다쳤을 뿐 아니라, ③ 이후 위 ○○지점에서 과도한 업무를 수행하며 과로와 스트레스를 겪으면서 위 부상 부위가 악화 또는 전이되어 결국 제1상병이 발병하였다'는 취지로 주장하면서, 제1상병에 대한 요양 신청을 하였다.

2) 피고는 2005. 7. 18. 원고에게 제1상병은 업무상 재해에 해당한다고 볼 수 없다는 이유로 요양을 불승인하였다(이하 '제1 요양불승인 처분'이라 한다).

3) 원고는 서울행정법원 2006구단4458호로 제1 요양불승인 처분의 취소를 구하는 소를 제기하였다. 서울행정법원은 2007. 10. 9. 「① 원고가 1995. 2. 말경 사고를 인정할 객관적인 증거가 없고, ② 이 사건 사고 당시 체납요금 수금업무는 ○○과 용역(업무위탁)계약을 체결한 ○○

○○에서 관장하는 업무였으므로 이 사건 사고가 원고의 고유업무를 수행하기 위한 출장행위 중에 발생한 사고라고 보기 어려우며, ③ 설사 그렇지 않다고 하더라도 제출된 증거들만으로 제1상병이 존재하거나 이 사건 사고 또는 ○○지점에서의 업무에 따른 과로와 스트레스로 인하여 위 상병이 발병하였다고 인정하기 어렵다」는 이유로 원고의 청구를 기각하는 판결(이하 '이 사건 선행 판결'이라 한다)을 선고하였다. 원고는 항소를 제기하였으나 2008. 4. 29. 원고의 항소(서울고등법원 2007누27815)가 기각되어, 위 판결은 확정되었다.

라. 피고의 2015. 10. 26.자 요양불승인 처분(제2 요양불승인 처분)

1) 원고는 2015. 9. 18. 피고를 상대로, 이 사건 사고로 '요추·경추 염좌, 요추 4-5번간 추간판탈출증'(이하 '제2상병'이라 한다)이 발생하였음을 이유로 요양신청을 하였다.

2) 피고는 2015. 10. 26. 원고에게, '이 사건 사고가 원고의 고유업무를 수행하기 위한 출장행위 중에 발생한 사고라 볼 수 없다는 이유로 원고의 청구를 기각한 이 사건 선행 판결이 확정되었고, 설사 고유업무 수행 중이었다고 하더라도 퇴근 중에 발생한 교통사고임이 명백하여 업무상 재해로 볼 수 없다.'는 이유로 요양을 불승인하였다(이하, '제2 요양불승인 처분'이라 한다).

마. 피고의 2015. 12. 16.자 요양불승인 처분(제3 요양불승인 처분)

1) 원고는 2015. 12. 7. 피고를 상대로, 이 사건 사고로 '요추 5번-천추 1번간 추간판탈출증'(이하 '제3상병'이라 한다)이 발생하였음을 이유로 요양신청을 하였다.

2) 피고는 2015. 12. 16. 원고에게, 이 사건 선행 판결이 확정되었다는 이유로 요양을 불승인하였다(이하 '제3 요양불승인 처분'이라 한다).

바. 원고의 제2, 3 요양불승인 처분 취소의 소 승소·확정 및 이후 피고의 재처분

1) 피고는 2016. 5. 20. 부산지방법원 2016구단654호로 제2, 3 요양불승인 처분의 취소를 구하는 소를 제기하였다. 부산지방법원은 2017. 8.

30. 「① 이 사건 사고가 원고의 고유업무 수행을 위한 출장 또는 퇴근 과정에서 발생하여 그 과정이 사업주의 지배·관리 아래 있다고 인정되어 제2, 3상병이 업무상 재해에 해당하고, ② 제2, 3 상병과 이 사건 사고가 상당인과관계가 없다는 사유는 그 처분사유에 포함되지 않았으므로, 소송에서 그 사유를 처분사유로 주장할 수 없다」는 이유로 원고의 청구를 인용하여 제2, 3 요양불승인 처분을 모두 취소하였다.

2) 원·피고는 위 판결에 모두 항소하지 않아, 위 판결은 확정되었다.

3) 피고는 2017. 10. 20. 위 판결의 취지에 따라 제2상병(이하 '이 사건 승인상병' 이라고 한다)에 대하여는 요양승인결정을 하고, 제3상병에 대하여는 이 사건 사고와 인과관계가 없다는 이유로 요양불승인결정을 하여 원고에게 통보하였다.

사. 원고의 2017. 11. 16. 요양비 청구

원고는 2017. 11. 16.경 2014. 11. 14.부터 같은 달 21일까지 4회 통원치료를 받은 내역과 2017. 11. 10. 통원치료를 받은 내역에 대하여 요양비를 청구하였다. 피고는 이에 대하여 2017. 12. 7. 「2005. 6. ○○○○병원에서 MRI 영상결과 요추 4-5번간 수핵탈출증 소견 없어 수상 후 치유과정에서 자연치유된 것으로 보이므로, 청구한 요양내용이 이 사건 승인상병과 관련이 없다」는 이유로 요양비 부지급 결정을 하였다.

아. 피고의 이 사건 처분

원고는 2019. 8. 7. 장해급여를 신청하였는데, 그 사유는 이 사건 사고로 1995년 한시장해평가를 받았다는 것이었다. 피고는 2019. 9. 19. 「청구는 소멸시효 중단 효력이 있으나 이미 소멸시효가 완성되어 소멸한 보험급여 청구권까지 부활하는 것은 아니고, 진단일 기준으로 장해급수가 12급 12호로 판단되나, 청구 시효가 완성되어 장해급여를 지급할 수 없다」는 이유로 장해급여 부지급(시효완성) 결정(이하 '9. 19.자 처분'이라고 한다)을 하여 원고에게 통지하였다. 피고는 위 처분 다음날인 2019. 9. 20. 다시 위 처분사유에 더하여 「이 건 장해보상청구의 소멸시효가 완성되지 않았더라도 위 우리공단본부의 질의회시와 같이 금액으로 공제시 제12급 12

호 지급일수 154일에서 평균임금 58,340원07전을 적용하여 산출된 금액이 8,984,370원으로 자동차보험사로부터 지급받은 상실수익액 금액 9,487,250원보다 적어 더 지급할 금액이 없다」는 사유를 추가하여 다시 장해급여 부지급(시효완성) 결정(이하 '9. 30.자 처분'이라고 하고 '9. 29.자 처분'과 함께 '이 사건 처분'이라고 한다)을 하여 원고에게 재차 통지하였다.

[인정근거] 갑 제1 내지 6호증, 제9, 10호증, 을 제1 내지 3호증(가지 번호 있는 것은 가지 번호 포함, 이하 같다)의 각 기재, 변론 전체의 취지

2. 관련 법령

별지와 같다.

3. 이 사건 각 예비적 청구의 적법 여부(소의 이익)

가. 제1 예비적 청구의 적법여부

원고는 피고에게 산업재해보상법 제36조 제3항을 들어 장해급여 지급에 사용되는 평균임금을 증감하는 적극적인 행위를 할 것을 구하고 있다. 현행 행정소송법상 행정청으로 하여금 적극적으로 일정한 행위를 할 것을 명하는 내용의 이른바 의무이행소송은 허용되지 않는다(대법원 1989. 9. 12. 선고 87누868 판결, 대법원 1992. 2. 11. 선고 91누4126 판결 참조). 따라서 원고의 이 부분 소는 부적법하다.

나. 제2 예비적 청구의 적법여부

산업재해보상보험법에 의한 보험급여에 관하여는 법령의 요건에 해당하는 것만으로 바로 구체적인 청구권이 발생하는 것이 아니라 피고의 지급결정이 있은 후에야 비로소 구체적 청구권이 발생한다. 또 평균임금의 증감도 보험급여 수급권자의 신청이 있거나 피고가 필요하다고 인정하는 때에 동일직종 근로자의 통상임금 변동률, 전 근로자의 월평균 정액급여 등을 심사하여 결정하도록 하고 있으므로 피고의 평균임금 증감결정이 있는 경우에 비로소 보험급여 수급권자의 보험급여차액지급청구권이 발생하는 것이며, 따라서 피고의 평균임금 증액결정이나 보험급여지급결정이 없는 상태에서 곧바로 원고가 정당하다고 주장하는 보험급여 또는 실제 수령한 보험급여와의 차액의 지급을 구하는 것은 허용될 수 없다(대법

원 2008. 12. 24. 선고 2007두10945 판결 등 참조).

원고는 제2 예비적 청구로 피고에게, 2019년 청구시점 평균임금이 적용됨을 전제로 한 장해급여액에서 원고가 1995. 6. 20. 민간보험회사로부터 지급받은 보험급여를 차감하여 산정한 23,530,658원의 장해보상금을 지급할 것을 구하고 있다.

피고가 원고의 2019. 8. 7. 자 장해급여신청에 대하여 2차례에 걸쳐 이 사건 처분을 하였으나, 굵은 글씨로 표시된 결정내용은 모두 "장해급여부지급(시효완성)"으로 표시되어 있다. 아울러 두 처분 모두에 모두 원고의 신청일 당시 장해급여청구권이 시효로 소멸되었음을 우선적으로 밝히고 있다. 다만, 9. 30.자 처분에 소멸시효가 완성되지 않았다고 가정하더라도 산업재해보상법령에 따른 장해급여의 액수가 민간보험회사로부터 받은 액수보다 적어 지급할 금액이 없음을 하나의 처분사유로 기재하고 있기는 하다. 그러나 이는 피고의 부지급 결정사유를 추가하기 위한 가정적인 판단일 뿐 원고에게 장해급여를 지급하기로 결정하는 의사를 표시한 것으로 볼 수 없다. 따라서 9. 30.자 처분은 장해급여 지급결정으로 볼 수 없으므로, 피고의 지급결정이 없는 상태에서 원고가 피고에게 바로 장해급여액의 지급을 구하는 것은 허용될 수 없다.

따라서 원고가 장해급여의 구체적 청구권이 있음을 전제로 하여 금원지급을 구하는 이 부분 소 역시 부적법하다.

4. 이 사건 주위적 처분의 적법 여부

가. 원고의 주장

1) 원고는 2017. 10. 20. 이 사건 승인상병에 대한 요양승인을 받을 때까지 장해급여를 청구할 권리가 없었으므로, 위 시점에 소멸시효의 기산점이 시작되었으므로, 장해급여의 소멸시효가 아직 경과하지 않았다.

2) 소멸시효의 기산점을 달리 판단하더라도, 원고가 2019. 8. 7. 장해급여를 청구하여 소멸시효가 중단되었다.

3) 피고 측의 보상부장 소외1은 소멸시효 완성 이후에 채무를 승인하였으므로, 채무자의 승인으로 소멸시효가 중단되었다.

4) 피고가 이 사건 상병에 대하여 요양불승인 처분 등을 하여 장해급여의 청구가 지연되었음에도 소멸시효에 기한 항변을 하는 것은 신의성실과 권리남용의 원칙에 반하여 허용될 수 없다.

나. 판단

1) 소멸시효 완성 여부

소멸시효는 권리를 행사할 수 있을 때부터 진행한다(민법 제166조 제1항). 구 산업재해보상보험법(1994. 12. 22. 법률 제4826호로 전부개정되어 1999. 12. 31. 법률 제 6100호로 일부개정되기 전의 것, 이하 '구산업재해보상보험법'이라고만 한다) 제57조, 구 산업재해보상보험법 시행규칙(1995. 4. 29. 노동부령 제97호로 전부개정되어 1999. 10. 7. 노동부령 제157호로 일부 개정되기 전의 것) 제2조 제4, 5호, 제16조, 제40조 제10항에 따라 장해급여는 승인상병으로 인해 부상 또는 질병에 대한 치료의 효과를 더 이상 기대할 수 없게 되고 그 증상이 고정된 때에 그 청구권이 발생하므로, 장해급여청구권의 소멸시효는 증상이 고정된 날의 다음날부터 진행된다. 이 사건으로 돌아와 살피건대, 을 제1 내지 3호증의 각 기재에 변론전체의 취지를 더하여 보면, 다음과 같은 사실을 인정할 수 있다.

① 부산 사하구에 위치한 ○○병원은 2015. 9. 18. 최초요양신청과 관련된 소견서를 발급하면서, 20년이 경과하여 영상기록이 없으나, 이 사건 승인상병으로 1995. 3. 7.부터 1995. 5. 18.까지 8주간 물리치료 및 약물치료 등으로 통원한 바가 있음을 확인하는 서류를 작성하여 피고에게 제출하였다.

② 부산 서구 ○○○에 위치한 ○○○한의원에서는 2015. 12. 8. 진단명을 '척추추간판탈출증(L5-S1)', 상병코드를 M54.46으로 기재하고, 1995. 4. 3.부터 1995. 7. 19. 까지 우측 요각통과 운동장애가 있어서 치료를 방치하면 근위축을 초래할 수 있음을 인지시키고, 요각통으로 24회 침치료를 하였음을 확인하는 서류를 작성하여 피고에게 제출하였다.

③ 민간보험회사는 1995년 한시장해 판정으로 1995. 6. 23. 보험금 산정결정을 하고 그 무렵 보험금을 지급하였다.

④ ○○○○병원에서 2005년 6월경 원고의 요추부에 대한 MRI 촬영

을 하였는데, 당시 판독 소견은 「요추부 MRI 촬영 소견상 심한 디스크 팽륜 소견을 없으나, 요추 5번-천추 1번 사이에 디스크 팽륜이 의심된다」는 소견을 제시한 바 있다.

⑤ 이후 원고는 2014. 11. 14. M54.50(아래허리긴장, 척추의 여러 부위)로 통원치료를 받을 때까지 이 사건 승인상병과 관련하여 치료받은 내역을 제시하지 못하고 있다.

이와 같은 사실들에 의하면, ① 원고는 이 사건 승인상병을 병명으로 하여 1995. 6.경까지만 치료를 받았다고 보이는 점, ② ○○○한의원에서는 원고의 병명을 '척추추간판탈출증(L5-S1)'으로 기재하였으나 영상촬영 등으로 정확히 진단한 것은 아닌 점, ③ ○○○한의원의 문서작성 당시 사용되던 질병분류목록(5차 개정)에 따르면 M54.46의 질병코드는 허리 부분의 추간판탈출증이 아닌 '좌골신경통을 동반한 허리통증, 허리부위'에 해당하는 것이어서, 이 부분 치료를 이 사건 승인상병의 치료의 일환으로 보더라도 원고의 치료는 1995. 7. 19.에는 종료한 것으로 보이는 점, ④ 이 사건 승인상병중 요추·경추 염좌는 통상 보존적 치료로 단기간에 치유되는 것으로 알려져 있고, 요추 4-5번간 추간판탈출증은 2005년 MRI 촬영시에는 관찰되지 않았던 점, ⑤ 위 MRI 촬영시에는 요추 5번과 천추 1번 사이의 추간판탈출증이 관찰되었고, 그 형상도 팽륜에 해당하는 것이어서 퇴행성 병변으로 보일 뿐 이 사건 사고나 이 사건 승인상병과 특별한 관련이 없는 것으로 보이는 점 등을 알 수 있다.

이러한 사정들을 종합하면, 원고의 이 사건 승인상병은 늦어도 1995. 7. 19.에는 더 이상 치료효과를 기대하기 어려워 증상이 고정된 것으로 보는 것이 타당하다. 따라서, 원고의 장해급여청구권은 1995. 7. 20.부터 시효가 진행되고, 1998. 7. 20. 구 산업재해보상보험법 제96조 제1항에 따라 3년의 소멸시효가 완성되어 소멸하였다.

2) 요양급여 내지 장해급여 청구로 인하여 소멸시효가 중단되는지

원고가 장해급여를 최초로 신청한 2019. 8. 7. 또는 원고의 주장을

선해하여 최초로 요양신청을 한 2005. 6. 17.을 기준으로 하더라도, 그 시점은 모두 장해급여청구권의 소멸시효가 완성된 후임이 분명하다. 따라서 위와 같은 청구로 소멸시효가 부활하거나 중단되지 않는다.

3) 소멸시효 완성후 피고의 승인으로 소멸시효가 중단되는지

소멸시효중단사유로서의 채무승인은 시효이익을 받는 당사자인 채무자가 소멸 시효의 완성으로 채권을 상실하게 될 자에 대하여 상대방의 권리 또는 자신의 채무가 있음을 알고 있다는 뜻을 표시함으로써 성립하는 이른바 관념의 통지로 여기에 어떠한 효과의사가 필요하지 않다. 이에 반하여 시효완성 후 시효이익의 포기가 인정되려면 시효이익을 받는 채무자가 시효의 완성으로 인한 법적인 이익을 받지 않겠다는 효과의사가 필요하기 때문에 시효완성 후 소멸시효중단사유에 해당하는 채무의 승인이 있었다 하더라도 그것만으로는 곧바로 소멸시효 이익의 포기라는 의사표시가 있었다고 단정할 수 없다(대법원 2013. 2.28. 선고 2011다21556 판결 등 참조).

갑 제11, 12호증의 각 기재에 변론 전체의 취지를 더하면, 피고의 담당자인 소외1이 원고와의 전화통화 과정에서 소멸시효가 완성되지 않았다는 견해를 표시한 사실은 일부 인정이 된다. 그러나 같은 증거에 의하면, ① 해당 담당자가 규정의 해석을 자신이 독자적으로 할 수 없고 피고 본부와 상의 중이며 결재절차에 있음을 분명히 이야기 하였고, ② 행정절차법 제24조 제1항에 따르면 처분은 원칙적으로 문서로 하도록 하는데, 이 사건 처분서에는 원고의 장해급여청구권이 소멸시효 완성으로 소멸하였으므로, 원고에게 장해급여를 지급할 수 없는 점이 명시되어 있었다.

이러한 사정에 비추어 보면 위 담당자의 민원 응대 과정에서 일부 표현만으로, 피고가 장해급여 지급할 의무가 있음을 승인하였다고 볼 수 없고, 소멸시효 이익을 포기하겠다는 의사표시가 있다고 보기도 어렵다.

4) 피고의 소멸시효 항변이 신의성실의 원칙에 위배되거나 권리남용에 해당하는지 여부

가) 채무자의 소멸시효에 기한 항변권의 행사도 우리 민법의 대원칙인 신의성실의 원칙과 권리남용금지의 원칙의 지배를 받는 것이어서, 채무자가 시효 완성 전에 채권자의 권리행사나 시효중단을 불가능 또는 현저히 곤란하게 하였거나, 그러한 조치가 불필요하다고 믿게 하는 행동을 하였거나, 객관적으로 채권자가 권리를 행사할 수 없는 장애사유가 있었거나, 또는 일단 시효완성 후에 채무자가 시효를 원용하지 아니 할 것 같은 태도를 보여 권리자로 하여금 그와 같이 신뢰하게 하였거나, 채권자보호의 필요성이 크고 같은 조건의 다른 채권자가 채무의 변제를 수령하는 등의 사정이 있어 채무이행의 거절을 인정함이 현저히 부당하거나 불공평하게 되는 등의 특별한 사정이 있는 경우에는 채무자가 소멸시효의 완성을 주장하는 것이 신의성실의 원칙에 반하여 권리남용으로서 허용될 수 없다. 그러나 국가나 공법인에게 국민을 보호할 의무가 있다는 사정만으로 국가나 공법인이 소멸시효의 완성을 주장하는 것 자체가 신의성실의 원칙에 반하여 권리남용에 해당한다고 할 수는 없으므로, 국가나 공법인의 소멸시효 완성 주장이 신의칙에 반하고 권리남용에 해당한다고 하려면 앞서 본 바와 같은 특별한 사정이 인정되어야 한다. 또한 위와 같은 일반적 원칙을 적용하여 법이 두고 있는 구체적인 제도의 운용을 배제하는 것은 법해석에 있어 또 하나의 대원칙인 법적 안정성을 해할 위험이 있으므로 그 적용에는 신중을 기하여야 한다(대법원 2005. 5. 13. 선고 2004다71881 판결, 대법원 2011. 10. 27. 선고 2011다54709 판결 취지 등 참조).

나. 갑 제1 내지 10호증, 을 제1 내지 3호증의 각 기재에 의하여 알 수 있는 다음과 같은 사정들을 위 법리에 비추어 보면, 피고가 소멸시효의 완성을 주장하는 것이 신의성실의 원칙에 위배된다거나 권리남용에 해당하는 것으로 보이지 않는다.

① 원고는 장해급여청구권의 소멸시효가 완성된 지 약 6년 11개월이 지나서야 최초로 요양신청을 하였다. 원고는 사업주인 ○○이 협조적이지 않아서 뒤늦게 요양신청을 하게 되었다고 주장하고 있으나, 이로 인하여

객관적으로 원고가 권리를 행사할 수 없었다고 보기 어렵다. 더 나아가 피고가 위와 같은 기간의 해태 또는 원고가 주장하는 사업주 ○○의 행위에 관여하거나 기여하였다는 점을 찾아볼 수 없다. 이 점에서 원고가 주장하는 대법원 2008. 9. 18. 선고 2007두2173 판결과 그 사실관계가 크게 다르다.

② 원고의 제1상병 관련 최초 요양신청에 대하여, 피고가 그 상병이 업무상 재해에 해당하지 않는다는 이유를 들어 제1 요양불승인 처분을 내렸고, 당시 처분서에 소멸시효를 따로 언급하지 않았다. 그러나 이는 요양승인단계와 지급단계를 구별하여 처리하고 있는 실무로 인한 것으로 보일 뿐, 피고가 소멸시효 주장을 포기하였거나 포기하겠다는 신뢰를 원고에게 부여하였다고 보기 어렵다. 오히려 위 처분의 취소를 구하는 소송 당시 피고는 소멸시효의 주장을 하였고(원고의 준비서면 8쪽), 원고는 이를 인식하였다고 보인다.

③ 피고가 부산지방법원 2016구단654호의 판결 취지에 따라 2017. 10. 20. 이 사건 승인상병이 업무상 재해에 해당한다는 취지로 요양승인처분을 하였으나, 그 이후 원고의 요양비 지급청구에 응한 바 없고 모두 거절하였다.

④ 이 사건 처분 이전 피고의 담당자인 소외1이 원고와의 통화과정에서 소멸시효가 완성되지 않은 것처럼 자신의 견해를 표시한 바 있음은 앞서 본 바와 같다. 그러나 그 시점은 이미 원고가 장해급여를 청구한 후여서 이로 인하여 원고가 기회나 이득을 상실한 바도 없고, 그 내용도 잠정적이고 유보적이어서 원고에게 신뢰를 부여하였다고 보기 어렵다.

다. 소결

그러므로 소멸시효 완성을 이유로 원고에게 장해급여 지급을 거부한 이 사건 처분은 적법하다.

5. 결론

따라서 원고의 제1, 2 예비적 청구는 모두 부적법하여 각하하고, 원고의 이 사건 주위적 청구는 이유 없으므로 이를 기각하기로 하여, 주문과 같이 판결한다.

[별지] 관련 법령

산업재해보상보험법 제5조, 제36조, 제37조, 제40조, 제112조, 제113조

구 산업재해보상보험법(1994. 12. 22. 법률 제4826호로 전부 개정되어 1999. 12. 31. 법률 제6100호로 일부개정되기 전의 것) 제38조, 제42조, 제96조, 제97조

산업재해보상보험법 시행령 제22조

산업재해보상보험법 시행규칙 제46조

구 산업재해보상보험법 시행규칙(1995. 4. 29. 노동부령 제97호로 전부개정 되어 1999. 10. 7. 노동부령 제157호로 일부 개정되기 전의 것) 제2조, 제 16조, 제40조

[참조판례]

서울행정법원 2006구단4458호

서울고등법원 2007누27815

부산지방법원 2016구단654호

대법원 1989. 9. 12. 선고 87누868 판결

대법원 1992. 2. 11. 선고 91누4126 판결

대법원 2008. 12. 24. 선고 2007두10945 판결

대법원 2013. 2. 28. 선고 2011다21556 판결

대법원 2005. 5. 13. 선고 2004다71881 판결

대법원 2011. 10. 27. 선고 2011다54709 판결

대법원 2008. 9. 18. 선고 2007두2173 판결

부산지방법원 2016구단654호

◎ **2심 부산고등법원 제2행정부[2020누20330]**

원 고 : 항소인 ○○○

구미시 ○○○로 ○○○

피 고 : 피항소인 근로복지공단

전심판결 : 1심 2019구단1719 부산지방법원

변론종결 : 2020. 04. 22

판결선고 : 2020. 05. 27

[주문]

1. 이 사건 소 중 이 법원에서 교환적으로 변경한 제1예비적 청구부분과 제2예비적 청구부분을 모두 각하한다.
2. 원고의 나머지 항소를 기각한다.
3. 소송총비용은 원고가 부담한다.

[청구취지 및 항소취지]

제1심판결을 취소한다. 주위적으로, 피고가 원고에게 한 장해급여 부지급 처분을 취소한다. 제1예비적으로, 피고가 원고에게 한 평균임금 증감 불승인 처분을 취소한다. 제2예비적으로, 피고가 결정한 장해등급 2차처분후 정정한 95년 평균임금을 증감시킨 후 지급금액을 산출하여 지급하라(원고는 이 법원에서 주위적 청구에 관하여 제1심과 달리 '처분일'을 제외하였고, 제1예비적 청구와 제2예비적 청구를 각 교환적으로 변경하였다).

[이유]

1. 제1심판결의 인용

원고가 제1심판결 이후 이 법원에 이르기까지 주장한 내용은 제1심에서의 주장과 크게 다르지 않은데, 제1심법원이 적법하게 채택하여 조사한 증거와 함께 이 법원에서 추가된 증거를 보태어 면밀히 살펴보면, 제1심법원의 사실인정과 판단은 정당한 것으로 수긍할 수 있다.

이에 이 법원이 설시할 이유는, 제1심판결문 제4면 제17행의 "피고는"을 "원고는"으로, 제6면 제3행의 "9.30.자 처분"을 "9. 20.자 처분"으로, 제3, 4행의 "9.29.자 처분"을 "9.19.자 처분"으로, 제9면 제19행의 "팽륜 소견을"을 "팽륜 소견은"으로 각 고치고, 원고가 당심에서 제1예비적 청구와 제2

예비적 청구를 모두 교환적으로 변경함에 따라 제1심판결 이유 중 제3항을 아래와 같이 변경하는 외에는, 제1심판결의 이유 기재와 같으므로, 행정소송법 제8조 제2항, 민사소송법 제420조 본문에 의하여 이를 그대로 인용한다.

[변경하는 부분]

3. 이 사건 각 예비적 청구의 적법 여부에 관한 판단

가. 제1예비적 청구의 적법 여부

원고는 '피고가 2019. 9. 20. 원고의 평균임금 증감 요구에 대한 불승인 처분을 하였고, 위 처분은 위법하므로 취소되어야 한다'라는 취지의 주장을 하지만, 피고가 2019. 9. 20. 원고에게 소멸시효 완성을 이유로 하여 장해급여 부지급 처분을 함에 있어 '소멸시효가 완성되지 않았더라도 지급할 금액이 없고, 평균임금을 증액하여 장해급여를 처리할 사유가 없다'라는 취지를 함께 고지하기는 하였으나, 이는 소멸시효 완성을 이유로 한 장해급여 부지급 처분이 부적법할 경우에 대비하여 예비적으로 고지한 사유로서 소멸시효 완성을 이유로 한 장해급여 부지급 처분이 적법한 이상 위와 같이 예비적으로 고지한 사유로 인하여 원고의 권리·의무에 직접적인 영향이 있다고 볼 수 없어 위 사유의 고지를 항고소송의 대상이 되는 독립한 처분으로 인정할 수 없으므로, 이 사건 소 중 위 청구부분은 부적법하다.

나. 제2예비적 청구의 적법 여부

원고는 제2예비적 청구로 산업재해보상법 제36조 제1항 제3호에 의한 장해급여를 지급하라는 취지의 청구를 하고 있는바, 이는 행정청의 부작위에 대하여 일정한 처분을 하도록 하는 의무이행소송으로 현행 행정소송법이 이를 허용하고 있지 아니하므로, 이 사건 소 중 위 청구부분도 부적법하다.

2. 결론

그렇다면 이 사건 소 중 이 법원에서 교환적으로 변경한 제1예비적 청구부분과 제2예비적 청구부분은 각 부적법하여 이를 모두 각하하기로 하고,

원고의 주위적 청구를 기각한 제1심판결의 결론은 정당하므로 원고의 나머지 항소는 이유 없어 이를 기각하기로 하여, 주문과 같이 판결한다.

[참조조문]
행정소송법 제8조 제2항
민사소송법 제420조
산업재해보상법 제36조 제1항 제3호

제4절 유족급여

1. 유족급여 및 장의비부지급처분취소

(음주후 중앙선을 넘어 역주행하다가 사망한 사고)

◎ 서울행정법원 제3부[2019구합64471]

원 고 : ○○○

세종특별자치시 ○○○로 ○○길 ○○○

소송대리인 법무법인 ◇◇

담당변호사 ○○○

피 고 : 근로복지공단

변론종결 : 2019. 11. 01

판결선고 : 2020. 01. 10

[주문]

1. 원고의 청구를 기각한다.

2. 소송비용은 원고가 부담한다.

[청구취지]

피고가 2019. 2. 25. 원고에게 한 유족급여 및 장의비 부지급 처분을 취소한다.

[이유]

1. 기초사실

가. 당사자 지위

망 소외1(생략, 이하 '망인'이라 한다)는 세종특별자치시에 있는 ○○○○○○○○○○○○○○마트(이하 '이 사건 마트'라 한다)에서 근무하던 자이다.

나. 사망 사고 발생

1) 망인은 2018. 9. 15. 친구들과의 모임에서 술을 마시고 본인의 원래 거주지가 아닌 친구 소외2의 집에서 잠을 자게 되었다. 망인은 그 다음날인 2018. 9. 16. 소외2의 집에서 이 사건 마트로 출근하기 위해

생략 승용차(이하 '이 사건 차량'이라 한다)를 운전하였는데, 같은 날 07:40 경 대전시 유성구 이하생략에 있는 이하생략 앞 편도 6차로 도로 중 4차로를 미상의 속도로 진행하던 중 중앙선을 넘어 역주행하다가 맞은 편 도로 3차로에서 정상 진행 중이던 소외3 운전의 승용차 정면 부분과 충돌하였고, 그 여파로 소외3 운전 차량이 시계반대방향으로 회전하면서 뒤에서 진행하여 오던 소외4 운전 차량과 재차 부딪히는 사고가 발생하였다(위 교통 사고를 이하 '이 사건 사고'라 한다).

2) 이 사건 사고로 인해 망인은 사망하였고, 소외3은 전치 12주의 요추3번 압박골절 등의 상해를, 소외4은 전치 1주의 경추 염좌 등의 상해를 각 입게 되었다.

3) ○○○○○○연구원이 망인의 혈액을 채취하여 감정한 결과, 이 사건 사고 무렵 망인의 혈중알코올농도는 0.082%인 것으로 밝혀졌다.

4) 이 사건 사고에 관한 실황조사서에 의하면, 이 사건 사고 당시 날씨가 맑았고 도로 상태는 건조한 것으로 기재되어 있으며, 망인의 음주 외에는 이 사건 사고의 인적·차량적·도로환경적 유발요인은 없는 것으로 기재되어 있다.

5) 한편 망인은 이 사건 사고와 관련하여 교통사고처리특례법위반(치상)죄와 도로교통법위반(음주운전)죄로 입건되었으나, 대전지방검찰청 담당 검사는 망인의 사망을 이유로 공소권없음 처분을 하였다.

다. 처분 경위

1) 망인의 모친인 원고는 '망인이 이 사건 마트에 출근하던 도중에 이 사건 사고가 발생하였으므로, 망인의 사망은 업무상 재해에 해당한다.'라고 주장하며 피고에 유족급여 및 장의비 지급을 청구하였다.

2) 피고는 2019. 2. 25. '망인이 자신의 거주지가 아닌 친구 소외2의 집에서 이 사건 마트로 출근하던 도중 이 사건 사고가 발생하였으므로, 이는 통상의 출퇴근 경로로 볼 수 없다. 또한 이 사건 사고는 교통사고처리특례법위반(치상)죄와 도로교통법위반(음주운전)죄의 범죄행위 중 발생한 사고에 해당한다. 따라서 이 사건 사고로 인한 망인의 사망

을 산업재해보상보험법상의 출퇴근 재해(업무상 재해)로 인정하기 어렵다.'라는 이유로 유족급여 및 장의비 부지급 처분(이하 '이 사건 처분'이라 한다)을 하였다.

[인정근거] 다툼 없는 사실, 갑 제1호증, 을 제1 내지 6호증의 각 기재, 변론 전체의 취지

2. 이 사건 처분의 적법 여부

가. 원고의 주장

이 사건 사고로 인한 망인의 사망은 산업재해보상보험법 제37조 제1항 제3호의 출퇴근 재해(업무상 재해)에 해당하므로, 이와 다른 전제에 선 이 사건 처분은 위법하다.

나. 관계 법령

별지 기재와 같다.

다. 판단

1) 관련 법리

가) 산업재해보상보험법의 업무상 재해라 함은 근로자가 업무수행 중 그 업무에 기인하여 발생한 재해를 말하므로 업무와 재해 사이에 상당인과관계가 있어야 하고, 그와 같은 인과관계는 이를 주장하는 측에서 증명하여야 한다(대법원 2006. 9. 22. 선고 2006두8341 판결의 취지 참조). 그리고 산업재해보상보험법상의 '출퇴근 중에 발생한 사고'에 해당하기 위해서는 '근로자가 근무를 하기 위하여 순리적인 경로와 방법으로 출퇴근을 하던 중에 발생한 사고'여야 하고(대법원 2010. 6. 24. 선고 2010두3398 판결의 취지 참조), 출퇴근 도중 발생한 사고로 인한 근로자의 사망을 업무상 재해로 인정하려면 '출퇴근 과정에서 수반되는 일반적인 위험의 범위 내에 있는 사고'여야 한다(대법원 2009. 4. 9. 선고 2009두508 판결의 취지 참조).

나) 한편 산업재해보상보험법 제37조 제2항 본문은 "근로자의 고의·자해행위나 범죄행위 또는 그것이 원인이 되어 발생한 부상·질병·장해 또는 사망은 업무상의 재해로 보지 아니한다."라고 규정하고 있다. 위

규정에서의 '근로자의 범죄행위가 원인이 되어 사망 등이 발생한 경우'라 함은, 근로자의 범죄행위가 사망 등의 직접 원인이 되는 경우를 의미한다.[1])

2) 판단

앞서 인정한 사실에 변론 전체의 취지를 더하여 알 수 있는 아래와 같은 사정을 위 법리에 비추어 살펴보면, 원고가 제출한 증거만으로는 이 사건 사고를 '근로자가 근무를 하기 위하여 순리적인 경로와 방법으로 출퇴근을 하던 중에 발생한 사고'로 평가하기 어려우므로, 이 사건 사고로 인한 망인의 사망을 산업재해보상보험법상의 출퇴근 재해(업무상 재해)에 해당한다고 볼 수 없다.

가) 망인이 이 사건 사고 전날 업무와 무관한 사적인 모임에서 음주를 하였고, 이 사건 사고 무렵에도 술이 완전히 깨지 않은 채 혈중알코올농도 0.082%의 상태에서 이 사건 차량을 운전하여 이 사건 마트로 출근하게 되었다.

더욱이 망인은 편도 6차로 도로 중 4차로에서 주행을 하다가 중앙선을 넘어 맞은편 도로 3차로에까지 침범하여 정상 진행 중이던 소외3 운전 차량과 충돌하였고, 이 사건 사고에 관한 실황조사서 등에 의하면 망인의 음주 외에는 이 사건 사고의 인적·차량적·도로환경적 유발요인은 보이지 않으며, 지배할 수 없는 외부적 여건으로 말미암아 망인이 어쩔 수 없이 중앙선을 침범하였다고 볼만한 사정도 인정되지 않는다. 결국 망인의 음주운전이 이 사건 사고의 주요 원인인 것으로 보인다.

이처럼 망인이 자의적·사적으로 음주 상태에서 이 사건 차량을 운전하여 출근을 하다가 음주운전이 주요 원인이 되어 이 사건 사고가 발생하였으므로, 망인이 순리적인 경로와 방법으로 출근을 하던 중 이 사건 사고가 발생한 것으로 평가하기는 어렵다.

나) 망인의 위 음주운전 행위는 구 도로교통법(2018. 3. 27. 법률 제15530호로 개정되기 전의 것, 이하 같다) 제148조의2 제2항 제3호, 제44조 제1항에

따라 '6개월 이하의 징역이나 300만 원 이하의 벌금'의 형사처벌을 받을 수 있는 범죄행위이고, 망인의 위 중앙선 침범행위는 구 도로교통법 제156조 제1호, 제13조 제3항에 따라 20만 원 이하의 벌금이나 구류 또는 과료의 부과대상이 되는 범죄행위이며, 망인의 음주운전 및 중앙선 침범이 경합하여 발생한 이 사건 사고는 교통사고처리특례법 제3조 제1항, 제2항 단서 제2호, 제8호에 따라 '5년 이하의 금고 또는 2천만 원 이하의 벌금'의 형사 처벌을 받을 수 있는 범죄행위이다.

망인의 음주운전을 중앙선 침범 및 이 사건 사고의 주요 원인이자 직접적인 원인으로 평가할 수 있으므로, 결국 이 사건 사고로 인한 망인의 사망은 산업재해보상보험법 제37조 제2항 본문의 '근로자의 범죄행위가 원인이 되어 사망 등이 발생한 경우'에 해당하여 업무상 재해로 인정할 수 없다고 봄이 상당하다(가사 망인의 음주운전 등이 산업재해보상보험법 제37조 제2항 본문의 '고의·자해행위나 범죄행위'에는 이르지 않는다고 하더라도 위 산업재해보상보험법 규정의 취지에 비추어 망인의 음주운전 등으로 인해 망인의 업무와 이 사건 사고 사이의 인과관계가 단절되었다고 볼 여지가 있다).

라. 소결론

따라서 이 사건 사고로 인한 망인의 사망은 업무상 재해로 인정하기 어려우므로, 이와 같은 전제에 선 이 사건 처분은 적법하다.

3. 결론

그렇다면 원고의 청구는 이유 없으므로 이를 기각하기로 하여 주문과 같이 판결한다.

[별지] 관계 법령

산업재해보상보험법 제5조, 제37조

도로교통법 제13조, 제44조, 제148조의2, 제156조

교통사고처리특례법 제3조

[각주내용]

1) 대법원 2017. 4. 27. 선고 2016두55919 판결 참조.

[참조판례]

대법원 2006. 9. 22. 선고 2006두8341 판결

대법원 2010. 6. 24. 선고 2010두3398 판결

대법원 2009. 4. 9. 선고 2009두508 판결

대법원 2017. 4. 27. 선고 2016두55919 판결

◈ 산업재해보상보험법 제37조 제2항에서 규정하고 있는 '근로자의 범죄행위가 원인이 되어 사망 등이 발생한 경우'의 의미

(대법원 2017. 4. 27. 선고 2016두55919 판결)

원고 : 상고인 ○○○ 소송대리인 변호사 ○○○

피고 : 피상고인 근로복지공단

원심판결 : 서울고법 2016. 10. 12. 선고 2016누40353 판결

【주 문】

원심판결을 파기하고, 사건을 서울고등법원에 환송한다.

【이 유】

상고이유를 판단한다.

1. 상고이유 제1점에 대하여

가. 산업재해보상보험법(이하 '산재보험법'이라 한다) 제5조 제1호는 "업무상의 재해란 업무상의 사유에 따른 근로자의 부상·질병·장해 또는 사망을 말한다."라고 규정하고 있는 바, 근로자가 타인의 폭력에 의하여 재해를 입은 경우라고 하더라도, 가해자의 폭력행위가 피해자와의 사적인 관계에서 기인하였다거나 피해자가 직무의 한도를 넘어 상대방을 자극하거나 도발함으로써 발생한 경우에는 업무기인성을 인정할 수 없어 업무상 재해로 볼 수 없다고 할 것이나, 그것이 직장 안의 인간관계 또는 직무에 내재하거나 통상 수반하는 위험이 현실화되어 발생한 것으로서 업무와 사이에 상당인과관계가 있으면 업무상 재해로 인정하여야 할 것이다(대법원 1995. 1. 24. 선고 94누8587 판결 등 참조).

나. 원심은 다음과 같은 사실을 인정하였다.

(1) 원고의 배우자인 소외 1(이하 '망인'이라 한다)은 주식회사 △△의 □□공장 생산팀 제병C조의 반장이었고, 소외 2는 같은 조에 속한 후배 직원으로 금전관리 등 총무 업무를 하고 있었다.

(2) 망인은 야간근무 중이던 2014. 7. 16. 22:00경 회사로부터 지급받은 야식비의 사용 방법을 두고 소외 2와 의견을 나누던 중 말다툼을 하게 되었다.

(3) 위 말다툼이 격화되어 소외 2가 망인에게 '야식비를 회식 불참자에게 나누어 주지 않으면 이는 엄연히 갈취나 마찬가지이다'라는 취지의 발언을 하기에

이르렀고, 이에 격분한 망인이 소외 2의 얼굴을 때리면서 몸싸움이 시작되어 두 사람은 서로 엉겨 붙은 채 바닥을 수차례 구르기도 하였다. 동료 직원들의 만류로 몸싸움이 잠시 중단되었으나 망인이 다시 대걸레 막대기를 들고 소외 2에게 휘두르면서 두 사람이 다시 엉겨 붙어 싸우게 되었다. 동료 직원들이 다시 몸싸움을 말리고 만류하는 과정에서 망인은 갑자기 기력을 잃고 잠시 걸어나가다가 그대로 쓰러졌다(이하 망인이 쓰러지기까지의 과정을 통틀어 '이 사건 다툼'이라 한다).

(4) 망인은 곧바로 병원으로 이송되었으나 이 사건 다툼이 있은 지 얼마 지나지 아니한 2014. 7. 17. 00:33경 급성 심장사를 원인으로 사망하였다.

다. 원심은 이러한 사실관계를 전제로 하여, 평소 심장질환이 있던 망인이 이 사건 다툼의 과정에서 받은 충격으로 인해 사망에 이르게 되었다는 점은 인정하면서도, 다른 한편으로 ① 망인이 먼저 소외 2를 폭행하였고 동료 직원들의 만류에도 불구하고 재차 소외 2에게 폭력을 행사한 점, ② 반면 소외 2는 적극적으로 망인을 공격하지는 않은 점, ③ 소외 2의 갈취 관련 발언이 망인의 선행 폭력을 정당화할 수 있을 정도로 지나친 것으로 보이지는 않는 점 등의 사정을 들어, 이 사건 다툼은 망인의 사적인 화풀이의 일환으로 망인의 업무행위에 포함된다고 볼 수 없고, 따라서 이로 인하여 망인의 심장질환이 악화되어 사망에 이르렀다고 하더라도 이를 업무상 재해로 평가할 수 없다고 판단하였다.

라. 그러나 원심의 이러한 업무관련성에 관한 판단은 다음과 같은 이유로 수긍하기 어렵다.

(1) 먼저 원심이 적법하게 채택한 증거에 의하면, 야식비 사용과 관련한 망인의 의견은 단합을 위해 기존의 관행대로 전체를 단체회식비로 사용하자는 것이었으나, 소외 2의 의견은 회식 불참자에게는 야식비를 분배하자는 것이었고, 이로 인하여 이 사건 다툼이 시작되었음을 알 수 있다.

(2) 이러한 사정 및 원심이 인정한 사실관계를 앞서 본 법리와 기록에 비추어 살펴보면 다음과 같이 판단된다.

① 망인과 소외 2가 말다툼을 벌이게 된 근본 원인은 회사로부터 분배된 야식비의 구체적 사용 방법에 관한 것이었으므로, 이 사건 다툼은 회사에서의 업무처리 방식과 관련한 다툼으로 볼 수 있다.

② 원심은 망인이 먼저 소외 2를 자극하거나 도발하여 이 사건 다툼이 발생한 것으로 전제하고 있으나, 야식비와 관련된 논의 과정에서 오히려 소외 2가 망인에게 먼저 갈취 등을 언급하며 공격적인 발언을 한 것으로 볼 수 있고, 이러한 발언은 망인이 업무와 관련하여 정당하게 개진한 의견을 범죄행위에 빗대는

모욕적인 것으로서, 망인과 소외 2의 회사 내에서의 관계 등을 고려하면 이러한 발언의 정도가 가벼운 것이라고 단정하기 어렵다.
③ 이 사건 다툼이 발생한 장소는 회사 내부였고, 당시 망인과 소외 2는 함께 야간근무 중이었으며, 두 사람 사이에 위 문제 이외에 사적인 원한관계가 있었다는 사정도 엿보이지 아니한다.
(3) 위와 같은 사정을 종합하면, 이 사건 다툼은 직장 안의 인간관계 또는 직무에 내재하거나 통상 수반하는 위험이 현실화되어 발생한 것으로 보아야 하고, 망인과 소외 2의 사적인 관계에서 기인하였다거나 망인이 직무의 한도를 넘어 상대방을 자극하거나 도발함으로써 발생한 경우라고 보기 어렵다.
마. 그럼에도 원심은 그 판시와 같은 이유로 업무관련성을 부정하였으니, 이러한 원심의 판단에는 업무관련성에 관한 법리를 오해하여 그릇된 판단을 함으로써 판결에 영향을 미친 잘못이 있다.
2. 상고이유 제2점에 대하여
산재보험법 제37조 제2항 본문은 "근로자의 고의·자해행위나 범죄행위 또는 그것이 원인이 되어 발생한 부상·질병·장해 또는 사망은 업무상의 재해로 보지 아니한다."라고 규정하고 있다.
원심은, 망인의 소외 2에 대한 폭력행위가 형사상 범죄행위에 해당하는데 망인은 결과적으로 그 폭력행위가 원인이 되어 사망한 것이므로, 망인의 사망은 산재보험법 제37조 제2항 본문에 의하더라도 업무상 재해로 볼 수 없다고 판단하였다.
그러나 산재보험법 제37조 제2항에서 규정하고 있는 '근로자의 범죄행위가 원인이 되어 사망 등이 발생한 경우'라 함은, 근로자의 범죄행위가 사망 등의 직접 원인이 되는 경우를 의미하는 것이지, 근로자의 폭행으로 자극을 받은 제3자가 그 근로자를 공격하여 사망 등이 발생한 경우와 같이 간접적이거나 부수적인 원인이 되는 경우까지 포함된다고 볼 수는 없다.
그럼에도 원심은 위와 같은 이유를 들어 망인의 사망이 업무상 재해에 해당되지 않는다고 보았으니, 이러한 원심의 판단에는 산재보험법 제37조 제2항 본문에 관한 법리를 오해하여 판결에 영향을 미친 잘못이 있다.
3. 결론
그러므로 원심판결을 파기하고, 사건을 다시 심리·판단하도록 원심법원에 환송하기로 하여, 관여 대법관의 일치된 의견으로 주문과 같이 판결한다.

2. 유족급여 및 장의비부지급처분취소

(오토바이가 반대편 차선에서 진행하다 충돌하여 사망)

◎ 서울행정법원 제3부[2019구합65986]

원 고 : ○○○

서울시 강서구 ○○로 ○○○

소송대리인 변호사 ○○○

소송복대리인 변호사 ○○○

피 고 : 근로복지공단

변론종결 : 2020. 04. 01

판결선고 : 2020. 04. 17

[주문]

1. 피고가 2019. 4. 10. 원고에게 한 유족급여 및 장의비 부지급결정 처분을 취소한다.
2. 소송비용은 피고가 부담한다.

[청구취지]

주문과 같다.

[이유]

1. 처분의 경위

가. ○○○○○○연구원은 기업의 연구소 유지·관리 등 인증업무에 관한 컨설팅을 수행하는 업체로, 2015. 1. 7. 개인사업자등록을 하여 운영해오던 중 2018. 8. 6. 주식회사 ○○○○○○연구원이라는 법인을 설립하여 기존 사업을 승계하였다. 망 소외1(생략생, 이하 '망인'이라 한다)는 2017. 10. 1.부터 ○○○○○○연구원에서 영업 업무를 담당해왔고, 2018. 8. 6. 이후로는 주식회사 ○○○○○○연구원에 근무하였다(이하 ○○○○○○연구원과 주식회사 ○○○○○○연구원을 통틀어 '이 사건 회사'라 한다).

나. 망인은 2018. 10. 11. 12:45경 오토바이를 타고 출장을 가다가 경북 의성군 금성면 이하생략에 있는 ○○육교 앞 ○○○ 국도를 이하생략 방면에서 ○○휴게소 방면으로 진행하던 중, 위 오토바이가 반대편 차선에

서 진행하던 소나타 차량(이하 '상대방 차량'이라 한다)과 충돌하는 교통사고(이하 '이 사건 사고'라 한다)가 발생하였다. 망인은 이 사건 사고로 인한 중증 뇌손상(추정)을 원인으로 현장에서 사망하였다.

다. 망인의 배우자인 원고는 2018. 10. 15. 피고에게 유족급여 및 장의비 지급청구를 하였으나, 피고는 '망인은 근로기준법상 근로자에 해당하지 않고, 이 사건 사고의 원인이 된 망인의 중앙선 침범행위는 산업재해보상보험법(이하 '산재보험법'이라 한다)제37조 제2항의 범죄행위에 해당하므로, 망인의 업무와 재해 사이에 상당인과관계가 인정되지 않는다.'라는 이유로 유족급여 및 장의비 부지급결정(이하 '이 사건 처분'이라 한다)을 하였다.

[인정근거] 다툼 없는 사실, 갑 제1, 2, 5 내지 9호증, 을 제4, 6 내지 8호증의 각 기재, 변론 전체의 취지

2. 이 사건 처분의 적법 여부

가. 원고의 주장

1) 망인은 근로계약서를 작성하였고 기본급 100만 원을 지급받았으며, 이 사건 회사가 출장일정 및 근태기록을 관리하고 구체적인 영업내용을 지시하는 등 종속적인 관계에서 사용자의 지휘감독을 받았으므로, 근로기준법상 근로자에 해당한다.

2) 이 사건 사고가 발생한 도로는 내리막길과 우측 급커브가 시작되면서 반대편에서 오는 차량이 잘 보이지 않는 위험한 구조이고, 망인은 장거리 출장을 가던 길에 처음 위 도로를 운행하게 되었다. 따라서 이 사건 사고가 발생한 데는 도로 자체의 위험성이 상당 부분 기여하였고, 망인이 중앙선을 일부 침범한 과실이 있다고 하더라도 이는 출장업무에 수반되는 위험에 포함되므로, 망인의 중앙선 침범행위가 업무와 사망사이의 인과관계를 단절시키는 산재보험법상 범죄행위에 해당한다고 볼 수 없다.

나. 관계 법령

별지 기재와 같다.

다. 망인의 근로기준법상 근로자 해당 여부

1) 관련 법리

근로기준법상 근로자에 해당하는지는 계약 형식이 고용계약인지 도급계약인지보다 실질적으로 근로자가 사업 또는 사업장에 임금을 목적으로 종속적인 관계에서 사용자에게 근로를 제공하였는지에 따라 판단하여야 한다. 종속적인 관계가 있는지는 업무 내용을 사용자가 정하고 취업규칙 또는 복무(인사)규정 등의 적용을 받으며 업무수행 과정에서 사용자가 상당한 지휘·감독을 하는지, 사용자가 근무 시간과 장소를 지정하고 근로자가 이에 구속을 받는지, 노무 제공자가 스스로 비품·원자재나 작업 도구 등을 소유하거나 제3자를 고용하여 업무를 대행케 하는 등 독립하여 자신의 계산으로 사업을 영위할 수 있는지, 노무 제공을 통한 이윤 창출과 손실 초래 등 위험을 스스로 안고 있는지, 그리고 보수의 성격이 근로 자체의 대상적 성격인지, 기본급이나 고정급이 정하여졌는지, 근로소득세의 원천징수 여부 등 보수에 관한 사항, 근로 제공 관계의 계속성과 사용자에 대한 전속성 유무와 그 정도, 사회보장제도에 관한 법령에서 근로자로서 지위를 인정받는지 등 경제적·사회적 여러 조건을 종합하여 판단하여야 한다(대법원 2012. 1. 12. 선고 2010다50601 판결 등 참조).

2) 인정사실

가) 이 사건 회사는 2017.10.1. 망인과의 사이에 업무내용 영업업무 수행, 근로시간 9시-18시, 근무일 매주 5일(월요일~금요일), 월 기본급 100만 원(수당 별도), 수당은 계약금액의 30%를 지급하며, 연장·야간·휴일근로에 대한 가산임금은 지급하지 않는다는 내용의 근로계약서를 작성하였으나, 해당 근로계약서에 망인의 서명날인이 이루어지지는 않았다. 다만 망인은 위 근로계약서에 기재된 내용대로 영업업무를 수행하고 근로조건을 적용받았다.

나) 망인은 이 사건 회사 사무실에 출근하는 경우에는 원칙적으로 월요일부터 금요일까지, 9시부터 18시까지 근무하였다. 업체 선정과 컨설팅 활동 등 외부 영업업무를 수행하는 경우에는 업체와 연락하여

약속을 잡고 외근이나 출장을 수행하였는데, 외근이나 출장 시에는 이 사건 회사에 사전·사후보고가 이루어졌다.

다) 망인은 이 사건 회사에서 급여로 기본급 월 100만 원, 기존 계약 유지 및 신계약 체결에 따른 수당(수당 비율 10~45%, 활동지원비 월 30만 원(300만 원을 2018. 8.까지 10회로 나누어 지급)을 합한 금액을 지급받았다. 망인의 2018. 4.부터 2018. 9.까지 월 급여는 아래와 같다.

월별	2018. 4.	2018. 5.	2018. 6.	2018. 7.	2018. 8.	2018. 9.
금 액 (원)	8,244,909	5,299,909	4,834,909	3,834,909	9,941,909	5,236,909

라) 망인은 2018. 3. 31. 전까지 기본급 100만 원은 근로소득으로, 그 외 수당은 사업소득으로 신고하였다가, 2018. 3. 31.부터 모두 사업소득으로 신고하였다. 이 사건 회사는 2018. 8. 6. 법인사업자로 변경되었으나 망인은 계속 이 사건 회사에 근무하였고, 급여 등 조건도 동일하였다.

마) 컨설팅 대상 업체의 선정은 영업부 직원들이 직접 영업을 통해 선정하는 경우도 있었고, 이 사건 회사에서 컨설팅 대상 업체를 영업부 직원들에게 연계하여주는 경우도 있었다. 기본 수당 비율은 30%이었으나 위와 같이 이 사건 회사의 소개 등을 통해 영업활동을 수행하는 경우 10~20%의 수당 비율을 적용받기도 하였다.

바) 이 사건 회사는 영업부 직원들에게 업무에 필요한 컴퓨터 등의 집기와 대상업체의 정보 수집을 위한 신용정보회사 제공 유료 데이터 등을 지원하였다. 별도의 출장비용은 지급되지 않았다.

사) 이 사건 회사의 영업부 직원은 2018. 10. 당시 총 6명이었다. 영업부 직원 상호 간에 컨설팅 대상 업체와의 계약 건을 양도·양수하는 것은 허용되지 않았다. 이 사건 회사는 영업부 직원들에 대해 제안서, 관련 법령, 영업 노하우 등에 관한 직무교육을 상시적으로 실

시하였다.

[인정근거] 갑 제1 내지 4, 10 내지 16호증, 을 제1, 4, 5호증의 각 기재, 변론 전체의 취지

3) 판단

앞서 인정한 사실, 앞서 든 증거들 및 변론 전체의 취지에 의하여 알 수 있는 다음과 같은 사정을 종합하면, 망인은 이 사건 회사에서 임금을 목적으로 종속적인 관계에서 근로를 제공하였다고 봄이 타당하므로 근로기준법상 근로자에 해당한다.

① 망인을 비롯한 영업부 직원들은 이 사건 회사에 근무시간 내외의 영업활동에 관하여 사전·사후 보고를 하였고, 이 사건 회사는 영업부 직원들의 출장일정과 대상업체를 비롯한 업무수행 내역을 구체적으로 확인·관리하였다. 이 사건 회사는 컨설팅 사업의 내용과 영업 노하우 등에 관하여 직원들에게 상시적으로 교육을 실시하였고, 이 사건 회사 대표이사인 소외2은 이 사건 사고 발생 전날인 2018. 10. 10. 망인에게 업무 관련 자료를 송부하고 이에 관하여 전화로 설명하기도 하였다.

② 영업부 직원들은 스스로 영업하여 업체와 계약하는 경우도 있었으나, 이 사건 회사가 업체를 직접 섭외한 다음 직원들에게 할당하는 방식으로 소개해주면 해당 업체에 직접 출장을 가는 방식으로 업무를 수행하기도 하였다. 원칙적으로 직원들이 받는 수당 비율은 30%였으나, 위와 같이 소개를 받은 업체의 경우 수당 비율이 10~20%로 낮았다. 망인의 급여명세표에 의하면 30%의 수당 비율이 적용되는 업체가 다수이지만 10-20%의 수당 비율이 적용되는 업체도 적지 않은 것으로 보인다.

③ 망인은 영업업무의 특성상 자율적으로 상대 업체와 일정을 잡고 외근이나 출장을 나갈 수 있었고, 거래 업체가 여러 지역에 분포해 있어 외근이나 출장의 필요성이 높았던 것으로 보인다. 망인은 외부 일정이 없는 경우에는 이 사건 회사 사무실에 출근하여 근무하였고 근무시간은 원칙적으로 오전 9시에서 오후 6시로 정해져 있었다. 비록

이 사건 회사의 출입기록상 망인이 사무실에 출근한 일자나 시간이 불규칙적인 측면이 있다고 하더라도, 이는 위와 같은 영업업무의 특성에서 비롯된 것으로 보일 뿐이다.

④ 이 사건 회사는 영업부 직원들에게 업무에 필요한 집기를 제공하고, 신용정보회사 제공 유료 데이터를 구매하여 공유할 수 있도록 지원하였으며, 기타 업무에 필요한 영업 자료 등도 제공된 것으로 보인다. 영업부 직원들은 각자가 관리하는 업체를 서로 넘겨주거나 이어받을 수 없었고 제3자가 업무를 대행하도록 할 수도 없었으므로, 관리대상 업체와의 거래 관계가 각 직원에게 전적으로 귀속되어 직원들이 자신의 계산으로 영업을 하였다고 볼 수 없다.

⑤ 망인은 기본급으로 100만 원을 지급받았고 이에 대해서는 근로소득으로 신고가 이루어지기도 하였으며, 다만 세무사와 ○○○○○○○○의 지적을 받아 2018. 3. 31. 이후로는 사업소득으로 일원화하여 신고하게 되었다. 이 사건 회사가 이 사건 사고 발생 후 다른 영업부 직원과 작성한 위촉계약서에는 '월 5건 달성 시' 기본급을 지급한다는 내용이 포함되어 있으나, 이 사건 회사가 망인과도 위와 같은 조건으로 기본급 지급을 약정하였다고 인정할 증거가 없다. 설령 일정한 조건이 있었다고 하더라도 망인은 2018. 4.부터 2018. 9.까지 지속적으로 기본급을 지급받았으므로 조건의 충족이 문제되는 상황은 아니었던 것으로 보인다. 또한 이 사건 회사는 출장 시 별도로 비용을 지급하지는 않았지만, 망인에게 활동지원비 명목으로 월 30만 원씩 합계 300만 원을 지급하기도 하였다.

⑥ 망인은 2017. 10. 1.부터 이 사건 회사에 전속되어 사망 시까지 계속해서 근무해왔고, 이 사건 회사가 2018. 8. 6. 법인을 설립하는 과정에서도 그대로 근로 제공 관계를 유지하였으며, 그 과정에서 근무 형태가 달라지지 않은 것으로 보인다.

⑦ 이 사건 회사는 고용노동부에 취업규칙을 신고하지 않았으며, 계약서 외에 별도로 마련된 인사규정이나 복무규정도 없는 것으로 보이므

로, 망인 등의 영업부 직원들이 그 외의 근로자들인 마케팅부나 관리부 직원들과 근로조건 및 직장질서 등에 관한 규정을 다르게 적용받았는지 여부를 객관적으로 확인하기 어렵다.

라. 망인의 사망이 산재보험법 제37조 제2항의 범죄행위로 인한 것인지 여부

1) 관련 법리

산재보험법 제37조 제2항 본문은 "근로자의 고의·자해행위나 범죄행위 또는 그것이 원인이 되어 발생한 부상·질병·장해 또는 사망은 업무상의 재해로 보지 아니한다."라고 규정하고 있다. 산재보험법 제37조 제2항에서 규정하고 있는 '근로자의 범죄행위가 원인이 되어 사망 등이 발생한 경우'라 함은, 근로자의 범죄행위가 사망 등의 직접 원인이 되는 경우를 의미한다(대법원 2004. 4. 27. 선고 2002두13079 판결, 대법원 2017. 4. 27. 선고 2016두55919 판결 등 참조).

2) 인정사실

가) 이 사건 사고가 발생한 도로는 왕복 2차로이고, 고가차로인 육교에서부터 내리막길이자 우측 급커브 구간이 이어지는 구조이다. 중앙선은 단선의 황색 실선으로 표시되어 있고 차로 양쪽에는 사고 방지벽이 설치되어 있다. 해당 도로의 제한속도는 60km/h 이하이다. 이 사건 사고 당시 날씨는 맑았고 도로는 건조하였으며 운행에 지장을 줄 만한 장애물은 없었다.

나) 이 사건 사고는 망인의 오토바이 앞 타이어와 상대방 차량의 좌측 앞 범퍼부분이 충돌하면서 발생하였다. 그 충격으로 상대방 차량의 좌측 앞 타이어가 파열되었고, 상대방 차량의 운전자는 6주, 동승자는 8주 간의 치료가 필요한 중상을 입었다.

다) 망인의 오토바이에 장착된 블랙박스 영상에는 이 사건 사고 전 주행하고 있는 장면만 기록되어 있을 뿐 사고 발생 무렵의 장면이 저장되어 있지 않다. 상대방 차량에 장착된 블랙박스 영상에도 사고 장면은 저장되어 있지 않으나, 해당 차량이 충돌지점 약 23m

전에 정상적으로 오르막길을 진행하고 있고 망인의 오토바이는 충돌지점 약 32m 전에 진행차로 내에서 우회전하고 있는 장면까지 기록되어 있다.

라) 상대방 차량에 장착된 사고기록장치 분석 결과, 상대방 차량은 충돌 전 조향각이 0인 상태에서 평균 75km/h의 속도로 진행하다가, 충돌 0.5초 전 조향각이 5도였다가 다시 0이 되면서 73km/h의 속도에서 제동을 하였다.

마) 상대방 차량 운전자는 경찰에서 '망인의 오토바이가 빠른 속도로 크게 우회전을 하다가 갑자기 중앙선을 일부 침범하여 반대편 차로로 진입하였고, 이에 급제동을 하였으나 근접한 거리여서 피하지 못하고 사고가 발생하였다.'라고 진술하였다.

바) 이 사건 사고 현장의 상대방 차량 진행차로에서는 충돌 스크럽(충돌지점에서 노면에 나타나는 타이어 흔적으로, 최대 접촉 시의 바퀴 위치를 나타냄)이 발견되었고, 충돌 스크럽 바로 앞에는 차량 하체의 강한 금속 부분에 의해 노면이 파인 흔적이 있었다. 망인 오토바이의 진행차로에서는 아무런 노면 흔적이 발견되지 않았다.

사) 이 사건 사고 현장에서는 2015. 12. ~ 2018. 10. 사이에 이 사건 사고를 포함하여 중앙선 침범으로 인한 교통사고가 3건 발생한 바 있다.

[인정근거] 갑 제5, 17 내지 22호증, 을 제6, 8, 9, 11 내지 15호증(가지번호 포함)의 각 기재 및 영상, 변론 전체의 취지

3) 판단

이 사건 사고로 인한 충돌 부위, 상대방 차량의 사고기록장치에 나타난 조향각과 제동시점, 망인의 오토바이와 상대방 차량의 충돌 흔적이 발견된 위치 등에 비추어 보면 망인의 오토바이가 중앙선을 침범한 것이 이 사건 사고 발생의 원인이 되었다고 보이기는 한다.

그러나 앞서 인정한 사실, 앞서 든 증거들 및 변론 전체의 취지에 의하여 알 수 있는 다음과 같은 사정을 종합하면, 망인이 중앙선을 침범

하여 이 사건 사고가 발생하였다고 하더라도, 이 사건 사고의 발생 경위, 사고 현장의 도로 구조 등을 고려하면 이 사건 사고 발생이 오로지 또는 주로 망인의 안전운전의무 위반에 따른 중앙선 침범 행위로 인한 것이라고 할 수 없으므로, 산재보험법 제37조 제2항에서 규정하는 '근로자의 범죄행위가 원인이 되어 사망 등이 발생한 경우'에 해당한다고 볼 수 없다. 따라서 망인의 업무와 사망 사이에는 상당인과관계가 인정된다.

① 이 사건 사고가 발생한 도로는 ○○육교가 끝나는 지점부터 갑자기 내리막과 함께 우측 급커브길이 시작하도록 되어 있어, 이하생략 방면에서 ○○휴게소 방면으로 진행하는 차량은 위 지점에서 급격히 속도가 증가하면서 중앙선 방향으로 원심력을 받게 되는 구조이다. 해당 도로에서는 약 3년 동안 중앙선 침범으로 인한 교통사고가 이 사건 사고를 포함하여 3건이나 발생하였고, 해당 지역에 근무하는 경찰 역시 해당 도로에서 사고가 많이 발생한다고 언급하기도 하였다. 따라서 위 도로는 구조상 위험성으로 인하여 도로환경적인 사고 유발요인을 내재하고 있다.

② 망인은 출장을 가기 위해 이 사건 사고 당일 아침 서울에서 출발해서 경북 의성군과 경북 안동시에 소재한 업체들을 들렀다가 울산에 소재한 다른 업체로 향하던 중이었다. 망인은 내비게이션에 목적지를 검색하여 안내에 따라 운행하던 중이었고, 해당 도로는 처음 운전하는 초행길이었기 때문에 도로의 구조나 형태를 잘 알기 어려웠을 것으로 보인다.

③ 망인의 오토바이는 승용 자동차 등에 비하여 원심력에 의하여 미끄러질 가능성이 높아 보이고, 상대방 차량의 충격 부위 등에 비추어 보면 망인이 중앙선을 침범한 거리가 크지 않아 보인다.

④ 망인 오토바이에 장착된 블랙박스에 남아있는 영상, 상대방 차량 운전자의 진술 등을 종합하면 망인이 이 사건 사고 발생 전 다소 빠른 속도로 오토바이를 운행한 것으로 보이기는 하나, 이 사건 사고 발

생 당시 망인의 오토바이 진행속도가 정확하게 밝혀지지는 않았다. 따라서 망인이 급커브길에서 우회전을 하는 과정에서 어느정도로 과속을 하였는지 또는 충분한 감속을 하지 않았는지 등 주의의무 위반의 정도를 객관적으로 알 수 없다.

⑤ 망인의 오토바이와 상대방 차량에 모두 충돌 당시의 상황을 기록한 블랙박스 영상이 존재하지 않고, 이 사건 사고 현장 부근을 촬영하는 CCTV 영상도 존재하지 않으며, 이 사건 사고 당시를 목격한 제3자도 없다. 이와 같이 이 사건 사고의 정확한 발생 경위를 확인할 수 있는 객관적인 자료가 없으므로, 망인의 오토바이가 어떠한 경위로 중앙선을 침범했는지, 중앙선 침범이 발생한 거리나 시간 등 정도는 어떠했는지 확인할 수 없는 상황에서 중앙선 침범 행위가 망인의 범죄행위에 해당한다고 단정하기 어렵다.

⑥ 특히 이 사건 사고 직전의 상황을 기록한 상대방 차량의 블랙박스 영상에 의하면 망인의 오토바이와 상대방 차량의 거리가 약 55m 떨어진 시점까지도 망인은 중앙선을 침범하지 않고 차로 내에서 주행하고 있었으므로, 망인의 오토바이가 중앙선을 침범한 행위는 순간적으로 발생한 상황에 가까울 것으로 볼 여지도 있다.

마. 소결론

따라서 망인은 이 사건 회사의 근로기준법상 근로자에 해당하고, 출장 중 발생한 이 사건 사고로 인한 망인의 사망은 망인의 범죄행위가 원인이 되어 발생한 사망이라고 보기 어려우므로, 망인의 사망은 산재보험법상의 업무상 재해에 해당한다.

3. 결론

원고의 청구는 이유 있으므로 이를 인용하기로 하여 주문과 같이 판결한다.

[별지] 관계 법령

산업재해보상보험법 제5조, 제37조

산업재해보상보험법 시행령 제27조

근로기준법 제2조, 교통사고처리특례법 제3조
형법 제268조, 도로교통법 제13조

[참조판례]

대법원 2012. 1. 12. 선고 2010다50601 판결
대법원 2004. 4. 27. 선고 2002두13079 판결
대법원 2017. 4. 27. 선고 2016두55919 판결

제5절 재요양 등

1. 추가상병불승인처분취소

(출장 중에 숙소로 복귀하다가 발생한 교통사고)

◎ 서울행정법원[2018구단72423]

원 고 : ○○○

용인시 ○○구 ○○동 ○○

소송대리인 변호사 ○○○, ○○○, ○○○

소송복대리인 변호사 ○○○, ○○○

피 고 : 근로복지공단

변론종결 : 2019. 11. 28

판결선고 : 2020. 01. 09

[주문]

1. 피고가 2018. 7. 30. 원고에 대하여 한 추가상병불승인처분을 취소한다.
2. 소송비용은 피고가 부담한다.

[청구취지]

주문과 같다.

[이유]

1. 처분의 경위

가. 원고는 주식회사 ○○○○○에서 근무하였는데 출장 중에 숙소로 복귀하다가 2017. 10. 12. 23:50경 발생한 교통사고(이하 '이 사건 사고'라 한다)로 '경추부 염좌, 좌측 견관절부 회전근개 염좌, 추간판 전위'를 진단받았다고 주장하면서 2018. 6. 20. 피고에게 요양급여를 신청하였다.

나. 피고는 2018. 6. 28. 원고에 대하여 '경추부 염좌, 좌측 견관절부 회전근개 염좌'에 관하여는 요양을 승인하고, '추간판 전위'에 관하여는 요양을 불승인하는 처분을 하였다.

다. 이후 원고는 이 사건 사고로 인하여 '외상 후 스트레스 장애(이하 '이 사건 추가 상병'이라 한다)'를 추가로 진단받았다고 주장하면서 2018. 7. 13. 피고에게 추가상병승인을 신청하였다.

라. 피고는 2018. 7. 30. 원고에 대하여 피고 자문의사회의에서 '① 이 사건 사고 이전의 정신과적 이상 상태가 이 사건 사고 이후 사고처리과정의 불만족으로 악화되었고 이 사건 사고가 이 사건 추가상병을 유발할 정도의 사고라고 보기 어려운 상태이므로 추가상병 승인이 부적합함. ② 이 사건 사고가 이 사건 추가상병을 유발할 정도로 극심한 재해라고 판단되지 않고 차량이 급발진한 후 정지해 놀라는 정도의 교통사고로 판단되므로 이 사건 사고와 이 사건 추가상병 사이에 상당인과관계가 인정되기 어려움. ③ 원고가 호소하는 정신증상들이 이 사건 사고로 인하여 발생하였다고 판단할 수 없고 원고의 주관적인 경험을 감안하더라도 이 사건 사고가 이 사건 추가상병을 유발할 만큼의 재해라고 판단할 수 없음. ④ 이 사건 사고가 이 사건 추가상병을 유발할 만한 정도가 아닌 것으로 판단되어 추가상병 불승인. ⑤ 기록상 조울병이 있었고 가족력이 있는 것으로 보아 기존 장애가 재발된 것으로 판단되고 면담결과 이 사건 추가상병보다는 조울병으로 사료되며, 이 사건 사고가 이 사건 추가상병의 발생에 중요한 요소가 아니라고 판단되므로 추가상병 불승인하는 것이 타당함'이라는 소견이 제시되어 이 사건 추가상병은 이 사건 사고와 사이에 상당인과관계를 인정하기 어렵다는 이유로 추가상병불승인처분(이하 '이 사건 처분'이라 한다)을 하였다.

마. 원고는 이에 불복하여 피고에게 심사청구를 하였으나 2018. 9.경 심사청구가 기각되었다.

[인정근거] 다툼 없는 사실, 갑 제1, 2호증, 을 제1 내지 3호증의 각 기재, 변론 전체의 취지

2. 이 사건 처분의 적법 여부

가. 원고의 주장

이 사건 사고는 늦은 밤 보행신호에 따라 횡단보도를 건너던 원고를 갑자기 들이닥친 차량이 충격한 것으로 경미하다고 볼 수 없고, 원고에게

있었던 조울증 등의 기왕증은 이 사건 사고 발생 이전에 이미 완치되었으며 이로 인하여 일상생활에 지장을 받지도 않았던 점 등에 비추어 보면 이 사건 추가상병은 이 사건 사고로 인하여 발생 하였거나 악화된 것임에도 이와 다른 전제에서 한 피고의 이 사건 처분은 위법하여 취소되어야 한다.

나. 판단

1) 산업재해보상보험법 제49조는 업무상의 재해로 요양 중인 근로자는 그 업무상의 재해로 이미 발생한 부상이나 질병이 추가로 발견되어 요양이 필요한 경우 추가상병 요양급여를 신청할 수 있다고 규정하고 있고, 추가상병과 업무상 재해 사이에는 상당인과관계가 인정되어야 하며 이는 이를 주장하는 측에서 입증하여야 한다. 그러나 이는 반드시 의학적·자연과학적으로 명백히 증명되어야 하는 것은 아니고 근로자의 당시 건강상태, 발병경위, 질병의 내용, 치료의 경과 등 제반 사정을 고려할 때 업무와 질병 사이에 상당인과관계가 있다고 추단되는 경우에도 그 증명이 있다고 볼 수 있다(대법원 2012. 2. 29. 선고 2011두25661 판결 등 참조).

2) 이 사건에서, 갑 제3 내지 5, 7, 8호증의 각 기재와 이 법원의 ○○○○○대학교병원장에 대한 진료기록감정촉탁 결과 및 변론 전체의 취지를 더하여 인정되는 다음과 같은 사실 내지 사정들을 종합하여 보면, 이 사건 사고와 이 사건 추가상병 사이에 상당인과관계가 있다고 추단할 수 있으므로 이와 다른 전제에서 한 피고의 이 사건 처분은 위법하고 이를 지적하는 원고의 주장은 이유 있다.

가) 원고는 2017. 10. 12. 23:50경 보행신호에 따라 횡단보도를 건너던 중 신호를 위반하여 진행하던 차량에 양손 부분을 부딪혔고 이로 인하여 발생한 경추부 염좌 및 좌측 견관절부 회전근개 염좌에 대하여 피고로부터 요양승인을 받기까지 하였는바, 위와 같은 이 사건 사고의 경위 등에 비추어 보면 이 사건 사고로 인하여 이 사건 추가상병이 발생할 수 있었을 것으로 보인다. 이에 대하여 이

법원의 감정의 역시 큰 외상을 입지 않았다고 하여 경미한 스트레스를 받았을 것으로 단정할 수 없고, 양극성 정동장애 증상이 있는 자는 위 증상이 없는 일반인에 비하여 스트레스에 취약할 가능성이 있는데 원고는 이 사건 사고로 인하여 강한 스트레스를 받았을 것으로 추정된다는 소견을 제시하였다.

나) 원고가 2010. 3. 24.부터 2016. 4. 7.까지 기타 우울 에피소드, 현저한 강박행위, 상세불명의 양극성 정동장애, 재발성 우울장애 등으로 다수의 진료를 받은 사실은 인정된다. 그러나 원고가 진료받은 위 상병들과 이 사건 추가상병은 별개의 것으로 보이는바, 이 법원의 감정의도 이 사건 사고 이후 원고에게 기존의 양극성 정동장애와는 다른 병인 이 사건 상병의 스트레스 증상이 동반되었다고 추정되고 진료기록지상 스트레스 증상과 양극성 정동장애 증상이 혼재된 것으로 보이며, 원고가 진료받은 기타 우울 에피소드나 상세불명의 양극성 정동장애 등의 기존 질환이 이 사건 추가상병의 발생과 관련성이 있으나 인과관계를 가지는 것은 아니므로 기존 질환이 이 사건 추가상병에 미치는 정확한 기여도를 산정할 수는 없다는 소견을 제시하였다.

3. 결론

그렇다면 원고의 청구는 이유 있으므로 이를 인용하기로 하여 주문과 같이 판결한다.

[참조조문]

산업재해보상보험법 제49조

[참조판례]

대법원 2012. 2. 29. 선고 2011두25661 판결

2. 추가상병불승인취소

(가드레일을 중격하여 논 아래로 추락하는 사고)

◎ **부산지방법원[2018구단85]**

원 고 : ○○○

부산시 해운대구 ○○○로 ○○○

소송대리인 변호사 ○○○

피 고 : 근로복지공단

변론종결 : 2020. 02. 05

판결선고 : 2020. 02. 19

[주문]

1. 원고의 청구를 기각한다.
2. 소송비용은 원고가 부담한다.

[청구취지]

피고가 2016. 11. 17. 원고에게 한 추가상병 불승인 처분을 취소한다.

[이유]

1. 처분의 경위

가. 원고(생략생)는 2013. 5. 24. ○○○○○○ 크레인 운전수로 입사하여 근무하던 중, 2013. 7. 15. 14:50경 가드레일을 중격하여 논 아래로 추락하는 사고(이하 '이 사건 사고'라고 한다)로 「비골(코)골절, 좌측 흉부타박, 양측 주관절 및 수근관절 염좌와 찰과상, 양측 상지 척골신경 손상, 경추부 염좌, 좌측 주관절 골막파열 및 혈종, 양수부 척골신경 손상」(이하 '이 사건 승인상병'이라고 한다)을 입었고, 이를 업무상의 재해로 승인받은 후 요양하였다.

나. 원고는 위 요양기간 중 2013. 12. 12. 이 사건 사고로 「척수신경손상(좌측 경추 척수손상), 척수병변(경추 5~6번)」도 입게 되었다면서 추가상병 신청을 하였으나, 피고는 위 상병을 불승인하는 결정을 하였다. 원고는 위 처분의 취소를 구하는 행정소송을 제기하였다. 제1심(부산지방법원 2015. 5. 20. 선고 2014구단537 판결)에서는 '원고에게 척수손상이 확인되지 않고,

추간판 및 척추 협착의 퇴행성 변화가 동반되어 외상과 무관한 퇴행성 변화라고 보이는 점 등을 고려하면, 이 사건 사고 또는 승인상병으로 인하여 위 상병이 발생하였다고 보기 어렵다'는 취지로 원고 패소판결을 하였고, 위 판결은 항소심(부산고등법원 2016. 9. 21. 선고 2015누21537 판결)을 거쳐 확정되었다(이하 위 제1심과 항소심 사건을 '이전 소송'이라고 한다).

다. 원고는 이 사건 승인상병으로 2013. 12. 31.까지 요양을 마치고 좌측 수부 제12급 15호(국부에 완고한 신경증상이 남은 사람), 우측 수부 제12급 제15호(국부에 완고한 신경증상이 남은 사람)를 합산한 준용 제11급으로 장해등급 판정을 받았다.

라. 원고는 2016. 10. 27. 피고에게 다시 「좌측 경추 척수손상(S14.1A), 경추 5-6번 척수병변(M50.0)」 (이하 '이 사건 신청추가상병'이라고 한다)으로 추가상병 신청서를 제출하였다. 피고는 2017. 11. 17. 이 사건 신청추가상병은 이 사건 사고나 이 사건 승인 상병으로 인한 것이 아니어서 추가상병의 요건을 갖추지 못하였다는 이유로 이 사건 신청주가상병을 불승인하는 결정(이하 '이 사건 처분'이라고 한다)을 하였다.

마. 원고는 그 무렵 피고에게 이 사건 처분의 취소를 구하는 심사청구를 하였으나 2017. 5. 16. 기각되었고, 2017. 8. 14. ○○○○○○○○○○○ 위원회에 재심사를 청구하였으나 2017. 9. 29. 기각되었으며 그 재결서는 2017. 10. 17. 이후 원고에게 송달되었다.

[인정근거] 다툼 없는 사실, 을 제1 내지 4, 8, 9호증(가지 번호 있는 것은 가지 번호 포함, 이하 같다)의 각 기재, 변론 전체의 취지

2. 이 사건 처분의 적법성

가. 원고의 주장

이전소송에서 신체감정촉탁을 하였으나 근전도 검사도 받지 못한 채 그 촉탁결과가 도출되어 이를 근거로 하는 것은 부당하며, 적합한 검사를 거친 다른 병원의 진단 결과에서는 이 사건 신청추가상병이 확인된 바 있다. 이와는 다른 전제에서 이 사건 신청추가상병을 승인하지 않은 피고의 이 사건 처분은 위법하다.

나. 관련 법령

별지 기재와 같다.

다. 전문가들의 의견

1) 원고 측 주치의의 의견

가) ○○의료원 2014. 1. 22.자 소견서

경부 척수의 손상(S141A) – 이 사건 사고 이후 외래 내원 중인 환자로 2013. 11. 경추부 자기공명 영상에서 경추 척수 손상 소견 보이고, 현재 좌측 손의 마비 증상 및 근위축 소견을 함께 보이고 있다. 이전 병원의 의무기록 역시 양측 상지의 마비가 발생했다고 기술되어 있으며, 경과기록지에도 중추 신경관 증후군(central cord syndrome)으로 기술되어 있어, 경추 신경손상이 있었음을 시사한다. 현재 장애 및 경추 신경손상에 대하여도 이전 사고가 인과관계가 있다고 사료된다. 근전도 검사상 경추부 병변과 연관성이 확인된다.

나) ○○○○○ 병원 2015. 4. 3.자 진료증명서

경수손상(T09.3)– 상기 환자는 경수손상과 경추협착증

다) ○○○○병원 2015. 11. 26.과 소견서

경추부 척수손상(제5–6 경추간 S14.1), 척추관협착증(경추부M48.02) – 이 사건 사고 후 좌측 수지 운동기능 저하 소견을 보여 2015. 11. 26. 신경학적 검사와 외부 MRI를 통해 상기 병명으로 진단받음.

라) ○○○○○○○○○○○○○○○○ 병원 2016. 8. 23.자 진단서

중심척수증후군(G95.8), 경추강직성 척수병증(M47..12), 외상성 협착을 동반한 척수손상(S14.1) – 환자 진술상 이 사건 사고 후 생긴 좌측 상하지 근력마비, 근육위축, 양측 상지 동통을 주소로 내원함. 2013년 MRI상 외상에 의한 경수신경손상이 관찰되어 상병으로 진단하였으며, 상병으로 인한 증상으로 사료됨. 향후 치료를 위하여 MRI 재촬영이 요구되며, 신경압박이 악화된 경우 수술적 치료가 필요할 수 있음.

마) ○○○○병원 2018. 4. 2.자 의사소견서

경수위 외상성 손상(제5/6경추간 S14.1) – 이 사건 사고 후 발생한 상하지 근력저하 및 운동부전으로 내원하신 분으로 본원에서 시행한 제반 검사상 상병 증세 확인되었음.

2) 피고 측 자문의사 의견

가) 신경외과 전문의 1

① 2013. 11. 15. 시행한 경추부 MRI와 2005. 12. 14. 시행한 경추부 MRI를 비교해 보면, 경추 5–6번간 수핵탈출증의 정도는 변화가 없으나, 경추 5–6번간 척수내 척수병증으로 의심할 수 있는 병변 인지됨. 그러나 수핵탈출증이 장기간 척수를 압박하는 경우 척수의 만성병증 유발하여 MRI상 신호강도의 변화를 보이는 병변을 유발할 수도 있음. ② 2016. 4. 21. ○○○○○○○병원에서 시행한 근전도와 운동 및 감각유발전위검사에서 척수병증의 소견 없었으며, 경추부의 다발성 신경근증 인지되었으며, 2016. 9. 8. ○○○○○ 병원에서 시행한 근전도검사에서도 경추부의 다발성 신경근증만 인지되었음. ③ 원고는 재해 후 척골신경손상을 진단받았는데 좌측 상지의 근위약과 근위축은 경추부 척수 손상보다는 척골신경손상에 기인하였을 가능성 높아 보임 – 방사선 검사에서 척수 내 신호강도 변화 보이는 병변 보이지만 운동 및 감각유발전위 검사에서 척수병증의 소견 없어 척수손상의 가능성이 매우 낮다. 현재 원고가 호소하는 증상은 수핵탈출증에 의한 다발성 신경근증에 의한 것으로 발생하였다고 사료된다. 따라서 상기 추가신청상병은 최초 재해와 관련 없으며, 본인의 지병(경추5–6번간 수핵탈출증)의 자연적 악화에 의해 발생하였을 가능성이 높다.

나) 정형외과 자문의사 2

2013. 12. 13. 근전도 검사상 좌측 제6~7경추 및 제1 흉추 만성 신경근병, 2015. 4. 1. 및 2016. 4. 21. 근전도 검사상 제5경추–제1흉추 양측성 신경근병, 2013. 11. 15, 경추 MRI상 제3경추부터 제1흉추간 추간판 팽윤 및 탈출, 2013. 11. 15. 경추 단순촬영사진상 제4, 5, 6 경추간 전후 연골극 및 추간관 간격 감소, 2015. 12. 14. 추시 MRI

사진상 2013. 11. 15. MRI 사진 대비 유사소견임. 제반 자료 검토상 기왕증으로 다발성 추간판탈출을 포함한 퇴행성 경추증과 중심성 척수증후군은 자연경과적인 악화상태로 사료됨. 재해와 인과관계 없을 것으로 사료됨.

3) 이전 소송 감정촉탁결과

가) 제1심 진료기록감정촉탁결과(○○○○○○○○○○○병원 신경외과) 및 사실조회 결과

① 2013. 11. 15. 경추부 MRI T2 강조영상에서 경추 5-6번 부위에 고신호 강도가 보이나, 주변 연부조직의 부종이 동반되지 않고, 척수의 부종도 저명하지 않다. 추간판 및 척추 협착의 퇴행성 변화가 동반되어 있는 것을 감안하면, 사고로 인한 척수 손상 또는 척수손상으로 인한 중추신경관 증후군이라기보다는 퇴행성 변화로 인한 경부 척추증 병변으로 판단된다. 위 MRI에서는 경추 5~6번의 추간판 탈출 및 석회화, 퇴행성으로 인한 심한 척추협착, 척수증, 양측 추간공 협착, 경추 6-7번의 추간판 탈출 및 퇴행성 척추협착, 추간공 협착 소견이 보이고, X-ray상 경추 5-6, 6-7번의 양측성 추간공 협착 및 추간판 공간 감소, 퇴행성 척추증 소견이 보인다.

② 2013. 7. 16. ○○○○병원 의무기록상 양상지 위약감이 있다고 기록되어 있으나, 이는 척수 손상뿐만 아니라, 기존 경추 퇴행성 병변의 악화, 말초신경 손상, 또는 통증으로 인한 운동제한이나 심인성 역시 원인이 될 수 있다.

③ 경추부 MRI 및 X-ray 결과 척수손상의 증거 확인되지 않는다. 근전도 및 신경전도 검사 상 만성 경추 7-8번, 흉추 1번의 신경근병증 소견 있어 추가상병으로 인정하지 않은 것은 타당하고, 원고의 증상은 수근관 증후군 또는 경부 척추승으로 인한 증상임을 배제할 수 없다.

나) 제2심 신체감정촉탁결과(○○○○○○○○○병원 신경외과)

① 원고의 자각적, 타각적 증상으로 경추부 염좌와 경추성 척수증

(cervical spondylotic myelopathy)을 진단할 수 있다. 경추부 염좌는 이 사건 사고로 인한 것이나, 경추성 척수증(cervical spondylotic myelopathy)은 이 사건 사고로 발생된 것은 아니고, 기왕증이 100% 기여하였다.

② 원고의 경추부위에서 외상에 의한 척수손상은 발견되지 않고, 다발성 퇴행성 변화는 관찰된다.

③ 원고의 신경학적 장해는 수근관 증후군으로 인한 것은 아니고, 양측 척골신경의 병변에 의한 소견으로 판단된다.

4) 이 법원의 진료기록감정촉탁결과

① 아래와 같이 근전도 검사결과 경추 제5-6번 신경근이 포함된 병변이 있다는 의견은, ○○○○○ 병원, ○○○○○ 병원, ○○○○○○ ○○ 병원, ○○○○병원에서 제시되었다. 이는 제5-6번 경추의 척수손상을 의미하는 것이 아니고, 다발성 경추부 신경근증임을 보여준다.

연번	의료기관	근전도 검사결과
1	○○의료원 2013.12. 13.	제7-8번 경추 신경근증과 제1흉추 신경근증 외상후 신경근 건열 손상 가능성도 고려할 수 있다.
2	○○○○병원 2015.12. 14.	수근관 증후군 소견 보이지 않고, 양측 팔꿈치 위치의 척골신경마비 소견 관찰됨. 16. 2. 17. 추가 시행한 양측 제5, 6경추신경이 각 지배하는 근육과 제5-6번 경추 사이 척추 주위 근육에 침근전도 검사에서 이상 소견이 관찰되지 않는다.
3	○○○○ 병원 2015. 4. 1.	양측 경추 제5번부터 흉추 제1번까지의 신경근증, 좌측 경추 척수증 동반됨. 양측 경추 제7번부터 제1번 흉추 신경근의 병명도 중증 또는 유사하나, 좌측의 경우 척수증이 동반되어 있어 우측에 비하여 더 근력저하가 심하고 기능이 낮게 측정된다.
4	○○○○병원 2016. 4. 1.	좌측 제5, 6, 7, 8번 경추 신경근증, 제1번 흉추 신경근증이 관찰된다.
5	○○병원 2016.4. 21.	좌측 제5, 6, 7, 8번 경추 신경근증, 제1층추 신경근증이 관찰된다.
6	○○○병원 2018.3. 15.	좌측 경추부 신경근증 소견이 관찰된다 후경골신경(posterior tibial nerve), 정중신경(median nerve)의 유발전위 검사에서 중추성 운동전도 결손(central conduction defect)은 없다.

② 경추부 MRI 검사에서는 경추부 다발성 병변으로 ㉠ 제3~4경추간 추간판의 미만성(diffuse) 추간판 탈출, 양측 추간공 협착증(우측이 심함)과 제3경추체 하후방에서 골극형성, ㉡ 제4~5번 경추간 추간판의 미만성 중심성 추간판 탈출증, ㉢ 제5-6경추 간 추간판의 좌후방 추간판 탈출증, 심한 양측 추간공 협착과 동일부위에서 척수 내 신호 강도 변화와 제5 경주체 하후방에서 골극형성, ㉣ 제6~7 경주간 추간판의 미만성 좌후방 추간판 탈출증, 양측 추간공 협착과 제6경추체 하후방에서 골극형성 등이 관찰된다. 따라서 제5-6 경추 신경근이 포함된 다발성 병변은 관찰되나, 제5-6경추 척수에 국한된 병변은 관찰되지 않는다.

③ 경추척수증은 중심성의 연성 추간판 탈출증이나 중심부에 발생한 골극이 척수를 압박하여 발생한다. 그 증상으로는 감각이상보다 운동신경 증상과 반사이상이 뚜렷하다. 손의 정교한 작업능력이 떨어지고 하지 보행장애, 근육간 조율 능력, 고유감각 기능 저하가 나타날 수 있다. 사지 저린감이나 통증과 같은 감각증상은 운동장해보다 빈도가 낮게 나타나며, 이는 신경근증에 의한 감각승상과의 감별을 요한다. 신체검사시 축수증손(myelopathic hand)이 특징적이며, Hoffman reflex가 나타날 수 있고, 제6경추부에 척수 압박이 있는 경우 상완요골근 건반사 감소, 수지 굴곡 반사 항진이 조합되어 나타나는 inverted radial reflex가 나타나기도 한다, 척수 후주(posterior column) 압박으로 인하여 갑작스런 경추의 굴곡-신전시 상지 또는 등쪽으로 전기쇼크를 받는 것처럼 느끼는 L'Hermitte's sign이 나타날 수도 있다. 하지에서는 간대성 경련(clonus)이나 바빈스키 징수(Babinski sign) 등 병적 반사가 나타날 수 있다.

④ MRI 검사에서 다발성 경추부 병변이 관찰되고, 외상과 관련된 척수부종, 신경교증, 축수연화증, 척수 순환장애, 척수 내 출혈 등이 관찰되지 않는다. 경추 제5-6번 신경근에 국한하여 환자가 호소하는 증상, 신체검사 결과 신경학적 이상소견(진료기록의 주증상과 신체검사

내용, 근전도 검사에서 실시한 신체검사에서 신경학적 이상소견) 등은 척수증의 객관적이고 의학적 근거가 될 수 없다. 원고가 호소하는 임상증상과 신경학적 검사 결과 등은 퇴행성 다발성 경추부 병변들로 인한 증상으로 진단하는 것이 적절하다. 원고가 양측 척골 신경근증의 진단을 받은 전력이 있음에도 그 임상증상에 대하여 척골 신경근증의 임상증상들과 감별이 시행되지 않은 점, 신경학적 이상 소견은 좌측에 국한되지 않고 양측 상지에 위약감을 호소하고 있는 점, 척수증과 관련된 병적 반사의 증가, 상지와 하지의 근력약화, 근육강직, 좌측 수부에 미세운동 저하 등 특정적인 척수증의 증상이 나타나지 않으므로 양측 상지에 경미한 근력위약증상은 척수증에 의한 증상으로 인정할 수 없다. 이와 같이 진료기록, 근전도 검사, 방사선 검사 등을 종합할 때, 이 사건 신청추가상병으로 국한하여 인지하거나 진단할 수 없다. ⑤ ○○○○○○○○○○○ 병원에서 '외상성 협착'이라는 진단을 하였는데, 협착증은 전형적인 퇴행성 병변이라는 점에 비추어 이는 의학적 근거가 전혀 없다. ○○○○병원의 2018. 3. 8. 외래진료기록에서 제4-5 경추 척수증에 대한 기록이 없다. ○○의료원과 ○○○○○ 병원에서도 경부손상을 진단하였으나, 근전도 검사결과에서는 신경근증만을 진단하는 등, 척수증으로 진단할 수 있는 중분한 의학적 근거가 없다. ⑥ 의료기록상 원고의 주증상은 좌측 상지의 위약감과 근위축인데, 이는 다발성 경추부 퇴행성 병변의 증상일 가능성이 매우 높고, 이 사건 사고로 인한 외상과는 관련성이 없다고 보인다. 양측 상지의 위약감은 근력약화의 정도가 매우 경미하며, 이 역시 다발성 경추부의 퇴행성 변화와 관련이 있다는 것을 배제할 수 없다. 이 사건 사고 당시 척수증과 관련된 임상증상이나 신경학적 이상소견이 없고, 이후 원고가 치료받은 의료기관의 의무기록에서도 척수증과 관련된 신체검사 내용들이 없다. 따라서 척수증과 이 사건 사고의 관련성이 없다.

[인정근거] 다툼 없는 사실, 갑 제1 내지 16호증, 을 제4 내지 7호증의 각 기재, 이 법원의 ○○○○○병원장에 대한 진료기록감정촉탁결과, 변론 전체의 취지

라. 판단

1) 구 산업재해보상보험법(2018. 6. 12. 법률 제15665로 개정되어 2018. 12. 13. 시행되기 전의 것) 제5조 제1호에서 정한 업무상 재해라 함은 근로자의 업무수행 중 그 업무에 기인하여 발생한 부상·질병·신체장애 또는 사망을 말하는 것이므로 업무와 재해발생 사이에는 상당인과관계가 있어야 하고, 또한 업무상 재해에 해당하는 상병을 치료하는 과정에서 의료과오가 개입하거나 약제나 치료방법의 부작용으로 인하여 새로운 상병이 발생한 경우에도 위와 같은 의료과오나 약제 내지 치료방법의 부작용과 새로운 상병의 발생 사이의 상당인과관계가 있다면 새로운 상병 역시 업무상 재해에 해당한다고 할 것인바, 위와 같은 인과관계는 반드시 의학적·자연과학적으로 명백히 증명되어야 하는 것은 아니고, 간접적인 사실관계 등 제반 사정을 고려할 때 상당인과관계가 있다고 추단되는 경우에도 그 증명이 있다고 할 것이지만, 그 증명책임은 여전히 이를 주장하는 측에 있다[대법원 2003. 5. 30. 선고 2002두13055 판결, 2001. 4. 24. 선고 99두12137 판결, 대법원 2006. 10. 26. 선고 2006두10580,2006두10597(병합) 판결 등 참조].

2) 앞서 본 사실들과 전문가들의 소견들을 종합하여 좌측 경추 척수손상(S14.1A)이 있다고 보기 어렵다. 경추 5-6번 척수병변(M50.0) 역시 그 병증이 있다고 단정하기 어렵고, 이러한 병증이 있다고 하더라도 이 사건 사고로 인하여 발생하였다거나, 이 사건 승인상병을 원인으로 발생하였다고 보기 어렵다. 따라서 원고의 주장은 이유 없고 이 사건 처분은 적법하다.

가) 좌측 경추 척수손상에 관하여

① 원고의 주치의인 ○○의료원, ○○○○○ 병원, ○○○○병원, ○○○○○○○○○○○○○○○○○ 병원, ○○○○병원에서는 척수손상을 병명으로 진단하기는 하였다. 그러나 원고의 증상 호소만을 듣지 않고, 피고의 의견까지 종합하고 진료기록을 모두 검토하여 척수손상이 있는지를 판단한 이전 소송의 진료기록감정의, 신체감정의, 이 법원의

감정의는 모두 원고에게 척수손상이 없다고 진단하였다.

② 원고의 수치의들을 포함하여 원고에게 근전도 검사를 시행한 어떤 병원에서도 신경근증이나 척골신경의 이상 이외에 경추가 지배하는 근육의 이상을 감지한 바 없다. 아울러 중추신경에 해당하는 경추가 손상되는 경우 운동신경 및 반사의 이상 등 전형적인 임상증상들이 관찰되는데, 원고에게는 이러한 신경학적 이상이나 전형적인 임상증상이 관찰되지 않는다. 또한 MRI 상으로는 외상으로 인한 척수의 손상을 암시하는 척수 부종, 신경교증 척수연화증, 축수 순환 장애, 척수내 출혈 등이 전혀 관찰된 바 없다.

③ 원고가 이 사건 신청추가상병과 관련하여 주로 호소하는 양측 상지의 저린감과 위약감, 근손실 등이 있기는 하나, 척수 손상으로 인한 것으로 보기에는 정도가 미약하다고 보인다. 이는 MRI에서 관찰되는 다발성 경추부의 퇴행성 변화나 이미 장애등급 부여 당시 평가한 척골신경의 손상에 의하여도 발생할 수 있는데, 원고의 주치의 들은 척수손상과 척골신경의 손상 및 신경근의 손상을 감별할 수 있는 충분한 검사를 하지 않은 상태에서 성급하게 척수손상을 진단하였다고 보인다.

나) 경추 5-6번 척수병변에 관하여

① 원고가 이 부분 병변에 관하여 기재한 질병코드는 M50.0으로 '척수병증을 동반한 경추간판장애'이다. 원고를 진료했던 주치의 중에는 ○○○○○○○○○○○○○○○○ 병원에서는 중심척수증후군(G95.8 척수의 기타 명시된 질환), 경추강직성 척수병증(M47.12 척수병증을 동반한 기타 척수증)을 진단하였고, 나머지 주치의는 별다른 척수병증을 진단하지 않았다. 이전 소송의 진료기록감정의는 경부의 척추증을 진단하였고, 신체기록감정의도 경추성 척수증(cervical spondylotic myelopathy)을 진단하였다. 그러나 이 법원의 감정의는 원고에게 중심성의 연성 추간판 탈출증이나 골극이 척수를 압박하는 척수증의 임상학적, 신경학적 증상이 제대로 관찰되지 않고, MRI나 근전도 검사 결과도 경추 5-6번 부위의 척수가 압박된 것이 아니라 경추의 광범위한 부위에 신경근병증이 있다는 소견을 제기하였다. 피고의 신경외과

자문의의 소견도 이 법원의 감정의 소견과 유사하다. 이러한 전문가들의 소견을 종합하여 보면, 원고에게 추간판 탈출 등으로 경추 5~6번의 척수가 눌리는 척수병증이 있다고 단정하기 어렵다.

② 설령 원고에게 척수병증이 있다고 하더라도, 외상을 시사한 ○○○○○○○○○○○○○○○○ 병원을 제외하고는 이를 진단한 다른 모든 전문의들은 원고의 경추부위에 추간공 협착, 골극 형성, 퇴행성 추간판탈출증 등 퇴행성 변화에 의하여 그러한 병변이 거의 전적으로 발생하였다고 보았다, 이 사건 사고 당시 원고의 나이가 60세의 노령인 점, 원고의 병증이 경추 제5-6번 사이에만 국한되지 않고, 경추 제3번부터 제7번 경추까지 광범위한 부위에서 추간판 탈출증, 골극형성, 추간공 협착 등이 관찰되어 다발성 병변의 형태를 띠고 있는 점을 고려하면, 그 원인을 외상에 의한 것이 아니라 원고의 개인적 소인에 의한 퇴행성 변화로 의한 것으로 봄이 상당하다.

3. 결론

따라서 원고의 청구는 이유 없으므로 이를 기각하기로 하여, 주문과 같이 판결한다.

[별지] 관련 법령

구 산업재해보상보험법(2018. 6. 12. 법률 제15665로 개정되어 2018. 12. 13. 시행되기 전의 것) 제5조, 제37조, 제49조

구 산업재해보상보험법 시행령(2018. 12. 11. 대통령령 제29354호로 개정 되기 전의 것) 제27조, 제34조

[참조판례]

부산지방법원 2015. 5. 20. 선고 2014구단537 판결

부산고등법원 2016. 9. 21. 선고 2015누21537 판결

대법원 2003. 5. 30. 선고 2002두13055 판결

2001. 4. 24. 선고 99두12137 판결

대법원 2006. 10. 26. 선고 2006두10580,2006두10597(병합) 판결

제6절 평균임금

■ 평균임금정정신청불승인처분 취소

(회사에서 영업상무로 근무 중 사망한 사건)

◎ 대전지방법원[2014구단170]

원 고 : ○○○

대전시 서구 한밭대로 ○○○

소송대리인 법무법인 ◇◇

담당변호사 ○○○

피 고 : 근로복지공단

변론종결 : 2014. 06. 20

판결선고 : 2014. 07. 18

[주문]

1. 원고의 청구를 기각한다.
2. 소송비용은 원고가 부담한다.

[청구취지]

피고가 2013. 12. 24. 원고에 대하여 한 평균임금 정정신청 불승인 처분을 취소한다.

[이유]

1. 처분의 경위

가. 원고는 망 소외1(이하 '망인'이라 한다)의 배우자이고, 망인은 (주)○○○ ○○○(이하 '이 사건 회사'라 한다) 소속 근로자로서 2013. 7. 15. 사망하였다.

나. 피고는 2013. 9. 17. 원고에 대하여 망인의 평균임금을 82,004원 01전으로 하여 유족급여 및 장의비 지급결정을 하였다.

다. 원고는 2013. 12. 16. 피고에게 평균임금 정정신청을 하였다.

라. 피고는 2013. 12. 24. 원고에 대하여 평균임금 정정신청 불승인 처분을 하였다.

[인정근거] 다툼 없는 사실, 갑 1 내지 6호증, 을 7호증의 각 기재, 변론 전체의 취지

2. 이 사건 처분의 적법 여부

가. 원고의 주장

망인은 이 사건 회사와 매월 급여로 250만 원과 교통비, 식대비 기타 영업상 접대비를 지급받기로 하는 근로계약을 체결하였다.

이 사건 회사 소속 다른 근로자들은 매월 급여와 별도로 자가운전보조금 20만 원, 식대비 10만 원, 합계 30만 원을 정기적, 계속적으로 일괄하여 지급받아 왔고, 망인은 이 사건 회사에서 법인카드를 교부받아 영업비용과 함께 교통비, 식대비를 사용하였으므로 적어도 다른 근로자들과 같이 매월 30만 원씩의 금원은 망인의 평균임금을 산정하는 데 포함되어야 마땅하다.

이와 다른 전제에선 이 사건 처분은 위법하다.

나. 관계법령

별지 기재와 같다.

다. 인정사실

(1) 망인은 2013. 2. 18. 이 사건 회사와 다음과 같은 내용의 고용계약을 체결하였고, 매월 계약기간을 연장하였다.

고용계약서
(이 사건 회사/영업상무)
이 사건 회사('갑'이라 한다)는 피고용인 망인('을'이라 한다)을 채용하며, 을은 아래사항을 준수하며 근무할 것을 약정한다. (일용직 형태- 1개월)
계약기간: 1개월 후 결정사항(2. 18.~3. 15.)
근무시간 08:00~
보수규정: 연봉의 60%- 1개월
임금지급일: 사내규정 날짜
제1조(고용인의 준수사항)
③ 갑은 을에게 영업활동에 준하는 물품 또는 경비를 제공한다(교통비, 식대비...).
제2조(피고용인의 준수사항)
⑥ 을은 영업활동에 있어 항상 최선의 노력을 해야하며, 일정기간 영업실적이 나타나지 않을 경우 능력부족으로 판단하여 스스로 사표를 제출해야 한다는 마

음가짐으로 업무에 집중해야 된다(연봉에 준하는 영업능력). 제5조(급여) ① 사내 급여 관리규정에 준하여 지급한다.(연봉 5천만 원- 퇴직금, 보너스 100% 포함) ② 최소 1개월의 수습기간(연봉의 60%)을 거쳐 1개월째 정식(직원)채용결과를 발표한다. 퇴직금은 별도 관리한다.

(2) 망인은 이 사건 회사에서 영업상무로 근무하였고, 이 사건 회사는 망인에게 법인카드를 교부하였다. 망인은 법인카드를 사용하여 LPG가스충전료, 식사비, 음료비로 매월 약 92만 원~135만 원을 결제하였다.

(3) 이 사건 회사는 망인을 제외한 다른 근로자들에게 매월 식대비 10만 원, 자가운전보조금 20만 원을 지급하였다.

[인정근거] 다툼 없는 사실, 갑 6, 8, 9호증의 각 기재, 변론 전체의 취지

라. 판단

(1) 평균임금 산정의 기초가 되는 임금 총액에는 사용자가 근로의 대상으로 근로자에게 지급하는 금품으로서, 근로자에게 계속적·정기적으로 지급되고 단체협약, 취업규칙, 급여규정, 근로계약, 노동관행 등에 의하여 사용자에게 그 지급의무가 지워져 있는 것은 그 명칭 여하를 불문하고 모두 포함된다(대법원 2001. 10. 23. 선고 2001다53950 판결 참조).

(2) 살피건대, ① 이 사건 회사는 다른 근로자들에게 매월 식대비 10만 원, 자가운전 보조금 20만 원, 합계 30만 원을 지급한 것과 다르게 망인에게는 식대비 및 자가운전 보조금 명목의 돈을 지급하지 않은 채 법인카드를 교부하였을 뿐이고, ② 망인과 이 사건 회사 사이에 체결된 고용계약서에는 보수규정과 별도로 "갑은 을에게 영업활동에 준하는 물품 또는 경비를 제공한다(교통비, 식대비...)."라고 기재되어 있어 이 사건 회사가 고용계약서에 따라 망인에게 지급하는 교통비, 식대비는 영업활동에 준하는 물품 또는 경비라는 의미로 해석되며, ③ 실제 망인이 매월 법인카드로 결제한 교통비 및 식대비가 각각 20만 원 및 10만 원 이하로 제한된다거나 망인과 이 사건 회사 사이

에 교통비 및 식대비 사용액을 매월 특정금액으로 정하였다고 볼 수 있는 사정도 없는 점을 고려하면 망인이 사용한 법인카드 사용액은 계속적·정기적으로 지급되고 근로계약 등에 의하여 이 사건 회사에 그 지급의무가 지워진 것으로 볼 수 없어 평균임금 산정에 포함될 수 없다.

(3) 따라서 원고의 주장은 이유 없고, 이 사건 처분은 적법하다.

3. 결론

그렇다면, 원고의 이 사건 청구는 이유 없으므로 이를 기각하기로 하여 주문과 같이 판결한다.

[별지] 관계법령

■ 산업재해보상보험법

제5조(정의) 이 법에서 사용하는 용어의 뜻은 다음과 같다. 〈개정 2010.1.27., 2010.5.20., 2010.6.4., 2012.12.18.>

1. "업무상의 재해"란 업무상의 사유에 따른 근로자의 부상·질 병·장해 또는 사망을 말한다.
2. "근로자"·"임금"·"평균임금"·"통상임금"이란 각각 「근로기준법」에 따른 "근로자"·"임금"·"평균임금"·"통상임금"을 말한다. 다만, 「근로기준법」 에 따라 "임금" 또는 "평균임금"을 결정하기 어렵다고 인정되면 고용노동부장관이 정하여 고시하는 금액을 해당 "임금" 또는 "평균임금"으로 한다.

■ 근로기준법

제2조(정의) ① 이 법에서 사용하는 용어의 뜻은 다음과 같다.

5. "임금"이란 사용자가 근로의 대가로 근로자에게 임금, 봉급, 그 밖에 어떠한 명칭으로든지 지급하는 일체의 금품을 말한다.
6. "평균임금"이란 이를 산정하여야 할 사유가 발생한 날 이전 3개월 동안에 그 근로자에게 지급된 임금의 총액을 그 기간의 총일수로 나눈 금액을 말한다. 근로자가 취업한 후 3개월 미만인 경우도 이에 준한다.

② 제1항 제6호에 따라 산출된 금액이 그 근로자의 통상임금보다 적으면 그 통상임금액을 평균임금으로 한다. 끝.

[참조판례]

대법원 2001. 10. 23. 선고 2001다53950 판결

제4장 회식중 사고

제1절 요양급여

1. 요양급여불승인처분취소(회식 당시 자발적 의사로 과음을 하고 2층에 위치한 단란주점 건물 계단에서 추락한 사고)

◎ 대법원 2017. 5. 30., 선고, 2016두54589, 판결

원고 : 상고인 ○○○

피고 : 피상고인 근로복지공단

원심판결 : 서울고법 2016. 9. 27. 선고 2016누39223 판결

[주문]

원심판결을 파기하고, 사건을 서울고등법원에 환송한다.

[이유]

상고이유를 판단한다.

1. 근로자가 회사 밖의 행사나 모임에 참가하던 중 재해를 입은 경우에 그 행사나 모임의 주최자, 목적, 내용, 참가인원과 그 강제성 여부, 운영 방법, 비용부담 등의 사정에 비추어, 사회통념상 그 행사나 모임의 전반적인 과정이 사용자의 지배나 관리를 받는 상태에 있고 또한 근로자가 그와 같은 행사나 모임의 순리적인 경로를 벗어나지 않은 상태에 있다고 인정되면 산업재해보상보험법에서 정한 업무상 재해로 인정할 수 있다(대법원 2007. 11. 15. 선고 2007두6717 판결 등 참조).

   사업주의 지배나 관리를 받는 상태에 있는 회식 과정에서 근로자가 주량을 초과하여 음주를 한 것이 주된 원인이 되어 부상·질병·신체장해 또는 사망 등의 재해를 입은 경우, 이러한 재해는 상당인과관계가 인정되는 한 업무상 재해로 볼 수 있다(대법원 2008. 10. 9. 선고 2008두9812 판결, 대법원 2015. 11. 12. 선고 2013두25276 판결 등 참조). 이때 업무·과음·재해 사이의 상당인과관계는 사업주가 과음행위를 만류하거나

제지하였는데도 근로자 스스로 독자적이고 자발적으로 과음을 한 것인지, 재해를 입은 근로자 외에 다른 근로자들이 마신 술의 양은 어느 정도인지, 업무와 관련된 회식 과정에서 통상적으로 따르는 위험의 범위 내에서 재해가 발생하였다고 볼 수 있는지, 과음으로 인한 심신장애와 무관한 다른 비정상적인 경로를 거쳐 재해가 발생하였는지 등 여러 사정을 고려하여 판단하여야 한다(위 대법원 2013두25276 판결 참조).

2. 원심은, 원고가 1차 회식 당시 음주 권유나 강요가 없었는데도 자발적 의사로 과음을 하고 2층에 위치한 단란주점 건물 계단에서 추락한 이 사건 사고는 1차 회식의 순리적인 경로를 벗어난 상태에서 과음이 주된 원인이 되어 발생한 것으로서, 업무와 관련된 회식 과정에 통상 수반되는 위험이라고 보기 어려우므로, 업무와 이 사건 사고 사이의 상당인과 관계가 인정되지 않는다고 판단하였다. 그 근거로 다음과 같은 사정을 들고 있다.

가. 소외 1 주식회사(이하 '소외 1 회사'라고 한다) 직원인 원고는 1차 회식 당시 회식 주관자인 소외 2 부장이 술을 마시지 않았는데도 1차 회식의 분위기에 편승하여 자발적 의사로 소주 2병 반 정도를 마셨다.

나. 2차 회식은 1차 회식 중 소외 2 부장의 제의로 즉석에서 결정된 것으로서 참석이 강제되지 않았다.

다. 회식에 참석한 사람 모두 광주광역시에 있는 회사 숙소에서 함께 거주하고 있어 평소에도 함께 식사와 음주를 하였을 것으로 보인다.

라. 소외 1 회사가 원고 등 직원의 아침, 저녁 식사비를 지원해 주고 있어 소외 2 부장이 소외 1 회사의 사업주인 소외 3으로부터 법인카드를 교부받아 1, 2차 회식비용을 결제하였다고 하더라도 단란주점에서 이루어진 2차 회식을 공식적인 회식으로 볼 수 없다.

3. 그러나 원심의 이러한 판단은 그대로 수긍하기 어렵다.

가. 원심판결 이유와 기록에 의하면 다음과 같은 사정을 알 수 있다.

(1) 소외 1 회사의 ○○공사현장에는 사업주 소외 3의 친동생인 소외 2 부장, 소외 4 반장과 원고 3명이 근무하고 있었다.

(2) 1, 2차 회식은 ○○공사현장의 직원 3명이 모두 참석한 송년회식이었고, 소외 1 회사에서는 매년 송년회식의 일환으로 저녁식사 후 노래방에 가곤 하였다.

(3) 1차 회식에서는, 술을 체질적으로 잘 마시지 못하는 소외 2를 제외하고 원고와 소외 4는 서로 비슷한 양의 술을 마셨다. 2차 회식은 회사 숙소 근처의 단란주점에서 이루어졌고, 원고는 단란주점에 오자마자 전화를 받으러 나가 추가로 술을 마시지 않았다.

(4) 1, 2차 회식비용 모두 소외 1 회사의 법인카드로 계산하였다.

(5) ○○공사현장의 직원 3명이 회사 숙소에서 함께 생활하는 상황에서 가장 어리고 직위가 낮은 원고가 자신의 의사에 따라 2차 회식에 참석하지 않기는 어려워 보인다.

나. 이러한 사정을 앞에서 본 법리에 비추어 살펴보면, 1차 회식과 마찬가지로 2차 회식 역시 사용자의 지배나 관리를 받는 상태에 있었다고 볼 수 있다. 나아가 원고가 소외 2 등의 만류나 제지에도 불구하고 과음을 한 것으로 보이지 않고, 회식 장소에서 전화를 받으러 나간다거나 화장실에 다녀오는 등의 행위는 회식 과정에서 있을 수 있는 것으로서 순리적인 경로를 벗어났다고 단정할 수도 없다. 따라서 업무와 관련된 회식자리의 음주로 인한 주취상태가 직접적인 원인이 되어 원고가 단란주점 계단에서 실족하여 이 사건 사고를 당하였다고 볼 수 있으므로, 위 사고는 업무상 재해에 해당한다고 봄이 타당하다.

그런데도 원심은, 2차 회식이 사적·임의적 모임에 해당함을 전제로 원고가 1차 회식의 순리적인 경로를 벗어나 이 사건 사고를 당하였다고 판단하였다. 이러한 원심판결에는 업무상 재해에 관한 법리를 오해한 나머지 필요한 심리를 다하지 않아 판결에 영향을 미친 잘못이 있다.

4. 원고의 상고는 이유 있어 원심판결을 파기하고, 사건을 다시 심리·판단하도록 원심법원에 환송하기로 하여, 관여 대법관의 일치된 의견으로 주문과 같이 판결한다.

2. 요양급여 부지급처분취소

(회식 후 대리운전기사를 기다리던 중 넘어지면서 머리를 다치는 사고)

◎ 대법원 2017. 3. 30., 선고, 2016두31272, 판결

원고 : 상고인 ○○○

피고 : 피상고인 근로복지공단

원심판결 : 서울고법 2015. 12. 18. 선고 2015누49421 판결

[주문]

원심판결을 파기하고, 사건을 서울고등법원에 환송한다.

[이유]

상고이유를 판단한다.

1. 근로자가 근로계약에 따른 업무가 아닌 회사 외의 모임에 참가하던 중 재해를 당한 경우, 이를 업무상 재해로 인정하려면 모임의 주최자, 목적, 내용, 참가인원과 강제성 여부, 운영방법, 비용부담 등의 사정들에 비추어 사회통념상 행사나 모임의 전반적인 과정이 사용자의 지배나 관리를 받는 상태에 있어야 하고, 근로자가 그와 같은 모임의 정상적인 경로를 일탈하지 아니한 상태에 있어야 한다(대법원 1997. 8. 29. 선고 97누7271 판결, 대법원 2007. 11. 15. 선고 2007두6717 판결 등 참조).

   나아가 산업재해보상보험법(이하 '산재보험법'이라 한다)에 의한 보험급여는 근로자의 생활보장적 성격이 있을 뿐만 아니라 사용자의 과실을 요하지 아니함은 물론 법률에 특별한 규정이 없는 한 근로자의 과실을 이유로 책임을 부정하거나 책임의 범위를 제한하지 못하는 것이 원칙이므로, 해당 재해가 산재보험법 제37조 제2항에 규정된 근로자의 고의·자해행위나 범죄행위 또는 그것이 원인이 되어 발생한 경우가 아닌 이상 재해 발생에 근로자의 과실이 경합되어 있음을 이유로 업무와 재해 사이의 상당인과관계를 부정함에 있어서는 신중을 기하여야 한다(대법원 2010. 8. 19. 선고 2010두4216 판결 참조).

2. 원심은 제1심판결을 인용하여, ① 이 사건 회사의 업무총괄이사인 원고가 2013. 3. 29. 저녁 업무협의를 위해 동료 직원 소외 1과 함께 거래

처 회사 직원인 소외 2를 만나 막걸리집, 호프집, 노래방 순서로 회식을 한 사실, ② 막걸리집의 비용은 소외 2가 계산하였고, 호프집과 노래방의 비용은 소외 1이 계산한 사실, ③ 원고와 소외 1, 소외 2는 호프집에서 업무협의를 마친 후 노래방으로 이동하여 유흥을 즐긴 사실, ④ 노래방 회식을 마친 뒤 원고는 소외 1, 소외 2와 함께 소외 2의 대리운전기사를 기다리던 중 넘어지면서 머리를 다치는 이 사건 사고를 당한 사실, ⑤ 소외 1은 목격자 문답서에서 '원고는 이 사건 사고 무렵 평소와 비슷한 정도로 술을 마신 것으로 보이고, 약간 비틀거리는 정도로 조금 취한 정도였으며, 고관절 수술을 받은 적이 있어 다리가 조금 약한 것으로 생각된다'고 진술한 사실 등을 인정한 다음, 노래방에서의 유흥행위는 출장에 당연히 또는 통상 수반되는 범위 내의 행위라고 보기 어려우므로 업무수행을 벗어난 사적인 행위에 해당하고, 노래방 회식을 사용자의 지배나 관리를 받는 모임으로 보더라도 이 사건 회식에서의 과음으로 인하여 원고에게 정상적인 거동이나 판단능력 장애가 생겼다고 보기 어려우므로, 이 사건 사고는 업무상 사고에 해당하지 않는다고 판단하였다.

3. 그러나 원심의 이러한 판단은 다음과 같은 이유로 수긍하기 어렵다.

원심이 적법하게 채택한 증거에 의하면, ① 원고는 이 사건 회사의 업무총괄이사이고 그 주된 업무가 용역 수주, 거래처 관리 및 접대인 사실, ② 소외 2는 이 사건 회사에 도시관리계획결정 및 실시계획인가 관련 용역을 도급 준 거래처 회사의 부장인 사실, ③ 원고와 소외 1은 2013. 3. 29. 18:45경 소외 2를 업무협의 명목으로 만나 자정이 넘을 때까지 막걸리집, 호프집, 노래방으로 옮겨가며 접대한 사실, ④ 위 회식에서 원고는 순차로 막걸리 2병, 맥주 600cc, 맥주 900cc 정도를 마신 사실, ⑤ 노래방 회식이 끝날 무렵 원고는 약간 비틀거릴 정도로 술에 취했던 사실, ⑥ 이후 이 사건 회사에서 호프집, 노래방 비용을 업무비용으로 처리해 준 사실을 알 수 있다.

이러한 사정을 앞서 본 법리에 비추어 살펴보면, 이 사건 회식은 원고가 이 사건 회사의 업무총괄이사로서 거래처 담당자를 만나 업무협의와 접대를 하려는 목적에서 비롯한 것으로서 업무수행의 연장이라고 볼 수 있고, 위에서 본 회식 모두 거래처의 직원이 동석하였을 뿐 아니라 회식이 마무리될 때까지 참석자에 변동이 없었으며, 호프집과 노래방 비용을 추후 회사에서 업무비용으로 처리해 주었으므로, 앞선 회식뿐만 아니라 노래방에서의 회식까지의 전반적인 과정이 사용자의 지배나 관리를 받는 상태에 있었다고 봄이 타당하다. 나아가, 원고는 노래방에서의 회식 직후 술에 취해 비틀거리던 상태에서 거래처 담당자의 대리운전기사를 기다리다 넘어져 머리를 다친 것이므로, 원고가 모임의 정상적인 경로를 일탈하였다고 볼 수도 없다.

그럼에도 원심은 이와 달리 위와 같은 이유로 이 사건 사고가 업무상 사고에 해당하지 않는다고 판단하였으니, 이러한 원심판결에는 산재보험법의 업무상 재해에 관한 법리를 오해하여 판결에 영향을 미친 위법이 있다. 이를 지적하는 상고이유 주장은 이유 있다.

4. 그러므로 원심판결을 파기하고, 사건을 다시 심리·판단하게 하기 위하여 원심법원에 환송하기로 하여, 관여 대법관의 일치된 의견으로 주문과 같이 판결한다.

3. 요양불승인처분취소(회식 후 화장실 문으로 오인하여 밑에 놓여 있던 발판을 밟고 올라가 추락한 사고)

◎ 대법원 2015. 11. 12., 선고, 2013두25276, 판결

원고 : 피상고인 ○○○

피고 : 상고인 근로복지공단

원심판결 : 서울고법 2013. 11. 7. 선고 2013누19853 판결

[주문]

원심판결을 파기하고, 사건을 서울고등법원에 환송한다.

[이유]

상고이유에 대하여 판단한다.

1. 근로자가 근로계약에 의하여 통상 종사할 의무가 있는 업무로 규정되어 있지 않은 회사 외의 행사나 모임에 참가하던 중 재해를 당한 경우, 이를 업무상 재해로 인정하려면, 우선 그 행사나 모임의 주최자, 목적, 내용, 참가인원과 그 강제성 여부, 운영방법, 비용부담 등의 사정들에 비추어, 사회통념상 그 행사나 모임의 전반적인 과정이 사업주의 지배나 관리를 받는 상태에 있어야 하고, 또한 근로자가 그와 같은 행사나 모임의 순리적인 경로를 일탈하지 아니한 상태에 있어야 한다(대법원 2007. 11. 15. 선고 2007두6717 판결 참조). 그리고 사업주가 지배나 관리를 하는 회식에서 근로자가 주량을 초과하여 음주를 한 것이 주된 원인이 되어 부상·질병 또는 장해가 발생하거나 사망하게 된 경우에도 업무와 과음, 그리고 위와 같은 재해 사이에 상당인과관계가 인정된다면 산업재해보상보험법에서 정한 업무상 재해에 해당한다고 볼 수 있다. 다만 여기서 업무와 과음, 재해 사이에 상당인과관계가 있는지는 사업주가 음주를 권유하거나 사실상 강요하였는지 아니면 음주가 근로자 본인의 판단과 의사에 의하여 자발적으로 이루어진 것인지, 재해를 당한 근로자 외에 다른 근로자들이 마신 술의 양은 어느 정도인지, 그 재해가 업무와 관련된 회식 과정에서 통상 수반하는 위험의 범위 내에 있는 것인지, 회식 또는 과음으로 인한 심신장애와 무관한 다른 비정상적인 경로를 거쳐 발생한 재

해는 아닌지 등 여러 사정을 고려하여 신중하게 판단하여야 할 것이다.

2. 원심판결 이유와 기록에 의하면, ① 원고는 소외 회사의 아이비알(IBR) 팀에 소속된 상담원으로서, 2012. 7. 6. 18:20경부터 같은 날 21:15경까지 음식점에서 아이비알 팀 책임자인 실장 소외 1을 포함하여 30명의 직원과 함께 아이비알 팀의 1차 회식을 한 다음, 같은 날 21:43경 소외 1을 포함하여 12명의 직원과 함께 바로 옆 건물 4층에 있는 노래연습장으로 자리를 옮겨 2차 회식을 한 사실, ② 원고는 위 노래연습장으로 옮기고 얼마 지나지 않아 화장실을 찾기 위해 노래연습장에서 나와 같은 층에 있는 비상구 문을 열고 들어갔는데, 그 안쪽에 있던 밖으로 나 있는 커다란 창문을 화장실 문으로 오인하여 밑에 놓여 있던 발판을 밟고 올라가 그 창문을 열고 나갔다가 건물 밖으로 추락하여 '골반골절, 천추골절 등'의 부상을 입은 사실, ③ 원고는 1차 회식자리에서 술을 많이 마셔 만취한 상태였으나, 소외 1이 원고 등 참석 직원들에게 술잔을 돌리거나 술을 마시지 않는 직원에게 술 마시기를 권하지는 않은 사실, ④ 소외 1은 주량이 소주 반병 정도이나 당시 맥주 한 잔 정도를 마셨고, 화장실에 간다고 나간 원고가 돌아오지 않자 다른 직원인 소외 2에게 원고를 찾아보라고 지시하기도 한 사실을 알 수 있다.

이러한 사실관계를 앞서 본 법리에 비추어 살펴보면, 비록 원고가 참여한 회식이 사업주 측의 주최로 이루어진 것이라고 하더라도, 원고는 사업주의 강요 등이 없었음에도 자발적 의사로 자신의 주량을 초과하여 소외 1이나 소외 2 등 회식을 함께 하였던 다른 사람들의 음주량을 훨씬 넘는 과음을 하였고, 그것이 주된 원인이 되어 업무와 관련된 회식과정에 통상 수반되는 위험이라고 보기 어려운 위와 같은 사고를 당하게 된 것이므로, 업무와 원고가 입은 재해 사이에 상당인과관계가 있다고 보기는 어렵다고 할 것이다.

그럼에도 원심은 판시와 같은 이유만으로 위 사고로 인하여 원고가 입은 부상이 업무상 재해에 해당한다고 판단하였으므로, 이러한 원심판결에는 산업재해보상보험법에서 정한 업무상 재해에 관한 법리를 오해하여 판결에 영향을 미친 잘못이 있다. 이 점을 지적하는 상고이유의 주장에는 정당한 이유가 있다.

3. 그러므로 나머지 상고이유에 대한 판단을 생략한 채 원심판결을 파기하고, 사건을 다시 심리·판단하도록 원심법원에 환송하기로 하여, 관여 대법관의 일치된 의견으로 주문과 같이 판결한다.

4. 요양급여 불승인처분취소

(입사자들 환영회를 겸한 회식장소에서 당한 폭행)

◎ 1심 서울행정법원[2017구단67561]

원 고 : ○○○

○○시 ○○구 ○○○로 ○○○

소송대리인 법무법인 ◇◇

담당변호사 ○○○ 외 1인

피 고 : 근로복지공단

변론종결 : 2018. 02. 09

판결선고 : 2018. 03. 16

[주문]

1. 원고의 청구를 기각한다.

2. 소송비용은 원고가 부담한다.

[청구취지]

피고가 2017. 4. 26. 원고에 대하여 한 요양불승인처분을 취소한다.

[이유]

1. 처분의 경위

가. 주식회사 ○○○○○와 주식회사 ○○건설은 ○○시 이하생략에 있는 '남사면 배수지 설치공사'의 공동수급인인데, 원고는 2016. 7. 19. 주식회사 ○○건설에 입사하여 위 공사 현장에서 근무하였다.

나. 원고는 2016. 7. 28. 신규 입사자들 환영회를 겸한 회식(이하 '이 사건 회식'이라 한다)에 참석하였는데, 2016. 7. 29. 00:50경 소외1, 소외2으로부터 폭행을 당하여(이하 '이 사건 사고'라 한다) '결장의 손상, 외상성 쇼크, 혈복강, 복막염, 외상성 췌장손상, 다발성 늑골 골절' 등의 상병을 진단받고 피고에게 요양급여를 신청하였다.

다. 그러나 피고는 2017. 4. 26. 원고에게 '이 사건 사고는 사업주의 지배관리를 벗어난 사적행위 중 발생된 것이므로, 신청 상병과 업무와의 상당인과관계를 인정하기 어렵다.'는 이유로 요양불승인 처분(이하 '이 사건 처분'이라 한다)을 하였다.

[인정 근거] 다툼 없는 사실, 갑 제1, 4, 5, 6호증의 각 기재, 변론 전체의 취지

2. 이 사건 처분의 적법 여부

가. 원고의 주장

이 사건 사고는 원고의 입사를 환영하기 위해 마련된 회식 과정에서 발생한 것인데, 위 회식은 사업주의 지배나 관리를 받는 상태에 있었다. 또한 소외1은 10여 일간 원고와 함께 근무하면서 쌓였던 감정이 폭발하여 원고를 폭행한 것이고, 소외2도 직장 내 위계질서를 잡는다는 목적으로 원고를 폭행한 것이므로, 이 사건 사고는 업무에 내재되어 있던 위험이 현실화된 것이다.

따라서 이 사건 사고는 원고의 업무와 상당인과관계가 있다고 할 것임에도, 이와 다른 전제에서 한 피고의 이 사건 처분은 위법하다.

나. 판단

1) 산업재해보상보험법(이하 '산재보험법'이라 한다) 제5조 제1호는 "업무상의 재해란 업무상의 사유에 따른 근로자의 부상·질병·장해 또는 사망을 말한다."라고 규정하고 있는 바, 근로자가 타인의 폭력에 의하여 재해를 입은 경우, 그것이 직장 안의 인간관계 또는 직무에 내재하거나 통상 수반하는 위험이 현실화되어 발생한 것으로서 업무와 사이에 상당인과관계가 있으면 업무상 재해로 인정하여야 할 것이나, 가해자의 폭력행위가 피해자와의 사적인 관계에서 기인하였다거나 피해자가 직무의 한도를 넘어 상대 방을 자극하거나 도발함으로써 발생한 경우에는 업무기인성을 인정할 수 없어 업무상재해로 볼 수 없다(대법원 2017. 4. 27. 선고 2016두55919 판결 등 참조).

2) 위 법리를 토대로 이 사건에 관하여 살피건대, 원고가 제출한 증거들만으로는 소외1, 소외2의 폭력행위가 직장 안의 인간관계 또는 직무에 내재하거나 통상 수반하는 위험이 현실화되어 발생한 것이라고 인정하기에 부족하고, 달리 이를 인정할 증거가 없으며, 오히려 갑 제4,

5, 21, 22, 23호증, 을 제1, 2, 4호증(가지번호 포함)의 각 기재, 갑 제2호증의1 내지 11의 각 영상 및 변론 전체의 취지를 종합하여 인정되는 아래의 사실들에 비추어 보면, 이 사건 사고는 원고가 이 사건 회식이 종료된 이후 제대로 몸을 가누지 못할 정도로 만취한 가운데 업무와 무관하게 소외1, 소외2을 자극하거나 도발하여 발생하게 된 것으로서 업무기인성을 인정하기 어렵다고 할 것이다.

① 이 사건 회식은 현장소장 소외3의 주관 하에 신규 직원들(원고 및 소외4)의 입사를 환영하기 위하여 마련되었는데, 원고, 소외3, 소외4, 소외1, 소외2, 소외5, 소외6, 소외7이 참석하였다.

② 원고 등은 2016. 7. 28. 용인시 처인구 마평동에 있는 '○○○ ○○○○'에서 1차 회식을 하고, 같은 날 22:30경부터 다음날인 2016. 7. 29. 00:40경까지 ○○시 이하생략 지하에 있는 '○○ 노래빠'에서 2차 회식을 하였다.

③ 2차 회식이 종료된 후, 원고가 먼저 위 주점에서 나가고, 나머지 직원들도 순차로 위 주점에서 나갔는데, 원고는 만취한 나머지 도로에 누워 있다가 일행들이 깨워 일어난 다음 2016. 7. 29. 00:49경 화장실을 간다고 하면서 위 주점으로 내려갔다.

④ 그 무렵 회식 참가자 중 2~3명은 택시를 타고 귀가하였고, 소외3, 소외1, 소외2, 소외5은 원고와 함께 공사현장 차량을 이용하여 숙소로 복귀하기 위하여 원고를 기다리다가 원고가 오지 않자, 2016. 7. 29. 00:53경 소외1, 소외5, 소외2이 순차로 위 주점으로 내려갔다.

⑤ 소외1은 위 주점 계단에서 원고에게 숙소로 함께 복귀할 것을 권유하다가 2016. 7. 29. 00:55경 원고로부터 욕설을 듣자 화가 나 원고의 멱살을 잡고 손으로 원고의 빰을 때렸고, 이를 목격한 주점 업주 소외8가 놀라면서 소외1을 데리고 주점 밖으로 나갔고, 곧 이어 소외5도 주점 밖으로 따라 나갔다.

⑥ 이후 소외2이 2016. 7. 29. 00:56경 원고로부터 욕설을 듣고 격분하여 원고의 허리춤을 잡아끌어 계단으로 올라온 뒤 1층 현관 앞길에

원고를 내동댕이치고, 안전화를 신은 채 원고의 얼굴, 복부를 수차례 걷어차고 밟았다.

3) 따라서 이 사건 회식이 사업주의 지배나 관리를 받는 상태이었는지 여부에 관하여 살펴볼 필요 없이, 이 사건 사고와 원고의 업무 사이에 상당인과관계가 인정되지 않는다는 이유로 한 피고의 이 사건 처분은 적법하다.

3. 결론

그렇다면, 원고의 청구는 이유 없어 이를 기각한다.

[참조조문]

산업재해보상보험법 제5조

[참조판례]

대법원 2017. 4. 27. 선고 2016두55919 판결

◎ 2심 서울고등법원 제1행정부[2018누41718]

원 고 : 항소인 ○○○

○○시 ○○구 ○○○로 ○○○

소송대리인 법무법인 ◇◇

담당변호사 ○○○ 외 1인

피 고 : 피항소인 근로복지공단

전심판결 : 1심 2017구단67561 서울행정법원

변론종결 : 2018. 10. 23

판결선고 : 2018. 11. 13

[주문]

1. 원고의 항소를 기각한다.

2. 항소 비용은 원고가 부담한다.

[청구 취지 및 항소 취지]

제1심 판결을 취소한다. 피고가 2017. 4. 26. 원고에게 한 요양 불승인 처분을 취소한다.

[이유]

1. 제1심 판결의 인용

이 법원이 이 사건에 적을 판결 이유는 아래에서 추가하거나 고쳐 쓰는 부분 이외에는 제1심 판결의 이유 기재와 같으므로, 행정소송법 제8조 제2항, 민사소송법 제420조 본문에 따라 이를 인용한다.

○ 제1심 판결서 3쪽 밑에서 8행 '23' 다음에 ', 25 내지 33'을 추가하고, 밑에서 7행 '영상' 다음에 ', 당심 증인 소외4의 증언'을 추가한다.

○ 제1심 판결서 3쪽 밑에서 6행 '사실'을 '사실 또는 사정'으로 고쳐 쓴다.

○ 제1심 판결서 3쪽 밑에서 1행 '원고1이'를 '소외3가'로 고쳐 쓴다.

○ 제1심 판결서 4쪽 3행 '하였다.' 다음에 아래 내용을 추가한다.

1차 회식에서 소외5이 폭탄주를 한두 잔 돌리게 한 외에는 참석자들에게 음주가 강요되지 않았는데 참석자들이 자의로 과음한 것으로 보이고, 2차 회식은 1차 회식 참석자 전원이 참석하기는 하였으나 참석이 강제되는 분위기는 아니었다(소외4은 '주 환영식은 나였다'고 하면서도 2차 회식 도중인 23:30경 먼저 귀가하였다고 증언하였다).

○ 제1심 판결서 4쪽 밑에서 5행 아래에 다음 내용을 추가한다.

⑦ 소외1은 '평소 원고가 나에게 개인적인 고민까지 할 정도로 원고와 친하게 지냈는데 술을 마시고 욕을 하여 순간 뺨을 때린 것'이라고 진술하였고, 소외2도 '평소 원고에게 쌓인 것은 없었고 우발적으로 폭행한 것'이라고 진술하였다. 이 사건 회식은 원고가 입사하고 불과 10일째 되는 날이었고, 이 사건 사고가 원고가 평소 소외1이나 소외2에 대하여 업무상 부당한 대우를 받은 것에 대한 불만을 이야기함으로써 발생한 것이라는 점을 뒷받침할 만한 정황도 발견할 수 없다.

2. 결론

그렇다면 제1심 판결은 정당하므로, 원고의 항소는 이유 없어 이를 기각한다.

[참조조문]

행정소송법 제8조, 민사소송법 제420조

5. 요양불승인처분취소

(회식 후 만취해 귀가하다가 도로에서 넘어져 쓰러진 사고)

◎ 1심 서울행정법원[2017구단60751]

원 고 : ○○○

성남시 분당구 중앙공원로 ○○○

송달장소 서울 강남구 테헤란로 ○○

소송대리인 법무법인 (유한) ◇◇

담당변호사 ○○○

피 고 : 근로복지공단

변론종결 : 2017. 09. 28

판결선고 : 2017. 10. 19

[주문]

1. 피고가 2017. 2. 21. 원고에게 한 요양불승인처분을 취소한다.

2. 소송비용은 피고가 부담한다.

[청구취지]

주문과 같다.

[이유]

1. 처분의 경위

가. 원고는 2016. 9. 1.부터 ○○○○○○○ 주식회사(이후 주식회사 ○○○으로 상호 변경하였다, 이하 '소외 회사'라 한다)에서 연구소장으로 근무하던 중 2016. 11. 7. 회식 후 집에 혼자 귀가하다가 만취해 도로에서 넘어져 쓰러진 사고(이하 '이 사건 사고'라 한다)로 구급차에 후송되어 ○○○○○○병원에서 '외상성 두개강 내 출혈, 외상성 경막하 출혈(이하 '이 사건 상병'이라 한다)' 진단을 받은 후 피고에 요양급여를 신청하 였다.

나. 피고는 2017. 2. 21. 원고에게 장기 회식은 2016. 11. 7. 22:40경에 종료된 것으로 보이며 과음으로 취해 있었으나 원고 본인이 지하철로 귀가하겠다고 하고 당시 늦은 시간이 아니어서 스스로 귀가가 가능할 것으로 판단했다는 진술 등으로 보아, 회식 종료 후 퇴근 중에 발생한 사고로

원고의 재해경위는 산업재해보상보험법 시행령 제29조에서 규정한 출퇴근 중의 업무상 사고 인정기준에 해당하지 않는다는 이유로 불승인 결정(이하 '이 사건 처분'이라 한다)을 하였다.

[인정근거] 다툼 없는 사실, 갑 제1호증의 기재, 변론 전체의 취지

2. 이 사건 처분의 적법 여부

가. 원고의 주장

(1) 이 사건 사고 당일 원고가 참석하였던 회식은 소외 회사, ○○○○○○○○ 주식회사 및 주식회사 ○○○○○○○○ 3개 회사의 실질적 사업주인 소외1의 지시에 의해 이루어졌고, 회식장소 3곳 모두 소외 회사의 인접한 장소였으며, 회식비용도 모두 소외1이 결제한 점 등을 고려할 때, 위 회식은 사용자의 지배나 관리를 받은 상태에 이루진 것이고, 그 과정에서 발생한 이 사건 사고는 '행사 중의 사고' 또는 그 밖에 업무와 관련하여 발생한 사교에 해당하므로, 이 사건 상병은 업무상 재해에 해당하는 이상, 이와 다른 전제에서 이루어진 피고의 이 사건 처분은 위법하다.

(2) 피고는 이 사건 처분 당시 처분사유로 이 사건 사고가 출퇴근 중 사고에 해당하지 않는다는 이유를 들었다가 이 사건 소송에서는 '원고가 자발적으로 자신의 주량을 초과하여 사고를 당한 것으로 업무와 재해 사이에 상당인과관계가 존재하지 않는다'거나 '이 사건 회식의 전반적인 과정이 사업주의 지배나 관리를 받는 상태가 아니었다는 이유를 들고 있는데, 피고가 이 사건 소송에서 주장하는 처분사유는 당초 처분사유와 기본적인 사실관계가 완전히 다른 것으로 그 주장이 허용되지 않는다.

나. 판단

근로자가 회사 밖의 행사나 모임에 참가하던 중 재해를 입은 경우에 그 행사나 모임의 주최자, 목적, 내용, 참가인원과 그 강제성 여부, 운영방법, 비용부담 등의 사정에 비추어, 사회통념상 그 행사나 모임의 전반적인 과정이 사용자의 지배나 관리를 받는 상태에 있고 또한 근로자가 그

와 같은 행사나 모임의 순리적인 경로를 벗어나지 않은 상태에 있다고 인정되면 산업재해보상보험법에서 정한 업무상 재해로 인정할 수 있다(대법원 2007. 11. 15. 선고 2007두6717 판결 등 참조). 사업주의 지배나 관리를 받는 상태에 있는 회식 과정에서 근로자가 주량을 초과하여 음주를 한 것이 주된 원인이 되어 부상 질병 신체장해 또는 사망 등의 재해를 입은 경우, 이러한 재해는 상당인과 관계가 인정되는 한 업무상 재해로 볼 수 있다(대법원 2008. 10. 9. 선고 2008두9812 판결, 대법원 2015. 11. 12. 선고 2013두25276 판결 등 참조). 이때 업무 괴음 재해 사이의 상당인과관계는 사업주가 과음행위를 만류하거나 제지하였는데도 근로자 스스로 독자적이고 자발적으로 과음을 한 것인지, 재해를 입은 근로자 외에 다른 근로자들이 마신 술의 양은 어느 정도인지, 업무와 관련된 회식 과정에서 통상적으로 따르는 위험의 범위 내에서 재해가 발생하였다고 볼 수 있는지, 과음으로 인한 심신장애와 무관한 다른 비정상적인 경로를 거처 재해가 발생하였는지 등 여러 사정을 고려하여 판단하여야 한다(위 대법원 2013두25276 판결 참조).

증인 소외2의 증언, 갑 제2 내지 8호증(가지번호 포함), 을 제2 내지 4호증의 각 기재에 변론 전체의 취지를 더하여 보면, 원고는 이 사건 사고 당일 22:40까지 소외 회사 이사인 소외2과 함께 소외 회사의 회장인 소외1이 업무 진행상황 점검과 직원 사기진작 목적으로 주재한 1차, 2차, 3차 회식 모두에 침적한 사실, 소외2과 평소 주량 이 소주 반병인 원고는 회식 과정에서 주로 소외1의 건배 제의에 맞춰 거의 비슷하게 각자 소주 한 병 정도를 마신 사실, 회식비용은 소외1이 그가 실질적으로 사업주로 있는 ○○○○○○○○○ 주식회사와 주식회사 ○○○○○○○○○의 법인카드로 결제한 사실, 회식이 종료한 후 원고는 만취한 상태에서 지하철을 타고 귀가하기 위해 삼성중앙역으로 가서 역 내외에서 배회하다가 이 사건 사고를 당한 사실을 인정할 수 있다.

위 인정사실과 위 거시증거에 의하여 알 수 있는 아래의 사정들, 즉 ① 회식 당시 소외1이 술을 강권하지는 않았다고는 하나, 원고는 소외 회사의 회장인 소외1이 주재한 회식에 총 참석자가 31명밖에 되지 않아 술을 원고의 평소 주량 정도로 마시기에는 다소 불편한 상황에서 평소 술을 빠르게 마시는 소외1의 건배 제의에 맞추어 술을 마시다 보니 평소 주량을 초과해 술을 마시게 되었고, 그리하여 회식이 끝났을 무렵에는 만취한 상태에 이른 것으로 보이는 점, ② 원고가 회식에서 스스로 술을 더 마신 것으로 보이지 않고, 더욱이 소외1 등의 만류나 제지에도 불구하고 과음을 한 것으로 보이지 않을 뿐만 아니라 원고가 마신 술의 양이 소외1이나 소외2이 마신 술의 양과 거의 비슷했던 것으로 보이고, 원고의 평소 주량에 비추어 원고가 회식 당시 과도한 양의 음주를 한 것으로 보기도 어려운 점, ③ 원고가 회식이 종료한 후 이 사건 사고를 당하기 전까지 다른 사적 모임 등에 참석하여 다른 비정상적인 경로를 거쳤다고 볼 만한 아무런 증거가 없는 점 등을 종합하여 위 법리에 비추어 보면, 비록 원고가 자신의 주량을 초과하여 음주한 결과 이 사건 사고를 당하였다고 하더라도, 이 사건 사고와 그 전반적인 과정이 사업주의 지배 또는 관리하에 있었던 회식 사이의 인과관계를 부정할 수 없고, 결국 이 사건 사고로 발병한 이 사건 상병은 업무상 재해에 해당한다 고 보아야 한다.

따라서 이 사건 사고는 퇴근 중 사고일 뿐이어서 이 사건 사고로 발병한 이 사건 상병이 업무상 재해에 해당하지 않는다고 본 피고의 이 사건 처분은 원고의 나머지 주장에 관하여 더 나아가 살펴 볼 필요 없이 위법하다.

3. 결론

그렇다면, 원고의 청구는 이유 있어 인용한다.

[참조조문]

산업재해보상보험법 제5조

산업재해보상보험법 시행령 제29조

[참조판례]

대법원 2007. 11. 15. 선고 2007두6717 판결

대법원 2008. 10. 9. 선고 2008두9812 판결

◈ 사업주가 지배나 관리를 하는 회식에서 근로자가 주량을 초과하여 음주를 한 것이 주된 원인이 되어 부상·질병 또는 장해가 발생하거나 사망한 경우, 업무상 재해에 해당하는지 여부 및 업무와 과음, 재해 사이에 상당인과관계가 있는지 판단하는 방법(대법원 2015. 11. 12. 선고 2013두25276 판결)

【주 문】

원심판결을 파기하고, 사건을 서울고등법원에 환송한다.

【이 유】

상고이유에 대하여 판단한다.

1. 근로자가 근로계약에 의하여 통상 종사할 의무가 있는 업무로 규정되어 있지 않은 회사 외의 행사나 모임에 참가하던 중 재해를 당한 경우, 이를 업무상 재해로 인정하려면, 우선 그 행사나 모임의 주최자, 목적, 내용, 참가인원과 그 강제성 여부, 운영방법, 비용부담 등의 사정들에 비추어, 사회통념상 그 행사나 모임의 전반적인 과정이 사업주의 지배나 관리를 받는 상태에 있어야 하고, 또한 근로자가 그와 같은 행사나 모임의 순리적인 경로를 일탈하지 아니한 상태에 있어야 한다(대법원 2007. 11. 15. 선고 2007두6717 판결 참조). 그리고 사업주가 지배나 관리를 하는 회식에서 근로자가 주량을 초과하여 음주를 한 것이 주된 원인이 되어 부상·질병 또는 장해가 발생하거나 사망하게 된 경우에도 업무와 과음, 그리고 위와 같은 재해 사이에 상당인과관계가 인정된다면 산업재해보상보험법에서 정한 업무상 재해에 해당한다고 볼 수 있다. 다만 여기서 업무와 과음, 재해 사이에 상당인과관계가 있는지는 사업주가 음주를 권유하거나 사실상 강요하였는지 아니면 음주가 근로자 본인의 판단과 의사에 의하여 자발적으로 이루어진 것인지, 재해를 당한 근로자 외에 다른 근로자들이 마신 술의 양은 어느 정도인지, 그 재해가 업무와 관련된 회식 과정에서 통상 수반하는 위험의 범위 내에 있는 것인지, 회식 또는 과음으로 인한 심신장애와 무관한 다른 비정상적인 경로를 거쳐 발생한 재해는 아닌지 등 여러 사정을 고려하여 신중하게 판단하여야 할 것이다.

2. 원심판결 이유와 기록에 의하면, ① 원고는 소외 회사의 아이비알(IBR) 팀에 소속된 상담원으로서, 2012. 7. 6. 18:20경부터 같은 날 21:15경까지 음식점에서 아이비알 팀 책임자인 실장 소외 1을 포함하여 30명의 직원과 함께 아이비알 팀의 1차 회식을 한 다음, 같은 날 21:43경 소외 1을 포함하여 12명의 직원과 함께 바로 옆 건물 4층에 있는 노래연습장으로 자리를 옮겨 2차 회식을 한 사실, ② 원고는 위 노래연습장으로 옮기고 얼마 지나지 않아 화장실을 찾기 위해 노래연습장에서 나와 같은 층에 있는 비상구 문을 열고 들어갔는데, 그 안쪽에 있던 밖으로 나 있는 커다란 창문을 화장실 문으로 오인하여 밑에 놓여 있던 발판을 밟고 올라가 그 창문을 열고 나갔다가 건물 밖으로 추락하여 '골반골절, 천

추골절 등'의 부상을 입은 사실, ③ 원고는 1차 회식자리에서 술을 많이 마셔 만취한 상태였으나, 소외 1이 원고 등 참석 직원들에게 술잔을 돌리거나 술을 마시지 않는 직원에게 술 마시기를 권하지는 않은 사실, ④ 소외 1은 주량이 소주 반병 정도이나 당시 맥주 한 잔 정도를 마셨고, 화장실에 간다고 나간 원고가 돌아오지 않자 다른 직원인 소외 2에게 원고를 찾아보라고 지시하기도 한 사실을 알 수 있다.
이러한 사실관계를 앞서 본 법리에 비추어 살펴보면, 비록 원고가 참여한 회식이 사업주 측의 주최로 이루어진 것이라고 하더라도, 원고는 사업주의 강요 등이 없었음에도 자발적 의사로 자신의 주량을 초과하여 소외 1이나 소외 2 등 회식을 함께 하였던 다른 사람들의 음주량을 훨씬 넘는 과음을 하였고, 그것이 주된 원인이 되어 업무와 관련된 회식 과정에 통상 수반되는 위험이라고 보기 어려운 위와 같은 사고를 당하게 된 것이므로, 업무와 원고가 입은 재해 사이에 상당인과관계가 있다고 보기는 어렵다고 할 것이다.
그럼에도 원심은 판시와 같은 이유만으로 위 사고로 인하여 원고가 입은 부상이 업무상 재해에 해당한다고 판단하였으므로, 이러한 원심판결에는 산업재해보상보험법에서 정한 업무상 재해에 관한 법리를 오해하여 판결에 영향을 미친 잘못이 있다. 이 점을 지적하는 상고이유의 주장에는 정당한 이유가 있다.
3. 그러므로 나머지 상고이유에 대한 판단을 생략한 채 원심판결을 파기하고, 사건을 다시 심리·판단하도록 원심법원에 환송하기로 하여, 관여 대법관의 일치된 의견으로 주문과 같이 판결한다.

◎ 2심 서울고등법원 제1행정부[2017누82637]

원 고 : 피항소인 ○○○

○○시 ○○구 ○○○로 ○○○

소송대리인 법무법인 ◇◇ 담당변호사 ○○○

피 고 : 항소인 근로복지공단

전심판결 : 1심 2017구단60751 서울행정법원

변론종결 : 2018. 06. 12

판결선고 : 2018. 07. 03

[주문]

1. 피고의 항소를 기각한다.

2. 항소 비용은 피고가 부담한다.

[청구취지 및 항소취지]

1. 청구취지

피고가 2017. 2. 21. 원고에게 한 요양 불승인 처분을 취소한다.

2. 항소취지

제1심 판결을 취소한다. 원고의 청구를 기각한다.

[이유]

1. 제1심 판결의 인용

이 법원이 이 사건에 관하여 실시할 이유는 아래와 같이 고쳐 쓰거나 추가하는 외에는 제1심 판결의 이유 기재와 같으므로, 행정소송법 제8조, 제2항, 민사소송법 제420조 본문에 의하여 이를 인용한다.

○ 제1심 판결문 2쪽 10행의 '자하철'을 "지하철"로 고쳐 쓴다.

○ 제1심 판결문 4쪽 6행의 '8호증' 다음에 '9, 10호증'을 추가한다.

○ 제1심 판결문 4쪽 밑에서 9, 10행의 1회식이 종료한 후부터 '이 사건 사고를 당한 사실을 인정할 수 있다'까지를 다음 내용으로 고쳐 쓴다.

회식이 종료한 후 원고는 소외1과 소외2에게 지하철을 타고 귀가하겠다고 얘기한 후 ○○○○역사 안으로 들어갔으나 만취한 상태에서 지하철을 타지 못하고 역사 안을 배회하다가 택시를 잡기 위하여 역사 밖으로 나온 후, 2016. 11. 8. 00:18경 인도에서 1차례 넘어진 후 00:24 차도에서 다시 넘어지고 00:29, 00:30경 다시 넘어지는 다시 넘어지는 등 4차례 인도와 차도를 오가며 넘어지는 이 사건 사고를 당한 사실을 인정할 수 있다.

○ 제1심 판결문 5쪽 3행의 '③'부터 5행의 '아무런 증거가 없는 점'까지를 다음 내용으로 고쳐 쓴다.

③ 이 사건 사고는 원고가 회식이 종료한 후 집으로 귀가하는 과정에서 발생한 것이고, 원고가 귀가하는 과정에서 순리적인 경로를 벗어났다고 할 수 없는 점

2. 결론

그렇다면 제1심 판결은 정당하므로, 피고의 항소는 이유 없어 이를 기각한다.

[참조조문]

행정소송법 제8조, 민사소송법 제420조

제2절 장해급여

■ **장해급여부지급결정처분취소**(회식장소인 음식점 내 주차장에서 후진하던 동료의 차량에 치이는 사고)

◎ **서울행정법원[2009구단10003]**

원 고 : ○○○
　　○○시 ○○구 ○○○로 ○○○
　　소송대리인 법무법인 ◇◇
　　담당변호사 ○○○

피 고 : 근로복지공단

변론종결 : 2010. 05. 19

판결선고 : 2010. 06. 09

[주문]

1. 원고의 청구를 기각한다.
2. 소송비용은 원고가 부담한다.

[청구취지]

피고가 2009. 4. 27. 원고에 대하여 한 장해급여부지급 결정처분을 취소한다.

[이유]

1. 처분의 경위

가. 원고의 남편 망 소외1(이하 '망인'이라 한다)은 소외2이 운영하는 '○○○○'이라는 상호의 사업장에서 근무하던 중 2008. 2. 4. 회식장소인 음식점 내 주차장에서 후진하던 동료의 차량에 치이는 사고가 발생하여 '우측 근위부 경골 및 경골과 골절, 우측 근위부 비골 골절, 우측 족관절 내과골 골절, 좌측 견갑관절 염좌, 좌측 완관절부 염좌, 요추부 염좌'(이하 '이 사건 상병'이라 한다)의 부상을 입었다.

나. 피고는 이 사건 상병에 대하여 요양을 승인하였으며, 망인은 요양 중이던 2009. 3. 7. '상세불명의 심정지'를 원인으로 사망하였다.

다. 원고는 2009 . 3. 30.경 피고에게, 망인이 사망하기 전에 이미 이 사건 상병이 치유되어 증상이 고정된 상태였다고 주장하여 장해급여의 지급을 청구하였으나, 피고는 2009. 4. 27. 이 사건 상병이 망인의 사망 당시까지 치유되지 아니한 상태에 있었으므로 장해급여의 지급요건이 갖추어지지 않았다는 이유로 그 지급을 거부하는 이 사건 처분을 하였다

[인정근거] 다툼 없는 사실, 갑 제1 내지 5호증의 각 기재

2. 처분의 적법 여부

가. 원고의 주장

망인의 사망 전인 2009. 3. 2. 무렵 이미 이 사건 상병이 더 이상의 치료효과를 기대할 수 없었고 그 증상이 고정된 치유상태에 있었음에도 불구하고 그와 다른 전제에서 한 이 사건 처분은 위법하다.

나. 인정사실

(1) 망인은 이 사건 상병에 대하여 ○○정형외과의원에서 2008. 2. 12. 우측 하퇴부 다발성 수술(내고정술 및 체외고정술)을 시행받고, 2008. 12. 23. 내고정기기제거술을 시행받았다.

(2) 망인의 치료를 담당했던 ○○정형외과의원 의사 소외3(이하 '망인의 주치의'라 한다)은 2009. 2. 20. 망인의 내고정기기는 제거되었지만 여전히 동통이 있어 2009. 3. 1.부터 같은 달 28.까지 약물, 물리치료가 요구된다는 내용의 진료계획서를 작성하여 피고에게 제출하였고, 피고는 이를 승인하였다.

(3) 망인의 주치의가 망인 사망 이후인 2009. 3. 27. 작성한 장해진단서에는 치유일이 2009. 3. 2.로 기재되어 있고, 장해상태에 대하여 '우측 무릎 관절 및 족관절에 강직 및 변형이 발생한 상태로 보행이 원활하지 못한 상태임. 요추부 동통 및 하지 방사통으로 간헐적인 심한 요통 등을 호소하고 있는 상태였음. 상기 소견은 2009. 3. 7. 사망한 상태로 그 동안 치료에 대한 추정자료입니다'라고 기재되어 있으며, 같은 날 작성한 지체장해용 소견서에는 운동가능범위를 무릎관절 신전 5°, 굴곡 90°, 발목관절 배굴 0°, 척굴 10°, 내번 20°, 외번 10°로

표시하면서 추정자료라고 기재되어 있다.

(4) 망인의 주치의는 이 법원의 사실조회에 대하여 망인의 족관절 부위는 관절 강직이 발생하여 심한 관절운동 제한이 있었고, 경골 및 비골 골절이 근위부에서 부정유합되어 슬관절의 심한 운동제한이 있었는데, 그 증상이 치료에도 잘 호전되지 않아 어느 정도 고정되었다고 보였고, 사망하기까지 망인이 받은 치료는 운동장애를 제거하기 위한 적극적인 치료 목적도 있었으나, 실제적으로 호전이 되지 않는 상태였으며, 지체장해용 소견서는 치료 당시의 진료상태에 따른 추정으로 발급하였고, 소견서에 기재된 것과 같은 운동장해를 어느 정도 예상할 수 있을 것으로 추정한다고 회신하였다.

[인정근거] 다툼 없는 사실, 갑 제6호증(가지번호 포함, 이하 같다), 을 제4, 5호증의 각 기재, 이 법원의 ○○정형외과의원에 대한 사실조회결과, 변론 전체의 취지

다. 판단

산업재해보상보험법 제5조 제4호, 제57조 제1항에 의하면, 장해급여는 원칙적으로 근로자가 업무상의 사유로 부상을 당하거나 질병에 걸려 치유된 후 신체 등에 장해가 있는 경우, 즉 부상 또는 질병이 완치되거나 치료의 효과를 더 이상 기대할 수 없고 그 증상이 고정된 상태에 이르게 된 때에 지급할 수 있다 할 것이므로, 망인이 원고의 주장과 같이 그 사망 전에 이 사건 상병이 치유된 상태에 있었는지 여부에 관하여 본다.

살피건대, 망인의 주치의가 이 사건 상병이 2009. 3. 2. 치유되었다는 소견을 제시한 사실은 앞서 본 바와 같으나, 앞서 인정한 사실에서 나타난 바와 같이 이는 망인의 주치의가 2009. 3. 28.까지 요양기간을 연장할 필요가 있다고 스스로 작성하여 제출한 진료계획서의 기재와 모순되는 점, 망인의 주치의의 소견도 망인의 증상이 어느 정도 고정되었거나, 운동장해를 어느 정도 예상될 수 있을 것으로 추정한다는 등의 유보적인 표현을 하고 있을 뿐 호전가능성이 전혀 없다고 단정하는 취지는 아닌 점, 망인의 주치의가 작성한 지체장해용 소견서는 망인이 생존할 때 신체

검사를 해서 작성된 것이 아니라 망인의 사후에 주치의가 운동가능범위를 추정하여 작성된 것으로 이것만으로는 망인의 장해상태를 객관적으로 파악할 수가 없는 점 등을 종합하여 보면, 망인 주치의의 의학적 소견만으로 망인의 사망 전에 이 사건 상병이 치유된 상태에 있었다고 하기에 부족하고, 달리 이를 인정할 증거가 없다.

따라서 이와 같은 취지의 이 사건 처분은 적법하고 원고의 주장은 이유 없다.

3. 결론

그렇다면, 이 사건 처분의 취소를 구하는 원고의 청구는 이유 없으므로 이를 기각하기로 하여 주문과 같이 판결한다.

[참조조문]

산업재해보상보험법 제5조

산업재해보상보험법 제57조

제3절 유족급여

1. 유족급여 및 장의비부지급처분취소(회식 과정에서 주량을 초과하여 음주를 한 것이 주된 원인에 의해 사망)

◎ 대법원 2020. 3. 26., 선고, 2018두35391, 판결

원고 : 상고인 ○○○

소송대리인 법무법인 ◇◇ 담당변호사 ○○○ 외 1인

피고 : 피상고인 근로복지공단

원심판결 : 서울고법 2018. 1. 10. 선고 2017누42004 판결

[주문]

원심판결을 파기하고, 사건을 서울고등법원에 환송한다.

[이유]

상고이유를 판단한다.

1. 근로자가 회사 밖의 행사나 모임에 참가하던 중 재해를 입은 경우에 그 행사나 모임의 주최자, 목적, 내용, 참가인원과 그 강제성 여부, 운영방법, 비용부담 등의 사정에 비추어, 사회통념상 그 행사나 모임의 전반적인 과정이 사용자의 지배나 관리를 받는 상태에 있고 또한 근로자가 그와 같은 행사나 모임의 순리적인 경로를 벗어나지 않은 상태에 있다고 인정되는 경우 산업재해보상보험법에서 정한 업무상 재해에 해당한다고 볼 수 있다(대법원 2007. 11. 15. 선고 2007두6717 판결 등 참조).

   사업주의 지배나 관리를 받는 상태에 있는 회식 과정에서 근로자가 주량을 초과하여 음주를 한 것이 주된 원인이 되어 부상·질병·신체장해 또는 사망 등의 재해를 입은 경우 이러한 재해는 상당인과관계가 인정되는 한 업무상 재해로 볼 수 있다(대법원 2008. 10. 9. 선고 2008두9812 판결, 대법원 2015. 11. 12. 선고 2013두25276 판결 등 참조). 이때 상당인과관계는 사업주가 과음행위를 만류하거나 제지하였는데도 근로자 스스로 독자적이고 자발

적으로 과음을 한 것인지, 업무와 관련된 회식 과정에서 통상적으로 따르는 위험의 범위 내에서 재해가 발생하였다고 볼 수 있는지 아니면 과음으로 인한 심신장애와 무관한 다른 비정상적인 경로를 거쳐 재해가 발생하였는지 등 여러 사정을 고려하여 판단하여야 한다(위 대법원 2013두25276 판결, 대법원 2017. 5. 30. 선고 2016두54589 판결 등 참조).

2. 원심판결 이유와 원심이 적법하게 채택한 증거에 따르면, 다음과 같은 사정을 알 수 있다.

가. 주식회사 호반건설(이하 '호반건설'이라 한다)은 (아파트 명칭 생략) 아파트 신축공사(이하 '이 사건 공사'라 한다)를 진행하던 중 2016. 4. 14. 이 사건 품평회를 개최하였다. 이것은 이 사건 공사를 일부 완료한 상태에서 한 세대를 정하여 인테리어 공사를 포함한 마무리 공사까지 마치고 본사의 건설부문 대표, 기술부문장, 유관부서 실장과 팀장 등과 관계자를 불러서 완성된 모습을 시연하는 행사로, 완성될 건물의 안정성과 완성도를 미리 예측하고 향후 공사의 진행 방향과 전략을 정하는 중요한 행사였다.

나. 원고의 남편인 소외 1은 이 사건 공사의 안전관리팀 팀장으로서 이 사건 품평회의 총괄적인 안전관리계획을 수립하고 이행 여부를 관리하였으며 2016. 3.과 같은 해 4. 내내 계속하여 이 사건 품평회를 준비하였다.

다. 이 사건 품평회는 이 사건 사고 당일 오전 8시경부터 오후 1시경까지 진행되었고, 같은 날 개최된 호반건설의 상반기 문화행사는 오후 6시 30분경부터 7시 30분경까지 볼링장에서 진행되었다. 바로 이어진 이 사건 1차 회식은 오후 7시 30분경부터 9시경까지 식당에서, 이 사건 2차 회식은 오후 9시 20분경부터 10시 50분경까지 유흥주점인 노래방에서 진행되었다.

라. 이 사건 1차 회식에는 이 사건 공사의 현장직원 23명 전원이 참석했고, 이 사건 2차 회식에는 이 사건 공사를 총괄하고 있는 공사부장 소외 2, 공사과장 소외 3과 이 사건 품평회의 안전관리 업무를 담당한 소외 1 등 안전관리팀 5명을 포함하여 총 9명이 참석하였다. 소외 1은 이 사건 1차 회식과 이 사건 2차 회식에서 술을 마셨고, 이 사건 1차, 2차 회식

비용은 모두 호반건설의 법인카드로 결제하였다.

마. 소외 1은 평소 자신의 차량이나 대중교통을 이용하여 출퇴근을 하였고, 호반건설은 이 사건 품평회 등 회사 전체적인 행사가 있는 경우 대중교통을 이용하여 이동하도록 권고하였다. 소외 1이 대중교통을 이용하는 경우 통상적으로 ○○선△△역에서 전철을 타고 □□□□역에서 내린 후 버스정류장까지 도보로 약 5분간 걸어가 ◇◇◇번 버스를 이용하여 귀가하였다. 소외 1은 이 사건 2차 회식을 마친 후 평소처럼 대중교통을 이용하여 집으로 향했다. ○○선△△역에서 전철을 타고 23:35경 □□□□역에서 내린 다음, ◇◇◇번 버스정류장으로 이동하던 중 왕복 11차선 도로의 횡단보도를 건너다 차량에 부딪치는 이 사건 사고가 발생하였다.

3. 이러한 사정을 위에서 본 법리에 비추어 살펴보면, 소외 1은 사업주인 호반건설의 중요한 행사로서 자신이 안전관리 업무를 총괄한 이 사건 품평회를 마치고 같은 날 사업주가 마련한 회식에서 술을 마시고 퇴근하던 중 이 사건 사고가 발생하였으므로, 이 사건 사고는 사업주의 지배·관리를 받는 상태에서 발생한 업무상 재해로 볼 여지가 있다.

   그런데도 원심은 이 사건 사고를 업무상 재해로 인정하기 어렵다고 판단하였다. 원심판단에는 업무상 재해에 관한 법리를 오해하여 판결에 영향을 미친 잘못이 있다. 이를 지적하는 상고이유 주장은 정당하다.

4. 그러므로 원심판결을 파기하고, 사건을 다시 심리·판단하도록 원심법원에 환송하기로 하여, 대법관의 일치된 의견으로 주문과 같이 판결한다.

2. 유족급여 및 장의비부지급처분취소

(교통사고로 인한 경막외 출혈 등으로 사망)

◎ **서울행정법원 제7부[2020구합52283]**

원 고 : ○○○

서울시 중랑구 ○○○로 ○○○

소송대리인 변호사 ○○○

피 고 : 근로복지공단

변론종결 : 2020. 06. 25

판결선고 : 2020. 08. 27

[주문]

1. 피고가 2019. 10. 23. 원고에게 한 유족급여 및 장의비 부지급 처분을 취소한다.
2. 소송비용은 피고가 부담한다.

[청구취지]

주문과 같다.

[이유]

1. 처분의 경위

가. 소외1(생략생)은 2018. 5. 24.부터 주식회사 ○○○○○(이하 '이 사건 회사'라 한다)에서 근무하였다.

나. 이 사건 회사는 2019. 6. 17. 저녁 신입사원 환영회식을 하였다. 18:30부터 20:20경까지 이어진 1차 저녁식사 자리에는 총원 8명 중 대표이사를 제외한 7명이 참석하였고, 20:30부터 22:00경까지 이어진 2차 당구장 자리에는 위 7명 중 3명이 참석하였다.

다. 소외1은 평소 오토바이를 타고 출퇴근 하였는데, 위 나.항 회식의 2차 자리를 마치고 오토바이를 타고 귀가하던 22:59경 생략 교차로 부근에서 같은 차로 전방에 정차 중인 버스 후면부를 추돌하였다. 소외1은 ○○대학교 병원으로 후송되어 치료를 받았으나 2019. 6. 19. 15:25경 교통사고로 인한 경막외 출혈 등으로 사망하였다.

라. 원고는 소외1(이하 '망인'이라 한다)의 배우자이다. 피고는 2019. 10. 23. 원고에게 '2차 당구장 자리는 경영상 필요에 의한 공식적인 회식으로 볼 수 없어 1차 저녁 식사 이후 당구장 참석은 출퇴근 경로의 일탈 또는 중단에 해당한다. 망인의 사망은 출퇴근 재해로 인정할 수 없다'는 이유로 유족급여 및 장의비 부지급 처분을 하였다(이하 '이 사건 처분'이라 한다).

[인정근거] 다툼 없는 사실, 갑 제1, 2, 4, 5, 6호증, 을 제1 내지 7호증의 각 기재, 증인 소외2의 증언, 변론 전채의 취지

2. 근거 및 관계 법령

별지 기재와 같다.

3. 이 사건 처분의 적법 여부

피고는 1차 저녁식사까지만 사회통념상 노무관리 또는 사업운영상 필요하다고 인정되는 행사로 보고, 그 종료 후 곧바로 귀가하지 않은 원고의 행위를 출퇴근 경로의 일탈 또는 중단에 해당한다고 보았다. 그러나 앞서 든 증거, 갑 제8, 9호증의 각 기재, 변론 전체의 취지에 의하여 인정하거나 알 수 있는 아래와 같은 사실 또는 사정을 종합하여 보면, 이 사건 교통사고는 '출퇴근 중의 사고'에 해당한다고 봄이 타당하다. 이와 다른 전제에 선 이 사건 처분은 위법하다.

① 이 사건 회사에는 총 8명이 근무하고 1년에 2~3회 회식을 한다. 사건 당일에 신입사원 환영회식을 하였고, 대표이사를 제외한 7명이 1차 저녁식사에 참석하였다. 1차를 마치고 참석자 중 최선임인 소외2 부장(대표이사를 제외하고 이 사건 회사의 최고직급자에 해당)은 참석자들에게 '희망자에 한하여 2차를 진행하되 술자리가 아닌 다른 활동을 하자'고 제안하였고, 볼링장과 당구장 등이 거론되었다. 개인 사정으로 몇몇이 불참하고 남은 3명(소외2 부장, 소외3 과장, 망인)이 당구장에 갔다. 2차 당구장 비용은 16,000원이 지출되었고, 소외2 부장이 결제한 뒤 다음날 이 사건 회사에 비용을 청구하였다. 위 당구장 비용과 1차 저녁식사 비용이 모두 포함된 지출결의서가 작성되었고, 대표이사는 이를 승인하여 회사 복리후생비로 위 비용을 지급하였다(증인 소외2은 2차 회식에 대해 미리 대표이사에게 언급을 하였고 '알

아서 하라'는 답변을 받았다는 취지로 증언하고, 소외3은 '2차 비용은 항상 그랬던 것처럼 개인 결제하고 추후 회사에 청구하기로 하였다'고 확인 한다). 이 사건 회사에서 평소 회식이 드물었던 사정, 회식자리가 2차로 이어진 경위, 이 사건 회사의 직원 수 및 회식 참석자 수, 최종 비용부담자 등을 고려하면, 2차 당구장 자리도 대표이사가 통상적, 관례적으로 인정하는 회식의 범위에 해당한다고 볼 수 있다.

② 이 사건 교통사고 발생일 망인의 퇴근 경로는 평상 시의 퇴근 경로와 같다. 망인은 평소 오토바이로 출퇴근 하였다. 망인은 1차 저녁식사 장소에 소외2 등과 같이 도보로 이동하였고 이어 2차 당구장 자리에도 도보로 이동한 뒤, 동료들과 헤어지고 도보로 오토바이를 주차해 둔 장소로 이동하여 오토바이를 타고 집으로 향했다. 평소 회식이 없는 날에도, 1차 저녁식사까지만 참석을 하였어도, 2차 당구장 자리까지 참석한 경우에도 망인은 출근 시에 주차해 둔 오토바이 위치까지 걸어서 이동하여 오토바이를 타고 귀가한 것은 같다. 평소와 달라진 경로는 오토바이를 출발시키기 이전에 도보로 1차, 2차 장소를 거쳐서 이동한 것에 불과한데 이는 이 사건 교통사고 발생과 무관하다. 이 사건 교통사고는 위와 같이 통상적인 경로와 방법으로 퇴근 하는 중 발생한 사고에 해당한다.

4. 결론

원고의 청구는 이유 있으므로 이를 인용하기로 하여 주문과 같이 판결한다.

[별지] 근거 및 관계 법령

■ 산업재해보상보험법
제37조 (업무상의 재해의 인정 기준)
① 근로자가 다음 각 호의 어느 하나에 해당하는 사유로 부상·질병 또는 장해가 발생하거나 사망하면 업무상의 재해로 본다. 다만, 업무와 재해 사이에 상당인과관계가 없는 경우에는 그러하지 아니하다.
1. 업무상 사고
라. 사업주가 주관하거나 사업주의 지시에 따라 참여한 행사나 행사준비 중에 발생한 사고

3. 출퇴근 재해
나. 그 밖에 통상적인 경로와 방법으로 출퇴근하는 중 발생한 사고
③ 제1항 제3호 나목의 사고 중에서 출퇴근 경로 일탈 또는 중단이 있는 경우에는 해당 일탈 또는 중단 중의 사고 및 그 후의 이동 중의 사고에 대하여는 출퇴근 재해로 보지 아니한다.
■ 산업재해보상보험법 시행령
제30조(행사 중의 사고)
운동경기·야유회·등산대회 등 각종 행사(이하 "행사"라 한다)에 근로자가 참가하는 것이 사회통념상 노무관리 또는 사업운영상 필요하다고 인정되는 경우로서 다음 각 호의 어느 하나에 해당하는 경우에 근로자가 그 행사에 참가(행사 참가를 위한 준비·연습을 포함한다)하여 발생한 사고는 법 제37조 제1항 제1호 라목에 따른 업무상 사고로 본다.
1. 사업주가 행사에 참가한 근로자에 대하여 행사에 참가한 시간을 근무한 시간으로 인정하는 경우
2. 사업주가 그 근로자에게 행사에 참가하도록 지시한 경우
3. 사전에 사업주의 승인을 받아 행사에 참가한 경우
4. 그 밖에 제1호부터 제3호까지의 규정에 준하는 경우로서 사업주가 그 근로자의 행사 참가를 통상적·관례적으로 인정한 경 우

3. 유족급여 및 장의비부지급처분취소

(노래방 입구 계단에서 지하 1층으로 굴러 떨어져 사망)

◎ 1심 서울행정법원 제13부[2018구합69240]

원 고 : ○○○

서울시 강서구 ○○○로 ○○○

소송대리인 변호사 ○○○

피 고 : 근로복지공단

변론종결 : 2019. 01. 31

판결선고 : 2019. 02. 19

[주문]

1. 원고의 청구를 기각한다.

2. 소송비용은 원고가 부담한다.

[청구취지]

피고가 2018. 4. 27. 원고에게 한 유족급여 및 장의비 부지급 처분을 취소한다.

[이유]

1. 처분의 경위

가. 원고의 남편인 망 소외1(생략생, 이하 '망인'이라 한다)은 2005. 5. 23. 주식회사 ○○○○(이하 '이 사건 회사'라 한다)에 입사하여 영업 업무를 수행한 사람이다.

나. 망인은 2016. 2. 18. 19:00경 동료 근로자 소외2 차장 및 ○○○○병원 간호사 2명과 함께 일식집 ○○○ 방이점에서 저녁 식사를 하고 인근 술집 ○○○ 이자카야와 ○○○○에서 술을 마시고 인근 노래방으로 이동하였다가 집에 가기 위해 대리기사를 불러 기다리던 중 노래방 입구 계단에서 지하 1층으로 굴러 떨어졌고, 2016. 2. 19. 01:22경 노래방 업주에 의해 발견되었으며, 노래방 업주의 신고를 받고 출동한 119구급대를 통해 ○○○○병원 응급실로 이송되어 외상성경막하출혈로 진단받고 ○○○○ 병원 중환자실에서 입원치료를 받았으나 2016. 4. 9. 14:10경

사망하였다. 망인에 대한 사망진단서에는 직접사인으로 '심폐정지', 간접사인으로 '외상성 지주막하출혈'이 각 기재되어 있다.

다. 원고는 피고에게 망인의 사망이 업무상 재해에 해당한다고 주장하며 유족급여 및 장의비 지급을 청구하였으나, 피고는 2017. 3. 29. '망인이 친목도모 또는 사적으로 과다하게 음주한 상태에서 집에 가기 위해 1층 노래방 입구에서 대리기사를 기다리다가 지하 1층으로 굴러 떨어져 발생한 재해는 산업재해보상보험법 제37조, 같은 법 시행령 제27조 제2항 및 제30조에 의한 출장 중의 재해 또는 행사 중의 사고에 의한 업무상 재해로 볼 수 없다'는 이유로 원고에 대하여 유족급여 및 장의비 부지급 처분을 하였다.

라. 원고는 피고에게 위 처분에 대한 심사청구를 하였으나, 피고는 2017. 9. 12. '망인이 2016. 2. 18. 19:00경부터 동료 근로자 소외2 차장 및 ○○○○병원 간호사 2명과 식사 및 음주를 한 사실은 확인되나, 이에 대해 사전에 상급자의 지시를 받거나 보고한 사실이 없었던 점, 이전과는 달리 팀장 및 해당 병원 담당 직원들이 참석하지 않았고 비용도 법인카드로 처리되지 않은 점, 당일 1차 비용으로 결제된 상품권은 전날 망인이 법인카드로 구매한 상품권이 아니며 구체적인 취득 경위는 확인되지 않는 점, 이후 이어진 2차 및 3차 비용은 동료 근로자 소외2 차장의 개인카드로 결제된 점, 음주 또한 망인의 판단과 의사에 따라 자발적으로 이루어진 것일 뿐 망인이 자신의 주량을 초과하여 과음을 할 수밖에 없었던 불가피한 업무적 용인이 있었던 것으로 보기는 어려운 점 등에 비추어 보면, 2016. 2. 18. 업무 종료 후 1차, 2차, 3차로 이어진 식사 및 음주 행위를 망인의 업무수행과정의 일부로 보아 업무관련성을 인정하기는 어려울 것으로 판단되므로 망인의 재해는 산업재해보상보험법상 사업주 지배관리 하에서 발생한 업무상 재해로 인정할 수 없다'는 이유로 원고의 심사청구를 기각하였다.

마. 원고는 피고에게 다시 유족급여 및 장의비 지급을 청구하였으나, 피고는 2018. 4. 27. 종전 처분과 동일한 이유로 원고에 대하여 유족급여

및 장의비 부지급 처분을 하였다(이하 '이 사건 처분'이라 한다).

[인정근거] 다툼 없는 사실, 갑 제1 내지 3호증, 을 제1호증(각 가지번호 포함)의 각 기재, 변론 전체의 취지

2. 이 사건 처분의 적법 여부

가. 원고의 주장

망인이 ○○○○병원 선임 담당차장으로 병원의 인맥관리를 위해 진료상담부서 간호사들과 유대관계를 맺어 온 점, 망인이 진료상담, 진료예약 등을 위해 수시로 소외3 간호사에게 업무적 부탁을 해왔고, 이러한 업무적 부탁은 ○○○○병원 담당자인 소외4 과장과 소외5 대리도 하고 있는 점, 이 사건 회사에서도 민원업무 성격으로 진료상담부서 간호사들의 유대관계를 영업차원에서 인정하고 있는 점, 2015년에도 동일한 성격의 접대성 회식이 회사 법인카드로 계산되었던 점, 평소에도 커피 및 점심 식사 등을 통해 진료상담부서 간호사들과의 교류를 유지해왔던 점, 망인이 2016. 2. 18. 소외2 등과 한 회식은 ○○○○병원 고객만족팀 간호사들에 대한 접대성 회식으로서 2015년에 이어 두 번째로 마련된 것인 점, 1차 회식비용은 망인의 법인카드로 결제된 상품권으로 지불되었고 이 사건 회사의 비용으로 처리되었던 점, 이 사건 회사에서도 소외2이 망인의 요청에 따라 업무유대강화를 위한 목적으로 회식에 참여한 것으로 인정하고 있고, 이와 같이 업무유대강화를 위한 목적으로 회식에 참여한 소외2 팀장이 2차 및 3차 비용을 결제한 것은 업무관련성을 부정하는 요인으로 볼 수 없는 점, 당시 접대 회식의 내용은 평소 진료상담 등에 대한 답례 차원에서 이루어졌고 접대하는 위치에 있다 보니 많은 양의 술을 마시게 되어 만취상태에 이른 것인 점, 망인은 일행을 귀가시킨 후 회식 장소인 노래방 인근에서 대리운전을 기다리던 중 만취상태에서 정신을 잃고 서성거리다가 계단에서 넘어진 것인 점 등에 비추어 보면, 망인의 사망은 접대 회식 과정에서의 부득이한 음주가 원인이 되어 발생한 것으로서 산업재해보상보험법상 업무상 재해에 해당한다고 봄이 타당하다. 따라서 이와 다른 전제에 선 이 사건 처분은 위법하여 취소되어야 한다.

나. 인정사실

1) 망인의 업무에 관한 사항

가) 망인은 약품사업본부 ETC영업1부 ○○○지점 소속으로 직급은 1급이고 직위는 차장이다. ○○○지점에는 4개의 팀이 있는데, 망인의 팀의 팀장은 소외6 부장이고 팀원은 망인을 포함하여 7명이다.

나) 망인은 같은 팀에 소속된 소외4 과장, 소외5 과장대리와 함께 ○○○○병원을 담당하면서 업무시간 대부분을 ○○○○병원에 방문하여 자사의 제품과 관련된 주요 정보를 제공하고 의약품 시장의 주요 이슈를 수집하고 향후 신제품 개발 및 영업전략 수립에 활용하는 업무를 수행하였다. 망인이 2015. 12.경 회사 워크숍에서 발표한 발표문에는 '○○○○병원 의국의 여직원, 병동 외래 간호사, 레지던트, 펠로우 등과 유대를 쌓으며 하나씩 정보를 쌓아나갔다. 이런 정보를 기반으로 교수님들 간의 네트워크를 알아내어 친밀도가 높은 분들과 소모임도 하고 임상과의 대내외 일정을 파악하여 가장 먼저 과 행사를 주관하기도 했다'라는 내용 등이 기재되어 있다.

다) 한편, ○○○지점 4개의 팀은 각 팀별로 담당 의료기관이 정해져 있고, 소외2 차장은 ○○○지점 소속으로 ○○○○○병원, ○○○○○병원, ○○○병원, ○○○병원, ○○○병원 등을 담당하고 있는 팀(망인과 다른 팀이다)의 팀장이다.

2) 회식의 진행경과 및 비용부담에 관한 사항

가) 소외2 차장은 2016. 2. 18. 18:00경 담당 의료기관인 ○○○○○병원에서 업무를 종료한 후, 개인 승용차를 이용하여 ○○○○병원 인근에서 망인과 만났다. 망인과 소외2 차장은 망인의 차량으로 서울 송파구 방이동에 있는 일식집 ○○○ 방이점으로 이동하였고, 19:00경 ○○○○병원 간호사 소외3, 소외7과 만나 함께 저녁 식사 및 음주를 하였다(이하 위 회식을 '1차 회식'이라 한다). 망인, 소외2 차장, 소외3, 소외7(이하 '망인 등 4명'이라 한다)이 ○○○ 방이점에서 마신 술의 양은 생맥주(약 320㎖) 4잔, 소주 5병 정도였다. 망인 등 4명의 ○○○

방이점에서의 저녁 식사 및 음주 비용으로 326,000원이 나왔는데, 망인이 ○○○ 상품권(40만 원)으로 지불하였다.

나) 망인 등 4명은 21:30경 인근 술집 ○○○ 이자카야로 이동하여 2차로 22:49경까지 맥주 2병, 소주 1~2병 정도를 마셨고 그 비용 46,000원은 소외2 차장의 개인체크카드로 결제되었다(이하 위 회식을 '2차 회식'이라 한다). 망인 등 4명은 그 직후 인근 술집 ○○○○으로 이동하여 3차로 23:42경까지 맥주 4병 정도를 마셨고 그 비용 53,500원은 소외2 차장의 개인체크카드로 결제되었다(이하 위 회식을 '3차 회식'이라 한다).

다) 망인 등 4명은 ○○○○을 나와 서울 송파구 방이동 이하생략에 있는 ○노래방으로 이동을 하였다. 망인 등 4명온 ○노래방으로 이동하였는데, 소외7이 시간이 늦고 음주를 많이 하여 집에 가겠다고 하면서 택시를 타고 귀가하였고, 이에 망인, 소외2 차장, 소외3은 ○노래방에 들어갔다가 노래방 룸에는 들어가지 않은 상태에서 바로 나왔으며, 망인은 차를 가지고 왔기에 대리기사를 불러 가겠다고 하였고, 이에 소외2 차장, 소외3 순으로 택시를 타고 귀가하였다(이하 1차 회식부터 ○노래방으로 이동하기까지의 전 과정을 합하여 '이 사건 회식'이라 한다).

라) 한편, 망인은 이 사건 회식 전날인 2016. 2. 17. 21:26경 ○○○ ○○○에서 법인카드를 사용하여 440,000원을 결제한 바 있다. 피고가 ○○○ ○○점 상품권 판매 현황을 조사한 결과 망인이 2016. 2. 17. ○○○ ○○점에서 법인카드로 440,000원 상당의 상품권 8장(1만원 권 4장, 10만원 권 4장)을 구매한 사실이 확인되었고, ○○○를 운영하는 주식회사 ○○○에 망인이 위와 같이 ○○○ ○○점에서 구입한 상품권의 사용여부를 확인한 결과 위 상품권 8장 중 7장은 사용되지 않았고, 10만 원권 1장은 망인의 사망 이후인 2016. 8. 4. ○○○ ○○점에서 사용된 것으로 확인되었으며, 소외2 차장이 개인체크카드로 결제한 2차 비용 46,000원 및 3차 비용 53,500원은 회사 비용으로 처리된 사실이 없는 것으로 확인되었다.

3) 관련인의 진술에 관한 사항

가) 소외2 차장은 피고의 조사 과정에서 '저는 망인의 입사 2년 선배이며 영업부에서 같이 근무했다. 그러므로 업무에 관한 많은 도움을 줬으며 개인적으로 각별한 사이이기도 하다', '영업부의 접대는 주로 의사 선생님들을 상대하는 경우가 많지만 업무 특성상 민원담당 부서인 간호사님들의 접대 또한 절대 간과할 수 없다. 만약 간호사님들과 생경한 사이가 될 경우 영업활동에 어려움이 따르게 되며 그로 인해 정보가 뒤지면 영업 업무에 지장을 초래할 수 있으므로 제약회사 직원들은 본인이 필요하다고 생각하는 부서의 간호사님들과 친밀한 관계를 맺지 않을 수 없다', '식사하는 과정에서 망인은 두 간호사님께 간간이 잘 부탁한다는 멘트와 앞으로 이런 자리를 종종 만들테니 시간을 내 달라는 부탁 말과 함께 분위기를 자연스럽게 이끌어 갔으며 대화 주제는 주로 ○○병원에 관한 이야기와 닥터 선생님들의 개성 그리고 각 대학병원 특성 같은 이야기를 나눴다. 특히 망인이 민원 부탁을 자주하게 되어 고맙다는 말을 많이 했던 것으로 기억한다. 접대문화가 늘 그렇듯, 접대 받는 쪽보다는 접대하는 쪽이 더 많이 마셔야 하는 경우가 있다 보니 저도 보통 때보다 더 취한 듯했다', '영업활동을 하다보면 병원의 여러 부서의 사람들과 두루두루 친밀한 관계 형성을 위해 저녁식사자리가 필요한 경우가 발생할 수밖에 없다'라는 내용 등이 기재된 사실확인서를 제출하였다.

나) 소외6 부장은 피고의 조사 과정에서 '○○병원이 대형병원이므로 잦은 부탁이 있을 수밖에 없고 이런 일도 담당 차장으로는 해결해야 하는 업무적 성격을 가지고 있다. 본인은 팀장으로도 망인이 고객센터에서 일하는 간호사들로부터 진료예약, 진료상담, 진상고객 처리 등에서 많은 도움을 받은 것으로 알고 있다. 1년 전에도 망인, 소외4 과장, 소외5 대리가 소외3 간호사 등과 저녁식사를 했고, 그때도 당연히 영업 업무의 일환으로 법인카드 처리가 되었다. 2. 18. 소외3 간호사 등과의 회식은 영업 업무와 관련된 회식이었다. 당일 회식은 망인이 전날 법인카드로 구매한 상품권으로 결제했고, 2. 18. 오전에

전표로 처리되었다. 법인카드로 구매한 상품권이므로 모두 영업 업무와의 관련성이 회사에서 인정되는 부분이다'라는 내용 등이 기재된 사실확인서를 제출하였고, 이 사건 소송에 증인으로 출석하여 '소외3 간호사는 병원의 진료를 잡아주는 업무를 하는 간호사였다. 저희가 병원에 전화해서도 예약을 잡을 수 있는데, 시스템을 잘 모르고, 많은 부탁이 오는데, 워낙 친절하게 일을 잘 해 주어서 제가 팀장 되고 2번째 그날 식사한 것으로 알고 있다. 1년에 한 번 식사를 모신 것으로 알고 있다', '식사를 할 경우 영업직원이 회사비용이 아니라 개인적으로 비용을 결제하는 경우는 거의 없다고 봐야 될 것 같다', '영업직원이 거래처 직원과 업무상 목적이 아니라 순수하게 사적으로 만날 이유는 없다', '당시 상품권을 저희가 간혹 구매를 미리 해놓고 가지고 있다가 결제할 때 쓰는 경우가 종종 있었는데, ○○○처럼 여러 군데에서 쓸 수 있는 곳은 평상시에도 구매를 해놓은 편이었다. 그래서 갑자기 쓰게 되는 식사자리에서 쓰고 그런 경우가 종종 있었다', '소외2 팀장은 법인카드를 가지고 있었을 것으로 생각하고, 망인은 그날 상황은 잘 모르겠는데 보통은 가지고 다녔다. 보통 직원 1명당 법인카드 1개를 가지고 다녔다'라는 등의 진술을 하였다.

다) 소외3은 피고의 조사 과정에서 '망인이 각과 담당 교수 스케줄 및 타 제약사 약에 관한 정보 이외 병실 예약 또는 진료날짜 변경 등 각종 민원 부탁도 했는가'라는 질문에 관하여 '그렇다. 일반적으로 제약회사 직원들이 부탁하는 민원보다 망인은 더 많은 민원을 부탁했다'라고 진술했고, 그 외에 '컴퓨터로 조회해서 알 수 있는 선생님들의 스케줄은 알려줬다', '제약회사 영업 직원들이 우리 병원 전산망에 접근할 수 없기에 내가 교수님들의 처방 및 타 제약사 신약에 관한 정보들을 알려줬다'라고 진술했으며, '2015년도에도 ○○○○병원을 담당하는 망인과 박과장님, 신대리님과 저희 부서 간호사인 저와 소외7, 소외8 세 명이 바깥에서 회식을 한 적이 있다. 그 이후에도 2번 정도 점심식사를 같이 했다', 2015년 저녁 회식 때에도 여섯 명 모두 많이

마셨던 것으로 기억한다. 이번 사고도 무척 안타깝지만, 그런 연장선 상에서 회식을 했던 것이다. 망인께서는 자주 제게 여러 민원을 부탁하였고 이에 대해 미안해서 저녁식사를 하자고 했던 것이다. 이번 모임에는 저와 부서에서 함께 근무하는 소외7 간호사가 나갔고, 망인과 함께 근무했던 상급자인 소외2 팀장도 오시기로 했다고 들었다. 이번 회식에서 병원 내 업무, 영업에 대한 이야기, 병원의 스타일 등 여러 이야기를 나눴고, 망인은 앞으로도 잘 부탁한다고 몇 번 이야기하였다'는 내용 등이 기재된 사실확인서를 제출하였다.

라) 소외4, 소외5은 피고의 조사 과정에서 2015년에 망인, 소외4, 소외5과 ○○○○병원 간호사 소외3, 소외7, 소외8가 같이 식사 및 음주 등을 하였는데 법인카드로 업무추진비가 집행되었다는 취지의 내용 등이 기재된 사실확인서를 제출하였다.

4) 이 사건 회사 측의 입장

가) 피고의 조사 과정에서 제출된 이 사건 회사의 문답서에는 '소외4 및 소외5로부터 1년 전 간호사와 식사 등의 비용을 업무추진비로 사용하였다는 사실을 확인하였으나, 무기명카드이고 정확한 날짜를 알지 못하며 품의서에 특별한 내용을 기재하지 않는 사유로 많은 증빙자료에서 동 자료의 확인은 물가하였다', '2016. 2. 17. 망인이 ○○○○○○에서 처리한 영수증에 대한 품의서에는 결제금액(440,000원)의 내용만 기재되어 있어서 망인의 업무추진 내용 및 당사자의 확인은 불가하였다', '당사에서는 소속 임직원들에게 상품권을 지급하고 있지 않으며, 어떤 절차로 망인이 상품권을 구입하였는지 등에 대한 확인은 불가하였다', '망인은 ○○○○병원 간호사와 업무유대강화를 위해 식사 등을 하는데 같이 하자는 이야기를 재해 발생 수주 전부터 소외2 차장에게 하였고, 1주 전에 2016. 2. 18. 식사 등의 약속이 되었다는 이야기를 소외2 차장에게 한 것으로 확인되었다', '소외2 차장은 상급자에게 보고 또는 지시 없이 2016. 2. 18. 식사 등에 참석한 것으로 확인되었다', '식사 건은 팀장인 소외6 부장에게 사전 보고를

하지는 않았으나 업무 편의상 선조치 후보고는 종종 있는 일로 허용되고 있었다', '2016. 2. 18. 방이○○○에서 식사 등을 한 후 ○○○이자카야와 ○○○○에서 음주 등을 하였고 비용은 각각 46,000원과 53,500원이었으며 소외2 차장이 개인체크카드를 이용하여 부담한 것으로 확인되었다. 소외2 차장이 개인카드를 사용한 비용은 업무추진비 등의 회사 비용으로 처리가 되지 않았다', '당사에서는 기업(법인)카드를 사용하여 업무추진비 등을 집행하고 있으며, 개인카드를 사용하거나 개인 비용으로 처리한 것을 추후 업무추진비 등으로 집행을 하지 않고 있다', '치료비, 장제 지원, 직원 성금, 단체보험 보험금, 퇴직 위로금 등으로 약 6억 원을 지급하였으며, 산재보험 보험급여 명목으로 지급한 금품은 치료비 외에는 없다'라는 내용 등이 기재되어 있다.

나) 이 사건 회사는 이 법원의 사실조회에 대하여 '망인이 소외3 간호사 등과 회식을 한 사유에 관하여 당사에서는 확인할 수 없는 사항이다', '이 사건 회식이 사전에 보고되지 못한 이유는 당사에서는 확인할 수 없는 사항이다'라는 등의 내용의 회신을 하였다.

[인정근거] 다툼 없는 사실, 갑 제4 내지 10, 12호증, 을 제1, 2호증(각 가지번호 포함)의 각 기재, 증인 소외6의 증언, 이 법원의 이 사건 회사에 대한 사실조회결과, 변론 전체의 취지

다. 판단

1) 구 산업재해보상보험법(2017. 10. 24. 법률 제14933호로 개정되어 2018. 1. 1. 시행되기 전의 것) 제37조 제1항 제1호 라목은 사업주가 주관하거나 사업주의 지시에 따라 참여한 행사나 행사준비 중에 발생한 사고를 업무상 사고로 규정하고, 그로 인하여 근로자가 사망하면 업무상의 재해로 본다고 규정하고 있다. 구 산업재해보상보험법 시행령(2017. 12. 26. 대통령령 제28506호로 개정되기 전의 것) 제30조는 운동경기·야유회·등산대회 등 각종 행사에 근로자가 참가하는 것이 사회통념상 노무관리 또는 사업 운영상 필요하다고 인정되는 경우로서 ① 사업주가 행사에

참가한 근로자에 대하여 행사에 참가한 시간을 근무한 시간으로 인정하는 경우, ② 사업주가 그 근로자에게 행사에 참가하도록 지시한 경우, ③ 사전에 사업주의 승인을 받아 행사에 참가한 경우, ④ 그 밖에 위에 준하는 경우로서 사업주가 그 근로자의 행사 참가를 통상적·관례적으로 인정한 경우 중 어느 하나에 해당하면, 근로자가 그 행사에 참가하여 발생한 사고는 구 산업재해보상보험법 제37조 제1항 제1호 라목에 따른 업무상 사고로 본다고 규정하고 있다.

근로자가 근로계약에 의하여 통상 종사할 의무가 있는 업무로 규정되어 있지 아니한 회사 외의 행사나 모임에 참가하던 중 재해를 당한 경우 이를 업무상 재해로 인정하려면, 우선 그 행사나 모임의 주최자, 목적, 내용, 참가인원과 그 강제성 여부, 운영 방법, 비용부담 등의 사정들에 비추어, 사회통념상 그 행사나 모임의 전반적인 과정이 사용자의 지배나 관리를 받는 상태에 있어야 하고(대법원 1992. 10. 9. 선고 92누11107 판결 참조), 사업주가 지배나 관리를 하는 회식에서 근로자가 주량을 초과하여 음주를 한 것이 주된 원인이 되어 부상·질병 또는 장해가 발생하거나 사망한 경우에도 업무와 과음, 그리고 재해 사이에 상당인과관계가 인정된다면 산업재해보상보험법에서 정한 업무상 재해에 해당한다. 다만 여기서 업무와 과음, 재해 사이에 상당인과관계가 있는지는 사업주가 음주를 권유하거나 사실상 강요하였는지 아니면 음주가 근로자 본인의 판단과 의사에 의하여 자발적으로 이루어진 것인지, 재해를 당한 근로자 외에 다른 근로자들이 마신 술의 양은 어느 정도인지, 재해가 업무와 관련된 회식 과정에서 통상 수반하는 위험의 범위 내에 있는 것인지, 회식 또는 과음으로 인한 심신장애와 무관한 다른 비정상적인 경로를 거쳐 발생한 재해는 아닌지 등 여러 사정을 고려하여 신중하게 판단하여야 한다(대법원 2015. 11. 12. 선고 2013두25276 판결 참조).

2) 앞서 본 사실관계에 변론 전체의 취지를 더하여 알 수 있는 다음과 같은 사정들에 비추어 보면, 이 사건 회식이 사업주의 지배나 관리를

받는 행사에 해당한다고 보기는 어렵다.

가) 망인은 참석자, 비용 부담자 등 이 사건 회식에 관한 사항에 대하여 사전에 소외6 부장 등 상급자의 지시를 받거나 상급자에게 사전에 보고한 바 없다.

나) 망인은 같은 팀에 소속된 소외4 과장, 소외5 과장대리와 함께 ○○○○병원을 담당하였는데, 2015년에는 소외4 과장, 소외5 과장대리와 함께 ○○○○병원 간호사 소외3, 소외7, 소외8와 식사 및 음주를 하였고 회식비용이 법인카드로 결제된 것으로 보인다. 그러나, 이 사건 회식에는 ○○○○병원 담당자인 소외4 과장, 소외5 과장대리가 참석하지 않았고, 이 사건 회식에 참석한 소외2 차장은 망인과 다른 팀 소속으로 ○○○○병원을 담당하지 않았으며, 이 사건 회식 비용에 대한 결제는 아래 라), 마)항에서 보는 바와 같이 2015년 회식의 경우와 차이가 있다.

다) 망인은 소외2 차장 및 여자 간호사 2명과 자연스러운 분위기에서 본인의 판단과 의사에 의하여 자발적으로 음주를 하였던 것으로 보이고, 망인이 주량을 초과하여 음주를 한 것에 사실상 강요가 있었다거나 피할 수 없는 업무적 요인이 있었다고 보기는 어렵다.

라) 망인은 이 사건 회식 전날에 법인카드로 구입한 ○○○ 상품권으로 1차 회식 비용을 결제하지 않았고, 망인이 1차 회식 비용으로 결제한 ○○○ 상품권이 법인카드로 구입한 것인지 확인되지 않는다.

마) 소외2 차장은 2차 비용 46,000원 및 3차 비용 53,500원을 개인체크카드로 결제하였고, 이를 회사 비용으로 처리한 사실은 없는 것으로 확인되었다. 그런데, 이 사건 회사 약품사업본부 ETC영업1부 ○○○지점 소속으로 망인의 팀장인 소외6 부장은 이 사건 소송에 증인으로 출석하여 '식사를 할 경우 영업직원이 회사비용이 아니라 개인적으로 비용을 결제하는 경우는 거의 없다고 봐야 될 것 같다', '소외2 팀장은 법인 카드를 가지고 있었을 것으로 생각하고, 망인은 그날 상황은 잘 모르겠는데 보통은 가지고 다녔다. 보통 직원 1명당 법인카

드 1개를 가지고 다녔다'라는 진술을 하였고, 피고의 조사 과정에서 제출된 이 사건 회사의 문답서에는 '2차, 3차에서 소외2 차장이 개인카드를 사용한 비용은 업무추진비 등의 회사 비용으로 처리가 되지 않았다', '당사에서는 기업(법인)카드를 사용하여 업무추진비 등을 집행하고 있으며, 개인카드를 사용 하거나 개인 비용으로 처리한 것을 추후 업무추진비 등으로 집행을 하지 않고 있다'라는 내용 등이 기재되어 있는 점, 소외2 차장은 ○○○○병원을 담당하는 자가 아니므로 2차, 3차 회식이 업무의 일환이라면 이를 소외2 차장의 개인 비용으로 처리할 이유가 없다고 보이는 점 등을 앞서 본 사정들과 함께 고려하여 보면, 적어도 2차 회식부터는 사업주의 지배나 관리를 받는 행사에 해당한다고 보기는 어렵다.

3) 따라서 이 사건 회식 직후에 계단에서 굴러 떨어지는 사고로 인한 망인의 사망과 업무 사이에 상당인과관계를 인정하기에 부족하므로, 이와 같은 전제에서 이루어진 이 사건 처분은 적법하다.

3. 결론

그렇다면 원고의 청구는 이유 없으므로 이를 기각하기로 하여, 주문과 같이 판결한다.

[참조조문]

산업재해보상보험법 제37조

같은 법 시행령 제27조 제2항, 제30조

구 산업재해보상보험법(2017. 10. 24. 법률 제14933호로 개정되어 2018. 1. 1. 시행되기 전의 것) 제37조 제1항 제1호 라목

구 산업재해보상보험법 시행령(2017. 12. 26. 대통령령 제28506호로 개정 되기 전의 것) 제30조

구 산업재해보상보험법 제37조 제1항 제1호 라목

[참조판례]

대법원 1992. 10. 9. 선고 92누11107 판결

대법원 2015. 11. 12. 선고 2013두25276 판결

◎ 2심 서울고등법원 제1-1행정부[2019누38900]

원 고 : 항소인 ○○○

서울시 강서구 ○○○로 ○○○

소송대리인 변호사 ○○○

피 고 : 피항소인 근로복지공단

전심판결 : 1심 2018구합69240 서울행정법원

변론종결 : 2019. 11. 22

판결선고 : 2020. 01. 17

[주문]

1. 제1심판결을 취소한다.
2. 피고가 2018. 4. 27. 원고에게 한 유족급여 및 장의비 부지급 처분을 취소한다.
3. 소송총비용은 피고가 부담한다.

[청구취지 및 항소취지]

주문과 같다.

[이유]

1. 처분의 경위

가. 원고의 남편인 망 소외1(생략생, 이하 '망인'이라 한다)은 2005. 5. 23. 주식회사 ○○○○(이하 '이 사건 회사'라 한다)에 입사하여 영업 업무를 수행한 사람이다.

나. 망인은 2016. 2. 18. 19:00경 동료 근로자 소외2 차장 및 ○○○○병원 간호사 2명과 함께 일식집 ○○○○○○○에서 저녁 식사를 하고 인근 술집 ○○○ 이자카야와 ○○○○에서 술을 마시고 인근 노래방으로 이동하였다가 집에 가기 위해 대리기사를 불러 기다리던 중 노래방 입구 계단에서 지하 1층으로 굴러 떨어졌고, 2016. 2. 19. 01:22경 노래방 업주에 의해 발견되었으며, 노래방 업주의 신고를 받고 출동한 119구급대를 통해 ○○○○병원 응급실로 이송되어 외상성경막하출혈로 진단받고 ○○○○병원 중환자실에서 입원치료를 받았으나 2016. 4. 9.

14:10경 사망하였다. 망인에 대한 사망진단서에는 직접사인으로 '심폐정지', 간접사인으로 '외상성 지주막하출혈'이 각 기재되어 있다.

다. 원고는 피고에게 망인의 사망이 업무상 재해에 해당한다고 주장하며 유족급여 및 장의비 지급을 청구하였으나, 피고는 2017. 3. 29. '망인이 친목도모 또는 사적으로 과다하게 음주한 상태에서 집에 가기 위해 1층 노래방 입구에서 대리기사를 기다리다가 지하 1층으로 굴러 떨어져 발생한 재해는 산업재해보상보험법 제37조, 같은 법 시행령 제27조 제2항 및 제30조에 의한 출장 중의 재해 또는 행사 중의 사고에 의한 업무상 재해로 볼 수 없다'는 이유로 원고에 대하여 유족급여 및 장의비 부지급 처분을 하였다.

라. 원고는 피고에게 위 처분에 대한 심사청구를 하였으나, 피고는 2017. 9. 12. '망인이 2016. 2. 18. 19:00경부터 동료 근로자 소외2 차장 및 ○○○○병원 간호사 2명과 식사 및 음주를 한 사실은 확인되나, 이에 대해 사전에 상급자의 지시를 받거나 보고한 사실이 없었던 점, 이전과는 달리 팀장 및 해당 병원 담당 직원들이 참석하지 않았고 비용도 법인카드로 처리되지 않은 점, 당일 1차 비용으로 결제된 상품권은 전날 망인이 법인카드로 구매한 상품권이 아니며 구체적인 취득 경위는 확인되지 않는 점, 이후 이어진 2차 및 3차 비용은 동료 근로자 소외2 차장의 개인카드로 결제된 점, 음주 또한 망인의 판단과 의사에 따라 자발적으로 이루어진 것일 뿐 망인이 자신의 주량을 초과하여 과음을 할 수밖에 없었던 불가피한 업무적 요인이 있었던 것으로 보기는 어려운 점 등에 비추어 보면, 2016. 2. 18. 업무 종료 후 1차, 2차, 3차로 이어진 식사 및 음주 행위를 망인의 업무수행과정의 일부로 보아 업무관련성을 인정하기는 어려울 것으로 판단되므로 망인의 재해는 산업재해보상보험법상 사업주 지배관리 하에서 발생한 업무상 재해로 인정할 수 없다'는 이유로 원고의 심사청구를 기각하였다.

마. 원고는 피고에게 다시 유족급여 및 장의비 지급을 청구하였으나, 피고는 2018. 4. 27. 종전 처분과 동일한 이유로 원고에 대하여 유족급여

및 장의비 부지급 처분을 하였다(이하 '이 사건 처분'이라 한다).

[인정근거] 다툼 없는 사실, 갑 제1 내지 3호증, 을 제1호증(각 가지번호 포함)의 각 기재, 변론 전체의 취지

2. 이 사건 처분의 적법 여부

가. 원고의 주장

망인이 이 사건 회사의 ○○○○병원 담당 차장으로서 병원의 인맥관리를 위해 진료상담 부서 간호사들과 유대관계를 맺어온 점, 망인이 진료상담, 진료예약 등을 위해 수시로 소외3 간호사에게 업무적 부탁을 해왔던 점, 이 사건 회식은 위 간호사들에 대한 접대성 회식인 점, 당시 접대하는 위치에 있다 보니 많은 양의 술을 마시게 되어 만취 상태에 이른 점, 망인은 일행을 귀가시킨 후 회식 장소인 노래방 인근에서 대리 운전을 기다리던 중 만취 상태에서 정신을 잃고 계단에서 넘어진 점 등에 비추어 보면, 망인의 사망은 이 사건 회식 과정에서의 부득이한 음주가 원인이 되어 발생한 것으로서 산업재해보상보험법상 업무상 재해에 해당한다. 따라서 이와 다른 전제에 선 이 사건 처분은 위법하여 취소되어야 한다.

나. 인정사실

이 법원이 이 사건에 적을 판결 이유는, 아래에서 추가거나 고치는 부분 외에는 제1심판결의 이유 해당 부분(4쪽 밑에서 2행-11쪽 3행) 가재와 같으므로, 행정소송법 제8조 제2항, 민사소송법 제420조 본문에 따라 이를 인용한다.

○ 8쪽 밑에서 4행에 "제1심 증인 소외4은 '2차 맥주집에서 4~5만원 나오고 이런 것은 시간이 늦으면 개인비용으로 하는 경우도 있다. 일비로 돈을 매일 받는 것이 있다. 영수증이 10시 11시 12시에 늦게 나오는 것을 회사에서 싫어한다. 유류, 직원 식사 등 일비로 6만 원 정도 나온 것으로 알고 있고, 따로 지출증빙을 하지 않는다.'고 증언하였다."를 추가한다.

○ 9쪽 13행에 "소외3은 이 법원에 증인으로 출석하여 위 사실확인서(갑 제7호증의2) 및 아래 마)항의 진술서(갑 제11호증)가 사실임을 인정하면서 '이 사건 회식에서 증인과 소외5 간호사가 비용을 부담하지 않았고 2015

년 회식도 마찬가지였다.', '망인이 이 사건 회식을 제안하였고 2015년 회식은 증인이 (망인을) 많이 도와주어 술자리를 한번 갖자는 얘기를 했다가 하게 되었다.', '망인이 증인을 접대하기 위해서 본인 주량 이상의 술을 무리해서 마신다는 느낌을 받지는 않았지만, 업무상 얘기하다 보니 서로 어려운 자리다 보니까 증인도 주량보다 넘어갔다. 망인이 마지막까지 남아서 다른 사람들의 귀가를 챙긴 것은 증인과 소외5 간호사가 조금 어려운 사람이니까 더 먼저 보내지 않았을까 싶다.', '같이 왔던 소외2 팀장은 2차병원급을 담당했기 때문에 나중에 잘하면 3차병원 팀장이나 ○○○○병원 제약회사 팀장 자리에 올라온다고 생각했다.', '영업사원이 (제약회사로부터) 진료예약이 들어오면 다 저희를 거쳐야 됐고 저희랑 관계가 좋아야 본인들도 조금 수월하게 업무를 하지 않았나 싶다. 이 사건 회사가 아닌 다른 제약회사에서 ○○○○병원을 담당하는 분들과도 업무적 이유로 외부에서 종종 저녁 식사자리를 갖는다.'는 등의 증언을 하였다."를 추가한다.

○ 9쪽 밑에서 6행 다음에 아래의 내용을 추가한다.

【마) 2차 회식이 이루어졌던 이자카야 ○○○ 사장은 '대화내용을 들어보니 호칭이 선생님, 차장님, 팀장님 하면서 어려운 관계라는 걸 느꼈고 남자분들이 오히려 여자분들에게 끌려다닌 느낌이 있었습니다. 여자분들이 마지막 소주를 주문했을 때 많이 부담스러워하셔서 술을 드려야 할지 잠깐 망설였던 기억이 납니다. 남자분들 목소리보다 여자분들이 더 큰 것도 그렇고 술 드시는 걸 힘들어 했던 팀장님도 차장님도 편해보이지는 않았던 것 같습니다.'라고 진술서를 작성하였다.】

○ 11쪽 1행~3행을 아래와 같이 고친다.

【[인정근거] 다툼 없는 사실, 갑 제4 내지 12, 15호증, 을 제1, 2호증(각 가지번호 포함)의 각 기재, 제1심 증인 소외4, 이 법원 증인 소외3의 각 증언, 제1심 법원의 이 사건 회사에 대한 사실조회결과, 변론 전체의 취지】

다. 판단

1) 구 산업재해보상보험법(2017. 10. 24. 법률 제14933호로 개정되어 2018. 1. 1.

시행되기 전의 것, 이하 '구 산업재해보상보험법'이라 한다) 제37조 제1항 제1호 라목은 사업주가 주관하거나 사업주의 지시에 따라 참여한 행사나 행사준비 중에 발생한 사고를 업무상 사고로 규정하고, 그로 인하여 근로자가 사망하면 업무상의 재해로 본다고 규정하고 있다. 구 산업재해보상보험법 시행령(2017. 12. 26. 대통령령 제28506호로 개정되기 전의 것) 제30조는 운동경기·야유회·등산대회 등 각종 행사에 근로자가 참가하는 것이 사회통념상 노무관리 또는 사업운영상 필요하다고 인정되는 경우로서 ① 사업주가 행사에 참가한 근로자에 대하여 행사에 참가한 시간을 근무한 시간으로 인정하는 경우, ② 사업주가 그 근로자에게 행사에 잠가하도록 지시한 경우, ③ 사전에 사업주의 승인을 받아 행사에 참가한 경우, ④ 그 밖에 위에 준하는 경우로서 사업주가 그 근로자의 행사 참가를 통상적·관례적으로 인정한 경우 중 어느 하나에 해당하면, 근로자가 그 행사에 참가하여 발생한 사고는 구 산업재해보상보험법 제37조 제1항 제1호 라목에 따른 업무상 사고로 본다고 규정하고 있다.

근로자가 근로계약에 의하여 통상 종사할 의무가 있는 업무로 규정되어 있지 아니한 회사 외의 행사나 모임에 참가하던 중 재해를 당한 경우 이를 업무상 재해로 인정하려면, 우선 그 행사나 모임의 주최자, 목적, 내용, 참가인원과 그 강제성 여부, 운영 방법, 비용부담 등의 사정들에 비추어, 사회통념상 그 행사나 모임의 전반적인 과정이 사용자의 지배나 관리를 받는 상태에 있어야 하고(대법원 1992. 10. 9. 선고 92누11107 판결 참조), 사업주가 지배나 관리를 하는 회식에서 근로자가 주량을 초과하여 음주를 한 것이 주된 원인이 되어 부상·질병 또는 장해가 발생하거나 사망한 경우에도 업무와 과음, 그리고 재해 사이에 상당인과관계가 인정된다면 산업재해보상보험법에서 정한 업무상 재해에 해당한다. 다만 여기서 업무와 과음, 재해 사이에 상당인과관계가 있는지는 사업주가 음주를 권유하거나 사실상 강요하였는지 아니면 음주가 근로자 본인의 판단과 의사에 의하여 자발적으로 이루어진 것인지, 재해를 당한 근로자 외에 다른 근로자들이 마신 술의 양은 어느 정도인지, 재해가 업무와 관련된 회식 과정에서 통상 수반하는 위험의 범위 내에 있는 것인지, 회식 또는 과음으로 인한 심신장애와 무관한 다른 비정상적인 경로를 거쳐 발생한 재해는 아닌지 등 여러 사정을 고려하여 신중하게 판단하여야 한다(대법원 2015. 11. 12. 선고 2013두25276 판결 참조).

당초 사용자의 전반적 지배·관리 하에 개최된 회사 밖의 행사나 모임이 종료되었는지 여부가 문제될 때에는 일부 단편적인 사정만을 들어 그로써 위 공식적인 행사나 모임의 성격이 업무와 무관한 사적·임의적 성격으로 바뀌었다고 속단하여서는 안 될 것이고, 위에서 든 여러 사정들을 종합하여 근로자의 업무상 재해를 공정하게 보상하여 근로자 보호에 이바지한다고 하는 산업재해보상보험법의 목적(같은 법 제1조)에 맞게 합리적으로 판단하여야만 할 것이다(대법원 2008. 10. 9. 선고 2008두8475 판결 참조)

2) 앞서 인정한 사실에 변론 전체의 취지를 더하여 알 수 있는 다음과 같은 사정들에 비추어 보면, 이 사건 회식은 구 산업재해보상보험법 제37조 제1항 제1호 라목의 사업주의 지배나 관리를 받는 행사에 해당한다고 봄이 타당하다.

가) 망인은 같은 팀에 소속된 소외6 과장, 소외7 과장대리와 함께 ○○○○병원을 담당하는 차장이었다. 망인의 업무는 이 사건 회사의 제품 정보를 의사들에게 전달하여 의사들이 이 사건 회사의 제품을 처방하도록 의사들을 상대하는 것이 주된 영업 업무였고 이를 위해 의사들뿐만 아니라 간호사들과도 유대관계를 가져야 했다. 또한 갑 제7호증의 1, 2, 갑 제15호증의 각 기재, 제1심 증인 소외4, 당심 증인 소외3의 각 증언 등에 의하면 대형병원을 담당하는 제약회사의 영업부서 직원은 제약회사로부터 진료예약 등의 부탁을 받는데, 망인 또한 이 사건 회사의 상사 등으로부터 진료 예약 부탁을 받으면 위 민원을 처리해야 하기 때문에 진료상담 부서에 근무하는 간호사들에게도 접대가 필요하였다. 특히 망인은 1주일에 2~3회 정도 진료상담 부서의

소외3 간호사에게 업무상 부탁을 하였고, 소외3 간호사는 망인에게 각 과 담당 교수의 진료 및 휴진 일정과 경조사 일정, 다른 제약회사의 투약력 등의 정보를 알려주었고, 진료 예약, 입원 조정 등을 해주었다.

나) 망인은 2015년 소외6 과장, 소외7 과장대리와 함께 ○○○○병원의 진료 상담 부서의 간호사 소외3, 소외5, 소외8와 식사 및 음주를 하였다. 망인은 소외4 부장에게 위 회식을 사후보고 하였다. 이 사건 회사는 위 회식날짜를 특정할 수 없고 당시 법인카드는 무기명카드여서 확인하기 어렵다고 회신하였지만, 위 회식은 망인이 소외3 간호사로부터 회식 제의를 받은 이후 망인을 포함한 이 사건 회사의 ETC영업1부 서울1지점이 ○○○○병원의 진료상담 부서 간호사들에게 그동안의 업무협조에 대한 감사를 표하는 자리로서 이 사건 회사의 비용부담이 요구되는 유익적인 영업활동으로 볼 수 있다.

2016년 이 사건 회식도 위 2015년 회식과 같은 성격에서 마련된 것으로 볼 수 있다. 즉 망인은 간호사들에게 잘 부탁한다는 말을 하였고 대화 주제는 ○○○○병원, 의사들의 개성 등에 관한 것이었다. 망인이 소외3 간호사에게 이 사건 회식을 제안하였다고 하더라도, 위 2015년 회식 이후 망인과 진료상담 부서 간호사들은 병원 내에서 식사를 종종 했고 외부 저녁 술자리는 이 사건 회식뿐이어서 이 사건 회식은 2015년 회식에 이어서 망인이 이 사건 회사의 ETC영업1부의 차장으로서 진료상담 부서 간호사들에게 업무협의와 우호관계의 지속적 유지 목적에서 마련한 것으로 볼 수 있다. ○○○○병원의 진료상담 부서 간호사들은 이 사건 회사는 물론 다른 제약회사의 직원들과도 '업무적 이유로 저녁 만남을 하였는데, 이 사건 회식에 ○○○○병원을 담당하는 소외6 과장, 소외7 과장대리가 참석하지 않고 망인과 다른 팀 소속인 소외2 차장이 참석하였다고 하더라도 이 사건 회식의 성격을 사적·임의적 성격의 모임이라고 보기 어렵다.

다) 망인은 참석자, 비용 부담자 등 이 사건 회식에 관한 사항에 대하여

사전에 소외4 부장 등 상급자의 지시를 받거나 상급자에게 사전에 보고한 바 없다. 그러나 이 사건 회사의 문답서에는 '업무 편의상 선조치 후보고는 종종 있는 일로 허용되고 있었다'고 기재되어 있고, 제1심 증인 소외4은 "큰 이슈가 있거나 중요한 식사자리는 사전 보고를 대부분 하는데 간단한 식사자리는 사후 보고도 종종 있으며, 2015년 망인, 망인과 같은 팀 직원인 소외6, 소외7이 ○○○○병원 진료예약 담당 간호사인 소외3, 소외5, 소외8와 회식을 했을 때도 사후 보고를 들었다"고 증언하였는바, 망인은 총 4명이 모인 규모가 작은 이 사건 회식을 소외4 부장에게 사후 보고 하고자 한 것으로 보인다.

라) 제약회사의 영업사원은 대학병원 진료상담 부서의 간호사들에게 업무를 부탁해야 해서 위 간호사들과 협력관계에 있는 점, 이 사건 회식은 업무의 일환으로 접대 상대방이 있었고, 접대 상대방인 진료상담 부서의 간호사도 이 사건 회식이 업무를 논의하는 자리였다는 점을 인정한 점, 망인이 이 사건 회식에서 마지막까지 남아 다른 사람들의 귀가를 챙긴 점 등을 고려하면, 이 사건 회식에서 망인이 자신의 주량을 초과하여 음주를 하여 만취 상태에 이른 것이 오로지 망인의 자발적 의사였다고 보기 어려우며 피할 수 없는 업무적 요인이 있었다고 볼 수 있다.

마) 망인은 이 사건 회식 전날에 법인카드로 구입한 ○○○ 상품권으로 1차 회식비용을 결제하지는 않았다. 그런데 제1심 증인 소외4의 증언에 의하면 당시 영업직원들은 미리 ○○○ 등의 식당 상품권을 구매하여 22:00 이후 회식 비용을 결제하는 경우가 많았던 점이 인정된다. 소외2 차장은 2차 비용 46,000원 및 3차 비용 53,500원을 개인체크카드로 결제하였고, 피고의 조사 과정에서 제출된 이 사건 회사의 문답서에 의하면 소외2 차장은 이를 회사 비용으로 처리하지 않았다. 그러나 ○○○○병원의 진료상담 부서 간호사들이 이 사건 회식 비용을 전혀 부담하지 않은 점, 2, 3차 회식의 비용을 참석자 중 소외

2 개인 명의의 카드로 결제하였다고 하더라도 그 비용이 비교적 소액일 뿐만 아니라 이 사건 회사가 그에게 업무추진비를 지급하였던 점 등을 고려하면, 단순히 2, 3차 회식의 비용이 1차 회식과는 별도로 이 사건 회사 법인카드로 결제되지 않았다는 사정만으로 이 사건 회식의 공식적인 회식으로서의 성격이 업무와 무관한 사적·임의적 성격으로 바뀌었다고 단정하기 어렵고, 망인이 모임의 정상적인 경로를 일탈하였다고 볼 수 없다.

3) 따라서 이 사건 회식 직후에 계단에서 굴러 떨어지는 사고로 인한 망인의 사망과 업무 사이에 상당인과관계가 있다고 봄이 타당하므로, 이와 다른 전제에서 이루어진 이 사건 처분은 위법하다.

3. 결론

그렇다면 원고의 청구는 이유 있으므로 이를 인용하여야 한다. 제1심판결은 이와 결론을 달리 하여 부당하므로, 원고의 항소를 인용하기로 하여 주문과 같이 판결한다.

[참조조문]

행정소송법 제8조 제2항

민사소송법 제420조

산업재해보상보험법 제37조

같은 법 시행령 제27조 제2항, 제30조

구 산업재해보상보험법(2017. 10. 24. 법률 제14933호로 개정되어 2018. 1. 1. 시행되기 전의 것, 이하 '구 산업재해보상보험법'이라 한다) 제37조 제1항 제1호 라목

구 산업재해보상보험법 시행령(2017. 12. 26. 대통령령 제28506호로 개정 되기 전의 것) 제30조

구 산업재해보상보험법 제37조 제1항 제1호 라목, 같은 법 제1조

[참조판례]

대법원 1992. 10. 9. 선고 92누11107 판결

대법원 2015. 11. 12. 선고 2013두25276 판결

대법원 2008. 10. 9. 선고 2008두8475 판결

4. 유족급여 및 장의비부지급처분취소

(계단을 내려가던 중 발을 헛디뎌 넘어져 사망)

◎ 1심 서울행정법원 제3부[2018구합77609]

원 고 : ○○○

서울시 성동구 ○○○로 ○○○

소송대리인 변호사 ○○○

피 고 : 근로복지공단

변론종결 : 2019. 04. 17

판결선고 : 2019. 06. 07

[주문]

1. 원고의 청구를 기각한다.

2. 소송비용은 원고가 부담한다.

[청구취지]

피고가 2017. 8. 23. 원고에게 한 유족급여 및 장의비 부지급 처분을 취소한다.

[이유]

1. 처분의 경위

가. 망 소외1(생략생, 이하 '망인'이라 한다)은 2016. 8.경부터 서울 중구에 있는 ○○○이란 상호의 중화요리집(이하 '이 사건 사업장'이라 한다)에서 근무하며 주방보조 업무를 수행하여 왔다. 이 사건 사업장은 서울 중구 이하생략에 있는 4층 건물(이하 '이 사건 건물'이라 한다) 중 2층에 위치해있다.

나. 망인은 2017. 1. 27. 19:30경 이 사건 사업장에서 근무를 마치고 음주를 한 다음, 같은 날 21:00경 귀가하기 위해 이 사건 사업장을 나가 이 사건 건물의 계단을 내려가던 중 발을 헛디뎌 넘어지는 사고가 발생하였다(위 사고를 이하 '이 사건 사고'라 한다).

다. 이 사건 사업장의 주방장이자 실질 사업주인 소외2은 이 사건 사고 당시 이 사건 사업장에 있었는데, 망인이 넘어지는 소리를 듣고 이 사건 사업장 밖으로 나가 이 사건 건물 출입구에 넘어져있는 망인을 발견하였다.

라. 망인은 인근 병원으로 후송되어 치료를 받았으나, 2017. 1. 30. 14:17경 외상성 뇌출혈 등으로 인해 결국 사망하였다.

마. 망인의 배우자인 원고는 2017. 4. 12. 망인의 사망이 업무상 재해에 해당한다고 주장하면서 피고에게 유족급여 및 장의비 지급을 신청하였다. 피고는 2017. 8. 23. '이 사건 사업장 업무가 종료되고 대부분의 직원이 퇴근을 한 상태에서 망인은 평소 습관대로 혼자서 자발적으로 술을 마신 것으로 확인되고, 관련자 진술 등에 의하면 사회통념상 노무관리 또는 사업운영상 필요한 행사인 공식적인 회식이 있었다고 인정할만한 정황도 없다. 따라서 망인의 사망을 업무상 재해로 인정하기 어렵다.'는 이유로 유족급여 및 장의비 부지급 처분(이하 '이 사건 처분'이라고 한다)을 하였다.

[인정근거] 다툼 없는 사실, 갑 제1, 4 내지 7, 10호증, 을 제9호증의 각 기재 및 영상, 변론 전체의 취지

2. 이 사건 처분의 적법 여부

가. 원고의 주장

1) 망인이 이 사건 사업장의 공식적인 회식에 참석하여 음주를 하였다가 귀가하는 길에 이 사건 사고가 발생하였다.

2) 가사 망인이 공식적인 회식에 참석한 것이 아니라 자발적으로 음주를 한 것이라 하더라도, 이 사건 사업장이 위치한 이 사건 건물 2층에서 1층 출입문으로 연결되는 계단(이하 '이 사건 계단'이라 한다)은 이 사건 사업장의 사업주가 제공한 시설물에 해당한다. 그런데 건축법 등 관계법령에 따라 이 사건 계단 양측에 손잡이가 설치되어 있어야 하는데, 위와 같이 손잡이가 설치되지 않은 시설물의 하자로 인해 이 사건 사고가 발생하였다. 피고는 해당 부분에 관한 판단 자체를 누락한 채 이 사건 사고가 업무상 사고에 해당하지 않는다고 판단하였다.

3) 결국 이 사건 사고는 업무상 사고에 해당하며 이 사건 사고로 인한 망인의 사망은 업무상 재해에 해당함에도 불구하고, 이와 다른 전제에선 이 사건 처분은 위법하므로 취소되어야 한다.

나. 관계법령

별지 기재와 같다.

다. 인정사실

1) 이 사건 사고 직후 망인을 진료한 ○○○학교 ○○ ○병원이 작성한 의무기록지에는 '망인은 2017. 1. 27. 21:33경 응급실에 도착하였고, 119대원의 고지에 의하면 술에 취한 상태로 계단 밑에 쓰러진 채 발견되었다.'고 기재되어 있다.

2) 한국법의학 ○○의원의 의사가 작성한 망인의 시체검안서상 사망원인은 아래와 같다.

사망원인	
(가) 직접사인	외상성 뇌출혈(급성뇌경악하출혈)
(나) (가)의 원인	전도(뒤로 넘어짐)
(다) (나)의 원인	-
(라) (다)의 원인	-
(가)~(라)에 의미있는 그 밖의 상황	만성알코올중독, 사고 당시 음주 상태

3) ○○○○경찰서는 망인의 사망과 관련하여 내사에 착수하였는데(위 내사를 이하 '이 사건 내사'라 한다), 원고는 2017. 1. 30. 이 사건 내사 담당 경찰관에게 '망인의 주량은 2병이고, 이 사건 사업장에 나가는 날엔 거의 매일 술을 먹는데 일주일에 4번 정도 먹고 2번은 안 먹는다. 퇴근하고 집에 오는 시간은 보통 22시인데, 이 사건 사업장에서 술을 먹고 와도 거의 그 정도가 된다.'는 취지의 진술을 하였다.

4) 이 사건 사업장의 실질 사업주이자 주방장인 소외2은 2017. 1. 30. 이 사건 내사 담당 경찰관에게 아래와 같은 취지의 진술을 하였다.

○ 망인은 하루에 기본 소주 2~3병을 큰 그릇에 따라 냉수 마시듯이 마셨다. 처음에는 술을 못 먹게 해서 끊었는데, 어느 날부터 이 사건 사업장에 있는 술을 꺼내서 가져다 먹기 시작했다. 주인이 주는 것도 아니고 술을 가져다 먹었다.
○ 작년 여름쯤 이 사건 사업장에서 일하기 전에 다른 식당에서 일하면서 술을 먹고 비틀거리다가 넘어져 병원에 입원한 적이 있다고 망인이 말한 적이 있다.
○ 이 사건 사업장의 경우 보통 21:00경 퇴근인데, 이 사건 사고 당일은 설 전날 공휴일이라 장사도 안 되어서 19:30경 영업을 일찍 끝냈다. 다른 직원들은

모두 퇴근하고, 본인은 배달원 소외3과 이 사건 사업장에서 이야기를 하면서 소주를 한 잔 하고 있었다. 망인이 혼자서 소주를 꺼내다 먹자 본인이 안 된다면서 집에 빨리 들어가라고 했는데도, 망인은 괜찮다면서 짬뽕 담는 용기에다가 소주를 부어서 마시기 시작했다. 그 때도 2병 정도 먹었다.
○ 결국 다른 직원은 모두 퇴근하고 본인, 소외3(이 사건 사업장 배달원), 망인만이 남아있었으며, 본안과 소외3도 집에 가야해서 망인에게 빨리 집에 가라고 하였다. 망인이 마지 못해 일어나서 먼저 들어가겠다고 하면서 이 사건 사업장을 나갔는데, 21시를 조금 넘은 시간이었다. 그 직후 이 사건 사고가 발생하였고, 이 사건 계단 끝부분에 쓰러져있는 망인을 발견하였다.

5) 위와 같은 관련자 진술 청취 등을 거쳐, ○○○○경찰서는 2017. 2. 15. '망인이 술에 취해 이 사건 계단을 내려가던 중 발을 헛디뎌 넘어지면서 콘크리트 바닥에 머리를 강하게 부딪쳐 외상성 뇌출혈로 사망하였으므로, 망인의 사망과 관련하여 범죄 혐의점이 없다.'고 판단하여 이 사건 내사를 종결하였다. 원고는 이 사건 내사가 종결된 이후인 2017. 4. 12. 유족급여 및 장의비 지급 청구를 하였고, 피고 담당 공무원은 망인의 사망이 업무상 재해에 해당하는지 여부에 관하여 조사에 착수하였다(위 조사를 이하 '이 사건 조사'라 한다).

6) 소외2이 이 사건 조사 과정에서 2017. 4.경 작성한 사실조회서의 주요 내용은 아래와 같다.

○ 이 사건 사업장은 이 사건 사고 당일 19:00경 영업을 종료하였고, 다른 직원과 여사장(사업자등록상 사업주이자 소외2의 배우자를 의미한다)은 그 무렵 모두 퇴근하였다.
○ (영업이 종료한 이후에도) 본인은 주방에 수리할 사람이 온다고 하여 기다리고 있었고, 소외3은 시골에 간다고 열차표를 사는 것 때문에 남아있었다.
○ 이 사건 사고 당일 망인과 같이 술을 마신 사실이 없다. 본인은 반주로 소주 2잔을 마셨고, 망인은 혼자 몇 병을 큰 사발에 따라 마셨으며, (본인이 망인에게) 집에 들어가라고 해도 말을 무시하였다. 옆에서 보는 소외3도 빨리 가라고 한 사실이 있다.
○ 망인은 주인도 모르게 매일 술 2∼3병씩 마셨고, 술값을 지불한 사실은 없다.
○ 이 사건 사고 당일 19:00경에 다른 직원들은 모두 퇴근을 했고, 공식적인 회식을 한 사실이 없다.

7) 이 사건 사업장에서 배달원으로 근무한 소외3이 2017. 6. 19. 피고 담당 공무원에게 진술한 내용은 아래와 같다.

○ 이 사건 사고 당일은 설 연휴가 시작되는 날로 19:00경 이 사건 사업장 업무가 종료되었고, 본인은 그릇을 회수하러 나갔다 왔다. 서울역에 갔더니 시골 가는 표가 없어서 21:00경 다시 가게로 돌아왔는데, 망인이 혼자 술을 마시고 있었다. ○ 망인은 평소와 마찬가지로 이 사건 사고 당일에도 안주도 없이 혼자서 큰 대접에 소주를 따라 마시고 있었다. 망인은 주방에서 근무하는 사람이고 본인은 배달을 해서 평소에도 같이 술을 마신 적이 없으며, 본인은 차표 때문에 다시 이 사건 사업장에 간 것이지 술을 마실 상황이 아니었다. 또한 같이 근무했던 다른 직원들도 모두 다 집에 가고 없었기 때문에 회식을 한 것이 아니다. ○ 본인이 알기로는 망인은 매일 2~3병 정도 마음대로 가져다 먹는다. 큰 대접에 혼자 따라 마시니까 얼마를 먹는지도 모르지만, 거의 매일 20:00 정도가 되면 술에 취해있었다.

[인정근거] 다툼 없는 사실, 갑 제6, 7호증, 을 제3, 4, 6 내지 9호증의 각 기재, 변론 전체의 취지

라. 판단

1) 관련법리

가) 산업재해보상보험법의 업무상 재해라 함은 근로자가 업무수행 중 그 업무에 기인하여 발생한 재해를 말하므로 업무와 재해 사이에 상당 인과관계가 있어야 하고, 그와 같은 인과관계는 이를 주장하는 측에서 증명하여야 한다(대법원 2006. 9. 22. 선고 2006두8341 판결 참조).

나) 근로자가 근로계약에 따른 업무가 아닌 회사 외의 모임에 참가하던 중 재해를 당한 경우, 이를 업무상 재해로 인정하려면 모임의 주최자, 목적, 내용, 참가인원과 강제성 여부, 운영방법, 비용부담 등의 사정에 비추어, 사회통념상 그 모임의 전반적인 과정이 사용자의 지배나 관리를 받는 상태에 있어야 한다(대법원 2016. 6. 9. 선고 2016두34622 판결 참조).

2) 판단

위 법리를 토대로 살펴본다. 앞서 인정한 사실, 앞서 든 각 증거, 을

제5호증의 기재에 변론 전체의 취지를 더하여 알 수 있는 아래와 같은 사정에 비추어 보면, 원고가 제출한 증거만으로는 이 사건 사고를 업무상 사고로 인정하기 어렵고, 달리 이를 인정할 증거가 없다.

가) 이 사건 사업장의 실질 사업주인 소외2은 이 사건 내사 및 이 사건 조사 과정에서 비교적 구체적이고 일관되게 '망인이 거의 매일 이 사건 사업장에서 혼자 술(소주) 2병 가량을 꺼내다 먹는 습관이 있었고, 이 사건 사고 당일에도 마찬가지로 이 사건 사업장에서 혼자 소주를 마신 다음 21:00경 귀가하기 위해 나갔다. 본인과 소외3이 이 사건 사고 당일 망인과 함께 술을 마신 적은 없고 회식을 하지도 않았다.'는 취지의 진술을 하였다.

여기에 이 사건 사업장의 배달원 소외3도 이 사건 조사 과정에서 소외2의 위 진술과 동일한 취지의 진술을 한 점, 원고 역시 이 사건 내사 과정에서 '이 사건 사업장에 출근하는 날에는 거의 매일 술을 마셨고, 이 사건 사업장에서 술을 먹고 귀가하기도 하였다.'는 취지의 일부 부합하는 진술을 한 점, 망인은 만성알코올중독 상태에 있었던 점 등을 더하여 보면, 이 사건 사고 당일 망인의 음주량, 소외3이 이 사건 사업장에 돌아온 시각 등 세부적인 사항에 관한 진술이 다소 일관되지 않거나 불분명한 부분이 있다 하더라도, 소외2의 위 진술은 신빙성이 있다.

결국 망인은 이 사건 사고 당일 이 사건 사업장의 영업이 종료한 이후 평소와 마찬가지로 이 사건 사업장에서 혼자 자발적으로 소주를 꺼내 마신 것에 불과할 뿐 소외2, 소외3 등과 회식을 하면서 함께 음주를 한 것으로 보기 어렵다.

나) 가사 소외2, 소외3, 망인이 이 사건 사고 당일 회식을 하면서 함께 술을 마셨다 하더라도, ① 이 사건 사업장의 다른 직원들은 모두 퇴근한 상태에서 세 명만이 남아서 술을 마시는 등 위 회식 참석에 있어 강제성이 있었다고 볼 정황은 보이지 않는 점(오히려 이 사건 사업장의 실질사업주인 소외2은 망인에게 그만 마시고 집으로 가라고 말하기까지 하였다),

② 평소 음주를 즐기던 망인이 자발적으로 소외2, 소외3과 함께 회식을 하면서 음주를 하였을 가능성도 적지 않은 점, ③ 배달원인 소외3과 주방 보조원인 망인 간에 업무상 관련성이 강하지도 않고, 위 회식 과정에서 업무에 관한 논의가 있었다고 보이지 않는 등 업무와 관련하여 위 회식을 하였다고 보기도 어려운 점 등에 비추어 보면, 위 회식은 단순한 사적 모임에 불과한 것으로 보이고 사용자의 지배나 관리 하의 모임이라고 인정하기 어렵다(원고는 중화요리집의 경우에는 명절 전날 음식을 대접하는 문화가 있고 이에 따라 회식을 하게 된 것이라고 주장하나, 이를 인정할만한 구체적·객관적인 증거도 없다).

다) 업무상 재해라 함은 근로자가 업무수행 중 그 업무에 기인하여 발생한 재해를 의미하므로, 이 사건 사고가 구 산업재해보상보험법(2017. 10. 24. 법률 제14933호로 개정되기 전의 것) 제37조 제1항 제1호 나목에 해당하기 위해서는 망인이 업무수행과 관련하여 사업주가 제공한 시설물 등을 이용하던 중 그 시설물 등의 결함이나 관리소홀로 발생한 사고에 해당하여야 한다.

그런데 망인이 이 사건 사업장의 영업이 종료하고 다른 직원들이 퇴근한 이후 업무와 무관하게 혼자서 또는 소외2 등과 자발적으로 음주를 하여 술에 취한 상태가 되었고, 위 영업 종료 시간으로부터 약 2시간 가량 지나 귀가를 하기 위해 이 사건 계단을 내려가다가 이 사건 사고가 발생하였으므로, 망인이 업무수행과 관련하여 이 사건 계단을 이용하다가 이 사건 사고가 발생한 것으로 평가하기 어렵다. 따라서 이 사건 계단이 이 사건 사업장의 사업주가 제공한 시설물인지 여부, 이 사건 계단에 손잡이를 설치하지 않은 하자가 있는지 여부는 별론으로 하더라도, 이 사건 사고를 업무수행 중 그 업무에 기인하여 발생한 업무상 사고로 평가할 수는 없다.

3) 소결론

따라서 이 사건 사고로 인한 망인의 사망은 업무상 재해로 인정하기 어려우므로, 이와 같은 전제에 선 이 사건 처분은 적법하다.

3. 결론

그렇다면 원고의 청구는 이유 없으므로 이를 기각하기로 하여 주문과 같이 판결한다.

[별지] 관계법령

■ 산업재해보상보험법(2017. 10. 24. 법률 제14933호로 개정되기 전의 것)
제37조(업무상의 재해의 인정 기준)
① 근로자가 다음 각 호의 어느 하나에 해당하는 사유로 부상·질병 또는 장해가 발생하거나 사망하면 업무상의 재해로 본다. 다만, 업무와 재해 사이에 상당언과 관계가 없는 경우에는 그러하지 아니하다.
1. 업무상 사고
가. 근로자가 근로계약에 따른 업무나 그에 따르는 행위를 하던 중 발생한 사고
나. 사업주가 제공한 시설물 등을 이용하던 중 그 시설물 등의 결함이나 관리 소홀로 발생한 사고
다. 사업주가 제공한 교통수단이나 그에 준하는 교통수단을 이용하는 등 사업주의 지배관리하에서 출퇴근 중 발생한 사고
라. 사업주가 주관하거나 사업주의 지시에 따라 참여한 행사나 행사준비 중에 발생한 사고
마. 휴게시간 중 사업주의 지배관리하에 있다고 볼 수 있는 행위로 발생한 사고
바. 그 밖에 업무와 관련하여 발생한 사고
③ 업무상의 재해의 구체적인 인정 기준은 대통령령으로 정한다.
부칙 〈제14933호, 2017. 10. 24〉
제1조(시행일) 이 법은 2018년 1월 1일부터 시행한다.
제2조(출퇴근 재해에 관한 적용례) 제5조 및 제37조의 개정규정은 이 법 시행 후 최초로 발생하는 재해부터 적용한다.
■ 산업재해보상보험법 시행령
제28조(시설물 등의 결함 등에 따른 사고)
① 사업주가 제공한 시설물, 장비 또는 차량 등(이하 이 조에서 "시설물등"이라 한다)의 결함이나 사업주의 관리 소홀로 발생한 사고는 법 제37조 제1항 제1호 나목에 따른 업무상 사고로 본다.
② 사업주가 제공한 시설물등을 사업주의 구체적인 지시를 위반하여 이용한 행위로 발생한 사고와 그 시설물등의 관리 또는 이용권이 근로자의 전속적 권한에 속하는 경우에 그 관리 또는 이용 중에 발생한 사고는 법 제37조 제1항 제1호 나목에 따른 업무상 사고로 보지 않는다. 끝.

[참조조문]

구 산업재해보상보험법 (2017. 10. 24. 법률 제14933호로 개정되기 전의 것) 제37조 제1항 제1호 나목

[참조판례]

대법원 2006. 9. 22. 선고 2006두8341 판결

◈ **근로자가 회사 외의 모임에 참가하던 중 당한 재해를 업무상 재해로 인정하기 위한 요건**(대법원 2016. 6. 9. 선고 2016두34622 판결)

【주 문】

상고를 기각한다. 상고비용은 원고가 부담한다.

【이 유】

상고이유를 판단한다.

1. 근로자가 근로계약에 따른 업무가 아닌 회사 외의 모임에 참가하던 중 재해를 당한 경우, 이를 업무상 재해로 인정하려면 모임의 주최자, 목적, 내용, 참가인원과 강제성 여부, 운영방법, 비용부담 등의 사정에 비추어, 사회통념상 그 모임의 전반적인 과정이 사용자의 지배나 관리를 받는 상태에 있어야 한다(대법원 2007. 11. 15. 선고 2007두6717 판결 등 참조).

2. 원심은, 이 사건 회식이 지점장의 지시 또는 승인을 거쳐 사전에 계획되거나 참석이 사실상 강제된 모임이 아니고, 참석자들 사이에 업무에 관한 논의가 있었다고 보이지 않으며, 그 비용도 참석자들이 부담하였고, 원고가 팀장에게 명예퇴직 대상자가 된 것에 관한 스트레스를 호소하였다는 사정을 들어 회식이 원고의 업무와 관련된 것이라고 보기 어려우므로, 이 사건 회식의 전반적인 과정이 사용자의 지배나 관리를 받는 상태에 있었다고 인정할 수 없다고 판단한 다음, 이 사건 사고가 업무상 재해에 해당한다는 원고의 주장을 배척하였다.

원고는, 이 사건 회식이 단순한 사적 모임이 아니었고, 원고가 명예퇴직 대상자가 되어 극단적인 스트레스를 받아 과음을 하다가 이 사건 사고를 당하였으므로, 이는 업무상 재해에 해당한다고 주장한다.

그러나 원심의 위와 같은 판단은 앞서 본 법리에 따른 것으로서, 거기에 상고이유 주장과 같이 사실을 오인하였거나 업무상 재해에 관한 법리를 오해한 잘못이 없다.

3. 그러므로 상고를 기각하고, 상고비용은 패소자가 부담하기로 하여, 관여 대법관의 일치된 의견으로 주문과 같이 판결한다.

◎ **2심 서울고등법원 제9행정부[2019누47713]**

원 고 : 항소인 ○○○

서울 성동구 ○○○로 ○○○

소송대리인 변호사 ○○○

피 고 : 피항소인 근로복지공단

전심판결 : 1심 2018구합77609 서울행정법원

변론종결 : 2019. 11. 14

판결선고 : 2019. 12. 05

[주문]

1. 원고의 항소를 기각한다.

2. 항소비용은 원고가 부담한다.

[청구취지 및 항소취지]

제1심 판결을 취소한다. 피고가 2017. 8. 23. 원고에게 한 유족급여 및 장의비 부지급 처분을 취소한다.

[이유]

1. 제1심 판결의 인용

원고가 항소하면서 당심에서 주장하는 사유는 제1심에서 원고가 주장한 내용과 다르지 않고, 제1심에서 제출된 증거를 원고의 주장과 함께 다시 살펴보더라도 원고의 청구를 기각한 제1심의 판단은 정당하다고 인정된다. 이에 이 법원이 이 사건에 관하여 적을 이유는, 제1심 판결문 9면 7행의 "없다" 다음에 "[나아가 원고는, ① 1966. 12. 3. 사용승인된 이 사건 건물의 이 사건 계단에는 건축물의 피난·방화구조 등의 기준에 관한 규칙(이하, '건축물방화구조규칙'이라 한다) 제15조 제3항에서 설치하도록 규정한 손잡이가 설치되어 있지 않는 등의 결함이 있고, ② 이 사건 사고 당시 망인이 뒤로 넘어졌음에도 망인의 양발이 이 사건 계단을 향하고 있었던 점 등에 비추어 만일 이 사건 계단에 손잡이가 설치되어 있었다면 망인이 넘어질 때 손잡이를 잡아 중심을 회복하거나 넘어지더라도 그 충격이 완화되어 사망에 이르게 되지 않았을 것으로 추단할 수 있으므로, 이 사건 사고는 시설물 등의 결함이나 관리소홀로 발생한 것이라는 취지로 주장한다. 그러나 ① 건축물방화구조규칙은 1999. 5. 7. 제정되어 그 제15조 제3항에서 원고 주장과 같은 손잡이 설치 의무를 규정하면서, 그 부칙 제2조 본문에서 "이 규칙 시행 당시 건축허가를 신청 중인 경우와 건축허가를 받거나 건축신고를 하고 건축 중인 경우의 건축기준 등의 적용에 있어서는 종전의 규정에 의한다"고 규정하고 있는바, 1966. 12. 3. 사용승인된 이 사건 건물에 대하여도 위 규칙이 적용된다고 보기 어려울 뿐만 아니라, ② 앞서 든 증거, 갑 제9, 11, 12호증의 각 기재 및 영상만으로는 원고 주장과 같이 이 사건 사고의 경위에 비추어 이 사건 계단의 손잡이 미설치로 인하여 이 사건 사고가 발생하였거나 망인이 사망에 이르게 된 것으로 추단하기는 어려우며, 달리 이를 인정할 만한 증거가 없으므로, 원고의 위 주장을 받아들이기 어렵다]"를 추가하는 외에는 제1심 판결의 이유 기재와 같으므로, 행정소송법 제8조 제2항, 민사소송법 제420조 본문에 의하여 이를 인용한다.

2. 결론

그렇다면 제1심 판결은 정당하므로, 원고의 항소는 이유 없어 이를 기각한다.

[참조조문]

행정소송법 제8조 제2항

민사소송법 제420조

건축물의 피난·방화구조 등의 기준에 관한 규칙 제15조 제3항, 부칙 제2조

제4절 재요양 등

■ **추가상병불승인처분취소**

(좌측으로 넘어지면서 좌측 무릎을 바닥에 부딪치는 사고)

◎ **1심 서울행정법원[2009구단2729]**

원 고 : ○○○

○○시 ○○구 ○○로 ○○

피 고 : 근로복지공단

변론종결 : 2009. 09. 14

판결선고 : 2009. 10. 12

[주문]

1. 원고의 청구를 기각한다.
2. 소송비용은 원고가 부담한다.

[청구취지]

피고가 2008. 12. 30. 원고에게 한 추가상병불승인처분을 취소한다.

[이유]

1. 처분의 경위

가. 원고는 2007. 5. 7. ○○○치과 기공사로 입사하여 근무하였다.

나. 원고는 2008. 2. 24. 업무상 농구경기 중 점프 후 내려오다가 중심을 잃으면서 좌측으로 넘어지면서 좌측 무릎을 바닥에 부딪치는 사고(이하 '이 사건 사고')를 당하여 '좌측 전방십가인대 파열, 좌측 후방십자인대파열, 좌측 반월 연골판 부분파열, 좌측 슬부 대퇴골 외과 감압골절'로 진단받은 다음 피고로부터 요양을 승인받았다.

다. 원고는 2008. 12. 4. '요추부 염좌, 제5요추-제1천추 추탈'(이하 '이 사건 상병')로 추가상병을 신청하였다.

라. 피고는 이 사건 상병과 이 사건 사고 사이에 상당인과관계를 인정할

수 없다는 이유로 불승인하였다(이하 '이 사건 처분').

[인정근거] 다툼 없는 사실, 갑1, 4호증, 을1, 2호증의 각 기재, 변론 전체의 취지

2. 처분의 적법여부

가. 원고의 주장

이 사건 사고로 인하여 이 사건 상병이 발병하였다. 따라서 이 사건 처분은 위법하다.

나. 판단

(1) 을2호증의 기재에 의하면, ○○○○○병원 주치의는 이 사건 상병이 외상성 손상에 의하여 발생한 것으로 보인다고 의학적 소견을 밝혔다. 그러나 을2, 4호증(가지 번호 포함)의 각 기재와 ○○○○○ ○○병원장에 대한 진료기록감정결과에 의하여 인정되는 다음과 같은 사정에 비추어 보면, 위와 같은 의학적 소견만으로는 이 사건 사고로 인하여 이 사건 상병이 발병하였다고 보기 어렵다.

(가) 원고는 이 사건 사고 후나 좌측 슬관절에 대한 치료를 받는 과정에서 허리 부위에 대한 통층 등의 증상을 호소한 적이 없었다.

(나) ○○○○○ ○○병원장의 감정소견과 피고 자문의의 의학적 소견은 일치하여, 요추부의 인해파열이나 추간판의 급성파열 소견은 보이지 않고 퇴행성의 변화가 존재한다는 것이다.

(2) 이 사건 처분은 적법하다.

3. 결론

원고의 청구를 기각한다.

◎ 2심 서울고등법원 제3행정부[2009누35032]

원 고 : 항소인 ○○○

○○시 ○○구 ○○로 ○○○

송달장소 서울 서초구 서초동 ○○○

소송대리인 변호사 ○○○

피 고 : 피항소인 근로복지공단
전심판결 : 1심 2009구단2729 서울행정법원
변론종결 : 2010. 05. 20
판결선고 : 2010. 06. 24

[주문]

1. 원고의 항소를 기각한다.
2. 항소비용은 원가가 부담한다.

[청구취지 및 항소취지]

제1심 판결을 취소한다. 피고가 2008. 12. 30. 원고에게 한 추가상병불승인 처분을 취소한다.

[이유]

이 법원이 이 사건에 관하여 설시할 이유는 제1심 판결서 이유 기재와 같으므로, 행정소송법 제8조 제2항, 민사소송법 제420조 본문에 의하여 이를 그대로 인용한다. 그렇다면, 원고의 청구는 이유 없으므로 이를 기각할 것인바, 제1심 판결은 이와 결론을 같이하여 정당하므로 원고의 항소를 기각하기로 하여, 주문과 같이 판결한다.

[참조조문]

행정소송법 제8조
민사소송법 제420조

제5장 행사중 사고

제1절 요양급여

1. 요양불승인처분 취소

(체육대회에서 축구경기를 하던 중 발목을 접질리는 사고)

◎ 울산지방법원[2019구단252]

원 고 : ○○○

양산시 ○○로 ○○○

소송대리인 변호사 ○○○

피 고 : 근로복지공단

변론종결 : 2019. 05. 16

판결선고 : 2019. 05. 30

[주문]

1. 원고의 청구를 기각한다.

2. 소송비용은 원고가 부담한다.

[청구취지]

피고가 2018. 3. 18. 원고에 대하여 한 최초요양 불승인 결정처분을 취소한다.

[이유]

1. 처분의 경위

가. 원고는 ○○산업 주식회사(이하, '이 사건 회사'라 한다)에서 그라인딩 및 도색작업을 하는 도장공으로 2017. 9. 9. 이 사건 회사의 체육대회(이하, '이 사건 체육대회'라 한다)에 참석하여 축구경기를 하였다.

나. 원고는 발목의 통증을 이유로 2017. 9. 19. ○○○○병원에 내원하여 '좌측 족관절 전거비인대 파열, 좌측 족관절 관절염'(이하, '이 사건 상병'이라

한다) 진단을 받고, 2017. 9. 19.부터 2017.11.13.까지 치료를 받았다.

다. 원고는 이 사건 체육대회에서 축구경기를 하던 중 발목을 접질리는 사고(이하, '이 사건 사고'라 한다)를 당하였고, 이로 인하여 이 사건 상병이 발생하였음을 이유로 2018. 1. 29. 피고에게 이 사건 상병에 대하여 요양급여를 청구하였는데, 피고는 2018. 3. 18. 이 사건 체육대회는 자발적인 단합을 위한 모임으로 산업재해보상보험법이 적용되는 행사에 해당하지 않고, 이 사건 상병은 만성 퇴행성 소견으로 재해와 인과관계가 인정되지 않는다는 이유로 불승인처분(이하, '이 사건 처분'이라 한다)을 하였다.

[인정근거] 다툼 없는 사실, 갑 제1, 5호증, 을 제1호증의 1, 2의 각 기재, 변론 전체의 취지

2. 원고의 주장

이 사건 체육대회는 사업경영담당자 등 사업주를 위하여 지휘·감독 등의 권한이 있는 관리자들이 주최한 규모와 비용이 큰 행사이고, 이 사건 회사가 부도난 회사를 포괄인수하면서 기존 근로자들과의 단합을 위한 노무관리의 목적으로 개최된 것으로 그 경비를 모두 회사에서 부담하였고, 행사참가자에게 참가급여까지 지급하였으므로, 이 사건 회사의 지배, 관리 하에서 실시된 행사에 해당한다. 또한 원고는 이 사건 사고전까지 도장공으로 업무를 무리 없이 수행하였고, 축구시합까지 할 정도로 건강했으므로 이 사건 상병은 이 사건 체육대회로 인하여 발생된 것인바, 이 사건 처분은 위법하다.

3. 이 사건 처분의 적법 여부에 대한 판단

가. 관계 법령

별지 관계 법령 기재와 같다.

나. 판단

1) 이 사건 체육대회의 성격에 대한 판단

가) 근로자가 근로계약에 의하여 통상 종사할 의무가 있는 업무로 규정되어 있지 아니한 회사 외의 행사나 모임에 참가하던 중 재해를 당한 경우, 이를 업무상 재해로 인정하려면 그 행사나 모임의 주최자, 목

적, 내용, 참가인원과 그 강제성 여부, 운영 방법, 비용부담 등의 사정들에 비추어 사회통념상 그 행사나 모임의 전반적인 과정이 사용자의 지배나 관리를 받는 상태에 있어야 할 것이다(대법원 2007. 3. 29. 선고 2006 두19150판결, 대법원 1997. 9. 26. 선고 97다4494 판결 등 참조).

나) 위 법리에 비추어 살피건대, 갑 제3, 4호증, 제7호증의 1 내지 5의 각 기재에 의하면, 이 사건 회사는 부도와 법정관리 등 어려운 환경을 이겨낸 근로자들의 단합과 친목을 도모하기 위한 목적으로 이 사건 회사의 작업현장 중 원고가 소속된 ○○○○팀의 각 공정 팀장들이 제안하여 소외2 차장이 준비하고 현장소장에게 보고한 후 하루 전날 예상인원을 파악하여 2017. 9. 9. 토요일 09:30부터 16:00경까지 이 사건 체육대회를 개최하였고, ○○○○팀 근로자 109명 중 60여 명이 참가한 사실, 위 참가자들 중 일부는 0.5공수를 지급받은 사실은 인정되나, 위 증거들 및 을 제2호증의 1, 2의 각 기재, 이 법원의 근로복지공단에 대한 사실조회 결과와 변론 전체의 취지에 의하여 인정되는 다음과 같은 사정, 즉, ① 이 사건 회사의 경영자가 이 사건 체육대회 개최에 관하여 결재하거나 내부 품의서를 보고받은 사실은 없으며, 근로자들에게 이 사건 체육대회 참가를 지시한 적도 없고, 그 참석이 사실상 강제되거나 불참석으로 인한 불이익이 예정되어 있지 않았던 점, ② 축구모임 종료시 각 공정팀장에게 수여한 비용 중 일부에 금일봉이 포함되어 있으나, 그 비용 중 나머지는 관리자와 팀장들이 찬조한 금액에서 충당하였고, 그 외 운동장 대여비, 점심, 음료 등 일체의 비용이 타 현장소장 또는 관리자 등의 찬조로 이루진 사정 등에 비추어 보면, 이 사건 체육대회에 필요한 비용은 회사의 경비로 처리한 것이 아니라 체육행사를 제안하고 참석한 팀장 등의 비용으로 진행된 점, ③ 이 사건 체육대회일에 0.5공수가 지급된 것은 사실이나, 당시 ○○○○팀 전체 근로자는 96명이었는데 위 체육대회에 참석한 57명 중 3명은 이를 지급받지 못하였고, 위 체육대회에 참석하지 않은 17명에게는 지급되어, 위 일시에 지급된

수당이 이 사건 체육대회 참석이 근로시간으로 인정되어 지급된 것이라고 보기는 어려운 점, ④ 이 사건 체육대회 시작 전 현장소장이 인사말을 하기는 하였으나, 그 내용은 '공식행사가 아니므로 다치더라도 보상할 방법이 없으니 위험한 행동은 자제'하라는 취지였던 점, ⑤ 이 사건 체육대회는 이 사건 회사의 근로자 중 영선단가팀 근로자들만을 대상으로 한 것이고, 그 무렵 다른 팀들에서는 유사한 성격의 행사가 없었던 점 등을 종합하면, 이 사건 행사는 사회통념상 그 전반적인 과정이 사용자의 지배나 관리를 받는 상태에 있었다고 보기는 어렵다.

2) 이 사건 상병과 재해의 상당인과관계 인정 여부에 대한 판단

가) 업무상 재해라 함은 근로자가 업무수행 중 그 업무에 기인하여 발생한 재해를 말하므로 업무와 재해 사이에 상당인과관계가 있어야 하나, 그 재해가 업무와 직접 관련이 없는 기존의 질병이라고 하더라도 그것이 업무와 관련하여 발생한 사고 등으로 말미암아 더욱 악화되거나 그 증상이 비로소 발현된 것이라면 업무와의 사이에 상당인과관계가 있다고 보아야 한다. 이 경우 인과관계가 있다는 점에 관하여는 이를 주장하는 측에서 입증하여야 하지만, 입증의 정도에 있어 반드시 의학적, 자연과학적으로 명백하게 입증되어야만 하는 것은 아니고, 근로자의 취업 당시의 건강상태, 발병 경위, 질병의 내용, 치료의 경과 등 여러 사정을 고려할 때 업무와 질병 사이에 상당인과관계가 있다고 추단할 수 있으면 된다(대법원 2009. 5. 28. 선고 2008두10287 판결 참조).

나) 위 법리에 비추어 살피건대, 갑 제1, 5, 6호증, 을 제3 내지 5, 7호증의 각 기재, 이 법원의 ○○대학교 부속 ○○○병원장에 대한 진료기록 감정촉탁과 사실조회 회신의 각 결과 및 변론 전체의 취지에 의하여 인정되는 다음과 같은 사정, 즉, ① 원고는 이 사건 체육대회 1주일 전인 2017. 9. 2. ○○○○병원에 내원하여 전날 발목을 접질렸고 원래 인대가 좋지 않다는 이유로 물리치료를 받았으며, 이 사건 사고 당일인 2017. 9. 9.에는 병원에 내원하지 않았고, 그로부터 약

10일이 지난 2017. 9. 19. ○○○○병원에 내원한 점, ② 원고는 2017. 9. 19. ○○○○병원에 내원하여 이 사건 체육대회 또는 이 사건 사고에 대하여는 구체적으로 말하지 않고, 단지 일주일 전에 발목을 접질렸다고 말했던 바, ○○○○병원에 최초로 말한 사고의 일시가 이 사건 사고의 일시와 정확히 일치하지는 않은 점, ③ 원고는 이 사건 체육대회일에 발목을 접질렸다고 하였으나 원고의 진술에 의하더라도 한 차례 접질린 후 다시 축구를 하였고, 위 체육대회에 참석한 원고가 소속된 도장팀의 팀장 소외1은 팀원 전원이 이상 없이 체육대회를 마쳤음을 확인했다고 피고에게 진술한 점, ④ 이 사건 상병을 치료한 ○○○○병원은 좌측 족관절 전거비인대 파열이 급성 외상성 파열인지 진구성 파열인지 명확하지 않다는 소견을 밝힌 점, ⑤ 피고의 자문의사 1인은 이 사건 상병은 만성 퇴행성 병변으로 판단하였고, 또 다른 자문의사 1인도 2017. 9. 2. 이미 발목을 삐어서 병원에 내원한 기록이 있고 만성 불안정성과 퇴행성 관절염 등의 기록이 있는 점에 비추어 보면 이 사건 사고와 인과관계가 적을 것으로 사료된다는 의견을 밝힌 점, ⑥ 이 법원의 ○○대학교 부속 ○○○병원장에 대한 진료기록감정 촉탁과 사실조회 회신의 각 결과에 의하면, 원고의 경우에는 이 사건 사고 1주일 이전부터 족관절 전거비 인대의 손상 기록이 있어 좌측 족관절 전거비 인대 파열이 이 사건 사고로 인한 증상의 급격한 악화가 요인이라고 보기 어렵고, 좌측 족관절 관절염은 퇴행성으로 보인다는 소견을 밝힌 점 등을 종합하면, 이 사건 상병이 이 사건 사고로 인하여 발생한 재해에 해당한다고 인정할 수 없다.

3) 소결

따라서 이 사건 체육대회는 산업재해보상보험법(2018. 6. 12. 법률 15665호로 일부 개정되기 전의 것) 제37조 제1항 제1호에 해당하는 사업주가 주관하거나 사업주의 지시에 따라 참여한 행사 또는 그 밖에 업무와 관련된 행사라고 보기는 어렵고, 이 사건 상병과 이 사건 사고와의 상당인과관계도 인정되지 않는다.

4. 결론

그렇다면 원고의 이 사건 청구는 이유 없어 기각하기로 하여 주문과 같이 판결한다.

[별지] 관계 법령

■ 산업재해보상보험법(2018. 6. 12. 법률 제15665호로 일부 개정되기 전의 것)
제5조(정의)
이 법에서 사용하는 용어의 뜻은 다음과 같다.
1. "업무상의 재해"란 업무상의 사유에 따른 근로자의 부상·질병·장해 또는 사망을 말한다.
제37조(업무상의 재해의 인정 기준)
① 근로자가 다음 각 호의 어느 하나에 해당하는 사유로 부상·질병 또는 장해가 발생하거나 사망하면 업무상의 재해로 본다. 다만, 업무와 재해 사이에 상당인과관계(상당인과관계)가 없는 경우에는 그러하지 아니하다.
1. 업무상 사고
라. 사업주가 주관하거나 사업주의 지시에 따라 참여한 행사나 행사준비 중에 발생한 사고
바. 그 밖에 업무와 관련하여 발생한 사고
■ 산업재해보상보험법 시행령
제30조(행사 중의 사고)
운동경기·야유회·등산대회 등 각종 행사(이하 "행사"라 한다)에 근로자가 참가하는 것이 사회통념상 노무관리 또는 사업운영상 필요하다고 인정되는 경우로서 다음 각 호의 어느 하나에 해당하는 경우에 근로자가 그 행사에 참가(행사 참가를 위한 준비·연습을 포함한다)하여 발생한 사고는 법 제37조 제1항 제1호 라목에 따른 업무상 사고로 본다.
1. 사업주가 행사에 참가한 근로자에 대하여 행사에 참가한 시간을 근무한 시간으로 인정하는 경우
2. 사업주가 그 근로자에게 행사에 참가하도록 지시한 경우
3. 사전에 사업주의 승인을 받아 행사에 참가한 경우
4. 그 밖에 제1호부터 제3호까지의 규정에 준하는 경우로서 사업주가 그 근로자의 행사 참가를 통상적·관례적으로 인정한 경 우. 끝.

[참조조문]

산업재해보상보험법(2018. 6. 12. 법률 15665호로 일부 개정되기 전의 것) 제37조 제1항 제1호, 제5조,

[참조판례]

대법원 2007. 3. 29. 선고 2006 두19150판결

대법원 1997. 9. 26. 선고 97다4494 판결

대법원 2009. 5. 28. 선고 2008두10287 판결

2. 요양불승인처분 취소

(축구경기를 하던 중 무릎에 부상을 입은 사고)

◎ 서울행정법원[2019구단51409]

원 고 : ○○○

서울시 ○○구 ○○○로 ○○○

소송대리인 변호사 ○○○

피 고 : 근로복지공단

변론종결 : 2019. 06. 27

판결선고 : 2019. 07. 25

[주문]

1. 원고의 청구를 기각한다.

2. 소송비용은 원고가 부담한다.

[청구취지]

피고가 2017. 11. 2. 원고에 대하여 한 요양불승인처분을 취소한다.

[이유]

1. 처분의 경위

가. 원고는 2016. 11. 1.부터 소외1이 사업주로 되어 있는 서울 이하생략 소재 음식점 '○○○○(이하, '이 사건 사업장'이라 한다)'에서 주방조리사로 근무하였다.

나. 원고는 2017. 6. 14. 이 사건 사업장을 소속 매장으로 두고 있는 외식 사업체인 주식회사 ○○○○○(이하, '소외 회사'라 한다)에서 주최한 행사에 참가하여 축구경기를 하던 중 무릎에 부상을 입는 사고를 당하여(이하, '이 사건 사고'라 한다), '우측 슬관절 전방십자인대파열, 우측 슬관절 내측반월상연골판파열'을 진단받았다.

다. 원고가 피고에 대하여 요양급여 신청을 하였으나, 피고는 2017. 11. 2. 원고에게 '행사참여에 강제성이 없는 점, 원고의 근무시간 외 시간에 활동하는 점 등 근로계약상 업무로 규정되어 있지 아니한 동호회의 일환으로 업무수행성을 인정할 여지가 적다'는 사유로 요양급여 불승인처분(이하, '이 사건 처분'이라 한다)을 하였다.

라. 이에 원고는 피고에게 심사청구를 하였으나, 2018. 4. 30. 심사청구가 기각되었고, 산업재해보상보험재심사위원회에 재심사청구를 하였으나 2018. 12. 5. 재심사청구도 기각되었다.

[인정근거] 다툼 없는 사실, 갑 제4 내지 6호증, 을 제1호증의 각 기재, 변론 전체의 취지

2. 이 사건 처분의 적법 여부

가. 원고의 주장

이 사건 사업장은 소외 회사가 90% 이상의 지분을 소유한 소외 회사의 직영점으로서, 이 사건 사업장은 소외 회사에 종속된 형태로 사업이 운영되고 있으며, 채용, 인력배치, 승진 등 전반적인 인사관리도 소외 회사에 의하여 이루어진다.

소외 회사는 직영점 및 가맹점 소속 직원들을 대상으로 다양한 동호회 활동을 장려하여 왔고 축구동호회 활동도 그 일환이었다. 소외 회사는 동호회 행사에 적극적으로 참여한 직원들에 대하여는 승진평가에 반영을 하겠다고 하였고, 행사 관련 비용을 전적으로 부담하였으며, 이 사건 사업장을 비롯한 소속 매장들에 대하여 축구 행사 참가를 위하여 직원들의 근무시간 조정 등 적극적인 협조를 요청하기도 하였다.

따라서 이 사건 사고는 실질적 사용자인 소외 회사의 지배·관리를 받는 행사에서 발생한 것으로서 업무상 사고라 할 것인바, 이와 다른 전제에 선 이 사건 처분은 위법하다.

나. 관계 법령

별지 관계 법령 기재와 같다.

다. 인정사실

1) 소외 회사는 외식업을 영위하는 회사로서 다수의 음식점을 직접 운영하거나, 가맹점을 두고 있다.

2) 소외 회사는 직영점 및 가맹점 소속 직원들의 사기진작 및 단합, 친목도모를 위하여 동호회 활동을 장려 및 지원하여 왔다.

3) 소외 회사는 2016. 8.경 축구동호회(이하, '이 사건 동호회'라 한다) 모임을 추진하였는데, 모집공고에 담긴 주요 내용은 아래와 같다.

○ 참가 대상 : 한 달 이상 근무한 모든 사람 참가 가능.

○ 개최 날짜 및 시간 : 2016. 8. 8. 월요일 새벽 6시 10분. 경기는 8시쯤 종료되고, 끝나고 식사 또는 술자리가 마련됨. 회식은 회사 경비로 처리.

○ 팀장님들께 드리는 당부 : 오랜만에 시작하는 동아리 활동이다 보니 많은 분들이 참여해주면 좋겠다. 그러니 참여를 원하시는 소속 매장 내 인원이 있다면 월요일 새벽 5-6시 퇴근 또는 일요일 휴무로 스케줄을 조정하여 줄 것을 부탁한다.

○ 참여시 좋은 점

- 운동 좋아하는 사람치고 매장운영 못하는 사람 없으므로 '주 5일 평가, 매니저 평가'시 사장면담 pass
- 위 두 가지 평가가 해당 안 되는 팀장님들의 경우 사장과의 미팅시 '지각가능권 3장', '불참가능권 1장' 지급

4) 이 사건 사업장 소속 근로자는 3명이었는데, 그 중 원고와 이 사건 사업장의 사업주 소외1은 이 사건 동호회에 참석하였다.

5) 동호회 운영 비용은 대부분 소외 회사가 부담하였고, 간혹 운동장 대여료를 소속 매장 사업주들이 일부 나누어 부담하기도 하였다.

[인정근거] 다툼 없는 사실, 갑 제3, 5, 7호증의 각 기재, 변론 전체의 취지

라. 판단

1) 근로자가 근로계약에 의하여 통상 종사할 의무가 있는 업무로 규정되어 있지 않은 회사 외의 행사나 모임에 참가하던 중 재해를 당한 경우라 할지라도, 그 행사나 모임의 주최자, 목적, 내용, 참가인원과 그 강제성 여부, 운영방법, 비용부담 등의 사정들에 비추어, 사회통념상 그 행사나 모임의 전반적인 과정이 사용자의 지배나 관리를 받는 상태에 있으면 업무상 재해에 해당한다(대법원 2013. 12. 12. 선고 2012두8656 판결 참조).

2) 이 사건에 관하여 보건대, 위 인정사실 및 갑 제6호증의 기재에 변론 전체의 취지를 종합하면 알 수 있는 다음의 사정들에 비추어 보면, 원고 제출의 증거들만으로는 이 사건 동호회 모임의 전반적인 과정이 사용자의 지배나 관리를 받는 상태에 있는 경우라고 인정하기에 부족하고, 달리 이를 인정할 증거가 없다. 따라서 이 사건 처분은 적법하다.

가) 원고는 이 사건 사업장은 소외 회사의 직영점으로서 실질적 사업주는 소외 회사이므로 그 운영 및 인사관리는 소외 회사에 의하여 이루어진다고 주장한다. 그러나 이 사건 사업장의 사업자등록증에 의하면 사업주가 소외1으로 기재되어 있어 이 사건 사업장이 소외 회사의 직영점이라고 보기 어렵고, 갑 제8 내지 10호증의 각 기재만으로는 위와 같은 사업자등록증의 기재에 불구하고 소외 회사가 이 사건 사업장의 실질적 사업주라는 점을 인정하기에 부족하며, 달리 이를 인정할 증거가 없다.

나) 이 사건 동호회는 소외 회사가 직영점 및 가맹점 소속 전체 직원들을 대상으로 친목도모, 단합을 위하여 조직·운영하였던 것이고, 이 사건 사업장의 사업주 소외1이 직원들에게 참석을 강제하거나 불참에 따른 불이익을 주었다고 볼 만한 사정이 없다. 이 사건 사업장의 근로자는 원고를 포함하여 3명이었는데 원고와 사업주 소외1 외에 다른 근로자는 이 사건 동호회에 참석하지 않았으며, 한 팀에 많은 인원을 필요로 하는 축구경기의 특성상 참여 직원이 소속 매장을 대표하여 경기를 하는 것도 아니었다.

다) 원고는 동호회 활동이 승진과 임금을 결정하는데 영향을 미쳤다고 주장하나, 앞서 본 바와 같이 소외 회사가 실질적 사업주로서 원고에 대한 인사권을 행사하였다고 볼 수 없을 뿐만 아니라, 동호회 모임에 적극적으로 참석할 경우 일정 직급에 대하여 소외 회사 대표와의 면담을 면제하여 준다거나, 회의시 지각이나 불참을 일정 횟수 양해하여 준다는 내용만으로는 동호회 활동이 '승진과 임금'에 영향을 미친다고 보기에 부족하다.

라) 이 사건 동호회 모임은 근무 외 시간에 이루어졌고, 행사에 참가한 시간이 근무시간으로 인정되지 않았으며, 동호회 운영에 소요되는 비용은 원칙적으로 소외 회사에서 전액 부담하였던 것으로 보인다. 축구경기가 있는 날에는 사업주 소외1이 원고의 출근시간이 1-2시간 정도 지연되는 것을 양해하여 주었다거나, 간혹 운동장 대여료를 소속 매장 사업주들이 일부 부담한 사실이 있다 하더라도, 이는 본사인 소외 회사의 소속 매장 사업주들에 대한 협조 및 지원 요청으로 인한 것으로 보이고, 위와 같은 사정만으로 이 사건 동호회 행사가 노무관리 또는 사업운영상 필요한 행사로서 이 사건 사업장의 사업주가 '산업재해보상보험법 시행령 제30조 제1호부터 제3호까지의 경우에 준하여' 이 사건 동호회 참가를 통상적·관례적으로 인정한 것이라고 보기는 어렵다.

3. 결론

그렇다면, 원고의 이 사건 청구는 이유 없으므로 이를 기각하기로 하여, 주문과 같이 판결한다.

[별지] 관계법령

■ 구 산업재해보상보험법(2019. 1. 15. 법 제16273호로 개정되기 전의 것)
제37조(업무상의 재해의 인정 기준)
① 근로자가 다음 각 호의 어느 하나에 해당하는 사유로 부상·질병 또는 장해가 발생하거나 사망하면 업무상의 재해로 본다. 다만, 업무와 재해 사이에 상당인과관계가 없는 경우에는 그러하지 아니하다.
1. 업무상 사고
라. 사업주가 주관하거나 사업주의 지시에 따라 참여한 행사나 행사준비 중에 발생한 사고
⑤ 업무상의 재해의 구체적인 인정 기준은 대통령령으로 정한다.
■ 산업재해보상보험법 시행령
제30조(행사 중의 사고)
운동경기·야유회·등산대회 등 각종 행사(이하 "행사"라 한다)에 근로자가 참가하는 것이 사회통념상 노무관리 또는 사업운영상 필요하다고 인정되는 경우로서 다음 각 호의 어느 하나에 해당하는 경우에 근로자가 그 행사에 참가(행사 참가

를 위한 준비·연습을 포함한다)하여 발생한 사고는 법 제37조 제1항 제1호 라목에 따른 업무상 사고로 본다.
1. 사업주가 행사에 참가한 근로자에 대하여 행사에 참가한 시간을 근무한 시간 으로 인정하는 경우
2. 사업주가 그 근로자에게 행사에 참가하도록 지시한 경우
3. 사전에 사업주의 승인을 받아 행사에 참가한 경우
4. 그 밖에 제1호부터 제3호까지의 규정에 준하는 경우로서 사업주가 그 근로자의 행사 참가를 통상적·관례적으로 인정한 경 우. 끝.

[참조판례]

◈ **근로자가 회사 외의 행사나 모임에 참가하던 중 당한 재해를 업무상 재해로 인정하기 위한 요건**(대법원 2013. 12. 12. 선고 2012두8656 판결)

【주 문】 상고를 기각한다. 소송비용은 원고가 부담한다.

【이 유】

상고이유를 판단한다.

1. 근로자가 근로계약에 의하여 통상 종사할 의무가 있는 업무로 규정되어 있지 아니한 회사 외의 행사나 모임에 참가하던 중 재해를 당한 경우라 할지라도, 그 행사나 모임의 주최자, 목적, 내용, 참가 인원과 그 강제성 여부, 운영 방법, 비용 부담 등의 사정들에 비추어, 사회통념상 그 행사나 모임의 전반적인 과정이 사용자의 지배나 관리를 받는 상태에 있으면 업무상 재해에 해당한다(대법원 1997. 8. 29. 선고 97누7271 판결 참조).

원심은, ① 이 사건 모임은 이 사건 사고가 발생하기 며칠 전부터 사업주인 원고, 그 직원인 소외 1, 2를 대상으로 예정되어 있었고, 원고는 소외 1에게 이 사건 사고 당일에 처음 출근한 성명불상의 여직원에게도 그 참석 여부를 확인해 달라고 요청하였던 것으로 보이는 점, ② 원고는 이 사건 사고 당일 원고의 차량으로 그 직원들 전원과 원고의 지인으로 이 사건 사고 당일 합류한 소외 3을 태우고 이동하였고, 만약 이 사건 사고가 발생하지 않았다면 이 사건 사고 장소에서의 회식 비용은 이 사건 사고 당일에 '일이 끝난 후에 술을 한잔 하자'라고 제안한 것으로 보이는 원고가 부담하였을 것으로 짐작되는 점, ③ 원고와 그 직원들은 모두 여의도에서 벚꽃 구경을 마치고 소외 3을 집에 데려다 준 후 이 사건 사고 장소로 가 술과 안주를 시켰다가 이 사건 사고가 발생한 것으로, 이 사건 사고 장소에 들른 것이 애초 원고와 그 직원들이 예상한 순리적인 경로를 일탈하였다고 보이지 아니한 점 등에 비추어 보면, 이 사건 사고를 업무상 재해라고 인정한 피고의 이 사건 처분이 적법하다고 판단하였다.

앞서 본 법리와 기록에 비추어 보면, 원심의 위와 같은 판단은 정당한 것으로 수긍이 가고, 거기에 논리와 경험의 법칙에 반하여 자유심증주의의 한계를 벗어나거나 업무상 재해에 관한 법리를 오해한 잘못이 없다.

2. 원고는 이 사건 징수처분 액수에 관하여도 다투나, 기록에 의하면 원고는 제1심 제2차 변론준비기일에서 앞서 본 업무상 재해 여부에 관한 주장 외의 주장을 모두 철회하였고 그 후 원심 변론종결 시까지 이 부분 주장을 하지 않았으므로, 상고심에 이르러 하는 이 부분 주장은 적법한 상고이유가 될 수 없다.

3. 그러므로 상고를 기각하고, 상고비용은 패소자가 부담하도록 하여, 관여 대법관의 일치된 의견으로 주문과 같이 판결한다.

제2절 장해급여

■ 장해등급결정처분취소

(워크숍에 참여하여 야외 활동을 하던 중 넘어지는 사고)

◎ 서울행정법원[2018구단75088]

원 고 : ○○○

부천시 ○○구 ○○동 ○○

피 고 : 근로복지공단

변론종결 : 2019. 05. 15

판결선고 : 2019. 05. 29

[주문]

1. 원고의 청구를 기각한다.
2. 소송비용은 원고가 부담한다.

[청구취지]

피고가 2017. 12. 21. 원고에 대하여 한 장해등급결정처분을 취소한다.

[이유]

1. 처분의 경위

가. 원고는 ○○○○○○ 주식회사 소속 근로자로서 2017. 9. 8. 위 회사 워크숍에 참여하여 야외 활동을 하던 중 넘어지는 사고(이하 '이 사건 사고'라 한다)를 당하였다.

나. 이 사건 사고 발생 이후 원고는 '흉추 제12번 압박골절'(이하 '이 사건 상병'이라 한다)을 진단 받았고, 피고로부터 이 사건 상병을 업무상 재해로 인정받아 2017. 9. 8. 부터 2017. 12. 10.까지 요양한 후 2017. 12. 12. 피고에게 이 사건 상병에 대한 장해급여를 청구하였다.

다. 이에 대하여 피고는 2017. 12. 21. 원고에 대하여, 원고의 흉추 제12번의 압박률이 17.46%라는 피고 측 ○○○○○○ 심의 결과 등에 근거하여 이 사건 상병과 관련한 원고의 장해등급을 제13급 제12호(척주에 경도의 변형장해가 남은 사람)로 정하는 결정(이하 '이 사건 처분'이라 한다)을 하였다.

라. 원고는 이 사건 처분에 불복하여 심사청구를 제기하였으나 2018. 2. 23. 심사청구가 기각되었고, 다시 이에 불복하여 재심사청구를 제기하였으나 2018. 8. 10. 재심사 청구가 기각되었다.

[인정 근거] 다툼 없는 사실, 갑 제1호증, 을 제1, 4 내지 6호증의 각 기재, 변론 전체의 취지

2. 이 사건 처분의 적법 여부

가. 원고 주장의 요지

원고 주치의가 원고의 흉추 제12번의 압박률이 36%라는 의학적 소견을 제시한 점 등에 비추어 볼 때, 이 사건 상병과 관련한 원고의 장해등급은 제11급 제7호(척주에 고도의 변형장해가 남은 사람)에 해당하므로, 이와 다른 전제에서 이루어진 피고의 이 사건 처분은 위법하다.

나. 관계 법령

■ 산업재해보상보험법(이하 '산재보험법'이라 한다) 제57조(장해급여)

① 장해급여는 근로자가 업무상의 사유로 부상을 당하거나 질병에 걸려 치유된 후 신체 등에 장해가 있는 경우에 그 근로자에게 지급한다.

② 장해급여는 장해등급에 따라 별표 2에 따른 장해보상연금 또는 장해보상일시금으로 하되, 그 장해등급의 기준은 대통령령으로 정한다.

■ 산재보험법 시행령(이하 '시행령'이라 한다) 제53조(장해등급의 기준 등)

① 법 제57조 제2항에 따른 장해등급의 기준은 별표 6에 따른다. 이 경우 신체 부위별 장해등급 판정에 관한 세부기준은 고용노동부령으로 정한다.

■ 시행령 [별표 6] 장해등급의 기준(제53조 제1항 관련)

○ 제11급

7. 척주에 경도의 기능장해가 남은 사람, 척주에 고도의 변형장해가 남은 사람, 척주에 경미한 기능장해나 중등도의 변형장해가 남고 동시에 경도의 척추 신경근장해가 남은 사람 또는 척주에 중등도의 척추 신경근장해가 남은 사람

○ 제13급

12. 척주에 경도의 변형장해가 남은 사람 또는 척주의 수상 부위에 기질적 변화가 남은 사람

■ 산재보험법 시행규칙(이하 '시행규칙'이라 한다)

제48조(신체부위별 장해등급 판정 기준)

영 제53조 제1항 후단에 따른 신체부위별 장해등급 판정에 관한 세부기준은 별표 5와 같다.

[별표 5] 신체부위별 장해등급 판정에 관한 세부기준

8. 척주 등의 장해

다. 척주의 변형장해

1) 척추의 변형장해는 척추체의 압박률, 골절의 부위 또는 골절의 형태 등을 기준으로 판정한다. 이 경우 척주의 같은 운동단위에 척추체의 압박률에 따른 변형장해와 척추체의 방출성 골절, 찬스씨 골절 등의 척추관 침범 골절 또는 추체외 골절에 따른 변형장해가 동시에 남은 경우에는 그 중 가장 높은 장해등급을 인정한다.

2) 척추체의 압박률은 변형이 남은 척추체에서 압박률이 가장 큰 쪽을 기준으로 하여 변형이 남은 척추체의 바로 위에 있는 척추체와 바로 아래에 있는 척추체의 길이의 평균값에 대한 압박골절된 척추체의 길이의 비율로 한다.

3) 하나의 운동단위에 변형이 남은 척추체가 2개 이상 있는 경우에는 각각의 압박률을 합산한 비율을 기준으로 판정한다.

4) 영 별표 6에서 "척주에 극도의 변형장해가 남은 사람"이란 같은 운동단위 내의 척추체의 압박률을 합산하여 50퍼센트 이상인 사람을 말한다.

5) 영 별표 6에서 "척주에 고도의 변형장해가 남은 사람"이란 같은 운동단위 내의 척추체의 압박률을 합산하여 30퍼센트 이상 50퍼센트 미만인 사람 또는 방출성 골절, 찬스씨 골절이나 그 밖에 척추관 침범 골절에 대하여 보존적 요법으로 치유된 사람을 말한다.

6) 영 별표 6에서 "척주에 중등도의 변형장해가 남은 사람"이란 같은 운동단위 내의 척추체의 압박률을 합산하여 20퍼센트 이상 30퍼센트 미만인 사람을 말한다.

7) 영 별표 6에서 "척주에 경도의 변형장해가 남은 사람"이란 같은 운동단위 내의 척추체의 압박률을 합산하여 10퍼센트 이상 20퍼센트 미만인 사람, 천추골에 변형이 남은 사람 또는 3개 이상의 척추체의 추체외 골절이 있는 사람을 말한다. 이 경우 추체외 골절은 횡돌기나 극돌기 등과 같이 척추체 외부에 부속되어 있는 뼈가 골절된 것을 말한다.

8) 영 별표 6에서 "척주에 경미한 변형장해가 남은 사람"이란 같은 운동단위 내의 척추체의 압박률을 합산하여 5퍼센트 이상 10퍼센트 미만인 사람 또는 2개 이하의 척추체의 횡돌기나 극돌기 등의 추체외의 골절이 남은 사람을 말한다.

다. 판단

살피건대, 앞서 든 증거에 더하여 변론 전체의 취지를 종합하면, 원고의 주치의가 원고의 흉추 제12번의 압박률이 36%라는 의학적 소견을 제시한 사실은 인정된다.

그러나 앞서 든 증거에 더하여 을 제2, 3호증의 각 기재, 이 법원의 ○○○대학교 부속 ○○병원장에 대한 진료기록 감정촉탁결과 및 변론 전체의 취지를 종합하여 인정되는 다음과 같은 사실들 및 사정들에 비추어 보면, 원고가 제출한 증거들만으로는 이 사건 상병과 관련한 원고의 장해등급이 제11급 제7호(척주에 고도의 변형장해가 남은 사람)에 해당함을 인정하기에 부족하고 달리 이를 인정할 만한 증거가 없으며, 오히려 이 사건 상병과 관련한 원고의 장해등급은 제13급 제12호(척주에 경도의 변형장해가 남은 사람)에 해당한다고 봄이 타당하므로, 이 사건 처분을 다투는 원고의 주장은 이유 없다.

1) 피고 측 자문의들은 아래의 표 기재와 같이 원고의 흉추 제12번의 압박률을 판단하였는데 이는 모두 30% 미만에 해당하였고, 대부분의 자문의들은 그 압박률이 10% 이상 20% 미만에 해당한다는 의학적 소견을 제시하였다.

구분	자문의 표시	압박률(%)
원처분기관 자문의	자문의 1	21.858
	자문의 2	16.793
자문의사회의	자문의 1	17.46
	자문의 2	17.46
	자문의 3	17.46
	자문의 4	17.46

2) 이 법원의 진료기록 감정의 역시 원고의 진료기록 사본 등에 근거하여 판단할 때, 원고의 흉추 제12번의 압박률이 17.3%에 해당한다는 의학적 소견을 제시하였고, 이는 앞서 본 대부분의 피고 측 자문의들의 의학적 소견과도 거의 일치한다.

3) 법원의 촉탁에 의한 감정인이 전문적인 학식과 경험을 바탕으로 한 감정 과정을 거쳐 제출한 감정결과는 그 과정에서 상당히 중한 오류가 있다거나 상대방이 그 신빙성을 탄핵할 만한 객관적인 자료를 제출하지 않는다면 감정 과정 등에서 있을 수 있는 사소한 오류의 가능성을 지적하는 것만으로 이를 쉽게 배척할 수 없고, 감정인의 감정평가 결과는 감정방법 등이 경험칙에 반하거나 합리성이 없는 등의 현저한 잘못이 없는 한 이를 존중하여야 하는바(대법원 2009. 7. 9. 선고 2006다67602, 67619 판결 등 참조), 위 감정의의 진료기록 감정결과에 감정방법 등이 경험칙에 반하거나 합리성이 없는 등의 현저한 잘못이 있음을 인정할 자료가 없고, 위 감정의의 의학적 소견과 피고 측 자문의들의 의학적 소견이 대체로 일치하는 점 등을 고려하면, 그 결과를 존중함이 타당하다.

4) 그렇다면, 원고의 흉추 제12번의 압박률은 10% 이상 20% 미만에 해당한다고 봄이 타당하므로, 이 사건 상병과 관련한 원고의 장해등급은 시행령 [별표 6] 및 시행 규칙 [별표 5]에 의하면, '척주에 경도의 변형장해가 남은 사람'으로서 제13급 제12호에 해당한다.

3. 결론

그렇다면, 원고의 이 사건 청구는 이유 없으므로 이를 기각하기로 하여 주문과 같이 판결한다.

[참조조문]

산업재해보상보험법(이하 '산재보험법'이라 한다) 제57조 제2항

산재보험법 시행령(이하 '시행령'이라 한다) 제53조, 제53조 제1항 후단

시행령 [별표 6] 장해등급의 기준(제53조 제1항 관련)

산재보험법 시행규칙(이하 '시행규칙'이라 한다) 제48조

시행규칙 [별표 5] 신체부위별 장해등급 판정에 관한 세부기준

[참조판례]

대법원 2009. 7. 9. 선고 2006다67602, 67619 판결

제3절 유족급여

1. 유족급여 및 장의비부지급처분취소

(노래방 입구 계단에서 지하 1층으로 굴러 떨어져 사망)

◎ 1심 서울행정법원 제13부[2018구합69240]

원 고 : ○○○

서울시 강서구 ○○○로 ○○○

소송대리인 변호사 ○○○

피 고 : 근로복지공단

변론종결 : 2019. 01. 31

판결선고 : 2019. 02. 19

[주문]

1. 원고의 청구를 기각한다.

2. 소송비용은 원고가 부담한다.

[청구취지]

피고가 2018. 4. 27. 원고에게 한 유족급여 및 장의비 부지급 처분을 취소한다.

[이유]

1. 처분의 경위

가. 원고의 남편인 망 소외1(생략생, 이하 '망인'이라 한다)은 2005. 5. 23. 주식회사 ○○○○(이하 '이 사건 회사'라 한다)에 입사하여 영업 업무를 수행한 사람이다.

나. 망인은 2016. 2. 18. 19:00경 동료 근로자 소외2 차장 및 ○○○○ 병원 간호사 2명과 함께 일식집 ○○○ 방이점에서 저녁 식사를 하고 인근 술집 ○○○ 이자카야와 ○○○○에서 술을 마시고 인근 노래방으로 이동하였다가 집에 가기 위해 대리기사를 불러 기다리던 중 노래방 입구

계단에서 지하 1층으로 굴러 떨어졌고, 2016. 2. 19. 01:22경 노래방 업주에 의해 발견되었으며, 노래방 업주의 신고를 받고 출동한 119구급대를 통해 ○○○○병원 응급실로 이송되어 외상성경막하출혈로 진단받고 ○○○○ 병원 중환자실에서 입원치료를 받았으나 2016. 4. 9. 14:10경 사망하였다. 망인에 대한 사망진단서에는 직접사인으로 '심폐정지', 간접사인으로 '외상성 지주막하출혈'이 각 기재되어 있다.

다. 원고는 피고에게 망인의 사망이 업무상 재해에 해당한다고 주장하며 유족급여 및 장의비 지급을 청구하였으나, 피고는 2017. 3. 29. '망인이 친목도모 또는 사적으로 과다하게 음주한 상태에서 집에 가기 위해 1층 노래방 입구에서 대리기사를 기다리다가 지하 1층으로 굴러 떨어져 발생한 재해는 산업재해보상보험법 제37조, 같은 법 시행령 제27조 제2항 및 제30조에 의한 출장 중의 재해 또는 행사 중의 사고에 의한 업무상 재해로 볼 수 없다'는 이유로 원고에 대하여 유족급여 및 장의비 부지급 처분을 하였다.

라. 원고는 피고에게 위 처분에 대한 심사청구를 하였으나, 피고는 2017. 9. 12. '망인이 2016. 2. 18. 19:00경부터 동료 근로자 소외2 차장 및 ○○○○병원 간호사 2명과 식사 및 음주를 한 사실은 확인되나, 이에 대해 사전에 상급자의 지시를 받거나 보고한 사실이 없었던 점, 이전과는 달리 팀장 및 해당 병원 담당 직원들이 참석하지 않았고 비용도 법인카드로 처리되지 않은 점, 당일 1차 비용으로 결제된 상품권은 전날 망인이 법인카드로 구매한 상품권이 아니며 구체적인 취득 경위는 확인되지 않는 점, 이후 이어진 2차 및 3차 비용은 동료 근로자 소외2 차장의 개인카드로 결제된 점, 음주 또한 망인의 판단과 의사에 따라 자발적으로 이루어진 것일 뿐 망인이 자신의 주량을 초과하여 과음을 할 수밖에 없었던 불가피한 업무적 용인이 있었던 것으로 보기는 어려운 점 등에 비추어 보면, 2016. 2. 18. 업무 종료 후 1차, 2차, 3차로 이어진 식사 및 음주 행위를 망인의 업무수행과정의 일부로 보아 업무관련성을 인정하기는 어려울 것으로 판단되므로 망인의 재해는 산업재해보상보험법상 사업

주 지배관리 하에서 발생한 업무상 재해로 인정할 수 없다'는 이유로 원고의 심사청구를 기각하였다.

마. 원고는 피고에게 다시 유족급여 및 장의비 지급을 청구하였으나, 피고는 2018. 4. 27. 종전 처분과 동일한 이유로 원고에 대하여 유족급여 및 장의비 부지급 처분을 하였다(이하 '이 사건 처분'이라 한다).

[인정근거] 다툼 없는 사실, 갑 제1 내지 3호증, 을 제1호증(각 가지번호 포함)의 각 기재, 변론 전체의 취지

2. 이 사건 처분의 적법 여부

가. 원고의 주장

망인이 ○○○○병원 선임 담당차장으로 병원의 인맥관리를 위해 진료상담부서 간호사들과 유대관계를 맺어 온 점, 망인이 진료상담, 진료예약 등을 위해 수시로 소외3 간호사에게 업무적 부탁을 해왔고, 이러한 업무적 부탁은 ○○○○병원 담당자인 소외4 과장과 소외5 대리도 하고 있는 점, 이 사건 회사에서도 민원업무 성격으로 진료상담부서 간호사들의 유대관계를 영업차원에서 인정하고 있는 점, 2015년에도 동일한 성격의 접대성 회식이 회사 법인카드로 계산되었던 점, 평소에도 커피 및 점심 식사 등을 통해 진료상담부서 간호사들과의 교류를 유지해왔던 점, 망인이 2016. 2. 18. 소외2 등과 한 회식은 ○○○○병원 고객만족팀 간호사들에 대한 접대성 회식으로서 2015년에 이어 두 번째로 마련된 것인 점, 1차 회식비용은 망인의 법인카드로 결제된 상품권으로 지불되었고 이 사건 회사의 비용으로 처리되었던 점, 이 사건 회사에서도 소외2이 망인의 요청에 따라 업무유대강화를 위한 목적으로 회식에 참여한 것으로 인정하고 있고, 이와 같이 업무유대강화를 위한 목적으로 회식에 참여한 소외2 팀장이 2차 및 3차 비용을 결제한 것은 업무관련성을 부정하는 요인으로 볼 수 없는 점, 당시 접대 회식의 내용은 평소 진료상담 등에 대한 답례 차원에서 이루어졌고 접대하는 위치에 있다 보니 많은 양의 술을 마시게 되어 만취상태에 이른 것인 점, 망인은 일행을 귀가시킨 후 회식 장소인 노래방 인근에서 대리운전을 기다리던 중 만취상태에서 정신을 잃

고 서성거리다가 계단에서 넘어진 것인 점 등에 비추어 보면, 망인의 사망은 접대 회식 과정에서의 부득이한 음주가 원인이 되어 발생한 것으로서 산업재해보상보험법상 업무상 재해에 해당한다고 봄이 타당하다. 따라서 이와 다른 전제에 선 이 사건 처분은 위법하여 취소되어야 한다.

나. 인정사실

1) 망인의 업무에 관한 사항

가) 망인은 약품사업본부 ETC영업1부 ○○○지점 소속으로 직급은 1급이고 직위는 차장이다. ○○○지점에는 4개의 팀이 있는데, 망인의 팀의 팀장은 소외6 부장이고 팀원은 망인을 포함하여 7명이다.

나) 망인은 같은 팀에 소속된 소외4 과장, 소외5 과장대리와 함께 ○○○○병원을 담당하면서 업무시간 대부분을 ○○○○병원에 방문하여 자사의 제품과 관련된 주요 정보를 제공하고 의약품 시장의 주요 이슈를 수집하고 향후 신제품 개발 및 영업전략 수립에 활용하는 업무를 수행하였다. 망인이 2015. 12.경 회사 워크숍에서 발표한 발표문에는 '○○○○병원 의국의 여직원, 병동 외래 간호사, 레지던트, 펠로우 등과 유대를 쌓으며 하나씩 정보를 쌓아나갔다. 이런 정보를 기반으로 교수님들 간의 네트워크를 알아내어 친밀도가 높은 분들과 소모임도 하고 임상과의 대내외 일정을 파악하여 가장 먼저 과 행사를 주관하기도 했다'라는 내용 등이 기재되어 있다.

다) 한편, ○○○지점 4개의 팀은 각 팀별로 담당 의료기관이 정해져 있고, 소외2 차장은 ○○○지점 소속으로 ○○○○○병원, ○○○○○병원, ○○○병원, ○○○병원, ○○○병원 등을 담당하고 있는 팀(망인과 다른 팀이다)의 팀장이다.

2) 회식의 진행경과 및 비용부담에 관한 사항

가) 소외2 차장은 2016. 2. 18. 18:00경 담당 의료기관인 ○○○○○병원에서 업무를 종료한 후, 개인 승용차를 이용하여 ○○○○병원 인근에서 망인과 만났다. 망인과 소외2 차장은 망인의 차량으로 서울 송파구 방이동에 있는 일식집 ○○○ 방이점으로 이동하였고, 19:00

경 ○○○○병원 간호사 소외3, 소외7과 만나 함께 저녁 식사 및 음주를 하였다(이하 위 회식을 '1차 회식'이라 한다). 망인, 소외2 차장, 소외3, 소외7(이하 '망인 등 4명'이라 한다)이 ○○○ 방이점에서 마신 술의 양은 생맥주(약 320㎖) 4잔, 소주 5병 정도였다. 망인 등 4명의 ○○○ 방이점에서의 저녁 식사 및 음주 비용으로 326,000원이 나왔는데, 망인이 ○○○ 상품권(40만 원)으로 지불하였다.

나) 망인 등 4명은 21:30경 인근 술집 ○○○ 이자카야로 이동하여 2차로 22:49경까지 맥주 2병, 소주 1~2병 정도를 마셨고 그 비용 46,000원은 소외2 차장의 개인체크카드로 결제되었다(이하 위 회식을 '2차 회식'이라 한다). 망인 등 4명은 그 직후 인근 술집 ○○○○으로 이동하여 3차로 23:42경까지 맥주 4병 정도를 마셨고 그 비용 53,500원은 소외2 차장의 개인체크카드로 결제되었다(이하 위 회식을 '3차 회식'이라 한다).

다) 망인 등 4명은 ○○○○을 나와 서울 송파구 방이동 이하생략에 있는 ○노래방으로 이동을 하였다. 망인 등 4명온 ○노래방으로 이동하였는데, 소외7이 시간이 늦고 음주를 많이 하여 집에 가겠다고 하면서 택시를 타고 귀가하였고, 이에 망인, 소외2 차장, 소외3은 ○노래방에 들어갔다가 노래방 룸에는 들어가지 않은 상태에서 바로 나왔으며, 망인은 차를 가지고 왔기에 대리기사를 불러 가겠다고 하였고, 이에 소외2 차장, 소외3 순으로 택시를 타고 귀가하였다(이하 1차 회식부터 ○노래방으로 이동하기까지의 전 과정을 합하여 '이 사건 회식'이라 한다).

라) 한편, 망인은 이 사건 회식 전날인 2016. 2. 17. 21:26경 ○○○ ○○○에서 법인카드를 사용하여 440,000원을 결제한 바 있다. 피고가 ○○○ ○○점 상품권 판매 현황을 조사한 결과 망인이 2016. 2. 17. ○○○ ○○점에서 법인카드로 440,000원 상당의 상품권 8장(1만원 권 4장, 10만원 권 4장)을 구매한 사실이 확인되었고, ○○○를 운영하는 주식회사 ○○○에 망인이 위와 같이 ○○○ ○○점에서 구입한 상품권의 사용여부를 확인한 결과 위 상품권 8장 중 7장은 사용되지 않았고, 10만 원권 1장은 망인의 사망 이후인 2016. 8. 4. ○○○ ○○

점에서 사용된 것으로 확인되었으며, 소외2 차장이 개인체크카드로 결제한 2차 비용 46,000원 및 3차 비용 53,500원은 회사 비용으로 처리된 사실이 없는 것으로 확인되었다.

3) 관련인의 진술에 관한 사항

가) 소외2 차장은 피고의 조사 과정에서 '저는 망인의 입사 2년 선배이며 영업부에서 같이 근무했다. 그러므로 업무에 관한 많은 도움을 줬으며 개인적으로 각별한 사이이기도 하다', '영업부의 접대는 주로 의사 선생님들을 상대하는 경우가 많지만 업무 특성상 민원담당 부서인 간호사님들의 접대 또한 절대 간과할 수 없다. 만약 간호사님들과 생경한 사이가 될 경우 영업활동에 어려움이 따르게 되며 그로 인해 정보가 뒤지면 영업 업무에 지장을 초래할 수 있으므로 제약회사 직원들은 본인이 필요하다고 생각하는 부서의 간호사님들과 친밀한 관계를 맺지 않을 수 없다', '식사하는 과정에서 망인은 두 간호사님께 간간이 잘 부탁한다는 멘트와 앞으로 이런 자리를 종종 만들테니 시간을 내 달라는 부탁 말과 함께 분위기를 자연스럽게 이끌어 갔으며 대화주제는 주로 ○○병원에 관한 이야기와 닥터 선생님들의 개성 그리고 각 대학병원 특성 같은 이야기를 나눴다. 특히 망인이 민원 부탁을 자주하게 되어 고맙다는 말을 많이 했던 것으로 기억한다. 접대문화가 늘 그렇듯, 접대 받는 쪽보다는 접대하는 쪽이 더 많이 마셔야 하는 경우가 있다 보니 저도 보통 때보다 더 취한 듯했다', '영업활동을 하다보면 병원의 여러 부서의 사람들과 두루두루 친밀한 관계 형성을 위해 저녁식사자리가 필요한 경우가 발생할 수밖에 없다'라는 내용 등이 기재된 사실확인서를 제출하였다.

나) 소외6 부장은 피고의 조사 과정에서 '○○병원이 대형병원이므로 잦은 부탁이 있을 수밖에 없고 이런 일도 담당 차장으로는 해결해야 하는 업무적 성격을 가지고 있다. 본인은 팀장으로도 망인이 고객센터에서 일하는 간호사들로부터 진료예약, 진료상담, 진상고객 처리 등에서 많은 도움을 받은 것으로 알고 있다. 1년 전에도 망인, 소외4

과장, 소외5 대리가 소외3 간호사 등과 저녁식사를 했고, 그때도 당연히 영업 업무의 일환으로 법인카드 처리가 되있다. 2. 18. 소외3 간호사 등과의 회식은 영업 업무와 관련된 회식이었다. 당일 회식은 망인이 전날 법인카드로 구매한 상품권으로 결제했고, 2. 18. 오전에 전표로 처리되었다. 법인카드로 구매한 상품권이므로 모두 영업 업무와의 관련성이 회사에서 인정되는 부분이다'라는 내용 등이 기재된 사실확인서를 제출하였고, 이 사건 소송에 증인으로 출석하여 '소외3 간호사는 병원의 진료를 잡아주는 업무를 하는 간호사였다. 저희가 병원에 전화해서도 예약을 잡을 수 있는데, 시스템을 잘 모르고, 많은 부탁이 오는데, 워낙 친절하게 일을 잘 해 주어서 제가 팀장 되고 2번째 그날 식사한 것으로 알고 있다. 1년에 한 번 식사를 모신 것으로 알고 있다', '식사를 할 경우 영업직원이 회사비용이 아니라 개인적으로 비용을 결제하는 경우는 거의 없다고 봐야 될 것 같다', '영업직원이 거래처 직원과 업무상 목적이 아니라 순수하게 사적으로 만날 이유는 없다', '당시 상품권을 저희가 간혹 구매를 미리 해놓고 가지고 있다가 결제할 때 쓰는 경우가 종종 있었는데, ○○○처럼 여러 군데에서 쓸 수 있는 곳은 평상시에도 구매를 해놓은 편이었다. 그래서 갑자기 쓰게 되는 식사자리에서 쓰고 그런 경우가 종종 있었다', '소외2 팀장은 법인카드를 가지고 있었을 것으로 생각하고, 망인은 그날 상황은 잘 모르겠는데 보통은 가지고 다녔다. 보통 직원 1명당 법인카드 1개를 가지고 다녔다'라는 등의 진술을 하였다.

다) 소외3은 피고의 조사 과정에서 '망인이 각과 담당 교수 스케줄 및 타 제약사 약에 관한 정보 이외 병실 예약 또는 진료날짜 변경 등 각종 민원 부탁도 했는가'라는 질문에 관하여 '그렇다. 일반적으로 제약회사 직원들이 부탁하는 민원보다 망인은 더 많은 민원을 부탁했다'라고 진술했고, 그 외에 '컴퓨터로 조회해서 알 수 있는 선생님들의 스케줄은 알려줬다', '제약회사 영업 직원들이 우리 병원 전산망에 접근할 수 없기에 내가 교수님들의 처방 및 타 제약사 신약에 관한 정보

들을 알려줬다'라고 진술했으며, '2015년도에도 ○○○○병원을 담당하는 망인과 박과장님, 신대리님과 저희 부서 간호사인 저와 소외7, 소외8 세 명이 바깥에서 회식을 한 적이 있다. 그 이후에도 2번 정도 점심식사를 같이 했다', 2015년 저녁 회식 때에도 여섯 명 모두 많이 마셨던 것으로 기억한다. 이번 사고도 무척 안타깝지만, 그런 연장선상에서 회식을 했던 것이다. 망인께서는 자주 제게 여러 민원을 부탁하였고 이에 대해 미안해서 저녁식사를 하자고 했던 것이다. 이번 모임에는 저와 부서에서 함께 근무하는 소외7 간호사가 나갔고, 망인과 함께 근무했던 상급자인 소외2 팀장도 오시기로 했다고 들었다. 이번 회식에서 병원 내 업무, 영업에 대한 이야기, 병원의 스타일 등 여러 이야기를 나눴고, 망인은 앞으로도 잘 부탁한다고 몇 번 이야기하였다'는 내용 등이 기재된 사실확인서를 제출하였다.

라) 소외4, 소외5은 피고의 조사 과정에서 2015년에 망인, 소외4, 소외5과 ○○○○병원 간호사 소외3, 소외7, 소외8가 같이 식사 및 음주 등을 하였는데 법인카드로 업무추진비가 집행되었다는 취지의 내용 등이 기재된 사실확인서를 제출하였다.

4) 이 사건 회사 측의 입장

가) 피고의 조사 과정에서 제출된 이 사건 회사의 문답서에는 '소외4 및 소외5로부터 1년 전 간호사와 식사 등의 비용을 업무추진비로 사용하였다는 사실을 확인하였으나, 무기명카드이고 정확한 날짜를 알지 못하며 품의서에 특별한 내용을 기재하지 않는 사유로 많은 증빙자료에서 동 자료의 확인은 물가하였다', '2016. 2. 17. 망인이 ○○○○○○에서 처리한 영수증에 대한 품의서에는 결제금액(440,000원)의 내용만 기재되어 있어서 망인의 업무추진 내용 및 당사자의 확인은 불가하였다', '당사에서는 소속 임직원들에게 상품권을 지급하고 있지 않으며, 어떤 절차로 망인이 상품권을 구입하였는지 등에 대한 확인은 불가하였다', '망인은 ○○○○병원 간호사와 업무유대강화를 위해 식사 등을 하는데 같이 하자는 이야기를 재해 발생 수주 전부터 소

외2 차장에게 하였고, 1주 전에 2016. 2. 18. 식사 등의 약속이 되었다는 이야기를 소외2 차장에게 한 것으로 확인되었다', '소외2 차장은 상급자에게 보고 또는 지시 없이 2016. 2. 18. 식사 등에 참석한 것으로 확인되었다', '식사 건은 팀장인 소외6 부장에게 사전 보고를 하지는 않았으나 업무 편의상 선조치 후보고는 종종 있는 일로 허용되고 있었다', '2016. 2. 18. 방이○○○에서 식사 등을 한 후 ○○○ 이자카야와 ○○○○에서 음주 등을 하였고 비용은 각각 46,000원과 53,500원이었으며 소외2 차장이 개인체크카드를 이용하여 부담한 것으로 확인되었다. 소외2 차장이 개인카드를 사용한 비용은 업무추진비 등의 회사 비용으로 처리가 되지 않았다', '당사에서는 기업(법인)카드를 사용하여 업무추진비 등을 집행하고 있으며, 개인카드를 사용하거나 개인 비용으로 처리한 것을 추후 업무추진비 등으로 집행을 하지 않고 있다', '치료비, 장제 지원, 직원 성금, 단체보험 보험금, 퇴직 위로금 등으로 약 6억 원을 지급하였으며, 산재보험 보험급여 명목으로 지급한 금품은 치료비 외에는 없다'라는 내용 등이 기재되어 있다.

나) 이 사건 회사는 이 법원의 사실조회에 대하여 '망인이 소외3 간호사 등과 회식을 한 사유에 관하여 당사에서는 확인할 수 없는 사항이다', '이 사건 회식이 사전에 보고되지 못한 이유는 당사에서는 확인할 수 없는 사항이다'라는 등의 내용의 회신을 하였다.

[인정근거] 다툼 없는 사실, 갑 제4 내지 10, 12호증, 을 제1, 2호증(각 가지번호 포함)의 각 기재, 증인 소외6의 증언, 이 법원의 이 사건 회사에 대한 사실조회결과, 변론 전체의 취지

다. 판단

1) 구 산업재해보상보험법(2017. 10. 24. 법률 제14933호로 개정되어 2018. 1. 1. 시행되기 전의 것) 제37조 제1항 제1호 라목은 사업주가 주관하거나 사업주의 지시에 따라 참여한 행사나 행사준비 중에 발생한 사고를 업무상 사고로 규정하고, 그로 인하여 근로자가 사망하면 업무상의 재해

로 본다고 규정하고 있다. 구 산업재해보상보험법 시행령(2017. 12. 26. 대통령령 제28506호로 개정되기 전의 것) 제30조는 운동경기·야유회·등산대회 등 각종 행사에 근로자가 참가하는 것이 사회통념상 노무관리 또는 사업 운영상 필요하다고 인정되는 경우로서 ① 사업주가 행사에 참가한 근로자에 대하여 행사에 참가한 시간을 근무한 시간으로 인정하는 경우, ② 사업주가 그 근로자에게 행사에 참가하도록 지시한 경우, ③ 사전에 사업주의 승인을 받아 행사에 참가한 경우, ④ 그 밖에 위에 준하는 경우로서 사업주가 그 근로자의 행사 참가를 통상적·관례적으로 인정한 경우 중 어느 하나에 해당하면, 근로자가 그 행사에 참가하여 발생한 사고는 구 산업재해보상보험법 제37조 제1항 제1호 라목에 따른 업무상 사고로 본다고 규정하고 있다.

근로자가 근로계약에 의하여 통상 종사할 의무가 있는 업무로 규정되어 있지 아니한 회사 외의 행사나 모임에 참가하던 중 재해를 당한 경우 이를 업무상 재해로 인정하려면, 우선 그 행사나 모임의 주최자, 목적, 내용, 참가인원과 그 강제성 여부, 운영 방법, 비용부담 등의 사정들에 비추어, 사회통념상 그 행사나 모임의 전반적인 과정이 사용자의 지배나 관리를 받는 상태에 있어야 하고(대법원 1992. 10. 9. 선고 92누11107 판결 참조), 사업주가 지배나 관리를 하는 회식에서 근로자가 주량을 초과하여 음주를 한 것이 주된 원인이 되어 부상·질병 또는 장해가 발생하거나 사망한 경우에도 업무와 과음, 그리고 재해 사이에 상당인과관계가 인정된다면 산업재해보상보험법에서 정한 업무상 재해에 해당한다. 다만 여기서 업무와 과음, 재해 사이에 상당인과관계가 있는지는 사업주가 음주를 권유하거나 사실상 강요하였는지 아니면 음주가 근로자 본인의 판단과 의사에 의하여 자발적으로 이루어진 것인지, 재해를 당한 근로자 외에 다른 근로자들이 마신 술의 양은 어느 정도인지, 재해가 업무와 관련된 회식 과정에서 통상 수반하는 위험의 범위 내에 있는 것인지, 회식 또는 과음으로 인한 심신장애와 무관한 다른 비정상적인 경로를 거쳐 발생한 재해는 아닌지 등 여러 사정을 고려하여 신중하게 판단하여야 한다(대법원 2015. 11. 12. 선고 2013두25276 판결 참조).

2) 앞서 본 사실관계에 변론 전체의 취지를 더하여 알 수 있는 다음과 같은 사정들에 비추어 보면, 이 사건 회식이 사업주의 지배나 관리를 받는 행사에 해당한다고 보기는 어렵다.

가) 망인은 참석자, 비용 부담자 등 이 사건 회식에 관한 사항에 대하여 사전에 소외6 부장 등 상급자의 지시를 받거나 상급자에게 사전에 보고한 바 없다.

나) 망인은 같은 팀에 소속된 소외4 과장, 소외5 과장대리와 함께 ○○○○병원을 담당하였는데, 2015년에는 소외4 과장, 소외5 과장대리와 함께 ○○○○병원 간호사 소외3, 소외7, 소외8와 식사 및 음주를 하였고 회식비용이 법인카드로 결제된 것으로 보인다. 그러나, 이 사건 회식에는 ○○○○병원 담당자인 소외4 과장, 소외5 과장대리가 참석하지 않았고, 이 사건 회식에 참석한 소외2 차장은 망인과 다른 팀 소속으로 ○○○○병원을 담당하지 않았으며, 이 사건 회식 비용에 대한 결제는 아래 라), 마)항에서 보는 바와 같이 2015년 회식의 경우와 차이가 있다.

다) 망인은 소외2 차장 및 여자 간호사 2명과 자연스러운 분위기에서 본인의 판단과 의사에 의하여 자발적으로 음주를 하였던 것으로 보이고, 망인이 주량을 초과하여 음주를 한 것에 사실상 강요가 있었다거나 피할 수 없는 업무적 요인이 있었다고 보기는 어렵다.

라) 망인은 이 사건 회식 전날에 법인카드로 구입한 ○○○ 상품권으로 1차 회식 비용을 결제하지 않았고, 망인이 1차 회식 비용으로 결제한 ○○○ 상품권이 법인카드로 구입한 것인지 확인되지 않는다.

마) 소외2 차장은 2차 비용 46,000원 및 3차 비용 53,500원을 개인체크카드로 결제하였고, 이를 회사 비용으로 처리한 사실은 없는 것으로 확인되었다. 그런데, 이 사건 회사 약품사업본부 ETC영업1부 ○○○지점 소속으로 망인의 팀장인 소외6 부장은 이 사건 소송에 증인으로 출석하여 '식사를 할 경우 영업직원이 회사비용이 아니라 개인적

으로 비용을 결제하는 경우는 거의 없다고 봐야 될 것 같다', '소외2 팀장은 법인 카드를 가지고 있었을 것으로 생각하고, 망인은 그날 상황은 잘 모르겠는데 보통은 가지고 다녔다. 보통 직원 1명당 법인카드 1개를 가지고 다녔다'라는 진술을 하였고, 피고의 조사 과정에서 제출된 이 사건 회사의 문답서에는 '2차, 3차에서 소외2 차장이 개인카드를 사용한 비용은 업무추진비 등의 회사 비용으로 처리가 되지 않았다', '당사에서는 기업(법인)카드를 사용하여 업무추진비 등을 집행하고 있으며, 개인카드를 사용 하거나 개인 비용으로 처리한 것을 추후 업무추진비 등으로 집행을 하지 않고 있다'라는 내용 등이 기재되어 있는 점, 소외2 차장은 ○○○○병원을 담당하는 자가 아니므로 2차, 3차 회식이 업무의 일환이라면 이를 소외2 차장의 개인 비용으로 처리할 이유가 없다고 보이는 점 등을 앞서 본 사정들과 함께 고려하여 보면, 적어도 2차 회식부터는 사업주의 지배나 관리를 받는 행사에 해당한다고 보기는 어렵다.

3) 따라서 이 사건 회식 직후에 계단에서 굴러 떨어지는 사고로 인한 망인의 사망과 업무 사이에 상당인과관계를 인정하기에 부족하므로, 이와 같은 전제에서 이루어진 이 사건 처분은 적법하다.

3. 결론

그렇다면 원고의 청구는 이유 없으므로 이를 기각하기로 하여, 주문과 같이 판결한다.

[참조조문]

산업재해보상보험법 제37조

같은 법 시행령 제27조 제2항, 제30조

구 산업재해보상보험법(2017. 10. 24. 법률 제14933호로 개정되어 2018. 1. 1. 시행되기 전의 것) 제37조 제1항 제1호 라목

구 산업재해보상보험법 시행령(2017. 12. 26. 대통령령 제28506호로 개정되기 전의 것) 제30조

[참조판례]
대법원 1992. 10. 9. 선고 92누11107 판결
대법원 2015. 11. 12. 선고 2013두25276 판결

◎ 2심 서울고등법원 제1-1행정부[2019누38900]

원 고 : 항소인 ○○○
서울시 강서구 ○○○로 ○○○
소송대리인 변호사 ○○○
피 고 : 피항소인 근로복지공단
전심판결 : 1심 2018구합69240 서울행정법원
변론종결 : 2019. 11. 22
판결선고 : 2020. 01. 17

[주문]

1. 제1심판결을 취소한다.
2. 피고가 2018. 4. 27. 원고에게 한 유족급여 및 장의비 부지급 처분을 취소한다.
3. 소송총비용은 피고가 부담한다.

[청구취지 및 항소취지]

주문과 같다.

[이유]

1. 처분의 경위

가. 원고의 남편인 망 소외1(생략생, 이하 '망인'이라 한다)은 2005. 5. 23. 주식회사 ○○○○(이하 '이 사건 회사'라 한다)에 입사하여 영업 업무를 수행한 사람이다.

나. 망인은 2016. 2. 18. 19:00경 동료 근로자 소외2 차장 및 ○○○○ 병원 간호사 2명과 함께 일식집 ○○○○○○○에서 저녁 식사를 하고 인근 술집 ○○○ 이자카야와 ○○○○에서 술을 마시고 인근 노래방으로 이동하였다가 집에 가기 위해 대리기사를 불러 기다리던 중 노래방

입구 계단에서 지하 1층으로 굴러 떨어졌고, 2016. 2. 19. 01:22경 노래방 업주에 의해 발견되었으며, 노래방 업주의 신고를 받고 출동한 119구급대를 통해 ○○○○병원 응급실로 이송되어 외상성경막하출혈로 진단받고 ○○○○병원 중환자실에서 입원치료를 받았으나 2016. 4. 9. 14:10경 사망하였다. 망인에 대한 사망진단서에는 직접사인으로 '심폐정지', 간접사인으로 '외상성 지주막하출혈'이 각 기재되어 있다.

다. 원고는 피고에게 망인의 사망이 업무상 재해에 해당한다고 주장하며 유족급여 및 장의비 지급을 청구하였으나, 피고는 2017. 3. 29. '망인이 친목도모 또는 사적으로 과다하게 음주한 상태에서 집에 가기 위해 1층 노래방 입구에서 대리기사를 기다리다가 지하 1층으로 굴러 떨어져 발생한 재해는 산업재해보상보험법 제37조, 같은 법 시행령 제27조 제2항 및 제30조에 의한 출장 중의 재해 또는 행사 중의 사고에 의한 업무상 재해로 볼 수 없다'는 이유로 원고에 대하여 유족급여 및 장의비 부지급 처분을 하였다.

라. 원고는 피고에게 위 처분에 대한 심사청구를 하였으나, 피고는 2017. 9. 12. '망인이 2016. 2. 18. 19:00경부터 동료 근로자 소외2 차장 및 ○○○○병원 간호사 2명과 식사 및 음주를 한 사실은 확인되나, 이에 대해 사전에 상급자의 지시를 받거나 보고한 사실이 없었던 점, 이전과는 달리 팀장 및 해당 병원 담당 직원들이 참석하지 않았고 비용도 법인카드로 처리되지 않은 점, 당일 1차 비용으로 결제된 상품권은 전날 망인이 법인카드로 구매한 상품권이 아니며 구체적인 취득 경위는 확인되지 않는 점, 이후 이어진 2차 및 3차 비용은 동료 근로자 소외2 차장의 개인카드로 결제된 점, 음주 또한 망인의 판단과 의사에 따라 자발적으로 이루어진 것일 뿐 망인이 자신의 주량을 초과하여 과음을 할 수밖에 없었던 불가피한 업무적 요인이 있었던 것으로 보기는 어려운 점 등에 비추어 보면, 2016. 2. 18. 업무 종료 후 1차, 2차, 3차로 이어진 식사 및 음주 행위를 망인의 업무수행과정의 일부로 보아 업무관련성을 인정하기는 어려울 것으로 판단되므로 망인의 재해는 산업재해보상보험법상 사업

주 지배관리 하에서 발생한 업무상 재해로 인정할 수 없다'는 이유로 원고의 심사청구를 기각하였다.

마. 원고는 피고에게 다시 유족급여 및 장의비 지급을 청구하였으나, 피고는 2018. 4. 27. 종전 처분과 동일한 이유로 원고에 대하여 유족급여 및 장의비 부지급 처분을 하였다(이하 '이 사건 처분'이라 한다).

[인정근거] 다툼 없는 사실, 갑 제1 내지 3호증, 을 제1호증(각 가지번호 포함)의 각 기재, 변론 전체의 취지

2. 이 사건 처분의 적법 여부

가. 원고의 주장

망인이 이 사건 회사의 ○○○○병원 담당 차장으로서 병원의 인맥관리를 위해 진료상담 부서 간호사들과 유대관계를 맺어온 점, 망인이 진료상담, 진료예약 등을 위해 수시로 소외3 간호사에게 업무적 부탁을 해왔던 점, 이 사건 회식은 위 간호사들에 대한 접대성 회식인 점, 당시 접대하는 위치에 있다 보니 많은 양의 술을 마시게 되어 만취 상태에 이른 점, 망인은 일행을 귀가시킨 후 회식 장소인 노래방 인근에서 대리 운전을 기다리던 중 만취 상태에서 정신을 잃고 계단에서 넘어진 점 등에 비추어 보면, 망인의 사망은 이 사건 회식 과정에서의 부득이한 음주가 원인이 되어 발생한 것으로서 산업재해보상보험법상 업무상 재해에 해당한다. 따라서 이와 다른 전제에 선 이 사건 처분은 위법하여 취소되어야 한다.

나. 인정사실

이 법원이 이 사건에 적을 판결 이유는, 아래에서 추가거나 고치는 부분 외에는 제1심판결의 이유 해당 부분(4쪽 밑에서 2행-11쪽 3행) 가재와 같으므로, 행정소송법 제8조 제2항, 민사소송법 제420조 본문에 따라 이를 인용한다.

○ 8쪽 밑에서 4행에 "제1심 증인 소외4은 '2차 맥주집에서 4~5만원 나오고 이런 것은 시간이 늦으면 개인비용으로 하는 경우도 있다. 일비로 돈을 매일 받는 것이 있다. 영수증이 10시 11시 12시에 늦게 나오는 것을 회사에서 싫어한다. 유류, 직원 식사 등 일비로 6만 원 정도 나온 것으

로 알고 있고, 따로 지출증빙을 하지 않는다.'고 증언하였다."를 추가한다.

○ 9쪽 13행에 "소외3은 이 법원에 증인으로 출석하여 위 사실확인서(갑 제7호증의2) 및 아래 마)항의 진술서(갑 제11호증)가 사실임을 인정하면서 '이 사건 회식에서 증인과 소외5 간호사가 비용을 부담하지 않았고 2015년 회식도 마찬가지였다.', '망인이 이 사건 회식을 제안하였고 2015년 회식은 증인이 (망인을) 많이 도와주어 술자리를 한번 갖자는 얘기를 했다가 하게 되었다.', '망인이 증인을 접대하기 위해서 본인 주량 이상의 술을 무리해서 마신다는 느낌을 받지는 않았지만, 업무상 얘기하다 보니 서로 어려운 자리다 보니까 증인도 주량보다 넘어갔다. 망인이 마지막까지 남아서 다른 사람들의 귀가를 챙긴 것은 증인과 소외5 간호사가 조금 어려운 사람이니까 더 먼저 보내지 않았을까 싶다.', '같이 왔던 소외2 팀장은 2차병원급을 담당했기 때문에 나중에 잘하면 3차병원 팀장이나 ○○○○병원 제약회사 팀장 자리에 올라온다고 생각했다.', '영업사원이 (제약회사로부터) 진료예약이 들어오면 다 저희를 거쳐야 됐고 저희랑 관계가 좋아야 본인들도 조금 수월하게 업무를 하지 않았나 싶다. 이 사건 회사가 아닌 다른 제약회사에서 ○○○○병원을 담당하는 분들과도 업무적 이유로 외부에서 종종 저녁 식사자리를 갖는다.'는 등의 증언을 하였다."를 추가한다.

○ 9쪽 밑에서 6행 다음에 아래의 내용을 추가한다.

【마) 2차 회식이 이루어졌던 이자카야 ○○○ 사장은 '대화내용을 들어보니 호칭이 선생님, 차장님, 팀장님 하면서 어려운 관계라는 걸 느꼈고 남자분들이 오히려 여자분들에게 끌려다닌 느낌이 있었습니다. 여자분들이 마지막 소주를 주문했을 때 많이 부담스러워하셔서 술을 드려야 할지 잠깐 망설였던 기억이 납니다. 남자분들 목소리보다 여자분들이 더 큰 것도 그렇고 술 드시는 걸 힘들어 했던 팀장님도 차장님도 편해보이지는 않았던 것 같습니다.'라고 진술서를 작성하였다.】

○ 11쪽 1행~3행을 아래와 같이 고친다.

【[인정근거] 다툼 없는 사실, 갑 제4 내지 12, 15호증, 을 제1, 2호증(각

가지번호 포함)의 각 기재, 제1심 증인 소외4, 이 법원 증인 소외3의 각 증언, 제1심 법원의 이 사건 회사에 대한 사실조회결과, 변론 전체의 취지】

다. 판단

1) 구 산업재해보상보험법(2017. 10. 24. 법률 제14933호로 개정되어 2018. 1. 1. 시행되기 전의 것, 이하 '구 산업재해보상보험법'이라 한다) 제37조 제1항 제1호 라목은 사업주가 주관하거나 사업주의 지시에 따라 참여한 행사나 행사준비 중에 발생한 사고를 업무상 사고로 규정하고, 그로 인하여 근로자가 사망하면 업무상의 재해로 본다고 규정하고 있다. 구 산업재해보상보험법 시행령(2017. 12. 26. 대통령령 제28506호로 개정되기 전의 것) 제30조는 운동경기·야유회·등산대회 등 각종 행사에 근로자가 참가하는 것이 사회통념상 노무관리 또는 사업운영상 필요하다고 인정되는 경우로서 ① 사업주가 행사에 참가한 근로자에 대하여 행사에 참가한 시간을 근무한 시간으로 인정하는 경우, ② 사업주가 그 근로자에게 행사에 참가하도록 지시한 경우, ③ 사전에 사업주의 승인을 받아 행사에 참가한 경우, ④ 그 밖에 위에 준하는 경우로서 사업주가 그 근로자의 행사 참가를 통상적·관례적으로 인정한 경우 중 어느 하나에 해당하면, 근로자가 그 행사에 참가하여 발생한 사고는 구 산업재해보상보험법 제37조 제1항 제1호 라목에 따른 업무상 사고로 본다고 규정하고 있다.

근로자가 근로계약에 의하여 통상 종사할 의무가 있는 업무로 규정되어 있지 아니한 회사 외의 행사나 모임에 참가하던 중 재해를 당한 경우 이를 업무상 재해로 인정하려면, 우선 그 행사나 모임의 주최자, 목적, 내용, 참가인원과 그 강제성 여부, 운영 방법, 비용부담 등의 사정들에 비추어, 사회통념상 그 행사나 모임의 전반적인 과정이 사용자의 지배나 관리를 받는 상태에 있어야 하고(대법원 1992. 10. 9. 선고 92누11107 판결 참조), 사업주가 지배나 관리를 하는 회식에서 근로자가 주량을 초과하여 음주를 한 것이 주된 원인이 되어 부상·질병 또는 장해가 발생하거나 사망한 경우에도 업무와 과음, 그리고 재해 사이에 상당인과관계가 인정된다면 산업재해보상보험법에서 정한 업무상 재해에 해당한다. 다만 여기서 업무와 과음, 재해 사이에 상당인과관계가 있는지는 사업주가 음주를 권유하거나 사실상 강요하였는지 아니면 음주가 근로자 본인의 판단과 의사에 의하여 자발적으로 이루어진 것인지, 재해를 당한 근로자 외에 다른 근로자들이 마신 술의 양은 어느 정도인지, 재해가 업무와 관련된 회식 과정에서 통상 수반하는 위험의 범위 내에 있는 것인지, 회식 또는 과음으로 인한 심신장애와 무관한 다른 비정상적인 경로를 거쳐 발생한 재해는 아닌지 등 여러 사정을 고려하여 신중하게 판단하여야 한다(대법원 2015. 11. 12. 선고 2013두25276 판결 참조).

당초 사용자의 전반적 지배·관리 하에 개최된 회사 밖의 행사나 모임이 종료되었는지 여부가 문제될 때에는 일부 단편적인 사정만을 들어 그로써 위 공식적인 행사나 모임의 성격이 업무와 무관한 사적·임의적 성격으로 바뀌었다고 속단하여서는 안 될 것이고, 위에서 든 여러 사정들을 종합하여 근로자의 업무상 재해를 공정하게 보상하여 근로자 보호에 이바지한다고 하는 산업재해보상보험법의 목적(같은 법 제1조)에 맞게 합리적으로 판단하여야만 할 것이다(대법원 2008. 10. 9. 선고 2008두8475 판결 참조)

2) 앞서 인정한 사실에 변론 전체의 취지를 더하여 알 수 있는 다음과 같은 사정들에 비추어 보면, 이 사건 회식은 구 산업재해보상보험법 제37조 제1항 제1호 라목의 사업주의 지배나 관리를 받는 행사에 해당한다고 봄이 타당하다.

가) 망인은 같은 팀에 소속된 소외6 과장, 소외7 과장대리와 함께 ○○○○병원을 담당하는 차장이었다. 망인의 업무는 이 사건 회사의 제품정보를 의사들에게 전달하여 의사들이 이 사건 회사의 제품을 처방하도록 의사들을 상대하는 것이 주된 영업 업무였고 이를 위해 의사들뿐만 아니라 간호사들과도 유대관계를 가져야 했다. 또한 갑 제7호증의 1, 2, 갑 제15호증의 각 기재, 제1심 증인 소외4, 당심 증인 소외3의 각 증언 등에 의하면 대형병원을 담당하는 제약회사의 영업부서

직원은 제약회사로부터 진료예약 등의 부탁을 받는데, 망인 또한 이 사건 회사의 상사 등으로부터 진료 예약 부탁을 받으면 위 민원을 처리해야 하기 때문에 진료상담 부서에 근무하는 간호사들에게도 접대가 필요하였다. 특히 망인은 1주일에 2~3회 정도 진료상담 부서의 소외3 간호사에게 업무상 부탁을 하였고, 소외3 간호사는 망인에게 각 과 담당 교수의 진료 및 휴진 일정과 경조사 일정, 다른 제약회사의 투약력 등의 정보를 알려주었고, 진료 예약, 입원 조정 등을 해주었다.

나) 망인은 2015년 소외6 과장, 소외7 과장대리와 함께 ○○○○병원의 진료 상담 부서의 간호사 소외3, 소외5, 소외8와 식사 및 음주를 하였다. 망인은 소외4 부장에게 위 회식을 사후보고 하였다. 이 사건 회사는 위 회식날짜를 특정할 수 없고 당시 법인카드는 무기명카드여서 확인하기 어렵다고 회신하였지만, 위 회식은 망인이 소외3 간호사로부터 회식 제의를 받은 이후 망인을 포함한 이 사건 회사의 ETC영업1부 서울1지점이 ○○○○병원의 진료상담 부서 간호사들에게 그동안의 업무협조에 대한 감사를 표하는 자리로서 이 사건 회사의 비용부담이 요구되는 유익적인 영업활동으로 볼 수 있다.

2016년 이 사건 회식도 위 2015년 회식과 같은 성격에서 마련된 것으로 볼 수 있다. 즉 망인은 간호사들에게 잘 부탁한다는 말을 하였고 대화 주제는 ○○○○병원, 의사들의 개성 등에 관한 것이었다. 망인이 소외3 간호사에게 이 사건 회식을 제안하였다고 하더라도, 위 2015년 회식 이후 망인과 진료상담 부서 간호사들은 병원 내에서 식사를 종종 했고 외부 저녁 술자리는 이 사건 회식뿐이어서 이 사건 회식은 2015년 회식에 이어서 망인이 이 사건 회사의 ETC영업1부의 차장으로서 진료상담 부서 간호사들에게 업무협의와 우호관계의 지속적 유지 목적에서 마련한 것으로 볼 수 있다. ○○○○병원의 진료상담 부서 간호사들은 이 사건 회사는 물론 다른 제약회사의 직원들과도 '업무적 이유로 저녁 만남을 하였는데, 이 사건 회식에 ○

○○○병원을 담당하는 소외6 과장, 소외7 과장대리가 참석하지 않고 망인과 다른 팀 소속인 소외2 차장이 참석하였다고 하더라도 이 사건 회식의 성격을 사적·임의적 성격의 모임이라고 보기 어렵다.

다) 망인은 참석자, 비용 부담자 등 이 사건 회식에 관한 사항에 대하여 사전에 소외4 부장 등 상급자의 지시를 받거나 상급자에게 사전에 보고한 바 없다. 그러나 이 사건 회사의 문답서에는 '업무 편의상 선조치 후보고는 종종 있는 일로 허용되고 있었다'고 기재되어 있고, 제1심 증인 소외4은 "큰 이슈가 있거나 중요한 식사자리는 사전 보고를 대부분 하는데 간단한 식사자리는 사후 보고도 종종 있으며, 2015년 망인, 망인과 같은 팀 직원인 소외6, 소외7이 ○○○○병원 진료예약 담당 간호사인 소외3, 소외5, 소외8와 회식을 했을 때도 사후 보고를 들었다"고 증언하였는바, 망인은 총 4명이 모인 규모가 작은 이 사건 회식을 소외4 부장에게 사후 보고 하고자 한 것으로 보인다.

라) 제약회사의 영업사원은 대학병원 진료상담 부서의 간호사들에게 업무를 부탁해야 해서 위 간호사들과 협력관계에 있는 점, 이 사건 회식은 업무의 일환으로 접대 상대방이 있었고, 접대 상대방인 진료상담 부서의 간호사도 이 사건 회식이 업무를 논의하는 자리였다는 점을 인정한 점, 망인이 이 사건 회식에서 마지막까지 남아 다른 사람들의 귀가를 챙긴 점 등을 고려하면, 이 사건 회식에서 망인이 자신의 주량을 초과하여 음주를 하여 만취 상태에 이른 것이 오로지 망인의 자발적 의사였다고 보기 어려우며 피할 수 없는 업무적 요인이 있었다고 볼 수 있다.

마) 망인은 이 사건 회식 전날에 법인카드로 구입한 ○○○ 상품권으로 1차 회식비용을 결제하지는 않았다. 그런데 제1심 증인 소외4의 증언에 의하면 당시 영업직원들은 미리 ○○○ 등의 식당 상품권을 구매하여 22:00 이후 회식 비용을 결제하는 경우가 많았던 점이 인정된다.

소외2 차장은 2차 비용 46,000원 및 3차 비용 53,500원을 개인체크카드로 결제하였고, 피고의 조사 과정에서 제출된 이 사건 회사의 문답서에 의하면 소외2 차장은 이를 회사 비용으로 처리하지 않았다. 그러나 ○○○○병원의 진료상담 부서 간호사들이 이 사건 회식 비용을 전혀 부담하지 않은 점, 2, 3차 회식의 비용을 참석자 중 소외2 개인 명의의 카드로 결제하였다고 하더라도 그 비용이 비교적 소액일 뿐만 아니라 이 사건 회사가 그에게 업무추진비를 지급하였던 점 등을 고려하면, 단순히 2, 3차 회식의 비용이 1차 회식과는 별도로 이 사건 회사 법인카드로 결제되지 않았다는 사정만으로 이 사건 회식의 공식적인 회식으로서의 성격이 업무와 무관한 사적·임의적 성격으로 바뀌었다고 단정하기 어렵고, 망인이 모임의 정상적인 경로를 일탈하였다고 볼 수 없다.

3) 따라서 이 사건 회식 직후에 계단에서 굴러 떨어지는 사고로 인한 망인의 사망과 업무 사이에 상당인과관계가 있다고 봄이 타당하므로, 이와 다른 전제에서 이루어진 이 사건 처분은 위법하다.

3. 결론

그렇다면 원고의 청구는 이유 있으므로 이를 인용하여야 한다. 제1심판결은 이와 결론을 달리 하여 부당하므로, 원고의 항소를 인용하기로 하여 주문과 같이 판결한다.

[참조조문]

행정소송법 제8조 제2항

민사소송법 제420조

산업재해보상보험법 제37조

같은 법 시행령 제27조 제2항, 제30조

구 산업재해보상보험법(2017. 10. 24. 법률 제14933호로 개정되어 2018. 1. 1. 시행되기 전의 것, 이하 '구 산업재해보상보험법'이라 한다) 제37조 제1항 제1호 라목구 산업재해보상보험법 시행령(2017. 12. 26. 대통령령 제 28506호로 개정되기 전의 것) 제30조

[참조판례]

대법원 1992. 10. 9. 선고 92누11107 판결

대법원 2015. 11. 12. 선고 2013두25276 판결

대법원 2008. 10. 9. 선고 2008두8475 판결

2. 유족급여 및 장의비부지급처분취소(계단 3개 정도를 굴러 바닥에 머리를 심하게 부딪쳐 의식을 잃고 사망)

◎ 1심 서울행정법원 제7부[2019구합73727]

원 고 : ○○○

안양시 만안구 ○○로 ○○○

소송대리인 법무법인 ◇◇

담당변호사 ○○○

피 고 : 근로복지공단

변론종결 : 2019. 12. 26

판결선고 : 2020. 01. 16

[주문]

1. 피고가 2018. 7, 6. 원고에 대하여 한 유족급여 및 장의비 부지급 처분을 취소한다.

2. 소송비용은 피고가 부담한다.

[청구취지]

주문과 같다.

[이유]

1. 처분의 경위

가. 주식회사 ○○○(이하 '이 사건 음식점'이라 한다)는 서울 중구 이하생략에서 중화요리를 판매하는 음식점인데, 소외 소외2(생략생)은 2017. 2. 1. 이 사건 음식점에 입사하였다.

나. 소외2은 2017. 11. 26. 일요일 대략 22:38경 서울 중구 이하생략에 있는 '○○○○'(이하 '이 사건 술집'이라 한다)에서 이 사건 음식점 근로자 소외1과 술을 마신 후(이하 '이 사건 술자리'라 한다) 계단을 통해 1층으로 내려가다가 넘어지면서 계단 3개 정도를 굴러 바닥에 머리를 심하게 부딪쳐 의식을 잃었다(이하 '이 사건 재해'라 한다). 소외2은 같은 날 22:46경에 도착한 119구급대를 통해 서울 중구 이하생략에 있는 ○○대학교 ○○○병원(이하 '○○○병원'이라 한다)으로 이송되었으나, 2017. 11. 28. 22:28경

○○○병원에서 '뇌간부전'으로 사망하였다(이하 소외2을 '망인'이라 한다).

다. 망인의 처인 원고는 피고에게 유족급여 및 장의비의 지급을 청구하였으나, 피고는 2018. 7. 6. '전체 근로자(35명) 중 소외1과 망인 2명만이 자발적으로 이 사건 술자리를 가졌고, 이 사건 회사가 이 사건 술자리의 비용을 변제하지도 아니하였으므로, 이 사건 술자리는 사업주가 주관하고 사업주가 참석을 지시한 업무의 연속선상에 있는 공식적인 행사라고 보기에 다소 미흡하여 법령에서 규정한 행사 중 재해로 인정하기 어렵다'는 이유로 이를 지급하지 아니하는 처분(이하 '이 사건 처분'이라 한다)을 하였다.

라. 원고는 이에 불복하여 2018. 11. 19. 피고에게 심사청구를 하였으나, 피고는 2018. 11. 19. 이를 기각하였다. 원고는 다시 이에 불복하여 2019. 4. 26. 산업재해보상보험재심사위원회에게 '피고는 행사 중 사고에 대하여만 검토를 하였으나, 이 사건 재해는 업무상 사고 또는 출퇴근 중 사고에 해당한다'고 주장하면서 재심사청구를 하였으나, 2019, 4. 26. '이 사건 재해가 업무수행 중 사고, 행사 중 사고 또는 출퇴근 중 사고로 보기 어렵다'는 이유로 이를 기각하였다.

[인정근거] 다툼 없는 사실, 갑 제1, 2, 6, 7호증, 을 제2호증의 각 기재, 변론 전체의 취지

2. 이 사건 처분의 적법 여부

가. 원고의 주장

망인은 소외1로부터 혼이 나자 이 사건 음식점을 그만두겠다는 의사를 밝히면서 이 사건 음식점 출입문 열쇠를 소외1에게 건네주었고, 소외1은 망인의 퇴직을 막기 위하여 이 사건 술자리를 제안하였으며, 이 사건 술자리에서 망인에게 이 사건 음식점 출입문 열쇠를 다시 건네주었다. 이에 망인은 퇴직의사를 철회한 후 집으로 가기 위하여 이 사건 술집 2층에서 1층으로 내려가다가 이 사건 재해를 당하여 사망하였다. 따라서 망인의 이 사건 재해는 업무를 준비하거나 마무리하는 행위, 그 밖에 업무에 따르는 필요적 부수행위 또는 업무와 관련하여 발생한 사고로 볼 수 있으므로, 망인의 사망과 업무와의 사이에 상당인과관계가 인정된다.

나. 관계 법령

별지 2. 관계 법령 기재와 같다.

다. 인정 사실

1) 이 사건 음식점 현황

가) 이 사건 음식점은 총 4층 건물 전체에서 상시근로자 약 35명을 사용하여 중화요리를 판매하는 음식업을 하고 있는데, 4층은 240석 규모의 연회장, 3층은 객실 8개, 2층은 객실 4개 및 홀, 1층은 로비, 사무실, 창고 및 주차장으로 구성되어 있고, 부서는 영업부, 관리부, 조리부로 나누어져 있다.

나) 망인은 2017. 2. 1. 이 사건 음식점에 입사한 후 영업부에 소속되어 4층 홀 매니저로 근무하면서 해당 층 홀 서빙 및 직원 관리 등의 업무를 수행하였다. 망인의 근무시간은 09:00경부터 21:30경까지였다. 소외1은 영업부 소속으로서 전체 홀 매니저로 근무하였는데, 망인보다 나이는 어리나 그 입사일이 앞서서 망인의 선임이었다.

다) 이 사건 음식점에서는 소외1, 망인, 주방 책임자 및 사무실 여직원 총 4명이 이 사건 음식점 출입문 열쇠 및 세콤카드(이하 '출입문 열쇠'라 한다)를 소지하고 있었는데, 소외1 또는 망인은 번갈아 가면서 일찍 출근하여 이 사건 음식점의 출입문을 개방하고, 가장 나중에 퇴근하면서 출입문을 시정하는 업무를 담당하였다(주방책임자와 사무실 여직원은 이 사건 음식점 중 일부에 대한 열쇠만 가지고 있었다).

라) 한편 이 사건 음식점은 영업종료 이후 회식을 하면 시간이 너무 늦고, 술을 마시다가 직원들끼리 싸우는 경우가 빈번하여 회식을 거의 하지 아니하였는데, 만일 회식을 하는 경우 미리 직원들에게 싸우지 않겠다는 약속을 받았다. 통상적으로 회식을 하는 경우 일주일 전에 직원들에게 시간과 장소를 고지하였고, 이 사건 음식점의 법인카드로 결제를 하였다.

2) 이 사건 재해 당일 업무 상황

가) 이 사건 재해 당일 이 사건 음식점에는 휴무자 15명을 제외하고 망

인 포함 18명이 근무하고 있었는데, 2층 홀 매니저가 휴무이고 4층에서 연회가 없어서 망인이 2층 홀 매니저 역할을 담당하였다. 당시 망인을 포함한 4명은 이 사건 음식점 2층에서, 소외1을 포함한 3명은 이 사건 음식점 3층에서 각 근무하였다. 그리고 이 사건 음식점 전체를 관리하는 전무 소외4는 이 사건 재해 당일 일요일어서 출근을 하지 아니하였고, 이 사건 음식점의 지배인은 당일 출근했어야 함에도 건강상의 문제로 출근하지 않았으며, 이에 따라 소외1이 당시 최선임으로서 이 사건 음식점 전체를 관리하였다.

나) 소외1은 이 사건 음식점 3층에서 있었던 중국대사관 직원들의 단체 회식이 종료된 후 정리를 하던 중 일손이 부족하여 2층 직원들에게 도움을 요청하려고 2층으로 내려갔다가 2층 직원 3명이 객실에서 술을 마시고 있는 것을 목격하였다. 이에 소외1은 마침 2층에 나타난 망인에게 "직원들이 영업시간 중에 술을 마시게 하느냐. 3층이 바쁜데 빨리 치우고 집에 갈 생각을 해야지."라고 하면서 고함을 지르며 화를 냈고, 망인은 2층 직원들의 음주사실을 몰랐다면서 소외1이 화를 내는 것에 반발하였다. 소외1은 2층 직원들에게 '3층으로 가서 빨리 정리를 할 것'을 지시한 후 1층 카운터로 내려가 3층 단체 손님의 음식값 결제를 마친 후 3층으로 갔는데, 망인이 뒤따라와 '내일부터 출근하지 않겠다'고 말하면서 소외1에게 출입문 열쇠를 건네주었다. 이에 소외1은 망인에게 고함을 지른 것 등에 대하여 사과하면서 출입문 열쇠를 가지고 가라고 하였으나, 망인은 이를 거절하고 1층으로 내려갔다.

다) 한편 소외1은 이 사건 재해일 다음 날(즉, 월요일)이 휴무일이었기 때문에 망인이 다음 날 이 사건 음식점 출입문을 개방하기로 되어 있었고, 따라서 망인이 다음 날부터 출근하지 않을 경우 소외1은 휴무를 취소한 후 출근하여 이 사건 음식점 출입문을 개방하였어야 했다.

라) 소외1은 3층을 다 정리하고 탈의실에서 옷을 갈아입은 후 21:30경 퇴근하기 위하여 1층으로 내려왔는데 망인이 카운터에 앉아 있는 것

을 보았다. 소외1은 망인에게 술을 한잔하자고 권유하였고 망인이 이에 응하자 이 사건 음식점 출입문을 시정한 후 망인과 함께 이 사건 술집으로 이동하였다.

3) 이 사건 재해 당시 상황

가) 이 사건 술집은 이 사건 음식점에서 약 34m 정도 떨어져 있어 도보로 약 1분 거리에 있다. 그리고 2층에 위치한 이 사건 술집으로 가기 위해서는 별지 1. 사진과 같은 계단을 올라가야 했다.

나) 소외1과 망인은 이 사건 술집에서 소주 2병과 계란말이를 주문하였다. 그리고 소외1은 망인으로부터 '당시 1층 카운터 담당 직원이 화장실에 간 사이 카운터를 보고 있어서 2층의 상황을 전혀 알 수 없었다'는 말을 듣고서 자신이 오해를 했다면서 망인에게 사과를 하였고, 내일 출근할 것을 부탁하면서 출입문 열쇠를 건네주었으며, 망인은 소외1로부터 출입문 열쇠를 건네받았다.

다) 망인은 지하철 막차 시간이 되었다면서 먼저 일어나서 출입문으로 나갔고, 소외1은 이 사건 술집 카운터에 가서 '현재 돈이 없고 내일은 본인(소외1)의 휴무일이라 모레 와서 술값 16,000원을 지불하겠다'고 말하면서 외상을 부탁한 후 출입문으로 나갔는데, 망인이 2층에서 1층으로 내려가는 계단을 4~5계단 정도 남겨둔 상태에서 오른쪽 벽에 등을 기대고 서서 휴대전화를 사용하는 모습을 보았다. 소외1은 출입문 옆에 있는 화장실에 들어가려고 화장실 문을 열려고 하는데 갑자기 뒤에서 '우당탕' 하는 소리가 나서 돌아보니 망인이 계단을 굴러 바닥에 떨어지고 있는 것을 보았다. 소외1은 급하게 계단을 내려가던 중 망인이 바닥에 떨어지면서 '퍽'하는 소리가 나는 것을 들었고, 이후 망인이 바닥에서 하늘을 보고 누워 있는데 머리에서 피를 흘리는 것을 보았다. 소외1은 오른손으로 망인의 머리를 받친 후 휴대전화로 119에 신고하려고 하였으나 휴대전화의 잠금 해제를 오른손 중지 지문으로 해야 하는데 오른손을 쓸 수 없어 주변 사람들에게 신고를 해 달라고 부탁하였다. 이에 성명불상인은 같은 날 22:38경 119에 신고

를 하였고, 119구급대 대원은 같은 날 22:44경 현장에 도착하여 망인을 ○○○병원으로 이송하였으며, 소외1은 구급차량에 동승하였다.

라) 소외1은 같은 날 지배인에게 전화로 '망인이 이 사건 재해로 병원에 있으나 깨어나지 못하고 있음'을 알렸고, 이 사건 음식점 카운터 직원에게도 전화로 '망인이 병원에 있고, 본인(소외1)은 내일 휴무라 오전에 이 사건 음식점 출입문을 열 사람이 없는데, 필요하다면 출입문 열쇠를 퀵서비스로 보내겠다'고 말하였다.

마) 망인은 ○○○병원에서 응급수술을 거쳐 중환자실에서 치료를 받던 중 2017. 11. 28. 22:28경 사망하였다.

바) 한편 소외1은 이후에도 이 사건 술집에서 술값 16,000원을 결제하지 아니하였는데(소외1은 이 법원에 증인으로 출석하여 이 사건 재해가 발생한 현장에 대한 트라우마로 이 사건 술집에 가기가 싫어 결제하지 않았다고 증언하였다), 이 사건 음식점은 2019. 2. 22. 이 사건 술집에서 법인카드로 술값 16,000원을 결제하였다.

4) 이 사건 음식점 대표자 소외3은 2019. 2. 22. 다음과 같은 내용의 확인서를 작성하였다.

○ 소외1과 망인이 마신 술값의 많고 적음을 떠나 이 사건 음식점 밖에서 직원들끼리 음주 후 발생한 사고이기 때문에 이 사건 음식점에서 이를 부담하는 것이 맞지 않는다고 생각하여 그 술값을 지불하지 아니하였으나, 아래와 같은 업무적인 사정이 있음을 뒤늦게 알게 되었기에 이 사건 술집에서 소외1과 망인이 먹은 술값 16,000원을 계산하였음. ○ 소외1이 이 사건 재해 당일 사실관계를 확인하지 아니한 채 망인을 질책하였고, 이로 인해 망인이 출입문 열쇠를 반납하는 등 퇴직의사를 표명하였는데, 망인이 퇴직하는 경우 당장 연말이 다가오는 시점에서 업무적 공백이 발생하여 영업에 상당한 지장이 초래될 수 있는 상황임은 확실하고, 한약 그 자리에 대표자인 본인이 있었다면 문제를 일으킨 소외1에게 어떻게든 망인을 설득하여 계속 근무하게 하라고 지시하였을 것이므로, 그에 따라 발생하는 회식비는 이 사건 음식점을 위한 것으로서 이 사건 음식점이 부담하는 것이 맞음.

[인정근거] 다툼 없는 사실, 갑 제1 내지 4, 7 내지 11호증, 을 제1 내지 5호증의 각 기재, 증인 소외1의 증언, 변론 전체의 취지

라. 판단

1) 구 산업재해보상보험법(2017. 10. 24. 법률 제14933호로 개정되기 전의 것, 이하 '산재보험법'이라 한다) 제37조 제1항 제1호 가목에 의하면, 근로자가 근로계약에 따른 업무나 그에 따르는 행위를 하던 중 발생한 사고로 사망한 경우 업무상의 재해로 본다. 위 법의 위임에 따른 산업재해보상보험법 시행령 제27조 제1항 제3호에 의하면, 근로자가 업무를 준비하거나 마무리하는 행위, 그 밖에 업무에 따르는 필요적 부수행위를 하던 중에 발생한 사고는 산재보험법 제37조 제1항 가목에 따른 업무상 사고로 본다.

2) 앞서 인정한 사실, 앞서 든 증거에 변론 전체의 취지를 종합하여 인정할 수 있는 다음과 같은 사정들에 의하면, 망인은 업무를 준비하거나 마무리하는 행위, 그 밖에 업무에 따르는 필요적 부수행위를 하던 중에 이 사건 재해로 사망하였으므로, 망인의 사망은 산재보험법 제37조 제1항 가목의 업무상 재해로 인정된다. 따라서 이에 반하는 이 사건 처분은 위법하고, 원고의 주장은 이유 있다.

① 이 사건 재해 당일 이 사건 음식점 전체관리자 전무 소외4와 지배인이 출근하지 않음에 따라 소외1이 최선임으로서 이 사건 음식점을 관리하였다. 특히 소외1과 망인은 이 사건 음식점 출입문 개방 및 시정을 담당하는 업무를 수행하였는데, 소외1의 망인에 대한 업무상 지적 등으로 화가 난 망인이 퇴직의사를 밝힘에 따라 이 사건 재해일 다음 날 이 사건 음식점을 개방할 사람이 없게 되는 상황에 이르렀다(소외1은 다음 날 휴무였으므로, 망인이 퇴직의사를 철회하지 아니하면 본인의 휴무를 철회한 후 이 사건 음식점을 개방하였어야 했다). 소외1은 당시 이 사건 음식점의 관리자로서 인력관리를 제대로 하지 못한 것이므로, 망인을 설득하여 퇴직의사를 철회시키고 다음 날 망인이 이 사건 음식점을 개방하게 하여야 할 필요성이 있었다. 따라서 소외1이 망인에게 퇴직의

사 철회를 위한 대화를 제안하고, 이에 따라 이루어진 이 사건 술자리에서의 대화는 퇴직의사 철회를 통한 인사관리 및 이 사건 음식점 출입문 개방과 관련된 것이므로, 업무를 준비하거나 마무리하는 행위, 그 밖에 업무에 따르는 필요적 부수행위로 볼 수 있다(특히 소외1은 이 사건 재해로 인해 망인이 병원에 입원하자, 이 사건 음식점 카운터 직원에게 이 사건 음식점을 개방할 사람이 없다면서 출입문 열쇠를 퀵서비스로 보내겠다는 취지의 전화도 하였는데, 망인의 퇴직의사 철회는 업무와 밀접한 관련이 있다고 보인다).

② 비록 소외1과 망인이 이 사건 음식점을 시정한 후 이 사건 주점에서 이 사건 술자리를 가지기는 하였다. 그러나 당시 소외1의 행위로 망인이 퇴직을 결정하였으므로, 소외1로서는 망인에게 사과를 하고 그 퇴직의사를 철회시키기 위한 분위기를 조성하기 위한 목적에서 이 사건 술자리를 제안한 것으로 보이고, 여기에 소외1과 망인의 이 사건 음식점에서의 지위 및 업무(서빙, 홀 및 직원 관리, 출입문 개방 및 시정 업무), 이 사건 음식점과 이 사건 주점 사이의 거리(도보로 1분 거리), 대화 시간(1시간 내외), 대화 주제(망인의 퇴직의사 철회 및 출입문 열쇠 전달), 마신 술의 양 및 비용(소주 2병, 16,000원 상당)에 비추어 볼 때, 이 사건 술자리는 소외1과 망인이 사적으로 술을 마시기 위한 목적보다는 망인의 퇴직의사 철회 및 출입문 열쇠 전달 등의 업무적 목적이 더 큰 것으로 보이고, 소외1과 망인의 대화 장소가 이 사건 음식점을 벗어났다는 것만으로 이 사건 술자리와 업무 사이의 인과관계가 단절되었다고 보이지도 아니한다.

③ 더욱이 이 사건 음식점 대표자 소외3은, 망인의 퇴직하면 업무 공백으로 인해 이 사건 음식점 영업에 상당한 지장이 초래될 수 있고, 본인(소외3)이 당시 있었다면 소외1에게 망인을 설득하여 퇴직의사를 철회시킬 것을 지시하였을 것이며, 이 사건 술자리는 이와 같은 목적으로 이루어진 것으로서 이 사건 음식점을 위한 업무의 일종이라고 주장하고 있다. 또한 이 사건 음식점은 비록 이 사건 재해로부터 오랜 시간이 지나기는 하였으나 이 사건 술자리 비용을 법인카드로 결제하기도 하였다.

④ 이에 대하여 피고는 이 사건 술자리를 회사 밖의 행사로 전제하거나 이 사건 재해를 출퇴근 중의 사고로 전제한 후 관련 주장을 하고 있으나, 앞서 본 바와 같이 이 사건 술자리를 업무수행 중의 사고로 인정하는 이상 피고의 주장은 더 나아가 판단하지 아니한다.

3. 결론

그렇다면 원고의 청구는 이유 있으므로 이를 인용하기로 하여 주문과 같이 판결한다.

[별지 1] 사진(생략)

[별지 2] 관계 법령

■ 구 산업재해보상보험법(2017. 10. 24. 법률 제14933호로 개정되기 전의 것)
제37조(업무상의 재해의 인정 기준)
① 근로자가 다음 각 호의 어느 하나에 해당하는 사유로 부상·질병 또는 장해가 발생하거나 사망하면 업무상의 재해로 본다. 다만, 업무와 재해 사이에 상당인과관계가 없는 경우에는 그러하지 아니하다.
1. 업무상 사고
가. 근로자가 근로계약에 따른 업무나 그에 따르는 행위를 하던 중 발생한 사고
다. 사업주가 제공한 교통수단이나 그에 준하는 교통수단을 이용하는 등 사업주의 지배 관리하에서 출퇴근 중 발생한 사고
라. 사업주가 주관하거나 사업주의 지시에 따라 참여한 행사나 행사준비 중에 발생한 사고
③ 업무상의 재해의 구체적인 인정 기준은 대통령령으로 정한다.

■ 산업재해보상보험법
제37조(업무상의 재해의 인정 기준)
① 근로자가 다음 각 호의 어느 하나에 해당하는 사유로 부상·질병 또는 장해가 발생하거나 사망하면 업무상의 재해로 본다. 다만, 업무와 재해 사이에 상당인과관계가 없는 경우에는 그러하지 아니하다.
1. 업무상 사고
가. 근로자가 근로계약에 따른 업무나 그에 따르는 행위를 하던 중 발생한 사고
다. 삭제 〈2017. 10. 24.〉
라. 사업주가 주관하거나 사업주의 지시에(파라 참여한 행사나 행사준비 중에 발생한 사고
3. 출퇴근 재해

가. 사업주가 제공한 교통수단이나 그에 준하는 교통수단을 이용하는 등 사업주의 지배관리하에서 출퇴근하는 중 발생한 사고
나. 그 밖에 통상적인 경로와 방법으로 출퇴근하는 중 발생한 사고
③ 제1항 제3호 나목의 사고 중에서 출퇴근 경로 일탈 또는 중단이 있는 경우에는 해당 일탈 또는 중단 중의 사고 및 그 후의 이동 중의 사고에 대하여는 출퇴근 재해로 보지 아니한다. 다만, 일탈 또는 중단이 일상생활에 필요한 행위로서 대통령령으로 정하는 사유가 있는 경우에는 출퇴근 재해로 본다.
⑤ 업무상의 재해의 구체적인 인정 기준은 대통령령으로 정한다.
■ 구 산업재해보상보험법 시행령(2017. 12. 26. 대통령령 제28506호로 개정되기 전의 것)
제27조(업무수행 중의 사고)
① 근로자가 다음 각 호의 어느 하나에 해당하는 행위를 하던 중에 발생한 사고는 법 제37조 제1항 제1호 가목에 따른 업무상 사고로 본다.
3. 업무를 준비하거나 마무리하는 행위, 그 밖에 업무에 따르는 필요적 부수행위.
제29조(출퇴근 중의 사고)
근로자가 출퇴근하던 중에 발생한 사고가 다음 각 호의 요건 모두에 해당하면 법 제37조 제1항 제1호 다목에 따른 업무상 사고로 본다.
1. 사업주가 출퇴근용으로 제공한 교통수단이나 사업주가 제공한 것으로 볼 수 있는 교통수단을 이용하던 중에 사고가 발생 하였을 것
2. 출퇴근용으로 이용한 교통수단의 관리 또는 이용권이 근로자측의 전속적 권한에 속하지 아니하였을 것
제30조(행사 중의 사고)
운동경기·야유회·등산대회 등 각종 행사(이하 "행사"라 한다)에 근로자가 참가하는 것이 사회통념상 노무관리 또는 사업운영상 필요하다고 인정되는 경우로서 다음 각 호의 어느 하나에 해당하는 경우에 근로자가 그 행사에 참가(행사 참가를 위한 준비·연습을 포함한다)하여 발생한 사고는 법 제37조제1항제1호라목에 따른 업무상 사고로 본다.
1. 사업주가 행사에 참가한 근로자에 대하여 행사에 참가한 시간을 근무한 시간으로 인정하는 경우
2. 사업주가 그 근로자에게 행사에 참가하도록 지시한 경우
3. 사전에 사업주의 승인을 받아 행사에 참가한 경우
4. 그 밖에 제1호부터 제3호까지의 규정에 준하는 경우로서 사업주가 그 근로자의 행사 참가를 통상적·관례적으로 인정한 경우
■ 산업재해보상보험법 시행령

제27조(업무수행 중의 사고)
① 근로자가 다음 각 호의 어느 하나에 해당하는 행위를 하던 중에 발생한 사고는 법 제37조 제1항 제1호 가목에 따른 업무상 사고로 본다.
3. 업무를 준비하거나 마무리하는 행위, 그 밖에 업무에 따르는 필요적 부수행위.
제30조(행사 중의 사고)
운동경기·야유회·등산대회 등 각종 행사(이하 "행사"라 한다)에 근로자가 참가하는 것이 사회통념상 노무관리 또는 사업운영상 필요하다고 인정되는 경우로서 다음 각 호의 어느 하나에 해당하는 경우에 근로자가 그 행사에 참가(행사 참가를 위한 준비·연습을 포함한다)하여 발생한 사고는 법 제37조제1항제1호라목에 따른 업무상 사고로 본다.
1. 사업주가 행사에 참가한 근로자에 대하여 행사에 참가한 시간을 근무한 시간으로 인정하는 경우
2. 사업주가 그 근로자에게 행사에 참가하도록 지시한 경우
3. 사전에 사업주의 승인을 받아 행사에 참가한 경우
4. 그 밖에 제1호부터 제3호까지의 규정에 준하는 경우로서 사업주가 그 근로자의 행사 참가를 통상적·관례적으로 인정한 경우
제35조(출퇴근 중의 사고)
① 근로자가 출퇴근하던 중에 발생한 사고가 다음 각 호의 요건에 모두 해당하면 법 제37조 제1항 제3호 가목에 따른 출퇴근 재해로 본다.
1. 사업주가 출퇴근용으로 제공한 교통수단이나 사업주가 제공한 것으로 볼 수 있는 교통수단을 이용하던 중에 사고가 발생하였을 것
2. 출퇴근용으로 이용한 교통수단의 관리 또는 이용권이 근로자측의 전속적 권한에 속하지 아니하였을 것
② 법 제37조 제3항 단서에서 "일상생활에 필요한 행위로서 대통령령으로 정하는 사유"란 다음 각 호의 어느 하나에 해당하는 경우를 말한다.
1. 일상생활에 필요한 용품을 구입하는 행위
2. 「고등교육법」 제2조에 따른 학교 또는 「직업교육훈련 촉진법의 제2조에 따른 직업교육훈련기관에서 직업능력 개발향상에 기여할 수 있는 교육이나 훈련 등을 받는 행위
3. 선거권이나 국민투표권의 행사
4. 근로자가 사실상 보호하고 있는 아동 또는 장애인을 보육기관 또는 교육기관에 데려주거나 해당 기관으로부터 데려오는 행위
5. 의료기관 또는 보건소에서 질병의 치료나 예방을 목적으로 진료를 받는 행위
6. 근로자의 돌봄이 필요한 가족 중 의료기관 등에서 요양 중인 가족을 돌보는

행위

7. 제1호부터 제6호까지의 규정에 준하는 행위로서 고용노동부장관이 일상생활에 필요한 행위라고 인정하는 행위. 끝.

[참조조문]

구 산업재해보상보험법(2017. 10, 24. 법률 제14933호로 개정되기 전의 것, 이하 '산재보험법'이라 한다) 제37조 제1항 제1호

산업재해보상보험법 시행령 제27조 제1항 제3호

산재보험법 제37조 제1항 가목

「고등교육법」 제2조

제4절 재요양 등

■ 추가상병 및 재요양불승인처분취소

(쇠밧줄이 풀리면서 그 반동으로 우측 눈을 강타하는 사고)

◎ 1심 서울행정법원[2015구단55779]

원 고 : ○○○

서울시 ○○구 ○○○로 ○○○

소송대리인 변호사 ○○○

피 고 : 근로복지공단

변론종결 : 2015. 11. 19

판결선고 : 2015. 11. 26

[주문]

1. 피고가 2014. 6. 12. 원고에 대하여 한 추가상병 및 재요양불승인처분을 취소한다.
2. 소송비용은 피고가 부담한다.

[청구취지]

주문과 같다.

[이유]

1. 처분의 경위

가. 원고는 2013. 10. 23. ○○○○○○연구원 정규직 신입직원 교육프로그램인 대부도 ○○훈련단 해병대 캠프에 참여하여 11미터 높이의 헬기 레펠에서 하강하는 훈련을 하던 중 등에 묶였던 쇠밧줄이 풀리면서 그 반동으로 원고의 우측 눈을 강타하는 사고(이하 '이 사건 사고'라고 한다)를 당하였다.

나. 이 사건 사고로 인하여 원고는 '우안 각막찰과상(이하 '이 사건 승인상병'이라고 한다)'의 상해를 입었고, 피고로부터 이 사건 승인상병에 관

한 요양승인을 받은 후 2014. 3. 6. 요양을 종결하였다.

다. 원고는 2014. 5. 21. 피고에게 이 사건 사고로 인하여 '단안복시, 저안압녹내장'이 발병하였다고 주장하며 위 각 상병에 관한 추가상병 및 재요양승인을 신청하였으나, 피고는 2014. 6. 12. 위 각 상병은 이 사건 사고로 인한 것으로 보기 어렵다는 취지로 원고의 신청을 불승인하는 처분(이하 ,이 사건 처분이라고 한다.)을 하였다.

[인정근거] 다툼 없는 사실, 갑제1, 2, 4, 6, 7호증(가지번호 포함)의 각 기재, 변론 전체의 취지

2. 이 사건 처분의 적법 여부

가. 원고의 주장

원고는 이 사건 사고가 발생하기 전까지 단안복시 진단을 받거나 그로 인한 치료를 받은 전력이 전혀 없음에도, 이 사건 사고로 발생한 각막의 외상과 수정체의 혼탁 등으로 단안복시가 발병하게 되었다.

그럼에도 원고의 단안복시가 이 사건 사고와 관련이 없다는 이유로 원고의 신청을 불승인한 피고의 이 사건 처분은 위법하다.

나. 의학적 소견

1) ○○대학교 ○○병원 응급의학과 의무기록지(2013. 10. 23.)

○ 각막 혼탁 및 궤양, 시력저하 발생 가능성 설명

○ 외상성 백내장(traumatic cataract) 및 녹내장(glaucoma) 등 발생 가능성 설명

2) ○○○○○안과 진단서(2013. 10. 25.)

로프에 의한 안구 외상 후 발병한 각막찰과상과 우각 손상 녹내장 의심 소견으로 금일까지 pressure patch 시행하였으며, 치료용 콘택트 렌즈 착용하고 있음

3) ○○대학교 ○○병원 의무기록지(2013. 11. 15.)

3주 전....각막의 손상이 있다고 하며...그때부터 오는쪽 눈으로 보면 물체가 두 개로 보인다고 함. 우안 굴절검사에서 상 선명은 하나 계속 둘로 보임

4) ○○대학교 ○○병원 소견서(2013. 12. 30. 최초 요양승인 신청당시 작성)

○ 현재 환자가 호소하는 증상은 복시

○ 상병 상태에 대한 종합소견은 현재 외상 후 안정 상태이나 추후 외상성 백내장, 녹내장 발생 여부 경과 관찰 예정

5) ○○대학교 ○○병원 의무기록지(2014. 1. 10=2014. 7. 7.)

○ 환자분 수상 후 잔상이 계속 남아 있다고 함. 환자분 호소하는 복시는 단안 복시라고 함

○ 우안으로 볼 때만 물체가 두 개로 보이고 물체 바로 위에 반 정도 겹쳐서 보임. 양안 뜨고 보면 덜해짐. 사시로 인한 복시는 아닌 것으로 생각되고, 신경과적 문제가 있는 것은 아님

○ 전신 평가 및 이학적 검사 결과 복시 있음. 좌하방 주시 시 악화

○ 렌즈 가운데 부분에 혼탁이 관찰됨, 선척적인 것일 수도 있고 외상에 의한 2차적인 것일 수도 있음, 경과 관찰

6) ○○대학교병원 작성 진료계획서

현재 단안복시 호소하나 특별히 경과 관찰 외에 치료하지 않고 있음

7) ○○대학교 ○○○○병원 소견서(2014. 5. 16.)

특이소견 보이지 않음, 간헐적 외사시가 있으나 복시를 유발할 것 같지는 않음

8) ○○대학교 ○○○○병원 진단서(2014. 8. 29.)

우안 단안복시 증상 있으며 검사 결과 우안의 고위 수차가 좌안에 비해 높은 편으로 복시 불편감을 유발할 수 있음

9) 피고 대전지역본부 자문의사

복시는 기존 상병과의 관련성 없어 추가상병 승인불가

10) 이 법원의 진료기록감정촉탁결과

○ 단안복시란 한 눈으로 볼 때 사물이 두 개로 보이는 상태를 말하고, 발생원인으로는 원추각막 같은 각막표면질환, 수정체의 탈구, 눈의 구조적 이상, 시피질의 질환, 정신질환 등 비기질적 원인 등을 들 수 있다.

○ 수차의 15%가 고위수차이며, 각막찰과상과 수정체 가운데 부분 혼탁도가 심한 경우도 고위수차를 악화시킬 수 있음. 다만 이를 객관적으로 증명하기 위해선 이 사건 사고 전 각막지형도 검사결과로 사고 전과 후의 수치 변화를 확인하여야 함

○ 렌즈 가운데 부분에 혼탁이 관찰되는 것은 외상 후 발생한 백내장일 가능성이 있으며 고위수차에 의한 단안복시를 유발할 수 있는 상태임

○ 회복된 각막찰과상이 영구적인 수차 이상을 유발하긴 어려울 것으로 사료됨

[인정근거] 다툼 없는 사실, 갑제3 내지 5(가지번호 포함), 8 내지 10호증, 이 법원의 ○○○○대학교병원장에 대한 진료기록감정 및 진료기록보완감정 촉탁결과, 변론 전체의 취지

다. 판단

1. 산업재해보상보험법이 규정하는 '업무상의 재해'라 함은 근로자가 업무수행 중 그 업무에 기인하여 발생한 근로자의 부상질병신체장애 또는 사망을 뜻하는 것이므로 업무와 재해발생 사이에는 인과관계가 있어야 하고 이러한 인과관계는 이를 주장하는 측에서 입증하여야 한다. 그리고 이러한 인과관계는 반드시 의학적·자연 과학적으로 명백히 입증하여야 하는 것은 아니고 여러 사정을 고려할 때 업무와 재해 사이에 상당인과관계가 있다고 추단되는 경우에도 그 입증이 있다고 할 것이다.

2. 이 사건에 관하여 살피건대, 위 인정사실에 앞서 든 증거와 변론 전체의 취지를 더하면 알 수 있는 아래와 같은 여러 사정들을 종합하여 보면, 원고의 단안복시와 이 사건 사고 사이의 상단인과관계를 충분히 추단할 수 있다고 보인다.

가) 현미경을 사용하여 반도체 공정을 검사하는 원고에게는 시력의 정밀함이 필수적이어서 평소 눈 건강과 시력에 이상이 있을 경우 원고는 즉시 이에 관한 진단과 치료를 받았을 것으로 보인다. 그런데 원고가

이 사건 사고를 당하기 이전까지 단안복시의 진단을 받거나 이에 관한 치료를 받은 사실이 없다.

나) 원고는 이 사건 사고를 당한 직후부터 지속적인 눈의 통증과 이상 증상을 호소하여 왔다. 원고가 피고에게 이 사건 승인상병에 관한 최초 요양승인을 신청할 당시에도 복시를 신청 상병으로 삼지 않았을 뿐이지 위 신청서에 '현재 환자가 호소하는 증상'을 '복시'라고 명시적으로 기재하는 등 원고는 위 사고 이후부터 이 사건 승인상병의 요양종결 당시는 물론 추가상병 승인신청 당시까지도 지속적인 단안복시 증상을 보이고 있었다.

다) 원고 우측 눈 수정체 가운데가 혼탁해 보인다는 의학적 소견은 전형적인 백내장의 증상을 의미하는데, 이 사건 사고로 인하여 외상성 백내장이 발생할 가능성이 높고, 백내장 증상 중 하나로 단안복시가 나타날 수 있다.

라) 원고는 이 사건 사고 전 녹내장과 간헐성 외사시 증상을 보인 적은 있으나, 녹내장은 단안복시와 무관하고, 간헐성 외사시도 원고의 단안복시의 원인으로 보이지는 않는다는 것이 객관적인 의학적 소견이다.

마) 피고는 단안복시가 이 사건 사고와 관련이 없다고만 주장할 뿐, 위 사고가 원인이 아니라면 이 사건 사고 전에 존재하지 않던 단안복시가 위 사고 직후 갑자기 어떠한 원인으로 발생하였다는 것인지에 관하여 아무런 추정조차 하지 못하고 있다.

바) 이 법원의 진료기록감정의사는 회복된 각막찰과상이 영구적인 수차 이상을 유발하긴 어렵다고 회신하였으나, 현재 원고가 지속적인 단안복시 증상을 호소하고 있는 것으로 볼 때 원고의 각막찰과상이 완전히 회복되었는지조차 확신할 수 없는 것으로 보인다. 설령 회복이 되었다고 해도 이러한 각막찰과상이 영구적인 수차 이상을 유발하기는 힘들다는 것이지 요양으로 증상을 개선시킬 수 있는 수차 이상을 유발하지 않는다는 의미는 아니다.

또한 위 진료기록감정의사는 이 사건 사고가 발생하기 전후의 각막

지형도 검사 수치를 비교하여야 객관적인 진단이 가능하다고 답변하였으나, 통상의 사람들에게 특별한 사정도 없이 각막 지형도 검사를 받고 미리 수치를 확보하여 놓는 일을 기대할 수는 없고, 업무상 재해 사건에서 의학적·자연과학적으로 명백한 인과관계의 입증을 요구하는 것도 아니므로 이 사건 사고 전 검사 수치가 없다고 하여 상당 인과관계 판단에 장애가 되지는 않는다.

라. 소결론

따라서 이와 견해를 달리하여 원고의 단안복시와 이 사건 사고 사이의 상당인과관계를 인정하지 않은 피고의 이 사건 처분은 위법하여 취소되어야 한다.

3. 결론

그렇다면 원고의 이 사건 청구는 이유 있으므로 이를 인용한다.

[참조조문] 산업재해보상보험법

◎ 2심 서울고등법원 제1행정부[2015누72575]

원 고 : 피항소인 ○○○
서울시 ○○구 ○○○로 ○○○
소송대리인 법무법인 ◇◇
담당변호사 ○○○

피 고 : 항소인 근로복지공단

전심판결 : 1심 2015구단55779 서울행정법원

변론종결 : 2016. 06. 28

판결선고 : 2016. 07. 12

[주문]

1. 제1심 판결 중 저안압녹내장에 대한 추가상병 및 재요양불승인처분에 관한 피고 패소부분을 취소하고, 그 취소부분에 해당하는 원고의 청구를 기각한다.
2. 피고의 나머지 항소를 기각한다.
3. 소송총비용은 피고가 부담한다.

[청구취지 및 항소취지]

1. 청구취지

피고가 2014. 6. 12. 원고에게 한 추가상병 및 재요양불승인처분을 취소한다[1]).

2. 항소취지

제1심 판결을 취소한다. 원고의 청구를 기각한다.

[이유]

1. 처분의 경위, 원고의 주장, 의학적 소견

이 법원이 이 부분에 관하여 설시할 이유는, 제1심 판결문 제3면 아래에서 제2행 다음에 "○ 2013. 10. 23. 해병대 캠프에서 쇠밧줄을 이용하여 하강훈련 도중 쇠밧줄이 갑자기 풀리면서 밧줄에 오른쪽 눈을 세게 맞았음. 초반에는 각막 찰과상이 심하다고 들었고, 약 2주에 걸쳐서 교정시력은 1.0으로 서서히 회복되었으나 이후로 우안으로 볼 때만 수직복시 생겼다고 함"을 추가하고, 제4면 제12행 및 제5면 제3행의 각 "이 법원의" 를 "제1심 법원의"로 각 고치는 외에는 제1심 판결의 해당 부분 이유 기재와 같으므로, 행정소송법 제8조 제2항, 민사소송법 제420조 본문에 의하여 이를 인용한다.

2. 판단

가. 산업재해보상보험법 소정의 업무상 재해라 함은 근로자가 업무수행 중 그 업무에 기인하여 발생한 재해를 말하므로 업무와 재해 사이에 상당인과관계가 있어야 하고, 이 경우 근로자의 업무와 재해 사이의 인과관계에 관하여는 이를 주장하는 측에서 입증하여야 할 것이나, 업무와 재해 사이의 상당인과관계의 유무는 보통 평균인이 아니라 당해 근로자의 건강과 신체조건을 기준으로 하여 판단하여야 하고, 또한 인과관계의 입증 정도에 관하여도 반드시 의학적·자연과학적으로 명백히 입증하여야 하는 것은 아니고 제반 사정을 고려할 때 업무와 재해 사이에 상당인과관계가 있다고 추단되는 경우에도 그 입증이 있다(대법원 2005. 11. 10. 선고 2005두8009 판결, 2006. 3. 9. 선고 2005두13841 판결 등 참조).

나. 위 인정사실 및 앞서 든 증거에 변론 전체의 취지를 종합하여 인정할

수 있는 다음의 사정을 앞서 본 법리에 비추어 살펴보면, 원고의 우안 단안복시와 이 사건 사고 사이에 상당인과관계가 있다고 추인할 수 있으므로, 이 사건 처분 중 우안 단안복시에 관한 부분은 위법하다.

1) 원고는 2005년부터 2011년까지 매년 근시 등으로 안과에서 진료를 받았고, 2011. 5. 19. ○안과의원에서 양쪽 눈의 녹내장 의심 진단을 받았으며, 현미경을 사용하여 반도체 공정을 검사하는 직업에 종사하고 있어 원고에게는 시력의 정밀함이 필수적이므로, 눈 건강과 시력에 이상이 있었을 경우 즉시 이에 관한 진단과 치료를 받았을 것으로 보이나, 원고가 이 사건 사고를 당하기 이전까지 단안복시의 진단을 받거나 이에 관한 진료를 받았다고 볼 자료가 전혀 없다.

2) 원고는 이 사건 사고를 당한 후 각막찰과상이 치유되면서 시력이 회복되기 시작 할 무렵부터 지속적으로 오른쪽 눈으로 보면 물체가 두 개로 보인다는 증상을 호소하였고, 피고에게 이 사건 승인상병에 관한 최초요양승인을 신청할 당시 복시를 신청 상병으로 삼지는 않았으나 위 신청서에 현재 환자가 호소하는 증상을 '복시'라고 명시적으로 기재하였으며, ○○대학교 ○○○○병원에서 검사를 받으면서 좌하방 주시 시 복시가 악화된다면서 구체적으로 우안 단안복시의 증상을 진술하였는바, 이에 비추어 원고는 실제 우안 단안복시의 증상을 가지고 있다고 보인다.

3) ○○대학교 ○○○○병원에서는 우안의 고위수차가 좌안에 비해 높은 편으로 복시, 불편감을 유발할 수 있다는 소견을 제시하였다. 진료기록감정의는 회복된 각막찰과상이 영구적인 수차 이상을 유발하긴 어려울 것으로 사료되고, 이 사건 사고 전후의 각막 지형도검사 수치를 비교하여야 객관적인 진단이 가능하다면서 우안 단안복시의 존부나 우안 단안복시와 이 사건 사고와의 인과관계에 대하여 부정적인 의학적 소견을 제시하였으나, 고위수차의 증상으로 단안복시가 유발될 수 있고, 원고의 우안 렌즈 가운데 부분의 혼탁이 외상 후 발생한 백내장일 가능성이 있고 고위수차에 의한 단안복시를 유발할 수 있는 상태

라는 의학적 소견도 제시하였다. 위와 같이 고위수차, 우안렌즈 가운데 부분의 혼탁과 같이 원고가 호소하는 증상을 일으킬 수 있는 원인들이 있다는 객관적인 검사결과가 존재한다.

4) 원고는 이 사건 사고 전 녹내장, 간헐성 외사시 증상을 보이기는 하였으나, 녹내장은 복시와 무관하고, 간헐성 외사시 증상은 단안복시의 원인으로 보이지 않는다는 것이 원고의 주치의와 피고 자문의의 일치된 견해이며, 피고는 난시가 이 사건 사고일로부터 9개월이 경과한 후 발견된 수정체 혼탁의 원인일 가능성이 있다고 주장하나 이에 관한 객관적인 자료가 전혀 없을 뿐만 아니라 이는 원고가 이 사건 사고일로부터 약 3주 후인 2013. 11. 15.경부터 복시의 증상을 호소한 것과도 부합하지 않고, 달리 이 사건 사고 이외에 이 사건 사고 직후 원고에게 단안복시를 유발할 만한 다른 요인이나 원고의 단안복시가 원고가 기존에 가지고 있던 안과질환이 악화되어 자연경과적으로 발생하였다고 볼 자료가 없다.

3. 결론

그렇다면, 원고의 이 사건 청구 중 우안 단안복시에 관한 부분은 이유 있어 이를 인용하고, 나머지 부분인 저안압녹내장은 이유 없어 이를 기각하여야 할 것인바, 이와 결론을 일부 달리한 제1심 판결 중 위 인용부분을 초과하여 저안압녹내장에 대한 이 사건 처분을 취소한 피고 패소부분은 부당하므로 이를 취소하고 그 취소부분에 해당하는 원고의 청구를 기각하며, 피고의 나머지 항소는 이유 없어 이를 기각한다. 한편, 원고가 행정심판 및 소제기시부터 이 사건 처분 중 단안복시 부분만 위법하다고 주장하였고, 피고의 부동의로 청구취지를 그대로 유지하게 되었으며, 피고로서도 이 사건 처분 중 우안 단안복시 부분에 대하여만 응소할 필요성이 있었고, 그 이외의 부분에 비용을 더 지출하였어야 할 것으로는 보이지 않으므로, 소송총비용은 행정소송법 제8조 제2항, 민사소송법 제101조 단서, 제105조에 따라 피고의 부담으로 한다.

[각주내용]

1) 원고는 당심에서 단안복시에 대한 추가상병 및 재요양불승인처분의 취소만을 구하는 것으로 청구취지를 감축하였으나, 피고가 부동의하여 일부 소취하의 효력이 발생하지 않았다.

[참조조문]

행정소송법 제8조

민사소송법 제420조, 제101조, 제105조

[참조판례]

대법원 2005. 11. 10. 선고 2005두8009 판결

대법원 2006. 3. 9. 선고 2005두13841 판결

제5절 평균임금

■ 평균임금정정불승인등처분취소

('좌슬부 혈관절' 등 상병으로 재요양)

◎ **대구지방법원[2018구단10410]**

원 고 : ○○○

안동시 옥세길 ○○○

소송대리인 변호사 ○○○

피 고 : 근로복지공단

변론종결 : 2019. 02. 15

판결선고 : 2019. 03. 29

[주문]

1. 원고의 청구를 기각한다.

2. 소송비용은 원고가 부담한다.

[청구취지]

피고가 2018. 1. 22. 원고에 대하여 한 평균임금 정정 불승인 및 보험급여 차액 부지급 처분을 취소한다.

[이유]

1. 처분의 경위

가. 원고는 2010. 5. 16. 발생한 업무상 재해로 인한 '좌슬부 혈관절, 좌슬부 전방십자인대파열, 후외방인대손상' 등 상병으로 요양 후 치료종결하였는데, 이후 증상이 악화되어 피고로부터 재요양 승인을 받고 2017. 3. 30.부터 재요양을 하였다.

나. 피고는 원고가 재요양 당시 평균임금 산정의 대상이 되는 임금이 없다는 이유로 산업재해보상보험법 제56조 제2항에 따라 최저임금액을 1일당 휴업급여 지급액으로 하여 휴업급여를 지급하였고, 원고는 2018. 1.

4. 피고에게, 원고가 ○○○○○ 주식회사(이하 '소외 회사'라 한다)에서 지급받은 임금을 기준으로 다시 재요양 기간 중의 휴업급여를 산정하여 달라는 취지로 재요양 평균임금 정정 신청 및 보험급여 차액 청구서를 제출하였다.

다. 피고는 2018. 1. 22. 원고에 대하여, 원고가 근로기준법상 근로자로 보기 어렵다는 이유로 평균임금 정정 불승인 및 보험급여 차액 부지급 처분(이하 '이 사건 처분'이라 한다)을 하였다.

[인정근거] 다툼 없는 사실, 갑 제1호증의 기재, 변론 전체의 취지

2. 이 사건 처분의 적법 여부

가. 원고의 주장

원고는 소외 회사와 형식적으로는 용역계약을 체결하였으나, 원고가 소외 회사의 취업규칙에 따라 08:20까지 출근하고, 소외 회사에서 배정한 구역에서 회사 장비를 이용하여 지역 케이블 TV 방송, 인터넷 전화 등의 설치 업무를 수행하면서 회사에서 지급한 PDA로 업무 지시를 받아온 점, 소외 회사에서 지정하는 신분증 및 복장을 착용하였고 주말 근무시 당직수당을 받은 점 등에 비추어 보면 원고는 실질적으로 소외 회사에 전속되어 근로를 제공하고 그 대가로 수수료를 받는 방식으로 임금을 지급받는 종속적인 관계에 있었는바 원고와 소외 회사 사이의 계약은 고용계약으로 봄이 상당하고, 이와 다른 전제에서 원고의 근로자성을 인정하지 아니한 피고의 이 사건 처분은 위법하다.

나. 판단

1) 산업재해보상보험법에서 말하는 근로자란 근로기준법상 근로자를 의미한다(제5조 제2호 본문). 근로기준법상 근로자에 해당하는지는 계약의 형식이 고용계약, 도급 계약 또는 위임계약인지 여부보다 근로제공 관계의 실질이 근로제공자가 사업 또는 사업장에 임금을 목적으로 종속적인 관계에서 사용자에게 근로를 제공하였는지 여부에 따라 판단하여야 한다. 여기에서 종속적인 관계가 있는지는, 업무 내용을 사용자가 정하고 취업규칙 또는 복무규정 등의 적용을 받으며 업무수행과정에서

사용자가 상당한 지휘·감독을 하는지, 사용자가 근무시간과 근무 장소를 지정하고 근로제공자가 이에 구속을 받는지, 근로제공자가 스스로 비품·원자재나 작업도구 등을 소유하거나 제3자를 고용하여 업무를 대행하게 하는 등 독립하여 자신의 계산으로 사업을 영위할 수 있는 지, 근로제공을 통한 이윤의 창출과 손실의 초래 등 위험을 스스로 안고 있는지, 보수의 성격이 근로 자체의 대상적 성격인지, 기본급이나 고정급이 정하여졌고 근로소득세를 원천징수하였는지, 그리고 근로제공 관계의 계속성과 사용자에 대한 전속성의 유무와 정도, 사회보장제도에 관한 법령에서 근로자로서 지위를 인정받는지 등의 경제적·사회적 여러 조건을 종합하여 판단하여야 한다(대법원 2018. 4. 26. 선고 2016두49372 판결 등 참조).

2) 위와 같은 법리에 비추어 이 사건에서 살피건대, 갑 제2 내지 5호증, 을 제1 내지 5호증(가지번호 포함)의 각 기재에 이 법원의 ○○○○○ 주식회사에 대한 사실 조회결과 및 변론 전체의 취지를 종합하여 인정되는 다음과 같은 사정들에 비추어 보면, 원고가 제출한 증거들만으로는 원고가 소외 회사에서 임금을 목적으로 종속적인 관계에서 근로를 제공한 근로자에 해당한다고 보기 어렵고 달리 이를 인정할 증거가 없다.

가) 소외 회사와 근로계약을 체결하는 경우에는 출퇴근시간이 오전 9시, 오후 6시로 정해져 있어 출퇴근시간을 지키지 못하는 경우에는 경위서를 써야 하고, 회사 차량을 이용하면서 회사에서 유류비를 지원받으며, 연월차 휴가도 쓸 수 있는 반면, 용역 계약을 체결하는 경우에는 출퇴근시간이 정해져 있지 않아 자유롭게 조정이 가능하고 그에 대한 제재도 없으며 업무 수행에 있어 개인 차량을 이용하며 유류비나 소모성 자재 비용은 개인이 부담한다. 원고는 소외 회사와의 사이에 2014. 2. 17. 최초로, 이후 2015. 9. 1. 다시 계약을 체결하였는데, 두 차례 모두 기본급이 없이 설치건수에 따라 수수료를 지급받는 형태의 용역계약을 체결하였고, 위와 같은 계약형태는 원고 본인의

선택에 따른 것이었다.

나) 원고는 매일 소외 회사에 출근하였으나, 이는 주로 위탁 업무의 배분이나 설치 장비 등의 보관을 위한 것이었고, 퇴근시간에 있어서도 특별한 제재가 있었던 것으로 보이지 아니하며(원고 진술조서에도 "6시까지 회사로 복귀하거나 전화로 퇴근보고를 하였다"고 기재되어 있다), 설치 업무가 끝난 이후 시간에 대하여는 회사측에서 전혀 관여하지 아니하였던 것으로 보인다.

다) 상담센터에서 기기 설치 접수를 하면 그 접수건이 원고의 PDA로 전송되어 원고가 업무를 수행하게 되는데, 설치기사인 원고가 고객과 일정을 조정할 수 있고, 원고가 설치한 장소에 문제가 생기면 고객이 원고에게 연락을 하여 다시 설치를 하는 방식으로 업무가 이루어졌다.

라) 원고의 노무 제공에 대한 보수는 기본급이 정하여지지 않은 채 용역계약에서 예정된 수수료 규정에 따라 지급되었고, 원고는 4대 보험에 가입되어 있지 아니하였으며 소외 회사로부터 근로소득세를 원천징수당하지 아니하였으며 사업소득세를 납부하였다.

마) 원고는 자비로 근무복을 구입하였고, 개인 소유 차량을 이용하여 업무를 하였으며, 유류비나 소모품 구입비용도 원고가 부담하였다.

바) 원고의 주장과 같이 취업규칙의 적용을 받았다 점에 대한 객관적인 자료가 확인되지 아니한다.

3. 결론

원고의 청구는 이유 없으므로 이를 기각하기로 하여 주문과 같이 판결한다.

[참조조문]

산업재해보상보험법 제56조 제2항, 제5조 제2호

[참조판례]

◈ **산업재해보상보험법에서 말하는 근로자의 의미(=근로기준법상 근로자) / 근로기준법상 근로자에 해당하는지 판단하는 방법 및 이때 종속적인 관계가 있는지 판단하는 방법**(대법원 2018. 4. 26. 선고 2016두49372 판결)

【주 문】

원심판결을 파기하고, 사건을 서울고등법원에 환송한다.

【이 유】

상고이유를 판단한다.

1. 피고 보조참가인이 근로자에 해당하는지에 관하여

가. 산업재해보상보험법에서 말하는 근로자란 근로기준법상 근로자를 의미한다(제5조 제2호 본문). 근로기준법상 근로자에 해당하는지는 계약의 형식이 고용계약, 도급계약 또는 위임계약인지 여부보다 근로제공 관계의 실질이 근로제공자가 사업 또는 사업장에 임금을 목적으로 종속적인 관계에서 사용자에게 근로를 제공하였는지 여부에 따라 판단하여야 한다. 여기에서 종속적인 관계가 있는지 여부는, ① 업무 내용을 사용자가 정하고 취업규칙 또는 복무규정 등의 적용을 받으며 업무수행과정에서 사용자가 상당한 지휘·감독을 하는지, ② 사용자가 근무시간과 근무장소를 지정하고 근로제공자가 이에 구속을 받는지, ③ 근로제공자가 스스로 비품·원자재나 작업도구 등을 소유하거나 제3자를 고용하여 업무를 대행하게 하는 등 독립하여 자신의 계산으로 사업을 영위할 수 있는지, ④ 근로제공을 통한 이윤의 창출과 손실의 초래 등 위험을 스스로 안고 있는지, ⑤ 보수의 성격이 근로 자체의 대상적 성격인지, ⑥ 기본급이나 고정급이 정하여졌고 근로소득세를 원천징수하였는지, 그리고 ⑦ 근로제공 관계의 계속성과 사용자에 대한 전속성의 유무와 그 정도, ⑧ 사회보장제도에 관한 법령에서 근로자로서 지위를 인정받는지 등의 경제적·사회적 여러 조건을 종합하여 판단하여야 한다. 다만 기본급이나 고정급이 정하여졌는지, 근로소득세를 원천징수하였는지, 사회보장제도에 관하여 근로자로 인정받는지 등과 같은 사정은 사용자가 경제적으로 우월한 지위를 이용하여 임의로 정할 여지가 크다는 점에서 그러한 점들이 인정되지 않는다는 것만으로 근로자성을 쉽게 부정하여서는 안 된다(대법원 2006. 12. 7. 선고 2004다29736 판결 등 참조).

나. 원심판결 이유 및 원심이 일부 인용한 제1심판결의 이유에 의하면, 다음과 같은 사정들을 알 수 있다.

(1) 원고는 서울 광진구 (주소 생략)에서 '○○○ ○○'(이하 '이 사건 사업장'이라 한다)이라는 배달대행업체를 운영하면서, 음식점 등(이하 '가맹점'이라 한다)에 배달대행프로그램(애플리케이션)인 '△△△ △'(이하 '이 사건 프로그램'이라 한다)을 설치해 주고, 가맹점으로부터 그 프로그램 사용료로 월 10만 원을 지급받았다.

(2) 피고 보조참가인(이하 '참가인'이라 한다)은 2013. 10. 3.부터 자신의 스마트폰에 이 사건 프로그램을 설치하고 배달 업무를 수행하였다.

(3) 참가인을 포함한 이 사건 사업장 소속 배달원들은 가맹점에서 이 사건 프로그램을 통해 배달요청을 할 경우 그 요청을 선택할 것인지 거절할 것인지 여부를 결정할 수 있었다. 그 요청을 거절하더라도 원고로부터 특별한 제재가 없었고, 이 사건 프로그램에는 위성항법장치(Global Positioning System, GPS) 기능이 없어 원고가 배달원들의 현재 위치와 배송상황 등을 관제할 수 없었으며, 배송지연으로 인한 책임을 원고가 전적으로 부담하는 것도 아니었다.
(4) 원고는 배달원들의 업무시간이나 근무장소를 별도로 정하지 않았다. 나아가 배달원들은 이 사건 사업장 소속으로 수행하는 배달 업무에 지장이 없는 한 다른 시간대에 다른 회사의 배달 업무를 수행하는 것도 가능하였고, 다른 사람에게 배달 업무를 대행하도록 할 수도 있었다.
(5) 배달원들은 가맹점으로부터 배달 건당 2,500원에서 4,500원 정도의 배달수수료를 지급받음으로써 그 수익을 얻었고, 별도로 원고로부터 고정급이나 상여금 등을 지급받지는 않았다.
(6) 원고는 배달원들과 근로계약서를 작성하지 않았고, 배달원들이 지급받는 수수료에서 근로소득세를 원천징수하지 않았으며, 배달원들을 근로자명단에 포함시켜 4대 보험(국민연금, 건강보험, 고용보험, 산재보험)의 보험관계 성립신고를 하지도 않았다.
(7) 참가인은 2013. 11. 26. 20:30경 서울 광진구 중곡동 소재 군자역 근처에서 원고의 친형 소유의 오토바이를 운전하여 배달을 하다가 무단횡단을 하던 보행자와 충돌하는 사고를 당하여 폐쇄성 흉추 골절과 흉수 손상 등을 입었다.
다. 이러한 사정을 앞서 본 법리에 비추어 보면, 참가인이 원고의 지휘·감독 아래 임금을 목적으로 근로를 제공한 근로기준법상 근로자에 해당한다고 보기는 어렵다. 같은 취지에서, 원심이 참가인을 근로기준법상 근로자에 해당하지 않는다고 판단한 것은 앞서 본 법리에 기초한 것으로서 정당하고, 거기에 상고이유 주장과 같이 근로자성의 인정에 관한 법리를 오해한 잘못이 없다.
2. 참가인이 특수형태근로종사자에 해당하는지에 관하여
가. 산업재해보상보험법 제125조 제1항은 계약의 형식에 관계없이 근로자와 유사하게 노무를 제공함에도 근로기준법 등이 적용되지 아니하여 업무상의 재해로부터 보호할 필요가 있는 자로서 ‘주로 하나의 사업에 그 운영에 필요한 노무를 상시적으로 제공하고 보수를 받아 생활하고, 노무를 제공함에 있어서 타인을 사용하지 않는 자’(제1, 2호) 중 대통령령으로 정하는 직종에 종사하는 자(이하 ‘특수형태근로종사자’라 한다)의 노무를 제공받는 사업은 산업재해보상보험법의 적용을 받는 사업으로 본다고 규정하고 있다. 그 위임에 따른 구 산업재해보상보험법 시행령(2016. 3. 22. 대통령령 제27050호로 개정되기 전의 것) 제125조

제6호는 특수형태근로종사자의 하나로 '한국표준직업분류표의 세분류에 따른 택배원인 사람으로서 고용노동부장관이 정하는 기준에 따라 주로 하나의 퀵서비스업자로부터 업무를 의뢰받아 배송 업무를 하는 사람'을 규정하고 있다.
이에 따라 '퀵서비스기사의 전속성 기준'(2012. 4. 11. 고용노동부 고시 제2012-40호)은 '주로 하나의 퀵서비스업자로부터 업무를 의뢰받아 배송업무를 하는 사람'이란 '하나의 퀵서비스업체에 소속(등록)되어 그 업체의 배송 업무만 수행하는 사람'(제1항) 또는 '하나의 퀵서비스업체에 소속(등록)되어 그 업체의 배송 업무를 수행하면서 부분적으로 다른 업체의 배송 업무를 수행하는 사람으로서 다음 각호의 어느 하나에 해당하는 사람'(제2항)을 말한다고 규정하면서, 제2항 각호에서 '소속(등록)업체의 배송 업무를 우선적으로 수행하기로 약정한 경우'(가.호), '순번제 등 소속(등록)업체가 정하는 방식으로 업무를 배정받아 수행하는 경우'(나.호), '업무를 수행함에 있어 퀵서비스 휴대용정보단말기(PDA 등)를 사용하지 않거나, 수익을 정산함에 있어 월비 등을 정액으로 납부하는 등 사실상 소속(등록) 업체 배송 업무를 주로 수행하는 경우'(다.호) 등을 규정하고 있다.
한편 한국표준직업분류표(2007. 7. 2. 통계청 고시 제2007-3호)는 세분류에서 '9222 택배원'은 '고객이 주문 및 구매한 상품 등 각종 물품 및 수하물을 고객이 원하는 곳까지 운반하여 준다'라고 규정하면서, '9223 음식배달원'을 '각종 음식점 등에서 고객의 요구에 따라 해당 요리를 특정 장소까지 배달하는 자'라고 규정하고 있다.
나. 앞서 본 사정을 이러한 규정들의 내용과 규정 취지에 비추어 살펴보면, 다음과 같이 판단할 수 있다.
(1) 이 사건 사업장은 음식점이 아닌 배달대행업체이다. 이 사건 사업장에서 참가인이 수행한 업무는, 가맹점이 이 사건 프로그램을 통하여 요청한 배달요청내역을 확인하고, 요청한 가맹점으로 가서 음식물 등을 받아다가 가맹점이 지정한 수령자에게 배달하는 것이고, 이는 한국표준직업분류표의 세분류에서 '9223 음식배달원'의 업무보다는 '9222 택배원'의 업무에 더 잘 부합한다.
(2) 따라서 이 사건 사업장에서 배송 업무를 수행한 참가인은 산업재해보상보험법 시행령 제125조 제6호에서 정한 '한국표준직업분류표의 세분류에 따른 택배원'으로 봄이 타당하다. [2017. 7. 3. 개정된 한국표준직업분류(통계청 고시 제2017-191호)는 택배원의 세세분류인 '그 외 택배원'의 내용에 '배달대행업체 배달원'을 규정하고, 2017. 3. 31. 개정된 '퀵서비스기사의 전속성 기준'(고용노동부 고시 제2017-21호)도 '퀵서비스업체'에 '음식물 늘찬배달업체'를 포함하여 규정한 것도 마찬가지 취지로 볼 수 있다.]
(3) 이처럼 보는 이상, 참가인이 특수형태근로종사자로서의 구체적 요건을 충족

하였는지에 관하여 더 나아가 심리·판단하여야 한다.
다. 그런데도 원심은, 이 사건 사업장에서 참가인이 수행한 업무를 한국표준직업분류표의 세분류 중 "9223 음식배달원"의 업무라고 단정한 나머지 참가인이 특수형태근로종사자에 해당하지 않는다고 판단하였다. 이러한 원심판단에는 산업재해보상보험법상 특수형태근로종사자에 관한 법리를 오해하여 특수형태근로종사자의 요건인 전속성 등에 관하여 필요한 심리를 다하지 아니함으로써 판결에 영향을 미친 잘못이 있다. 이 점을 지적하는 상고이유 주장은 이유 있다.
3. 결론
그러므로 원심판결을 파기하고, 사건을 다시 심리·판단하게 하기 위하여 원심법원에 환송하기로 하여, 관여 대법관의 일치된 의견으로 주문과 같이 판결한다.

제6장 자살

제1절 요양급여

■ **요양보험급여 결정처분 취소**(공사현장 내 화장실 뒤편에서 밧줄을 이용하여 목을 매어 자살)

◎ **인천지방법원[2019구단50394]**

원 고 : ○○건설 주식회사
인천시 남동구 ○○○로 ○○○
송달장소 인천 미추홀구 ○○○로 ○○○
대표이사 ○○○
소송대리인 법무법인 (유한) ◇◇
담당변호사 ○○○, ○○○, ○○○

피 고 : 근로복지공단

변론종결 : 2020. 01. 21

판결선고 : 2020. 02. 11

[주문]

1. 원고의 청구를 기각한다.
2. 소송비용은 보조참가로 인한 비용을 포함하여 모두 원고가 부담한다.

[청구취지]

피고가 2018. 12. 17. 피고 보조참가인(이하, '참가인'이라 한다)에 대하여 한 유족급여 등의 결정처분을 취소한다(원고는 소장의 청구취지에 '망 소외2'에 대한 처분으로 기재하였으나, 위와 같이 선해한다).

가. 원고 소속 근로자인 망 소외2(이하, '망인'이라 한다)는 건설현장 공사팀장 업무등을 수행하였는데, 2018. 2. 18. 11:30경 부천시 소재 ○○○ 유지용수 공급시설 공사현장 내 화장실 뒤편에서 밧줄을 이용하여 목을 매

어 자살하였다.

나. 망인의 배우자인 참가인은 망인의 자살이 업무상 재해에 해당한다고 주장하며 2018. 6. 7. 피고에게 유족급여 등의 지급을 청구하였다.

다. 피고는 "○○○ 현장 발령 이후 연이은 현장소장의 부재, 직원 퇴사 등의 상황은 충분한 심리적 부담으로 작용했을 수 있고, 그 이전 근무지인 ○○현장에서도 '사무실도 없이 열악한 환경에서 한 달 이상 혼자서 공사를 총괄진행하고 마무리하였다'는 동료의 진술로 미루어 보아, ○○○ 현장 발령 이전부터 열악한 환경에서 근무하였으며, 망인이 원하는 ○○ 현장 대신 ○○○ 현장으로 발령 받은 자체가 힘든 상황에서 동료 직원들의 부재, 과중한 업무 등이 촉발 요인이 되어 우울증이 악화된 것으로 보이고, 자살에 이를 만한 개인적 요인도 찾아볼 수 없어 망인의 사망과 업무와의 상당인과관계를 인정된다."는 업무상질병판정위원회의 심의결과에 따라 2018. 12. 17. 참가인에 대하여 유족급여 및 장의비의 지급처분(이하, '이 사건 처분'이라 한다)을 하였다.

[인정근거] 다툼 없는 사실, 갑 제1, 2호증, 을가 제1호증의 각 기재, 변론 전체의 취지

2. 본안 전 항변에 대한 판단

가. 피고의 주장

이 사건 처분의 직접 상대방이 아닌 원고 회사는 향후 '산재보험료가 증액되더라도 별도의 항고소송으로 다툴 수 있고, 향후 산재보험료가 인상되지 않을 수 있기 때문에, 이 사건 처분으로 인하여 원고 회사가 이 사건 처분의 근거 법규 및 관련 법규에 의하여 보호되는 개별적·직접적·구체적 이익을 침해당하였다고 볼 수 없으므로, 이 사건 소는 부적법하다.

나. 관련 법리

위법한 행정처분의 취소변경을 구하기 위하여 처분청을 상대로 행정소송을 제기할 수 있는 권리의 침해를 받은 자는 그 처분의 직접 상대방이 됨이 일반적이라고 할 것이나, 행정처분의 직접 상대방이 아닌 제3자라 하더라도 당해 행정처분으로 인하여 법률상 보호되는 이익을 침해당한

경우에는 그 처분의 취소나 무효 확인을 구하는 행정소송을 제기하여 그 당부의 판단을 받을 자격이 있다 할 것이고, 여기에서 말하는 법률상 보호되는 이익이라 함은 당해 처분의 근거 법규 및 관련 법규에 의하여 보호되는 개별적·직접적·구체적 이익이 있는 경우를 말한다. 또한, 산재보험법에 의한 보험급여 결정에 대하여는 보험가입자인 사업주도 보험료액의 부담 범위에 영향을 받는 자로서 그 적법 여부를 다툴 법률상의 정당한 이익이 있다 할 것인데, 사업주에게 반드시 보험료액의 결정에 어떠한 변동이 있고 보험료 부과처분이 있은 연후라야만 정당한 이익이 있게 되는 것은 아니다(대법원 1987. 9. 22. 선고 87누176 판결 등 참조).

다. 판단

살피건대, 피고가 위와 같은 본안 전 항변의 근거로서 들고 있는 판례(대법원 2016. 7. 14. 선고 2014두47426 판결)는 이 사건과 같이 피고의 유족급여 및 장의비의 지급 처분에 대한 취소를 구하는 사건이 아니라, 피고의 산재보험 적용 사업장 변경 불승인처분에 대한 취소를 구하는 사건이었는데, 위 사건은 원고인 사업주가 피고에게 '재해근로자의 사용자가 제3자이다'라는 이유로 사업주의 변경 신청을 할 수 있는 조리상 신청권이 인정되는지 여부가 문제되었던 경우로서, 이 사건과는 그 사실관계에 있어 차이가 있으므로, 위 판례를 근거로 이 사건에서 원고에게 이 사건 처분의 취소를 구할 법률상 이익이 인정되지 않는다고 보기는 어렵다. 오히려 앞서 본 법리에 비추어 볼 때, 원고는 고용보험 및 산재보험의 보험료징수 등에 관한 법률에 따라 사업주로서 산재보험의 보험가입자 지위에 있었기 때문에 보험료액의 부담 범위에 영향을 받는 자라 할 것이므로(을가 제5호증의 기재만으로는 보험료액의 부담 범위에 영향이 없을 것이라고 단정하기 어렵다), 원고에게는 이 사건 처분의 적법 여부를 다툴 법률상의 정당한 이익이 인정된다. 따라서 피고의 본안 전 항변은 이유 없다.

3. 처분의 적법 여부

가. 원고의 주장

망인은 통상적인 업무를 수행한 것에 지나지 않고 자살 당시에는 우울증을 치료받는다는 이유로 업무를 거의 하지 않았으므로, 망인의 사망과 업무 사이에 상당인과관계가 인정되지 아니한다. 그럼에도 이와 달리 판단한 이 사건 처분은 위법하다.

나. 관련 법리

산업재해보상보험법 제37조 제1항에서 말하는 '업무상의 재해'란 업무수행 중 그 업무에 기인하여 발생한 근로자의 부상·질병·신체장애 또는 사망을 뜻하는 것이므로 업무와 재해발생 사이에는 인과관계가 있어야 한다. 그 인과관계는 이를 주장하는 측에서 증명하여야 하지만, 반드시 의학적·자연과학적으로 명백히 증명되어야 하는 것이 아니며 규범적 관점에서 상당인과관계가 인정되는 경우에는 그 증명이 있다고 보아야 한다. 따라서 근로자가 극심한 업무상의 스트레스와 그로 인한 정신적인 고통으로 우울증세가 악화되어 정상적인 인식능력이나 행위선택능력, 정신적 억제력이 현저히 저하되어 합리적인 판단을 기대할 수 없을 정도의 상황에 처하여 자살에 이르게 된 것으로 추단할 수 있는 경우라면 망인의 업무와 사망 사이에 상당인과관계가 인정될 수 있고, 비록 그 과정에서 망인의 내성적인 성격 등 개인적인 취약성이 자살을 결의하게 된 데에 영향을 미쳤다거나 자살 직전에 환각, 망상, 와해된 언행 등의 정신병적 증상에 이르지 않았다고 하여 달리 볼 것은 아니다(대법원 2017. 5. 31. 선고 2016두58840 판결 참조).

다. 인정사실

아래 사실은 당사자 사이에 다툼이 없거나, 갑 제2, 3호증, 을가 제2 내지 6호증, 을가 7호증의 1, 2, 을나 제1 내지 18호증의 각 기재 및 이 법원의 국민건강보험공단, 의료법인 ○○의료재단 ○○○○○병원장에 대한 각 사실조회 결과에 변론 전체의 취지를 종합하여 이를 인정할 수 있다.

1) 망인은 건설회사인 원고 회사에 1998. 9. 1. 입사하여 공사팀장으로서 공사진행 관련 전반적인 관리감독 및 공사집행 업무를 담당하였고, 공사현장 감리단 지적상황 이행 및 지적사항에 대한 보고업무 등을 수행하였다.

2) 망인은 2017. 12.경 ○○ ○○○ 현장에서 근무하고 있었는데, 해당 공사가 마무리되면 ○○○ 현장에서 근무하기를 희망하고 있었지만, 2018. 1. 2.자로 '부천시 ○○○ 공사현장'으로 발령이 났고, 그 후 소외6(○○○ 현장 작업반장)에게 힘든 곳으로 왔다고 말하였다. 소외7(○○○ 현장소장)은 망인이 ○○ ○○○ 현장에서 사무실도 없이 열악한 환경에서 한 달 이상 혼자서 공사를 총괄진행하고 마무리 하였다고 확인해주었다.

3) ○○○ 현장은 원고가 시공사로서 ○○광역시장으로부터 도급액 70억 4,900만 원, 공사기간 2016. 6. 30.부터 2018. 6. 29.까지로 정하여 도급받은 '○○○ 유지용수 공급시설 설치공사' 현장이다. 위 현장에 원고 직원은 5명(현장소장 소외3, 공사팀장 망인, 품질관리팀장 소외4 과장, 품질관리담당 소외5 대리, 현장 작업반장 소외6)이 있었고, 공사현장은 사실상 365일 운영되며, 명절 등의 휴일에도 시공사에서는 최소 1명 이상은 출근하여 현장감독을 해야 했고, 시공사 관리직은 공사이후에도 관련 서류 작업으로 1시간 정도 야근을 하기도 했으며, 평균 주 6일 근무하였다.

4) ○○○ 현장 직원 중 현장소장 소외3이 2018. 2. 18. 퇴사하고(○○○ 현장에는 2월초부터 부재했던 것으로 보인다) 소외4 과장도 2018. 2.경 퇴사하는 바람에, 후임 현장소장인 소외7이 부임한 2018. 2. 19.까지는 관리직은 망인과 소외5 대리만이 남게 되었다. ○○○ 현장의 감리회사는 시공사인 업무지시 등과 관련하여 2018. 1. 1.부터 2018. 2. 28.까지 사이에 공문을 55건 보냈고, 원고는 주로 소외5의 서류작업에 의해 68건의 문건을 발송하였다.

5) 망인은 2018. 2. 7.부터 정신과 진료를 받기 시작했다. 망인은 2018. 2. 7. 병원 진료 당시 "연말에 새로운 현장으로 발령이 나고 나서 다니고 있는데 업무가 힘들어진다. 새로운 현장은 본래 가려고 예상했던 곳이 아니었다. 가고 싶은 곳은 못하고 오고 싶지 않은 현장에 가게 되었다. 이후 일하면서 한 달 이상 일을 제대로 일을 할 수가 없다.

도저히 일을 할 수가 없어서 내원했다. 스트레스가 쌓이고 많이 힘든 상태다."라고 진술하고, "우울, 무기력, 의욕저하, 잠 설침, 식욕저하, 집중력 저하, 피곤감 증대"를 호소했다. 망인은 위 병원에서, 2018. 2. 13. 우울증심리검사를 시행하고, 2018. 2. 27. 다음 직장 제출용의 '진단서'를 발급받았다. 망인은 2018. 2. 28. 위 진단서를 가지고 병가(2018. 3. 1.~2018. 4. 1.) 신청을 하러 ○○○ 현장에 가 인수인계 업무 등을 하다가 자살하였다.

6) 망인이 사전에 병가의사를 밝히자, 원고는 2018. 2. 28.까지만 근무하고 병가신청서를 내되 주 1회 이상 현장에 나와 업무를 지속하고, 휴가기간 중 2018. 3. 2.에는 다른 행사문제로 ○○○ 현장에 출근할 것을 명했던 것으로 보인다. 망인은 '감리단장이 2018. 2. 25. 일요일 공사현장 검측에 망인이 안 나온 것을 보고 화가 많이 났다'는 말을 소외6에게 한 바 있는데, 2018. 2. 28. 감리단장이 망인이 있은 장소를 지나쳐 간 일이 있다.

7) 망인은 소외6에게, '일주일 동안 변을 못 봤다', '머리가 터질 정도로 아파 출근을 못하겠으니 대신 출근해 달라'고 말한 적이 있다. 정신과 진료를 받으면서 불면과 식욕저하 등을 호소했던 망인은 2달 사이 몸무게가 10kg 가량 빠졌던 것으로 보인다.
경찰조사에서, 소외6은 '같이 일하던 직원 2명이 퇴직을 해서 망인이 혼자 일을 감당해야 하다 보니 스트레스를 많이 받은 것 같다', '2018. 2. 28. 10:00~11:00 망인이 감리단장을 만나면서 그때 무슨 심경의 변화가 있을 수도 있다. 집이든 어디든 가려다가 심경변화를 일으켜 다시 현장으로 온 것 같다'고 진술하였고, 감리단장 ○○○는 '망인이 공사팀장이다 보니 자기가 공사계획을 잡고 시공을 해야 하는데, 도와줄 사람이 없다보니 힘들어 했을 거라 생각한다'고 진술하였다.

8) 망인의 유서에는 "출근길은 지옥행이다. 20년간 이런 출근길은 처음이다. 지금이 순간도 지옥행. 아 ~ 힘들구나. 이 못난 사람은 이 정도도 못 견디고 이제 그만~ 꿈(악몽)에서 깨어나고 싶다. 제발 제발." 등의

내용이 기재되어 있다.

9) 망인이 진료받은 정신과의 2018. 2. 13.자 우울증 심리검사결과는 '경도와 중증 사이에 있는 중등도 수준의 우울증인 HDRS 20'이다. 위 정신과의 2018. 2. 27.자 진단서상의 '주상병'은 'Depressive episode, unspecified'이고, '치료내용 및 향후 치료에 대한 소견'은 '우울' 의욕저하, 불안초조, 불안 등의 증상으로 통원치료 중으로 부정기간 증상호전까지 지속적인 정신과적 치료와 안정을 요함'이다. 피고의 자문의는 '망인은 심한 우울증 상태에서 자살하였을 가능성이 높다고 판단됨'이라는 소견을 보였다.

라. 판단

위 인정사실을 앞서 본 법리에 비추어 살펴본다. 20년 가까이 원고 회사에서 근무한 망인은 다음 근무지로 ○○○ 현장을 희망하면서 사무실도 없는 열악한 환경인 ○○ ○○○ 현장에서 혼자서 공사를 총괄진행 하였음에도 기대와 달리 꺼려하던 ○○○ 현장으로 발령받아 크게 실망하고 무력감, 불안, 절망감 등을 느끼면서 ○○○ 현장의 업무에 제대로 적응하지 못한 것으로 보인다. 여기에 망인은 ○○○ 현장의 규모나 업무내용에 비하여 원고의 인력지원이 부족하고 감리단의 지시사항이 과다하다고 느끼면서 위 무기력감, 불안감 등이 강화되고 불면, 식욕저하, 피곤감 증대 등을 겪으면서 우울증에 빠져 정신과 진료를 받게 되었다. 그러한 상황에서 현장소장 소외3과 소외4 과장이 연달아 퇴직하는 바람에 망인이 체감하는 업무부담과 스트레스는 훨씬 더 가중되었고, 망인은 병가를 신청하는 과정에서도 일정 기간 ○○○ 현장의 일을 계속해야 했으며, 2달간의 병가를 공식적으로 신청하여 마지막 출근하는 날인 2018. 2. 28.에도 감리단장과의 대면에 대한 부담과 병가 중 출근에 대한 스트레스 등으로 우울증이 급격히 악화되었다고 봄이 타당하다.

이러한 우울증 발현 및 발전 경위에 망인의 유서내용, 자살 과정, 망인이 자살을 선택할 만한 다른 동기나 이유를 찾아볼 수 없는 점 등 제반 사정을 종합하여 보면, 망인은 ○○○ 현장 근무의 업무상 스트레스로 발생한 우울증으로 인하여 정상적인 인식능력이나 행위선택능력, 정신적 억제력이 현저히 저하되어 합리적인 판단을 기대할 수 없을 정도의 상황에 처하여 자살에 이르게 된 것으로 추단되므로, 망인의 자살과 업무와 사이에 상당인과관계를 인정할 수 있다. 따라서 망인의 사망을 업무상 재해로 인정한 이 사건 처분은 적법하고, 원고의 주장은 이유 없다.

4. 결론

그렇다면 원고의 이 사건 청구는 이유 없으므로 기각하기로 하여 주문과 같이 판결한다.

[참조조문]

산업재해보상보험법 제37조 제1항

[참조판례]

대법원 1987. 9. 22. 선고 87누176 판결

대법원 2016. 7. 14. 선고 2014두47426 판결

◈ 근로자가 극심한 업무상 스트레스와 그로 인한 정신적인 고통으로 우울증세가 악화되어 합리적인 판단을 기대할 수 없을 정도의 상황에 처하여 자살에 이른 것으로 추단할 수 있는 경우, 망인의 업무와 사망 사이에 상당인과관계가 인정될 수 있는지 여부(적극) 및 망인의 개인적인 취약성이 자살을 결의하게 된 데 영향을 미치거나 자살 직전 정신병적 증상에 이르지 않았다고 하여 달리 볼 것인지 여부(소극)(대법원 2017. 5. 31. 선고 2016두58840 판결)

【주 문】

원심판결을 파기하고, 사건을 서울고등법원에 환송한다.

【이 유】

상고이유를 판단한다.

1. 산업재해보상보험법 제37조 제1항에서 말하는 '업무상의 재해'란 업무수행 중 그 업무에 기인하여 발생한 근로자의 부상·질병·신체장애 또는 사망을 뜻하는 것이므로 업무와 재해발생 사이에는 인과관계가 있어야 한다. 그 인과관계는 이를 주장하는 측에서 증명하여야 하지만, 반드시 의학적·자연과학적으로 명백히 증명되어야 하는 것이 아니며 규범적 관점에서 상당인과관계가 인정되는 경우에는 그 증명이 있다고 보아야 한다. 따라서 근로자가 극심한 업무상의 스트레스와 그로 인한 정신적인 고통으로 우울증세가 악화되어 정상적인 인식능력이나

행위선택능력, 정신적 억제력이 현저히 저하되어 합리적인 판단을 기대할 수 없을 정도의 상황에 처하여 자살에 이르게 된 것으로 추단할 수 있는 경우라면 망인의 업무와 사망 사이에 상당인과관계가 인정될 수 있고, 비록 그 과정에서 망인의 내성적인 성격 등 개인적인 취약성이 자살을 결의하게 된 데에 영향을 미쳤다거나 자살 직전에 환각, 망상, 와해된 언행 등의 정신병적 증상에 이르지 않았다고 하여 달리 볼 것은 아니다(대법원 2014. 10. 30. 선고 2011두14692 판결, 대법원 2015. 1. 15. 선고 2013두23461 판결 등 참조).

2. 원심이 인용한 제1심판결 이유와 적법하게 채택한 증거들에 의하면, 다음과 같은 사실을 알 수 있다.

가. 원고의 남편인 소외인(이하 '망인'이라 한다)은 1992. 1. 6. ○○○○○○○○○○(이하 '이 사건 회사'라 한다)에 은행원으로 입사하여 근무하다가 2013. 1. 17. △△지점장으로 부임하여 지점의 여·수신 영업, 고객 관리 등을 총괄하는 업무를 수행하였다. 이 사건 회사는 2013. 2.경부터 몇 차례 여신 실적 등이 부진한 지점에 대하여 대책 수립을 보고하도록 지시하였는데, △△지점도 그 대상에 포함되어 있었다. 그런데 당시 △△지점의 전체 대출금 중 약 8.5%를 차지하던 거래처인 □□교회는 대출금리 인하를 지속적으로 요구하고 있었다.

나. 망인은 2013. 5. 27. 정신과의원에 내원하여 '정신병적 증상이 없는 중증의 우울병 에피소드, 비기질성 불면증' 진단을 받았다. 당시 의무기록에는 "매일 아침 일어나는 것 자체가 고통이다. 업무적인 스트레스가 많았다. 죽고 싶은 마음은 항상 있다. 집에서 목도 매 봤다(보름 전?)."는 등의 망인의 진술 내용이 적혀 있다. 망인은 2013. 6. 3. 같은 의원에 다시 내원하여 진료 받으면서 자살 가능성에 대해 언급하기도 하였다.

다. 망인은 2013. 6. 13. 출근하였는데, 직원들의 진술에 의하면 당시 얼굴이 창백하고 몸이 좋지 않아 보였으며 업무에 집중하지 못하고 불안해 하는 모습을 보였다. 망인은 11:10경 "점심 약속이 있다."며 회사 밖으로 나갔고, 13:50경 원고에게 전화하여 "나 지금 원두막에서 약 먹어서 죽는다. 곧 갈 거다."라고 말하였다. 망인은 14:12경 서울 서초구 (주소 생략)에 있는 텃밭 원두막에서 농약을 마시고 목을 매어 사망한 채로 발견되었다.

라. 망인은 자살 전 2장의 유서를 남겼는데, 자살 현장에서 발견된 유서에는 주로 가족들에 대한 미안한 마음을 표현하였고, 집에서 발견된 유서에는 자신의 성격상 문제점과 함께 자녀들에 대한 훈계로서 "아들들아, 너희들은 커서 절대로 영업현장에서 근무하지 마라. 아빠의 성격상, 그리고 너희들도 아빠의 성격을 닮아서 아빠의 전철을 밟을 수 있으니 절대 영업사원은 되지 마라."는 내용이 담겨 있다.

마. 망인을 진료했던 정신과의원의 주치의는 "망인은 내원 당시 우울감, 자살사고, 수면장애, 불안감, 집중력 저하 등의 증상을 호소하였으며 중증의 우울증을 보이고 있었고, 지점장 발령 이후 직무와 관련된 스트레스가 심하다고 호소하였다. 망인은 2013. 6. 3. 마지막 진료 당시 우울감, 불안정한 정동, 의욕 저하, 불안감 등으로 인하여 정상적인 인식능력과 행위선택능력의 장애가 있었을 것으로 판단된다."는 소견을 밝혔고, 제1심법원의 삼성서울병원장에 대한 진료기록 감정촉탁 결과에 의하면, 삼성서울병원 정신건강의학과 교수는 "기록상으로 망인은 은행에 근무하면서 다소 강박적이고 완벽주의적인 성향을 보이는 편이고, 업무 실적과는 관련이 없지만 일 자체에 대해서도 부담감을 느끼는 것으로 나타나며, 진료기록상 직업적인 스트레스와 재산 관련 언급이 나타나고 있어서 직업적 또는 업무적 영향이 망인에게 스트레스 요인으로 작용했을 가능성이 있다. 망인은 주요 우울증을 앓고 있었다고 추정되고, 따라서 자살의 원인으로 우울증이 가장 높은 위험 요소가 되었을 것이다. 망인은 사망 당시에 신체 증상과 불안감, 우울감, 불면 등의 증상이 동반되었을 수 있겠으나, 최근까지 회사에 출근하였으며, 일상생활에서 평상시와 다르게 환각, 망상, 와해된 언행 등의 정신병적 증상 혹은 이에 영향을 받는 행동들은 보이지 않았다는 점에서 자살 당시에 심신상실 혹은 정신착란 상태로 보기는 어렵겠다."는 소견을 밝혔다.

3. 이러한 사실관계를 앞서 본 법리에 비추어 살펴본다.

망인은 △△지점장으로 부임하여 지점의 여·수신 영업 등을 총괄하게 되면서 실적 부진에 대한 대책 마련을 지시받기도 하고, 주요 거래처로부터 대출금리 인하를 지속적으로 요구받는 등으로 인하여 영업업무 및 실적에 관하여 상당한 중압감을 느끼게 된 것으로 보인다. 이러한 중압감으로 인하여 망인은, 지점장으로 근무한지 약 4개월여 만에 '정신병적 증상이 없는 중증의 우울병 에피소드' 등을 진단받고, 정신과 상담과정에서 앞서 본 바와 같이 업무스트레스와 자살 가능성 등을 언급하다가 자살 가능성을 언급한지 10일 만인 2013. 6. 13. 출근하여 자살에 이르렀다. 따라서 망인은 △△지점장으로 부임한 후 영업실적 등에 관한 업무상 부담과 스트레스로 인하여 중증의 우울병 에피소드를 겪게 되었고, 스스로 정신과의원을 찾아 치료를 받았음에도 계속된 업무상 부담으로 중압감을 느낀 나머지 그 증세가 급격히 악화되었다고 봄이 타당하다.

이러한 우울증 발현 및 발전 경위에 망인의 유서내용, 자살 과정 등 제반 사정을 종합하여 보면, 망인은 우울증으로 인하여 정상적인 인식능력이나 행위선택능력, 정신적 억제력이 현저히 저하되어 합리적인 판단을 기대할 수 없을 정도의 상황에 처하여 자살에 이르게 된 것으로 추단되므로, 망인의 업무와 사망 사이에 상당인과관계를 인정할 수 있다. 비록 망인이 다른 지점장들에 비해 지나

치게 과다한 업무를 수행하였다거나 이 사건 회사로부터 지속적인 압박과 질책을 받는 등 특별히 가혹한 환경에서 근무하였던 것이 아니어서 업무상 스트레스라는 객관적 요인 외에 이를 받아들이는 망인의 내성적인 성격 등 개인적인 취약성이 자살을 결의하게 된 데에 일부 영향을 미쳤을 가능성이 있고, 한편 자살 직전에 환각, 망상, 와해된 언행 등의 정신병적 증상을 보인 바 없다고 하여 달리 볼 것은 아니다.

4. 그럼에도 원심은 그 판시와 같은 사정만으로 망인의 업무와 사망 사이의 상당인과관계를 인정하기에 부족하다고 판단하였으므로, 이러한 원심 판단에는 상당인과관계에 관한 법리를 오해하여 필요한 심리를 다하지 아니함으로써 판결에 영향을 미친 잘못이 있다. 이를 지적하는 상고이유 주장은 이유 있다.

5. 그러므로 원심판결을 파기하고, 사건을 다시 심리·판단하도록 원심법원에 환송하기로 하여, 관여 대법관의 일치된 의견으로 주문과 같이 판결한다.

제2절 장해급여

■ 장해급여부지급처분취소

(지게차가 전복되는 바람에 그 밑에 깔리는 사고)

◎ 1심 서울행정법원[2010구단21474]

원 고 : ○○○

전남 완도군 신지면 ○○○리 ○○○

소송대리인 변호사 ○○○

피 고 : 근로복지공단

변론종결 : 2012. 04. 19

판결선고 : 2012. 05. 24

[주문]

1. 피고가 2010. 9. 18. 원고에 대하여 한 장해급여부지급처분을 취소한다.
2. 소송비용은 피고가 부담한다.

[청구취지]

주문과 같다.

[이유]

1. 처분의 경위

가. 원고의 아들인 망 소외1(1970. 8. 4.생, 이하 망인'이라 한다)은 생미역을 채취하여 가공 판매하는 전남 이하생략 소재 ○○산업 주식회사의 생산직 근로자로서, 2008. 9. 4. 11:00경 지게차를 운전하여 건미역 상자를 옮기는 작업을 하던 중 후진으로 내리막길을 내려오다 지게차가 전복되는 바람에 그 밑에 깔리는 사고(이하 '이 사건 사고'라 한다)를 당하였고, 이로 인해 입게 된 '양측하반신마비, 요추1번 방출성 골절, 골반의골절탈구, 외상성 기흉, 외상성 혈흉, 요추횡돌기골절, 골반상하지골절, 흉요부, 혈기흉, 신경인성 방광, 신경인성 장, 폐쇄성 견갑골 골절, 흉수손상'(이하 '

이 사건 상병'이라 한다)에 대하여 피고로부터 2008. 9. 4.부터 2010. 5. 31.까지 요양승인을 받았다.

나. 망인은 이 사건 사고로 양측 하반신이 마비되어 2008. 9. 8.부터 ○○○○병원에서, 2008. 11. 29.부터는 재활전문병원인 ○○○재활병원에서 각 재활치료를 받아오다가 2010. 2. 27. 11:00경 원고에게 잠시 이발을 하고 오겠다고 말을 한 후 휠체어를 타고 혼자 ○○○재활병원을 빠져 나와 같은 날 19:00경 위 병원 인근에 소재한 이하생략에 투숙하였고, 2010. 2. 28. 16:00경 위 303호에서 커터칼로 자신의 하복부를 수회 자해하여 하복부 및 회음부 자절창에 의한 과다출혈로 사망하였다.

다. 원고는 장해급여 수급권자의 유족으로서 2010. 8. 26. 피고에게 망인이 사망하기 전에 양측하반신마비 증상이 이미 고정되었다고 하며 장해급여의 지급을 청구를 하였으나, 피고는 2010. 9. 18. '산업재해보상보험법 제57조 제1항에 의하면 장해급여는 근로자가 업무상의 사유로 부상을 당하거나 질병에 걸려 치유된 후 신체 등에 장해가 있는 경우에 그 근로자에게 지급한다고 규정되어 있으며, 여기에서 치유란 부상이나 질병에 대한 치료효과를 더 이상 기대할 수 없게 되고 또한 그 증상이 고정된 상태를 뜻 하기에 장해급여 대상의 전제조건이 치유의 상태에 있어야 하나, 망인의 경우 기승인 상병에 대한 재활치료 시행 중 사망하였으며 사망시점이 치료종결 시점이 아닌 관계로 장해판정의 대상에 해당되지 않는다는 이유로 장해급여의 지급을 거부하는 이 사건 처분을 하였다.

[인정근거] 다툼 없는 사실, 갑1호증 내지 갑3호증, 갑8호증 내지 갑11호증의 2, 을1호 증의 1의 각 기재, 변론 전체의 취지

2. 이 사건 처분의 적법 여부

가. 원고의 주장

망인은 척수손상 등의 후유증으로 양측 하반신이 마비되었는데, 이는 현대의학 수준으로 더 이상 치료효과를 기대할 수 없어 망인이 사망하기 이전에 그 증상이 고정되었으므로 이에 대한 장해급여가 지급되어야 함에도 불구하고, 양측하반신마비 증상이 고정되지 않았음을 전제로 하는

이 사건 처분은 위법하다.

나. 인정사실

(1) 망인의 사고 후 상태

(가) 망인은 이 사건 사고로 인해 척추신경이 완전히 절단되어 척추기능이 영구적으로 상실됨으로써 양측 하반신완전마비라는 장애가 발생하였고, 이는 원상회복의 가망이 없어 휠체어 및 간병인의 도움에 의존할 수밖에 없는 영구장애이다.

(나) 망인은 식사 등의 일상생활은 가능하나 대소변도 가릴 수 없게 되어, 소변은 성기에 소변줄을 꽂아 처리하였고, 대변 때문에 기저귀를 차고 생활하여 왔는데, 평소 소변줄이 새거나 배변의 어려움 및 두통, 장기간의 요양기간으로 인한 무기력, 증상의 아무런 호전이 없음에 대한 답답함 등을 호소하여 왔고, 담당의사의 회진 시 가끔 엉뚱한 대답을 하기도 하였으며, 이 사건 사고 이후 간병하는 원고에게 짜증을 많이 내었다.

(다) 망인은 2009. 3. 24. 지체장애 1급으로 장애인등록이 되었고, 사망당시 ○○○○○재활병원에서 운동치료, 작업치료, 물리치료를 포함한 포괄적인 재활치료 및 약물 치료와 ○○대학교 ○○병원에서 요실금과 신경인성 방광에 대한 간헐적 도뇨와 약물 치료를 병행하고 있었다.

(라) 한편, ○○○재활병원 재활의학과 주치의는 2010. 2. 8. 피고에게 망인에 대한 진료계획서를 제출하였는데, 위 진료계획서 중 상병상태에 대한 종합소견란에는 '척수손상에 의한 하반신 완전마비(ASIA-A), 신경인성 방광으로 배뇨 및 배변장애로, 진료계획란에는 입원예상기간 : 2010. 3. 31. ~ 2010. 5. 31., 입원사유 : 하지마비에 의해 보행이 불가능하고, 일상생활 동작훈련을 위한 재활치료가 필요함'으로, 예상요양기간 후 증상고정여부는 '불가능'으로 각 기재되어 있다.

(2) 의학적 소견 등

(가) ○○○재활병원의 진단서 등

① 2009. 3. 17.자 장애진단서

– 장애상태 : 망인은 이 사건 사고 후 흉취2번, 요추1번의 압박골절 발생하여 ○○○○병원에서 수술적 치료하였으며, 척수손상의 후유증으로 현재 두 다리의 완전 마비로 전혀 움직일 수 없는 상태임

– 장애등급 : 지체장애(하지기능) 1급 2호

② 2010. 8. 19.자 장해진단서

이 사건 사고 후 ○○○병원에 입원하여 정형외과 치료를 받아오다가, 2008. 9. 8. ○○○○○○병원에 입원한 후 2008. 9. 30. 수술을 시행받고 2008. 11. 3. 재활의학과로 전과되어 재활치료를 시작함. 이후 2008. 11. 29. 본원 입원하여 재활치료를 받아오다가 2010. 2. 27. 무단외출 후 2010. 3. 1. 변사체로 발견됨. 2010. 2. 입원 중 시행한 진찰상 양하지의 마비(양하지의 근력 모두 0/5, 감각도 소실된 완전하지마비상태로 관절운동 불가능했고, 동반되는 배뇨 배변 등 장애 있었음) 및 이로 인한 보행불가와 일상생활동작 제한이 있는 상태였고, 중추신경계의 장해로 평생 항상 간호를 받아야 할 때에 해당된다고 판단됨

(나) 피고 자문의

재해자가 승인상병과 무관한 개인적 사유에 의해 사망한 경우로 기승인 상병에 대한 재활치료 중 사망함. 사망시점이 치료종결 시점이 아닌 관계로 장해판정의 대상에 해당하지 않음

(다) 이 법원의 ○○○병원에 대한 사실조회결과

① 척수질환이나 상해로 인한 양 하지 마비 상태는 호전되거나 치유되기도 하나, 망인의 경우처럼 척수손상이 심한 경우 호전되지 않을 가능성이 큼

② 2009. 3. 17.자 장애진단서 발급 당시, 수상 후 6개월 가량 경과한 시점으로 두 다리 완전마비 증상은 고착되었을 것으로 보이고, 이후 사망시까지 두 다리 완전마비 상태는 유지되었음

(라) 이 법원의 ○○○○○병원장에 대한 진료기록감정촉탁결과

① ○○○재활병원의 진료기록상, 망인의 상병명은 흉추12번-요추1번 압박골절로 인한 척수손상 등급 A

② ○○○재활병원에서는 운동치료, 작업치료, 물리치료를 포함한 포괄적 재활치료 및 약물치료를 시행하였으나, 입원 당시와 비교하여 상병상태의 변화는 없음

③ ○○○○병원의 진료기록상, 망인의 상병명은 흉취2번-요추1번 파열골절로 인한 하지마비(척수손상등급 A), 좌측 견갑골 골절, 좌측 골반 골절, 동요가슴, 외상성 혈흉, 외상성 기흉

④ ○○대학교 ○○병원의 진료기록상, 망인의 상병명은 요실금, 신경인성 방광이고, 망인의 상병상태 변화에 대한 기록은 없으며, 간헐적 도뇨 및 베시케어 처방함

⑤ 척수손상등급 ASIA A환자의 자연경과에서 1년이 지난 시점에서 약 70%는 ASIA A상태를 유지하고, 약 17.8%에서 ASIA B로 상태가 호전되며, 약 12%에서 ASIA C 또는 D로 상태가 변화되는 것으로 문헌상에 보고되고 있음. 망인은 사고 이후 약 1년 6개월이 지난 시점으로 척수손상등급 ASIA A에서 등급 변경의 가능성이 적은 상태로 현재의 상태에 변화가 없을 것으로 판단됨. 1년이 지난 시점에서 ASIA A면 ASIA A로 증상이 고정됨

[인정근거] 다툼 없는 사실, 갑4호증 내지 갑7호증, 을1호증의 2 내지 을7호증의 각 기재, 이 법원의 ○○○병원에 대한 사실조회결과, 이 법원의 ○○○○○병원 장에 대한 진료기록감정촉탁결과, 변론 전체의 취지

다. 판단

산업재해보상보험법상의 장해급여는 근로자가 업무상의 사유로 부상을 당하거나 질병에 걸려 치유된 후 신체 등에 장해가 있는 경우에 지급되는 보험급여로, 여기서 치유라 함은 부상 또는 질병이 완치되거나 치료의 효과를 더 이상 기대할 수 없고 그 증상이 고정된 상태에 이르게 된 것을 가리키며, 이와 같이 그 증상이 고정된 경우 부상 또는 질병을 호전시

키기 위한 목적이 아니라 단지 고정된 증상의 악화를 방지하기 위한 치료가 계속된다고 하여도 부상 또는 질병이 치유되었다고 인정함에 지장이 없다고 할 것이다.

그러므로 망인이 사망할 당시 양측하반신마비나 신경인성 방광에 대한 치료의 효과를 더 이상 기대할 수 없게 되어 그 증상이 고정된 상태에 이르렀는지 여부에 관하여 보건대, 앞서 본 바와 같이 망인이 이 사건 상병에 대한 요양기간 중 사망하였고, 사망 당시 신경인성 방광 등에 대한 치료를 계속하고 있었으며, 향후 일상생활 동작훈련을 위한 재활치료가 필요하다는 내용의 진료계획이 있었으나, 한편, 위 인정사실에 나타난 다음과 같은 사정 즉, 망인은 이 사건 사고로 인해 척추신경이 완전히 절단되어 척추 기능이 영구적으로 상실됨으로써 양측 하반신완전마비라는 장애가 발생하였고, 이는 원상회복의 가망이 없는 영구장애인 점, 망인이 사망 당시까지 양측하반신마비와 신경인성 방광에 대하여 받은 재활치료 등은 그 치료내용이나 경과에 비추어 볼 때 주요목적이 증상을 호전시키기 위한 것이 아니라 단지 고정된 증상의 악화를 방지하기 위한 고식적인 치료에 불과한 점, 망인의 양측하반신마비는 이 사건 사고 후 18개월 동안의 장기간 입원치료에도 불구하고 호전의 가능성이 전혀 없는 상태로 그 증상이 고정되었다는 의학적 소견이 있는 점 등에 비추어 보면 적어도 이 사건 사고일로부터 1년이 경과한 2009. 위경에는 양측하반신마비나 신경인성 방광은 더 이상 치료의 효과를 기대 할 수 없고 고정된 상태에 이르렀다고 봄이 상당하다.

따라서 망인의 사망일 무렵 양측하반신마비나 신경인성 방광 증상이 치유되지 아니한 상태에 있었음을 전제로 한 이 사건 처분은 위법하고, 결국 원고의 주장은 이유 있다.

3. 결론

그렇다면, 원고의 이 사건 청구는 이유 있어 이를 인용한다.

[참조조문] 산업재해보상보험법 제5조

◎ 2심 서울고등법원 제7행정부[2012누18952]

원 고 : 피항소인 ○○○
전남 완도군 신지면 ○○○리 ○○○
소송대리인 변호사 ○○○

피 고 : 항소인 근로복지공단

전심판결 : 1심 2010구단21474 서울행정법원

변론종결 : 2012. 11. 08

판결선고 : 2012. 12. 27

[주문]

1. 피고의 항소를 기각한다.
2. 항소비용은 피고가 부담한다.

[청구취지 및 항소취지]

1. 청구취지

피고가 2010. 9. 18. 원고에 대하여 한 장해급여부지급처분을 취소한다.

2. 항소취지

제1심판결을 취소한다. 원고의 청구를 기각한다.

[이유]

1. 제1심판결 인용

이 법원이 이 사건에 관하여 적을 이유는, 다음 '2. 추가 판단' 부분을 보충하는 외에는, 제1심판결 이유와 같으므로, 행정소송법 제8조 제2항, 민사소송법 제420조 본문에 따라 인용한다.

2. 추가 판단

피고는, 제1심에서와 같이 거듭하여, 소외1이 ○○○○○병원 등에서 양측하반신마비로 파생된 증상에 대하여 계속 치료를 받던 중 자살하였으므로 소외1에 대한 증상이 고정된 상태가 아니어서, 장해급여의 지급을 거부하는 이 사건 처분은 적법하다고 주장한다.

그러나 소외1은 2008. 9. 4. 사고를 당한 후 ○○○○○병원에서 재활치료를 받아오다가 2008. 2. 27. 병원을 나와 그 다음날 병원 인근 모텔에서 자살하여 병원을 나온 이후로는 더 이상 요양을 하지 않았으므로 병원을 나올 당시 요양이 끝났다고 볼 수 있는 점, 앞서 인용한 제1심판결에서 인정한 것처럼 소외1이 재활치료를 받기는 하였으나 이 사건 사고일로부터 1년이 경과한 무렵부터는 척수손상으로 인한 양측하반신마비나 신경인성 방광은 더 이상 치료의 효과를 기대할 수 없고 그 증상이 고정된 상태라고 볼 수 있는 점, 위 양측하반신마비만으로도 산업재해보상보험법 시행령 제53조 제1항 [별표 6](2010. 11. 15. 대통령령 제22492호로 개정되기 전의 것)의 장해등급 기준 중 '제1급'에 해당하는 것으로 보이는 점을 종합해 볼 때, 장해급여의 지급을 거부한 이 사건 처분은 위법하다. 피고의 위 주장은 이유 없다.

3. 결론

따라서 원고의 청구는 이유 있어 인용할 것인바, 제1심판결은 이와 결론을 같이 하여 정당하므로, 피고의 항소를 기각한다.

[참조조문]

행정소송법 제8조

민사소송법 제420조

구 산업재해보상보험법 시행령 제53조

구 산업재해보상보험법 시행령 [별표 6]

제3절 유족급여

1. 유족급여 및 장의비부지급처분취소(근로자의 자살이 업무상 재해에 해당되기 위한 요건 등)

◎ 대법원 2017. 5. 31., 선고, 2016두58840, 판결

원고 : 상고인 ○○○

피고 : 피상고인 근로복지공단

원심판결 : 서울고법 2016. 10. 25. 선고 2016누47095 판결

[주문]

원심판결을 파기하고, 사건을 서울고등법원에 환송한다.

[이유]

상고이유를 판단한다.

1. 산업재해보상보험법 제37조 제1항에서 말하는 '업무상의 재해'란 업무수행 중 그 업무에 기인하여 발생한 근로자의 부상·질병·신체장애 또는 사망을 뜻하는 것이므로 업무와 재해발생 사이에는 인과관계가 있어야 한다. 그 인과관계는 이를 주장하는 측에서 증명하여야 하지만, 반드시 의학적·자연과학적으로 명백히 증명되어야 하는 것이 아니며 규범적 관점에서 상당인과관계가 인정되는 경우에는 그 증명이 있다고 보아야 한다. 따라서 근로자가 극심한 업무상의 스트레스와 그로 인한 정신적인 고통으로 우울증세가 악화되어 정상적인 인식능력이나 행위선택능력, 정신적 억제력이 현저히 저하되어 합리적인 판단을 기대할 수 없을 정도의 상황에 처하여 자살에 이르게 된 것으로 추단할 수 있는 경우라면 망인의 업무와 사망 사이에 상당인과관계가 인정될 수 있고, 비록 그 과정에서 망인의 내성적인 성격 등 개인적인 취약성이 자살을 결의하게 된 데에 영향을 미쳤다거나 자살 직전에 환각, 망상, 와해된 언행 등의 정신병적 증상에 이르지 않았다고 하여 달리 볼 것은 아니다(대법원 2014. 10. 30. 선

고 2011두14692 판결, 대법원 2015. 1. 15. 선고 2013두23461 판결 등 참조).

2. 원심이 인용한 제1심판결 이유와 적법하게 채택한 증거들에 의하면, 다음과 같은 사실을 알 수 있다.

가. 원고의 남편인 소외인(이하 '망인'이라 한다)은 1992. 1. 6. ○○○○○○○○○○(이하 '이 사건 회사'라 한다)에 은행원으로 입사하여 근무하다가 2013. 1. 17. △△지점장으로 부임하여 지점의 여·수신 영업, 고객 관리 등을 총괄하는 업무를 수행하였다. 이 사건 회사는 2013. 2.경부터 몇 차례 여신 실적 등이 부진한 지점에 대하여 대책 수립을 보고하도록 지시하였는데, △△지점도 그 대상에 포함되어 있었다. 그런데 당시 △△지점의 전체 대출금 중 약 8.5%를 차지하던 거래처인 □□교회는 대출금리 인하를 지속적으로 요구하고 있었다.

나. 망인은 2013. 5. 27. 정신과의원에 내원하여 '정신병적 증상이 없는 중증의 우울병 에피소드, 비기질성 불면증' 진단을 받았다. 당시 의무기록에는 "매일 아침 일어나는 것 자체가 고통이다. 업무적인 스트레스가 많았다. 죽고 싶은 마음은 항상 있다. 집에서 목도 매 봤다(보름 전?)."는 등의 망인의 진술 내용이 적혀 있다. 망인은 2013. 6. 3. 같은 의원에 다시 내원하여 진료 받으면서 자살 가능성에 대해 언급하기도 하였다.

다. 망인은 2013. 6. 13. 출근하였는데, 직원들의 진술에 의하면 당시 얼굴이 창백하고 몸이 좋지 않아 보였으며 업무에 집중하지 못하고 불안해하는 모습을 보였다. 망인은 11:10경 "점심 약속이 있다."며 회사 밖으로 나갔고, 13:50경 원고에게 전화하여 "나 지금 원두막에서 약 먹어서 죽는다. 곧 갈 거다."라고 말하였다. 망인은 14:12경 서울 서초구 (주소 생략)에 있는 텃밭 원두막에서 농약을 마시고 목을 매어 사망한 채로 발견되었다.

라. 망인은 자살 전 2장의 유서를 남겼는데, 자살 현장에서 발견된 유서에는 주로 가족들에 대한 미안한 마음을 표현하였고, 집에서 발견된 유서에는 자신의 성격상 문제점과 함께 자녀들에 대한 훈계로서 "아들들아, 너희들은 커서 절대로 영업현장에서 근무하지 마라. 아빠의 성격상, 그리고 너희들도 아빠의 성격을 닮아서 아빠의 전철을 밟을 수 있으니 절대

영업사원은 되지 마라."는 내용이 담겨 있다.

마. 망인을 진료했던 정신과의원의 주치의는 "망인은 내원 당시 우울감, 자살사고, 수면장애, 불안감, 집중력 저하 등의 증상을 호소하였으며 중증의 우울증을 보이고 있었고, 지점장 발령 이후 직무와 관련된 스트레스가 심하다고 호소하였다. 망인은 2013. 6. 3. 마지막 진료 당시 우울감, 불안정한 정동, 의욕 저하, 불안감 등으로 인하여 정상적인 인식능력과 행위선택능력의 장애가 있었을 것으로 판단된다."는 소견을 밝혔고, 제1심법원의 삼성서울병원장에 대한 진료기록감정촉탁 결과에 의하면, 삼성서울병원 정신건강의학과 교수는 "기록상으로 망인은 은행에 근무하면서 다소 강박적이고 완벽주의적인 성향을 보이는 편이고, 업무 실적과는 관련이 없지만 일 자체에 대해서도 부담감을 느끼는 것으로 나타나며, 진료기록상 직업적인 스트레스와 재산 관련 언급이 나타나고 있어서 직업적 또는 업무적 영향이 망인에게 스트레스 요인으로 작용했을 가능성이 있다. 망인은 주요 우울증을 앓고 있었다고 추정되고, 따라서 자살의 원인으로 우울증이 가장 높은 위험 요소가 되었을 것이다. 망인은 사망 당시에 신체 증상과 불안감, 우울감, 불면 등의 증상이 동반되었을 수 있겠으나, 최근까지 회사에 출근하였으며, 일상생활에서 평상시와 다르게 환각, 망상, 와해된 언행 등의 정신병적 증상 혹은 이에 영향을 받는 행동들은 보이지 않았다는 점에서 자살 당시에 심신상실 혹은 정신착란 상태로 보기는 어렵겠다."는 소견을 밝혔다.

3. 이러한 사실관계를 앞서 본 법리에 비추어 살펴본다.

망인은 △△지점장으로 부임하여 지점의 여·수신 영업 등을 총괄하게 되면서 실적 부진에 대한 대책 마련을 지시받기도 하고, 주요 거래처로부터 대출금리 인하를 지속적으로 요구받는 등으로 인하여 영업업무 및 실적에 관하여 상당한 중압감을 느끼게 된 것으로 보인다. 이러한 중압감으로 인하여 망인은, 지점장으로 근무한지 약 4개월여 만에 '정신병적 증상이 없는 중증의 우울병 에피소드' 등을 진단받고, 정신과 상담과정에서 앞서 본 바와 같이 업무스트레스와 자살 가능성 등을 언급하다가 자살 가능성을 언급한지 10일 만인 2013. 6. 13. 출근하여 자살에 이르렀다. 따라서 망인은 △△지점장으로 부임한 후 영업실적 등에 관한 업무상 부담과 스트레스로 인하여 중증의 우울병 에피소드를 겪게 되었고, 스스로 정신과 의원을 찾아 치료를 받았음에도 계속된 업무상 부담으로 중압감을 느낀 나머지 그 증세가 급격히 악화되었다고 봄이 타당하다.

이러한 우울증 발현 및 발전 경위에 망인의 유서내용, 자살 과정 등 제반 사정을 종합하여 보면, 망인은 우울증으로 인하여 정상적인 인식능력이나 행위선택능력, 정신적 억제력이 현저히 저하되어 합리적인 판단을 기대할 수 없을 정도의 상황에 처하여 자살에 이르게 된 것으로 추단되므로, 망인의 업무와 사망 사이에 상당인과관계를 인정할 수 있다. 비록 망인이 다른 지점장들에 비해 지나치게 과다한 업무를 수행하였다거나 이 사건 회사로부터 지속적인 압박과 질책을 받는 등 특별히 가혹한 환경에서 근무하였던 것이 아니어서 업무상 스트레스라는 객관적 요인 외에 이를 받아들이는 망인의 내성적인 성격 등 개인적인 취약성이 자살을 결의하게 된 데에 일부 영향을 미쳤을 가능성이 있고, 한편 자살 직전에 환각, 망상, 와해된 언행 등의 정신병적 증상을 보인 바 없다고 하여 달리 볼 것은 아니다.

4. 그럼에도 원심은 그 판시와 같은 사정만으로 망인의 업무와 사망 사이의 상당인과관계를 인정하기에 부족하다고 판단하였으므로, 이러한 원심 판단에는 상당인과관계에 관한 법리를 오해하여 필요한 심리를 다하지 아니함으로써 판결에 영향을 미친 잘못이 있다. 이를 지적하는 상고이유 주장은 이유 있다.
5. 그러므로 원심판결을 파기하고, 사건을 다시 심리·판단하도록 원심법원에 환송하기로 하여, 관여 대법관의 일치된 의견으로 주문과 같이 판결한다.

2. 유족급여 및 장의비부지급처분취소(필름공장에서 필름 커팅 작업을 하다가 칼날에 손가락 6개가 절단되는 사고로 치료 중 자살)

◎ 대법원 2017. 5. 11., 선고, 2016두57502, 판결

원고 : 상고인 ○○○

피고 : 피상고인 근로복지공단

원심판결 : 광주고법 2016. 10. 13. 선고 2016누3832 판결

[주문]

원심판결을 파기하고, 사건을 광주고등법원에 환송한다.

[이유]

상고이유를 판단한다.

1. 산업재해보상보험법 제37조 제1항에서 말하는 '업무상의 재해'란 업무수행 중 그 업무에 기인하여 발생한 근로자의 부상·질병·신체장애 또는 사망을 뜻하는 것이므로 업무와 재해발생 사이에는 인과관계가 있어야 한다. 그 인과관계는 이를 주장하는 측에서 증명하여야 하지만, 반드시 의학적·자연과학적으로 명백히 증명되어야 하는 것이 아니며 규범적 관점에서 상당인과관계가 인정되는 경우에는 그 증명이 있다고 보아야 한다. 따라서 근로자가 자살행위로 인하여 사망한 경우에, 업무로 인하여 질병이 발생하거나 업무상 과로나 스트레스가 그 질병의 주된 발생원인에 겹쳐서 질병이 유발 또는 악화되고, 그러한 질병으로 인하여 정상적인 인식능력이나 행위선택능력, 정신적 억제력이 결여되거나 현저히 저하되어 합리적인 판단을 기대할 수 없을 정도의 상황에서 자살에 이르게 된 것이라고 추단할 수 있는 때에는 업무와 사망 사이에 상당인과관계가 있다고 할 수 있다. 그리고 그와 같은 상당인과관계를 인정하기 위해서는 자살자의 질병 내지 후유증상의 정도, 그 질병의 일반적 증상, 요양기간, 회복가능성 유무, 연령, 신체적·심리적 상황, 자살자를 에워싸고 있는 주위상황, 자살에 이르게 된 경위 등을 종합적으로 고려하여야 한다(대법원 2014. 10. 30. 선고 2011두14692 판결 등 참조).
2. 원심이 인용한 제1심판결 이유와 원심이 적법하게 채택한 증거들에 의

하면 다음과 같은 사실을 알 수 있다.

가. 원고의 딸로서 1982. 11. 15.생인 망 소외 1(이하 '망인'이라 한다)은 2007. 11. 12. 소외 2 주식회사에 입사하여 생산직 근로자로 근무하던 중 2009. 2. 13. 위 회사 필름공장에서 필름 커팅 작업을 하다가 칼날에 손가락 6개가 절단되는 사고(이하 '이 사건 사고'라 한다)를 당해 "우 제2, 3수지 원위지골 완전절단상, 좌 제2, 3수지 중위지골 불완전 절단상, 양측 2수지 동맥·신경·정맥·건손상, 양측 3수지 동맥·정맥·신경·건손상, 양측 4수지 원위지골 골절 및 동맥, 신경손상" 등의 상해(이하 '기승인 상병'이라 한다)를 입었다.

나. 망인은 이 사건 사고로 손가락 접합수술을 받고 2009. 2. 13.부터 2009. 4. 24.까지, 2009. 8. 3.부터 2009. 8. 25.까지, 2009. 11. 3.부터 2009. 11. 28.까지, 2010. 3. 30.부터 2010. 4. 20.까지 4회의 입원치료와 3회의 수술치료를 받았고, 2010. 9. 15.경 요양치료를 종결하였으며, 피고는 망인이 '한쪽 손의 가운데 손가락 또는 넷째 손가락을 제대로 못 쓰게 된 사람'에 해당한다고 보아 망인에 대하여 제12등급의 장해등급판정을 하였다.

한편 망인이 2009. 2. 24.경 피고에게 기승인 상병에 대한 최초 요양급여를 신청할 때 첨부한 초진소견서에는 '원고가 기승인 상병에 대하여 너무 힘들어 하고, 걱정하며, 통증을 호소한다'는 내용이 기재되어 있고, 의무기록에 의하면 망인은 위 치료기간동안 통증과 불안을 여러 차례 호소한 것으로 나타나 있다. 한편 의무기록에는 '수술에 중독된 것 같다'는 내용도 기재되어 있다.

다. 망인은 요양치료 중이던 2010. 1. 9. '양극성 정동장애(의증)' 진단을 받고, 2010. 1. 18.경부터 2012. 10. 29.까지 ○○○○병원에서 환청, 망상, 고양된 기분, 불면 등으로 양극성 정동장애에 관한 정신과 치료를 받았으며, 2013. 5. 29.부터 2014. 3. 19.경까지 △△△△ △△△△△△△ 의원에서 '분열정동성 장애, 울병형' 등으로 치료를 받았다.

라. 망인은 2014. 3. 21. 11:30경 거주하고 있던 여수시 (주소 생략)아파

트 옥상에서 뛰어내려 사망하였다.

마. 분열정동성 장애는 일반적으로 다양한 원인에 의해 발병하고, 생물학적, 심리적, 사회 환경적 요인이 복합적으로 작용하는 것으로 알려져 있다. 양극성 정동장애의 경우도 유전적인 요인이 많은 병이지만 일상 사건이나 환경적인 스트레스도 요인인 것으로 알려져 있다.

바. 고등학교 생활기록부에는 망인의 행동발달상황으로 1, 2학년 때는 '조용한 성격으로 맡은 일에 충실하고, 자기주장이 뚜렷하며 규칙을 잘 준수한다'고 기재되어 있고, 3학년 때는 '명랑 쾌활하다'고 기재되어 있으며, 고등학교 3년 동안 개근한 것으로 기재되어 있다.

사. 망인은 소외 2 주식회사에 입사하여 생산직 근로자로 근무하면서 이 사건 사고가 발생하기까지 재직기간 동안 정신적으로 문제가 발생한 적은 없었고, 무단결근한 사실도 없었다.

아. 망인은 이 사건 사고를 당하기 전에 정신적 질환으로 진단을 받거나 치료를 받은 전력이 없고, 망인의 가족 중에 정신병력을 가진 사람이 있다고 인정할 자료도 없다.

3. 이러한 사실관계를 앞서 본 법리에 비추어 살펴본다.

가. 아래의 사정을 종합하여 보면, 망인이 이 사건 사고 발생과 기승인 상병 치료 과정에서 감내하기 어려울 정도의 스트레스를 받았을 것으로 추인할 수 있다.

(1) 망인은 이 사건 사고 당시 만 26세의 미혼 여성으로서 칼날에 손가락 6개를 절단당하는 사고를 당하였는데, 이러한 사고를 당하였다는 사실만으로도 상당한 정신적 충격을 받았을 것으로 보인다.

(2) 입원치료기간만 120일에 이르는 등 망인은 양극성 정동장애를 진단받기 전까지의 치료기간동안 정상적인 생활을 영위하지 못하였을 것으로 보이고, 위 기간 동안 통증과 불안을 여러 차례 호소한 것으로 보인다. 더구나 요양치료 종결 후에도 일부 장해가 남게 되었다.

나. 한편 양극성 정동장애나 분열정동성 장애가 심리적 요인에 의하여 유발될 수도 있다는 점은 앞서 본 바와 같고, 여기에 ① 망인이 기승인 상

병에 대한 요양치료가 계속되던 중에 양극성 정동장애 진단을 받았는데, 이 무렵 이 사건 사고 발생과 기승인 상병 치료 과정에서 발생한 스트레스 외에 다른 스트레스 요인은 없었던 것으로 보이는 점, ② 망인은 이 사건 사고 전까지 정신적 질환으로 진단을 받거나 치료를 받은 전력이 없고, 망인의 가족 중에도 과거에 정신질환을 앓았거나 현재 앓고 있는 자가 없는 점 등을 종합하여 보면 원고의 위 질환은, 이 사건 사고 발생과 기승인 상병 치료 과정에서 발생한 감내하지 못할 정도의 스트레스로 인하여 그 소인이 악화되어 비로소 발병하였다고 추단할 수 있다.

다. 나아가, 앞서 인정한 여러 사정에 망인이 자살을 선택할 만한 다른 특별한 사유가 나타나지 아니한 사정까지 더하여 보면, 망인이 양극성 정동장애 또는 분열정동성 장애로 인하여 정상적인 인식능력이나 행위선택능력, 정신적 억제력이 현저히 저하되어 합리적인 판단을 기대할 수 없을 정도의 상황에 처하여 자살에 이르게 된 것으로 추단할 수 있으므로, 망인의 업무와 사망 사이에 상당인과관계를 인정할 여지가 충분하다.

4. 그럼에도 원심은 이 사건 사고 이후 망인이 받은 스트레스의 정도, 이 사건 상병이 발병한 경위 등에 관하여 면밀하게 따져보지 아니하고, 망인이 우울감, 두려움, 열등감, 절망감, 대인과민성 등을 나타낼 정도의 과도한 정신적 스트레스나 극심한 정신적 압박감에 시달렸다고 볼만한 증거가 없다는 점 등의 사정을 들어 망인의 사망과 업무 사이의 상당인과관계를 부정하였다. 따라서 이러한 원심의 판단에는 업무상 재해에서의 업무와 사망 사이의 상당인과관계 등에 관한 법리를 오해하여 필요한 심리를 다하지 아니함으로써 판결에 영향을 미친 잘못이 있다. 이 점을 지적하는 상고이유 주장은 이유 있다.

5. 그러므로 원심판결을 파기하고, 사건을 다시 심리·판단하게 하기 위하여 원심법원에 환송하기로 하여 관여 대법관의 일치된 의견으로 주문과 같이 판결한다.

3. 유족급여 및 장의비부지급처분취소

(서까래에 목을 매어 자살하여 사망)

◎ 1심 서울행정법원 제7부[2018구합65972]

원 고 1: ○○○

강원 영월군 중동면 ○○리 ○○

원고 2 : ○○○

성남시 수정구 ○○○로 ○○○

원고 3 : ○○○

서울시 동작구 ○○○로 ○○○

원고 4 : ○○○

의정부시 ○○로 ○○

원고들 소송대리인 법무법인 ◇◇

담당변호사 ○○○

피 고 : 근로복지공단

변론종결 : 2019. 05. 02

판결선고 : 2019. 05. 30

[주문]

1. 원고들의 청구를 모두 기각한다.
2. 소송비용은 원고들이 부담한다.

[청구취지]

피고가 2018. 2. 27. 원고들에 대하여 한 유족급여 및 장의비부지급 처분을 취소한다.

[이유]

1. 처분의 경위

가. 소외 소외1(생략 생)은 1979. 5. 1.부터 1984. 3. 1.까지 4년 10개월 동안 ○○○○○에서 광원으로 근무하였다.

나. 소외1은 2003. 7. 28. 진폐 정밀진단 시 '장해 13급(병형 1/1, 심폐기능 F0)' 판정을 받았고, 2007. 8. 9. 최종 정밀진단 시 '요양[병형 1/2,

합병증 tba(활동성 폐결핵)]' 판정을 받아 근로복지공단 ○○○○병원을 거쳐 ○○의료원에서 입원 요양을 하였다.

다. 소외1은 2015. 9. 20. ○○의료원에서 외출하여 다음 날 ○○○○병원 정신과에서 진료를 받은 후 ○○의료원으로 복귀하지 않고 강원 영월군 이하생략 소재 자택으로 돌아갔으며, 2015. 9. 23. 06:25경 자택 창고에 있던 나일론 끈을 이용하여 화장실 가는 길목에 있던 약 2.5미터 높이의 서까래에 목을 매어 자살하여 사망하였다(이하 소외1을 '망인'이라 하고, 망인의 사망을 '이 사건 자살'이라 한다).

라. 망인의 자녀들인 원고들은 피고에게 유족급여 및 장의비의 지급을 청구하였으나, 피고는 2018. 2. 27. '진폐증과 관련하여 정상적인 인지능력 등이 뚜렷하게 저하된 상태에서 이 사건 자살이 발생하였다고 보기 어려우므로 진폐증과 사망 간에 직접적인 인과관계를 인정하기 어렵다'는 이유로 유족급여 및 장의비 부지급 처분(이하 '이 사건 처분'이라 한다)을 하였다.

[인정 근거] 다툼 없는 사실, 갑 제1, 3, 4, 5호증, 을 제1, 13호증의 각 기재, 변론 전체의 취지

2. 이 사건 처분의 적법 여부

가. 원고들의 주장

망인은 진폐증으로 인한 장기간 입원 생활, 호흡곤란, 수면장애 등으로 우울증이 발생 또는 악화되어 왔고, 이로 인하여 이 사건 자살에 이르게 되었다. 결국 망인은 진폐증으로 요양 중에 그로 인해 발생한 우울증으로 인한 정신적 이상 상태에서 자살하였으므로, 진폐증과 망인의 이 사건 자살 사이에 상당인과관계가 존재한다.

나. 관계 법령

별지 1. 관계 법령 기재와 같다.

다. 기초 사실

1) 망인의 진폐정밀진단이력은 다음과 같다.

진단일자	구분	정밀진단기간	정밀진단의료기관	병형	합병증	음영크기	심폐기능	심의결과	
								판정결과	장해등급
2003-07-28	산재	2003-09-15~2003-09-20	○○○○○○○병원	1/1			F0(정상)	장해	13급12호
2006-03-06	이직자	2006-04-17~2006-04-21	○○○○○○○○병원	1/2	tbi		F0(정상)	장해	13급12호
2007-08-09	이직자	2007-09-10~2007-09-14	○○○○○○○병원	1/2	tbaax			요양	

※ 진폐의 합병증인 활동성 폐결핵 진단으로 2007. 9. 14.부터 2015. 9. 23. 사망시까지 입원 요양함

2) 망인은 2008. 9. 14부터 2011. 4. 18.까지 2년 7개월 동안 근로복지공단 ○○○○병원에서 입원 요양을 하다가, 2011. 4. 19.부터 2015. 9. 23.까지 4년 5개월 동안 ○○의료원에서 입원 요양을 하였다.

3) 망인에 대한 건강보험요양급여내역

건강보험요양급여내역상 망인은 2006. 1. 16.부터 2015. 9. 21.까지 약 750건 정도 '척추협착 요추부, 소화성 궤양, 뇌혈관증후군, 감각신경성 난청, 염증성 간질환, 후두의 제자리암종, 우울병 에피소드, 수면장애, 경추통, 어깨의 유착성 피막염, 전립선 증식증, 허혈성 심장병, 성문상의 악성 신생물, 지속성 신체형 통증장애, 후두의 양성신생물, 전신불안장애, 간외 담관의 양성 신생물, 상세불명의 뇌경색증, 귀통증' 등으로 치료를 받았는데, 그 주요한 내역은 별지 2. 건강보험요양급여내역 기재와 같다.

4) 망인은 2008. 6. 12.부터 ○○○○○○○○○병원 정신과(이후 '정신건강의학과'로 진료과의 명칭이 변경되었다. 이하 정신과와 정신건강의학과를 통칭하여 '정신과'라 한다)에서 진료를 받다가 2008. 10. 21.부터 위 정신과에 내원하지 않았는데, 그 의무기록상 주요 내용은 다음과 같다.

○ 2008. 6. 12. 불면증, 피곤해서 그런지 건망증도 좀 생긴 것 같음. 9시에 잠자리에 들어서 4시 반~5시에 일어남. 잠자리 환경은 별로 신경을 쓰지 않음. "너는 너대로 소리를 내라, 나는 나대로 잘 테니까"라고 함. 원래 잠이 별로 없었고 4~5시간만 자도 괜찮았으나, 3년 전부터 잠이 오다 안 오다 했는데 이때는 피곤하지는 않았다고 함. 1년 전부터 잠이 안 오는 증상이 심해지고 피곤을 느껴 정신도 가물가물해진다고 함, 과거에 스트레스를 많이 받은 일이 있었는데 지금은 그 일은 별로 신경 쓰지 않는다고 함 ○ 2008. 6. 26. 3년 전부터 잠이 오다 안 오다 함. 꿈을 꾸면 죽은 부인, 친구를 만남. 만나기 싫고, 만나면 눈 뜨면 없기 때문에 눈 뜨면 됨 ○ 2008. 7. 29. 21:00경에 자서 04:00경에 일어난 후 운동하러 감. 현재 ○○병원에 진폐로 요양 중. 죽은 부인과 술 때문에 관계 악화되었음. 부인이 죽고 나서 6년 전부터 잠이 오지 않음. 식욕은 좋음. 병원에서 낮잠을 많이 잠 ○ 2008. 8. 19. 잠이 여전히 안 온다. 병원에서 누워 있음. 누워 있지 않도록 안내 ○ 2008. 10. 21. 약 먹으니 비틀거리고 술 취한 것 같아서 매일 먹지 않음. 여전히 잠을 잘 자지 못함. 낮에 많이 누워 있음 ○ 2017. 5. 19. 딸 내원. 환자 사망. 진폐로 병원에 있는 동안 두통 호소. 본원에는 2008. 8.경 마지막 내원1). 2015. 9.경 사망. 7년 동안 내원하지 않은 상황에서 망인의 사망 원인에 진폐로 인한 우울, 불면 등의 소견서 원함. 소견서 작성 불가함을 설명함. 종이차트 확인 : 진료 초반에는 우울감에 대한 감별을 위해 면담 진행 이후 sleep에 관한 문제로 초점을 맞추어 치료함

5) 망인은 2013. 12. 16.부터 2015. 9. 21.까지 ○○○○병원 정신과에서 진료를 받았는데, 그 의무기록상 주요 내용은 다음과 같다.

○ 2013. 12. 16. 두통, 요사이 잠이 안 와 의료원에서 수면제 처방받아 먹음. 현재 진폐증으로 입원 중. 잠이 안 오고 불안 증상이 있음. 그 외 명확한 우울 증상은 없음

○ 2013. 12. 31. 잘 지내고 있음. 약을 먹으니 잠이 잘 옴. 전반적으로 나아지는 과정 ○ 2014. 1. 20. 두통이 지속되어 있음. 신경과 가보도록 안내. 불면증 나아진 모습 ○ 2014. 2. 17. 진폐증으로 ○○의료원에 입원. 약을 먹으면 잠이 오고 그것만으로도 좋음 ○ 2014. 3. 17. 많이 좋아짐. 요사이 기분도 편안해짐 ○ 2014. 9. 18. 망인의 며느리가 지난달부터 약이 안 듣는 것 같다고 말함. 망인이 그전에는 잘 잤는데 요즘에는 효과가 별로라면서 조정을 바란다고 했다고 함 ○ 2014. 11. 4. 지금 약이 잘 맞는 것 같음 ○ 2014. 12. 5. 망인의 며느리가 이전에 복용했던 약과 같은 처방을 원함 ○ 2015. 9. 21. 망인이 머리가 아프다고 하여 ○○ 병원 등에 가서 검사했는데 아무 이상 없었음. 계속 우울함

6) 원고 원고1은 2015. 9. 23. ○○○○경찰서에서 경찰관의 질문에 답변하였는데, 그 주요 내용은 다음과 같다.

○ 망인이 ○○의료원 진폐 병동에 입원해 있었는데, 잠을 못 자고 정신적으로 불안정하며 우울증 증세도 있어서 불안하여 9. 20. 외출을 끊고 9. 21. ○○○○병원에서 정신과 진료를 받고 약을 처방받아 왔음. 그리고 불안해서 병원에 말을 하여 외출증을 추가로 끊고 집에 모시고 있었음. 원래 집에는 본인(원고 원고1, 이하 같다), 부인, 아이들 3명과 처남이 함께 살고 있음 ○ 망인이 약 1년 전부터 머리가 아프고 숨을 쉬기가 힘들다고 말하였고, 수면제 없이는 잠을 못 잤으며, 사람들과 대화도 잘 하지 않는 것이 대인기피증 같은 것도 있었음. 우울증 증세도 있었음. 최근에는 너무 아프니까 계속해서 죽는 게 좋겠다고 말하였음. 그런 증세로 1년 전에도 ○○○○병원에서 진료를 받고 한 달에 한 번 약을 처방받아 먹었는데, 최근에 그 증세가 너무 심해져서 9. 21. 다시 ○○○○병원에서 진료를 받고 약을 처방받았음 ○ 망인이 최근 며칠 동안 가슴이 답답하고 머리가 너무 아파서 머리를 들지도

못하겠다고 함. 누워 있으면 더 아프다고 하면서 계속해서 죽고 싶다고 말함. 약도 워낙 많이 먹어서 효과도 없다고 말하였음. 이렇게 아픈데 살면 뭐하냐 너는 알 수 없다고 하였음
○ 망인이 사망 전날 어머니 산소에도 다녀왔다고 함. 본인에게 '잘 살아라'라고 여러 차례 말함. 본인의 부인에게 애들 잘 키우고 알뜰하게 잘 살라고 하며 통장이 있는 곳도 가르쳐 주었고, 의료원에 있던 짐들을 가져다 치우라고 말함. 그리고 본인에게 면도도 좀 하라고 말하였음. 돌아가실 준비를 한 것 같음. 그런 이야기를 듣고 망인에게 '무슨 그런 말씀을 하세요?'라고 했는데, 아무래도 불안해서 어젯밤 늦게까지 잠을 자지 못했음
○ 9. 22. 22:20경 본인과 같이 거실에 있다가 망인은 방으로 들어갔고, 본인은 거실에서 잠을 잤는데 망인이 새벽까지 계속해서 잠을 못 자고 기침을 하였음. 본인은 12시 넘을 때까지 잠을 안 자고 있었음
○ 망인의 처(본인의 어머니)는 약 13년 전에 돌아가셨음
○ 망인이 몸이 매우 아프고 정신적인 문제도 있어서 목을 매고 스스로 목숨을 끊으신 것 같음

7) 망인의 사망원인에 대한 의학적 소견

가) ○○○○병원 담당 의사의 소견서

○ 상병부위 및 상병명 : 기타 명시된 불안 장애, 비기질적 불면증
○ 불안, 불면, 두통 등을 주소로 상기 진단하에 본원 정신과에서 2013. 12. 16.부터 2015. 9. 21.까지 치료받음
○ 10년 이상 진폐증 투병하며 장기 입원 치료를 받으면서 정신과적 문제가 발생하였던 것으로 추정됨(과거 의무기록 참고하여 작성)

나) 피고 ○○지역 본부 신경정신과자문의사회 심의소견서

○ 자문의사 1 : 업무상 질병인 진폐는 정도가 아주 심한 수준이 아니었고(외출 가능할 정도), 폐결핵 완치된 상태였음. 주 증상으로 두통, 호흡곤란이 있었으나 이로 인해 판단력의 저하나 이상 증상을 초래할 정도는 아니라 판단되고, 후두암, 전립선암 등이 있었던 점 등, 여러 정황으로 미루어 자살과 업무와의 연관성이 상당하다고 보기 어려움
○ 자문의사 2 : 진폐증으로 인한 인지기능 저하는 거의 없고, 우울증도 심한 것으로 나타나지 않음. 후두암, 전립선암 등은 큰 문제가 되지 않고 완화되거나(후두암), 환자가 인지하지 않은(전립선암) 상태였다고 보호자가 진술함

○ 자문의사 3 : 환자의 의무기록 검토 및 유족 면담 결과상, 정신과 치료 기록에서 불면, 두통 외에 인식능력이 저하될 정도의 우울이 확인되지 않음. 또한, 사망 직전 9개월간은 정신과적 치료를 받지 않은 것으로 사료됨. 이에 사망과 진폐 간의 인과관계는 낮을 것으로 사료됨
○ 자문의사 4 : 주 증상은 기록상 불면과 두통이었고 약간의 우울감은 있으나 진폐 악화로 인한 심한 우울증이 발생했다는 근거가 부족함. 2015년에는 꾸준히 정신과 진료를 받지 않아 근거가 부족하여, 업무(진폐)로 인한 사망이라고 보기 어려움

다) 피고 자문의사 소견서

○ 망인은 진폐증과 폐결핵으로 요양 중이었고, 폐결핵은 치유된 상태이며 진폐 병형은 사망 당시까지 큰 차이가 없음. 폐기능은 정상이었다가 사망 당시 검사는 신뢰성이 없어 판단 불가하며, 호흡곤란 증상이 다소 있었으나 외출·외박이 가능하였고 일상생활도 가능한 상태였음

라) ○○대학교 부속 ○○병원장에 대한 사실조회결과

○ 망인의 진폐증 진단 및 입원 치료에 대하여는 들었었음. 두통에 대한 한방치료를 원하여 긴장형 두통으로 판단하고 대증치료 함. 양측두부 통증을 호소했고, 간헐적으로 후두부 및 두정부 통증을 호소함
○ 침 치료 및 간헐적 약물(한약 탕제, 환산제) 복용을 겸하였고, 치료 후 증상은 경감하였으나, 다시 증가되는 경중양상을 반복하여 거리가 있었음에도 1년 이상(2014. 8. 12~2015. 9. 19.) 외래 통원함

마) ○정신과의원에 대한 사실조회결과

○ 망인이 2007. 2. 10. 불안, 초조, 우울, 수면장애 등의 증상이 수개월 전부터 있어서 본원(○정신과의원, 이하 같다)에 내원하였다고 함. 증상에 따라 치료가 필요하다고 판단하여 약물 처방과 함께 심리적 지지치료, 약물 교육을 시행함
○ 망인이 본원에서, 2007. 2. 10. '경도의 우울병 에피소드'로, 2014. 11. 7. '중등도의 우울병 에피소드'로 각 진단받았는데, 이전의 증상에 더해 무력감, 의욕저하, 신체 증상을 호소함에 따라 7년 전보다 우울증이 악화되었다고 보았고, 환자의 지병(진폐증)이 악화된 것이 우울증이 악화된 요인 중 하나라고 생각됨
○ (망인의 자살과 그 원인에 대한 주치의의 종합적 소견을 묻는 말에) 자살 당시 망인의 상태를 알 수 없으므로 그 원인에 대해서는 아는 바가 없음

바) ○○의료재단 ○○○○병원장에 대한 사실조회결과

○ 망인은 2013. 12. 16.부터 2015. 9. 21.까지 ○○○○병원에서 '기타 명시된 불안 장애'로 진료를 받았음
○ 진폐증과 같이 신체적 불편함과 장기적인 치료에 따른 우울감, 불면증, 불안감이 망인의 우울증 및 자살의 위험도를 높이는 요인으로 작용하였는지 알기 어려움
○ 망인의 진폐증으로 인한 '호흡곤란, 기침, 객담' 증상이 망인에게 불면증 및 수면장애를 유발하거나 영향을 미쳤는지 알기 어려움
○ 망인의 폐기능 및 호흡곤란 증세로 인한 불면증 및 수면장애가 우울증의 악화 원인이 될 수 있는지 알기 어려움
○ 망인은 '상세 불명의 수면장애', '전신 불안 장애', '지속적 신체형 통증 장애', '기타 명시된 불안 장애', '두통', '긴장형 두통'의 상병명으로 진단받았는데, 이와 같은 상병과 우울증이 상관관계가 있다고 볼 수 있는 알기 어려움
○ 진폐증과 같이 신체적 불편함과 장기적인 치료에 따른 우울감, 불안감, 고독감이 망인의 우울증 및 자살의 위험도를 높이는 요인으로 작용하였다고 볼 수 있는지 알기 어려움
○ 결론적으로, 망인의 자살과 그 원인에 대하여 알기 어려움

사) ○○○○○의료원장에 대한 사실조회결과

○ 망인이 본원(○○○○○의료원, 이하 같다) 내원 당시 호흡곤란, 기침, 객담, 흉통 호소함
○ 본원에서 흉부 X선, 혈액 검사, 폐기능 검사 등을 시행하고, 진폐 관련 약물, 산소 투여, 당뇨약, 수면유도제 등 처방하였음
○ 망인의 활동성 폐결핵과 관련하여 사망 직전 폐사진에서 큰 변화가 보이지 않음, 객담 검사 및 치료 내역 등을 고려할 때 망인 사망 당시 활동성 폐결핵이 있었다고 보기 어려움
○ 폐기능검사결과상 망인은 만성폐쇄성 폐질환 상태였고, 2011. 4. 19. 첫 검사부터 2014. 마지막 검사에서 모두 관찰됨
○ 비슷한 정도의 증상을 겪고 있는 다른 환자 등을 관찰했을 때, 망인의 진폐증에 따른 '호흡곤란, 기침, 객담' 증상이 망인의 불면증 및 수면장애에 충분히 영향을 미쳤을 가능성이 높음
○ 망인을 직접 면담하지 못한 상황으로 정확한 결론을 내릴 수 없으나, 10년 이상 진폐증 투병하여 장기 입원 치료를 받으면서 정신과적 문제가 발생하였을 가능성이 높다고 생각함
○ 당시 주치의가 퇴사한 상태이므로, 망인의 자살과 그 원인에 대하여 명확하게 결론 내리기 어려움

아) ○○대학교병원 직업환경의학과에 대한 진료기록감정촉탁 결과

○ 망인은 2007.경 활동성 폐결핵을 앓았고, 이후 폐결핵은 치료가 끝난 것으로 보이며, 2015.경 활동성 폐결핵 소견은 보이지 않음 ○ 망인에 대한 폐기능검사에 의하면, 2011.경부터 2014.경까지 FEV1/FVC가 기준 이하 (〈0.7)로 폐쇄성 환기기능장애를 보임. 기도폐쇄 정도를 보는 FEV1이 2013년까지 비교적 정상수준을 유지하나, 2014년부터 급격하게 나빠져 중증도(moderate) 정도의 폐쇄환기장애가 있다고 평가할 수 있음. 망인이 가진 질병 특성상 점차적으로 악화되는 양상을 확인할 수 있음 ○ 망인의 과거력 및 검사결과를 종합하면, 망인에게 만성폐쇄성 폐질환이 있었다고 보이고, 2011.경 검사에서도 관찰됨 ○ 국내에서 진폐증 환자들을 대상으로 시행한 폐기능과 우울증 및 삶의 질을 평가한 연구에서 심폐 증상이 심해질수록 수면의 질이 떨어짐을 확인할 수 있음. 수면 시 부적절한 환기와 저산소혈증으로 자주 깨게 되어 이로 인한 수면의 질이 저하되어 불면증 및 피로도가 증가한다는 연구가 있음 ○ 망인은 진폐증과 더불어 만성폐쇄성 폐질환도 가지고 있고, 위 질환에서 불안은 10∼19%, 우울증은 10~42%로 상당히 높은 수준의 유병률을 보이며 중증도이고 심해질수록 더 높은 위험도를 보임. 장기간 입원으로 인한 사회적 고립은 망인의 정서적 유대 및 사회적 지지를 약화시켜 정신건강에 악영향을 주었을 것임 ○ ○○○○병원 정신과 주치의가 망인에 대하여 '10년 이상 진폐증 투병하며 장기 입원 치료받으면서 정신과적 문제가 발생하였던 것으로 추정됨'이라는 소견을 제시하였는데, 이에 동의함 ○ 〈종합소견〉 망인은 1979.~1984.까지 5년간 탄광에서 광부로 일했고, 2003. 진폐로 진단받고 2007. 진폐의 합병증인 폐결핵을 앓은 이후 지속되는 호흡기 증상(호흡곤란, 기침, 가래, 흉통)으로 이후 자살 전까지 입원치료를 하였음. 망인이 겪었던 호흡곤란은 8년간 계속해서 피로도와 불면증을 유발하였고 이로 인한 정신적 스트레스는 상당했을 것으로 보임. 또 점차 악화되는 질병임을 망인이 알았을 때 느끼는 절망감은 더욱 컸을 것으로 생각됨. 다만 입원 기간 외출하여 정신과 외래를 방문하고 약물치료를 받는 적극적인 노력을 하였음에도, 유발요인인 심폐증상이 점점 악화됨에 따라 환자의 정신과적 증상(불안, 불면, 우울, 두통)은 심해졌고 이로 인해 자살까지 이른 것으로 생각됨

자) ○○대학교병원 정신건강의학과에 대한 진료기록감정촉탁 결과

○ 진폐증은 환자에게 지속적으로 신체적, 정신적 고통을 주는 만성 질병으로 망인은 장기간의 투병 생활로 인해 신체적, 정신적 소진상태였을 것으로 판단되고, 이것이 망인의 우울증 발병과 악화에 중요한 요인으로 작용했을 것으로 보임
○ 진폐증으로 인한 만성적 고통, 신체기능의 상실, 사회 활동 제한 등은 '학습된 무력감', '긍정적 감정 경험의 결핍 내지 박탈'을 불러일으켜 우울증을 야기하고, 궁극적으로 자살의 위험도를 높일 수 있음
○ 호흡곤란, 기침, 객담 등이 있을 경우 당연히 수면을 이루기 어렵거나, 수면유지가 곤란함. 불면증 및 수면장애는 우울증의 한 증상이기도 하지만 그 자체가 우울증의 악화 원인이기도 함
○ 망인의 진단 받은 불안감, 불면, 두통을 비롯한 신체 통증 등은 우울증에서 흔히 동반되는 신체 증상임. 우울증 환자 중에는 다양한 신체 증상을 호소하는 경우가 많은데, 감정 표현이 서툴거나 교육수준이 낮은 경우 우울감을 언어적으로 표현하기보다는 신체적 증상으로 표현하는 경향이 높음
○ 진폐증은 우리 신체의 핵심 기능인 호흡기능에 장애가 오는 질병으로 호흡곤란으로 인한 공포감, 신체 활동의 제한, 경제 활동을 포함한 사회적 활동을 못 하게 되고 사람들로부터 고립되는 문제, 자신이 가족을 포함한 주위에 부담을 준다는 자괴감, 죄책감, 수면장애로 인한 만성적인 피로감, 탈진 등을 초래하는데, 이 모든 것은 우울증을 일으키고 악화시키는 요인이 될 수 있으며, 자연히 자살의 위험성을 증가시키는 원인이 됨
○ 〈종합소견〉
망인의 진폐증의 정도가 의학적으로 매우 심각한 정도는 아니었다는 사실이 망인의 우울 및 자살과 무관하다는 근거가 될 수 없음. 굳이 입원이 필요한 상태가 아니었음에도 퇴원을 시키지 않고 있었을 뿐이라는 것도 환자의 입원 생활과 자살이 무관하다는 증거가 될 수 없음. 망인은 다른 진폐증 환자들만큼 삶에 대한 애착이나 긍정적 태도를 보여주지 못했고, 자신의 처지를 실제 이상으로 비관하고 절망하였을지는 모르나 그것만으로 망인의 자살이 진폐증 및 그로 인한 장기간의 요양 생활과 인과관계가 없다고 주장할 수 없음
결론적으로 망인은 진폐증과 그로 인한 합병증, 장기간의 요양 입원 생활 등으로 인한 불면, 불안, 고립감, 무기력감 등으로 우울증이 발병하였고, 결국 자살에 이르게 된 것으로 보임

차) ○○○○대학교병원 호흡기내과에 대한 진료기록감정촉탁 결과

○ 2015. 5. 20.자 및 2015. 8. 12.자 X선 사진에 의하면, 양측 폐의 침윤이 호전되고 있고 그 외 이전 사진과 차이가 없음. 다만 망인의 진폐증형은 최소 2/2형이고 이전 판정(1/1, 1/2)보다 진폐증이 진행된 것으로 보임. 망인의 폐기능 상태로 보면 2013. 이후 폐기능 저하가 심하여 입원 치료가 필요하였음
○ 망인의 폐기능 검사결과를 다시 분석하면 아래와 같음

날짜	FEV1/FVC(%)	FEV1(%)	PEF(최대호기속도)(정상치의 %)
2011. 4. 19.	58	108	87
2011. 8. 4.	56	85	46
2011. 11. 7.	55	92	57
2012. 2. 7.	62	90	79
2012. 5. 8.	54	85	53
2012. 7. 6.	58	89	71
2012. 9. 6.	50	93	77
2012. 11. 5.	47	76	64
2013. 1. 9.	40	48	19
2013. 6. 3.	50	76	31
2013. 8. 16.	49	83	48
2014. 2. 11.	32	53	27
2014. 5. 16.	27	44	16
2014. 8. 14.	31	52	20

망인의 경우 2012. 9. 6.까지 FEV1은 85~10%의 경미한 장애를 보이는데, 2012. 11. 이후 급격히 FEV1이 악화되어 76→48→76, 83→53→44→52로 감소함. 비교적 단기간 FEV1이 약 50% 감소하는 것은 그사이에 환기 장애를 유발하는 사건이 있었음을 추정할 수 있음
2012. 11. 이후 FEV1이 나빠지면서 특히 PEF의 감소가 심함. 또한 flow-volume curve를 보면 폐쇄성 환기 장애이나 호기 초기의 peak이 소실되어 PEF의 저하가 심한 상기도 폐쇄에 의한 환기 장애의 소견이 보임. 이는 만성폐쇄성 폐질환에 의한 환기 장애와 차이가 있음
상기도 환기 장애에서 '상기도'란 주로 기관, 성대, 후두 등을 의미함. 망인의 의무기록을 보면 성대에 암이 생겨 치료한 기록이 있음 〈2010. 6. 20. 성대암으로 후두 내시경 수술, 재발하여 2012. 12. 6. 후두 내시경 수술, 2012. 12. 27.부터 2013. 2. 13.까지 방사선 치료〉
즉, 위 시기에 상기도에 암이 재발하고 방사선 치료를 한 기록이 있고, flow volume curve의 모양과 의무기록을 종합할 때, 망인의 폐기능 악화는 만성폐쇄성 폐질환의 악화보다는 성대암의 재발 및 이후 방사선 치료의 후유증으로 봄이 타당함

○ 망인의 폐기능으로 보아 심한 호흡곤란을 겪었다고 볼 수 있음
○ 2011~2014. 추세로 보아 망인의 심폐기능이 악화되었을 가능성이 높음
○ 일반적으로 어느 질환(만성폐쇄성 질환, 간질성 폐질환, 진폐증)이든 호흡곤란이 심한 경우 수면장애를 일으킬 수 있고 우울증의 악화 요인이 될 수 있음
○ 만성 폐질환 환자에서 우울증의 발생이 증가한다는 연구는 많이 있음. 대부분 논문이 진폐증 환자에서 우울증이 많이 발생하였다는 것임. 그러나 이 근거로 인과관계를 설명할 수 없음
○ 진폐증으로 인한 장기 투병 생활로 정신과적 문제가 발생하였다는 소견에는 동의할 수 없음. 진폐증 등의 만성 호흡 질환 환자에서 정신병 발생이 높을 수는 있으나 정신병의 발병 원인은 복합적이어서 망인의 우울증이 진폐증에 의한 투병에 의한 것으로 진단할 수 없음.
특히 망인의 경우 두경부암(성대암)으로 진단받고 수술, 방사선 치료 등을 받은 병력이 확인되며, 암 환자에게 우울증 발생이 증가한다는 연구는 많이 있음
진폐증으로 인한 투병이 우울증을 유발한다는 인과관계를 증명한 연구는 없음. 진폐증 환자에게 우울증 발생 확률이 높으나, 우울증이 진폐증에 의한 투병에 의해 발생하였다고 단정할 수 없음
○ 망인이 진폐증과 후두암, 심폐기능 저하로 고생한 점은 인정되나, 우울증이 이에 의하여 발생했다는 점은 인정할 수 없음. 위 상태로 인해 망인의 인지능력이 저하되었다고 판정하기는 어려워 보임
○ 〈종합소견〉
흉부 사진으로 보아 망인이 진폐증 환자임은 인정됨. 망인이 2010. 및 2012. 후두암(성대암)으로 수술, 방사선 치료를 받았고 이로 인한 후유증으로 폐기능이 급격히 악화된 것으로 보임. 질환의 종류를 막론하고 장기간의 투병이 우울증에 악영향을 끼칠 수 있다고 보임. 그러나 우울증이 장기간 투병에 의하여 발생하였다고 할 수 없음
망인의 자살을 진폐증과 연관시키기 어려워 보이고, 정신과 전문의의 판단이 더 중요한 가치가 있을 것으로 보임

[인정 근거] 다툼 없는 사실, 갑 제5 내지 14호증, 을 제1 내지 14호증의 각 기재, 이 법원의 ○○대학교 부속 ○○병원장, ○정신과의원, ○○의료재단○○○○병원장, ○○○○○의료원장에 대한 각 사실조회 결과, 이 법원의 ○○대학교병원장, ○○○○대학교병원장에 대한 각 진료기록감정촉탁 결과, 변론 전체의 취지

라. 판단

1) 산업재해보상보험법 제37조 제1항이 정한 '업무상의 재해'라 함은 업무수행 중 그 업무에 기인하여 발생한 근로자의 부상·질병·신체장애 또는 사망을 뜻하는 것이므로 업무와 재해발생 사이에는 인과관계가 있어야 하고 그 인과관계는 이를 주장하는 측에서 증명하여야 한다. 근로자가 자살행위로 인하여 사망한 경우, 근로자가 업무로 인하여 질병이 발생하거나 업무상 과로나 스트레스가 그 질병의 주된 발생원인에 겹쳐서 질병이 유발 또는 악화되고, 그러한 질병으로 인하여 심신상실 내지 정신착란의 상태 또는 정상적인 인식능력이나 행위선택능력, 정신적 억제력이 현저히 저하된 정신장애 상태에 빠져 자살에 이르게 된 것이라고 추단할 수 있는 때에는 업무와 사망 사이에 상당인과관계가 있다고 할 수 있는데, 그와 같은 상당인과관계를 인정하기 위하여는 자살자의 질병 내지 후유증상의 정도, 그 질병의 일반적 증상, 요양기간, 회복 가능성 유무, 연령, 신체적·심리적 상황, 자살자를 에워싸고 있는 주위상황, 자살에 이르게 된 경위 등을 종합적으로 고려하여야 한다(대법원 2011. 6. 9. 선고 2011두3944 판결 등 참조).

2) 앞서 본 사실, 증거에 변론 전체의 취지를 종합하여 알 수 있는 다음과 같은 사정들에 비추어 보면, 원고가 제출한 증거만으로는 이 사건 자살이 업무상 질병으로 인하여 심신상실 내지 정신착란의 상태 또는 정상적인 인식능력이나 행위선택능력, 정신적 억제력이 현저히 저하된 정신장애 상태에서 이루어진 것으로 보이지 아니하므로, 이 사건 자살과 업무 사이의 인과관계를 인정할 수 없다.

가) 망인이 진폐증과 폐결핵으로 요양 중이었으나, 망인의 진폐 병형 및 장해 등급이 그리 높지 않았고, 이 사건 자살 발생 이전에 폐결핵은 치유된 상태였다.

나) 망인이 심폐기능이 악화되어 심한 호흡곤란, 기침, 객담 등이 많았으나, 이는 진폐증에 의한 것이라기보다는 2010.경 망인에게 발생한 성대암 및 그 치료 과정에 따른 후유증에 의한 것이라고 보는 것이 타

당한 것으로 보인다. 또한 망인이 위 호흡곤란 등으로 수면장애를 겪었던 것으로 보이나, 그 수면장애의 직접적인 원인이 진폐증임을 인정할 만한 증거도 없다.

다) 원고는 망인이 7년 동안 진폐증으로 입원함에 따라 우울증에 걸렸고, 이에 기하여 자살하게 되었다고 주장하며, 이에 부합하는 이 법원의 사실조회결과 및 감정촉탁결과도 존재하기는 한다. 그러나 다음과 같은 사정들 즉, ① 망인이 2008.경 정신과 진료를 받으면서 수면장애를 호소하였을 뿐 우울증의 발생원인이 진폐증에 의한 것이라고 진술한 바 없고, 당시 망인의 진폐증 정도도 그리 심하지 않았던 점, ② 오히려 망인은 2008.경 정신과 진료 당시 '부인과 술 때문에 관계가 좋지 않았는데, 6년 전 부인이 사망한 이후부터 수면장애가 있었다'고 말한 점, ③ 망인이 2013.경부터 다시 ○○○○병원 정신과에서 진료를 받았으나 두통, 수면장애 등에 대한 약 처방만을 받았을 뿐 그 증상 발생원인 및 정도에 대한 어떠한 진료도 이루어지지 않았으므로, 그 우울증 원인 및 그 증상의 정도를 알 수 없는 점, ④ 망인이 성대암, 척추협착 요추부, 뇌혈관증후군, 간외 담관의 양성 신생물 등 많은 질병에 시달렸는바, 그 질병 및 그 치료 과정이 우울증의 악화에 더 영향을 주었을 것으로 보이는 점 등을 종합하면, 진폐증에 따른 장기 입원으로 우울증이 발생하거나 악화되었다고 추단할 수는 없다.

라) 특히 제출된 증거만으로는 망인 자살의 직접적인 원인을 알 수 없고, 망인이 사망 당시 취한 행동(부인 산소 방문, 통장 위치 알려줌), 가족에게 한 언행(잘 살아라, 의료원에 있는 짐을 치워라) 등을 고려하면 이 사건 자살 당시 망인에게 심신 상실 내지 정신착란의 상태 또는 정상적인 인식능력이나 행위선택능력, 정신적 억제력이 현저히 저하된 상태에 있었다고 보이지 아니한다.

3. 결론

그렇다면 원고들의 이 사건 청구는 이유 없으므로 이를 모두 기각하기로 하여 주문과 같이 판결한다.

[별지 1] 관계 법령

■ 산업재해보상보험법

제5조(정의)

이 법에서 사용하는 용어의 뜻은 다음과 같다.

1. "업무상의 재해"란 업무상의 사유에 따른 근로자의 부상·질병·장해 또는 사망을 말한다.

7. "진폐"(塵肺)란 분진을 흡입하여 폐에 생기는 섬유증식성(纖維增殖性) 변화를 주된 증상으로 하는 질병을 말한다.

제37조(업무상의 재해의 인정 기준)

① 근로자가 다음 각 호의 어느 하나에 해당하는 사유로 부상·질병 또는 장해가 발생하거나 사망하면 업무상의 재해로 본다. 다만, 업무와 재해 사이에 상당인과관계(相當因果關係)가 없는 경우에는 그러하지 아니하다.

② 근로자의 고의·자해행위나 범죄행위 또는 그것이 원인이 되어 발생한 부상·질병·장해 또는 사망은 업무상의 재해로 보지 아니한다. 다만, 그 부상·질병·장해 또는 사망이 정상적인 인식능력 등이 뚜렷하게 저하된 상태에서 한 행위로 발생한 경우로서 대통령령으로 정하는 사유가 있으면 업무상의 재해로 본다.

제91조의10(진폐에 따른 사망의 인정 등)

분진작업에 종사하고 있거나 종사하였던 근로자가 진폐, 합병증이나 그 밖에 진폐와 관련된 사유로 사망하였다고 인정되면 업무상의 재해로 본다. 이 경우 진폐에 따른 사망 여부를 판단하는 때에 고려하여야 하는 사항은 대통령령으로 정한다.

■ 산업재해보상보험법 시행령

제36조(자해행위에 따른 업무상의 재해의 인정 기준)

법 제37조 제2항 단서에서 "대통령령으로 정하는 사유"란 다음 각 호의 어느 하나에 해당하는 경우를 말한다.

1. 업무상의 사유로 발생한 정신질환으로 치료를 받았거나 받고 있는 사람이 정신적 이상 상태에서 자해행위를 한 경우
2. 업무상의 재해로 요양 중인 사람이 그 업무상의 재해로 인한 정신적 이상 상태에서 자해 행위를 한 경우
3. 그 밖에 업무상의 사유로 인한 정신적 이상 상태에서 자해행위를 하였다는 것이 의학적으로 인정되는 경우

제83조의3(진폐에 따른 사망 여부 판단 시 고려사항)

법 제91조의10에 따라 진폐에 따른 사망 여부를 판단하는 때에 고려하여야 하는 사항은 진폐병형, 심폐기능, 합병증, 성별, 연령 등으로 한다. 끝.

[별지 2] 건강보험요양급여내역

	진료개시일	요양기관명	상병명
1	2006. 1. 6.	○○○병원	척추협착, 요추부
	2006. 3. 6.	○○의원	급성기관지염
2	2006. 3. 13.	○○의료원	상세불명 부위의 소화성 궤양
3	2006. 7. 31.	○○○병원	기타뇌혈관질환에서 뇌혈관증후군
4	2006.12. 26.	○○의료원	만성 표재성 위염
5	2007. 1. 19.	○보건지소	외과적 드레싱 및 봉합의처치
6	2007. 1. 26.	○보건지소	외과적 추적치료
7	2007. 2. 10.	○정신과의원	경도의 우울병 에피소드
8	2007. 3. 20.	○○○병원	감각 신경성 난청
9	2007. 5. 12.	○○의원	만성 후두염
10	2007. 6. 14.	○○○○병원	상세불명의 감각신경성 난청
11	2007.11. 14.	○○의원	근통, 상세불명 부분
12	2007.11. 15.	○○병원	상세불명의 염증성 간질환
13	2008. 5. 16.	○○○○병원	성대 및 후두의 폴립
14	2008. 5. 16.	○○비뇨기과의원	만성 단순태선
15	2008. 6. 3.	○○○○병원	성대의 기타질환
16	2008. 6. 12.	○○○○병원	상세불명의 우울병 에피소드
17	2008. 6. 12.	○○○○병원	후두의 제자리암종
18	2008. 7. 29.	○○○○병원	후두의 제자리암종
19	2008. 7. 29.	○○○○병원	상세불명의 수면장애
20	2008. 8. 19.	○○○○병원	후두의 제자리암종
21	2008. 8. 19.	○○○○병원	상세불명의 수면장애
22	2008. 8. 28.	○○○○병원	상아질의 우식
23	2008. 8. 28.	○○○보건소	급성 비인두염(감기)
24	2008. 8. 28.	○내과의원	상세불명의 연조직염
25	2008.10. 21.	○○○○병원	상세불명의 수면장애
26	2008.10. 21.	○○○○병원	후두의 제자리암종
27	2008.12. 23.	○○○○병원	후두의 제자리암종
28	2009. 2. 12.	○○○	상계불명의 기능성 장장애
29	2009. 4. 2.	○○○○병원	후두의 제자리암종
30	2009. 5. 1.	○치과의원	치수염
31	2009. 5. 25.	○○의원	경추통, 경추부
32	2009. 7. 2.	○○○○병원	후두의 제자리암종
33	2009. 8. 14.	○○○의원	어깨의 유착성 피막염
34	2009. 9. 29.	○○○○병원	두통
35	2009. 9. 30.	○○병원	양성 발작성 현기증
36	2009.11. 13.	○○○의원	경추통
37	2009.11 .16.	○○○의원	어깨의 유착성 피막염
38	2009.12. 17.	○○○○병원	후두의 제자리암종
39	2009.12. 17.	○○○○병원	두통
40	2010. 2. 16.	○○○○병원	후두의 제자리암종
41	2010. 2. 16.	○○○○병원	두통
42	2010. 4. 23.	○○병원	전립선의 증식증
43	2010 .4. 28.	○○병원	전립선의 증식증

44	2010. 5. 13.	○○○○병원	두통
45	2010. 6. 15.	○○○○병원	성문상의 악성 신생물(후두암)
46	2010. 6. 23.	○○○○병원	상세불명의 만성 허혈성 심장병
47	2010. 7. 26.	○○○○외과의원	입술의 질환
48	2010. 8. 10.	○○○의원	무릎관절증
49	2010. 8. 19.	○○○○병원	알레르기성 접촉피부염
50	2011. 3. 25.	○○○○병원	엉덩이의 큰종기
51	2011. 4. 8.	○○의료원	전립선의 악성 신생물
52	2011. 4. 20.	○○의료원	고지질혈증
53	2011. 5. 1.	○○의료원	어지러움
54	2011. 5. 1.	○○의료원	전립신의 악성 신생물
55	2011 .5. 24.	○○의원	코의 농양. 종기 및 큰 종기
56	2011. 5. 30.	○○○○병원	코선반의 비대
57	2011. 7. 28.	○○의원	미만성 외이도염
58	2011. 12. 1.	○○의료원	손목터널증후군
59	2012. 3. 15.	○○안과의원	유리체혼탁
60	2012. 3. 23.	○○의료원	변비
61	2012. 4. 6.	○○의료원	설사를 동반한 자극성 장증후군
62	2012. 4. 8.	○○의료원	지속성 신체형 통증장애
63	2012. 4. 26.	○○의료원	전신불안장애
64	2012.11. 27.	○○○○병원	후두의 양성 신생물
65	2012. 12. 3.	○○○○병원	당뇨병
66	2013. 3. 7.	○○의료원	상세불명의 복통
67	2013. 3. 12.	○○의료원	상세불명의 혈청검사 양성인 류마티스 관절염. 손
68	2013.10. 22.	○○○○병원	간외 담관의 양성 신생물
69	2014. 1. 21.	○○○○병원	상세불명의 뇌경색증
70	2014. 4. 2.	○내과의원	식도역류병
71	2015. 9. 4.	○○○한의원	귀통증
72	2015. 9. 7.	○○○○병원	만성 바이러스 C형간염

[각주내용]

1) ○○○○○○ ○○병원 의무기록지에 의하면, 망인은 2008. 8. 19. 이후 한동안 정신과에 내원하지 않다가 2008. 10. 21. 다시 내원하였다. 그리고 그 이후에는 정신과에 내원한 기록이 확인되지 않는다(망인은 정신과가 아닌 신경과에 내원하여 약을 처방받은 것으로 보인다). 담당 의사가 2008. 10. 21. 망인의 내원 기록을 확인하지 못한 것으로 보이나, 망인이 7년 넘게 위 병원 정신과에 내원하지 아니한 것은 사실이므로 그 소견에 잘못이 있다고 보이지 아니한다.

[참조조문]

산업재해보상보험법 제37조 제1항,제2항, 제5조,제91조의10.

[참조판례]

◈ **로자가 자살한 경우, 업무와 사망 사이의 상당인과관계 유무(한정 적극) 및 이를 판단하는 방법**(대법원 2011. 6. 9. 선고 2011두3944 판결)

【주 문】

원심판결을 파기하고, 사건을 서울고등법원에 환송한다.

【이 유】

상고이유를 본다.

1. 구 「산업재해보상보험법」 (2010. 1. 27. 법률 제9988호로 개정되기 전의 것) 제37조 제1항에서 말하는 '업무상의 재해'라 함은 업무수행 중 그 업무에 기인하여 발생한 근로자의 부상·질병·신체장애 또는 사망을 뜻하는 것이므로 업무와 재해발생 사이에는 인과관계가 있어야 하고 그 인과관계는 이를 주장하는 측에서 증명하여야 하는바, 그 인과관계 유무는 반드시 의학적·자연과학적으로 명백히 증명되어야 하는 것이 아니라 규범적 관점에서 상당인과관계의 유무로써 판단되어야 한다. 따라서 근로자가 자살행위로 인하여 사망한 경우, 근로자가 업무로 인하여 질병이 발생하거나 업무상 과로나 스트레스가 그 질병의 주된 발생원인에 겹쳐서 질병이 유발 또는 악화되고, 그러한 질병으로 인하여 심신상실 내지 정신착란의 상태 또는 정상적인 인식능력이나 행위선택능력, 정신적 억제력이 현저히 저하된 정신장애 상태에 빠져 자살에 이르게 된 것이라고 추단할 수 있는 때에는 업무와 사망 사이에 상당인과관계가 있다고 할 수 있는데, 그와 같은 상당인과관계를 인정하기 위하여는 자살자의 질병 내지 후유증상의 정도, 그 질병의 일반적 증상, 요양기간, 회복가능성 유무, 연령, 신체적·심리적 상황, 자살자를 에워싸고 있는 주위상황, 자살에 이르게 된 경위 등을 종합적으로 고려하여야 한다 (대법원 1993. 12. 14. 선고 93누9392 판결, 대법원 1993. 12. 14. 선고 93누13797 판결, 대법원 1999. 6. 8. 선고 99두3331 판결, 대법원 2001. 2. 23. 선고 2000두9519 판결, 대법원 2008. 6. 12. 선고 2007두16318 판결, 대법원 2010. 8. 19. 선고 2010두8553 판결 등 참조).

2. 원심이 인용한 제1심판결 이유에 의하면, 원심은 그 판시와 같은 사실을 인정한 다음, 원고의 남편인 망소외 1(이하 '망인'이라고 한다)이 업무로 인하여 정신적 부담과 스트레스를 받아 우울증을 앓고 있었음을 인정하면서도 그것이 평균적인 근로자로서 감수·극복하기 어려울 정도의 과중한 업무상 스트레스로 인한 것이었고 나아가 그 우울증으로 인하여 심신상실 내지 정신착란 상태 또는 정상적인 인식능력이나 행위선택능력, 정신적 억제력이 현저히 저하된 정신장애 상태에 빠져 자살에 이르게 된 것이라고 보기 어려우므로 망인의 사망이 업무상 재해에 해당하는 것으로 볼 수 없다고 판단하였다.

3. 그러나 원심의 이러한 판단은 아래와 같은 이유로 이를 그대로 수긍하기 어렵다.
원심이 인용한 제1심판결 이유 및 기록을 살펴보면, 망인은 1994. 7. 1.부터 2001. 10. 9.까지는 주식회사 경남기업에서 대리로서 수주 및 인·허가 업무와 아파트 분양업무를, 2003. 9. 1.부터 2006. 3. 2.까지는 주식회사 신동아건설에서 대리로서 위와 같은 업무를 담당한 사실, 망인은 2006. 7. 1. 주식회사 지에스건설에 경력직 과장으로 입사하여 그 무렵부터 본사 사무실에서 주택분양관리팀 분양파트 소속으로 근무하다가 2007. 9. 1.부터 서울 마포구 서교동에 있는 자이갤러리관으로 근무장소를 옮겨 주택분양관리팀 입주관리파트의 팀장으로 입주자관리업무를 담당한 사실, 망인이 속한 입주관리파트는 팀장인 망인과 대리 인소외 2,3 등 정직원 3명과 4~5명의 계약직 내지 파견직 여직원들로 구성되어 있었는데, 입주관리파트에서는 고객관리(분양권 전매 등), 분양대금 관리(입금전산관리, 연체 및 대출관리 등), 입주관리(입주안내, 분양대금 완납확인 등), 등기 및 제세공과금 관리(소유권이전등기 등) 등의 업무를 담당한 사실, 입주관리파트 직원들이 담당하는 업무 중에는 모델하우스와 차이가 있다거나 아파트 가격의 하락을 이유로 분양계약의 해지를 요청하는 민원인들을 상대하거나 분양대금을 독촉하고 연체료를 부과하는 과정에서의 항의성 전화 등 민원상담 내지 민원처리 업무가 가장 큰 비중을 차지하였는데, 간단한 민원의 경우에는 여직원 등이 이를 처리하기도 하지만, 복잡한 민원에 대하여는 팀장인 망인이 직접 처리한 사실, 망인이 입주관리파트에서 근무하기 시작한 2007년 9월경 경기가 침체되어 아파트 가격이 하락하는 등으로 인하여 분양계약의 해지를 요청하는 민원이 다수 발생하였고, 2007년 12월경부터 2008년 4월경까지 사이에 여러 곳에서 다수의 입주프로젝트가 동시에 진행되는 바람에 관리해야 할 입주세대가 최대 13,000여 세대에까지 이르러 그에 따른 민원의 폭주로 인하여 입주관리파트에서 처리하는 1일 통화량이 100건이 넘는 날도 있었던 사실, 2008년 2월 중순 및 2008년 4월 말경 민원상담 경력이 있는 베테랑 여직원 2명이 퇴사하고 신입 여직원들이 채용되었는데, 신입 여직원들이 민원인들의 항의에 유연하게 대처하지 못하자 망인이 직접 상대하여야 하는 민원이 늘어났고, 망인은 상담 과정에서 민원인들로부터 심한 항의와 욕설을 듣는 경우도 흔히 있었던 사실, 평소 망인은 술, 담배를 하지 않고, 내성적이고 남들에게 싫은 소리를 하지 못하는 여린 성격이었으며, 매사에 꼼꼼하고 세심하게 업무처리를 하기를 원하여 입주관리파트 직원들 중 가장 먼저 출근하여 가장 늦게 퇴근하는 일이 빈번하였던 사실, 망인은 2008. 4. 9. 업무상 스트레스로 인한 우울, 불안, 불면증, 자살충동 등을 호소하면서 정신과 의원에 내원한 이래 2008. 5. 31.까지 정신과 치료를 받은 사실, 위 의원의 외래기록지에는 "하던 업무가 바뀜. 힘듦. 기존 직원도 힘들어서 그만두고, 정신적인 스트레스, 정상적인 업무를 하기가 힘들다. 지하철 보면 뛰어내리고 싶은 생각도 들고, 그런 생각이 더 잦아진다. 밤에 식은땀 흘리고 가슴 답답하다. 의욕저하, 불면증, 중간에 자꾸 깬다. 소화불량, 자살충동, 자기 무가치감이 든다."(2008. 4. 9.자), "새벽 4시에 깨서 목이 당긴다. 뒷목 쪽으로 올라오는 느낌, 가슴이 찢어지는 느낌"(2008. 4. 26.자), "나에 대한 주변의 평가가 제로가 된 것 같다."(2008. 5. 3.자), "쉬고 복귀할 계획이다. 원래 하던 일 감당 못할 것 같다. 증세가 나빠져 약을 증량하려고 했는데 본인이 거절함"(2008. 5. 17.자), "출근하려니 다시 중압감 느껴지고, 식은땀을 흘린다. 몸무게 6kg 빠져서 89~90kg"(2008. 5. 24.자) 등이 기재되어 있는 사실, 망인은 2008. 4. 10. 주택분양관리팀장이자 망인의 직속상관인소외 4 부장에게 입주관리업무 수행에 따른 스트레스로 인하여 정신적, 심적으로 정상적인 업무수행이 불가능한 상태라는 이유로 사직서를 제출하였는데, 소외 4는 다시 생각해 볼 것을 권유한 사실, 망인은 2008. 4. 20. 다시소외 4를 찾아가 사직의사를 표명하였는데, 소외 4로부터 그만두라는 취지의 말을 듣고는 그렇다면 병가를 신청하겠다고 하였고, 그 다음날인 2008. 4. 21. 위 정신과 의원에서 '중등도의 우울성 에피소드'라는 상병으로 진단서(갑 제13호증)를 발급받아 이를소외 4에게 제출한 사실, 위 진단서에는 "상기환자는 수개월 전부터 우울, 불안, 불면증을 주소로 내원한 분입니다. 원인은 회사업무로 인한 스트레스로 사료되며 한 달 정도의 요양과 6개월 이상의 약물치료 등의 정신과적 치료가 필요합니다."라는 치료의견이 기재되어 있는 사실, 망인은소외 4의 배려하에 2008. 4. 26.부터 2008. 5. 25.까지 휴가를 사용하였고, 2008. 5. 26.부터 2008. 5. 31.까지는소외 4의 묵인하에 출근하지 아니한 사실, 망인은 2008. 6. 2. 출근하여소외 4로부터 자이갤러리관에서 문화행사를 주관하는 부서인 마케팅팀으로 보직을 변경하여 주겠다는 말을 들었고, 그때부터 2008. 6. 8.까지 출근하지 아니한 2008. 6. 7.을 제외하고는 매일 08:00경부터 20:00경까지 입주자관리업무를 수행한 사실, 망인은 2008. 6. 9. 출근한 후 본사로 가서 마케팅팀으로의 보직변경을 확인하였는데, 마케팅팀에서 망인이 맡게 될 업무는 기존에 대리직급의 사원이 담당하던 것이었던 사실, 망인은 위와 같이 보직변경을 확인한 후 자이갤러리관에 있는 사무실로 가서 같은 날 11:50경소외 4와 전화통화를 하면서 점심식사를 하러 간 여직원에 대해 "계약직 여직원이 업무가 힘들어 도망갔다."라고 하는 등 횡설수설을 하기도 하였고, 하루 종일 멍하니 모니터만 보는 망인을 이상히 여긴소외 3이 망인에게 퇴근을 권유하기도 한 사실, 망인은 같은 날 18:40경 사무실을 나갔다가 모두 퇴근한 19:30경 다시 사무실에 들어와서 20:30경 딸과 마지막으로 통화한 후 새벽까지 원고의 전화를 계속 받지 않고 혼자 사무실에 있다가 그 다음날인 2008. 6. 10. 01:00경부터 07:00경까지 사이에 자이갤러리관 3층에서 투신하여 사망하였고, 같은 날 07:35경 자이갤러리관 담장 밖의 축대 밑에서 망인의 사체가 발견된 사실, 한편 망인은 2001. 11. 9. 및 같은 달 13일 정신과의원에서 우울병 에피소드로 치료를 받은 적이 있는데, 당시 의무기록에는 "6개월간 과도한 민원 건으로 스트레스를 많이 받음"이라고 기재되어 있고, 그 후로 더 이상 치료를 받은 적은 없는 사실, 망인은 처와 딸을 두고 정상적인 가정생활을 하고 있었고, 자살을 할 만한 다른 원인은 찾아볼 수 없는 사실을 알 수 있다.
이러한 사실관계에 나타난 바와 같이 망인이 담당하던 주된 업무는 민원인들로부터 심한 항의와 욕설을 듣기도 하는 민원상담 내지 민원처리 업무로서 그 업무의 양을 떠나 스트레스를 많이 받을 수밖에 없는 업무인 점, 더구나 남에게 싫은 소리를 하지 못하는 여린 성격으로서 과거에도 민원 업무로 인한 스트레스로 정신과 치료를 받은 적이 있는 망인이 2007. 9. 1. 보직의 변경으로 다시 민원 업무를 맡게 됨으로써 그 스트레스가 더욱 컸을 것으로 보일 뿐만 아니라, 경기침체, 다수의 입주프로젝트 진행, 여직원 퇴사 등으로 망인의 업무가 가중되면서 망인이 우울, 불안, 불면증, 자살충동, 체중감소 등을 겪다가 업무상 스트레스로 인한 '중등도의 우울성 에피소드'라는 정신질환이 발병되어 2달 가까이 정신과 치료를 받은 점, 망인은 업무수행에 따른 스트레스로 인하여 업무수행이 불가능하다며 두 차례에 걸쳐 사직의사를 표명하기까지 한 점, 망인이 업무 이외의 다른 요인으로 인해 우울증에 걸렸다거나 자살에 이르게 된 것이라고 볼 만한 자료가 없는 점 등의 사정을 앞서 본 법리에 비추어 살펴보면, 망인은 업무상의 과로나 스트레스로 인하여 우울증이 발생하였다고 봄이 상당하고, 2001년 발생한 우울증이 이 사건 자살 당시까지 지속되었다고 볼 자료가 없는 이상 약 7년 전의 우울증 병력만으로 망인의 업무상 스트레스와 이 사건 우울증 사이의 인과관계를 부정할 수는 없다.
또한 상관의 만류로 사직서가 반려되고 1달간의 휴가 후 망인은 다시 업무에 복귀하는 것에 대하여 중압감을 갖고 있었고, 복귀 후 강등으로 받아들일 만한 보직변경을 확인하고는 정신적 충격을 받은 것으로 보이는 점, 보직변경을 확인한 날 망인은 상관에게 횡설수설을 하기도 하고, 사무실에서 하루 종일 멍하니 모니터만 바라보고 있다가 동료로부터 퇴근을 권유 받기도 하는 등 이상행동을 보인 점, 망인은 같은 날 저녁 사무실을 나갔다가 다시 들어와서는 밤늦게까지 혼자 사무실에서 있으면서 가족들의 전화도 받지 않은 채 새벽에 사무실에서 투신하여 자살한 점 등 망인이 자살에 이르게 된 전후 경위, 자살 전에 보인 망인의 행동, 자살시간, 장소와 방법의 선택, 망인이 유서를 남기지 아니하였던 점 등의 여러 사정에다가 의학상 우울증의 일반적인 증세로서 의욕상실, 자신감 저하, 불면증, 식욕감퇴, 불안 등 이외에 자살사고 유발이 포함되어 있고 심한 우울증이 있는 사람은 15% 정도가 자살에 의해 사망한다고 알려져 있는 점을 보태어 보면, 망인은 자살 직전 심야에 혼자 사무실에 있으면서 우울증의 심화로 정신병적 증상이 발현됨으로써 정상적인 인식능력이나 행위선택능력, 정신적 억제력이 현저히 저하된 상태에서 자살에 이르게 된 것이라고 추단할 여지가 충분히 있어 보인다.

그리고 업무와 재해 사이의 상당인과관계의 유무는 보통 평균인이 아니라 당해 근로자의 건강과 신체조건을 기준으로 하여 판단하여야 한다는 것이 대법원의 확립된 판례이므로(대법원 1991. 9. 10. 선고 91누5433 판결, 대법원 2005. 11. 10. 선고 2005두8009 판결 등 참조), 망인이 우울증을 앓게 된 데에 망인의 내성적이고 소심한 성격 등 개인적인 취약성이 영향을 미쳤다고 하더라도, 업무상의 과로나 스트레스가 그에 겹쳐서 우울증이 유발 또는 악화되었다면 업무와 우울증 사이에 상당인과관계를 인정함에 아무런 지장이 없다고 할 것이다.

사정이 위와 같다면 원심으로서는, 망인이 업무로 인하여 스트레스를 받아 우울증을 앓고 있었음을 인정하면서도 동종의 평균적인 근로자와 비교할 때 우울증을 초래할 정도였다고 보기 어렵고 오히려 망인의 내성적이고 소심한 성격이 큰 영향을 미친 것으로 보인다는 등의 이유를 들어 가볍게 망인의 사망과 업무 사이의 인과관계를 부정할 것이 아니라, 우울증의 일반적인 진행과정과 여러 증상들, 그리고 과연 망인의 자살 당시 우울증의 증세가 정상적인 인식능력이나 행위선택능력, 정신적 억제력을 현저히 저하시킬 정도에 이른 것인지 여부, 업무로 인한 스트레스가 망인에게 가한 긴장도 내지 중압감의 정도와 지속시간, 망인의 신체적·정신적 상황과 망인을 둘러싼 주위상황, 우울증의 발병과 자살행위의 시기 기타 자살에 이르게 된 경위 등에 관하여 좀 더 면밀하게 따져본 후 망인의 자살이 우울증의 병적인 발현에 따른 것인지 아니면 망인의 정상적이고 자유로운 의사에 기한 것인지를 판단함으로써 우울증과 사망 사이의 인과관계 및 그에 따른 업무와 사망 사이의 인과관계의 존부를 판단하였어야 할 것이다.

그럼에도 불구하고 그 판시와 같은 사정만으로 망인의 사망과 업무 사이에 인과관계가 없다고 판단한 원심판결에는 업무상 재해에 있어서 업무와 사망 사이의 인과관계 등에 관한 법리를 오해한 나머지 필요한 심리를 다하지 아니하여 판결 결과에 영향을 미친 위법이 있다.

이 점을 지적하는 상고이유의 주장은 이유 있다.

4. 그러므로 원심판결을 파기하고, 사건을 다시 심리·판단하게 하기 위하여 원심법원에 환송하기로 하여, 관여 대법관의 일치된 의견으로 주문과 같이 판결한다.

◎ 2심 서울고등법원제6행정부[2019누47553]

원고 1 : 항소인 ○○○
강원도 영월군 중동면 ○○리 ○○
원고 2 : ○○○
성남시 수정구 ○○동 ○○
원고 3 : ○○○
서울시 동작구 ○○○로 ○○○
원고 4 : ○○○
의정부시 ○○○로 ○○○
원고들 소송대리인 법무법인 ◇◇
담당변호사 ○○○
피 고 : 피항소인 근로복지공단
전심판결 : 1심 2018구합65972 서울행정법원
변론종결 : 2019. 11. 27
판결선고 : 2020. 01. 08

[주문]

1. 원고들의 각 항소를 기각한다.
2. 항소비용은 원고들이 부담한다.

[청구취지 및 항소취지]

제1심 판결을 취소한다. 피고가 2018. 2. 27. 원고들에게 한 유족급여 및 장의비 부지급 처분을 취소한다.

[이유]

제1심 판결의 이유에서 인정하는 사실들을 그 인정 근거와 비교·대조하면, 그 사실 인정과 이에 근거한 판단들은 정당하다. 이에 행정소송법 제8조 제2항, 민사소송법 제 420조 본문에 따라 제1심 판결의 이유를 이 판결 이유로 인용한다.

원고들은 항소심에서도, 소외1이 진폐증에 따른 호흡곤란 등 때문에 수면장애, 불면증에 시달리고 진폐증을 장기간 입원 치료하면서 우울증이 발병하거나 자연경과 이상으로 악화하여 자살하기에 이르렀으므로 업무와 자살 사이에 상당인과관계가 있다고 거듭하여 주장한다.

먼저 위 인정 근거에 의하면, 소외1이 자살할 무렵 심한 호흡곤란, 기침, 가래 등으로 말미암아 수면장애, 불면증을 겪었고 우울증에 시달린 사실을 인정할 수 있다.

하지만, 소외1이 진폐증 때문에 위와 같은 심한 호흡곤란 등이나 수면장애, 불면증이 발병했는지, 또는 그 진폐증 치료를 위해 장기간 입원 생활을 한 것 때문에 우울증이 발병하거나 자연적인 경과 이상으로 진행했는지를 살펴보면, 이 사건에서 제출된 증거들만으로는 이를 인정하기에 부족하다. 원고들의 주장을 받아들일 수 없다.

따라서 원고들의 각 청구는 이유 없으므로, 이를 기각해야 한다. 제1심 판결은 이와 결론을 같이하여 정당하므로, 원고들의 각 항소를 모두 기각한다.

[참조조문] 행정소송법 제8조 제2항

4. 유족급여 및 장의비부지급처분취소

(화장실 문고리에 넥타이를 이용하여 목을 맨 채 사망)

◎ 1심 서울행정법원 제7부[2018구합78039]

원 고 : ○○○
여수시 ○○로 ○○○
송달장소 서울시 ○○구 ○○○로 ○○○
소송대리인 변호사 ○○○

피 고 : 근로복지공단

변론종결 : 2019. 09. 05

판결선고 : 2019. 10. 17

[주문]

1. 원고의 청구를 기각한다.
2. 소송비용은 원고가 부담한다.

[청구취지]

피고가 2018. 1. 17. 원고에 대하여 한 유족급여 및 장의비 부지급 처분을 취소한다.

[이유]

1. 처분의 경위

가. 소외 소외1은 2002. 12. 23. ○○○○○○○○○○○○○○공단(이하 '공단'이라 한다)에 입사하여 2015. 2. 16.부터 홍보실에서 근무하였고, 2016. 9. 21. 기금지원실로 전보발령을 받았다.

나. 소외1은 2016. 9. 26. 서울 이하생략 소재 ○○정신건강의학과의원(이하 '○○○○의원'이라 한다)에서 '경도우울증 에피소드' 진단을 받았는바, 2016. 9. 26.부터 같은 해 11. 1.까지 대체휴가를 하고 2016. 11. 2.부터 위 진단내용을 이유로 병가휴직을 하였다.

다. 소외1은 병가휴직기간 중인 2016. 12. 21. 19:50경 자택인 서울 이하생략 에서 화장실 문고리에 넥타이를 이용하여 목을 맨 채 사망한 상태로 발견되었다(이하 소외1을 '망인'이라 한다).

라. 망인의 모친인 원고는, 망인의 사망이 업무상 재해에 해당한다며 피고에게 유족급여 및 장의비의 지급을 청구하였다. 그러나 피고는 2018. 1. 17. 원고에 대하여, '망인은 업무보다 개인 질환의 재발 또는 악화로 인하여 사망한 것으로 보이므로 업무와 망인의 사망 사이에 상당인과관계가 인정되지 않는다'는 이유로 유족급여 및 장의비 부지급 처분(이하 '이 사건 처분' 이라 한다)을 하였다.

[인정 근거] 다툼 없는 사실, 갑 제1 내지 7, 10호증, 을 제5호증의 각 기재, 변론 전체의 취지

2. 이 사건 처분의 적법여부

가. 원고의 주장

망인은 홍보실에서 근무할 당시 상사인 홍보실장으로부터 비합리적 업무지시, 괴롭힘을 받는 등 홍보실장과 갈등을 겪었고, 이를 이유로 2016. 9.경 기금지원실로 전보되는 비정기적 인사발령을 받았다. 이처럼 망인은 계속된 업무상 스트레스로 중압감을 느낀 나머지 우울증이 재발되었고, 이로 인하여 정상적인 인식능력이나 행위선택능력, 정신적 억제력이 현저히 저하된 정신적 장애상태에 빠져 자살에 이르게 되었으므로, 업무와 망인의 사망 사이에 상당인과관계가 있다. 따라서 이와 다른 전제에 선 이 사건 처분은 위법하므로 취소되어야 한다.

나. 관계 법령

별지 관계 법령 기재와 같다.

다. 인정사실

1) 망인은 2002. 12. 23. 공단에 일반직 7급으로 입사하여 2005. 3. 14. 6급으로 승진하였고, 경륜운영본부, 골프장운영본부, 본부 기획조정실 등에서 근무하였다. 이후 망인은 2010. 5. 10. 5급으로 승진하여 본부 기획조정실 등에서 근무하였는데 2014. 8. 1.부터 2015. 2. 15.까지 치과치료를 이유로 병가휴직하였다가 2015. 2. 16. 복직하여 그 때부터 2016. 9. 21. 기금지원실로 전보발령을 받을 때까지 홍보실에서 근무하였다(다만, 홍보팀 업무 정리 등을 위하여 2016. 9. 22.부터 같은 달 26.까지

5일동안 홍보팀 겸임 발령이 있었고 같은 달 27.자로 겸임이 해제되었다).

2) 망인의 근무형태 등은 다음과 같다.

○ 직종 : 사무직

○ 근무형태 : 정규직(상용)

– 근로시간 : 월요일부터 금요일까지 9시부터 18시까지(1주 평균 40시간)

– 휴게시간 : 1시간(점심시간)

– 휴일근로 : 해당 없음

3) 한편, 망인은 2015. 2. 16.부터 2016. 9.경까지 홍보실에 근무할 당시 상사인 홍보실장과 갈등이 있었다.

4) 망인은 홍보실에서 근무하던 중 2016. 7. 1. 4급으로 승진하였다. 공단의 승진 임용은 성과역량평가1) 및 교육훈련평가 결과를 합산한 승진후보자명부를 작성한 다음 이에 대한 심사를 통해 이루어지는바(승진의 기준 및 평가요소는 아래와 같다), 망인은 위 승진임용 당시 심사요건을 충족하였다.

○ 승진 : 성과역량평가 90% + 교육훈련평가 10% ○ 성과역량평가 : 성과평가 10% + 역량평가 90% – 성과평가 : 계량칠적 평가 50% + 비계량실적 평가(상사평가) 50% – 역량평가 : 상사평가 70% + 동료평가 30% ○ 교육훈련평가 : 일정수준 이상 교육학점 이수실적 평가

5) 망인은 2016. 9. 21. 기금지원실로 전보발령을 받았는데, 이는 당시 기금지원실에 인력수요가 발생함에 따라 이루어진 비정기적 인사발령2)이었고 인사발령 대상자로 망인이 유일하였다. 망인은 위 전보발령이 긴급하게 이루어졌다며 문제를 제기한 바 있다. 한편, 공단은 일정기간 근무 후 순환근무를 원칙으로 하고 있는바, 홍보실과 기금지원실은 모두 순환근무 대상이다.

6) 망인은 2016. 9. 26. ○○○○의원에서 '경도우울증 에피소드' 진단을 받고, 같은 날부터 출근하지 아니하다가(2016. 9. 26. ~ 2016. 11. 1. : 대체휴가, 2016. 11. 2. ~ : 병가휴직) 2016. 12. 21. 사망하였다.

7) 의학적 소견

가) 망인의 주치의(○○○○의원)

① 2016. 9. 26. 내원 당시 스트레스를 많이 받고 있다고 말을 했고 우울해 보였으나 원래 말이 없고 조용하며 우울증으로 치료를 받고 계셨기에 특별히 더 심각하다고 느끼지 못했음. 힘들다는 표현을 해서 검사를 하거나 상담치료를 받으라고 권하였으나 거부했던 것으로 생각됨. 이전의 진단명을 바꿀만한 증상을 찾지 못했고 추가 검사를 시행하지 못했기 때문에 이전의 진단명을 그대로 유지(경도우울증 에피소드)했고, 이전에 치료했던 그대로 처방을 하였음

② 경도우울증 에피소드는 우울하지만 그 정도가 가벼워 자해(자살 포함), 타해의 위험이 없고, 환청, 망상 등의 정신병적 증상이 없으며, 일상적인 집안 활동, 직장 생활이 어느 정도 가능한 수준임. 우울증상 정도가 4주 이상 지속되는 경우임

③ 망인이 본원에 내원하여 대인관계에서 시선에 대한 두려움, 발표에 대한 어려움 등을 호소하였고, 자신에 대한 열등감이 컸음. 회사에 만족하지 못하고 성취감을 줄 만한 일이 없다는 것, 권위적이고 경직된 조직 문화로 인해 우울하고 침체되며 무력감을 느낀다는 호소를 많이 하였음. 치료자의 입장에서 볼 때 약물치료로 우울, 불안 증상은 조금씩 호전되고 있다고 느꼈음. 주치의로서 망인이 입사 초기에 비해 점차 적응하고 있다고 느꼈고 스트레스를 더 받거나 우울증이 더 심해진다는 생각을 하지는 않았음

④ 망인은 2007. 2.부터 경도우울증 에피소드 등으로 약물을 복용해 왔는데, 전체적으로 볼 때 많은 양의 약물을 사용하지는 않았으므로 약으로 인한 부작용은 거의 없었을 것으로 보임

⑤ 기본적으로 사람을 두려워하고 대인관계를 힘들어 하는 대인공포 증상이 있었고 경도의 우울 증상을 갖고 있었기 때문에 다른 사람들보다 스트레스에 취약할 수밖에 없는 요인을 갖고 있었다고 보아야 함. 망인은 이미 상당한 취약성을 갖고 있었기에 작은 스트레스에도

충분히 충격을 받을 수 있었고 쉽게 자살과 같은 극단적인 행동을 할 수 있었을 것임

나) ○○○○대학교병원장

① 우울증에 있어 기분의 변화와 함께 전반적인 정신 및 행동의 변화가 나타나는 시기를 우울 에피소드(삽화)라고 함

② 망인의 가장 오래된 정신건강의학과 진료 기록은 2004. 11. 27.임. 당시 망인은 심한 정도의 불안, 중등도-심한 정도의 우울을 경험하고 있었던 것으로 평가되고, 그 중증도를 고려할 때 어느 정도 진행된 상태의 증상이었을 것으로 판단됨. 기록에 비추어 보면, 망인은 대학 재학 중 고시 준비를 하면서 이와 같은 기분 증상을 경험하기 시작한 것으로 보임. 따라서 망인의 우울증은 대학 재학 중 최초로 발병하였으며 2004. 11.경 진료 당시에는 악화된 상태였을 것으로 추정할 수 있음

③ 의무기록에 의하면 망인은 2013. 5.경 업무로 인한 우울 증상과 상당한 스트레스를 경험하고 있던 것으로 보임. 그러나 망인은 꾸준히 치료를 받으며 이후 증상 호전을 보였고 일상 기능을 회복한 바 있음. 망인이 2013. 5.경 마비 증상까지 있었던 것이 당시 겪고 있던 우울 증상의 심각한 정도를 간접적으로 나타내는 증표가 될 수는 있으나, 이로 인하여 망인의 우울증이 악화되었을 가능성은 높지 않아 보임

④ 망인은 대학 재학 시절 최초의 우울 삽화 이후 호전과 재발을 반복하여 몇 차례의 우울 삽화를 경험한 것으로 생각됨. 진료기록, 문자 메시지 기록을 바탕으로 보이는 행동 등으로 보아 망인은 자살할 당시 또 다른 우울 삽화 중에 있었을 가능성이 높음

⑤ ○○○○의원에서의 진료기록에 따르면 2015. 5. 22.부터 처방내역이 동일하게 유지되고 있고, 2016. 3. 14.에는 망인이 스트레스가 조금 있기는 하지만 전반적으로 잘 지내고 있음이 기록되어 있음. 이후로 투약이 유지되어 온 2016. 9. 5.까지 망인은 우울 삽화의 재

발 없이 생활하였던 것으로 보임. 따라서 망인이 자살 당시 경험하고 있던 우울 삽화는 2016. 9. 5.부터, 우울 증상으로 인한 휴직을 위하여 진단서를 발급받은 2016. 9. 26.까지 사이에 시작되었을 것으로 판단됨. 그러나 직접적인 면담 없이 기록만으로 발병시점을 특정하는 것은 한계가 있음

⑥ 위 기간 동안 뚜렷한 스트레스 요인이 될 요소로는 인사이동이 두드러지고, 이것이 우울 삽화의 재발에 영향을 미쳤을 가능성이 있음. 그러나 개인의 소인과 스트레스 요인 중 어떠한 것이 주된 발병 요인이라고 특정하는 것은 어려움

[인정근거] 다툼 없는 사실, 갑 제8 내지 17호증, 을 제1 내지 13호증의 각 기재, 이 법원의 ○○○○의원 및 공단에 대한 각 사실조회 결과, ○○○○대학교병원장에 대한 진료기록감정촉탁결과, 변론 전체의 취지

라. 판단

1) 법리 등

구 산업재해보상보험법(2017. 10. 24. 법률 제14933호로 일부개정되기 전의 것) 제37조에서 말하는 '업무상의 재해'라 함은 업무수행 중 그 업무에 기인하여 발생한 근로자의 부상·질병·신체장애 또는 사망을 뜻하는 것이므로 업무와 재해발생 사이에는 인과관계가 있어야 하고 그 인과관계는 이를 주장하는 측에서 증명하여야 하는바, 그 인과관계 유무는 반드시 의학적, 자연과학적으로 명백히 증명되어야 하는 것이 아니라 규범적 관점에서 상당인과관계의 유무로써 판단되어야 한다. 따라서 근로자가 업무로 인하여 질병이 발생하거나 업무상 과로나 스트레스가 질병의 주된 발생원인에 겹쳐서 질병이 유발 또는 악화되고, 그러한 질병으로 인하여 심신상실 내지 정신착란의 상태 또는 정상적인 인식능력이나 행위선택능력, 정신적 억제력이 현저히 저하된 정신장애 상태에 빠져 자살에 이르게 된 것이라고 추단할 수 있는 때에는 업무와 사망 사이에 상당인과관계가 있다고 할 수 있을 것이지만, 자살은 본

질적으로 자유로운 의사에 따른 것이므로 근로자가 업무를 수행하는 과정에서 받은 스트레스로 말미암아 우울증이 발생하였고 그 우울증이 자살의 동기 내지 원인과 무관하지 않다는 사정만으로 곧 업무와 자살 사이에 상당인과관계가 있다고 함부로 추단해서는 안 되며, 자살자의 나이와 성행 및 직위, 업무로 인한 스트레스가 자살자에게 가한 긴장도 내지 중압감의 정도와 지속시간, 자살자의 신체적·정신적 상황과 자살자를 둘러싼 주위 상황, 우울증의 발병과 자살행위의 시기 기타 자살에 이르게 된 경위, 기존 정신질환의 유무 및 가족력 등에 비추어 그 자살이 사회평균인의 입장에서 보아 도저히 감수하거나 극복할 수 없을 정도의 업무상 스트레스와 그로 인한 우울증에 기인한 것이 아닌 한 상당인과관계를 인정할 수 없다.

또한 업무와 재해 사이의 상당인과관계의 유무는 보통 평균인이 아니라 당해 근로자의 건강과 신체조건을 기준으로 하여 판단하여야 하므로 근로자가 자살한 경우에도 자살의 원인이 된 우울증 등 정신질환이 업무에 기인한 것인지 여부는 당해 근로자의 건강과 신체조건 등을 기준으로 하여 판단하게 되나, 당해 근로자가 업무상 스트레스 등으로 인한 정신질환으로 자살에 이를 수밖에 없었는지는 사회평균인의 입장에서 앞서 본 제반 사정을 종합적으로 고려하여 판단하여야 할 것이다(대법원 2012. 3. 15. 선고 2011두24644 판결 등 참조).

2) 구체적 판단

살피건대, 앞서 인정한 사실, 앞서 든 증거 및 변론 전체의 취지에 의하여 인정되는 다음과 같은 사실 내지 사정 등을 종합하여 보면, 업무와 망인의 사망 사이에 상당인과관계가 있다고 보기 어렵고, 달리 이를 인정할 증거가 없다.

① 망인은 2015. 2. 16.부터 2016. 9.경까지 공단 홍보실에서 근무하면서 상사인 홍보실장과 갈등이 있었고, 2016. 9. 21. 비정기 인사발령으로 기금지원실로 전보되었는바, 이로 인하여 정신적으로 스트레스를 받았을 것으로 보인다.

② 망인은 2004.경 대학 재학 시절 최초로 우울증 치료를 받은 이후로 우울증의 호전 및 재발을 반복하여 몇 차례 우울 삽화를 경험한 것으로 보이는바, 이러한 망인의 건강상태 등에 비추어 보면, 망인이 다른 사람들보다 스트레스에 취약한 상태에 있어 위와 같은 업무상 스트레스가 망인에게 우울증을 유발하거나 심화시켰을 가능성이 없지는 아니하다.

③ 그러나 망인의 근무형태, 근로시간 등에 비추어 망인의 담당업무가 과중한 것으로 보이지 아니하고, 홍보실에서 근무하던 중인 2016. 7. 1. 4급으로 승진되기도 한 점, 또한 2016. 9. 21.자 인사발령은 당시 기금지원실의 인력수요가 발생함에 따라 이루어진 것으로, 본래 공단의 직원은 일정기간 근무 후 순환근무를 원칙으로 하는데 홍보실과 기금지원실은 순환근무 대상이므로 망인의 위 인사발령이 부당하다거나 지극히 이례적인 것으로 보이지 아니하는 점, 게다가 망인의 주치의는, 망인이 2016. 9. 26. ○○○○의원에 내원하였을 때 입사 초기에 비해 점차 적응하고 있다고 느꼈고 스트레스를 더 받거나 우울증이 더 심해진 것으로 보이지 않아 처방 내역을 그대로 유지하고 진단명도 '경도우울증 에피소드(우울하기는 하나 그 정도가 가벼워 일상적인 집안활동이나 직장생활이 어느 정도 가능하고 자살의 위험이 없는 정도임)'로 종전과 같게 유지한 점, 망인은 2016. 9. 26. '경도우울증 에피소드' 진단을 받은 후 같은 날부터 대체휴가 및 병가휴직하여 출근하지 아니하다가 2016. 12. 21. 자살하였는데 이 때는 업무상 스트레스로부터 상당 기간 해방된 상태였던 점 등에 비추어 보면, 사회평균인의 입장에서 보았을 때 망인이 도저히 감수하거나 극복할 수 없을 정도의 업무상 스트레스와 그로 인한 우울증으로 자살에 이르렀다고 단정할 수는 없다. 따라서 이 사건 처분은 적법하고, 원고의 주장은 이유 없다.

3. 결론

그렇다면 원고의 청구는 이유 없으므로 이를 기각하기로 하여 주문과 같이 판결한다.

[별지] 관계법령

구 산업재해보상보험법(2017. 10. 24. 법률 제14933호로 일부개정되기 전 의 것) 제5조, 제37조

산업재해보상보험법 시행령 제36조

[참조판례]

◈ 근로자가 업무 스트레스로 인한 우울증 등 정신질환으로 자살한 경우, 업무와 재해 사이에 상당인과관계가 있는지 판단하는 기준

(대법원 2012. 3. 15. 선고 2011두24644 판결)

원고 : 피상고인 ○○○

소송대리인 법무법인 ◇◇ 담당변호사 ○○○ 외 4인

피고 : 상고인 근로복지공단

원심판결 : 부산고법 2011. 9. 21. 선고 2011누174 판결

【주 문】

원심판결을 파기하고, 사건을 부산고등법원에 환송한다.

【이 유】

상고이유를 판단한다.

1. 구 산업재해보상보험법 (2010. 1. 27. 법률 제9988호로 개정되기 전의 것) 제37조 제1항에서 말하는 '업무상의 재해'라 함은 업무수행 중 그 업무에 기인하여 발생한 근로자의 부상·질병·신체장애 또는 사망을 뜻하는 것이므로 업무와 재해발생 사이에는 인과관계가 있어야 하고 그 인과관계는 이를 주장하는 측에서 증명하여야 하는바, 그 인과관계 유무는 반드시 의학적, 자연과학적으로 명백히 증명되어야 하는 것이 아니라 규범적 관점에서 상당인과관계의 유무로써 판단되어야 한다. 따라서 근로자가 업무로 인하여 질병이 발생하거나 업무상 과로나 스트레스가 질병의 주된 발생원인에 겹쳐서 질병이 유발 또는 악화되고, 그러한 질병으로 인하여 심신상실 내지 정신착란의 상태 또는 정상적인 인식능력이나 행위선택능력, 정신적 억제력이 현저히 저하된 정신장애 상태에 빠져 자살에 이르게 된 것이라고 추단할 수 있는 때에는 업무와 사망 사이에 상당인과관계가 있다고 할 수 있을 것이지만(대법원 1993. 12. 14. 선고 93누13797 판결, 대법원 1999. 6. 8. 선고 99두3331 판결 등 참조), 자살은 본질적으로 자유로운 의사에 따른 것이므로 근로자가 업무를 수행하는 과정에서 받은 스트레스로 말미암아 우울증이 발생하였고 그 우울증이 자살의 동기

내지 원인과 무관하지 않다는 사정만으로 곧 업무와 자살 사이에 상당인과관계가 있다고 함부로 추단해서는 안 되며, 자살자의 나이와 성행 및 직위, 업무로 인한 스트레스가 자살자에게 가한 긴장도 내지 중압감의 정도와 지속시간, 자살자의 신체적·정신적 상황과 자살자를 둘러싼 주위 상황, 우울증의 발병과 자살행위의 시기 기타 자살에 이르게 된 경위, 기존 정신질환의 유무 및 가족력 등에 비추어 그 자살이 사회평균인의 입장에서 보아 도저히 감수하거나 극복할 수 없을 정도의 업무상 스트레스와 그로 인한 우울증에 기인한 것이 아닌 한 상당인과관계를 인정할 수 없다(대법원 2008. 3. 13. 선고 2007두2029 판결 참조).

그리고 업무와 재해 사이의 상당인과관계의 유무는 보통 평균인이 아니라 당해 근로자의 건강과 신체조건을 기준으로 하여 판단하여야 하므로(대법원 2005. 11. 10. 선고 2005두8009 판결 등 참조) 근로자가 자살한 경우에도 자살의 원인이 된 우울증 등 정신질환이 업무에 기인한 것인지 여부는 당해 근로자의 건강과 신체조건 등을 기준으로 하여 판단하게 되나, 당해 근로자가 업무상 스트레스 등으로 인한 정신질환으로 자살에 이를 수밖에 없었는지는 사회평균인의 입장에서 앞서 본 제반 사정을 종합적으로 고려하여 판단하여야 할 것이다.

2. 원심판결 이유에 의하면, 원심은 그 판시와 같은 사실을 인정한 다음, 망인은 업무상의 스트레스로 인하여 우울증이 발병하여 이러한 우울증이 심화되거나 지속된 상태에서 정신병적 증상이 발현됨으로써 정상적인 인식능력이나 행위선택능력 또는 정신적 억제력이 현저히 저하된 상태에서 자살에 이르게 된 것이라고 추단되므로, 망인의 사망이 업무상 재해에 해당된다고 판단하였다.

3. 그러나 앞서 본 법리에 비추어 기록을 살펴보면 다음과 같은 이유로 이러한 원심의 판단은 그대로 수긍하기 어렵다.

원심판결 이유 및 원심이 적법하게 채택한 증거들에 의하면, 망인은 1952년생으로 1992. 5. 1. 합자회사 제일택시의 택시기사로 입사하여 근무하다가 1997. 1. 20.부터는 배차과장으로 근무하였고, 2005년경에는 배차부장으로 승진하여 택시기사에게 택시를 배정하는 업무인 배차업무를 담당하는 외에 사납금 정리, 세차장 폐수관리업무, 야간경비업무 등도 담당하였던 사실, 망인은 특별한 경우 외에는 휴일 없이 거의 매일 출근하였는데, 택시기사들이 일찍 출근하기 때문에 05:00에 출근하여 18:00까지 근무하였던 사실, 망인은 오전에는 다른 직원과 함께 사납금 정리를 하였고, 그 이후에는 폐수처리업무 외에는 별다른 일없이 있다가 17:00경부터 퇴근 시까지 배차업무를 하였는데, 기사가 모자라는 경우에는 퇴근시간을 초과하여 두 시간 정도 배차업무를 하기도 하였던 사실, 망인은 제일택시 소속이었지만 합자회사 진일택시의 배차업무를 같이 하는 등 100여 대의 택시 배차업무를 하였는데, 운전기사가 모자라는 경우 망인이 다른 운전기사에게 연락하여 운전을 부탁하여야 하므로 배차업무에 걸리는 시간이 늘어나기도 하고 택시기사 중에는 거친 성격을 소유한 사람도 있어 배차과정에서 운전을 거부하는 택시기사와 실랑이를 벌이거나 말다툼을 하는 경우도 있었던 사실, 이외에도 망인은 월 1회 가량 야간경비업무를 하였는데, 근무시간은 18:00경부터 06:00경까지이고, 월 1회를 초과하는 경우도 있었던 사실, 망인은 2008. 5. 15.경 우울증진료를 위한 입원 때문에 회사를 휴직하였다가 2008. 10. 21. 퇴직하였는데, 망인은 그의 퇴직금을 2003년경 회사 대표로부터 아파트분양대금 용도로 차용한 돈과 정산한 사실, 망인은 2006. 11. 15.부터 약 한 달간 한빛신경정신과의원에서 신경성 불면증으로 진료받았고, 2007. 7. 16.부터 2008. 3. 11.까지 한일병원에서 불면증과 그로 인한 피로감으로 총 9차례 통원치료를 받았으며, 2008. 3. 27.부터 약 한 달간 경상대학교병원에서 불면, 우울감, 집중력 저하 등의 증상으로 통원치료를 받았고, 2008. 5. 17.부터 약 한 달간 열린마음열린병원에서 반복성 우울증으로 입원진료를 받고 같은 해 11. 7.까지 통원진료를 받다가 같은 해 12. 13. 투신자살한 사실, 망인이 2008. 5. 17.부터 약 한 달간 입원치료를 받은 열린마음열린병원의 주치의 소견에 의하면, 망인은 반복성 우울증으로 의욕저하, 정신운동성지체, 과다수면, 집중력 저하, 발병 이후 병의 경과 중에 자살사고, 대인기피증 등을 호소하였고 그와 같은 증상의 완화와 악화가 반복되는 상태였으며, 직장에서의 배차업무로 스트레스를 많이 받았고 2006년부터 불면증이 오고 이후로 증상이 나빠졌으며 모든 사람이 원하는 대로 해줄 수 없어 힘들었음을 호소하였던 사실, 우울증 환자의 약 10~15% 정도가 자살을 시도하는 것으로 알려져 있고, 우울감, 불안감, 초조감, 불면증, 두통 등 우울증에 동반하는 신체증상의 심각도와 자살 당시의 음주 여부 등이 우울증으로 인한 자살에 큰 영향을 주는 것으로 보이고, 자살은 우울증 등의 회복기에도 자주 발생하는 경향이 있는 사실 등을 알 수 있다.

이러한 사실관계에 의하면, 망인이 배차과장 또는 배차부장으로 근무하면서 배차인원 부족으로 어려움을 겪었고, 휴일 없이 매일 새벽에 출근하여 저녁까지 근무하는 등 업무로 인한 스트레스를 받았으며, 우울증 치료가 장기화되면서 오랜 기간 근무하였던 회사로부터 퇴직요구를 받게 되어 정신적으로 스트레스를 받았을 것으로 보인다.

그러나 망인의 담당업무가 우울증을 유발할 정도로 과중한 것으로 보이지 아니하고 자신의 담당업무에 대하여 상사나 동료로부터 질책을 받거나 모욕을 당하는 등의 일이 있었다는 자료는 기록상 보이지 않는다. 그리고 퇴직으로 인하여 망인이 다소 정신적 스트레스를 받았을 것으로 보이나 그 정도의 스트레스는 퇴직에 따른 통상적인 것이고, 기록상 퇴직이나 퇴직금 정산 과정에서 회사관계자로부터 크게 부당한 대우를 받은 것으로 보이지 않는다.
즉 망인에게 노출된 업무상 스트레스가 객관적으로 보아 우울증을 유발하거나 심화시킬 정도의 극심한 스트레스라고 보기는 어렵고, 망인이 우울증을 앓게 된 주요 원인은 내성적이면서 꼼꼼한 성격, 지나친 책임의식, 예민함 등 개인적 소인에 있는 것으로 보인다.
따라서 망인의 업무량이 근무일과 근무시간 면에서 다소 과도한 면은 있다 하더라도 그로 인하여 우울증이 발병하였다거나 심화되었다고 단정할 수 없다.
한편 망인은 2008. 5.경 우울증 치료를 위하여 회사를 휴직하고 입원하였는데, 그 당시 건강이 회복되면 회사로 복귀하여 일을 하고 싶다는 의사를 표시하였던 점, 망인은 입원치료를 받은 후 상태가 호전되어 집에서 통원치료를 받다가 2008. 12. 13. 자살하였는데 이때는 업무상 스트레스로부터 상당 기간 해방된 상태였던 점 등의 기록에 나타난 제반 사정을 고려하면, 사회평균인의 입장에서 보았을 때 망인이 도저히 감수하거나 극복할 수 없을 정도의 업무상 스트레스와 그로 인한 우울증으로 자살에 이르렀다고 단정할 수 없다.
그런데도 원심은 이와 달리 망인의 자살에 의한 사망을 업무상 재해에 해당한다고 인정하고 말았으니, 이러한 원심의 판단에는 업무상 재해에 있어서 업무와 사망 사이의 상당인과관계에 관한 법리를 오해하여 판결 결과에 영향을 미친 위법이 있다. 이 점을 지적하는 상고이유의 주장은 이유 있다.
4. 결론
그러므로 원심판결을 파기하고, 사건을 다시 심리·판단하게 하기 위하여 원심법원에 환송하기로 하여, 관여 대법관의 일치된 의견으로 주문과 같이 판결한다.

◎ 2심 서울고등법원 제9행정부[2019누64046]

원 고 : 항소인 ○○○
여수시 ○○로 ○○
송달장소 서울시 서초구 ○○로 ○○
소송대리인 변호사 ○○○

피 고 : 피항소인 근로복지공단

전심판결 : 1심 2018구합78039 서울행정법원

변론종결 : 2020. 05. 07

판결선고 : 2020. 05. 21

[주문]

1. 원고의 항소를 기각한다.
2. 항소비용은 원고가 부담한다.

[청구취지 및 항소취지]

제1심 판결을 취소한다. 피고가 2018. 1. 17. 원고에 대하여 한 유족급여 및 장의비 부지급 처분을 취소한다.

[이유]

1. 제1심 판결의 인용

원고가 항소하면서 당심에서 주장하는 사유는 제1심에서 원고가 주장한 내용과 다르지 않고, 제1심에서 제출된 증거를 원고의 주장과 함께 다시 살펴보더라도 원고의 청구를 기각한 제1심의 판단은 정당하다고 인정된다. 이에 이 법원이 이 사건에 관하여 적을 이유는, 아래와 같이 고치거나 추가하는 외에는 제1심 판결의 이유 기재와 같으므로, 행정소송법 제8조 제2항, 민사소송법 제420조 본문에 의하여 이를 인용한다.

○ 제1심 판결문 8면 6행의 "이 법원"을 "제1심 법원"으로 고친다.

○ 10면 2행의 "망인은 2004.경 대학 재학 시절 최초로 우울증 치료를 받은 이후로"를 "망인은 2004년경 우울증 치료를 받은 이후로(그 발병 시점은 대학 재학 시절인 것으로 추정된다)"로 고친다.

○ 10면 12행의 "아니하는 점" 다음에 "(홍보실장은 망인의 사망 경위에 관한 조사 과정에서 '망인이 자신에게 타 부서로 옮겨 가겠다는 이야기를 한 적이 있는데, 지금까지 고생했으니 승진하고 옮기는게 좋지 않겠냐는 조언을 해 준 바 있다'는 취지로 진술하는 등 망인이 승진 전에 부서 이동을 희망한 적이 있고, 망인이 기금지원실로 옮겨 근무하는 경우 홍보실장 등과의 갈등 상황이 어느 정도 해소될 여지도 있다)"를 추가한다.

○ 10면 18행의 "2016. 12. 21. 자살하였는데"를 "2016. 12. 15.경부터 2016. 12. 21. 사이에 자살하였는데"로 고친다.

○ 10면 21행의 "없다" 다음에 "(원고는 당심에서, 망인이 병가 중이던 2016. 12. 15. 13:53경 배달음식을 주문한 다음 같은 날 14:33경 사이에 자살한 것으로 보이는데,

당시는 망인이 2017. 1. 2.경 복직을 앞두고 스트레스가 극심해지기 시작한 시점이고, 화장실 문고리에 넥타이를 이용하여 자살하는 등으로 망인이 업무상 스트레스로 인하여 정신적 이상 상태에서 자살한 것이라는 취지로 주장하나, 앞서 본 망인의 담당 업무의 내용, 2016. 9. 21.자 인사발령 경위 및 병가 기간 등에 비추어 보면, 원고의 위 주장과 같은 망인의 자살 경위 등을 감안하더라도 망인의 자살이 사회 평균인의 입장에서 보아 망인이 도저히 감수하거나 극복할 수 없을 정도의 업무상 스트레스와 그로 인한 우울증에 기인한 것으로 보기는 어렵다)"를 추가한다.

2. 결론

그렇다면 제1심 판결은 정당하므로, 원고의 항소는 이유 없어 이를 기각한다.

[참조조문]

행정소송법 제8조 제2항

민사소송법 제420조

제7장 사적행위

제1절 요양급여

1. 요양불승인처분취소(주먹으로 때려 넘어지면서 머리를 보도블록에 부딪쳐 이완성 사지마비 등 재해)

◎ 1심 대전지방법원[2017구단101111]

원 고 : ○○○

대전시 ○○구 ○○로 ○○길 ○○

소송대리인 법무법인 ◇◇

담당변호사 ○○○, ○○○

피 고 : 근로복지공단

변론종결 : 2019. 01. 24

판결선고 : 2019. 06. 20

[주문]

1. 원고의 청구를 기각한다.

2. 소송비용은 원고가 부담한다.

[청구취지]

피고가 2017. 2. 24. 원고에 대하여 한 요양불승인처분을 취소한다.

[이유]

1. 처분의 경위

가. 원고는 2010. 1. 25. (주)○○○○(이하 '소외 회사'라 한다)에 입사한 후 2013. 1. 1. 판촉영업 부장으로 승진하여 납품거래처의 확보 및 관리 업무 등을 수행하였다.

나. 원고는 2016. 8. 1. 자택에서 부하직원인 소외1으로부터 대전 이하생

략에 거래처 '○○○○'(이하 '이 사건 거래처'라 한다) 확장공사에 따른 재개업을 축하하기 위해 이 사건 거래처를 방문하려고 한다는 보고를 받고 자신도 참석할 것을 알리는 한편, 다른 부하직원인 소외2에게도 참석하도록 지시하여, 같은 날 19:00경 원고, 소외1, 소외2 등 3명이 이 사건 거래처를 방문하여 22:30경까지 소주 4~6병과 맥주 30병을 함께 나누어 마셨다.

그 후 위 일행들은 이 사건 거래처 사장의 제안으로 이 사건 거래처 건물의 3층에 있는 이 사건 거래처 사장 지인 자택으로 자리를 옮겨 계속하여 술을 마시던 중 23:40경 소외1이 이 사건 거래처 사장에게 '형, 동생' 하자는 식으로 말하는 것을 듣자 원고가 주먹으로 소외1의 얼굴을 한 대 때렸고, 이를 본 소외2가 뭐라고 하였으며, 이를 본 이 사건 거래처 사장이 원고와 소외2에게 돌아갈 것을 요청하며 23:44경 술에 취한 원고와 소외2를 엘리베이터에 태워 1층으로 내려 보냈는데 원고가 엘리베이터 안에서부터 이 사건 거래처 앞 도로까지 따라가면서 소외3를 폭행하여 넘어뜨렸고, 2016. 8. 2. 00:02경 이 사건 거래처 앞 도로에서 폭행을 당하던 소외2가 주먹으로 원고를 때려 원고가 넘어지면서 머리를 보도블록에 부딪쳐 '이완성 사지마비, 두개골 골절, 열린 두개내상처가 없는 외상성 경막하출혈'(이하 '이 사건 재해'라 한다)이 발생하였다.

다. 원고는 2016. 11. 15. 피고에게 요양급여신청을 하였고, 이에 대하여 피고는 2017. 2. 24. 이 사건 재해가 업무상 재해에 해당하지 않는다는 사유로 요양불승인처분(이하 '이 사건 처분'이라 한다)을 하였다.

라. 이에 원고가 이 사건 처분에 불복하여 심사청구를 하였으나, 위 청구는 2017. 8. 1. 기각되었다.

[인정근거] 다툼 없는 사실, 갑 제1 내지 13호증, 을 제1, 2, 5, 6호증의 각 기재 및 영상, 변론 전체의 취지

2. 이 사건 처분의 적법 여부

가. 원고의 주장 요지

이 사건 재해는 주류상사에 근무하는 원고가 거래처관리 차원에서 이루

어진 회식에 참석하다 소외2의 폭행으로 인해 발생한 것으로서 직무에 내재하거나 통상 수반되는 위험이 현실화되어 발생한 것이므로 업무상재해에 해당함에도 이와 다른 전제에 선 이 사건 처분은 위법하다.

나. 판단

산업재해보상보험법상의 업무상의 재해라 함은 업무수행 중 그 업무에 기인하여 발생한 재해를 말하는바, 근로자가 타인의 폭력에 의하여 재해를 입은 경우, 그것이 직장 안의 인간관계 또는 직무에 내재하거나 통상 수반하는 위험의 현실화로서 업무와 상당인과관계가 있으면 업무상 재해로 인정하되, 가해자와 피해자 사이의 사적인 관계에 기인한 경우 또는 피해자가 직무의 한도를 넘어 상대방을 자극하거나 도발한 경우에는 업무기인성을 인정할 수 없어 업무상 재해로 볼 수 없다(대법원 1995. 1. 24. 선고 94누8587 판결 등 참조).

이 사건에 관하여 보건대, 앞서 본 기초사실에 앞서 본 증거들 및 증인 소외1의 증언 및 변론 전체의 취지를 더하면, 이 사건 재해는 원고가 이 사건 거래처 재개업식에 참석한 후 이 사건 거래처 지인의 자택으로 옮겨 술을 마시던 중 소외1의 말투를 바로 잡거나 훈계 차원에서 주먹으로 소외1의 얼굴을 때렸고, 이를 본 소외2가 무슨 말을 하였는지 정확히 알 순 없으나 뭐라고 대꾸하는 소외2를 자택에서 나와 이 사건 거래처 앞 도로까지 가면서 계속 폭행을 하다 소외2로부터 폭행을 당하여 발생한 것 으로 보이는데, 설령 주류회사에 근무하는 원고와 소외2 등이 영업차원에서 이 사건 거래처에 참석하여 매출을 올려주거나 관리를 위해 술을 과하게 마셨다고 하더라도, 원고가 술 자리에서 대꾸한 소외2를 폭행하다가 소외2로부터 폭행을 당한 것은 원고와 소외2 사이의 사적인 관광에 기인한 것이거나 원고가 직무의 한도를 넘어 소외2를 자극하거나 도발한 경우로 보일 뿐 원고의 업무에 내재하는 위험의 현실화라고 보기 어려우므로, 이 사건 재해는 업무상재해에 해당한다고 보기는 어렵다. 따라서 이와 다른 전제에 선 원고의 주장은 이유 없다.

3. 결론

그렇다면, 원고의 청구는 이유 없어 이를 기각하기로 하여, 주문과 같이 판결한다.

[참조판례]

대법원 1995. 1. 24. 선고 94누8587 판결

◎ 2심 대전고등법원 제1행정부[2019누11376]

원 고 : 항소인 ○○○

대전시 ○○구 ○○로 ○○길 ○○

특별대리인 원고 ○○○

소송대리인 법무법인 ◇◇

담당변호사 ○○○

피 고 : 피항소인 근로복지공단

전심판결 : 1심 2017구단101111 대전지방법원

변론종결 : 2019. 09. 19

판결선고 : 2019. 10. 31

[주문]

1. 원고의 항소를 기각한다.
2. 항소비용은 원고가 부담한다.

[청구취지 및 항소취지]

제1심판결을 취소한다. 피고가 원고에 대하여 한 2017. 2. 23.자 요양불승인처분을 취소한다.

[이유]

1. 제1심판결의 인용

원고의 항소이유는 제1심에서의 주장과 크게 다르지 아니하고, 이 법원에 제출된 증거들을 종합하여 당사자의 주장을 모두 살펴보더라도 제1심의 사실인정과 판단은 정당한 것으로 인정된다.

이에 이 법원의 판결이유는 제1심판결의 이유 중 일부를 아래 제2항과

같이 고쳐 쓰는 것 외에는 제1심 판결문 이유 기재와 같으므로, 행정소송법 제8조 제2항, 민사소송법 제420조 본문에 의하여 이를 그대로 인용한다.

2. 고쳐 쓰는 부분

○ 제2면 제3행의 "(주)○○○○" 앞에 "주류 납품 업체인"을 덧붙인다.

○ 제2면 밑에서부터 제5행의 "따라가면서 소외1를"을 "계속 몸싸움 내지 실랑이를 계속하다가 소외2를"로 고쳐 쓴다.

○ 제4면 제1행의 "증인 소외3"을 "제1심증인 소외3"으로 바꾸어 쓴다.

○ 제4면 제4행의 "때렸고" 다음에 아래의 내용을 덧붙인다.

『(소외3은 제1심에서 원고가 처음 소외3을 때리게 된 경위에 관하여 '지금 생각해 보니까 어린 제가 거래처 사장한테 하는 행동이 좀 나쁘게 보여서 그렇게 행동한 것 같다'는 취지로 증언하였다. 그러나 갑 제3, 10호증, 을 제5호증의 각 기재 및 변론 전체의 취지에 의하여 인정할 수 있는 다음과 같은 사정, 즉 ① 원래 소외3은 평소 거래처 사장인 소외4과 서로 형·동생하며 지낼 정도로 친밀한 관계였던 점, ② 소외4은 소외3과 위와 같이 친밀한 관계였기에 평소 알고 지내던 누나로서 업무적으로는 관계가 없는 소외5(여)의 집으로 소외3, 원고, 소외2를 함께 데리고 간 점, ③ 그곳에서 원고는 소외3의 소외4에 대한 태도를 문제삼기보다는 술에 취하여 그날 처음 본 소외4에게 반말하며 말꼬리를 잡고 비웃는 태도를 보이기도 했던 점 등을 종합하면, 처음 원고가 소외3, 소외2와 실랑이를 벌인 이유는, 거래처 사장에게 업무적으로 무례한 태도를 보인 소외3을 훈계하기 위한 것이라기보다는 업무와는 별 관계없이 술에 취하여 개인적인 감정과 행동을 제대로 통제하지 못하였기 때문으로 보인다)』

○ 제4면 제7행의 "보아는데" 다음에 아래의 내용을 덧붙인다.

『(이 사건 재해는 앞서 본 바와 같이 원고와 소외3, 소외2, 교원이 소외4의 지인인 누나 집까지 가서 술을 먹으면서 가게영업 등에 관한 얘기를 하다가 원고와 소외3 사이에 다툼이 벌어져 소외4에 의하여 집 밖으로 쫓겨 내려온 상황에서 실랑이를 계속하다가 일어난 것으로, 원고나 소외2

의 주류판촉업무와는 시간적으로나 장소적으로나 행위내용적으로나 관련성이 매우 적다)』

○ 제4면 제11행의 "보일 뿐" 다음에 아래의 내용을 추가한다.

『(원고는 소외2가 원고에게 욕설하며 도발하여 다툼이 일어나게 된 것이라고 주장하나, 갑 제8호증의 기재 또는 영상만으로는 원고의 주장을 인정하기 부족하고, 달리 이를 인정할 증거도 없을뿐더러, 설사 위 주장과 같은 사실관계가 맞다고 하더라도 그러한 도발행위가 원고의 업무와 관련성이 있다고 인정하기 어렵다)』

3. 결론

원고의 청구는 이유 없으므로 이를 기각할 것인바, 제1심판결은 이와 결론을 같이하여 정당하다. 따라서 원고의 항소는 이유 없으므로 이를 기각하기로 하여 주문과 같이 판결한다.

[참조조문]

행정소송법 제8조 제2항

민사소송법 제420조

2. 요양불승인처분취소

(식당 인근 편의점 앞 인도에서 음주운전 차량에 충격당하는 사고)

◎ **서울행정법원[2019구단68766]**

원 고 : ○○○

세종특별자치시 ○○구 ○○○로 ○○○

소송대리인 변호사 ○○○, ○○○

피 고 : 근로복지공단

변론종결 : 2020. 02. 25

판결선고 : 2020. 04. 14

[주문]

1. 피고가 2019. 8. 19. 원고에 대하여 한 요양불승인처분을 취소한다.

2. 소송비용은 피고가 부담한다.

[청구취지]

1. 처분의 경위

가. 원고는 2017. 10. 10. 휴대전화 부품을 생산하는 주식회사 ○○○○○(이하 이 사건 사업장이라 한다)에 입사하여 생산직 사원으로 근무하던 중 2017. 11. 8. 01:15경 같은 팀원인 소외1, 소외2, 소외3과 함께 휴게시간을 이용하여 외부식당에서 식사를 마치고 식당 인근 편의점 앞 인도에서 음주운전 차량에 충격당하는 사고(이하 이 사건 사고라 한다)를 당하여 '측두골의 골절(폐쇄성), 열린 두 개내 상처가 없는 경막외출혈, 치수침범이 없는 치관의 파절, 하악골의 갈고리돌기의 골절(폐쇄성), 두개골 및 안면골을 침범하는 기타 다발골절(폐쇄성), 우측 갈고리돌기 골절, 치수침범이 없는 치아파절, 턱의 염좌 및 긴장'(이하 이 사건 상병이라 한다) 진단을 받았다.

나. 원고는 피고에게 이 사건 상병에 대하여 요양급여신청을 하였으나, 피고는 2019. 8. 19. '이 사건 상병과 이 사건 사고와의 인과관계는 인정되지만, 사고 당시 원고는 회사 규정을 위반하여 사업장을 벗어난 외부식당에서 식사를 하고 편의점 앞에서 음료수를 마시던 중 발생한 사고로서 근로제공의 의무가 없는 휴게시간 중 재해자 임의로 사업장을 벗어나 사

적 행위를 하던 중 발생한 사고로 확인됨에 따라 휴게시간 중 사업주의 지배관리하에 있다고 볼 수 있는 행위로 발생한 사고로 인정하기 어렵다.'는 이유로 요양불승인처분(이하 이 사건 처분이라 한다)을 하였다.

[인정근거] 다툼 없는 사실, 갑 제2,3,6,7호증의 각 기재, 변론 전체의 취지

2. 이 사건 처분의 적법 여부

가. 휴게시간 중에는 근로자에게 자유행동이 허용되고 있으므로 통상 근로자는 사업주의 지배·관리하에 있다고 할 수 없으나, 휴게시간 중의 근로자의 행위는 휴게시간 종료 후의 노무제공과 관련되어 있으므로, 그 행위가 당해 근로자의 본래의 업무행위 또는 그 업무의 준비행위 내지는 정리행위, 사회통념상 그에 수반되는 것으로 인정되는 생리적 행위 또는 합리적·필요적 행위라는 등 그 행위 과정이 사업주의 지배·관리하에 있다고 볼 수 있는 경우에는 업무상 재해로 인정할 수 있다(대법원 2004. 12. 24. 선고 2004두6549 판결 참조).

나. 위 법리에 비추어 이 사건에 관하여 본다. 갑 제8 내지 15호증, 을 제3 내지 7호증의 각 기재 및 변론 전체의 취지를 종합하여 알 수 있는 이 사건 사업장의 근무형태, 원고가 이 사건 당일 외부식당에서 식사를 하게 된 경위, 위 외부식당의 사업장과의 거리, 이 사건 사고가 발생한 시점과 경위 등에 비추어 보면, 이 사건 사고는 사회 통념상 원고의 업무에 수반되는 것으로 인정되는 생리적 행위 또는 합리적·필요적 행위 과정에서 발생한 것으로 그것이 사업주의 지배·관리하에 있다고 볼 수 있다고 판단된다. 이와 다른 전제에 있는 이 사건 처분은 위법하다.

(1) 이 사건 사업장은 주야 2교대근무 형태로 운영되고 있었고, 원고는 이 사건 사고 당시 전날 20:00부터 다음날 08:00까지 근무하는 야간근무조였다. 야간근무조는 총 4회의 휴게시간이 부여되는데, 2개 조로 나누어 교대로 휴게하였고, 그 중 야식시간은 첫 번째 조에게 23:30부터 00:10까지, 두 번째 조에게 00:10부터 00:50까지 주어졌으며, 원고는 이 사건 사고 당일 두 번째 조에 속해 있었다. 원고는 야간근무 중 야식시간을 이용하여 외부식당에서 식사를 한 후 복귀를

앞두고 이 사건 사고를 당하였는바, 야간근무조의 근무시간 등에 비추어 볼 때 야간근무 중의 식사는 일반적으로 업무의 준비행위 내지 사회통념상 그에 수반되는 생리적 행위에 해당한다고 볼 수 있다.

(2) 피고는 이 사건 사업장에서 구내식당을 운영하고 있었고 이 사건 사업장의 취업규칙에서 '휴게시간은 회사 내에서 휴식하는 것을 원칙으로 질서와 규율을 문란하게 하지 아니하는 한도 내에서 자유로이 이용할 수 있다.'고 정하고 있음에도 원고가 외부 식당을 이용한 점을 들어 이 사건 사고의 업무관련성을 부정하고 있다.

그러나 이 사건 사업장의 야간근무자로서 특히 두 번째 식사하는 조는 식사량 부족 등으로 외부식당을 이용하는 인원이 적지 않았던 것으로 보이는 점(증인 소외1은 '야간근무자가 25명 내지 30명이고, 원고와 자신이 속한 팀은 12명 정도인데 다른 팀은 구내식당과 같은 건물에 있는 반면 자신의 팀은 구내식당과 다른 건물에 있어 두 번째 조로 식사를 하는 경우에는 식사량이 부족한 경우가 많았다'는 취지로 증언하면서, '자신이 속한 12명의 조원 중 야간에는 70-80퍼센트 정도 외부식당을 이용하였다'는 취지로 증언하고 있다), 야간근무시에는 관리직 사원이 상주하지 아니하고 근무자 중에서 최선임으로서 회사측이 '조장'으로 지명한 근무자가 사실상 책임자의 역할을 맡게 되는데 이 사건 사고 당일 원고는 조장의 승인 하에 다른 조원들과 함께 외부식당을 이용하였던 점(증인 소외1은 '조장은 회사에서 지명되어 수당이 나오는 것으로 알고 있고, 야식을 외부식당에서 먹는 정도는 조장 선에서 처리되고 상급자에게 보고하는 것은 보지 못했다'는 취지로 증언하고 있다), 원고가 이용한 외부식당은 이 사건 사업장과 2.77km 떨어져 자동차로 약 6분 정도 소요되는 위치에 있어 통상 40분의 휴게시간 내에 식사를 마치고 복귀하기에 충분한 거리로 보이는 점, 휴게시간에 회사 내에서 휴식하는 것이 원칙이라 하더라도 그것이 식사를 반드시 구내식당에서 하도록 제한한다고 보기는 어렵고(사업장의 특성상 구내식당을 이용하지 아니하면 업무에 지장을 준다는 등의 특별한 사정이 없는 한 이는 근로자의 행복추구권을 침해할 소지가 있다) 원고가 해당 취업규칙을 사전에 고지받았음을 인정할 자료 역시 없는 점(원고와 이 사건 사업장 사이에 작성된 근로계약서에도 그러한 내용은 기재되어 있지 아니하다) 등에 비추어 볼 때, 피고가 주장하는 위 사유 때문에 이 사건 사고가 사업주의 지배·관리 영역을 벗어났다고 보기는 어렵다.

(3) 피고는 원고가 휴게시간을 넘겨 식사를 하였고 그 후 이 사건 사고가 발생하였으므로 업무관련성을 인정할 수 없다는 취지로도 주장한다. 살피건대 원고는 2017. 11. 8. 01:11경 식사를 마치고 같은 날 01:14경 식당과 같은 건물에 있는 편의점에서 조장으로부터 부탁받은 빵 등을 구입한 후 편의점 앞 인도에서 음료수를 마시던 중 이 사건 사고를 당하였는바, 당시는 이미 휴게시간을 넘긴 시간이기는 하다. 그러나, 앞서 보았듯이 야간근무조가 2개 조로 나누어 식사를 하기 때문에 앞선 조의 식사가 늦어지는 등의 이유로 휴게시작이 늦어지는 경우가 있었고 이 사건 사고 당일 원고 역시 첫 번째 식사를 한 조와 업무교대를 하느라 시간이 지체된 등의 이유로 2017. 11. 7. 00:35경 비로소 식당으로 출발하였는데 이러한 경우 그 때부터 휴게시간이 보장되어야 한다고 보는 것이 합리적인 점, 2017. 11. 7. 00:35부터 기산하면 휴게시간은 2017. 11. 8. 01:15까지가 되어 원고는 휴게시간 내에 식사를 마쳤다고 볼 수 있고 편의점 결제 후 곧바로 이 사건 사업장에 복귀하는 경우 01:21경에는 업무에 복귀할 수 있었을 것으로 보이는데 비록 휴게시간을 6분 정도 초과하게 되지만 이 정도의 시간차는 사회통념상 용인할 만한 범위 내에 있는 것으로 보이는 점, 원고는 이 사건 사고 당시 입사한지 채 한 달이 되지 않은 수습사원의 신분이었는바 식사장소나 복귀시간의 결정에 있어 본인의 의사를 관철하리라 기대하기 어려웠던 점 등에 비추어 보면, 피고가 주장하는 위 사유 때문에 이 사건 사고가 사업주의 지배·관리 영역을 벗어났다고 보기도 어렵다.

3. 결론

원고의 청구는 이유 있으므로 이를 인용한다.

[참조판례] 대법원 2004. 12. 24. 선고 2004두6549 판결

제2절 장해급여

■ 장해급여부지급처분취소

(징수업무를 담당하던 중 교통사고)

◎ 1심 서울행정법원[2010구단21429]

원 고 : ○○○

서울시 성북구 돈암동 ○○○

소송대리인 법무법인 ◇◇

담당변호사 ○○○

피 고 : 근로복지공단

변론종결 : 2012. 08. 14

판결선고 : 2012. 09. 26

[주문]

1. 피고가 2009. 10. 30. 원고에 대하여 한 장해급여부지급처분을 취소한다.
2. 소송비용은 피고가 부담한다.

[청구취지]

주문과 같다.

[이유]

1. 처분의 경위

가. 원고는 피고의 서울 ○○지사 ○○센터 소속 근로자로서 징수업무를 담당하던 중 2004. 7. 24. 교통사고(이하 '제1차 교통사괴라고 한다)를 당하여 '경요추부 염좌, 좌측 견관절부대퇴부 좌상, 뇌진탕, 다발성 좌상, 타박상, 제4-5번 요추간 추간판 탈출증 및 제5번 요추-제1번 천추간 추간판 탈출증 무의 상해를 입고 입원 또는 통원치료를 받았다.

나. 원고는 2005. 9. 30. 피고로부터 출장명령을 받아 서울특별시 ○○구청에 다녀오던 중 교통사고(이하 '제2차 교통사괴라고 한다)를 당하여 ,뇌진탕,

경요추 염좌, 상세 불명의 좌측 하지부 타박상 및 부종,의 상해를 입었고, 2005. 10.경 피고에게 요양신청 하여 피고로부터 요양승인을 받고, 2005. 10. 4.부터 2006. 6. 30.까지 요양을 하였다.

다. 원고는 피고에게, 2005. 12. 23. 제4-5 요추간 수핵 탈출증에 대하여 추가상병신청을 하였다가 2006. 1. 17. 불승인처분을 받았고, 2006. 6. 28. 제5번 요추-제1번 천추간 추간판 탈출증에 대하여 추가상병신청을 하였다가 2006. 7. 21. 불승인처분을 받았다.

라. 이에 원고는 위 각 추가상병불승인처분에 대하여 소송을 제기하여 승소판결(서울행정법원 2008. 7. 23. 선고 2007구합22962 판결, 서울고등법원 2009. 5. 14. 선고 2008누23049 판결, 2009. 6. 4.경 확정)을 받았고, 이에 따라 피고는 위 각 추가상병을 승인하였다.

마. 원고는 2006. 7. 도경 제4-5번 추간판, 제5번-천취번과 관련하여 척추기기고정술(이하 '이 사건 수술'이라 한다)을 받고, 2007. 5. 24. 치료를 종결한 후, 2009. 8. 24. 피고에게 장해급여청구를 하였으나, 피고는 2009. 10. 30. 원고에 대하여, '요추부 CT, 및 X-Ray상 척추분절의 불안정성이 관찰되지 않는 등 척추기기고정술이 의학적 으로 인정되지 아니한다는 이유로 장해급여부지급결정(이하 '이 사건 처분'이라 한다) 을 하였다.

[인정근거] 다툼 없는 사실, 갑 제1 내지 4호증, 을 제1호증(각 가지번호 포함)의 각 기재, 변론 전체의 취지

2. 처분의 적법 여부

가. 원고의 주장

원고는 아래와 같은 사유로 이 사건 처분이 위법하다고 주장한다.

(1) 피고는 산업재해보상보험법(이하 '산재보험법이라 한다) 및 시행령, 시행규칙 등 관련규정에 따라 이 사건 처분을 한 것이 아니라 내부업무지침인 공상처리규정에 의하여 이 사건 처분을 하였는바, 이는 근거없는 것으로 위법하다. 아니라 하더라도 원고는 이 사건 처분 당시 해고되어 피고의 직원도 아니라 할 것임에도 위 공상처리규정에 따른 것은 절차적으로 위법하다.

(2) 원고는 위 각 추가상병이 불승인된 상태에서 주치의의 판단에 따라 이 사건 수술을 시행받았고, 또 원고의 경우 추궁의 광범위한 절제로 인하여 척추체가 불안정 할 우려가 있어 이 사건 수술을 받아 그 필요성이 인정되므로, 원고에 대한 장해등급을 결정함에 있어서는 이 사건 수술이 시행된 것을 전제로 하여야 한다.

나. 인정사실

(1) 치료의 경과 등

(가) 원고는 제1차 교통사고를 당한 후 서울 강남구 삼성동에 있는 ○○외과의원에서 2004. 7. 30.부터 2004. 8. 15.까지 17일간 물리치료(표층열치료, 심층열치료, 간섭파치료) 및 약물치료 등의 입원치료를 받았고, 위 입원치료 기간 동안 물리치료(표 층열치료, 심층열치료, 간섭파치료)와 약물치료를 받았으며, 위 치료 당시 요추부에 간헐적인 방사통을 호소하였다.

(나) 원고는 제2차 교통사고를 당한 후 위 ○○외과의원에서 2005. 10. 4.부터 2005. 10. 16.까지 입원치료를, 2005. 10. 26.부터 2005. 11. 24.까지 통원치료를, 2005. 12. 1.부터 2005. 12. 15.까지 ○○○신경외과의원에서 통원치료를, 2005. 12. 19.부터 2006. 2. 15.까지 서울 동대문구 청량리동에 있는 ○○○○병원에서 입원치료를, 2006. 2. 15.부터 2006. 6. 30.까지 ○○○정형외과의원에서 입원 또는 통원치료를 받았다.

(다) 원고는 2006. 6. 30. 요양치료가 종결된 이후, 2006. 7. 5. 서울 ○○○구 ○○○○에 있는 ○○○○병원에서 제4-5번 요추간, 제5번 요추-제1번 천추간 추간판 탈출증에 대한 수핵제거술 및 기기고정술(이 사건 수술)을 받았고, 2006. 7. 4부터 2006. 8. 2.까지 입원치료를 받았으며, 2006. 8. 4.부터 2006. 12. 4.까지 간헐적으로 통원치료를 받았다.

(라) 그 후 2007. 1. 12.부터 2007. 3. 기까지 서울 중랑구 면목3동에 있는 ○○○○병원에서 근력강화운동 등의 치료를 받았다.

(2) 의학적 소견 등

(가) 원고 주치의

제4-5요추, 제5요추-1천추 고정술 및 지속적인 가료를 시행함 중심후방탈출로 요추 후궁절제술과 요추간판제거술을 각각 양측에서 하였으며 수술 후 척추불안정과 시간이 경과함에 따라 요추체간 협소의 방지를 위해 제4-5요추간, 요추5-1천추간 기기고정술이 요하였음(○○○○병원)

원고의 경우 제4-5요추간 및 제5요추-1천추간 2분절에 광범위한 후궁절제가 불가피하였고 척추기기고정술을 안하면 수술 후 척추불안정이 있다는 것이며, 수술 전 엑스레이나 요추 CT에서 불안정이 있다는 것은 아님(○○○○병원 사실조회회신)

(나) 피고 자문의

- 척추 분절의 불안정성 또는 심한 척추관 협착 소견 등 척추 고정술의 타당성이 인정되지 않음 - 수핵탈출의 정도는 중등도로 2분절의 후궁절제술 실시되었음. 사전심의를 하였을 시 인정기준에 미달함 - 수술전 제4-5요추간 및 제5요추-1천추간 추간판탈출은 인정되나 고정술을 시행할 이유가 없음

(다) 진료기록감정의(○○○○병원)

- 원고의 필름과 CT로는 척추분절의 불안정성을 관찰하기 어렵고, 척추기 기고정술은 시기에 따라 약간의 변동이 있으며, 근래에는 척추 분절의 불안정성이 동 반된 척추 질환 또는 장기간의 보존요법에도 증상이 개선되지 않는 척추관 협착증에서 행해짐 - 척추기기고정술의 적정성 여부는 수술자가 본 수술 당시의 상태가 가장 중요하므로 비 수술자가 판단하기는 어려우나 만일 부분적인 추궁절제술과 함께 탈출된 수핵제거술을 시행하였다면 척추기기고정술은 필요 없었을 것으로 추정함 - 제4-5요추간판탈출증에 대한 단독수술은 기기고정이 필요 없으며, 제5요추-1천추를 추가하여 수술하더라도 수술자에 따라 기기고정은 하지 않는 경우가 많음 - 원고의 경우 수술 후 방사선 사진에서처럼 제4-5요추와 제5요추-1천추에서 광범위한 추궁절제를 하는 경우 척추체의 불안정성을 예방하기 위하여 기기고정이 필요할 수도 있음

[인정근거] 위 증거들, 갑 제5 내지 10호증, 을 제2 내지 4호증의 각 기재, 이 법원의 ○○○○병원장에 대한 진료기록감정촉탁결과, 이 법원의 ○○○○병원장에 대한 사실 조회결과, 변론 전체의 취지

다. 판단

(1) 절차적 하자 주장에 관한 판단

공상처리규정의 제정 취지는 피고 소속 근로자가 산업재해를 당하였을 경우 자칫 피고 소속이 아닌 근로자와 차별하여 업무를 처리하는 것을 방지하기 위하여 심의 위원회의 1/2을 외부위원으로 위촉하는 등 보다 공정하고 신중하게 업무를 처리하기 위한 내부규정에 불과하여 반드시 법령에 그 근거를 두어야 하는 것은 아니라고 할 것이므로, 피고가 이 사건 처분을 함에 있어 공사처리규정에 따라 하였다고 하여 위법하다고 할 수 없고(원고는 해고되었다가 후에 다시 복직되었으므로 여전히 피고 소속 근로자로 봄이 상당하다), 아니라 하더라도 재해를 입은 근로자가 피고에게 요양급여 등 보험급여를 신청한 경우, 피고가 의무적으로 진찰을 요구하거나 자문의에게 의학적 자 문을 구하여야 하는 것도 아니라 할 것이므로, 원고의 이 부분 주장은 어느 모로 보나 이유 없다.

(2) 실체적 하자 주장에 관한 판단

위 인정사실 및 위 증거들에 의하여 인정할 수 있는 다음과 같은 사정, 즉 ① 원고는 제1차 교통사고 및 제2차 교통사고로 제4-5번 요추간 추간판 탈출증 및 제5번 요추-제1번 천추간 추간판 탈출증 등의 진단을 받고, 보존요법으로 치료를 받았으나 호전되지 않아, ○○○○병원에서 이 사건 수술을 받은 점, ② 원고 주치의는 원고의 경우 2분절에 광범위한 추궁절제술이 필요하였고, 수술 후 척추불안정과 시간이 경과 함에 따라 요추체간 협소의 방지를 위해 척추기기 고정술이 필요하였다는 의학적 소견을 제시하고 있는 점, ③ 진료기록감정의도 척추기기고정술이 필요한지 여부는 수술자가 가장 잘 판단할 수 있고, 비수술자가 판단하기는 어렵다는 의학적 소견을 제시하

고 있는 점, ④ 원고가 피고의 사전승인 없이 이 사건 수술을 받았다고 하더라도 추가상병이 불승인된 상태에서 담당 의사의 판단과 권유에 따라 이 사건 수술을 받은 점, ⑤ 원고의 경우 요추 제4-5번간 추간판이 70% 이상 탈출되어 있었고, 요추5번-천추1번간 도 50% 정도 탈출되어 있어 광범위한 후방감압술이 불가피한 경우에 해당된다는 의학 적 소견이 있는 점 등에 비추어 보면, 원고에게 이 사건 수술이 불필요한 것이었다고 단정할 수 없다.

라. 소결론

따라서 이와 달리 이 사건 수술의 필요성이 인정되지 않는다는 이유로 장해급여를 부지급한 이 사건 처분은 위법하다.

3. 결론

그렇다면, 원고의 이 사건 청구는 이유 있으므로 이를 인용하기로 하여, 주문과 같이 판결한다.

[참조판례]

서울행정법원 2008. 7. 23. 선고 2007구합22962 판결

서울고등법원 2009. 5. 14. 선고 2008누23049 판결

◎ 2심 서울고등법원 제5행정부[2012누33265]

원 고 : 피항소인 ○○○

서울시 성북구 돈암동 ○○○

소송대리인 법무법인 ◇◇

담당변호사 ○○○

피 고 : 항소인 근로복지공단

전심판결 : 1심 2010구단21429 서울행정법원

변론종결 : 2013. 03. 27

판결선고 : 2013. 04. 10

[주문]

1. 피고의 항소를 기각한다.

2. 항소비용은 피고가 부담한다.

[청구취지 및 항소취지]

1. 청구취지

피고가 2009. 10. 30. 원고에게 한 장해급여부지급처분은 취소한다.

2. 항소취지

제1심판결을 취소한다. 원고의 청구를 기각한다.

[이유]

1. 제1심판결의 인용

이 법원이 선시할 이유는, 제1심판결 이유 중 아래와 같이 고치는 부분을 제외하고는 제1심판결서의 이유 기재와 같으므로, 행정소송법 제8조 제2항, 민사소송법 제420조 본문에 의하여 이를 인용한다.

【고치는 부분】

"다. 판단" 중 "(2) 실제적 하자 주장에 관한 판단"을 다음과 같이 고쳐 쓴다.

"위 인정사실과 증거를(특히 갑 제7호증의 2, 3. 제1심법원의 ○○○○병원장에 대한 사실조회회신결과)에 의하여 인정한 수 있는 다음과 같은 사정, 즉 ① 원고는 제1차 교통사고와 제2자 교통사고로 제4-5번 요추간 추간판 탈출증 및 제5번 요추-제1번 천추간 추간판 탈출증 등의 진단을 받고 보존요법에 따른 치료를 받았으나 호전되지 않아 다시 ○○○○병원에서 이 사건 수술을 받은 점, ② ○○○○대학교 의과대학 부속 ○○병원 의사 소외1 은 '원고의 제1차 사고로 발병된 요추간판탈출증이 제2차 사고로 말미암아 수핵제거술 및 광범위한 감압술 후 고정술이 필요할 정도로 악화된 것으로 보인다'라는 취지의 소견을 제시하고 있는 점, ③ 원고의 종전 서울행정법원 2007구합22962호 사건에서 진료기록감정을 하였던 ○○대학교 ○○○○○○병원 의사 소외2 은 원고의 상병과 관련하여 '증상이 악화되거나 보존적 치료에 실패하였을 때에는 수술을 선택하며 추간판제거술과 유합술, 기기고정술 등을 시행할 수 있는데, 수술방법은 환자와 상의 후 주치의가 최선의 방법으로 선택한다. 원고의 상병은 재발이나 악화의 가능성도 있고 추가 외상으로 그 정도가 더 심해질 수 있다.'라는 취지의 소견을 제시 한 점, ④ 제1심법원의 진료기록감정의는 '척추기기고정술이 필요한지는 수술자가 가장 잘 판단할 수 있고, 비수술자가 판단하기는 어렵다.'라는 의학적 소견을 제시하고 있는 점, ⑤ 원고의 주치의는 '원고의 요추 제45번간 추간판이 추간중의 70% 이상까지 심후방으로 탈출되어 있었고, 요추5번-천취번간도 50% 정도 중심후방 및 좌측후방으로 탈출되어 있어 광범위한 후방감압술이 불가피하였다. 이 경우 척추기기고정술을 하지 않으면 수술 후 척추가 붙안정해질뿐더러 수습부위 척추분절이 시간이 지남에 따라 가라앉고 좁아지면서 척추신경을 압박하게 된다.'라는 의견을 피력하고 있는 점, ⑥ 원고가 비록 피고의 사전승인 없이 이 사건 수술을 받았다고 하더라도 추가상병이 불승인된 상태에서 담당 의사의 판단과 권유에 따라 이 사건 수습을 받은 점 등을 종합하여 보면, 원고에게 이 사건 수습이 불필요한 것이었다고 단정할 수 없다."

2. 그렇다면 피고의 항소는 이유 없어 이를 기각한다.

[참조조문]

행정소송법 제8조

민사소송법 제420조

제3절 유족급여

■ 유족급여 및 장의비부지급처분취소

(무단횡단을 하다가 주행 중인 차량에 부딪히는 사고로 사망)

◎ 1심 서울행정법원 제3부[2019구합50366]

원 고 : ○○○

광주시 광산구 ○○○로 ○○○길 ○○○

송달장소 서울시 서초구 ○○로 ○○길 ○○

소송대리인 변호사 ○○○

피 고 : 근로복지공단

변론종결 : 2019. 09. 06

판결선고 : 2019. 11. 15

[주문]

1. 원고의 청구를 기각한다.

2. 소송비용은 원고가 부담한다.

[청구취지]

피고가 2018. 7. 6. 원고에게 한 유족급여 및 장의비 부지급 처분을 취소한다.

[이유]

1. 처분의 경위

가. 망 소외1(이하 '망인'이라 한다)은 주식회사 ○○○○○(이하 '○○○○○'이라 한다) 소속 과장으로 2017. 2. 23.부터 광주 북구에 있는 광주역 행복주택 건설공사(이하 '이 사건 공사'라 한다) 현장에서 기계 담당 관리자로 근무하였다.

나. 망인은 2018. 2. 22. 22:58경 광주 북구 이하생략 ○○○○ 앞 왕복 6차로 도로(이하 '이 사건 도로'라 한다)에서 무단횡단을 하다가 주행 중인 차량에 부딪히는 사고(이하 '이 사건 사고'라 한다)를 당하였다. 망인은 후두부에 출혈이 있는 상태로 인근 ○○대학교병원으로 이송되었으나 다음날

00:23경 결국 사망하였다.

다. 망인의 배우자인 원고는 '망인이 이 사건 공사 현장의 잠금장치를 확인하기 위해 가던 중 이 사건 사고가 발생하였으므로, 이 사건 사고는 업무를 마무리하는 행위 중 발생한 사고에 해당한다. 따라서 망인의 사망은 업무상 재해에 해당한다.'라고 주장하며 피고에 유족급여 및 장의비 지급을 청구하였다.

라. 피고는 2018. 7. 6. '망인이 이 사건 공사 현장 출입문의 잠금장치를 확인하러 가던 중이었다고 보기 어렵고, 설령 망인이 출입문의 잠금장치를 확인하러 가던 중이었다고 가정하더라도 퇴근으로 업무가 종료된 이후 사적인 음주를 한 상태에서 무단횡단 중 발생한 이 사건 사고는 산업재해보상보험법령상 업무를 마무리하는 행위 중 발생한 사고에 해당하지 않는다. 따라서 망인의 사망을 업무상 재해로 인정하기 어렵다.'라는 이유로 유족급여 및 장의비 부지급 처분(이하 '이 사건 처분'이라 한다)을 하였다.

[인정근거] 다툼 없는 사실, 갑 제1 내지 5, 7, 9호증, 을 제1호증(가지번호 있는 것은 가지번호 포함, 이하 같다)의 각 기재, 변론 전체의 취지

2. 이 사건 처분의 적법 여부

가. 원고의 주장

망인은 이 사건 공사 현장에서 퇴근할 당시 출입문이 잠겨있지 않은 상태인 것을 발견하였으며, 이에 직장 동료들과 식사를 하고 이 사건 공사 현장 숙소(이하 '이 사건 숙소'라 한다)에서 음주를 한 다음 자택1)으로 귀가하면서 위 동료들에게 '이 사건 공사 현장 출입문의 잠금장치를 확인하고 가겠다.'라고 말한 바 있다. 실제로 이 사건 숙소에서 이 사건 공사 현장으로 가기 위해서는 이 사건 도로를 건너가야 하므로, 원고가 이 사건 사고 당시 이 사건 공사 현장 출입문의 잠금장치를 확인하기 위해 이 사건 도로를 건넜다고 보아야 한다.

그렇다면 이 사건 사고는 '업무를 마무리하는 행위 중 발생한 사고'(업무수행 중의 사고)로 봄이 타당하므로, 망인의 사망은 업무상 재해로 인정된다. 이와 다른 전제에 선 이 사건 처분은 위법하여 취소되어야 한다.

나. 관계 법령

별지1 기재와 같다.

다. 인정사실

1) 이 사건 사고 당일 망인의 행적 등

가) 망인은 이 사건 공사 현장에서 07:00부터 18:00까지 근무하였고, 광주 이하생략에 있는 망인의 자택에서 이 사건 공사 현장으로 출퇴근하였다.

나) 망인은 이 사건 사고 당일 18:30경 같은 직장의 차장 소외2, 과장 소외3과 함께 퇴근하여 인근 식당에서 식사 겸 음주를 하였으며, 그 이후 이 사건 숙소로 자리를 옮겨 추가로 음주를 하였다. 당시 위 3명의 음주량은 총 소주 5병과 맥주 1.6.L이었다(1, 2차에 걸친 위 회식을 이하 '이 사건 회식'이라 한다).

다) 망인은 같은 날 22:30경 이 사건 숙소에서의 술자리(이 사건 회식)를 마치고 같은 날 22:58경 이 사건 도로를 무단횡단 하다가 중앙선을 넘은 위치(즉 망인이 건너기 시작한 곳을 기준으로 왕복 6차로 중 4차로 부분)에서 이 사건 사고를 당하였다.

2) 이 사건 사고 현장 등의 위치 및 모습 등

가) 이 사건 사고 현장, 이 사건 숙소, 이 사건 공사 현장의 기본적인 위치는 별지 2 기재와 같다.

나) 이 사건 숙소에서 택시를 타고 망인의 자택으로 가기 위해서는 진행방향상 이 사건 도로를 건너가 택시를 탈 필요가 없고, 이 사건 숙소에서 이 사건 도로를 건너가 택시를 타는 경우 망인의 자택과 반대방향으로 가게 된다.

다) 한편 이 사건 숙소에서 이 사건 공사 현장으로 가기 위해서는 이 사건 도로를 건너야 한다. 다만, 이 사건 도로 중 '이 사건 사고 현장 인근'과 '이 사건 공사 현장 바로 앞' 에는 신호등이 있는 횡단보도가 각 설치되어 있다.

3) 관련자 진술 등

가) ○○○○○ 차장이자 망인과 이 사건 사고 당일 이 사건 회식을 같이 한 소외2은 2018. 3. 9. 경찰 참고인 조사에서 '망인이 이 사건 회식을 마치고 이 사건 숙소를 나가면서 자택에 간다고 하였으며, 자택에 가기 전에 이 사건 공사 현장에 들러 출입문 잠금장치를 한 번 확인하고 간다고 하였다. 이 사건 회식은 업무적으로 모여 술을 마신 것은 아니며, 업무와 관련 없는 직원들끼리 일상적으로 퇴근하면서 하는 술자리이다.'라는 취지의 진술을 하였다.

나) 소외2은 또한 2018. 6. 18. 피고 담당 직원에게 '망인, 진술인 본인, 소외3 과장은 이 사건 사고 당일 18:30경 이 사건 공사 현장 사무실을 나서면서 맞은편에 있는 이 사건 공사 현장 출입문이 조금 열려져 있는 것을 보았고, 이에 대해서도 한마디씩 한 바 있다. 망인이 이 사건 회식을 마친 후 이 사건 숙소에서 나서면서 진술인 본인에게 자택에 가는 길에 이 사건 공사 현장 출입문을 둘러보고 갈 것이라고 말을 하였다.'라는 취지의 진술을 하였다.

[인정근거] 다툼 없는 사실, 갑 제1, 2, 9, 15, 16, 19, 20호증, 을 제1호증의 각 기재 및 영상, 변론 전체의 취지

라. 판단

1) 살피건대, ① 망인과 이 사건 회식을 같이 한 소외2은 비교적 일관되게 '망인이 이 사건 회식을 마치고 자택에 가기 전에 이 사건 공사 현장에 들러 출입문 잠금장치를 한 번 확인하고 갈 것이라고 말하였다.'라는 취지의 진술을 하고 있는 점, ② 이 사건 회식 종료 시각에 비추어 볼 때 망인은 택시를 타고 자택으로 돌아가려고 했을 가능성이 있는데, 이 사건 숙소에서 택시를 타고 망인의 자택으로 가기 위해서는 이 사건 도로를 건널 필요가 없고, 반면 이 사건 도로를 건너야 이 사건 숙소에서 이 사건 공사 현장을 갈 수 있는 점 등에 비추어 보면, 망인이 이 사건 공사 현장의 출입문 잠금장치를 확인하러 가기 위해 이 사건 도로를 건너가는 도중에 이 사건 사고가 발생하였을 여지가 있다.

2) 그러나 가사 이 사건 사고를 망인이 이 사건 공사 현장의 잠금장치를 확인하러 가던 중 발생한 사고로 본다 하더라도, 이 사건 사고가 '업무를 마무리하는 행위를 하던 중에 발생한 사고'(산업재해보상보험법 제37조 제1항 제1호 가목, 같은 법 시행령 제27조 제1항 제3호) 내지 '출퇴근 중에 발생한 사고'(산업재해보상보험법 제37조 제1항 제3호 나목)로서 산업재해보상보험법의 업무상 사고 또는 출퇴근 재해에 해당하여야 망인의 사망을 업무상 재해로 인정할 수 있다.

3) 산업재해보상보험법의 업무상 재해라 함은 근로자가 업무수행 중 그 업무에 기인하여 발생한 재해를 말하므로 업무와 재해 사이에 상당인과관계가 있어야 하고, 그와 같은 인과관계는 이를 주장하는 측에서 증명하여야 한다(대법원 2006. 9. 22. 선고 2006두8341 판결의 취지 참조). 그리고 이 사건 사고가 산업재해보상보험법령상의 '업무를 마무리하는 행위를 하던 중에 발생한 사고'에 해당하기 위해서는 '그 업무 수행에 수반되는 일반적인 위험의 범위 내에 있는 사고'여야 하고(대법원 2009. 4. 9. 선고 2009두508 판결의 취지 참조), 산업재해보상보험법상의 '출퇴근 중에 발생한 사고'에 해당하기 위해서는 '근로자가 근무를 하기 위하여 순리적인 경로와 방법으로 출퇴근을 하던 중에 발생한 사고'여야 한다(대법원 2010. 6. 24. 선고 2010두3398 판결의 취지 참조).

4) 그런데 앞서 인정한 사실에 변론 전체의 취지를 더하여 알 수 있는 아래와 같은 사정에 비추어 보면, 원고가 제출한 증거만으로는 이 사건 사고가 '그 업무 수행에 수반되는 일반적인 위험의 범위 내에 있는 사고'라거나 '근로자가 근무를 하기 위하여 순리적인 경로와 방법으로 출퇴근을 하던 중에 발생한 사고'라고 평가하기 어렵고, 이 사건 사고로 인한 망인의 사망이 그 업무에 기인하여 발생한 재해로서 산업재해보상보험법의 업무상 재해에 해당한다고 볼 수 없으며, 달리 이를 인정할만한 증거가 없다.

가) 이 사건 도로는 왕복 6차로 도로인데다 이 사건 도로를 통해 이 사건 사고 지점 인근에 있는 광주역을 지나게 되므로, 이 사건 도로의

차량 통행량이 평소에도 적지 않아 무단횡단을 하는 경우 사고가 발생할 가능성이 높았을 것으로 판단된다.

더욱이 이 사건 사고 장소에 근접한 곳과 이 사건 공사 현장 바로 앞에 신호등이 설치된 횡단보도가 각 있었음에도 망인은 횡단보도를 이용하지 않은 채 이 사건 도로를 무단횡단 하였고, 이와 같이 무단횡단을 할 만한 불가피한 사정도 엿보이지 않는다.

여기에 망인이 업무와 무관한 이 사건 회식에서 음주를 하여 판단력이 다소 흐려진 상태에서 이 사건 도로를 무단횡단 하다가 왕복 6차로의 절반 가량 지난 위치에서 이 사건 사고가 발생한 점, 이 사건 사고 발생에 있어 과속, 음주운전 등 상대방 운전자의 과실 비율이 압도적으로 높다고 볼만한 사정도 보이지 않는 점을 더하여 보면, 이 사건 사고가 '업무 수행에 수반되는 일반적인 위험의 범위 내에 있는 사고'라거나 '순리적인 경로와 방법으로 출근을 하던 중에 발생한 사고'라고 보기는 어렵다.

나) 산업재해보상보험법 제37조 제2항 본문은 "근로자의 고의·자해행위나 범죄행위 또는 그것이 원인이 되어 발생한 부상·질병·장해 또는 사망은 업무상의 재해로 보지 아니한다."라고 규정하고 있다. 망인의 무단횡단은 도로교통법 제157조 제1호, 제10조 제2항의 규정에 의해 20만 원 이하의 벌금이나 구류 또는 과료의 부과대상에 해당할 수 있고, 이것이 산업재해보상보험법 제37조 제2항 본문의 '고의·자해행위나 범죄행위'에는 이르지 않는다고 하더라도 위 산업재해보상보험법 규정의 취지에 비추어 망인의 무단횡단으로 인해 망인의 업무와 이 사건 사고 사이의 인과관계가 단절되었다고 볼 여지가 있다.

마. 소결론

따라서 이 사건 사고로 인한 망인의 사망은 업무상 재해로 인정하기 어려우므로, 이와 같은 전제에 선 이 사건 처분은 적법하다.

3. 결론

그렇다면 원고의 청구는 이유 없으므로 이를 기각하기로 하여 주문과 같이 판결한다.

[별지 1] 관계 법령

■ 산업재해보상보험법

제5조(정의)

이 법에서 사용하는 용어의 뜻은 다음과 같다.

1. "업무상의 재해"란 업무상의 사유에 따른 근로자의 부상·질병·장해 또는 사망을 말한다.

제37조(업무상의 재해의 인정 기준)

① 근로자가 다음 각 호의 어느 하나에 해당하는 사유로 부상·질병 또는 장해가 발생하거나 사망하면 업무상의 재해로 본다. 다만, 업무와 재해 사이에 상당인과관계(相當因果關係)가 없는 경우에는 그러하지 아니하다.

1. 업무상 사고

가. 근로자가 근로계약에 따른 업무나 그에 따르는 행위를 하던 중 발생한 사고

바. 그 밖에 업무와 관련하여 발생한 사고

3. 출퇴근 재해

가. 사업주가 제공한 교통수단이나 그에 준하는 교통수단을 이용하는 등 사업주의 지배관리 하에서 출퇴근하는 중 발생한 사고

나. 그 밖에 통상적인 경로와 방법으로 출퇴근하는 중 발생한 사고

② 근로자의 고의·자해행위나 범죄행위 또는 그것이 원인이 되어 발생한 부상·질병·장해 또는 사망은 업무상의 재해로 보지 아니한다. 다만, 그 부상·질병·장해 또는 사망이 정상적인 인식능력 등이 뚜렷하게 저하된 상태에서 한 행위로 발생한 경우로서 대통령령으로 정하는 사유가 있으면 업무상의 재해로 본다.

■ 산업재해보상보험법 시행령

제27조(업무수행 중의 사고)

① 근로자가 다음 각 호의 어느 하나에 해당하는 행위를 하던 중에 발생한 사고는 법 제37조 제1항제1호가목에 따른 업무상 사고로 본다.

1. 근로계약에 따른 업무수행 행위
2. 업무수행 과정에서 하는 용변 등 생리적 필요 행위
3. 업무를 준비하거나 마무리하는 행위 그 밖에 업무에 따르는 필요적 부수행위
4. 천재지변·화재 등 사업장 내에 발생한 돌발적인 사고에 따른 긴급피난·구조행위 등 사회통념상 예견되는 행위

② 근로자가 사업주의 지시를 받아 사업장 밖에서 업무를 수행하던 중에 발생한 사고는 법 제 37조제1항제1호가목에 따른 업무상 사고로 본다. 다만, 사업주의 구체적인 지시를 위반한 행위, 근로자의 사적(私的) 행위 또는 정상적인 출장 경로를 벗어났을 때 발생한 사고는 업무상 사고로 보지 않는다.

③ 업무의 성질상 업무수행 장소가 정해져 있지 않은 근로자가 최초로 업무수행 장소에 도착하여 업무를 시작한 때부터 최후로 업무를 완수한 후 퇴근하기 전까지 업무와 관련하여 발생한 사고는 법 제37조제1항제1호가목에 따른 업무상 사고로 본다.

■ 도로교통법

제10조(도로의 횡단)

① 지방경찰청장은 도로를 횡단하는 보행자의 안전을 위하여 행정안전부령으로 정하는 기준에 따라 횡단보도를 설치할 수 있다.

② 보행자는 제1항에 따른 횡단보도, 지하도, 육교나 그 밖의 도로 횡단시설이 설치되어 있는 도로에서는 그 곳으로 횡단하여야 한다. 다만, 지하도나 육교 등의 도로 횡단시설을 이용할 수 없는 지체장애인의 경우에는 다른 교통에 방해가 되지 아니하는 방법으로 도로 횡단시설을 이용하지 아니하고 도로를 횡단할 수 있다.

③ 보행자는 제1항에 따른 횡단보도가 설치되어 있지 아니한 도로에서는 가장 짧은 거리로 횡단하여야 한다.

⑤ 보행자는 안전표지 등에 의하여 횡단이 금지되어 있는 도로의 부분에서는 그 도로를 횡단하여서는 아니 된다.

제157조(벌칙)

다음 각 호의 어느 하나에 해당하는 사람은 20만 원 이하의 벌금이나 구류 또는 과료에 처한다.

1. 제5조, 제8조제1항, 제10조제2항부터 제5항까지의 규정을 위반한 보행자
2. 제6조제1항·제2항·제4항 또는 제7조에 따른 금지·제한 또는 조치를 위반한 보행자
3. 제9조제1항을 위반하거나 같은 조 제3항에 따른 경찰공무원의 조치를 위반한 행렬등의 보행자나 지휘자
4. 제68조제3항을 위반하여 도로에서의 금지행위를 한 사람

[별지2] 이 사건 사고 현장 위치도(생략)

[각주내용]

1) 뒤에서 보는 바와 같이 이 사건 공사 현장 인근에 해당 공사 현장 근무자를 위한 이 사건 숙소가 마련되어 있었으나, 당시 망인은 자택에서 이 사건 공사 현장으로 출퇴근하였다.

[참조조문]

산업재해보상보험법 제37조 제1항 제1호 가목

같은 법 시행령 제27조 제1항 제3호

산업재해보상보험법 제37조 제1항 제3호 나목

산업재해보상보험법 제37조 제2항

도로교통법 제157조 제1호, 제10조 제2항

[참조판례]

대법원 2006. 9. 22. 선고 2006두8341 판결

대법원 2009. 4. 9. 선고 2009두508 판결

대법원 2010. 6. 24. 선고 2010두3398 판결

◎ 2심 서울고등법원 제3행정부[2019누67076]

원 고 : 항소인 ○○○

광주시 광산구 ○○○로 ○○○길 ○○○

송달장소 서울시 서초구 ○○로 ○○길 ○○

소송대리인 변호사 ○○○

피 고 : 피항소인 근로복지공단

전심판결 : 1심 2019구합50366 서울행정법원

변론종결 : 2020. 04. 16

판결선고 : 2020. 05. 14

[주문]

1. 원고의 항소를 기각한다.

2. 항소비용은 원고가 부담한다.

[청구취지 및 항소취지]

제1심 판결을 취소한다. 피고가 2018. 7. 6. 원고에게 한 유족급여 및 장의비 부지급 처분을 취소한다.

[이유]

1. 제1심 판결의 인용

이 법원의 판결 이유는 제1심 판결의 이유와 같으므로, 행정소송법 제8조 제2항, 민사소송법 제420조 본문에 의하여 이를 인용한다.

2. 결론

그렇다면, 제1심 판결은 정당하므로, 원고의 항소는 이유 없어 이를 기각하기로 하여 주문과 같이 판결한다.

[참조조문]

행정소송법 제8조 제2항

민사소송법 제420조

제4절 재요양 등

■ **재요양불승인처분취소**(작업복 세탁을 마치고 화장실에서 나오던 중 뇌출혈로 쓰러져 뇌실내 뇌내출혈 등으로 요양)

◎ **서울행정법원[2015구단60962]**

원 고 : ○○○

서울시 ○○○구 ○○○로 ○○○길 ○○○

소송대리인 변호사 ○○○

피 고 : 근로복지공단

변론종결 : 2016. 11. 24

판결선고 : 2016. 11. 29

[주문]

1. 원고의 청구를 기각한다.

2. 소송비용은 원고가 부담한다.

[청구취지]

피고가 2015. 7. 22. 원고에 대하여 한 재요양불승인처분을 취소한다.

[이유]

1.처분의 경위

가. 원고는 2000. 1. 23. 발생한 재해로 피고로부터 '뇌실질내 출혈', '뇌실내혈종', '기질성기분장애', '기질적 뇌증후군'으로 요양승인을 얻어 2002. 8. 31.까지 치료를 받은 후 요양종결한 자인바, 2014. 4. 5. 15:20경 '좌측 뇌두정부 뇌내출혈'(아래에서는 이 사건 상병이라 쓴다)로 쓰러져 2015. 6. 3. 피고에게 재요양신청을 하였고, 2015. 6. 25.에는 신청 상병을 '뇌실질내 출혈', '우측 강직성 편마비'로 하여 추가상병신청을 하였다.

나. 피고는 2015. 7. 22. 최초 요양급여신청 당시 나타난 질환은 우측 뇌실질내출혈인데 이 사건 상병은 반대측인 좌측 뇌두경부 뇌내출혈로 최

초 승인상병의 재발이나 악화 소견이 아니라는 이유로 불승인하는 처분(아래에서는 이 사건 처분이라 쓴다)을 하였다.

[인정근거] 다툼 없는 사실, 갑제1 내지 3호증 각호, 을제1 내지 3호증 각호의 기재, 변론 전체의 취지

2. 처분의 적법 여부에 대한 판단

가. 원고의 주장

피고는 이 사건 상병의 유발 지점이 뇌의 좌측이고, 최초 승인 상병의 유발지점은 우측이므로 두 개의 상병간 서로 관련성이 없다는 전제에서 이 사건 처분을 하였으나, 원고는 최초 승인상병인 우측 뇌실질내 출혈로 인한 좌측 편마비' 증상과 뇌손상으로 인한 '기질적 기분장애'로 치료를 받아왔고, 좌측 편마비로 대소변을 가리지 못하고 타인에게 의지해서 생활하는 등 거동이 불편한 상태였는바, 이로 인하여 신체기능이 저하되고 신체활동량도 줄어드는 등 전반적인 삶의 질이 저하되어 이 사건 상병이 발병한 것으로 보아야 할 것임에도 이와 다른 전제에서 이루어진 이 사건 처분은 위법 하다.

나. 인정사실

(1) 원고는 1943. 1. 5.생으로 2000. 1. 23. 종묘 주차장에서 작업을 종료한 후 작업복 세탁을 마치고 화장실에서 나오던 중 뇌출혈로 쓰러져 '뇌실내 뇌내출혈', '기질성 기분장애', '상세불명의 섬망'으로 진단 받아 피고로부터 요양승인을 얻어 2002. 8. 31. 까지 치료를 마친 후 요양종결하였다.

(2) 원고가 2000. 1. 23. 뇌출혈로 쓰러질 당시 출혈의 상태에 대한 영상자료가 남아 있지는 아니하나, 진료기록에 나타난 바로는 우측 기저핵 부위의 뇌출혈로 인하여 좌측 편마비가 발생한 것이었는데, 이 사건 상병은 좌측 뇌두정부에 나타난 뇌출혈이다. 이 사건 상병 발병 당시 원고는 오후 4시 무렵 집에서 오른쪽 신체에 힘이 빠지면서 넘어졌고 119 구급차량을 통해 병원에 이송되었는데, 내원 당시 혈압은 133/72mmhg, 맥박은 72로 측정되었다.

(3) 원고는 최초 승인상병인 우측 기저핵부위 뇌출혈로 요양승인을 받아 치료를 마친 후에도 좌측 편마비 증상이 잔존하여 제2급 5호로 장해등급결정을 받아 장해급여 및 간병급여를 수령하였고, 요양종결 이후에도 기질성 기분장애로 후유증상 진료를 받았다.

[인정근거] 다툼 없는 사실, 갑제4, 5호증 각호, 을제1 내지 4호증 각호의 기재, 변론 전체의 취지

다. 의학적 소견

(1) 신경외과 감정의 : 2014. 4. 5. 원고에게 발생한 뇌출혈은 자발성 뇌출혈의 한 형태인 엽상출혈로서 두정부, 측두부, 후두엽의 피질하에서 자주 발생하는 질환이다. 원고의 경우 좌측 두정부 피질하에서 발생되었는데 유발원인은 주로 아밀로이드 혈관 병증이고 그 이외에 항응고제, 뇌동정맥기형, 뇌종양, 혈액이상의 경우에도 발생할 수 있으나, 고혈압과 관련한 엽상출혈은 흔하지 않다. 이에 반해 2000. 1. 23. 발생한 1차 뇌출혈은 우측 시상부와 뇌실질내 출혈로서 전형적인 고혈압성 뇌출혈로 발생부위 및 발생 원인이 모두 다르다.

(2) 정신과 감정의 . 원고에게 나타난 기질적 기분장애는 2000. 1. 23. 발생한 1차 뇌출혈의 합병증이라고 할 것이다. 기질적 기분장애가 신체에 미치는 영향으로는 두통, 소화불량, 관절통 등 구체적인 신체증상으로 나타나기도 하고, 수면과 식욕에 변화가 오는 증상으로 나타나기도 하지만, 1차 뇌출혈 이후에 나타난 원고의 행동 및 기능장 애가 전적으로 기질적 기분장애의 증상으로 인한 것이라고 보기는 어렵다.

[인정근거] 다툼 없는 사실, 을제4호증 각호, 이 법원의 ○○○○○○○병원장, ○○○○○○ ○○병원장에 대한 각 진료기록감정촉탁결과, 변론 전체의 취지

라. 판단

(1) 산업재해보상보험법에 의한 재요양은 일단 요양이 종결된 후에 당해 상병이 재발하거나 또는 당해 상병에 기인한 합병증에 대하여 실시하는 요양이라는 점 외에는 최초의 요양과 그 성질을 달리할 것이 아니

므로, 재요양의 요건은 요양 종결된 후에 실시하는 요양이라는 점을 제외하고는 요양의 요건과 다를 바 없고, 따라서 재요양의 요건으로는 요양의 요건 외에 최초 상병과 재요양 신청한 상병과의 사이에 상당인과관계가 있다고 인정되고, 최초상병의 치료 종결시 또는 장해급여 지급 당시의 상병상태에 비하여 그 증상이 악화되어 있으며, 재요양을 함으로써 치료효과가 기대될 수 있어야 한다.

또한 추가상병 요양은 ① 업무상의 재해로 요양 중인 근로자가 그 업무상의 재해로 이미 발생한 부상이나 질병이 추가로 발견되어 요양이 필요한 경우이나, ② 그 업무상 의 재해로 발생한 부상이나 질병이 원인이 되어 새로운 질병이 발생하여 요양이 필요한 경우에 실시하는 요양이므로, ②의 경우에는 요양의 요건 외에 최초상병과 추가상병과의 사이에 의학적 상당인과관계가 인정되어야 한다.

(2) 이 사건에 관하여 보건대, 앞서 살핀 바와 같이 원고의 최초승인상병인 우측 시상부와 뇌실질내 출혈은 그 원인이 고혈압인 경우가 많고, 원고 역시 고혈압으로 인해 최초승인상병이 발병한 것으로 보이는데, 그에 반해 이 사건 상병은 좌측 두정부 피질 하 엽상출혈로서 출혈이 발생한 부위가 다른 것은 물론 그 원인 역시 고혈압과 관련되기보다 아밀로이드 혈관병증이나 혈액이상 등과 관련되는 등 최초 승인상병과는 발병 기전이 다른 질환인 점, 원고가 최초 승인상병으로 좌측 편마비가 발생하여 제2급 5호의 장해등급결정을 받은 사실은 앞서 살핀 바와 같고, 그로 인하여 신체적 활동이 제약되거나 감정의 기복이 심해지는 등 삶의 질이 저하되었을 가능성은 있으나, 앞서 살핀 바와 같은 이 사건 상병의 발병 원인에 비추어 볼 때 최초승인상병 이후 나타난 원고 신체의 장해 상태와 이 사건 상병 사이에 직접적인 관련이 있다고 보기도 어려우며, 이 사건 상병은 최초 승인상병 발병 이후 14년이 경과한 이후에 발병한 것으로 다양한 생물학적, 사회심리학적 요인들이 관여했던 것으로 보이는 점 등을 종합적으로 고려할 때 최초승인상병과 이 사건 상병 사이에 상당인과관계가 입증되지 않

았다는 전제에서 이루어진 이 사건 처분은 적법하다.

3. 결론

그렇다면 원고의 이 사건 청구는 이유 없으므로 이를 기각하기로 하여 주문과 같이 판결 한다.

[참조조문]

산업재해보상보험법

제8장 시설결함, 관리하자

제1절 요양급여

■ **요양불승인처분취소**
(배수로를 뛰어 넘어 건너던 중 발을 헛디뎌 추락하는 사고)

◎ **1심 서울행정법원[2015구단63107]**

원 고 : ○○○
서울시 중구 다산로 ○○○길 ○○○
소송대리인 법무법인 ◇◇
담당변호사 ○○○, ○○○

피 고 : 근로복지공단

변론종결 : 2016. 07. 15

판결선고 : 2016. 09. 30

[주문]

1. 원고의 청구를 기각한다.
2. 소송비용은 원고가 부담한다.

[청구취지]

피고가 2014. 12. 31. 원고에 대하여 한 요양불승인처분을 취소한다.

[이유]

1. 처분의 경위

가. 원고는 2014. 10. 5. 주식회사 ○○설비에 일용근로자로 채용되어 주식회사 ○○건설(이하 '○○건설'이라 한다)이 시행하는 ○○시 이하생략 아파트 건설공사현장에서 배관공으로 근무하던 자로 2014. 11. 1. 16:50경 승용차가 주차된 곳으로 가기 위하여 폭 1.2m 정도의 배수로를 뛰어 넘어 건너던 중 발을 헛디뎌 추락하는 사고(이하 '이 사건 사고'라고 한다)로 '

좌측 종족골 골절, 다발성 타박상을 진단받고, 이 사건 사고가 사업장 관리구역 범위 내에서 발생한 사고로 업무상 재해에 해당한다'는 이유로 피고에게 요양급여를 신청하였다.

나. 피고는 2014. 12. 31. 원고에 대하여 '이 사건 사고는 소속 사업장에서 별도의 주차장소를 마련하여 주차장 이용에 관한 교육을 별도로 실시하였음에도 불구하고 사업주의 구체적인 지시를 위반하여 임의로 주차한 곳으로 이동하던 중 발생한 사고이고, 사고현장인 배수로는 소속 사업장에서 설치한 외곽 경계물을 벗어난 장소로 공사 현장의 주된 출입로 위치 등을 고려하면 실질적인 사업장 관리구역의 범위로 보기 어려우며, 실제 배수로 설치공사도 인근에 위치한 아파트 건설공사 조성을 위해 타 사업장에서 도시기반시설(도로, 소하천) 공사를 시공한 것으로 확인된다'는 이유로 요양불 승인처분(이하 '이 사건 처분'이라 한다)을 하였다.

[인정근거] 갑 제9호증, 을 제1, 6호증의 각 기재, 변론 전체의 취지

2. 이 사건 처분의 적법 여부

가. 원고의 주장

원고는 이 사건 사고일 아침 임시주차장에 승용차를 주차하고 간이통로를 이용하여 현장으로 들어갔는데, 퇴근시에는 간이통로가 철거된 상태여서 할 수 없이 주차장으로 가기 위해 배수로를 넘어 퇴근하는 과정에서 추락하여 다치게 되었다. ○○건설에서는 이 사건 사고 당일 간이통로를 철거하고도 출입금지 등 안전문구를 세우는 조치를 취하지 아니하였고 근로자 주차장이 협소하여 다른 현장근로자들과 함께 사용하고 있는 다른 주차장에 주차하고 있는 사실을 알면서도 이를 묵인하였으며, 이 사건 사고 현장인 배수로는 ○○건설에서 관리하고 있는바, 이 사건 사고는 사업주가 제공한 시설물의 결함이나 관리 소홀로 발생한 사고 또는 사업주의 지배관리하에서 출퇴근중 발생한 사고로 업무상 재해에 해당하고, 이와 다른 전제에서 한 피고의 이 사건 처분은 위법하다.

나. 판단

을 제6호증의 기재, 증인 소외1의 일부 증언 및 변론 전체의 취지에 의

하면 공사현장에 설치되었던 간이통로가 이 사건 사고 발생 전 철거되었던 사실은 인정된다. 그러나, 갑 제4, 6, 8, 10 내지 18호증(가지번호 포함께 각 기재만으로는 ○○건설이 원고가 추락한 배수로를 설치, 관리하였다고 인정하기에 부족하고, 달리 이를 인정할증거가 없을 뿐 아니라, 을 제2, 6호증의 각 기재 및 변론 전체의 취지에 의하면, 원고는 이 사건 사고 당일 비가 내리는 상황에서 평소 퇴근시간보다 빠른 16:50경 퇴근하면서 배수로를 뛰어넘다가 미끄러져 추락한 사실이 인정되는바, 이 사건 사고는 원고 본인이 빨리 이동할 수 있는 경로를 임의로 선택하여 비정상적인 방법으로 퇴근하는 과정에서 발생한 사고이므로, 사업주의 지배, 관리를 벗어난 상태에서 발생한 사적인 재해로 봄이 상당하다. 따라서 간이통로의 철거 및 이에 대한 안내 부재로 인하여 이 사건 사고가 발생하였다는 취지의 원고 주장은 받아들일 수 없고, 이 사건 사고가 업무상 재해에 해당하지 않는다는 전제에서 이루어진 이 사건 처분은 적법하다.

3. 결론

원고의 청구는 이유 없으므로 이를 기각하기로 하여 주문과 같이 판결한다.

◎ 2심 서울고등법원 제8행정부[2016누69019]

원 고 : 항소인 ○○○

서울시 중구 다산로 ○○○

소송대리인 법무법인 ◇◇

담당변호사 ○○○

피 고 : 피항소인 근로복지공단

전심판결 : 1심 2015구단63107 서울행정법원

변론종결 : 2017. 04. 28

판결선고 : 2017. 06. 16

[주문]

1. 원고의 항소를 기각한다.

2. 항소비용은 원고가 부담한다.

[청구취지 및 항소취지]

제1심 판결을 취소한다. 피고가 2014. 12. 31. 원고에 대하여 한 요양불승인처분을 취소한다.

[이유]

1. 제1심 판결 이유의 인용

이 법원이 이 사건에 관하여 설시할 이유는, 제1심 판결의 이유 중 제2의 나항을 아래 제2항과 같이 변경하는 이외에는 제1심 판결의 이유와 같으므로, 행정소송법 제8조 제2항, 민사소송법 제420조 본문에 의하여 이를 그대로 인용한다.

2. 변경 부분

나. 판단

을 제3 내지 13호증의 각 기재 및 영상, 당심 증인 소외1, 소외2의 각 일부 증언에 변론 전체의 취지를 더하여 알 수 있는 다음과 같은 사정 등을 종합하면, 원고가 제출한 증거 및 주장하는 사정만으로는 이 사건 사고를 사업주가 제공한 시설물의 결함이나 관리 소홀로 발생한 사고 또는 사업주의 지배 관리 하에서 출퇴근 중 발생한 사고로 보기 어렵고 달리 이를 인정할 증거가 없다. 따라서 이 사건 사고가 업무상 재해에 해당하지 않는다는 전제에서 이루어진 이 사건 처분은 적법하므로, 원고의 주장을 받아들일 수 없다.

1) ○○○○이 시행하던 충주 ○○○지구 아파트 건설공사현장(이하 '이 사건 공사현장'이라 한다)의 평면도는 별지 도면과 같은바, 위 도면상의 위쪽에 ○○○○이 소속 근로자들을 위하여 마련한 별도의 주차장소인 근로자주차장이 있었으나 원고와 같은 일부 근로자들은 인근의 ○○○○ 공사현장 소속 근로자들이 주차장으로 이용하는 위 도면상의 현장사무실 근처 배수로 건너편 빈 공터를 주차장으로 이용하였다. 위 도면 상의 옹벽 시공구간이라고 기재된 부분 근처에 간이통로가 설치되어 있어 원고 등은 이를 통하여 위 공터에서 이 사건 공사현장으로 이동하였다.

2) 위 간이통로는 원래 이 사건 공사현장의 ○○식당과 관계된 식자재 등의 이동 통로로 설치, 사용되었는데 이를 누가 설치하였는지는 불분명하고(원고는 ○○○○이 소속 근로자들의 출, 퇴근 편의를 위하여 간이통로를 설치, 관리하였다는 취지로 주장하나 이를 인정할 객관적인 증거가 없다), 이 사고 사고 당일 ○○○○측의 옹벽 시공업체가 이를 철거하였다.
3) ○○○○의 안전관리자인 소외2는 이 사건 사고 이후에 동료 근로자인 소외1을 상대로 사고 장소 등을 확인하였는데 소외1은 별지 도면의 '다친장소'라고 기재되어 있는 곳이 이 사건 사고 장소라면서 이 사건 사고 당시를 재연한 바 있다. 따라서 이 사건 사고 장소는 별지 도면의 '다친장소'라고 기재되어 있는 부근의 배수로라 할 것이 므로, 원고가 그 주장과 같이 철거된 간이통로 부근의 배수로를 뛰어 넘다가 사고가 발생한 것으로 보기는 어렵다.
4) ○○○○은 원고, 소외1을 포함한 소속 근로자들에게 별도의 주차장소를 마련하고 주차장 이용에 관한 교육을 실시하기도 하였는데, 원고는 ○○○○이 마련한 주차 장소가 아닌 위 공터에 차량을 주차한 다음 퇴근하면서 위 공터로 이동하던 중 이 사건 사고가 발생하였다(원고는 ○○○○이 위 공터를 소속 근로자들이 주차장으로 사용하는 사실을 알면서도 이를 묵인하였다는 취지로 주장하나 이를 인정할 객관적인 증거가 없다).
5) 이 사건 사고 장소인 별지 도면의 '다친장소'라고 기재되어 있는 부근의 배수로는 ○○○○이 이 사건 공사현장을 구분, 관리하기 위하여 설치한 외곽 경계물(펜스)을 벗어난 장소로 ○○○○이 위 배수로 부근을 포함하여 배수로 전반을 설치, 관리하였다고 인정할 증거가 부족하여 이를 ○○○○의 사업장 관리구역 범위 내로 보기 어렵다.
6) 이 사건 사고 당시 비가 와서 길이 미끄럽고 질퍽거렸는데, 이와 같은 상황에서 위 간이통로가 철거되었다고 하여 원고가 이 사건 사고 장소까지 가서 그 배수로를 뛰어 넘는 것이 정상적이고 합리적인 퇴근 경로라고 보기 어렵다.
7) 결국 이 사건 사고는 원고가 빨리 이동할 수 있는 경로를 임의로 선택하여 비정상적인 방법으로 퇴근하는 과정에서 발생한 사고로 사업

주인 ○○○○의 지배, 관리를 벗어난 상태에서 발생한 사적인 재해로 봄이 상당하다.

3. 결론

그렇다면 원고의 이 사건 청구는 이유 없어 이를 기각할 것인바, 제1심 판결은 이와 결론을 같이하여 정당하므로 원고의 항소는 이유 없어 이를 기각하기로 하여 주문과 같이 판결한다.

[참조조문]

행정소송법 제8조

민사소송법 제420조

제2절 장해급여

■ 장해등급결정처분 취소

(상가 신축현장에서 일하던 중 콘크리트 바닥에 추락하는 업무상 사고)

◎ 대전지방법원[2016구단75]

원 고 : ○○○

대전시 동구 판암동 ○○○

소송대리인 변호사 ○○○(소송구조)

피 고 : 근로복지공단

변론종결 : 2017. 09. 26

판결선고 : 2017. 10. 31

[주문]

1. 원고의 청구를 기각한다.
2. 소송비용은 원고가 부담한다.

[청구취지]

피고가 2015. 10. 30. 원고에 대하여 한 산업재해보상보험법에 의한 장해등급 제12급 결정처분은 이를 취소한다.

[이유]

1. 처분의 경위

가. 원고는 ○○○○ 주식회사 소속 근로자로 2014. 4. 20. 상가 신축현장에서 일하던 중 3m 아래의 콘크리트 바닥에 추락하는 업무상 사고를 당하여 '외상성 경막하출혈, 외상성 뇌내출혈, 요추의 염좌 및 긴장'의 상병을 입고, 피고로부터 요양승인을 받아 2014. 4. 20.부터 2014. 12. 16.까지 요양하였다.

나. 원고는 요양을 마친 후 피고에게 장해급여를 청구하였고, 피고는 2015. 2. 3. 원고의 장해상태에 대하여 현훈, 두통의 증상이 남아 있어

"국부에 신경증이 남은 사람"에 해당된다는 자문의의 소견에 따라 장해등급 제14급 제10호에 해당한다는 처분을 하였다. 원고는 위 처분에 불복하여 심사청구를 하였으나 기각되었다.

다. 원고는 산업재해보상보험재심사위원회에 재심사청구를 하였고, 산업재해보상보험재심사위원회는 원처분을 취소하고, 원고의 장해상태는 "노동능력은 있으나 신경계통의 기능 또는 정신기능의 감각 장해, 추체로 증상과 추체외로 증상을 수반하지 않는 정도의 마비, 뇌위축 및 뇌파 이상 등이 의학적으로 인정되거나 이러한 이상 소견에 해당하는 자각증상이 의학적으로 인정되는 경우"로 장해등급 제12급 제15호에 해당한다고 판단하여 원고의 장해등급을 제12급으로 한다는 결정을 하였다(이하에서는 위와같이 변경된 피고의 2015. 11. 12.자 처분을 '이 사건 처분'이라 한다).

[인정근거] 다툼 없는 사실, 갑 제13호증의 기재, 변론 전체의 취지

2. 이 사건 처분의 적법 여부

가. 원고의 주장

원고는 이 사건 사고 후 지속적인 두통과 착시현장, 어지러움 등으로 정상적인 노동능력이 없는 상태로 산업재해보상보험법 시행령 제53조 제1항 전문 [별표6] 장해등급의 기준상 제7급 제4호(신경계통의 기능 또는 정신장애에 장해가 남아 쉬운 일 외에는 하지 못하는 사람)에 해당하므로, 이와 다른 전제에서 이루어진 이 사건 처분은 위법하다.

나. 관계법령

별지 기재와 같다.

다. 판단

1) 의학적 소견

원고의 장해상태에 대한 의학적 소견은 다음과 같다.

(1) 원고의 주치의(○○○○병원)

(가) 장해진단서(2014. 12. 24.)

원고의 장해상태에 대하여 현훈(현재도 지속적으로 증상 호소), 두통, 감정조절이 어려운 상태로 국부에 신경증상이 남은 사람에 해당하고, 시

야결손 부분은 안과전문의의 추가 검사 및 진단이 필요하다.

(나) 소견서(2014. 12. 24., 2016. 1. 18.)

원고는 '상세불명의 우울병 에피소드(임상적 추정 병명)' 진단 하에 예민함, 수면의 어려움, 의욕저하, 현훈, 두통 등으로 통원치료 및 약물치료를 받고 있다.

(다) 후유장애진단서(2017. 7. 13., 보험회사 제출용)

원고의 장해상태에 대하여 맥브라이드방식에 의거하여 노동력상실율 23%에 해당하고, 향후 호전 가능성은 있지만 상당한 시간이 소요될 것이라는 소견이다.

(2) 원처분 기관 자문의 소견

(가) 자문의 1 : 우측 측두엽 외상성 뇌실질 출혈 및 뇌좌상 후에 뇌연화증 및 위축이 있으며 이로 인한 어지럼증, 두통, 비훈증 등의 증상이 같이 동반되는 상태로 뇌손상 후유증으로 인한 추체로 증상을 수반하지 않는 상태로 자각증상이 의학적으로 인정되는 상태이다.

(나) 자문의 2 : 외상성 뇌출혈에 의한 우측 측두엽 부위의 뇌연화증이 잔존하나 현재 뚜렷한 장해는 없이 국소 신경증상(두통, 어지럼증 등)만 남은 상태로 판단됨. 현재 병변은 시각중추의 손상을 유발하지는 않은 것으로 사료된다는 소견이다.

(다) 자문의사회의 심의 소견 : 현훈, 두통의 증상이 남아 있어 국부에 신경 증상이 남은 사람에 해당한다는 소견이다.

[인정근거] 다툼 없는 사실, 갑 제3 내지 12호증, 14호증의 각 기재, 변론 전체의 취지

2) 판단

산업재해보상보험법 제57조, 같은 법 시행령 제53조 제1항, [별표6], 같은 법 시행규칙(2016. 3. 28. 고용노동부령 제152호로 개정되기 전의 것) 제48조 [별표 5] 신체 부위별 장해등급 판정에 관한 세부기준 및 의학적 소견을 종합하여 보면, 원고가 제출한 자료만으로는 원고의 장해상태가 신경계통의 기능 또는 정신기능에 장해가 남아 쉬운 일 외에는 하

지 못하는 사람으로서 중등도의 신경계통의 기능 또는 정신기능의 장해로 인하여 노동능력이 일반평균인의 2분의 1 정도만 남은 사람에 해당하는 [별표 6] 신체장해등급표 제7급 제4호에 해당한다고 보기 어렵고, 원고에 대한 영상자료상 우측 측두부에 뚜렷한 뇌위축 소견이 확인되는 점에서 노동능력은 있으나 신경계통의 기능 또는 정신기능의 감각장해, 추체로 증상과 추체외로 증상을 수반하지 않는 정도의 마비, 뇌위축 및 뇌파 이상 등이 의학적으로 인정되거나 이러한 이상 소견에 해당하는 자각증상이 의학적으로 인정되는 경우로 장해등급 12급 제15호(국부에 심한 신경증상이 남은 사람)에 해당된다고 봄이 타당하다. 따라서 이 사건 처분은 적법하다.

3. 결론

그렇다면, 원고의 이 사건 청구는 이유 없으므로 이를 기각하기로 한다.

[참조조문]

산업재해보상보험법

산업재해보상보험법 시행령 제53조 [별표6]

산업재해보상보험법 시행령 제53조

구 산업재해보상보험법 시행규칙 [별표 5]

구 산업재해보상보험법 시행규칙 [별표 6]

제3절 유족급여

1. 유족급여 및 장의비부지급처분취소

(민박집에서 화재가 발생하여 소외1은 일산화탄소 중독에 의하여 사망)

◎ 서울행정법원 제7부[2019구합1326]

원 고 : ○○○

서울시 노원구 ○○○로 ○○○길 ○○○

소송대리인 법무법인 ◇◇

담당변호사 ○○○

피 고 : 근로복지공단

변론종결 : 2020. 04. 09

판결선고 : 2020. 05. 14

[주문]

1. 원고의 청구를 기각한다.

2. 소송비용은 원고가 부담한다.

[청구취지]

피고가 2018. 7. 31. 원고에게 한 유족급여 및 장의비의 부지급 처분을 취소한다.

[이유]

1. 처분의 경위

가. 소외1은 2016. 9.경 서귀포시 이하생략에 있는 '○○○○○' 민박 생략 호(이하 '이 사건 민박집'이라 한다)를 월 차임 600,000원으로 정하여 임차하고 이 사건 민박집에서 거주하였다.

나. 소외1은 2016. 9. 23.부터 과일을 생산하는 ○○○○○○○○○(이하 '이 사건 사업장'이라 한다) 선과장에서 근무하고, 2017. 3. 15.까지 출근하였다.

다. 2017. 3. 27. 23:28경 이 사건 민박집에서 화재(이하 '이 사건 화재'라 한다)가 발생하여 소외1은 일산화탄소 중독에 의하여 사망하였다(이하 소외1을 '망인'이라 한다).

라. 피고는 2018. 7. 31. 망인의 배우자인 원고에게, 이 사건 화재가 망인과 이 사건 사업주의 고용관계가 종료된 후 발생하였고, 이 사건 민박집을 이 사건 사업주가 제공한 시설물로 볼 수 없으며, 이 사건 화재가 이 사건 민박집의 결함에 따른 것이 아닌 망인의 부주의에 의하여 발생한 것으로 판단된다'는 사유로 유족급여 및 장의비의 부지급 처분(이하 '이 사건 처분'이라 한다)을 하였다.

[인정 근거] 다툼 없는 사실, 갑 제1호증의 1 내지 3, 갑 제2호증의 3, 5, 6, 16, 갑 제5호증의 4, 을 제1, 2호증의 각 기재, 갑 제2호증의 7의 영상, 이 법원의 이 사건 사업주에 대한 사실조회결과, 변론 전체의 취지

2. 관계 법령

별지 관계 법령 기재와 같다.

3. 이 사건 처분의 적법 여부

가. 원고의 주장

망인이 퇴사 의사를 표시하였다가 철회하여 이 사건 화재 발생 당시에도 이 사건 사업주와 고용관계에 있었다. 망인은 이 사건 사업주의 동의하에 이 사건 민박집을 임차하여 외부 숙소로 이용하였고, 이 사건 사업주가 월 차임의 80% 상당을 부담하였으므로, 이 사건 민박집은 이 사건 사업주가 제공한 시설물이다. 이 사건 사업주의 관리 소홀로 이 사건 화재가 발생하여 망인이 사망하였으므로, 망인의 사망과 업무 사이에 상당인과관계가 있다.

나. 판단

앞서 본 사실 및 증거들과 갑 제2호증의 8 내지 13, 17 내지 25, 갑 제5호증의 3의 각 기재에 변론 전체의 취지를 종합하여 인정하거나 알 수 있는 다음과 같은 각 사실 및 사정에 따르면, 망인에게 근로관계가 계속되었고, 이 사건 민박집이 사업주가 제공한 시설로 보기에 부족하고, 달

리 이 사건 민박집이 사업주의 지배·관리 하에 있었음을 인정할 증명도 없으므로, 원고가 제출한 증거들만으로는 망인의 사망과 업무 사이에 상당인과관계가 있다고 인정하기 부족하다.

1) 과일을 생산하는 이 사건 사업장은 업무 특성상 4월부터 8월까지 비수기, 9월부터 다음 해 3월까지 성수기로 분류되고, 비수기에는 정규직 근로자들만 출근하며 성수기에 인원을 보충한다. 망인은 일용근로자로 근로자 지위 취득이나 상실에 관한 신고는 이루어지지 않았다. 망인이 2017. 3. 16. 이후 출근하지 않았고 담당할 작업이 예정되어 있었다고 볼 증명이 없다. 이 사건 사업장에서 망인에게 결근 사유를 확인하거나 출근을 독촉하는 등 연락을 취한 자료는 보이지 않는다. 2017년 3월 출근부에 망인에 대하여 퇴사 취지의 기재 없이 가로선이 그어져 있는데, 이 사건 사업장은 출근부에 한 줄이나 두 줄의 가로선을 그어 퇴사한 직원을 표시하였다. 2017. 2. 퇴사한 소외2, 2017. 3. 퇴사한 소외3, 소외4에 대하여는 출근부에 각 '퇴사' 또는 '계산완료'라고 기재되고 가로선이 그어졌으나, 2017. 1. 퇴사한 소외5, 소외6, 소외7, 소외8, 2017. 2. 퇴사한 소외9, 소외10, 소외11, 소외12에 대하여는 출근부에 각 퇴사 취지의 기재 없이 가로선이 그어져 있다. 2017. 3. 16. 이후에도 근로관계가 계속되었다고 보기 어렵다.

2) 망인은 이 사건 사업장에서 2015. 10. 10.부터 2016. 2. 28.까지 근무하였다. 당시 망인은 기숙사에서 생활하였는데 음주 후 소리를 지르는 등으로 다른 사람들에게 피해를 주었다. 망인이 2016. 9. 23.부터 다시 근무하면서는 이 사건 민박집에서 생활하였는데, 이 사건 민박집을 임차하는데 사업주가 관여한 바는 없다.

   망인은 전달 임금을 다음 달 10일경 지급받았는데, 2016. 9. 23.부터 근무하면서는 주거비로 400,000원 내지 500,000원을 4회 지급받았다. 화재 당시 민박집 차임 2월 분이 연체되어 있었다. 이 사건 사업장에서 임대인에게 직접 월 차임을 지급하거나, 임대인이 이 사건 사업장에 연체 차임의 지급을 요구한 사정은 보이지 않는다. 이 사건 사업장에서 이 사건 민박집을 임차하는데 관여하지 않았고 차임 지급도 망인에게 맡겨져 있었던 점에 비추어 보면, 이 사건 민박집을 사업주가 제공한 시설로 볼 수는 없다.

3) 현장감식 결과 이 사건 민박집에서 전기적 특이점이 발견되지 않고 화재 원인이 규명되지 않았다. 망인은 이 사건 화재 전 소주 1.8L를 구입하고, 부검 결과 혈중 알코올농도가 0.360%로 확인되었다. 망인의 부주의로 이 사건 화재가 발생했다고 볼 여지가 있고, 이 사건 사업장의 관리 소홀로 이 사건 화재가 발생했다고 볼 증명이 부족하다.

4. 결론

그렇다면, 원고의 청구는 이유 없으므로 이를 기각하기로 한다.

[별지] 관계법령

■ 산업재해보상보험법

제37조(업무상의 재해의 인정 기준)

① 근로자가 다음 각 호의 어느 하나에 해당하는 사유로 부상·질병 또는 장해가 발생하거나 사망하면 업무상의 재해로 본다. 다만, 업무와 재해 사이에 상당인과관계(**相當因果關係**)가 없는 경우에는 그러하지 아니하다.

1. 업무상 사고

나. 사업주가 제공한 시설물 등을 이용하던 중 그 시설물 등의 결함이나 관리 소홀로 발생한 사고

⑤ 업무상의 재해의 구체적인 인정 기준은 대통령령으로 정한다.

■ 산업재해보상보험법 시행령

제28조(시설물 등의 결함 등에 따른 사고)

① 사업주가 제공한 시설물, 장비 또는 차량 등(이하 이 조에서 "시설물등"이라 한다)의 결함이나 사업주의 관리 소홀로 발생한 사고는 법 제37조제1항제1호나목에 따른 업무상 사고로 본다.

② 사업주가 제공한 시설물등을 사업주의 구체적인 지시를 위반하여 이용한 행위로 발생한 사고와 그 시설물등의 관리 또는 이용권이 근로자의 전속적 권한에 속하는 경우에 그 관리 또는 이용 중에 발생한 사고는 법 제37조제1항제1호나목에 따른 업무상 사고로 보지 않는다.

2. 유족급여 및 장의비부지급처분취소

(직원 숙소인 원룸에서 잠을 자다가 발생한 화재로 사망)

◎ 1심 서울행정법원 제6부[2016구합57533]

원 고 : ○○○

○○시 ○○○구 ○○로 ○○길 ○○

소송대리인 변호사 ○○○

피 고 : 근로복지공단

변론종결 : 2017. 06. 23

판결선고 : 2017. 07. 14

[주문]

1. 원고의 청구를 기각한다.
2. 소송비용은 원고가 부담한다.

[청구취지]

피고가 2015. 3. 31. 원고에게 한 유족급여 및 장의비 부지급 처분을 취소한다.

[이유]

1. 처분의 경위

가. 원고의 형인 망 소외1(이하 '망인'이라 한다는 일용직 근로자로 2014. 11. 21. ○○○○이 하수급 받은 공사현장에서 일을 마치고 시흥시에 있는 ○○○○ 사무실에서 동료들과 함께 사업주가 제공한 술을 마신 후, 직원 숙소인 위 사무실 인근의 원룸(이하 '이 사건 숙소'라 한다)으로 이동하여 잠을 자다가 2014. 11. 22. 02:50경 발생한 화재(이하 '이 사건 화제'라 한다)로 다량의 연기를 흡입하여 병원으로 후송되었으나 같은 날 03:16경 사망하였다.

나. 원고는 2015. 1. 19. 피고에게 유족급여 및 장의비 지급을 청구하였으나, 피고는 2015. 3. 31. '망인의 사망은 담뱃불에 의한 화재로 인한 것으로 시설물의 결함이나 관리 소홀로 발생한 사고가 아니므로 업무상 재해의 인정기준에 해당하지 아니한다는 이유로 유족급여 및 장의비 부

지급 처분(이하 '이 사건 처분'이라 한다)을 하였다.

[인정근거] 다툼 없는 사실, 갑 제1 내지 3호증, 을 제1호증의 각 기재, 변론 전체의 취지

2. 이 사건 처분의 적법 여부

가. 원고의 주장 요지

망인은 사업주가 제공한 술과 음식으로 회식을 하다가 만취하였고, 사업주의 구체적인 지시로 사업주가 제공한 이 사건 숙소를 이용하게 되었으므로, 망인이 이 사건 숙소를 이용한 행위는 본래 업무행위의 준비행위 또는 그에 수반하는 행위로서 사업주의 지배·관리 하에 있었다. 또한 사업주는 이 사건 숙소를 처음 이용하는 망인에게 숙소 내부에서 담배를 피우지 말라는 주의를 주지 않고 사고 상황에 대비한 보호장비를 마련하지 않는 등 이 사건 숙소에 대하여 전반적으로 관리를 소홀히 하였고, 망인이 화재에 대피하지 못한 것은 회식에서 음주한 것이 큰 원인이므로, 망인의 사망은 이 사건 숙소에 대한 관리 소홀과 사업주가 주최한 회식으로 인한 음주가 복합적 원인이 된 것이다. 따라서 망인의 사망은 업무와 상당인과관계가 있다.

나. 관계법령

별지 기재와 같다.

다. 인정사실

1) 망인은 2014. 11. 21. 19:00경부터 21:00경까지 ○○○○ 사무실에서 ○○○○ 사업주가 제공한 김장김치와 수육 등을 안주 삼아 사업주 및 동료 근로자들과 함께 6~7명이 소주 4~5병을 마시며 회식을 하였다(이하 '이 사건 회식'이라 한다).

2) 다른 근로자들이 먼저 회식자리를 떠나고 망인과 동료 근로자인 소외2, 사업주와 그 아내가 남았는데, 종이컵 3잔 정도의 소주를 마시고 조금 취한 망인이 마지막 남은 소주 1병을 마시려 하자 사업주는 이를 만류하면서 회식을 종료하고 망인과 소외2에게 사업주가 근로자들을 위하여 임차한 직원 숙소에서 자고 갈 것을 권유하였다.

3) 평소 자택에서 출퇴근을 하던 망인은 다음날 예정된 근무를 위해 직원 숙소에서 잠을 자기로 하고 소외2과 함께 사무실에서 약 300m 떨어진 이 사건 숙소로 이동하였다.

4) 망인은 이 사건 숙소에 도착하여 샤워를 한 후 혼자서 다시 밖으로 나가 소주 2병과 안주로 장조림 캔을 사왔고, 소외2과 함께 소주 1병을 나눠 마셨다. 소외2 은 22:00경에서 23:00경 사이에 이 사건 숙소를 나와 인근의 다른 직원 숙소로 이동하였는데, 당시 남아있던 망인은 술에 취하여 횡설수설하는 상태로 여전히 술을 마시고 있었다.

5) 이 사건 화재에 대한 조사 결과에 따르면, 이 사건 화재로 침구류·의류 및 장판 일부가 소실되었고, 발화지점에서 인화성 물질이 검출되지 않았으며, 발화지점 주변에 소훼된 이불과 빈 소주병과 라이터, 담배꽁초, 담뱃재가 들어 있는 종이컵 잔해 등이 발견된 정황에 비추어 위 화재는 불씨가 남아 있는 담배꽁초에 의해 최초 발화가 시작되어 이불 등 주변으로 확대 연소되어 발생한 것으로 추정된다.

6) 망인에 대한 부검 결과 화재사(화재로 인한 화상과 더불어 일산화탄소나 유독가스에 의한 중독과 산소결핍에 의한 질식 등이 합병되어 사망하는 경우)로 판단되었고, 사망 후 측정한 혈중알코올농도는 0.221%이다. 한편 이 사건 숙소 출입구에서 약 4m 떨어진 곳에 소화기가 설치되어 있었다.

[인정근거] 다툼 없는 사실, 갑 제9 내지 12, 14 내지 17호증 0 제2, 3호증(가지번호 있는 것은 각 가지번호 포함)의 각 기재 및 변론 전체의 취지

라. 판단

앞서 인정한 사실 및 변론 전체의 취지에 의하여 인정되는 다음과 같은 사정을 종합하여 보면, 망인의 사망은 사업주가 제공한 시설물의 결함이나 관리 소홀 또는 사업주 지배관리 하에서 발생한 재해에 해당하지 아니하므로, 망인의 사망과 업무 사이에 상당인과관계를 인정하기 어렵다.

1) 사업주가 제공한 시설물의 결함 또는 관리 소홀로 인한 재해인지 여부 산업재해보상보험법 제37조 제1항 제1호 나목은 사업주가 제공한

시설물 등 을 이용하던 중 그 시설물 등의 결함이나 관리 소홀로 발생한 사고인 경우 업무상 재해로 인정한다고 규정하고 있으나, 이 사건 화재는 망인이 이 사건 숙소에서 피우던 담뱃불에 의하여 발생한 것으로 보이고, 달리 이 사건 화재나 망인의 사망이 사업주가 제공한 시설물의 결함이나 사업주의 시설 관리 소홀로 발생하였다고 볼 증거가 없다.

2) 그 밖에 사업주가 지배·관리하는 상황에서 발생한 재해인지 여부

가) 산업재해보상보험법 제37조 제1항 제1호는 근로자가 근로계약에 따른 업무나 그에 따르는 행위를 하던 중 발생한 사고(가목), 사업주가 주관하거나 사업주의 지시에 따라 참여한 행사나 행사준비 중에 발생한 사고(라목)를 업무상 사고로 규정하고 있다.

나) 위 법 시행령 제27조는 근로계약에 따른 업무수행 행위, 업무수행 과정에서 하는 생리적 필요 행위, 업무를 준비하거나 마무리하는 행위, 그 밖에 업무에 따르는 필요적 부수행위 등을 하던 중 발생한 사고를 위 법 제37조 제1항 제1호 가목에 따른 업무상 사고로 본다고 규정하고 있는바, 이처럼 본래의 업무행위 또는 그 업무의 준비행위, 사회통념상 그에 수반되는 생리적 행위 또는 합리적·필요적 행위로서 그 전반적인 과정이 사용자의 지배·관리 하에 있다고 볼 수 있는 행위를 하던 중 근로자가 사망하였다면 업무상 재해로 인한 사망으로 인정될 수 있다(대법원 2009. 10. 15. 선고 2009두10246 판결 등 참조).

그러나 업무가 종료한 이후의 시간은 기본적으로 근로자의 사적인 영역이므로 근로자가 업무 종료 이후 숙소에서 수면을 취한것은 특별한 사정이 없는 한 사업주의 지배·관리 하에 있다고 할 수 없다. 이 사건에서 ○○○○의 사업주는 근로자들의 편의를 위하여 이 사건 숙소를 마련하여 제공한 것이고, 망인이 이 사건 숙소를 이용하게 된 것도 사업주의 지시에 의한 것이라기보다는 스스로의 편의를 위해서 자유롭게 선택한 것으로 보이므로, 망인이 사업주가 제공한 이 사건 숙소에서 수면을 취하였다고 하여 달리 보기는 어렵다.

다) 한편 근로자가 사용자의 지배나 관리를 받는 행사나 모임에 참가하던 중 재해를 당한 경우뿐만 아니라, 행사나 모임의 도중이나 직후 그 장소를 벗어난 곳에서 재해를 당하였다고 하더라도 행사장소 등의 이탈 및 재해 발생의 직접적인 원인이 행사나 모임에서의 과음에 있었던 때에는, 그 과음행위가 사업주의 만류 또는 제지에도 불구하고 근로자 자신의 독자적이고 자발적인 결단에 의하여 이루어졌다거나 과음으로 인한 심신장애와 무관한 다른 비정상적인 경로를 거쳐 재해가 발생하였다는 등의 특별한 사정이 없다면 그러한 재해는 업무상 재해로 인정될 수 있다(대법원 2008. 10. 9. 선고 2007두21082 판결 등 참조).

그러나 이 사건에서 망인은 이 사건 회식이 종료할 무렵에 다소 취한 상태로 보이기는 하지만, 아무런 문제없이 이 사건 숙소로 이동하여 샤워를 한 후 다시 혼자서 숙소 밖으로 나가 주류를 더 사와서 동료 근로자와 함께 마시기까지 한 사실에 비추어 볼 때, 이 사건 회식 당시 거동이나 판단능력에 장애가 있을 정도로 취한 것으로 보이지 않으며, 회식 당시 사업주 측에서 망인에게 음주를 권유하거나 사실상 강요하였다고 볼 만한 사정도 없다. 또한 망인은 이 사건 회식이 종료한 이후 자신의 비용으로 직접 주류와 안주를 구매하여 이 사건 숙소에서 동료 근로자와 함께 자발적 의사에 따라 음주를 하다가 비로소 만취하게 된 것으로 보이고, 이는 사업주의 지배·관리 하에서 이루어진 것이라고 할 수 없으며, 이 사건 화재는 망인이 이 사건 숙소에서 수면을 취하던 중 피우던 담뱃불로 인하여 발생한 것이므로, 이 사건 회식에서 망인이 음주한 행위가 망인이 사망하게 된 직접적인 원인이라고 할 수 없다.

3. 결론

그렇다면 원고의 이 사건 청구는 이유 없으므로 이를 기각하기로 하여 주문과 같이 판결한다.

[별지] 관계법령

■ 산업재해보상보험법

제5조(정의) 이 법에서 사용하는 용어의 뜻은 다음과 같다.

1. "업무상의 재해"란 업무상의 사유에 따른 근로자의 부상·질병·장해 또는 사망을 말한다.

제37조(업무상의 재해의 인정 기준)

① 근로자가 다음 각 호의 어느 하나에 해당하는 사유로 부상·질병 또는 장해가 발생하거나 사망하면 업무상의 재해로 본다. 다만, 업무와 재해 사이에 상당인과관계(**相當因果關係**)가 없는 경우에는 그러하지 아니하다.

1. 업무상 사고

가. 근로자가 근로계약에 따른 업무나 그에 따르는 행위를 하던 중 발생한 사고

나. 사업주가 제공한 시설물 등을 이용하던 중 그 시설물 등의 결함이나 관리소홀로 발생한 사고

라. 사업주가 주관하거나 사업주의 지시에 따라 참여한 행사나 행사준비 중에 발생한 사고

마. 휴게시간 중 사업주의 지배관리하에 있다고 볼 수 있는 행위로 발생한 사고

바. 그 밖에 업무와 관련하여 발생한 사고

③ 업무상의 재해의 구체적인 인정 기준은 대통령령으로 정한다.

■ 산업재해보상보험법 시행령

제27조(업무수행 중의 사고)

① 근로자가 다음 각 호의 어느 하나에 해당하는 행위를 하던 중에 발생한 사고는 법 제37조 제1항 제1호 가목에 따른 업무상 사고로 본다.

1. 근로계약에 따른 업무수행 행위
2. 업무수행 과정에서 하는 용변 등 생리적 필요 행위
3. 업무를 준비하거나 마무리하는 행위, 그 밖에 업무에 따르는 필요적 부수행위
4. 천재지변·화재 등 사업장 내에 발생한 돌발적인 사고에 따른 긴급피난·구조행위 등 사회통념상 예견되는 행위

② 근로자가 사업주의 지시를 받아 사업장 밖에서 업무를 수행하던 중에 발생한 사고는 법 제37조 제1항 제1호 가목에 따른 업무상 사고로 본다. 다만, 사업주의 구체적인 지시를 위반한 행위, 근로자의 사적(**私的**) 행위 또는 정상적인 출장 경로를 벗어났을 때 발생한 사고는 업무상 사고로 보지 않는다.

③ 업무의 성질상 업무수행 장소가 정해져 있지 않은 근로자가 최초로 업무수행 장소에 도착하여 업무를 시작한 때부터 최후로 업무를 완수한 후 퇴근하기 전까지 업무와 관련하여 발생한 사고는 법 제37조 제1항 제1호 가목에 따른 업무상 사고로 본다.

제28조(시설물 등의 결함 등에 따른 사고)
① 사업주가 제공한 시설물, 장비 또는 차량 등(이하 이 조에서 "시설물등"이라 한다)의 결함이나 사업주의 관리 소홀로 발생한 사고는 법 제37조 제1항 제1호 나목에 따른 업무상 사고로 본다.
② 사업주가 제공한 시설물등을 사업주의 구체적인 지시를 위반하여 이용한 행위로 발생한 사고와 그 시설물등의 관리 또는 이용권이 근로자의 전속적 권한에 속하는 경우에 그 관리 또는 이용 중에 발생한 사고는 법 제37조 제1항 제1호 나목에 따른 업무상 사고로 보지 않는다.
제30조(행사 중의 사고)
운동경기·야유회·등산대회 등 각종 행사(이하 "행사"라 한다)에 근로자가 참가하는 것이 사회통념상 노무관리 또는 사업운영상 필요하다고 인정되는 경우로서 다음 각 호의 어느 하나에 해당하는 경우에 근로자가 그 행사에 참가(행사 참가를 위한 준비·연습을 포함한다)하여 발생한 사고는 법 제37조 제1항 제1호 라목에 따른 업무상 사고로 본다.
1. 사업주가 행사에 참가한 근로자에 대하여 행사에 참가한 시간을 근무한 시간으로 인정하는 경우
2. 사업주가 그 근로자에게 행사에 참가하도록 지시한 경우
3. 사전에 사업주의 승인을 받아 행사에 참가한 경우
4. 그 밖에 제1호부터 제3호까지의 규정에 준하는 경우로서 사업주가 그 근로자의 행사 참가를 통상적·관례적으로 인정한 경우 끝.

[참조조문]

산업재해보상보험법 제37조

산업재해보상보험법 시행령 제27조

[참조판례]

대법원 2008. 10. 9. 선고 2007두21082 판결

◈ 근로자가 작업시간 전 회사 체력단련실에서 역기에 목이 눌린 상태로 발견되어 병원으로 후송되어 요양하던 중 사망한 사안에서, 망인의 사망은 업무와 상당인과관계가 있어 업무상 재해에 해당한다고 한 사례
(대법원 2009. 10. 15. 선고 2009두10246 판결)
원고 : 상고인 ○○○
소송대리인 법무법인 ◇◇ 담당변호사 ○○○ 외 2인
피고 : 피상고인 근로복지공단

원심판결 : 서울고법 2009. 6. 9. 선고 2008누33299 판결

【주 문】

원심판결을 파기하고, 사건을 서울고등법원에 환송한다.

【이 유】

상고이유를 본다.

근로자가 어떠한 행위를 하다가 사망한 경우에 당해 근로자가 그 행위에 이르게 된 동기나 이유, 전후 과정 등을 종합적으로 고려하여 그 행위가 당해 근로자의 본래의 업무행위 또는 그 업무의 준비행위, 사회통념상 그에 수반되는 생리적 행위 또는 합리적·필요적 행위로서 그 전반적인 과정이 사용자의 지배·관리하에 있다고 볼 수 있는 경우에는 업무상 재해로 인한 사망으로 인정될 수 있다(대법원 1999. 4. 9. 선고 99두189 판결, 대법원 2009. 5. 14. 선고 2009두157 판결 등 참조).

원심판결 이유에 의하면, 원심은, 망인이 작업시간 전에소외 1 주식회사 체력단련실에서 역기대에 누워 역기에 목이 눌린 상태로 발견되어 병원으로 후송되어 요양하던 중 상세불명의 뇌병증(저산소성 뇌병증) 등으로 사망한 이 사건 사고에 대하여, 그 채용증거에 의하여 인정되는 판시사실에 비추어, 체력단련실은소외 1 주식회사의 근로자들이 요구하여 설치한 시설로서 근무시간을 제외하고는 마음대로 이용할 수 있었고, 사업주나 관리자가 근로자들의 체력단련실 이용에 전혀 관여하지 아니한 점, 체력단련실은 망인과 동료근로자인소외 2가 열쇠를 소지하고 주로 관리를 한 점, 소외 1 주식회사의 상시근로자수 70여 명 중 체력단련실을 이용하는 직원은 그다지 많지 않았던 것으로 보이는 점, 같은 생산부에 근무하는 직원 중에도 체력단련실을 이용하지 않는 직원이 다수 있었던 점 등에 비추어 보면, 체력단련행위는 업무의 준비행위이거나 사회통념상 그에 수반되는 것으로 인정되는 합리적·필요적 행위라고는 보기 어려우므로, 이 사건 사고는 업무상 재해에 해당하지 않는다고 판단하였다.

그러나 원심의 이러한 판단은 위 법리에 비추어 이를 그대로 수긍하기 어렵다.

기록에 의하면, 소외 1 주식회사에서는 망인의 사망 약 1년 전 근로자들의 요구로 근골격계질환 예방 차원으로 회의실용도의 장소에 체력단련실을 설치해 주면서 사고가 난 벤치프레스를 새로 구입하여 주기도 한 사실, 체력단련실은 근무시간을 제외하고는 마음대로 이용할 수 있었는데, 주로 점심시간에 이용하였고, 망인, 소외 2 및소외 3 등 3인이 가장 많이 이용한 사실, 망인은 2001. 10. 29. 소외 1 주식회사에 입사하여 주물을 용해하는 생산직사원으로 근무하였는데, 망인의 업무는 판시와 같이 도가니를 가열하여 재료를 용해시킨 다음 한손으로 도가니를 매달고 있는 호이스트 크레인을 조정하고 다른 한손으로 도

가니(140kg~160kg)를 앞쪽으로 기울여 주물을 금형 틀에 부어 20kg 내지 30kg의 제품을 생산하는 것인 사실, 망인은 평소 07:50경에 출근하여소외 1 주식회사의 체력단련실에서 역기운동을 해 왔으며, 08:55경 조회와 동시에 작업을 시작하여 17:57경(야근시 22:00)에 퇴근한 사실, 망인의 업무와 같은 고된 작업으로 발생할 수 있는 근골격계질병을 예방하고 업무를 원활하게 수행하기 위해서는 근육의 힘을 강화시킬 수 있는 운동이 필요한 사실을 알 수 있다.
이러한 사실을 위 법리에 비추어 보면, 비록 체력단련실의 열쇠는 주로 망인과 동료근로자소외 2 2명이 관리를 하였고, 사업주나 관리자는 근로자들의 체력단련실 이용에 관여를 하지 않은 것이 사실이라고 하더라도 위 체력단련실은소외 1 주식회사가 근로자들의 요구로 작업 중 발생할 수 있는 근골격계질환 등의 예방을 위하여소외 1 주식회사 내에 설치한 시설인 점에서 사업주의 지배·관리하에 있는 복리후생시설이라고 할 것이고, 망인이 담당한 작업은 근골격계 질병을 유발할 수 있는 작업으로서 망인이 위 체력단련실에서 평소 역기 운동을 한 것은 강한 근력 및 지속적인 육체적 활동을 요구하는 업무의 특성상 업무의 원만한 수행을 위한 체력유지보강활동의 일환으로 필요하여 한 것으로 볼 수 있어 업무의 준비행위이거나 사회통념상 그에 수반되는 것으로 인정되는 합리적·필요적 행위로 봄이 상당하다 할 것이므로, 결국 이 사건 사고로 인한 망인의 사망은 업무와 상당인과관계가 있어 업무상 재해에 해당한다고 보아야 할 것이다.
그럼에도 불구하고 이와 달리 이 사건 사고로 인한 망인의 사망이 업무상 재해에 해당하지 아니한다고 판단한 원심판결에는 업무상 재해에 대한 법리를 오해하여 판결 결과에 영향을 미친 위법이 있다.
그러므로 원심판결을 파기하고, 사건을 다시 심리·판단하게 하기 위하여 원심법원에 환송하기로 하여 관여 대법관의 일치된 의견으로 주문과 같이 판결한다.

◎ 2심 서울고등법원 제1행정부[2017누63773]

원 고 : 항소인 ○○○

○○시 ○○○구 ○○로 ○○길 ○○

소송대리인 변호사 ○○○

피 고 : 피항소인 근로복지공단

전심판결 : 1심 2016구합57533 서울행정법원

변론종결 : 2017. 11. 21

판결선고 : 2017. 12. 12

[주문]

1. 원고의 항소를 기각한다.
2. 항소 비용은 원고가 부담한다.

[청구취지 및 항소취지]

제1심 판결을 취소한다. 피고가 2015. 3. 31. 원고에게 한 유족급여 및 장의비 부지급 처분을 취소한다.

[이유]

1. 제1심 판결의 인용

○ 이 법원이 이 사건에 적을 판결 이유는 아래에서 추가하는 부분 이외에는 제1심 판결의 이유 기재와 같으므로, 행정소송법 제8조 제2항, 민사소송법 제420조 본문에 따라 이를 인용한다.

○ 제1심 판결서 5쪽 2행 '보이고,' 다음에 '발화지점에서 인화성 물질이 검출되지 않았으며, 이 사건 숙소 출입구에서 약 4m 떨어진 곳에 소화기가 설치되어 있었던 점 등을 종합하여 볼 때, 사업주가 제공한 이 사건 숙소에 시설물의 결함이나 관리 소홀이 있었다고 보기 어렵고,'를 추가한다.

○ 제1심 판결서 5쪽 3행 '없다.' 다음에 또한 앞서 본 바와 같은 망인의 음주 경위 및 그 이후 경과에 비추어 볼 때, 사업주에게 망인과 함께 잠을 잘 동료 근로자들로 하여금 망인을 돌봐주라는 업무상 지시까지 할 주의의무가 있었다고 볼 수도 없다.'를 추가한다.

○ 제1심 판결서 6쪽 1행 '보이므로,' 다음에 '망인이 다음 날 아침 일찍 업무를 시작해야 하는 사정이 있었고 그 때문에'들 추가한다.

○ 제1심 판결서 6쪽 밑에서 7행 ,않으며, 다음에 '(갑10, 17호증에 기재된 동료 근로자 소외1의 일부 진술만으로는 이러한 판단을 뒤집기에 부족하다)'를 추가한다.

2. 결론

그렇다면 제1심 판결은 정당하므로, 원고의 항소는 이유 없어 이를 기각한다.

[참조조문] 행정소송법 제8조, 민사소송법 제420조

제4절 재요양 등

■ **추가상병 및 재요양급여불승인처분취소**(사내기숙사에서 발생한 화재를 진압하기 위해 계단을 내려오다 넘어져 부상)

◎ **1심 대전지방법원[2013구단100127]**

원 고 : ○○○

부산시 ○○구 ○○○로 ○○길 ○○

송달장소 부산시 ○○구 ○○로 ○○길 ○○○

소송대리인 변호사 ○○○

피 고 : 근로복지공단

변론종결 : 2015. 09. 11

판결선고 : 2015. 10. 16

[주문]

1. 원고의 청구를 모두 기각한다.
2. 소송비용은 원고가 부담한다.

[청구취지]

피고가 원고에 대하여 한 2012. 5. 11.자 추가상병 불승인 처분 및 2012. 5. 22.자 재요양 불승인 처분을 각 취소한다.

[이유]

1. 처분의 경위

가. 원고는 1964. 3. 20.생이고, 주식회사 ○○ 소속으로 근무하던 중 1998. 4. 3. 사내기숙사에서 발생한 화재를 진압하기 위해 계단을 내려오다 넘어져 부상을 당했다.

나. 피고는 원고에게 '우족관절 염좌'로 1998. 4. 9.~4. 30. 그리고 1998. 6. 9.~8. 3. 요양급여를 지급하였고, 1998. 8. 1. '우족관절 내측과 조각골절'에 대해 진구성 골절을 이유로 요양 불승인 처분을 하였다.

다. 원고는 1998. 10. 9. 피고에게 '반사성 교감신경 이영양증'에 대한 요양급여를 청구하였고, 피고는 1998. 11. 17. 원고에 대하여 최초 재해와 무관하다는 이유로 요양 불승인 처분을 하였다.

라. 원고는 2000. 1. 20. 피고에게 '우측 족관절 불안정증, 우거골 연골 병변'에 대한 추가상병 신청을 하였고, 피고는 2000. 3. 7. 원고에 대하여 승인 처분을 하였다(이하 '우족관절 염좌, 우측 족관절 불안정증, 우거골 연골 병변'을 '승인상병'이라 한다).

마. 피고는 2000. 3. 11. 원고에 대하여 장해등급 제10급 제12호 결정처분을 하였다.

바. 원고는 피고에게 '복합부위통증증후군 1형, 보행과 이동의 이상, 척수 손상의 후유증, 허리척수의 기타 손상'(이하 '신청상병'이라 한다)을 이유로 2012. 3. 27. 재요양 신청을, 2012. 4. 19. 추가상병 신청을 각각 하였다.

사. 피고는 2012. 5. 11. 원고에 대하여 "1998. 4. 3. 발생한 산업재해 및 승인상병과 상당인과관계를 인정하기 어렵다."는 이유로 추가상병 불승인 처분을, 2012. 5. 22. 원고에 대하여 "신청상병은 불승인상병에 해당하고 재요양 요건에 해당하지 않는다."는 이유로 재요양 불승인 처분을 각각 하였다(이하 추가상병 불승인 처분 및 재요양 불승 인 처분을 '이 사건 처분'이라 한다).

아. 원고는 2012. 7. 3. 피고에게 '우측 족관절 만성 외측 인대 불안정성 및 관절염, 우측 족부 신경인성 통증'을 이유로 재요양 신청을 하였고, 피고는 2012. 9. 20. 원고에 대하여 "관절경적 연골 소파술 및 인대 봉합술이 필요하다."는 이유로 재요양 승인 처 분을 하였다.

[인정근거] 다툼 없는 사실, 갑 3 내지 5호증, 을 1호증의 1, 2, 을 3호증, 을 4호증의 1, 2, 을 6호증, 을 8호증의 1, 2, 을 9호증의 1 내지 6의 각 기재, 변론 전체의 취지

2. 이 사건 처분의 적법 여부

가. 원고의 주장

피고가 1998. 11. 17. 원고에게 한 반사성 교감신경 이영양증(복합부위통증

증후군)에 대한 요양 불승인 처분은 위법한 것이었고, 원고는 2005. 12. 17. 발생한 교통사고 관련 민사소송에서 복합부위통증증후군이 1998. 4. 경 발생한 업무상 재해로 인한 기왕증으로 보인다는 판결을 받았다. 원고는 1998. 4.경 발생한 업무상 사고 또는 승인상병이 원인이 되어 복합부위통증증후군이 발생하였으므로 이와 다른 전제에 선 이 사건 처분은 위법하다.

나. 판단

1) 이 사건 처분 중 재요양 불승인 처분

원고는 신청상병을 이유로 재요양 신청과 추가상병 신청을 모두 하였는바, 신청상병은 승인상병과 다른 새로운 질병이므로 이 사건 처분 중 재요양 불승인 처분은 적법하다.

2) 이 사건 처분 중 추가상병 불승인 처분

갑 2호증의 1 내지 3, 갑 7호증의 1, 2, 을 5호증의 1, 2, 을 10호증의 1, 2의 각 기재, 이 법원의 ○○○○협회에 대한 진료기록감정촉탁 결과 및 변론 전체의 취지에 의하여 인정되는 다음과 같은 사정, 즉 ① 원고가 ○○○○○ 병원에서 임상적 추정으로 1998. 10. 21.자 '교감신경 이영양증 의증' 진단서와 1998. 11. 18.자 '반사성 교감신경 이형성증, 우 하지' 진단서를 발급받았으나, 1998. 10. 21.자 진단서에는 "최종 검사가 끝나지 못한 상태임."이라 기재되어 있고, 1998. 11. 18.자 진단서에는 "1998. 9. 18.~10. 22. 입원 가료 받은 바 있고, 이에 대한 정밀 검사가 요할 것으로 사료됨."이라 기재되어 있어 확정 진단을 받지 못한 점, ② 원고가 1998. 11. 17. 반사성 교감신경 이영양증에 대한 요양 불승인 처분을 받은 이후 2005. 12. 17. 교통사고가 발생할 때까지 7년이 넘는 기간 동안 반사성 교감신경 이영양증 또는 복합부위통증증후군에 대한 치료를 받은 내역이 없고, 교통사고 관련 민사소송[부산지방법원 2008나22273(본소), 2008나22280(반소) 사건]에서 "교통사고 발생 당시에도 정상적인 일상생활 및 보행이 가능하였다."라고 주장한 점, ③ 교통사고 관련 민사소송 판결 이유에 "1998년경 당한 기숙사 계단에서의 낙상사고에 의한 기왕증으로 보인다."라는 기재가 있으나, 해당 사건의 쟁점은 교통사고와 복합부위통증증후군 사이의 인과관계 존부일 뿐 업무상 사고와 복합부위통증증후군 사이의 인과관계 존부가 아니었고, "보인다."라는 표현 자체는 가능성이 있다는 것으로 교통사고와 복합부위통증증후군 사이에 인과관계가 없다는 것을 나타내는 간접사실에 불과하며, 설령 위와 같은 기재가 업무상 사고와 복합부위통증증후군 사이에 인과관계가 존재한다는 의미라 하여도 해당 사건의 당사자는 원고와 자동차 보험회사일 뿐 피고가 관여한 바 없었고, 이 사건에 기판력이 미치지 않는 점, ④ 이 법원 감정의는 "승인상병이 원인이 되어 복합부위통증증후군 1형이 발병하였다고 보는 것이 타당하다고 판단됩니다."라고 하면서도 "1998년 이후로 복합부위통증증 후군 증상이 완치된 이후에 교통사고에 의해 다시 발병하였을 가능성을 배제하기 힘듭니다.", "1998년부터 2005년 사이의 의무기록이 없어 그간의 환자 상태를 파악하기 힘들며, 두 사고 모두 같은 우측 하지(발목 및 발 부위)에 발생하여 명확한 인과관계를 파악하기 매우 어렵습니다.", "피감정인의 현상병명(복합부위통증증후군 1형, 상세불명 부위)이 승인상병이 원인이 되어 발병 또는 악화되었을 가능성은 명확히 언급하기 어렵습니다."라고 하여 원인을 특정하기 어려운 점, ⑤ 복합부위통증증후군의 의학적 발병기전이 확실히 밝혀진 바 없고, 부상의 경중과 무관하게 발생하는 점 등을 종합하면 신청상병이 1998년 업무상 사고로 인한 것이라거나 승인상병으로 인한 것이라 보기 어렵고, 달리 이를 인정할 증거가 없다. 따라서 이 사건 처분 중 추가상병 불승인 처분은 적법하다.

3) 소결론

따라서 원고의 주장은 이유 없고, 이 사건 처분은 적법하다.

3. 결론

그렇다면, 원고의 청구는 이유 없으므로 이를 모두 기각하기로 하여 주문과 같이 판결한다.

[참조판례]
부산지방법원 2008나22273
부산지방법원 2008나22280

◎ 2심 대전고등법원 제1행정부[2015누13268]

원 고 : 항소인 ○○○
부산시 ○○구 ○○○로 ○○길 ○○
송달장소 부산시 ○○구 ○○로 ○○길 ○○○
피 고 : 피항소인 근로복지공단
전심판결 : 1심 2013구단100127 대전지방법원
변론종결 : 2016. 03. 24
판결선고 : 2016. 04. 14

[주문]
1. 원고의 항소를 기각한다.
2. 항소비용은 원고가 부담한다.

[청구취지 및 항소취지]
제1심판결을 취소한다. 피고가 원고에 대하여 한 2012. 5. 11.자 추가상병 불승인 처분 및 2012. 5. 22.자 재요양 불승인 처분을 각 취소한다.

[이유]
1. 제1심판결의 인용
이 법원의 판결 이유는, 제1심판결 이유 제3면 제16행부터 제5면 제11행까지를 아래 제2항 기재와 같이 바꾸는 외에는 제1심판결 이유와 같으므로, 행정소송법 제8조 제2항, 민사소송법 제420조 본문에 의하여 이를 인용한다.
2. 바꾸는 부분
나. 판단
(1) 추가상병 불승인처분
(가) 산업재해보상보장법 제49조에 의하면, 추가상병 승인신청은 업무상 재해로 인하여 이미 최초 요양승인결정을 받은 후 추가로 새로운 상

병에 대하여 요양신청을 하는 것으로서, 당초의 상병을 입게 된 업무상 재해 또는 당초의 상병과 추가상병 사이에 인과관계가 인정되어야 하고, 이 경우 이들 사이의 인과관계에 대하여는 이를 주장하는 측에서 증명하여야 한다.

(나) 이 사건에 관하여 보건대, 갑 제7, 11, 20호증(가지번호 있는 것은 가지번호 포함, 이하 같다)의 각 기재에 변론 전체의 취지를 종합하면, 원고가 1998. 9. 18.부터 같은 해 10. 22.까지 ○○대학교병원에서 '반사성교감신경이형성증[1](우하지)' 의증으로 입원치료를 받고, 같은 해 10. 21. 같은 병원에서 '교감신경이영양증 의증'의 진단을 받은 사실, 2006. 3. 14. ○○○대학교 ○○병원에서 '복합부위통증증후군 1형, 발목 및 발'로 최종 진단을 받고, 2015. 9. 10. ○○○○병원에서도 '복합부위통증증후군 1형, 상세불명 부위'에 관한 최종 진단을 받은 사실은 인정된다.

그러나 한편, 갑 제2, 7, 17호증 및 을 제1, 4, 5, 6, 9, 10호증의 각 기재, 제1심 법원의 ○○○○협회장에 대한 진료기록 감정촉탁결과에 변론 전체의 취지를 종합하여 알 수 있는 다음과 같은 사정들에 비추어 보면, 신청상병과 1998. 4. 3. 원고가 입은 부상(이하 '이 사건 재해'라 한다) 또는 승인상병 사이에 인과관계가 증명되었다고 보기 어렵고, 달리 이를 인정할 만한 증거가 없다.

1) 원고가 이 사건 재해 이후인 1998. 10. 9. '반사성교감신경이영양증'에 관한 재요양 승인신청을 한 것에 대해 피고는 같은 해 11. 17. 이 사건 재해와 무관하다는 이유로 불승인처분을 하였는데, 이에 대하여 원고는 행정소송 제기 등 어떠한 법적인 조치도 취하지 아니하였다.

2) ○○대학교병원이 1998. 10. 21. 발행한 진단서에는 "상기 병명(교감신경이영양증 의증)에 대한 최종 검사가 끝나지 못한 상태임. 병명 및 치료기간은 환자의 치료 경과를 주시하면서 평가해야 할 것으로 사료됨"이라고 기재되어 있는데, 원고는 1998. 9. 18.부터 같은 해 10. 22.까지 ○○대학교병원에서 '반사성교감신경이형성증(우 하지)' 의증으로

입원치료를 받은 이후, 2005. 12. 17. 서산시 이하생략에서 보행 중 자동차에 충격 당하는 교통사고(이하 '관련 교통사고'라 한다)를 당할 때까지 무려 7년이 넘는 기간 동안 단 한 차례도 위 증상에 관한 최종 진단이나 치료를 받은 바 없다.

3) 원고는 관련 교통사고와 관련하여 ○○○○○○○○○ 주식회사가 제기한 손해배상청구소송에서 같은 회사를 상대로 손해배상청구의 반소를 제기하였는데{부산지방법원 2007가단115054(본소), 2007가단122250(반소), 같은 법원 2008나22273(본소), 2008나22280(반소), 대법원 2009다88747(본소), 2009다88754(반소), 이하 '관련 소송'이라 한다}, 위 반소에서 원고는 "원고가 이 사건 재해 이후에 반사성 교감신경이형성증(의증)이라는 진단을 받기는 하였으나 이는 임상적 추정에 불과할 뿐 최종진단이 아니었고, 그 증상이 완치되어 7년 가까이 같은 질병으로 치료를 받은 적이 없다. 관련 교통사고 당시에도 원고는 정상적인 일상생활 및 보행이 가능하였다. 따라서 원고의 질병은 기왕증에 의한 것이 아니고 관련 교통사고로 재발한 것이다."라는 취지로 분명한 주장을 개진하였다{원고의 위 주장은 원고가 ○○대학교병원에서 '반사성교감신경이형성증(우하지)' 의증으로 입원치료를 받은 이후, 관련 교통사고를 당할 때까지 단 한 차례도 위 증상에 관한 최종 진단이나 치료를 받은 바 없는 사정과 부합한다}.

4) 원고가 2012. 3. 27. 피고에게 신청상병에 관하여 재요양신청을 하면서 제출한 ○○○○병원의 소견서에는 재해 경위에 관하여 "2005. 12. 17. 교통사고 이후"라고 기재되어 있고, 2012. 4. 19. 추가상병 승인신청을 하면서 제출한 ○○○○병원의 소견서에도 추가상병 사유에 관하여 "2015. 12. 17. 교통사고 이후"라고 기재되어 있는 바, 이는 각 원고의 진술에 따른 것으로 보인다.

5) 관련 소송의 제1심판결 이유에, 당시 원고가 주장한 "우측 발의 내과 골절 및 복합부위통증증후군, 공황장애 등의 장해"는 "골화의 정상적인 변이 과정에서 발생한 것이거나, 1998년경 당한 기숙사 계단에서

의 낙상사고에 의한 기왕증으로 보인다." 라는 기재가 있으나, 관련 소송의 쟁점은 관련 교통사고와 복합부위통증증후군 사이의 인과관계 존부였을 뿐, 이 사건 재해와 복합부위통증증후군 사이의 인과관계 존부가 아니었고, 위 판결이유의 기재는 관련 소송의 제1심 법원이 관련 교통사고와 복합부위 통증증후군 사이에 인과관계를 인정하기 어렵다는 판단에 이르는 과정에서 방론으로 설시한 것에 불과하다(원고는 관련 소송에서 관련 교통사고로 인하여 위와 같은 장해를 입었다고 주장하였으나, 관련 소송의 제1심 법원은 당시 제출된 증거들만으로는 원고가 관련 교통사고로 인하여 '우측 발'의 내과골절을 입은 사실 자체가 인정되지 않고, 오히려 우측 발의 골절은 오랜 시간이 지나 고착화된 것으로 보면서, 이 사건 재해가 우족관절 염좌인 점 등에 착안하여 위와 같은 방론의 설시에 이른 것으로 보인다. 한편, 원고는 이 사건 재해 이후인 1998. 7. 16. 우측관절 내측과 조각골절에 대하여도 재요양 승인신청을 하였고, 이에 대하여 피고는 같은 해 8. 1. 위 상병은 진구성 골절[2])임을 이유로 불승인처분을 한바 있는데, 이에 대하여도 원고는 행정소송 제기 등 어떠한 법적인 조치도 취하지 아니하였다).

6) 제1심 법원의 진료기록 감정촉탁에 의하여 원고의 진료기록을 감정한 ○○○○협회장은 "승인상병이 원인이 되어 복합부위통증증후군 1형이 발병하였다고 보는 것이 타당하다고 판단됩니다."라고 하면서도 "1998년 이후로 복합부위통증증후군 증상이 완치된 이후에 교통사고에 의해 다시 발병하였을 가능성을 배제하기 힘듭니다.", "1998년부터 2005년 사이의 의무기록이 없어 그간의 환자 상태를 파악하기 힘들며, 두 사고 모두 같은 우측 하지(발목 및 발 부위)에 발생하여 명확한 인과관계를 파악하기 매우 어렵습니다.", "피감정인의 현상병명(복합부위통증증후군 1형, 상세불명 부위)은 승인상병이 원인이 되어 발병 또는 악화되었을 가능성을 명확히 언급하기 어렵습니다."라는 의견을 제시한바, 이 사건 재해 또는 승인상병이 신청상병의 발생 원인이라고 단정하기 어렵다.

7) 신청상병 중 '복합부위통증증후군 1형' 외에 '보행과 이동의 이상, 척수 손상의 후유증, 허리척수의 기타 손상'은 그 병명 자체가 불분명할 뿐만 아니라, 원고가 이 사건 재해 이후 관련 교통사고 전까지는 물

론, 관련 교통사고 이후 상당한 시간이 지나는 동안 위 병명이나 척수 부위의 손상을 이유로 치료나 진단을 받은 자료도 없어서 이 역시 이 사건 재해 또는 승인상병과의 관련성을 찾기 어렵다(○○○○병원의 2009. 4. 8.자 진단서에 '허리척수의 기타 손상, 척수 손상의 후유증, 보행과 이동의 이상'이라는 병명이 비로소 등장하기는 하나, 발병일은 관련 교통사고일인 2005. 12. 17.로 기재되어 있다).

(다) 따라서 피고의 2012. 5. 11.자 추가상병 불승인처분은 적법하다.

(2) 재요양 불승인처분 산업재해보상보험법 제51조에 의하면, 요양급여를 받은 자가 치유 후 요양의 대상이 되었던 업무상의 부상 또는 질병이 재발하거나 치유 당시보다 상태가 악화되어 이를 치유하기 위한 적극적인 치료가 필요하다는 의학적 소견이 있으면 다시 요양급여를 받을 수 있으나, 이 사건의 경우 신청상병에 관하여는 원고가 요양급여를 받은 적이 없으므로, 재요양 급여의 요건에 해당되지 않는다. 따라서 피고의 2012. 5. 22.자 재요양 불승인처분도 적법하다.

3. 결론

그렇다면 제1심판결은 정당하므로, 원고의 항소를 기각하기로 하여 주문과 같이 판결한다.

[각주내용]

1) 신청상병 중 하나인 '복합부위통증증후군 1형' 또는 '반사성교감신경이영양증'과 유의어에 해당한다.

2) 신생골절이 아닌 오래된 골절을 뜻한다.

[참조조문]

행정소송법 제8조

민사소송법 제420조

산업재해보상보험법 제49조

산업재해보상보험법 제51조

[참조판례]
부산지방법원 2007가단115054
부산지방법원 2007가단122250
부산지방법원 2008나22273
부산지방법원 2008나22280
대법원 2009다88747
대법원 2009다88754

▣ 편저 김종석 ▣

•노동법률실무연구회(수석연구원)

•노동복지신문 산재담당부장(前)

•각 문화센터 노동법강사

•저서 : 노동법 강의(공저)
노동법지식사전
근로기준법(법률용어사전)
필수 산업재해 보상법
산업재해 이렇게 해결하라

사고유형별, 각 급여종류별로 살펴 본

산재판례 100선!

초판 1쇄 인쇄 2022년 2월 05일
초판 1쇄 발행 2022년 2월 10일

편 저 김종석
감 수 이기옥
발행인 김현호
발행처 법문북스
공급처 법률미디어

주소 서울 구로구 경인로 54길4(구로동 636-62)
전화 02)2636-2911~2, 팩스 02)2636-3012
홈페이지 www.lawb.co.kr

등록일자 1979년 8월 27일
등록번호 제5-22호

ISBN 978-89-7535-995-8

정가 45,000원

이 책은 이러한 복잡하고 다양한 산업재해보상제도에 대해 다툼이 있는 판례들을 업무상 사고유형에 따라 제1장에서는 작업시간 중 사고, 제2장은 출퇴근 중 사고, 제3장은 출장 중 사고, 제4장은 회식 중 사고, 제5장은 행사 중 사고, 제6장은 자살, 제7장은 사적행위, 제8장은 시설결함·관리하자로 인한 사고에 대하여 보험급여의 종류별로 쟁점이 된 판례들을 수록하였습니다. 이러한 자료들은 대법원의 종합법률정보와 법제처의 생활법령, 근로복지공단에서 제공하는 판례를 취합하여 엮어 누구나 이해하기 쉽게 정리하였습니다.

13360
9 788975 359958
ISBN 978-89-7535-995-8

45,000원